Barbara Cratzius

Krippenspiele

mit Kindern gestalten

Mit Illustrationen von Sigrid Leberer

Lahn-Verlag
Bonifatiuswerk

Inhalt

Gedicht: Kleine Kerze, helle Kerze 4

Ein Wort zuvor 5

Gedicht: Kerzen im Advent 6

Kreatividee: Sternen-Teelicht 7

Die Herbergssuche 8

Lied: Alle Jahre wieder 13

Gebet: Jesus, du bist wie ein Stern 14

Die Hirten auf dem Felde 15

Lied: Kommet, ihr Hirten 21

Gedicht: Ein Friedensgedicht 22

Die Tiere ziehen zum Stall 23

Lied: Die Weihnachtsnacht 26

Kommt alle her zur Krippe 28

An der Krippe 31

Lied: Ihr Kinderlein, kommet 40

Die Heiligen Drei Könige 42

Gebet: Wer Jesus findet 45

Gedicht: Wege der Weihnacht 46

Lied: Heller Stern, du hast die Weisen 47

Kinder in der Heiligen Nacht 48

Gebet: Wir Kinder freuen uns 51

Geschenke fürs Christkind 52

Alle Tiere kommen zur Krippe 56

Lied: Mein kleines Licht, verlösche nicht 61

Vorschlag für eine kleine Krippenfeier 62

Gebet: Weihnachtssegen 63

Kleine Kerze, helle Kerze

Kleine Kerze, helle Kerze,
sende deinen Schein hinaus.
Du bist wie ein Licht im Hafen,
zeige du uns den Weg nach Haus.

Kleine Kerze, helle Kerze
in den Tagen des Advent'.
Du willst uns ein Zeichen geben:
Gottes Liebe in uns brennt.

Kleine Kerze, helle Kerze,
tröstlich leuchtet uns dein Schein.
Licht bricht ein in unser Dunkel,
Gott will selbst uns nahe sein.

Ein Wort zuvor

Wenn die Tage im November dunkler und kürzer werden, toben die Kinder nicht mehr den ganzen Nachmittag draußen auf den Spielplätzen. Sie freuen sich auf warme, gemütliche Stunden zu Hause oder in der Kindergruppe und sind aufgeschlossen für gemeinsame Spiele.
Zu einer Feierstunde in der Adventszeit laden die Krippenspiele in diesem Buch ein. Die Texte lassen sich ohne lange Vorbereitungszeit einüben. Schon die Jüngsten in einer Kindergruppe können dank der leicht zu lernenden Vierzeiler mitwirken.
Entdecken Sie beim Lesen, Sprechen und Spielen den Zauber der einfachen Reime! Auch die Kinder selbst finden mit ihrem großen Ideenreichtum noch eigene Worte. Durch die gereimte Sprache, durch kindliche Verse beflügeln wir die Fantasie der Kinder. Wir fördern durch das gemeinsame Sprechen und Spielen ihre Sprachentwicklung.
So können wir in den Tagen vor Weihnachten unsere schöpferischen Gaben, unsere Fantasie und unseren Einfallsreichtum einsetzen, um mit unseren Kindern gemeinsam den Weg des Advents zu gehen.
Wenn wir die Weihnachtszeit in diesem Sinne erleben, spüren wir – trotz der Dunkelheit und des Unfriedens in der Welt – etwas von dem Glanz und von der Freude, die auf dem Hirtenfeld die angstvollen Hirten frei gemacht hat.

BARBARA CRATZIUS

Bedeutung der Symbole

- Krippenspiel-Info
- Gebet
- Lied
- Gedicht
- Tipp
- Kreatividee

Kerzen im Advent

Das Licht am Kranz kann nicht die Nacht erhellen,
doch soll es dir und mir ein Zeichen sein!
Es strahlt uns Gottes Glanz aus Finsternissen
und bricht in unsre dunklen Herzen ein.

Das erste Licht will uns zur Freude rufen,
so freuet euch im Herren allezeit!
Wie es die Hirten auf dem Felde hörten:
Gott selber tritt in unsre Dunkelheit.

Das zweite Licht verheißt uns Gotte Güte,
Gott teilt uns reichlich seine Liebe aus.
So tragt die frohe Botschaft freudig weiter
und ruft sie in die dunkle Welt hinaus.

Das dritte Licht sagt tröstend: Bringt die Sorgen
mit Danken und Flehen vor euren Herrn!
Er wird euch helfen, seht, er ist uns nahe,
denn auch für uns erschien der Weihnachtsstern!

Das vierte Licht verkündet Gottes Frieden,
er zieht auch diese Weihnacht in uns ein,
dass wir in unsern Ängsten ihm vertrauen
und tröstlich spüren: Wir sind nicht allein.

Sternen-Teelicht

Das wird gebraucht:
- ✔ Papier
- ✔ farbige Bastelpappe
- ✔ Teelichter
- ✔ Bastelkleber
- ✔ weihnachtliche Streu-Dekoration
- ✔ Bleistift

So wird es gemacht:

1. Als Vorlage wird ein Stern (ca. Ø 14 cm) auf Papier gezeichnet und ausgeschnitten.
2. Diese Vorlage wird anschließend auf farbige Bastelpappe gelegt, mit dem Bleistift nachgezeichnet und ausgeschnitten.
3. Auf die Mitte des Sterns wird ein Teelicht mit etwas Bastelkleber geklebt. Das Teelicht sollte dabei für eine kurze Zeit gut auf der Pappe festgedrückt werden, bis es klebt.
4. Zum Schluss kann das Sternen-Teelicht mit der Streu-Dekoration weiter gestaltet und beklebt werden.

Die Herbergssuche

Spielalter ab 4/5 Jahren

Spieler Ein Erzähler (Spielleiter oder älteres Kind), Josef, Maria, fünf Wirte mit zwei Wirtinnen, ein Sternenträger.

Vorbereitung Einfache Kostüme für die Wirtsleute (z. B. Kittel, Schürze, evtl. Kochmütze); Josef trägt einen grauen, Maria einen blauen Umhang, der Sternenträger ein langes, weites einfarbiges Gewand.

Hinweis Bei diesem Spiel sind die Kulissen wichtig. Wenn wenig Zeit für die Vorbereitung bleibt, tragen die fünf Wirte jeweils ein Wirtshausschild in der Hand, auf dem der Name der Herberge steht, z. B. „Zum Goldenen Fisch". Maria und Josef wandern mehrmals im Kreis herum und bleiben vor den Wirtsleuten stehen. Josef klopft mit dem Stock auf den Boden und trägt seine Bitte vor.

Mit bastelfreudigen Eltern können aufwendige Kulissen hergestellt werden. Auf große Pappkartons werden die Herbergen aufgemalt. Die Wirtsleute treten dann zwischen den einzelnen Pappkartons hervor. Aus Brettern und Holzgestellen können auch Türen hergestellt werden, die sich öffnen lassen.

Die Krippe wird seitlich aufgebaut. Es muss genügend Platz sein, dass am Schluss des Spiels Kinder und Zuschauer zur Krippe ziehen können.

Erzähler: Fünf Türen waren in der Nacht in Betlehem fest zugemacht.
Maria und Josef stapfen heran und klopfen an der ersten an.

Josef: Ihr lieben Leut, lasst uns ein!

1. Wirt: Nein, nein, ich lass euch nicht herein! Bei uns ist kein Bett frei mehr heut, drum geht nur fort, ihr Wandersleut.

Erzähler: Der Josef nun, der arme Mann, klopft an der zweiten Türe an.

2. Wirt: Hier schläft schon alles, Mensch und Tier, nein, nein, ich öffne nicht die Tür.

Erzähler: Der Josef nun, der arme Mann, klopft an der dritten Türe an.

3. Wirt: Nein, nein, ihr tut uns wirklich leid, mein Haus ist voll, es geht nicht heut.

Erzähler: Der Josef nun, der arme Mann, klopft an der vierten Türe an.

4. Wirtin: Wer kommt so spät noch an mein Haus? Sind's Diebe, werf ich sie hinaus.

4. Wirt: Ihr habt kein Geld, o, wärt ihr reich, dann hätt' ich einen Platz für euch.
Nein, nein, das könnt ihr mir nicht verdenken, ich kann doch nicht alles den Armen schenken!

Erzähler: Der Josef nun, der arme Mann, klopft an der letzten Türe an.

5. Wirt: Guten Abend, wo kommt ihr her so spät? So kalt der scharfe Wüstenwind weht.

Josef: O macht uns bitte auf das Tor, wir Armen stehn so müd davor.

Maria: Der Weg war weit, der Weg war schwer, die Füße tragen mich nicht mehr.

Josef: Wir kommen her aus fremdem Land, wir zogen durch den Wüstensand.
Wir brauchen Schutz vor Nacht und Wind, seht – für die Frau und für das Kind.

5. Wirtin: Ach, leider ist übervoll mein Haus, ich zeig euch den Weg zum Stall hinaus. Dort seid ihr geschützt vor Regen und Wind, dort haben es warm die Frau und das Kind.
Der Ochse und Esel stehn auch dabei, es gibt genug Stroh und weiches Heu.
Ich geb euch noch Decken und Felle mit, nun folget mir mit eiligem Schritt.

Sternenträger: *(stellt sich hinter die Krippe)*
Ich komme mit einem leuchtenden Stern, ich zeige euch allen den Weg zum Herrn. Da liegt unser Heiland auf Heu und Stroh und macht die Menschen frei und froh.

Mein Sternenlicht soll allen sagen:
Bis hierher hat Maria ihr Kind getragen. Das Licht strahlt in die Welt hinaus, nun öffnet euer Herz und Haus.

Nun können Kinder und Zuschauer an die Krippe treten und ein Weihnachtslied singen, das schon die Kleinsten mitsingen können, z. B. „Ihr Kinderlein, kommet" (siehe S. 40) oder „Alle Jahre wieder". Zum Abschluss kann von einem Erwachsenen das Gebet „Jesus, du bist wie ein Stern" (siehe S. 14) gesprochen werden.

Alle Jahre wieder

2. Kehrt mit seinem Segen ein in jedes Haus,
geht auf allen Wegen mit uns ein und aus.

3. Steht auch mir zur Seite, still und unerkannt,
dass es treu mich leite an der lieben Hand.

TEXT UND MELODIE: WILHELM HEY

Jesus, du bist wie ein Stern

Jesus, du bist wie ein guter Stern.
O wie haben wir dich gern!

Du bist als Mensch zu uns gekommen
und hast uns alle Angst genommen.
Denn keiner ist jetzt mehr allein.
Du willst immer bei uns sein.

An deiner Krippe stehen wir
und beten alle nun zu dir.
Bleib bei uns an jedem Tag,
was auch immer kommen mag.

Bevor wir nun nach Hause gehen,
sagen wir dir Danke schön,
dass du zu uns gekommen bist
und keinen von uns je vergisst.

Jesus, du bist wie ein Stern.
O wie haben wir dich gern!

MARGRIT M. BOOS

Die Hirten auf dem Felde

Spielalter ab 7 Jahren

Spieler Ein Erzähler (der Spielleiter oder ein anderer Erwachsener), ein Engel, mehrere Hirten.

Vorbereitung Kostüme für die Hirten und den Engel, Utensilien für die Hirten auf dem Felde, z. B. Becher, Felle, Wasserflaschen, Beutel, Eimer, Holz …

Hinweis Der Erzähler sitzt seitlich an der Spielfläche oder in der ersten Reihe der Zuschauer. Die Hirten haben nur kurze Sprechrollen. Deswegen ist es besonders wichtig, dass sie das Geschehen auf der Bühne überzeugend pantomimisch darstellen (Holz holen, aufschichten, Wasser holen …).

Am Schluss können die Hirten ihre Sachen zusammenpacken und z. B. von der Bühne herab den Zuschauern entgegenlaufen.

Das Spiel sollte nicht abrupt enden, sondern mit einem bekannten Weihnachtslied aller Beteiligten und Zuschauer abschließen, z. B. „Macht hoch die Tür", „Vom Himmel hoch", „O laufet, ihr Hirten" oder „Kommet, ihr Hirten" (siehe S. 21).

Gemeinsam mit den Kindern können auch andere Spielformen entwickelt werden. Möglich wäre ein Schattenspiel. Auch ein Stabtheater bietet sich an, bei dem die Kinder ihre Figuren aus Pappkarton ausschneiden und an einem Stab hinter einer Leinwand führen.

Erzähler: Auf dem Feld bei Betlehem hüten die Hirten ihre Herden. Ganz heiß ist es den Tag über gewesen. Die Sonne glüht auf die Steine. Sie verbrennt das Gras. Ausgetrocknet ist der Boden. Die Schafe blöken. Sie haben Durst.

Hirten: Die Sonne brennt heiß vom Himmelszelt, wir sind müde und durstig hier auf dem Feld.

Erzähler: Die Hirten sind arme Leute. Die Felder und die Tiere gehören ihnen nicht. Sie haben nur eine Wasserflasche, ein bisschen Brot, Käse und Oliven in ihrem Beutel. Die Felldecken halten sie warm, wenn nachts der kalte Wind über das Feld streicht.

Hirten: Es fegt der kalte Wind übers Land, wir sehen nur Wüste und Steine und Sand.

Erzähler: Ganz selten regnet es auf den Hirtenfeldern bei Betlehem. Dann füllen sich die Brunnen und die Hirten führen ihre Schafe ans frische Wasser.

Hirten: Wir haben die Schafe zum Brunnen gebracht, wir wachen und sorgen bei Tag und bei Nacht.

Erzähler: Gegen Abend geht die Sonne schnell am Horizont unter. Dann wird es dunkel und kalt.
Die Schafe rücken dicht zusammen, um sich zu wärmen. Die Hirten machen ein Feuer an, um die wilden Tiere, die Wölfe und Schakale, fernzuhalten.

Hirten: Wir halten bei dem Feuer Wacht die lange, kalte, dunkle Nacht.

Erzähler: Die Hirten halten nachts immer abwechselnd Wache. So kann jeder auch ein paar Stunden schlafen. Der Hirtenhund läuft wachsam um die Herde und passt auf, dass kein Schaf wegläuft oder ein Wolf heranschleicht. Aber in dieser Nacht sind alle wach, die Hirten, die Hunde und die Schafe. Die Sterne leuchten so hell, viel heller als in anderen Nächten.

Hirten: Seht doch den Glanz dort in der Ferne, es leuchten so hell die vielen Sterne.

Erzähler: Die Schafe können in dieser Nacht nicht schlafen. Sie blöken und schlagen sich gegenseitig mit den Hufen. Der große alte Widder läuft unruhig hin und her und stößt mit den Hörnern. Der jüngste Hirte holt seine Flöte hervor. „Ich will euch ein bisschen beruhigen!", sagt er. „Ich spiele euch ein Lied vor." Weithin klingt das Lied in die Nacht hinaus.

Da wird es auf einmal heller und heller am Himmel. Aus der Ferne tönt Gesang. Ein leuchtender Schein liegt über dem Hirtenfeld. Mitten im Licht steht ein Engel, ein Bote Gottes. Die Hirten erschrecken. Sie halten die Hände vor ihre Augen, so sehr blendet sie das Licht. Sie stürzen ängstlich zu Boden.

Der Engel spricht: „Fürchtet euch nicht! Hört! Ich verkündige euch eine große Freude. In Betlehem ist ein Kind geboren, Gottes Sohn. Gott hat ihn zu euch auf die Welt geschickt, um allen Menschen zu helfen. Das Kind liegt in Windeln gewickelt in einem Stall."

Die Hirten heben langsam ihre Köpfe. Da sehen sie eine große Schar Engel. Sie singen und loben Gott.

Engel: Freude will euch Gott schenken, eure Schritte zum Frieden lenken. Laufet zum Stalle, kommt und seht, weit die Tür euch offen steht. Ihr findet den Retter, ihr findet das Kind, geboren in Armut, bei Esel und Rind.

Erzähler: Als der Gesang verstummt und das Licht erloschen ist, springen die Hirten auf. Sie schlagen sich auf die Schultern vor Freude und rufen einander zu:

Hirten: Nun wird alles anders werden, unser Herr kommt auf die Erden. Freuen sollen sich die Armen, auch wir spüren sein Erbarmen.

Zu uns Hirten auf dem Feld kommt der König dieser Welt. Hört – der Engel hat's gesagt, lauft nur los – noch eh' es tagt.

Erzähler: Die Hirten packen eilig ihre Bündel. Sie treiben die Schafe zusammen und laufen den Berg hinunter, Betlehem entgegen. Überall rufen sie den Menschen zu, was sie gesehen und gehört haben.

Hirten: Wir können nicht schweigen, wir Hirten vom Feld, wir rufen es laut hinaus in die Welt. Kommt her zum Stall, es führt euch der Stern zum Kind in der Krippe, unserm König und Herrn.

Nun tretet hinein, kniet nieder im Licht, der Engel sagte: Fürchtet euch nicht! Da liegt das Kind auf Heu und auf Stroh, das macht alle Menschen frei und froh.

Kommet, ihr Hirten

2. Lasset uns sehen in Betlehems Stall,
was uns verheißen der himmlische Schall;
was wir dort finden, lasset uns künden,
lasset uns preisen in frommen Weisen: Halleluja!

3. Wahrlich, die Engel verkündigen heut
Betlehems Hirtenvolk gar große Freud:
Nun soll es werden Friede auf Erden,
den Menschen allen ein Wohlgefallen. Ehre sei Gott!

TEXT: KARL RIEDEL / MELODIE: VOLKSWEISE

Ein Friedensgedicht

Wo gibt es heut noch Sterne,
die wie ein Kompass sind?
Wo gibt es heut Kometen,
die lenken hin zum Kind?

Wo gibt es heut noch Engel,
die in den Lüften sind,
die singen, jauchen, loben
und künden uns vom Kind?

Wo gibt es heut noch Weise,
die auf der Reise sind,
die keine Mühsal scheuen
auf ihrem Weg zum Kind?

Wo gibt es heut noch Hirten,
die auf dem Felde sind,
verlassen ihre Herde
und ziehen hin zum Kind?

Wo gibt es heut noch Frieden?
So fang doch damit an!
In deinem Haus, in deiner Stadt,
dann wär' schon viel getan!

Die Tiere ziehen zum Stall

Spielalter ab 3 Jahren

Spieler Jeweils mehrere Kinder können eine Tierart darstellen und zum Stall laufen.

Hinweis Die typische Bewegungsart jedes Tieres sollte mit den Kindern intensiv geübt werden. Die Rüsselbewegung des Elefanten wird so ausgeführt: Die linke Hand fasst an die Nase, durch die Armbeuge wird der rechte Arm gesteckt und die rechte Hand schwingt dabei hin und her.

Die Verkleidung wird gemeinsam mit den Kindern besprochen:

Dem Kamel kann z. B. ein Kissen als Höcker unter den beigefarbenen Pullover gestopft werden. Alte Wollmützen mit Pappohren dienen für verschiedene Tiere als Verfremdungseffekt. Der Giraffe werden auf den gelben Pulli und die gelbe Hose dunkle Scheiben aus Filz genäht. Der Pinguin bekommt einen Schnabel aus roter Pappe, einen weißen Pulli und eine schwarze Jacke.

Die einzelnen Strophen können von älteren Kindern oder Erwachsenen gesprochen werden.

Das Spiel kann auch als Singspiel aufgeführt werden. Die einzelnen Strophen passen im Metrum genau auf das Weihnachtslied „Lasst uns froh und munter sein“.

Als das Kind geboren war,
kam herbei die Hirtenschar.
Seht – sie laufen übers Feld,
loben und ehren den Herrn der Welt.

Überm Stall steht hell der Stern,
lockt die Tiere aus der Fern.
Alle Tiere ziehn herbei
zur Krippe und zum Kind im Heu.

Die Giraffe zieht voran,
weil durchs Dach sie schauen kann.
Sie bleibt vor dem Stalle stehn,
will das Kind in der Krippe sehn.

Seht, der graue Elefant
stampft daher durch heißen Sand.
Weihrauch, Gold und Elfenbein
legt er in das Heu hinein.

Wer stampft brummend dort daher?
Seht – das ist der dicke Bär.
Dreht sich vor dem Kind herum
und tanzt fröhlich, brum, brum, brum.

Das Kamel, das schleppt so schwer,
bringt dem Kinde Schätze her.
Es trägt auch die weisen Herr'n,
alle folgen sie dem Stern.

Seht – wer trippelt dort daher?
Pinguin, der kommt vom Meer.
Watschelt über Sand und Stein,
will ganz nah beim Kinde sein.

Alle Tiere halten Wacht
in der ersten Heiligen Nacht.
Kommt doch mit zum Stall herbei,
lobt das Kind im warmen Heu.

Die Weihnachtsnacht

Es gab auch Hirten in dieser Nacht,
die hielten bei den Schafen Wacht.
Da haben die Engel ihnen verkündet,
wo man das Kind in der Krippe findet,
das Gott in die Welt zu uns gesandt.
So kam es, dass es ein jeder fand.

Wie jeder im Stall sich einst gefreut,
so freuen wir uns alle heut.
Gott hat uns den eigenen Sohn gegeben.
Er schenkt uns Liebe und neues Leben.
Wir feiern Weihnachten Jahr für Jahr
und denken daran, wie's damals war.

TEXT: ROLF KRENZER / MUSIK • MUSIK: STEPHEN JANETZKO

Kommt alle her zur Krippe

Spielalter ab 3 Jahren

Spieler Ein Erzähler (Spielleiter oder älteres Kind), Engel, Maria, Josef, Wirtsleute, Sternträger, Hirten, Könige.

Vorbereitung Einfache Kostüme für die Wirtsleute und Hirten; Josef trägt einen grauen, Maria einen blauen Umhang.

Die Engel tragen weiße Gewänder (z. B. gebunden aus Bettlaken), der Sternenträger ein langes, weites einfarbiges Gewand; die Könige tragen Kronen und farbige Umhänge.

Ein Stern wird aus gelber oder goldener fester Pappe gebastelt und an einen Stock gebunden.

Hinweis In diesem Krippenspiel gibt es Sprech- und reine Spielrollen (für kleine Kinder geeignet). Der Erzähler übernimmt die Regie über die Handlung, die sich über den ganzen Raum verteilt abspielen kann. Die Krippe sollte so aufgebaut sein, dass genügend Platz für alle Kinder und Erwachsenen da ist, um sich am Schluss des Spieles hier zu versammeln und gemeinsam zu singen.

Erzähler: Vom Himmel strahlt ein helles Licht. Ein Engel zu Maria spricht:

Engel: „Maria, fürchte dich doch nicht! Lass leuchten froh dein Angesicht! Ein Kind wird dir von Gott geschenkt, das alle Menschen liebt und lenkt. Die gute Nachricht bring ich heut."

Erzähler: Maria spricht:

Maria: „Ich bin bereit."

Erzähler: Maria und Josef ziehen durchs Land, durch Felsgestein und Wüstensand. In dunkler Nacht der Stern sie führt, sie haben Gottes Schutz gespürt.
Wo ist noch Platz in dieser Nacht? Kein Haus wird ihnen aufgemacht. Im Dorf lässt niemand sie herein. Da ziehn sie in den Stall hinein.

Die Hirten halten in dunkler Nacht bei ihren Schafen treu die Wacht. Da ist auf dem Feld ein Wunder geschehn. Sie haben Engel gehört und gesehn.

Engel: „Zieht hin nach Betlehem geschwind, ihr findet im Stall das Jesuskind."

Erzähler: Drei Könige sehen den hellen Stern, sie ziehen zur Krippe aus weiter Fern. Da sehn sie das Kindlein auf Heu und Stroh. Sie bringen ihm Schätze, ihr Herz ist froh.
Seht ihr den hellen Sternenschein? Ihr Menschen, zieht zum Stall hinein! Nun eilt zur Krippe, kommt und seht, die Tür für alle offen steht.

An der Krippe

Spielalter	ab 5/6 Jahren
Spieler	Maria, Josef, zwei Wirte und eine Wirtin, neun Kinder, drei Hirten, drei Könige.
Vorbereitung	Die Wirte tragen über ihrer Alltagskleidung eine große Schürze; Josef trägt einen grauen, Maria einen blauen Umhang. Die Könige tragen bunte Gewänder, Kronen etc.
Hinweis	Das bekannte Weihnachtslied „Ihr Kinderlein, kommet" (siehe S. 40) umrahmt das Spiel und kann von den Zuschauern am Schluss mitgesungen werden.

Das Krippenspiel kann auch sehr gut aus dem Kreis heraus gespielt werden, wobei die Zuschauer im Außenkreis und die Mitspieler im Innenkreis sitzen, in dem Maria und Josef langsam herumgehen. Dieser Kreis sollte an einer Seite eine Öffnung haben, in der die Krippe aufgebaut ist.

Am Schluss kommen – wie von weit her – die Könige herbeigezogen.

Lied: *(nach der Melodie „Ihr Kinderlein, kommet“, siehe S. 40)*
Wir grüßen euch alle,
so öffnet das Ohr.
Wir spielen die alte
Geschichte euch vor.
Maria und Josef,
sie ziehn übers Land,
so weit sind die Wege, so steinig der Sand.

Maria und Josef,
die mussten weit gehn.
Viel Tage und Nächte
bis hin nach Betlehem.
Sie sind schon ganz müde,
seht ihr dort den Stern,
ein Zeichen des Schutzes,
von Gott, unserm Herrn.

Maria: *(sehr müde)*
O Josef, o Josef, ich kann nicht mehr gehn, kannst du nicht schon bald eine Herberge sehn?

Josef: Maria, Maria, komm fürchte dich nicht, ich seh in der Ferne am Haus dort ein Licht.

(Er klopft beim ersten Wirt.)

1. Wirt: Wer klopft so spät an meine Tür?

Josef: Zwei arme Wanderer stehen hier, wir zogen bei Nacht und Winterwind.
Habt Mitleid – ihr seht – wir bekommen ein Kind!

1. Wirt: Das habt ihr beiden euch so gedacht, schnell wird die Türe zugemacht.
Bis unters Dach ist voll mein Haus, zieht ihr nur weiter in die Nacht hinaus!

(Josef klopft an die zweite Tür.)

2. Wirt: Wer klopft so spät an meine Tür?

Josef: Zwei arme Wanderer stehen hier.
Wir zogen über hartes Gestein, wir bitten euch: So lasst uns ein!

2. Wirt: Das habt ihr beide euch so gedacht, schnell wird die Türe zugemacht.
Ihr werdet vielleicht noch Diebe sein? Nein, nein, ich lass euch nicht herein!

(Josef klopft an die dritte Tür.)

Wirtin: Wer klopft so spät an meine Tür?

Josef: Zwei arme Wanderer stehen hier, seht ihr – wir leiden bittre Not, so helft uns, es vergelt's euch Gott!

Wirtin: Ich hätt' auch gerne aufgemacht, mein Haus ist voll in dieser Nacht. Doch meinen Stall, den geb ich euch, kommt mit, ich zeig den Weg euch gleich.

Lied: Ihr Kinderlein, kommet, o kommet doch all, zur Krippe her kommet in Betlehems Stall, und seht, was in dieser hochheiligen Nacht der Vater im Himmel für Freude uns macht.

(Die Kinder treten nacheinander zur Krippe.)

1. Kind: Ich bring eine warme Decke hier.

2. Kind: Ich schenk ein weißes Hemdchen dir.

3. Kind: Einen Topf mit Suppe hab ich dabei.

4. Kind: Eine warme Mütze leg ich ins Heu.

5. Kind: Ich schlepp den Wassereimer her mit frischem Wasser, der ist schwer!

6. Kind: Mit Tüchern komm ich weich und warm.

7. Kind: Mein Puppenkind hab ich im Arm.

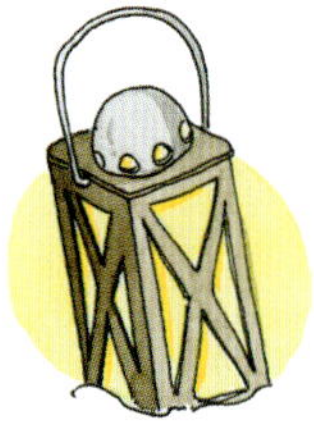

8. Kind: Mit Käse und Butter komm ich gerannt.

9. Kind: Das Holz, die Laterne hab ich in der Hand.

Maria: Wir danken euch allen, groß und klein, wir Armen sind nicht mehr allein.
Mein Kind, das liegt auf Heu und Stroh, macht alle Menschen frei und froh.

Josef: Kommt alle heran an die Krippe – seht, die Tür weit für euch offen steht!

(Aus der Ferne sind Rufe von Schafen und eilige Schritte zu hören; evtl. Orff-Instrumente.)

Lied:
Nun seht, von den Feldern,
da laufen Hirten her.
Sie sahen den Stern auch,
es werden immer mehr.
Macht Platz, dass die Hirten
das Kindlein auch sehn,
für alle ist das Wunder heute geschehn.

1. Hirte: Kommt, o kommt zum Stalle, lasst die Flöten klingen.
Dieses ist ein Freudentag, alle Engel singen.

2. Hirte: Ich hab das Schaffell mitgebracht, es hält dich warm in kalter Nacht.

3. Hirte: Du liebes Kind, wir wollen dich grüßen, ich leg dir die Flöte hier zu Füßen.
Bald spielst du selber ein Liedchen vor, das steigt zu Gottes Lob empor.

(Aus der Ferne sind orientalische Geräusche, z. B. Glocken, Zimbeln, Pauken, zu hören.)

Lied: So hört aus der Ferne
den wundersamen Klang.
Wer zieht von den Bergen
die Palmen entlang?
Kamele und Pferde
und Herren, reich geschmückt.
Wer hat so viel Glanz hier in Betlehem erblickt?

1. König: Der Stern, er leuchtet uns so hell, nun bleibt er stehen auf der Stell. So haltet an und sucht nicht mehr. Seht dort das Kind, o kommet her!

2. König: Da liegt das Kind, so warm und klein, es soll unser aller König sein.
Nun nimm die Kronen, nimm das Gold, nimm unsre Schätze, du Kindlein hold.

3. König: Die guten Kräuter bring ich aus der Fern, zum Stall uns führte Gottes Stern.
Du wirst uns Menschen Segen schenken und unsre Schritte zum Frieden lenken.

(Die Könige überreichen ihre Geschenke und knien an der Krippe nieder.)

Gemeinsames Schlusslied:

Im Stalle das Kindlein,
es ist heut geborn.
Wir Menschen auf Erden
sind nicht mehr verlorn.
Wir loben und danken heut
Gott, unserm Herrn.
Hoch über der Krippe, da leuchtet der Stern.

Wir singen und spielen
zur Heiligen Nacht.
Wir haben uns alle
zum Stall aufgemacht.
So tretet herein,
kniet euch nieder und seht:
die Tür zu der Krippe
heut offen uns steht!

Ihr Kinderlein, kommet

2. O seht in der Krippe, im nächtlichen Stall,
seht hier bei des Lichtleins hellglänzendem Strahl
in reinlichen Windeln das himmlische Kind,
viel schöner und holder, als Engel es sind.

3. Da liegt es, das Kindlein, auf Heu und auf Stroh;
Maria und Josef betrachten es froh.
Die redlichen Hirten knien betend davor,
hoch oben schwebt jubelnd der Engelein Chor.

4. O beugt wie die Hirten anbetend die Knie,
erhebet die Hände und danket wie sie!
Stimmt freudig, ihr Kinder, wer wollt' sich nicht freun?
Stimmt freudig zum Jubel der Engel mit ein.

5. Was geben wir Kinder, was schenken wir dir,
du bestes und liebstes der Kinder, dafür?
Nichts willst du von Schätzen und Freuden der Welt,
ein Herz nur voll Demut allein dir gefällt.

TEXT: CHRISTOPH VON SCHMID / MELODIE: JOHANN ABRAHAM PETER SCHULZ

Die Heiligen Drei Könige

Spielalter ab 5/6 Jahren

Spieler Maria, Josef, Sternträger, Kaspar, Melchior, Balthasar.

Vorbereitung Maria trägt einen blauen, Josef einen grauen Umhang; die Könige tragen bunte Gewänder und Kronen, der Sternträger ein langes, weites einfarbiges Gewand; aus gelber oder goldener fester Pappe wird ein Stern gebastelt und an einem Stock befestigt.

Hinweis Die Krippe ist seitlich im Raum aufgebaut. Die Heiligen Drei Könige ziehen – geführt vom Sternträger – durch den Raum und knien dann an der Krippe nieder. Zum Schluss des Krippenspiels versammeln sich Kinder und Erwachsene hier und singen gemeinsam das Lied „Ihr Kinderlein, kommet“ (siehe S. 40).

Lied: *(nach der Melodie „Ihr Kinderlein, kommet")*
Ihr Könige, herkommet
aus fernem Land.
So weit war die Reise
durch Wüstensand.

Kommt her an die Krippe,
es führt euch der Stern
Kniet nieder beim Kindlein,
vor Gott, unserm Herrn.

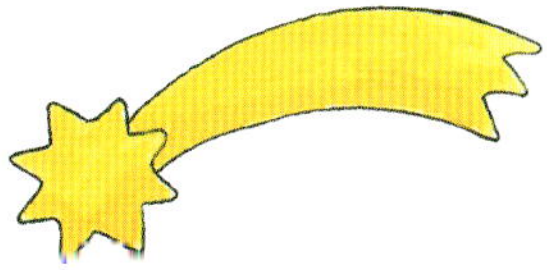

Kaspar: Tag und Nacht sind wir gezogen über Meer und Land. Heller Stern hat uns gerufen in das heilge Land.

Melchior: Schneller trieben wir die Tiere. Ohne Rast und Ruh zogen wir weiter auf weiten Wegen unserm Ziele zu.

Kaspar: Jerusalem, die Königsstadt, barg unsern König nicht. Herodes gab uns schlechten Rat, wir folgten unserm Licht!

Melchior: Nun knien wir an der Krippe hier – hell glänzt der Weihnachtsstern – und reichen unsre Gaben dar dem König, unserm Herrn.

Balthasar: Wir rufen es den Menschen zu:
„Kommt her zur Krippe – seht! Und tretet in den Stall hinein, die Tür uns offen steht."

Maria:

Der Stern strahlt hell hernieder, der Stern vom Himmelszelt
trägt alle Jahre wieder das Licht in unsre Welt.

Das Licht aus diesem Stalle die dunkle Welt erhellt.
So kommt doch her zur Krippe, zum Herren unserer Welt.

Er will uns Liebe schenken, er lässt uns nicht allein.
Auch diese Weihnacht wieder kehrt selbst er bei uns ein.

Wer Jesus findet

Lieber Jesus, damals, als du
in Betlehem geboren warst,
kamen dich viele Menschen besuchen.
Die Hirten vom Feld
und die Menschen aus der Stadt.
Alle wollten dich sehen.
Sogar Männer aus fremden Ländern kamen zu dir:
die Weisen aus dem Morgenland.
Der Stern hatte ihnen den Weg gezeigt.
Als sie dich in Betlehem fanden, war ihre Freude groß.

Jesus, wer dich findet, wird ganz froh.

Auch wir. Danke!

MARGRIT M. BOOS

TIPP

Erzählen Sie den Kindern davon, was die Sternsinger tun, wenn sie um den 6. Januar von Haus zu Haus ziehen, um den Menschen Gottes Segen zu bringen und für arme Kinder in der Welt Geld zu sammeln.

Wege der Weihnacht

Kind 1:

Zeig uns den Weg des Vertrauens
unter dem leuchtenden Stern,
wie die Weisen ihn gegangen
zu ihrem König und Herrn.

Kind 2:

Schenk uns den Weg des Dankens,
den Lobpreis der Hirten vom Feld.
Gib uns ein Herz,
das voll Staunen sich für dich offen hält.

Kind 3:

Bleib du an unserer Seite,
verlasse du uns nicht.
Schenk auf den Weihnachtswegen
uns wieder dein leuchtendes Licht.

Heller Stern, du hast die Weisen

2. Du durchbrichst mit deinen Strahlen
Einsamkeit und Not und Nacht,
und du hast mit deinem Glanze
unsre Herzen froh gemacht.

3. Bleib nicht stehen überm Stalle,
führe uns mit deinem Schein,
geh mit uns auf unsern Wegen
mit ins neue Jahr hinein.

TEXT: BARBARA CRATZIUS, MUSIK: PAUL G. WALTER,

Kinder in der Heiligen Nacht

Spielalter ab 3 Jahren

Spieler Es können bis ca. 20 Kinder mitwirken.

Vorbereitung Kostüme, evtl. Liedzettel für das Publikum.

Hinweis Kinder und Erwachsene können den Spielort gemeinsam weihnachtlich schmücken. Die Kinder werden mit wenigen Requisiten als Tiere verkleidet: Die Katzen bekommen Schnurrhaare aufgemalt und spitze Ohren angeklebt, die Mäuse erhalten runde Ohren und ein Schwänzchen, die Bären tragen unter ihrer Bärenmütze ein braun gemaltes Fell und die Eulen haben dunkel angemalte Gesichter. Für die Sternenkinder genügt als Requisite ein einfaches Stirnband.

Bei einer größeren Gruppe erfinden die Kinder selbst neue Verse: So können z. B. Storchenkinder, Froschekinder, Eselkinder, Schafkinder etc. zur Krippe laufen.

Beim letzten Vers sind alle Zuschauer eingeladen, zur Krippe zu kommen. Zum Schluss singen alle gemeinsam ein Weihnachtslied. Die Texte dieses Spiels können auch auf die Melodie „Alle meine Entchen" gesungen werden.

Kind 1:
Alle Katzenkinder
sind heut aufgewacht,
mauzen, schnurren, schleichen
in der Heiligen Nacht.

Kind 2:
Alle Mäusekinder
sind heut aufgewacht,
piepsen, rascheln, trippeln
in der Heiligen Nacht.

Kind 3:
Alle Eulenkinder
sind heut aufgewacht,
heulen, kuscheln, trippeln
in der Heiligen Nacht.

Kind 4:
Alle Spatzenkinder
sind heut aufgewacht,
piepsen, tschilpen, flattern
in der Heiligen Nacht.

Kind 5:
Alle Bärenkinder
sind heut aufgewacht,
tapsen, torkeln, brummen
in der Heiligen Nacht.

Kind 6:
Alle Sternenkinder
sind heut aufgewacht,
funkeln, glühen, strahlen
in der Heiligen Nacht.

Kind 7:
Alle Menschenkinder
sind heut aufgewacht,
freun sich, singen, tanzen
in der Heiligen Nacht.

Kind 8:
Alle gehn zur Krippe!
Seht! Das Kind, es lacht!
Fasst euch an den Händen
in der Heiligen Nacht.

Kind 9:
Kommt auch ihr zum Kreise,
seht das Kind im Stroh,
heut hat es Geburtstag
und macht alle froh.

Wir Kinder freuen uns

Lieber Jesus,
deine Geburt in Betlehem
spricht sich schnell herum.
Die Leute kommen und staunen.
Die Hirten tragen die Botschaft weiter.
Ein besonderer Stern zeigt den Weisen den Weg zu dir.
Sie finden dich als Kind in einer Futterkrippe.
Sie wissen:
Du bist der König der ganzen Welt.
Sie knien nieder und beten zu dir.
Sie schenken dir alles, was sie mitgebracht haben.
Sie schenken dir auch ihr Herz.
Glücklich ziehen sie in ihr Land zurück
und erzählen überall:
Jesus ist da! Freut euch!

Jesus, du weißt:
Wir Kinder freuen uns besonders,
dass du zu uns gekommen bist.
Wir danken deinem Vater im Himmel dafür.
Amen.

MARGRIT M. BOOS

Geschenke fürs Christkind

Spielalter ab 4 Jahren

Spieler Viele Kinder einer Kindergruppe.

Hinweis Während der Adventszeit können die Kinder ihre Ideen und Geschenke aus den verschiedensten Werkmaterialien vorbereiten. Bei Wald- und Strandspaziergängen werden Muscheln, Federn, lange Zapfen etc. gesammelt.

Die Geschenke sind so unterschiedlich, dass jedes Kind einen eigenen Vers finden kann.

Spielvorschlag Die Kinder bilden einen Kreis. In der Mitte steht die Krippe. Jeweils ein Kind tritt vor, hält sein Geschenk hoch, spricht einen Vers und legt die Gabe neben die Krippe. Dann geht es an seinen Platz zurück.

Zum Schluss treten alle Kinder an die Krippe und singen gemeinsam das Lied „Ihr Kinderlein, kommet“ (siehe S. 40).

1. Kind: Diesen kleinen blauen Engel habe ich aus Ton gemacht. Der steht oben an der Krippe, hält bei dir im Stall die Wacht.

2. Kind: Kind, ich sägte diese Katze aus dem Holz für dich heraus. Ich hab sie ganz grau bemalt und dazu die kleine Maus.

3. Kind: Du bekommst von mir die Sterne, die ich selber angemalt.
Gold und gelb mit vielen Zacken, guck nur, wie der große strahlt.

4. Kind: Mit der Mutter backten wir Sterne, Vögel und den Fisch. Mhm – der gute Teig, er duftet,
und die Plätzchen sind ganz frisch.

5. Kind: Sieh – ein Pfefferkuchenhaus wollten wir dir heute bau'n. Hänsel schaut heraus und Gretel und der Kater sitzt am Zaun.

6. Kind:
Einen langen Stab aus Holz,
obenauf der Weihnachtsstern.
Der soll hell im Stall dir leuchten,
ich schenke ihn dir wirklich gern.

7. Kind:
Einen grünen Tannenzweig
hab ich aus dem Wald gebracht.
Bunt hab ich ihn ausgeschmückt,
ob er dir wohl Freude macht?

8. Kind:
Diese zarten kleinen Vögel
malte ich auf Buntpapier,
wie sie schweben, fliegen, steigen!
Liebes Kind, ich schenk sie dir!

9. Kind:
Eine lange goldne Kette
häng ich an die Krippe dran.
Malte alle kleinen Nüsse
mit der goldnen Farbe an.

10. Kind:
Meine schöne große Sonne
hat ein richtiges Gesicht.
Ich malt' sie mit Fingerfarben,
schau – sie strahlt im Kerzenlicht!

11. Kind: Und mein großer weißer Schneemann
hat den langen Stock dabei.
Er hat schwarze Kohlenaugen.
Schau, ich leg ihn hier ins Heu.

12. Kind: Dieses kleine Segelschiffchen,
das kann fahren pfeilgeschwind.
Du kannst damit am Wasser spielen,
segeln wird es mit dem Wind.

13. Kind: Diesen Stein hab ich gefunden,
der lag da im warmen Sand.
Sah ihn in der Sonne glitzern.
Nimm ihn fest in deine Hand.

14. Kind: Eicheln hab ich und Kastanien
hier in meiner Tasche drin.
Damit kann man spielen, basteln.
Sieh – ich leg ins Stroh sie hin.

15. Kind: Murmeln spiele ich so gerne,
rille, rolle in dem Sand.
Und ich leg die schönste Kugel
dir in deine kleine Hand.

16. Kind:

Diese weißen Vogelfedern
fand ich neulich auf dem Stein.
Weich sind sie und fein gefiedert,
ich leg sie ins Heu hinein.

17. Kind:

Eine bunte Mondlaterne
habe ich dir mitgebracht.
Wie die glänzt und strahlt und leuchtet
hier im Stall in dunkler Nacht.

18. Kind:

Und mein schöner bunter Drachen,
zappeln wird er an dem Band!
Er kann zu den Wolken fliegen.
Halt ihn fest in deiner Hand!

19. Kind:

Mahmud heiß ich, bring dir Muscheln
von dem warmen blauen Meer.
Gerne will ich sie dir schenken.
Von meiner Heimat sind sie her.

20. Kind:

Alle Kinder dieser Erde,
unterm Himmelszelt, dem blau'n,
stehen hier an deiner Krippe,
kommen, Kind, dich anzuschau'n.

Alle Tiere kommen zur Krippe

Spielalter ab 2 Jahren

Spieler Jeweils mehrere Kinder können eine Tierart darstellen und zum Stall laufen.

Hinweis Dieses Spiel ist für eine große Kindergruppe gedacht. Die Kinder sprechen zuerst ihren Text und gehen anschließend zur Krippe. Ein Vers kann auch von zwei oder drei Kindern gespielt werden, dann sind es eben zwei Tauben oder drei Mäuse, die zur Krippe kommen. Die älteren Kinder sprechen dann den Text.

Wichtig ist nur, dass die Tiere mit typischen Bewegungen dargestellt werden, zum Beispiel flattern die Tauben aufgeregt mit ihren Flügeln, die Eule hingegen fliegt mit langsamen Flügelschlägen herbei, die Mäuse trippeln mit schnellen, kleinen Schritten, die Katze schleicht mit geschmeidigen Bewegungen, die Hennen scharren immer wieder auf dem Boden, der Storch stolziert mit großen Schritten, die Fische schlagen mit ihren Flossen, der Maulwurf tapst langsam und etwas unbeholfen ...

Doch bei aller Lust am Spielen und Darstellen von Tieren sollte dieses Krippenspiel nicht in eine heitere und lautstarke Zoogeschichte ausarten.

1. Kind
Seht, der graue Esel,
er schreit laut: I-ah!
Stellt sich an die Krippe:
Christkind, ich bin da!

2. Kind
Und der große Ochse
hat die ganze Nacht
mit dem warmen Atem
bei dem Kind gewacht.

3. Kind
Taube schwingt die Flügel,
was trägt sie herbei?
Bringt drei grüne Zweige,
legt sie leis ins Heu.

4. Kind
Trippel, trippel, trappel,
hoch den kleinen Schwanz!
Horcht – die Mausfamilie
tanzt den Mäusetanz.

5. Kind
Seht – zwei kleine Hasen
hoppeln auch herbei,
spitzen lang die Ohren,
kuscheln sich ins Heu.

6. Kind
Huhu, macht die Eule,
sie schwebt her von weit,
rupft zwei weiche Federn
aus dem Federkleid.

7. Kind
Igel hat die Stacheln
alle glatt gemacht.
Du kannst sanft ihn streicheln
in der Heilgen Nacht.

8. Kind
Auch der braune Maulwurf
schaufelt sich zum Licht,
legt sich an die Krippe
zu dem Kind ganz dicht.

9. Kind
Seht – die braunen Hennen
trippeln rasch herbei,
gackern, kratzen, scharren,
legen rasch ein Ei.

10. Kind
Wer stolziert von Weitem?
Klipper – klapper – horch!
Mit den roten Strümpfen:
das ist unser Storch!

11. Kind
Kommt ein Fisch geschwommen
aus dem tiefen Meer,
bringt drei weiße Perlen
heut dem Christkind her.

12. Kind
Käfer, der hat Punkte.
1 – 2 – 3 und 4.
Er kann kitzeln, krabbeln,
will Glück bringen dir.

13. Kind
Honig bringt die Biene
mit ganz viel Gebrumm,
sie wird niemand stechen,
fliegt um dich herum.

14. Kind
Schmetterling, nun tanze,
tanz im Sternenschein.
An den bunten Flügeln
wird das Kind sich freun.

15. Kind
Katze kommt geschlichen,
schnurren kann sie fein.
Und beim sanften Schlaflied
schläft das Kindlein ein.

16. Kind
Bello hat die Engel
auf dem Feld entdeckt,
hat die ganze Herde
bellend aufgeweckt.

17. Kind
Alle kleinen Schafe
laufen her ganz schnell,
wärmen unser Kindlein
mit dem weichen Fell.

18. Kind
Und – da kommt die Schnecke
ganz zuletzt heran,
weil sie nur ganz langsam
vorwärtskriechen kann.

19. Kind
Seht – da stehn sie alle,
drängeln, beißen nicht,
friedlich bei der Krippe
unterm hellen Licht.

20. Kind (Maria)
Alle diese Tiere
in der Heilgen Nacht
hat das Christuskindlein
frei und froh gemacht.

21. Kind (Josef)
Menschen und die Tiere,
stimmt nun froh mit ein:
Weihnacht ist gekommen,
lasst uns fröhlich sein.

Mein kleines Licht, verlösche nicht

Mein kleines Licht,
verlösche nicht.
Ich trag dich vor mir her.
Und wer uns sieht,
der zieht gleich mit.
Wir werden immer mehr.

Mein kleines Licht,
verlösche nicht.
Ich halte hoch den Arm.
Es dringt dein Schein
ins Herz hinein
und macht es froh und warm.

Vorschlag für eine kleine Krippenfeier

Die Krippenspiele in diesem Buch lassen sich gut in eine kleine Feier einbinden, die mit einem gemeinsamen Lied beginnt. Dann folgt das Krippenspiel, anschließend ein Gebet und ein weiteres Lied. Zum Abschluss kann einer der Erwachsenen den Weihnachtssegen sprechen.

TIPP

Alle nehmen z. B. ein gebasteltes Sternen-Teelicht (siehe S. 7) mit nach Hause.

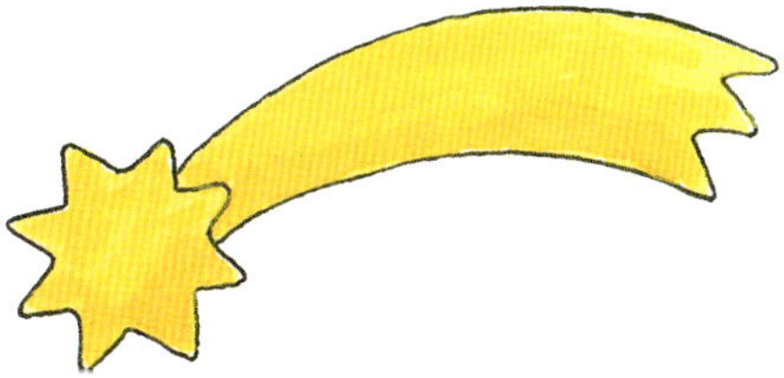

Weihnachtssegen

Guter Gott,
du kannst aus kleinen Sachen
riesengroße Wunder machen.
Der Weihnachtstern erzählt davon.
Sein Licht scheint in unser Leben
und schenkt uns deinen Segen.

Wir danken dir für das Jesuskind,
mit dem die neue Zeit beginnt.
Lass uns in deinem Sinne leben
und, was wir können, gerne geben.
Amen.

ANNA PETERS

Quellennachweis

Texte und Lieder: Seite 14, 45, 51: aus: Margrit M. Boos, Kinder beten im Kirchenjahr, © 2019 Butzon & Bercker GmbH, Kevelaer, www.bube.de; Seite 63: aus: Unser erstes Weihnachtsfest, © 2022 Butzon & Bercker GmbH, Kevelaer, Deutschland, www.bube.de

Bilder: Umschlagrückseite, S. 1 ff.: © anna_zubkova – stock.adobe.com (Engel und Sterne); S. 7: Verlagsarchiv; S. 24/ 25: © Buch&Bee; S. 34: © MarinaErmakova; S. 54: © magicmary (Sonne); S. 55: © JuliaBadeeva; © yuki_acaraje; S. 56: © yuliya_derbisheva; alle: stock.adobe.com

Hilfswerk für den Glauben
bonifatius werk

In Kooperation mit dem Bonifatiuswerk
der deutschen Katholiken e.V.
Kamp 22, 33098 Paderborn
Msgr. Georg Austen, Generalsekretär
Telefon: (0 52 51) 29 96-0, Telefax: (0 52 51) 29 96-88
E-Mail: info@bonifatiuswerk.de
Internet: www.bonifatiuswerk.de

Bibliografische Information der Deutschen Nationalbibliothek
Die Deutsche Nationalbibliothek verzeichnet diese Publikation in der Deutschen Nationalbibliografie; detaillierte bibliografische Daten sind im Internet über http://dnb.d-nb.de abrufbar.

e verlags gruppe engagement

Das Gesamtprogramm von Butzon & Bercker finden Sie im Internet unter www.bube.de

ISBN 978-3-7840-3628-1

Umschlaggestaltung: Tanja Manden, Kevelaer
Umschlagillustration: Sigrid Leberer
Notensatz: Kontrapunkt Satzstudio Bautzen
Satz und Layout: serfling.media

Word 2021

Die Anleitung in Bildern

von
Christine Peyton

Vierfarben

Wir hoffen, dass Sie Freude an diesem Buch haben und sich Ihre Erwartungen erfüllen. Ihre Anregungen und Kommentare sind uns jederzeit willkommen. Bitte bewerten Sie doch das Buch auf unserer Website unter **www.rheinwerk-verlag.de/feedback**.

An diesem Buch haben viele mitgewirkt, insbesondere:

Lektorat Isabella Bleissem, Erik Lipperts
Korrektorat Friederike Daenecke, Zülpich
Herstellung Maxi Beithe
Einbandgestaltung Bastian Illerhaus
Coverfotos Shutterstock: 308784095 © baranq; iStock: 14690037 © Sara Winter
Typografie und Layout Vera Brauner
Satz Christine Netzker
Druck Media-Print Informationstechnologie, Paderborn

Dieses Buch wurde gesetzt aus der Syntax Next Pro (10,25 pt/14,25 pt) in Adobe InDesign.
Gedruckt wurde es auf mattgestrichenem Bilderdruckpapier (115 g/m²).
Hergestellt in Deutschland.

Bibliografische Information der Deutschen Nationalbibliothek:

Die Deutsche Nationalbibliothek verzeichnet diese Publikation in der Deutschen Nationalbibliografie; detaillierte bibliografische Daten sind im Internet über *http://dnb.dnb.de* abrufbar.

ISBN 978-3-8421-0865-3

1. Auflage 2022

Vierfarben ist eine Marke des Rheinwerk Verlags. Der Name Vierfarben spielt an auf den Vierfarbdruck, eine Technik zur Erstellung farbiger Bücher. Der Name steht für die Kunst, die Dinge einfach zu machen, um aus dem Einfachen das Ganze lebendig zur Anschauung zu bringen.

Informationen zu unserem Verlag und Kontaktmöglichkeiten finden Sie auf unserer Verlagswebsite **www.rheinwerk-verlag.de**. Dort können Sie sich auch umfassend über unser aktuelles Programm informieren und unsere Bücher und E-Books bestellen.

Liebe Leserin, lieber Leser,

die elektronische Textverarbeitung bietet enorme Möglichkeiten und macht auch richtig viel Spaß. Wenn Sie sich mit den Einstellungen von Word erst einmal vertraut gemacht haben, werden Sie die Unkompliziertheit und die immense Zeitersparnis nicht mehr missen wollen. Keine mühsamen Korrekturen oder gänzlich neu getippten Seiten mehr, dafür aber eine Menge Optionen, um Schriftstücke ansprechend zu gestalten und problemlos zu vervielfältigen.

Egal ob Sie die Software auf Ihrem Computer installiert haben oder die Abovariante Microsoft 365 nutzen: Christine Peyton zeigt Ihnen, was mit Word 2021 alles möglich ist. Ob es um das Verfassen eines einfachen Briefes oder um die gefällige Gestaltung eines Lebenslaufes oder einer Einladung geht – Schritt für Schritt werden Sie durchs Programm geführt und können so Ihre Vorstellungen einfach und schnell zu Papier bringen.

Dieses Buch wurde mit größter Sorgfalt geschrieben und hergestellt. Sollten Sie dennoch einmal Fehler finden oder inhaltliche Anregungen haben, freue ich mich, wenn Sie mit mir in Kontakt treten. Für konstruktive Kritik bin ich dabei ebenso offen wie für lobende Worte. Doch zunächst einmal wünsche ich Ihnen viel Freude beim Lesen und Ausprobieren!

Ihr Erik Lipperts
Lektorat Vierfarben

erik.lipperts@rheinwerk-verlag.de

Inhalt

1 Bevor es losgeht 10

So funktioniert die Tastatur 12
So funktioniert die Maus 14
So benutzen Sie das Touchpad am Notebook 16
Tricks, die das Leben mit Word erleichtern 18
Word starten 20
Word über einen Touchscreen bedienen 22

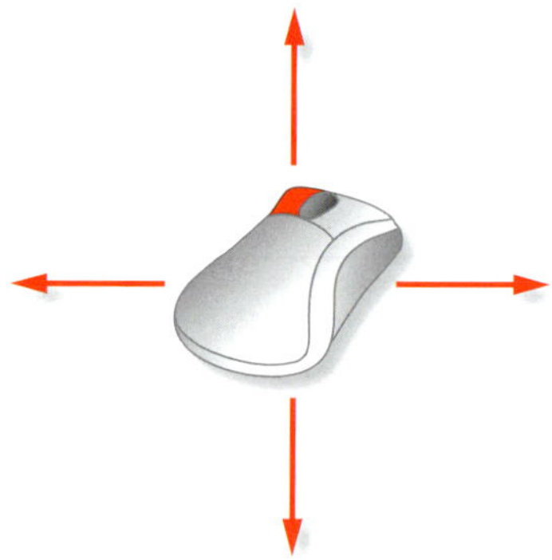

2 Was ist wo in Word? 24

Ein erster Überblick 26
Die einzelnen Registerkarten – wo findet sich was? ... 28
Registerkarten ein- und ausblenden 33
Die verschiedenen Ansichten 34
Praktisch: der Lesemodus und der Plastische Reader ... 36
Den Bildschirm einrichten 38

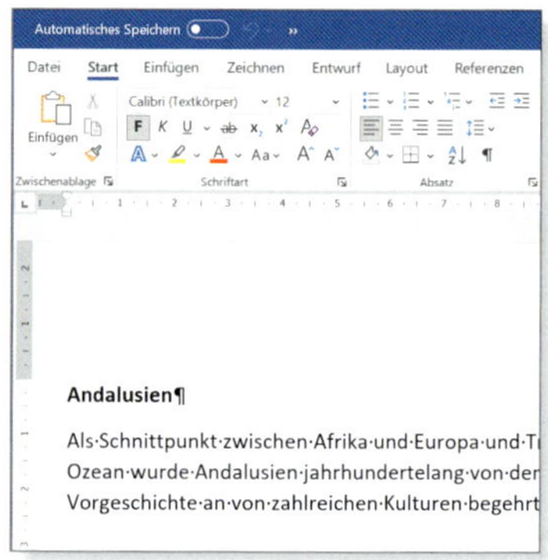

3 Dokumente anlegen, öffnen und speichern 40

Eine gespeicherte Datei öffnen 44
Auf vorhandenen Vorlagen aufbauen 46
Eine Datei speichern – auf dem PC oder auf OneDrive 48
Dokumente auf OneDrive aufrufen 54
Die Dateiformate von Word 56
PDF-Dateien in Word öffnen und bearbeiten 60

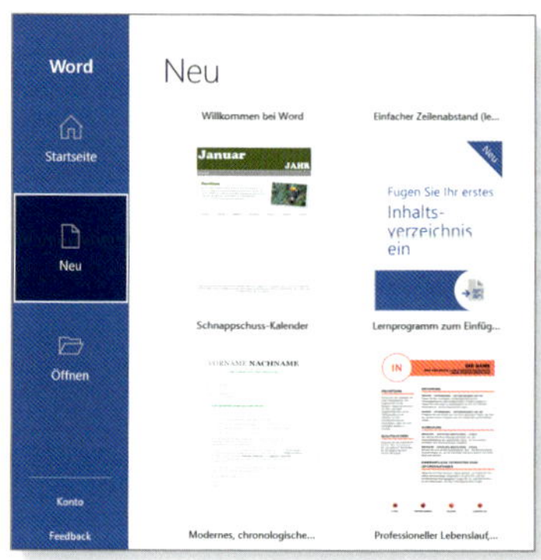

Inhalt

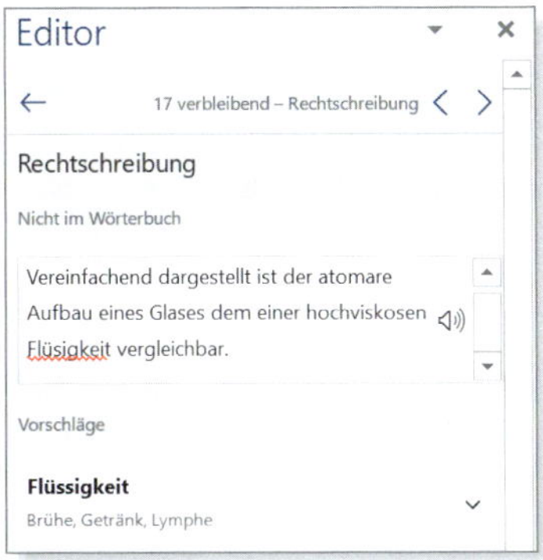

4 Texte schreiben und bearbeiten 62

Text eingeben 64
Fehlerfreie Texte – die (Auto-)Korrektur in Word 66
Silbentrennung 70
Text markieren 72
Text kopieren und verschieben 76
Textstellen suchen 78
Text ersetzen 80
Mit Schnellbausteinen arbeiten 82
Die Seite einrichten 84

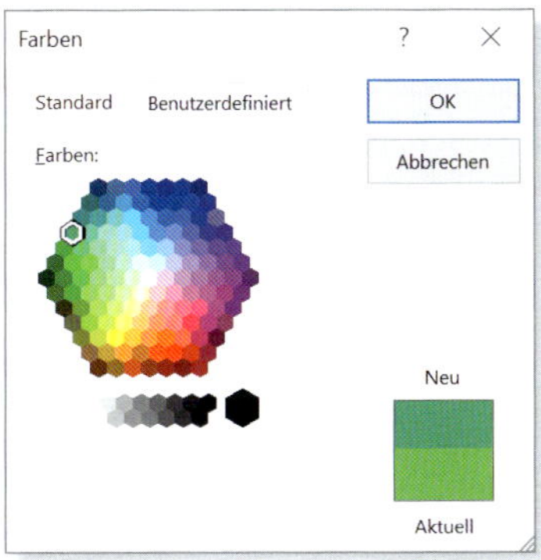

5 Text gestalten und formatieren 86

Die Schriftart festlegen 88
Die Schriftgröße festlegen 90
Eine Schriftfarbe festlegen 92
Textabschnitte ordentlich ausrichten 94
Abstände zwischen Absätzen festlegen 96
Abstände zwischen Zeilen festlegen 98
Text mit Hervorhebungen und Effekten versehen 100
Rahmen und Linien um Texte setzen 102
Schattierungen zuweisen 104
Seiten unterschiedlich formatieren – Abschnittswechsel 106
Fußnoten einfügen 108
Kopf- und Fußzeilen anlegen und bearbeiten 110
Seitenzahlen einfügen 114
Kopfzeilen für einzelne Kapitel anlegen 116

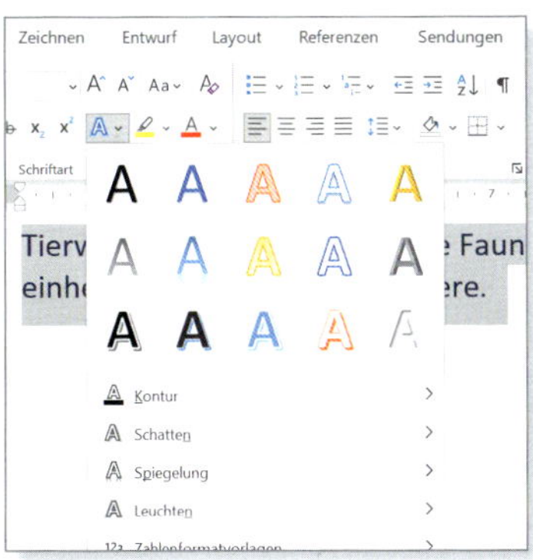

Mit Formatvorlagen arbeiten 118
Vorhandene Formatvorlagen ändern 120
Eigene Dokumentvorlagen erstellen 122
Eigene Dokumentvorlagen aufrufen 124
Arbeit im Team – Kommentare 126
Kommentare kommentieren 128
Text sichtbar korrigieren 130

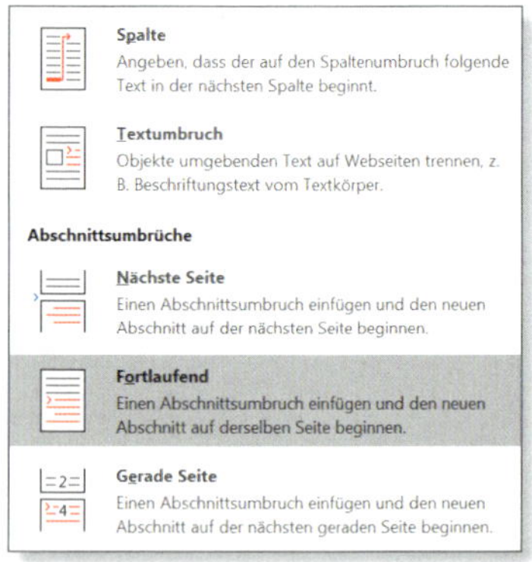

6 Drucken 132

Die Druckvorschau im Dialog »Drucken« 134
Optionen für den Ausdruck 136
Einzelne Seiten drucken 140
Tipps und Tricks beim Drucken 142
Word-Dokumente extern drucken 144

7 Nummerierungen und Aufzählungen 146

Eine einfache Nummerierung einfügen 148
Die automatische Nummerierung ausschalten 150
Nummerierungen fortsetzen 152
Aufzählungszeichen einfügen und ändern 154
Listen mit mehreren Ebenen 156
Listen formatieren 158
Überschriften durchzählen 160

Inhalt

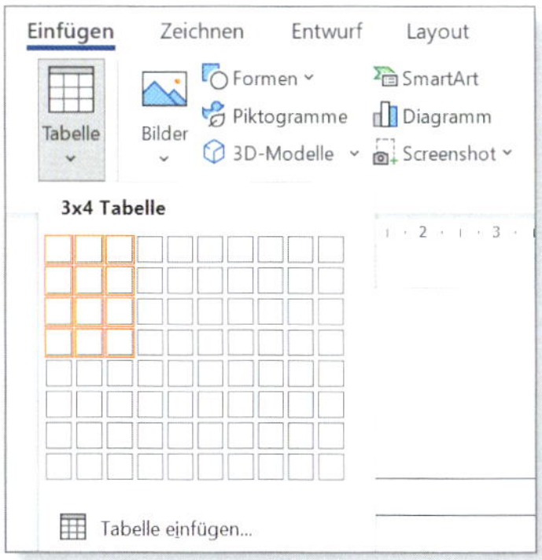

8 Tabellen erstellen und bearbeiten 162

Eine Tabelle per Klick erzeugen 164
Zeilen und Spalten einfügen und löschen 166
Die Tabelle formatieren 168
Formatvorlagen für Tabellen nutzen 172
Text in Tabellen umwandeln 174
Tabellen in Text umwandeln 176
Tabellen aus Excel übernehmen 178
Profitipps für Tabellen 180

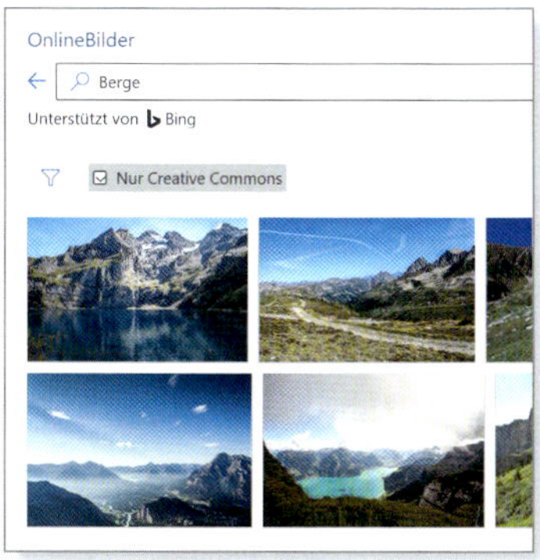

9 Grafiken, Diagramme und Links einfügen 184

Bilder einfügen 186
Grafikelemente positionieren 190
Bilder zuschneiden und bearbeiten 192
Onlinegrafiken einfügen 196
3D-Bilder einfügen 198
Formen hinzufügen 200
Formatierte Schriftzüge – WordArt 202
Mehrere Grafiken kombinieren 204
Organigramme einfügen 206
Diagramme erstellen und formatieren 208
Excel-Diagramme einfügen 212
Links in ein Word-Dokument einfügen 214

10 Verzeichnisse, Verweise und Co. 218

Ein Inhaltsverzeichnis erstellen 220
Zum Nachschlagen: Dokumente mit Index 224
Auf Textstellen verweisen – Querverweise 226
Literaturverzeichnisse nach den Regeln der Kunst 228

11 Die große Vorlagensammlung 232

Serienbrief 234
Geschäftsbrief 244
Etiketten 250
Bewerbungsunterlagen 256
Flyer 262
Grußkarte 266
Rechnung 272

Glossar 278
Stichwortverzeichnis 286

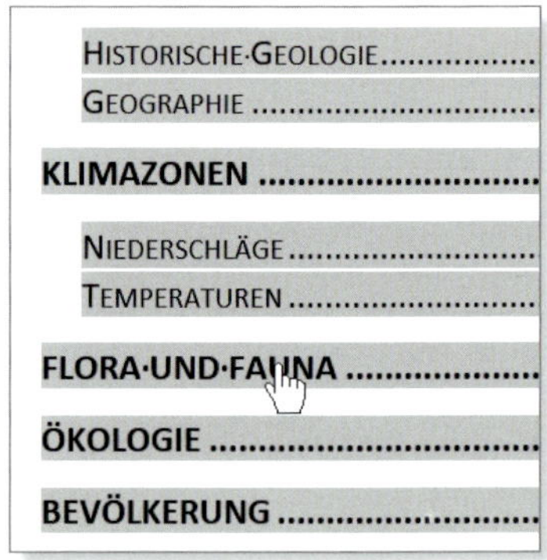

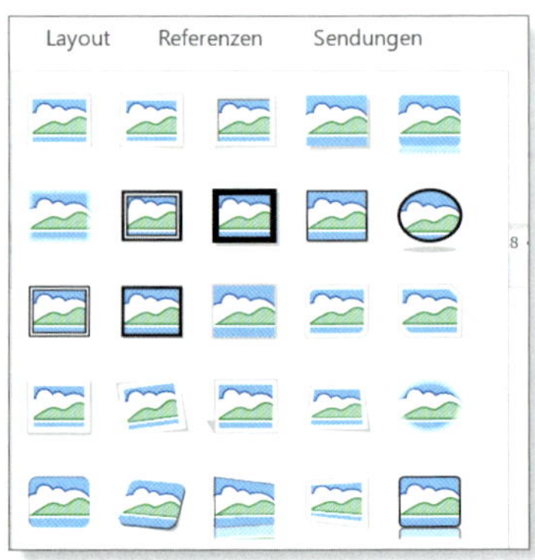

Kapitel 1
Bevor es losgeht

Bevor wir in die Textverarbeitung mit Word einsteigen, beginnen wir erst einmal mit den Grundlagen. Wenn Sie sich mit diesen Arbeitstechniken schon auskennen, umso besser – ansonsten machen wir Sie nun mit der Bedienung des Computers und dem Start des Programms vertraut.

Tastatur, Maus, Touchpad und Touchscreen
Sowohl mit der Maus als auch mit der Tastatur können Sie das Programm steuern, durch Ihr Dokument navigieren oder Befehle ausführen. Das Touchpad ist dabei die moderne Form der Maus, direkt in den Laptop integriert. Bereits seit Windows 8 ersetzt der Touchscreen häufig Maus, Tastatur und Touchpad.

Erste Schritte
Dann geht es weiter mit Word 2021 selbst. Wie wird es geöffnet, und welche Einstellungen sollten Sie zuerst vornehmen, um sich die Arbeit zu erleichtern? Blenden Sie z. B. Steuerzeichen ein, oder lernen Sie, wie Sie Änderungen zurücknehmen.

1 Ob Tastatur, Maus oder Touchpad, Word 2021 lässt sich auf verschiedene Weisen steuern.

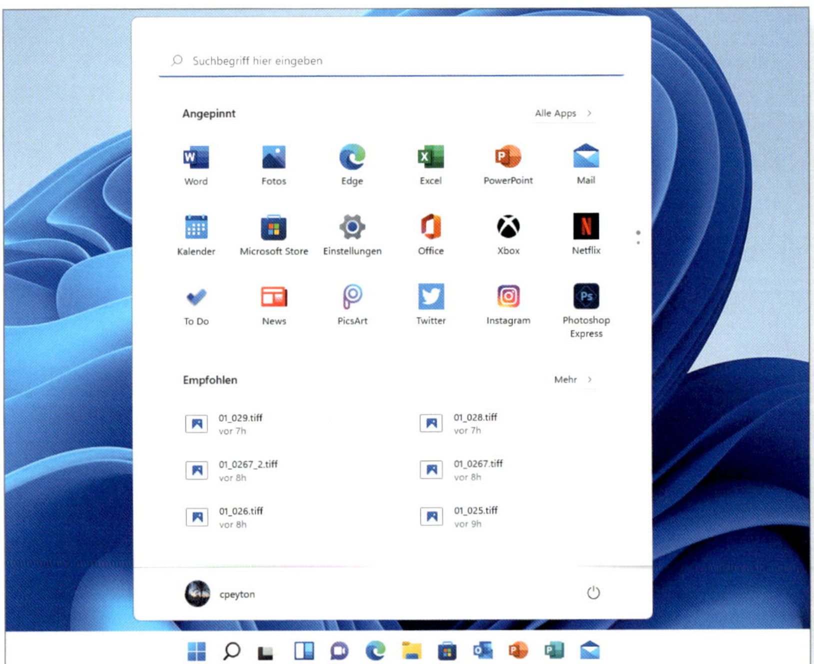

2 Mit einem Klick auf das Windows-Symbol in der Taskleiste öffnen Sie das Startmenü. Im Startmenü gelangen Sie zu Word 2021 (Eintrag **Word**), das Ihnen nach dem Öffnen mit seinen vielen Möglichkeiten zur Verfügung steht.

So funktioniert die Tastatur

Wir möchten Ihnen zunächst zeigen, wie Sie die Tastatur am PC benutzen und welche Besonderheiten sie hat.

1

1 Großschreibung

Starten Sie Word, und schreiben Sie einfach mal drauflos! Die Anordnung der Zeichen entspricht mehr oder weniger der einer normalen Standardtastatur, z. B der einer Schreibmaschine aus früheren Zeiten. Für die Großschreibung eines Zeichens drücken Sie die [⇧]-Taste ❶.

2

2 Der Nummernblock

Rechts an der PC-Tastatur befindet sich der Nummernblock ❷ für die bequeme Eingabe von Zahlen und Rechenoperatoren. Den Block schalten Sie mit der [Num]-Taste an (eine LED leuchtet) oder aus; dann navigieren Sie mit den Tasten durch den Text.

3

3 Tastenbelegung

Die sogenannte *zweite Belegung* (z. B. das Prozentzeichen % auf der [5]) erzeugen Sie, indem Sie mit gedrückter [⇧]-Taste ❸ die jeweilige Taste drücken. Für die *dritte Belegung*, z. B. die geschweifte Klammer auf der [7], halten Sie die Taste [Alt Gr] ❹ gedrückt.

4 Die Pfeiltasten

Durch einen Text wandern Sie mit den Pfeiltasten ❺: Sie gehen nach unten [↓], nach oben [↑], nach rechts [→] oder links [←]. Praktisch: Die [Ende]-Taste setzt den Cursor direkt auf das letzte Zeichen einer Zeile, die [Pos1]-Taste auf das erste Zeichen.

4

5 Die Escape-Taste

Die [Esc]-Taste ❻ ist oft von unschätzbarem Wert. *Esc* steht für »escape«, also »fliehen«. Mit dieser Taste können Sie geöffnete Dialoge wieder verlassen oder eine angefangene Aktion abbrechen.

5

6 Die Steuerungstaste

Die [Strg]-Taste ❼ löst in der Regel in Zusammenhang mit einem anderen Zeichen eine Aktion aus, z. B. wird durch Drücken von [Strg]+[C] ein markierter Text kopiert. Die Tastenkombination [Strg]+[V] fügt den kopierten Text an der Cursorposition ein.

6

Dauerhaftes Großschreiben

Drücken Sie einmal die [⇩]-Taste ❽, um durchweg großzuschreiben. Durch erneutes Drücken lösen Sie die [⇩]-Taste wieder.

So funktioniert die Maus

1

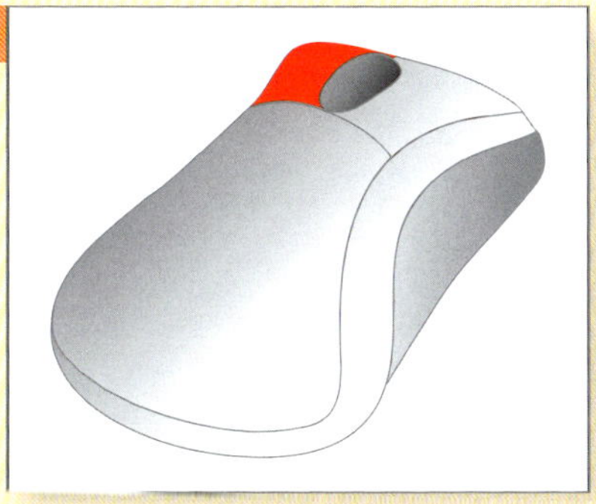

2

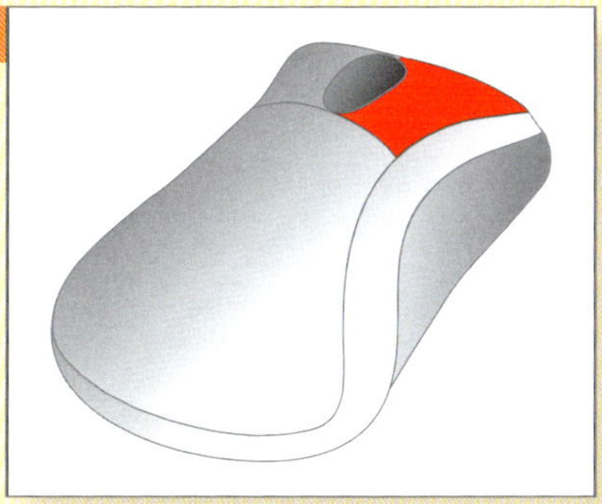

3

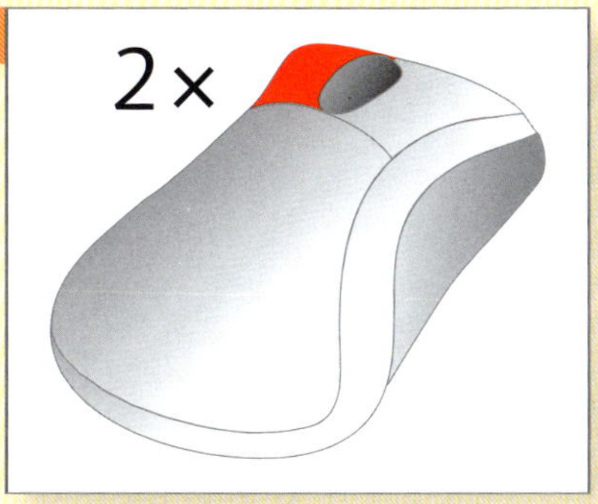

Mit der Maus bewegen Sie den Mauszeiger über den Monitor; per Mausklick werden die meisten Befehle und Aktionen ausgelöst.

1 Linksklick

In einem Word-Dokument setzen Sie mit einem Klick auf die linke Maustaste den Cursor an eine andere Stelle. Außerdem starten Sie per Linksklick Befehle, öffnen Auswahllisten und Dialoge etc. – je nachdem, wo Sie klicken.

2 Rechtsklick

Die Maus hat auch eine rechte Taste. Wenn Sie die rechte Maustaste drücken, rufen Sie in der Regel ein *Kontextmenü* auf. Dies sind Menüs mit variierenden Befehlen; die Auswahl ist jeweils abhängig von der Stelle, an der Sie geklickt haben.

3 Doppelklick

Mitunter benötigen Sie auch einen Doppelklick, d.h., Sie drücken möglichst schnell zweimal hintereinander auf die linke Maustaste. In Word markiert ein Doppelklick z.B. ein Wort. Auch Ordner (Verzeichnisse) werden per Doppelklick geöffnet.

4 Das Scrollrad

Das Verhalten des Scrollrades ist von der Position des Mauszeigers abhängig. Befindet er sich auf einem Text, schieben Sie den Text an der Mausposition vorbei nach oben oder unten. Steht der Mauszeiger auf einer Registerkarte des Menübands, wechseln Sie die aktive Registerkarte.

4

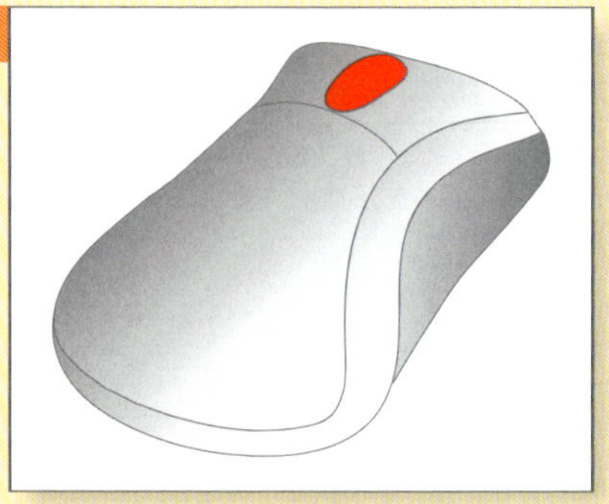

5 Mit der Maus ziehen

Mit der Maus können Sie auch »ziehen«; dazu halten Sie die Maustaste gedrückt und wandern in eine Richtung. Für diese Aktion gibt es unterschiedliche Einsatzgebiete. Ziehen Sie z. B. an der Bildlaufleiste, um sich im Text nach unten bzw. oben zu bewegen.

5

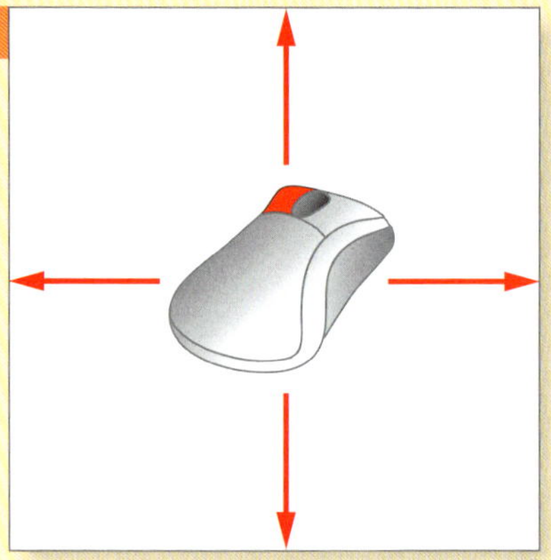

6 Mit rechts ziehen

Dieses »Ziehen« geht auch mit der rechten Maustaste. Möchten Sie z. B. im Explorer eine Datei kopieren, können Sie sie mit gedrückter rechter Maustaste an den Zielort ziehen. Lassen Sie die Maustaste los, erscheint ein Auswahlmenü mit den Befehlen zum Kopieren oder Verschieben.

6

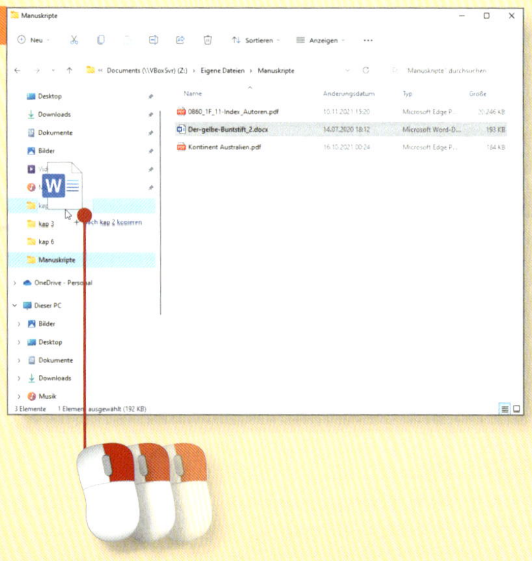

So benutzen Sie das Touchpad am Notebook

Das Touchpad finden Sie bei den meisten Notebooks oder Netbooks. Sie können damit wie mit einer Maus den Cursor bewegen und Aktionen ausführen. Es wird mit den Fingerkuppen bedient, sodass Sie auf die Maus verzichten können.

1

1 Der Mauszeiger

Zur Positionierung des Mauszeigers fahren Sie mit einer Fingerkuppe leicht über das Touchpad. Der Mauszeiger auf dem Monitor folgt der Bewegung Ihres Fingers.

2

2 Die Tasten

Unterhalb des Touchpads sind zwei Tasten angeordnet, deren Funktionen denen der Maustasten entsprechen. Für einen Linksklick reicht aber auch ein kurzes Antippen des Touchpads.

3

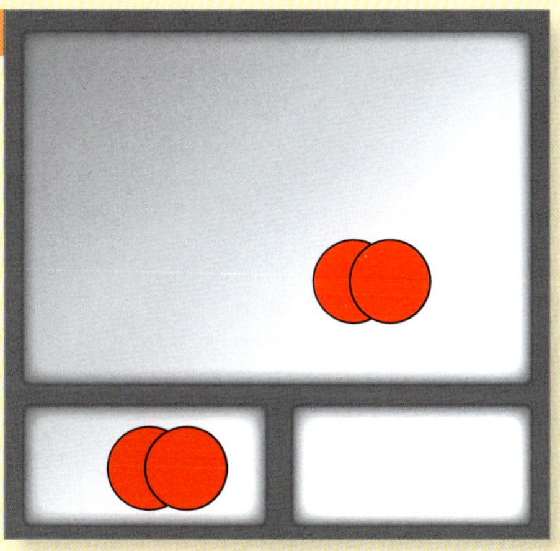

3 Doppelklick

Wie mit der Maus können Sie auch mit dem Touchpad einen Doppelklick ausführen. Dazu benutzen Sie die linke Taste Ihres Touchpads. Alle neueren Touchpads unterstützen inzwischen auch den Doppelklick durch zweimaliges Antippen.

4 Scrollen

Auch scrollen können Sie mit dem Touchpad, indem Sie mit den Fingerkuppen über es streichen.

5 Ziehen

Das Bewegen der Maus mit gedrückter Maustaste (zum Ziehen oder Markieren) können Sie ebenfalls simulieren. Führen Sie einen »anderthalbfachen« Klick aus, also einen Doppelklick, ohne den Finger nach dem zweiten Klick vom Touchpad abzuheben. Gehen Sie dann gleich in eine Mausbewegung über.

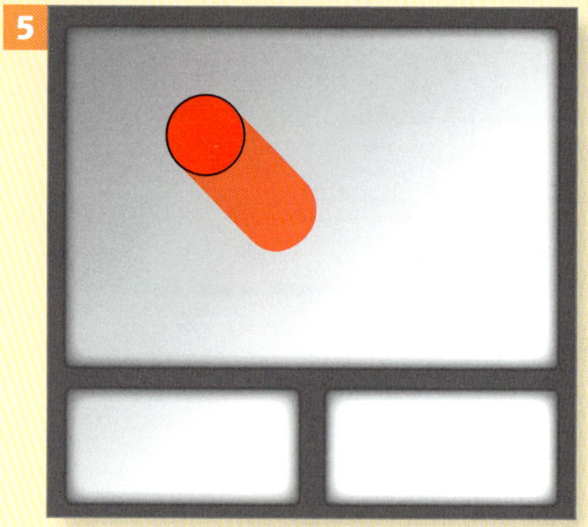

6 Rechtsklick

Für den Rechtsklick verwenden Sie die rechte Taste Ihres Touchpads. Bei einigen Touchpads erzeugt auch das Antippen mit drei Fingern einen Rechtsklick. Dazu sind aber meistens ein aktueller Treiber und schlanke Finger notwendig.

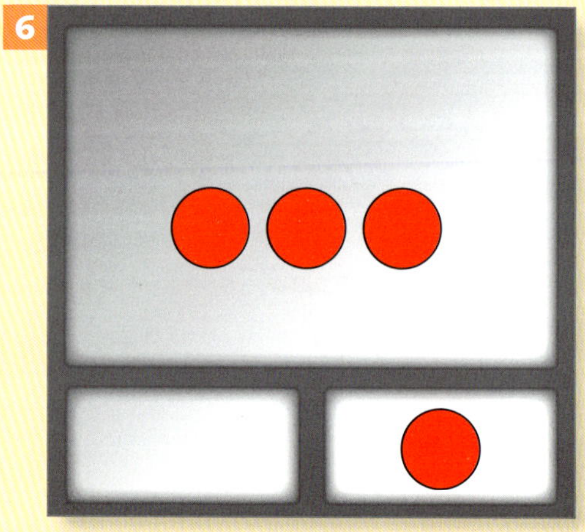

Fingereingabe vs. Maus

In diesem Buch ist meistens die Rede von »klicken«, obwohl man an einem Touchscreen auch mit der Fingereingabe arbeiten könnte. In besonderen Fällen weisen wir Sie auf die Möglichkeiten der Fingereingabe hin.

Tricks, die das Leben mit Word erleichtern

Manche Tricks, Kniffe und Einstellungen machen Ihnen das Leben mit Word noch einfacher.

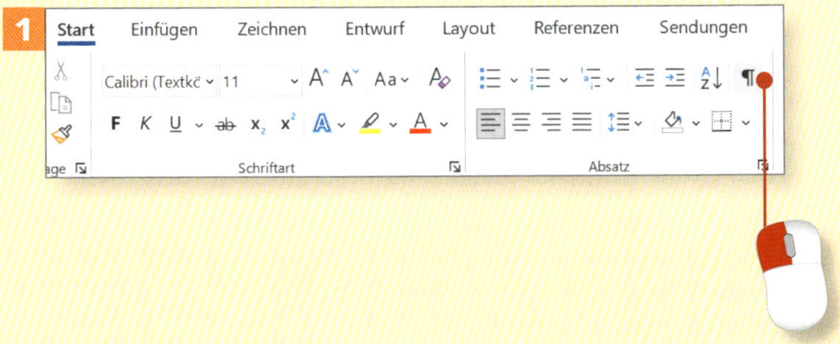

1 Formatierungszeichen

Formatierungszeichen erleichtern die Arbeit und sind als nicht druckbare Zeichen nur auf dem Bildschirm zu sehen. Blenden Sie sie also ein, indem Sie auf die Schaltfläche **Alle anzeigen** auf der Registerkarte **Start** klicken.

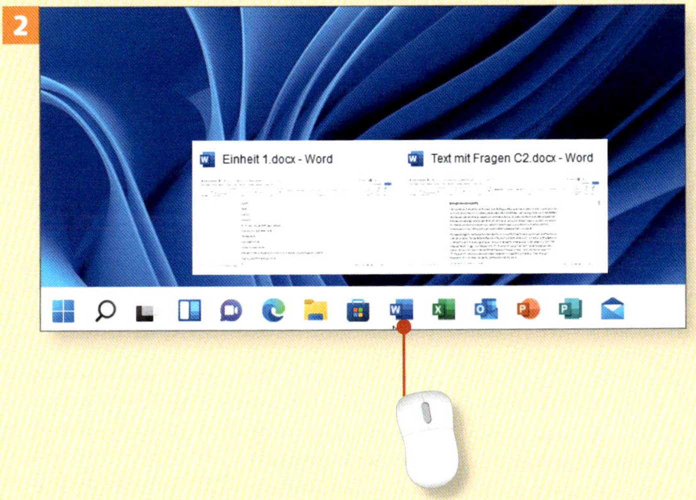

2 Dokumente wechseln

Mehrere gleichzeitig geöffnete Dateien werden auf der Taskleiste unten am Bildschirm angezeigt. Wenn Sie den Mauszeiger auf das Programmsymbol halten, ohne zu klicken, erscheinen alle Dokumente in einem kleinen Vorschaufenster. Ein Klick öffnet das jeweilige Dokument. Ansonsten können Sie auch über **Ansicht ▸ Fenster wechseln** zu einem anderen Dokument wechseln.

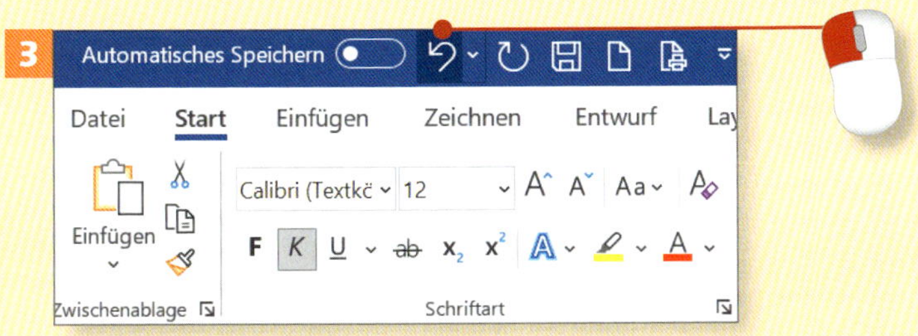

3 Aktionen zurücknehmen

Mit der Schaltfläche **Rückgängig** können Sie Aktionen zurücknehmen, als ob nichts geschehen wäre. Mehrere Aktionen auf einmal machen Sie über den Auswahlpfeil an dem Symbol ungeschehen.

4 Immer speichern

Speichern Sie Ihre Dokumente zwischendurch. Dazu ist nur ein Mausklick erforderlich. Dies hat nicht nur den Vorteil, dass Sie Ihre Arbeit regelmäßig sichern. Wenn etwas schiefgelaufen ist, können Sie das Dokument schließen, ohne zu speichern, und dann wieder öffnen, um den vorherigen Zustand wiederherzustellen.

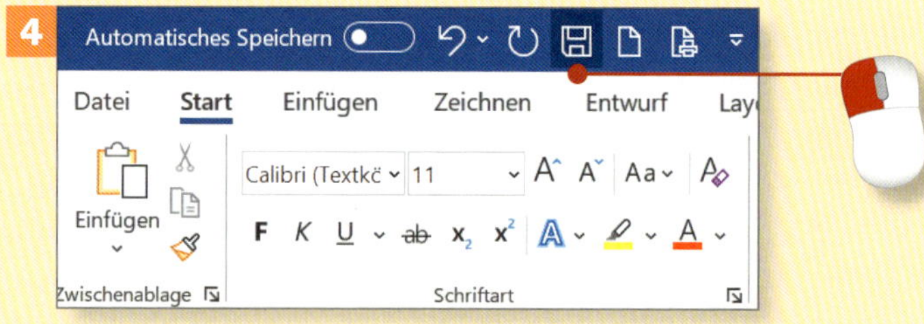

5 Druckvorschau

Nur die Druckvorschau zeigt das Dokument so an, wie es im Druck aussehen wird. Sie rufen die Druckvorschau über **Datei ▸ Drucken** auf.

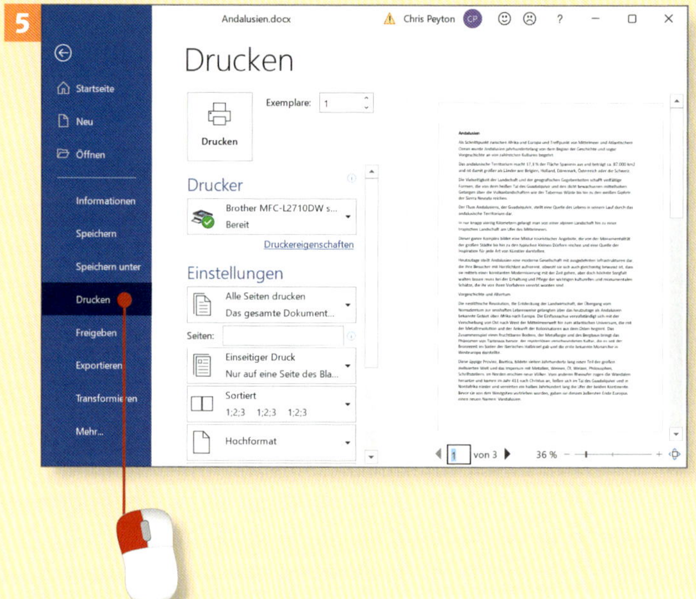

6 Markieren und formatieren

In der Regel gilt: erst markieren, dann agieren! Setzen Sie den Cursor vor den Text, und ziehen Sie ihn mit gedrückter Maustaste darüber. Stellen Sie auf der Registerkarte **Start** die gewünschte Formatierung ein. Wenn Sie ein einzelnes Wort formatieren möchten, reicht es, den Cursor in dieses Wort zu setzen. (Dazu muss allerdings die Option **Automatisch ganze Wörter markieren** unter **Datei ▸ Optionen ▸ Erweitert** aktiviert sein.)

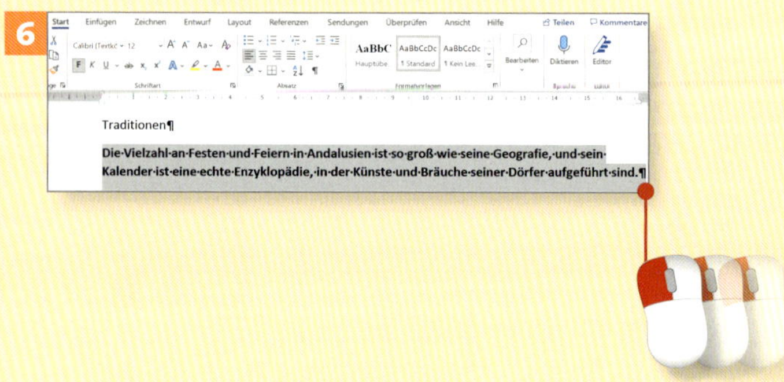

Word starten

Viele Wege führen nach Rom und auch zur Arbeit mit Word. Die gängigsten sechs beschreiben wir in diesem Abschnitt.

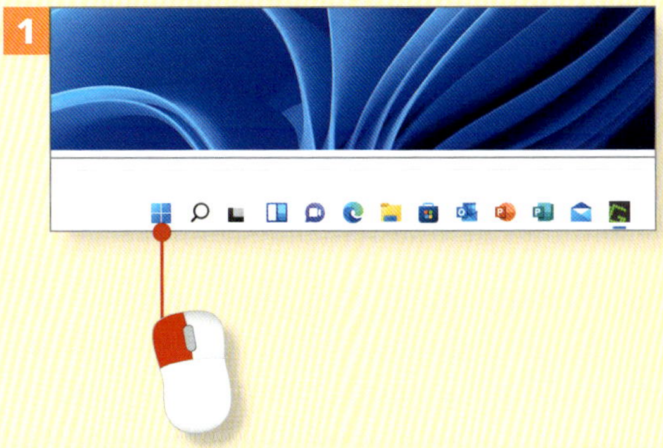

1 Schritt 1

Über den Startbildschirm von Windows 11 können Sie Word ganz leicht aufrufen. Klicken oder tippen Sie einfach auf das Windows-Symbol ganz links in der Taskleiste, um das Startmenü zu öffnen.

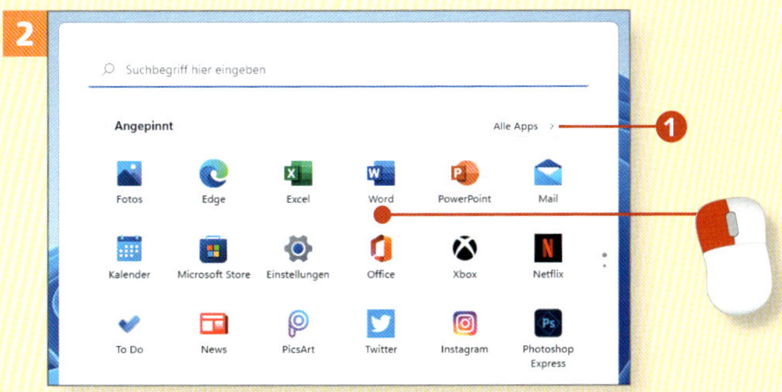

2 Schritt 2

Sofern Sie im Bereich **Angepinnt** das Word-Symbol entdecken, klicken Sie einfach auf dieses Symbol. Damit rufen Sie Word auf.

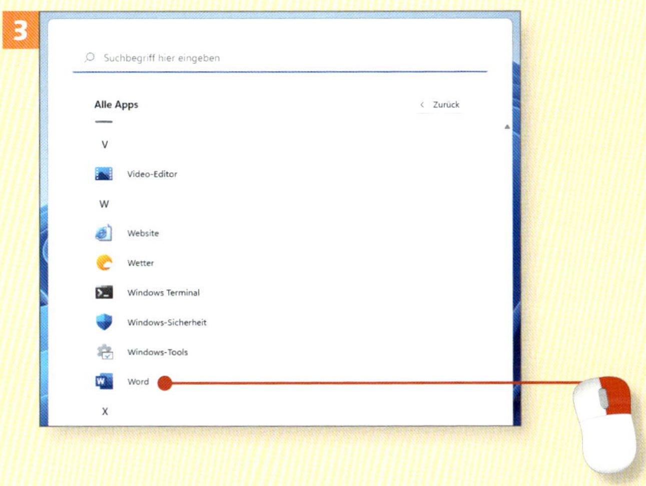

3 Schritt 3

Wenn Sie das Symbol hier nicht entdecken, klicken Sie auf die Schaltfläche **Alle Apps** ❶. Scrollen Sie nach unten, bis Sie in der alphabetisch sortierten Liste den Eintrag **Word** finden. Mit einem Klick darauf öffnen Sie das Programm.

4 Schritt 4

Praktisch ist es, Word als Symbol auf die Taskleiste zu legen. Dazu klicken Sie den Eintrag **Word** mit der rechten Maustaste an. Im Menü, das dann erscheint, wählen Sie **Mehr ▸ An Taskleiste anheften**. Ein einfacher Mausklick auf das Symbol ❷ in der Taskleiste öffnet anschließend das Programm.

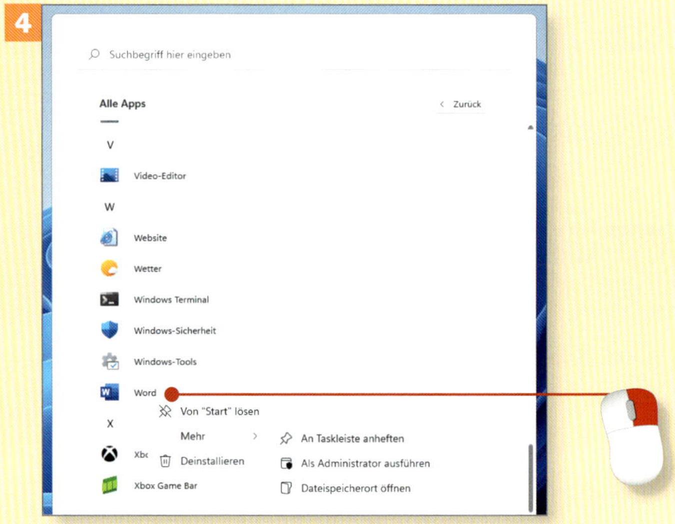

5 Schritt 5

Um das Programm-Symbol in das Startmenü zu befördern, klicken Sie den Eintrag **Word** in der Liste **Alle Apps** mit der rechten Maustaste an und wählen im Kontextmenü **An „Start" anheften**.

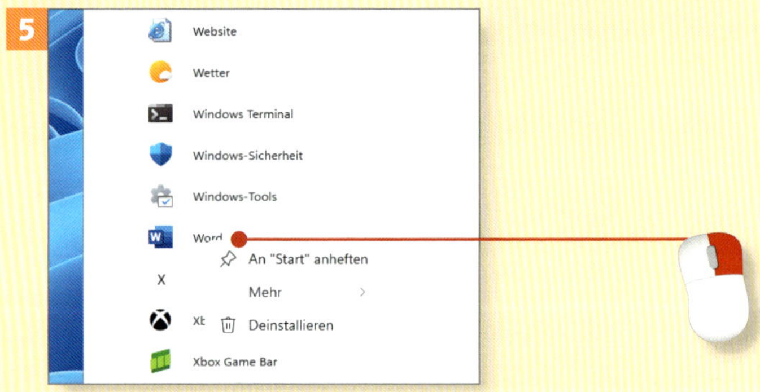

6 Schritt 6

Das Programm öffnet sich auch, wenn Sie im Explorer eine Word-Datei doppelt anklicken. So werden Word selbst und die entsprechende Datei in Word geöffnet.

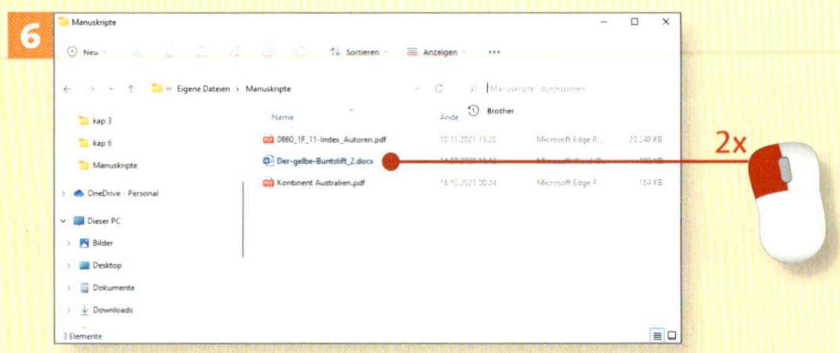

Taskleiste aufräumen

Um aufzuräumen, klicken Sie ein Programm-Symbol in der Taskleiste mit rechts an und wählen **Von Taskleiste lösen**.

Word über einen Touchscreen bedienen

1 

2 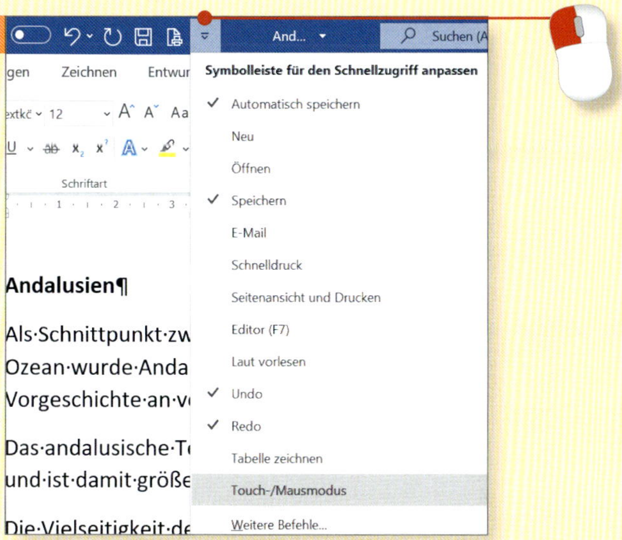

3 

Der Modus »Fingereingabe« und Dialoge
Die Dialoge, die Sie über die Pfeile an den einzelnen Gruppen aufrufen, bleiben vom Modus **Fingereingabe** unberührt.

Wenn Sie an einem Touchscreen arbeiten, können Sie Word prinzipiell auch per Fingereingabe bedienen. In vielen Fällen ist das allerdings umständlicher als mit der Maus.

Schritt 1

Bei Verwendung eines Touchscreens ist es möglich, Word 2021 per Fingerzeig zu bedienen. Alle Schaltflächen lassen sich auch antippen, anstatt sie wie üblich mit der Maus anzuklicken.

Schritt 2

Word bietet einen besonderen Modus für die Fingereingabe. Klicken Sie auf den kleinen Pfeil an der Symbolleiste für den Schnellzugriff, und aktivieren Sie mit einem Klick den Eintrag **Touch-/Mausmodus**.

Schritt 3

Klicken Sie daraufhin auf die Schaltfläche **Touch-/Mausmodus** in der Symbolleiste. Wählen Sie im Menü die Option **Fingereingabe**. Mit dieser Einstellung optimieren Sie den Abstand zwischen den Befehlen auf den Registerkarten für die Bedienung mit dem Finger.

Schritt 4

Text zu markieren spielt eine große Rolle bei der Arbeit mit Word. Bei einem Touchscreen können Sie so vorgehen: Tippen Sie an den Anfang der Textpassage, die markiert werden soll. Es erscheint ein Markierungspunkt ❶ unterhalb des Textes.

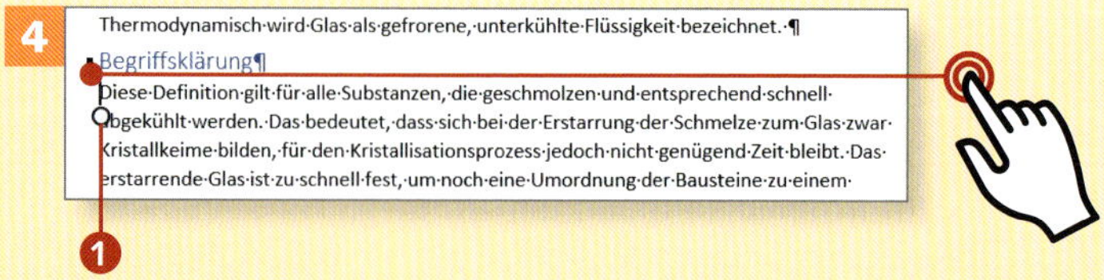

Schritt 5

Ziehen Sie den Markierungspunkt nun mit dem Finger über den zu markierenden Text. Wenn Sie den Finger vom Bildschirm nehmen, um die Markierung zu beenden, erscheint ein weiterer Markierungspunkt ❷.

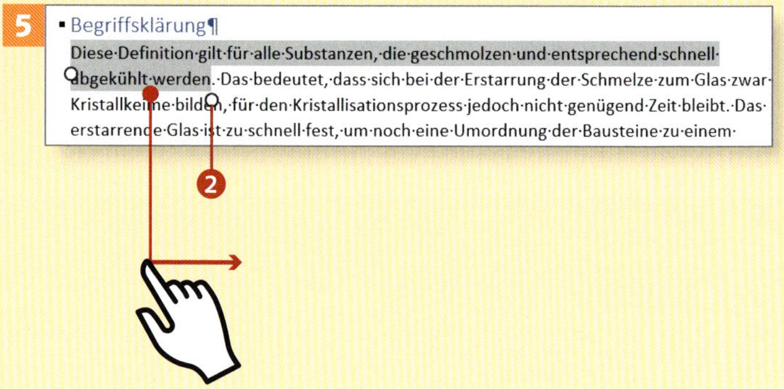

Schritt 6

Es ist etwas knifflig, das Kontextmenü eines markierten Textes per Fingerzeig aufzurufen. Tippen Sie auf einen markierten Text, um die sogenannte *Minisymbolleiste* zu öffnen. Ganz rechts in dieser Leiste tippen Sie auf den nach unten weisenden Pfeil.

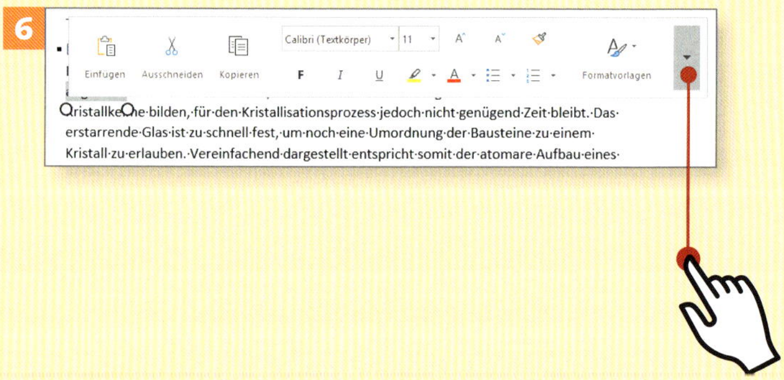

Das Kontextmenü aufrufen

Wenn Sie mit der Maus arbeiten, klicken Sie den markierten Text einfach mit der rechten Maustaste an, um das Kontextmenü aufzurufen.

Kapitel 2
Was ist wo in Word?

Damit Sie in den folgenden Kapiteln richtig loslegen können, zeigen wir Ihnen hier, wie das Programmfenster von Word 2021 aufgebaut ist, wie Sie damit umgehen und wo Sie die wichtigsten Befehle und Funktionen finden.

Die Registerkarten
Im oberen Teil des Programmfensters sehen Sie die Registerkarten. Auf jeder einzelnen finden sich Befehlsgruppen zu unterschiedlichen Arbeitsschritten. Über den kleinen Pfeil unten rechts in den Gruppen können Sie Dialogfenster mit weiteren Optionen öffnen.

Den Bildschirm einrichten
Die Bildschirmansicht lässt sich verändern, sodass Sie sie optimal an Ihre Bedürfnisse anpassen können. Verkleinern Sie z. B. die Ansicht, um mehrere Blätter nebeneinander darstellen zu können, oder lassen Sie sich das Dokument als Vollbild anzeigen (ohne Menüband).

Auf den Registerkarten finden Sie unterschiedliche Befehlsgruppen zu verschiedenen Arbeitsschritten. ❶

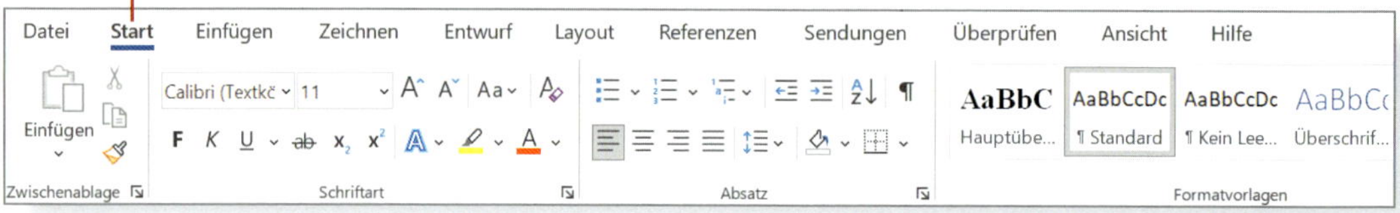

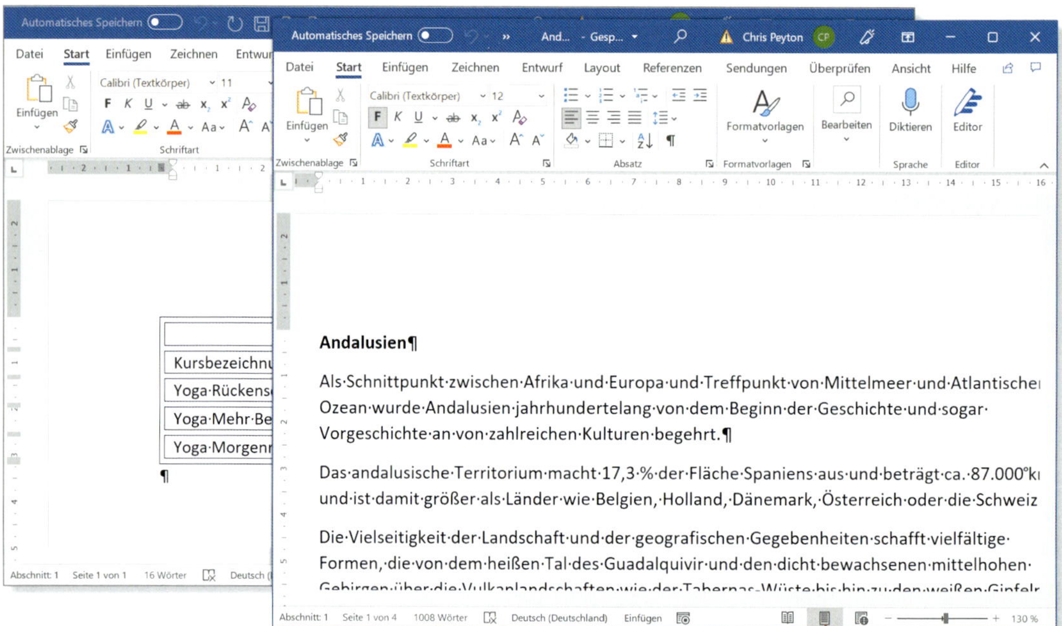

Die Bildschirmansicht lässt sich ganz leicht an Ihre Bedürfnisse anpassen. ❷

Ein erster Überblick

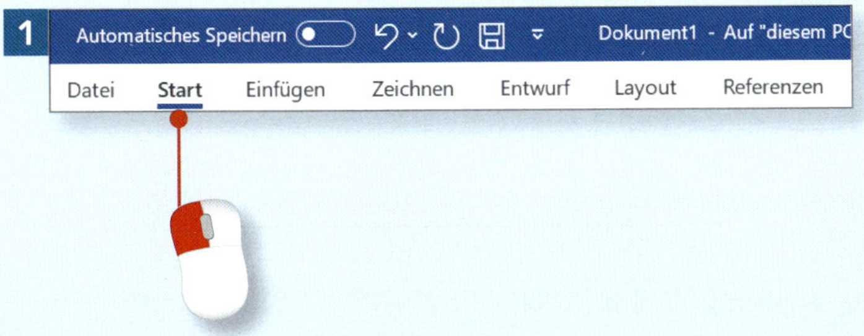

Dieser Abschnitt dient der ersten Orientierung. Wir beschreiben die Registerkarten und was Sie sonst noch auf dem Bildschirm finden.

Schritt 1

Die wichtigen Funktionen sind auf Registerkarten – auch »Tabs« genannt – gesammelt, die sich auf der Menüleiste befinden. Wechseln Sie zwischen den Registerkarten, indem Sie auf die jeweilige Bezeichnung klicken, z. B. auf **Start**, **Einfügen** oder **Layout**.

Schritt 2

Oberhalb des Menübands befindet sich die *Symbolleiste für den Schnellzugriff*. Hier haben Sie in der Standardeinstellung Zugriff auf die Schaltflächen **Speichern** ❶, **Rückgängig** ❷ und **Wiederholen** ❸.

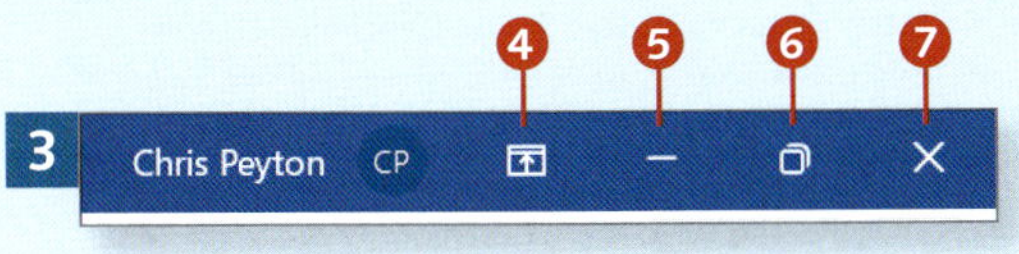

Schritt 3

Rechts oben finden Sie neben der Schaltfläche **Menüband-Anzeigeoptionen** ❹ auch **Minimieren** ❺ (zum Ablegen des Programms auf der Taskleiste), **Verkleinern** ❻ (ist das Word-Fenster bereits verkleinert, heißt die Schaltfläche **Maximieren**) und **Schließen** ❼ (zum Schließen eines Dokuments).

Schritt 4

Klicken Sie auf die Schaltfläche **Verkleinern**, um Word in einem Fenster darzustellen. Die Größe des Fensters können Sie verändern, indem Sie den Mauszeiger an den Rand bzw. eine der Ecken des Fensters führen und mit gedrückter Maustaste nach innen oder nach außen ziehen.

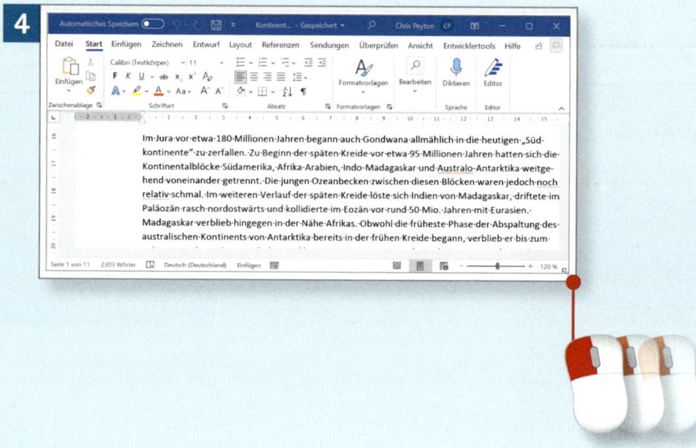

Schritt 5

Unterhalb des Arbeitsbereichs befindet sich die Statusleiste, wo u. a. die Seitenzahl des Dokuments angezeigt wird. Wenn dort z. B. »Seite 2 von 11« steht, befindet sich der Cursor auf Seite 2 eines elfseitigen Dokuments. Wenn Sie darauf klicken, öffnet sich der *Navigationsbereich* ❽, und Sie können schnell zwischen den Seiten des Dokuments wechseln.

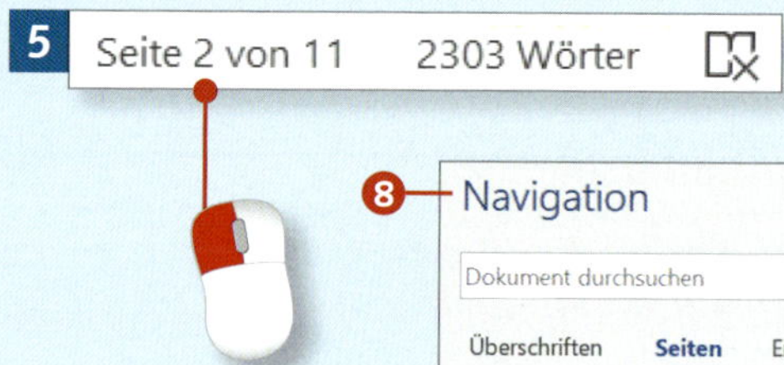

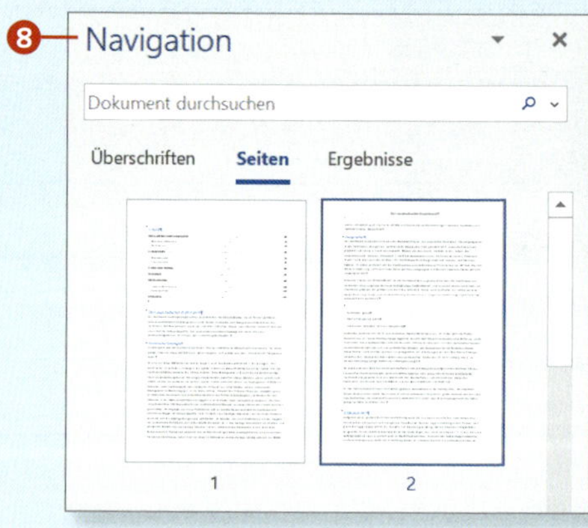

Schritt 6

Rechts unten in der Statusleiste finden Sie die Schaltflächen zum Wechseln der Ansicht (mehr dazu erfahren Sie im Abschnitt »Die verschiedenen Ansichten« auf Seite 34) und den Regler bzw. die Plus- und Minuszeichen zur Veränderung des Zooms der Darstellung. Testen Sie durch Verschieben des Reglers, wie sich das Dokument ändert.

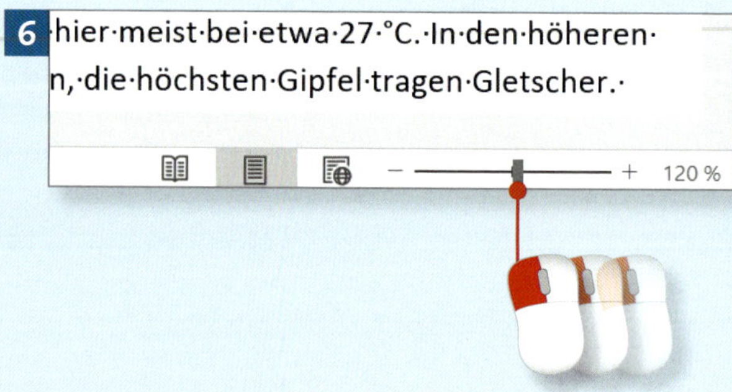

Die einzelnen Registerkarten – wo findet sich was?

1
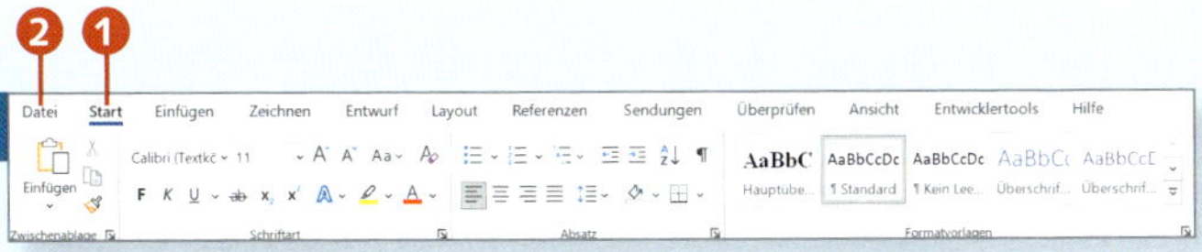

2

3
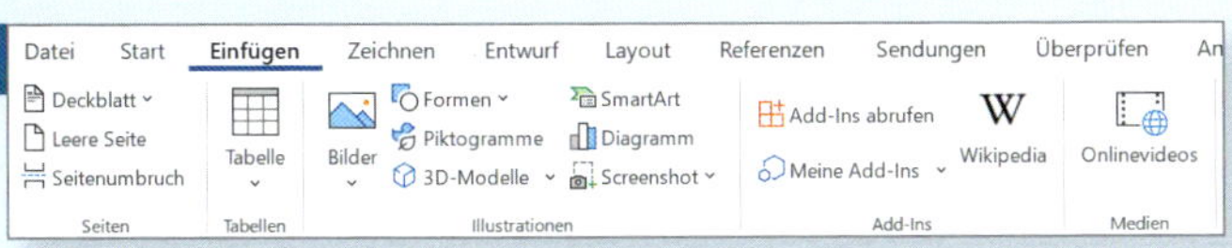

Alles, was Word kann, ist auf Registerkarten zusammengestellt. Wir stellen Ihnen im Folgenden kurz alle Registerkarten vor.

1 »Start«

Normalerweise ist nach dem Aufrufen des Programms die Registerkarte **Start** ❶ geöffnet. Hier finden Sie in den verschiedenen Gruppen gängige Möglichkeiten zum Formatieren sowie z. B. die Befehle zum Ausschneiden, Kopieren und Einfügen.

2 »Datei«

Die Registerkarte **Datei** ❷ – auch als *Backstage* bezeichnet – bietet Befehle für den alltäglichen Umgang mit Word, u. a. **Speichern unter**, **Öffnen**, ein leeres Dokument öffnen (**Neu**) und **Drucken**.

3 »Einfügen«

Auf der Registerkarte **Einfügen** sind alle Befehle zum Einfügen der verschiedenen Elemente gesammelt, z. B. Tabellen, Onlinegrafiken, Formen, Textfelder und Symbole. Auch Kopf- und Fußzeilen fügen Sie hier mithilfe der entsprechenden Schaltflächen ein.

4 »Zeichnen«

Auf der Registerkarte **Zeichnen** gibt es Stifte in verschiedenen Farben und Stärken. Sie nutzen die Maus wie einen Stift, mit dem Sie zeichnen und schreiben können. Mit einem Radierer können Sie Ihre Kreationen wieder löschen.

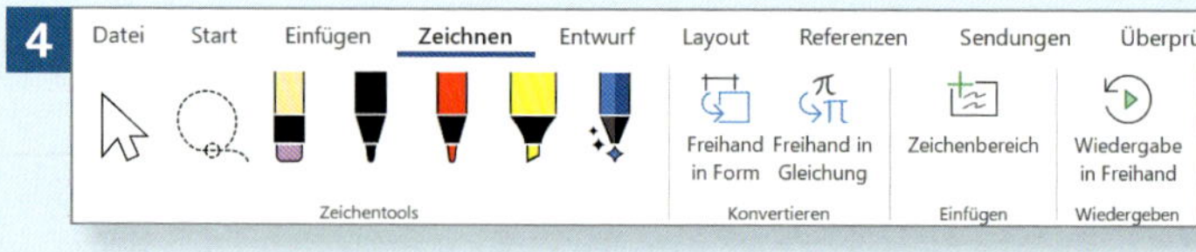

5 »Entwurf«

Auf der Registerkarte **Entwurf** werden die Designs angeboten, mit denen Sie Word-Dokumenten ein einheitliches Aussehen verleihen können. Außerdem gibt es hier eine Auswahl an fertigen Dokumentformatierungen.

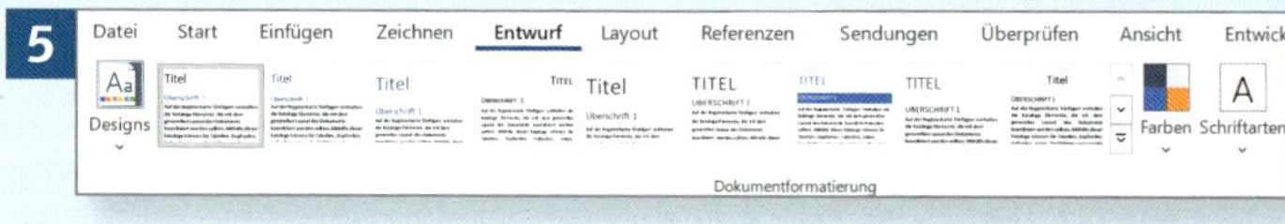

6 »Layout«

Mit den Befehlen auf der Registerkarte **Layout** richten Sie Ihr Dokument ein. Hier können Sie u. a. die Breite der Seitenränder festlegen, die Ausrichtung des Dokuments bestimmen (Hoch- oder Querformat), Zeilennummern hinzufügen und die Spaltenanzahl festlegen.

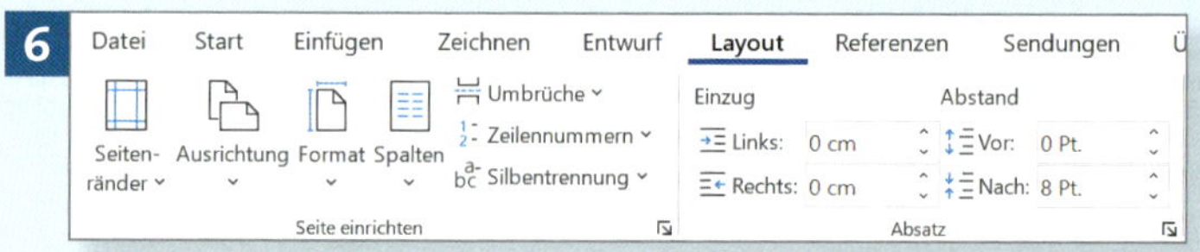

Registerkarten einblenden

Einige Registerkarten, z. B. **Entwicklertools**, werden nicht standardmäßig angezeigt und müssen erst eingeblendet werden (siehe dazu den Abschnitt »Registerkarten ein- und ausblenden« auf Seite 33).

Die einzelnen Registerkarten (Forts.)

7

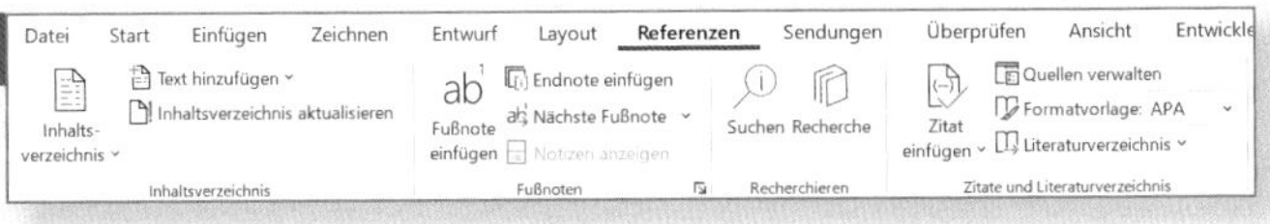

7 »Referenzen«

Für wissenschaftliche Arbeiten und lange Dokumente ist die Registerkarte **Referenzen** wichtig. Hier finden Sie u.a. die Optionen für Fußnoten, Inhalts- und Literaturverzeichnis, Querverweise und den Index.

8

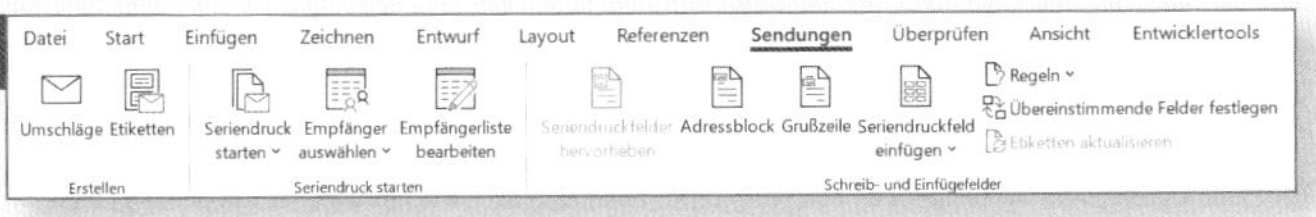

8 »Sendungen«

Auf der Registerkarte **Sendungen** sind alle Befehle rund um die Seriendruckfunktion von Word zusammengestellt. Hier starten Sie den Seriendruck, erstellen die Empfängerliste, fügen Seriendruckfelder ein und führen alles zu einem Serienbrief zusammen.

9

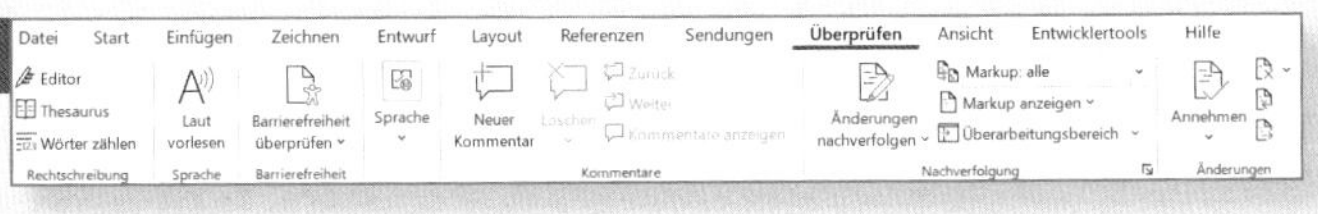

9 »Überprüfen«

Die Registerkarte **Überprüfen** enthält im Wesentlichen Befehle, die Sie für die Arbeit im Team benötigen. Sie können z.B. Kommentare einfügen, sich Änderungen anzeigen lassen und Änderungen annehmen bzw. ablehnen. Auch die Rechtschreibprüfung finden Sie hier.

10 »Ansicht«

Auf der Registerkarte **Ansicht** wechseln Sie zwischen den verschiedenen Ansichten von Word, die jeweils für bestimmte Arbeiten besonders geeignet sind. Auch der Zoom zum Ändern der Größe des Dokuments ist hier zu finden.

10

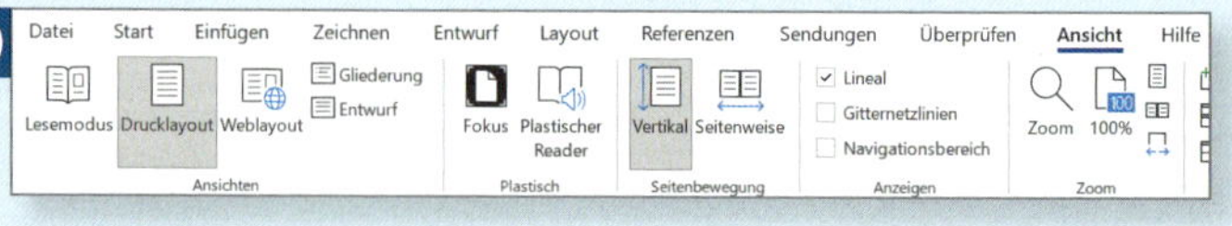

11 »Hilfe«

Auf der Registerkarte **Hilfe** finden Sie neben der »klassischen« Hilfe z. B. das Symbol **Feedback**. Damit öffnen Sie eine Art Online-Formular, das Sie mit Kommentaren oder Verbesserungsvorschlägen direkt an Microsoft schicken können.

11

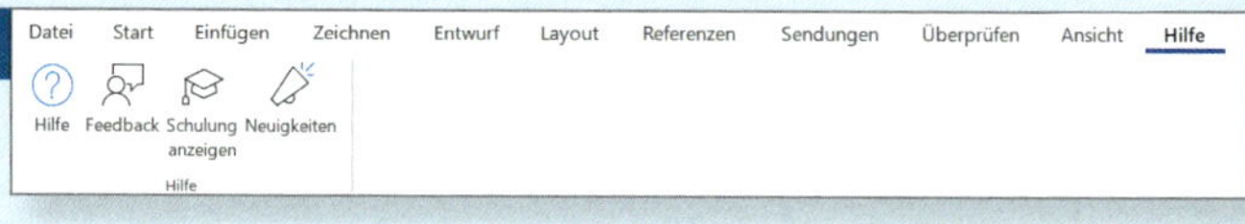

12 »Tabellentools«

Sobald Sie eine Tabelle eingefügt haben und der Cursor in der Tabelle steht, werden die zusätzlichen Registerkarten **Tabellenentwurf** und **Layout** zur weiteren Bearbeitung der Tabelle eingeblendet.

12

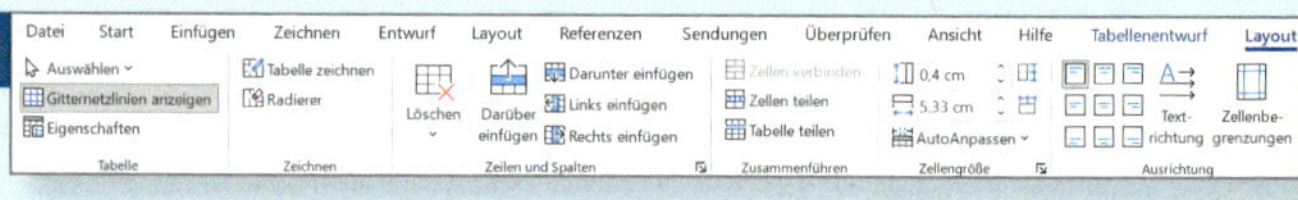

Die einzelnen Registerkarten (Forts.)

13

13 »Bildtools«

Für die Bearbeitung von Bildern steht die Registerkarte **Bildformat** zur Verfügung. Sie wird eingeblendet, sobald Sie ein Bild in Ihr Dokument einfügen und es markieren.

14

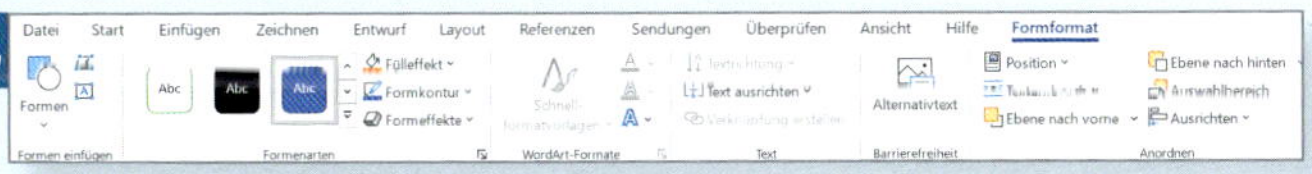

14 »Zeichentools«

Die Registerkarte **Formformat** erscheint, wenn Sie in Ihrem Dokument Zeichenelemente (*Formen*) wie Pfeile oder Rechtecke oder ein Textfeld markieren. Auch eine eingefügte WordArt (siehe dazu den Abschnitt »Formatierte Schriftzüge – WordArt« auf Seite 202) blendet die **Zeichentools** ein.

15

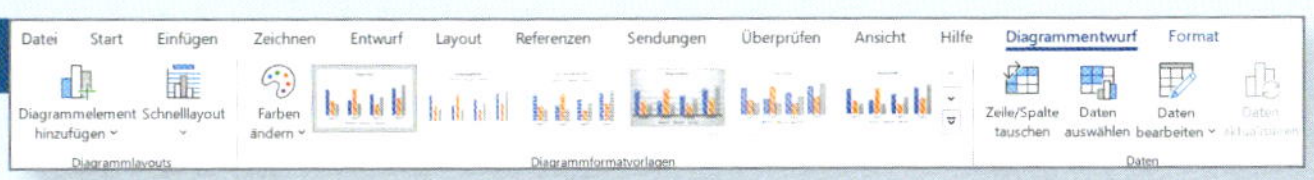

15 »Diagrammtools«

Nicht nur in Excel, sondern auch in Word können Sie schicke Diagramme einfügen. Zum Bearbeiten des Diagramms stehen die Registerkarten **Diagrammentwurf** und **Format** zur Verfügung.

Die Kontextregisterkarten

Die zusätzlichen Registerkarten tauchen erst auf, wenn sich der Cursor auf bzw. in entsprechenden Bildschirmelementen befindet.

Registerkarten ein- und ausblenden

Einige Registerkarten werden nicht standardmäßig angezeigt, Sie müssen sie also einblenden, wenn Sie sie benötigen. Ebenso können Sie nicht benötigte Register ausblenden.

1

Schritt 1

Öffnen Sie mit einem Klick auf **Datei ▸ Optionen** die Menübandeinstellungen.

2

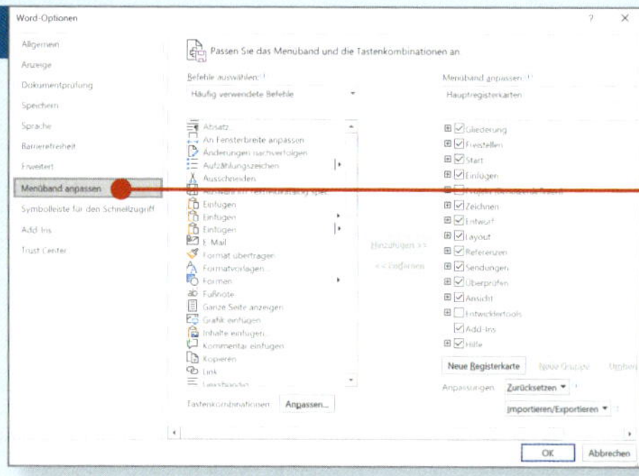

Schritt 2

Im Fenster **Word-Optionen** wählen Sie auf der linken Seite die Rubrik **Menüband anpassen**. Rechts im Fenster sehen Sie dann die Liste **Hauptregisterkarten**.

3

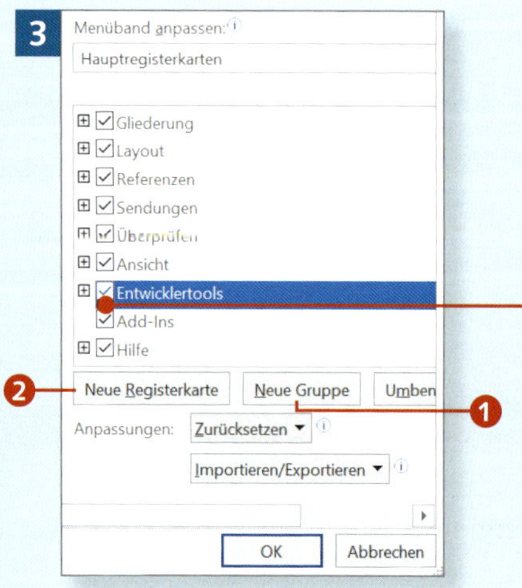

Schritt 3

Um nun beispielsweise die Registerkarte **Entwicklertools** einzublenden, über die Sie u.a. mit Dokumentvorlagen und Makros arbeiten können, setzen Sie das entsprechende Häkchen und klicken auf **OK**.

Selbst Register anlegen

Über die Schaltflächen **Neue Gruppe** ❶ oder **Neue Registerkarte** ❷ können Sie das Menüband individuell gestalten und mit Befehlen versehen, die Sie persönlich häufig brauchen.

Die verschiedenen Ansichten

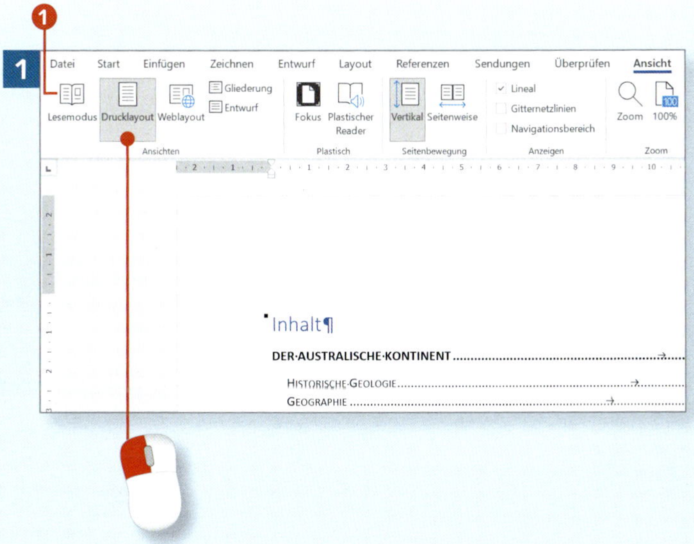

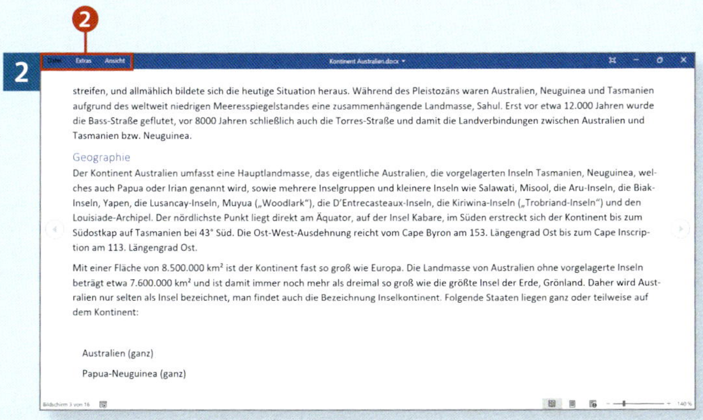

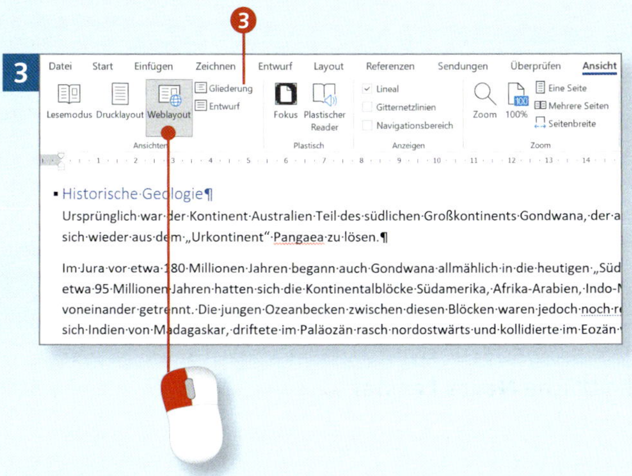

Die verschiedenen Ansichten von Word beeinflussen, wie ein Dokument auf dem Bildschirm angezeigt wird, nicht aber den Ausdruck.

Schritt 1

Klicken Sie auf **Ansicht ▸ Drucklayout**. In dieser Ansicht sehen Sie Ihr Dokument mehr oder minder so, wie es im Ausdruck ausgegeben wird. Die Seitenränder werden angezeigt, zwischen den Seiten ist ein deutlicher Abstand zu sehen.

Schritt 2

Wenn Sie ein Dokument bequem lesen möchten, wählen Sie **Ansicht ▸ Lesemodus** ①. Das Menüband wird ausgeblendet, übrig bleiben oben links drei Menüpunkte zum Umgang mit diesem Modus ②. Um den Lesemodus wieder zu verlassen, drücken Sie einfach [Esc].

Schritt 3

Word-Dokumente lassen sich auch in einem Format speichern, das das Dokument als Webseite in einem Browser anzeigen kann. Das *Weblayout* (zu erreichen über **Ansicht ▸ Weblayout**) zeigt, wie Ihr Dokument als Webseite aussehen würde.

Schritt 4

Klicken Sie auf **Ansicht ▸ Gliederung** ❸, um Ihr Dokument in der Gliederungsansicht zu sehen. Sie bietet sich für längere Texte mit hierarchischen Gliederungsebenen an, da das Dokument nach Überschriften strukturiert angezeigt wird.

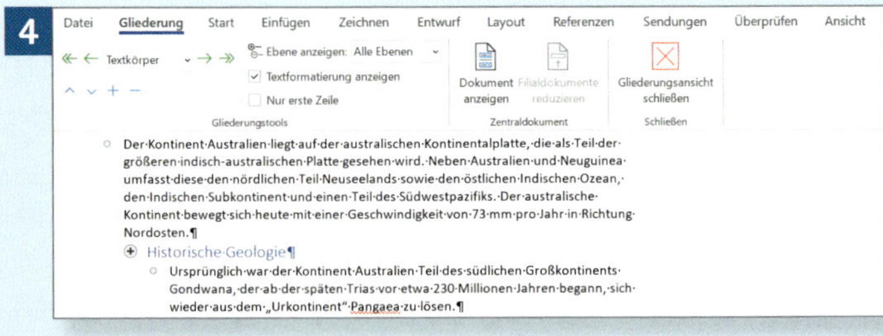

Schritt 5

Um ein Dokument schlicht und ohne Seitenränder anzeigen zu lassen, wählen Sie **Ansicht ▸ Entwurf**. Bestimmte Elemente des Dokuments (z. B. Kopf- und Fußzeilen) werden in der Entwurfsansicht nicht angezeigt. Der Seitenumbruch erscheint als gepunktete Linie, nicht als Lücke.

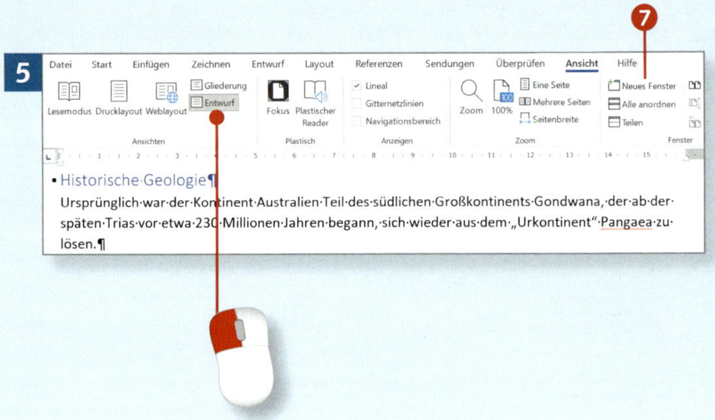

Schritt 6

Sie können problemlos zwischen den Ansichten hin- und herwechseln, indem Sie einfach auf die entsprechende Schaltfläche in der Statusleiste unten rechts am Bildschirm klicken: **Lesemodus** ❹, **Drucklayout** ❺ oder **Weblayout** ❻.

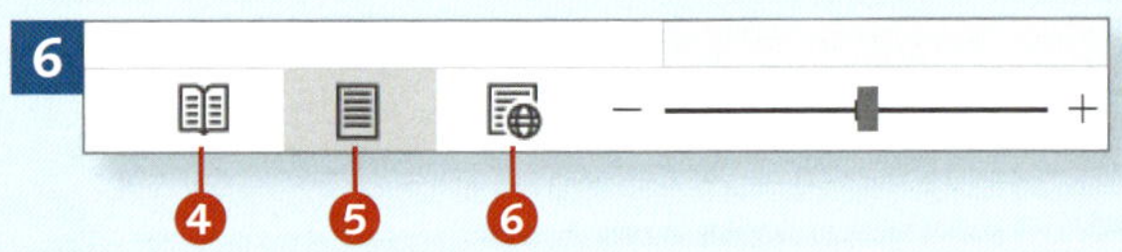

Dokument in neuem Fenster

Auch die Möglichkeit, das aktuelle Dokument in einem neuen Fenster zu öffnen, finden Sie auf der Registerkarte **Ansicht**. Klicken Sie dazu auf die Schaltfläche **Neues Fenster** ❼.

Praktisch: der Lesemodus und der Plastische Reader

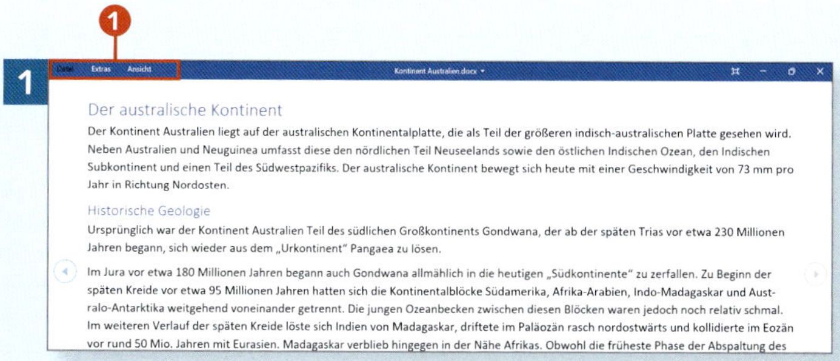

Der Lesemodus bietet sich an, wenn Sie einen Text bequem lesen möchten. Und im Modus »Plastischer Reader« finden Sie sogar die Option, den Text des Dokuments vorlesen zu lassen.

Schritt 1

Sobald Sie die Ansicht **Lesemodus** aktiviert haben, ist der Bildschirm mehr oder weniger komplett mit dem Dokument ausgefüllt. Am oberen linken Rand befinden sich lediglich drei Menüpunkte ❶: **Datei**, **Extras** und **Ansicht**.

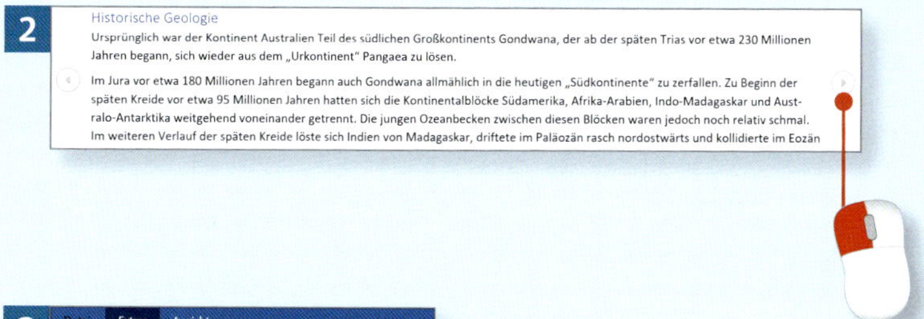

Schritt 2

Zum »Umblättern« nutzen Sie die Pfeile rechts und links am Seitenrand. Wenn Sie mit einem Touchscreen arbeiten, ist es besonders bequem; Sie wischen mit dem Finger nach rechts oder nach links.

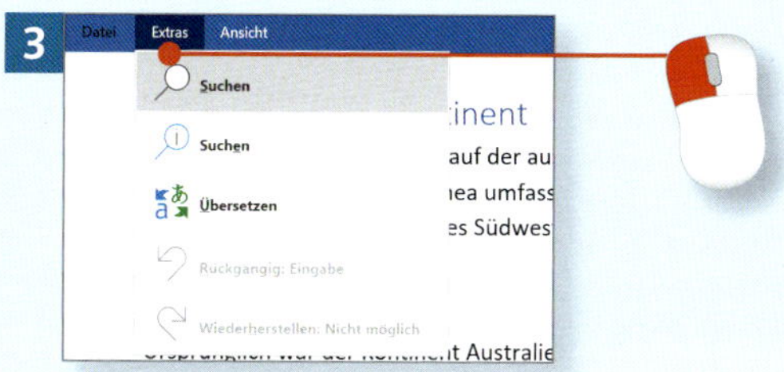

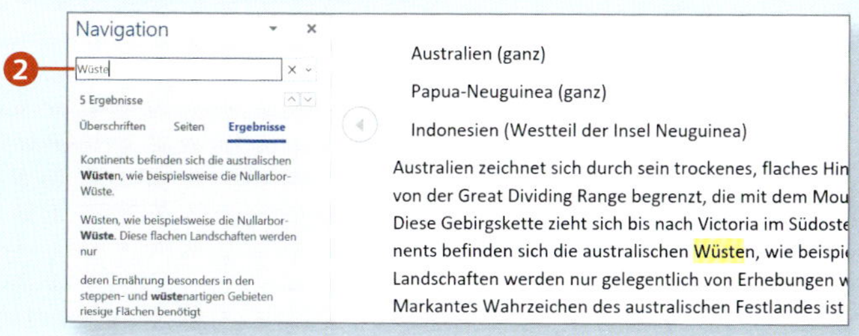

Schritt 3

Um in diesem Modus nach bestimmten Textstellen zu suchen, öffnen Sie per Mausklick das Menü **Extras** und klicken hier auf **Suchen** (die erste Option). Im Navigationsbereich, der dann eingeblendet wird, geben Sie die Textstelle in das Suchfeld ein ❷. Die Treffer werden gelb markiert.

Befehle auf der Registerkarte »Datei«
Die Registerkarte **Datei** bietet im Lesemodus alle Funktionen, die Sie auch sonst hier finden: **Öffnen**, **Speichern**, **Drucken** etc.

Schritt 4

Bei manchen Lichtverhältnissen ist es angenehmer, den Text auf einem dunklen Hintergrund zu lesen. Dazu öffnen Sie das Menü **Ansicht** und wählen hier **Seitenfarbe ▸ Invertiert**.

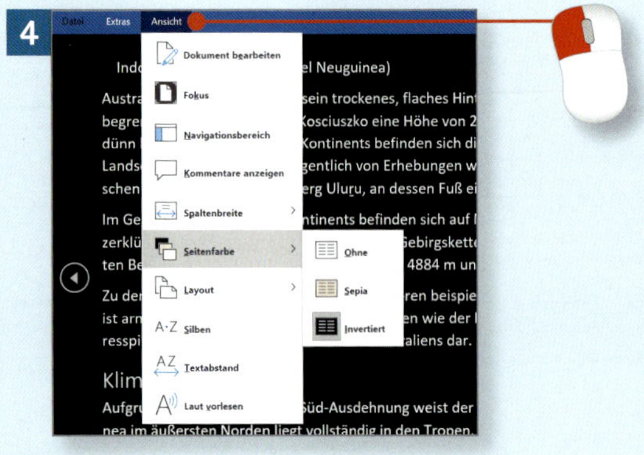

Schritt 5

Zurücklehnen und einfach nur zuhören? Auch das geht. Aktivieren Sie auf der Registerkarte **Ansicht** den Modus **Plastischer Reader**.

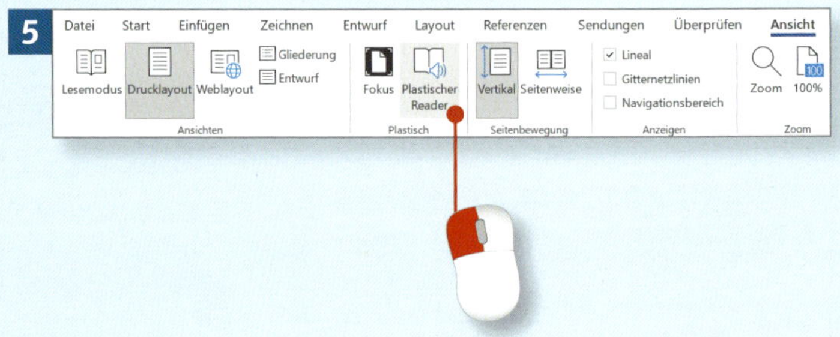

Schritt 6

Klicken Sie nun auf das Symbol **Laut vorlesen**. Sofort beginnt eine Stimme, den Text des Dokuments vorzulesen, und dies sogar mit halbwegs richtiger Intonation – also nicht wie Fließtext ohne Punkt und Komma.

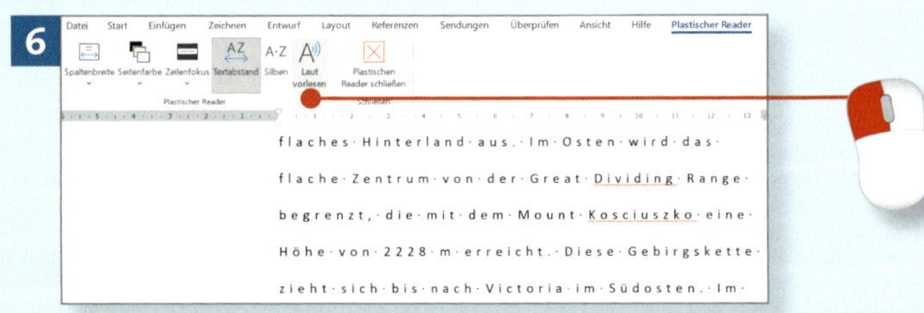

Lesemodus und Plastischen Reader beenden

Den Lesemodus beenden Sie ganz einfach, indem Sie Esc drücken. Den Plastischen Reader schließen mit der entsprechenden Schaltfläche.

Den Bildschirm einrichten

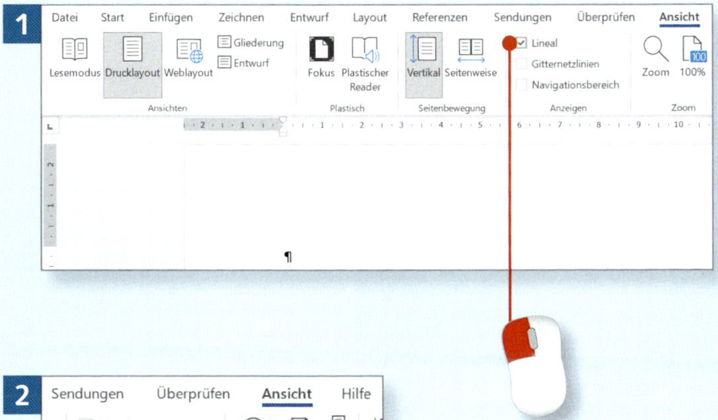

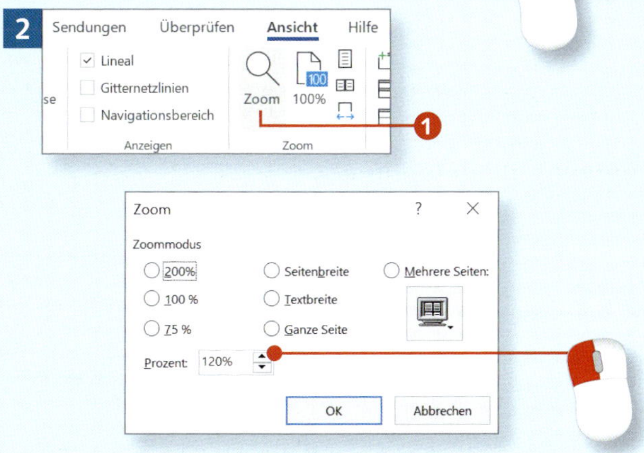

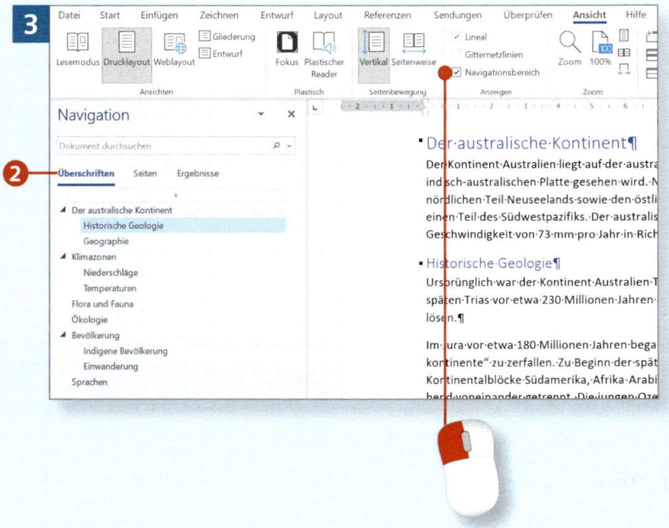

Auch den Bildschirm können Sie in vielerlei Hinsicht anpassen.

Schritt 1

Um oben und links Lineale anzuzeigen, mit deren Hilfe Tabstopps, Seitenränder und Einzüge ersichtlich sind, aktivieren Sie auf der Registerkarte **Ansicht** die Option **Lineal**. Die Seitenränder werden auf dem Lineal grau dargestellt.

Schritt 2

Die Größe des angezeigten Dokuments ändern Sie mit dem Zoom. Klicken Sie auf der Registerkarte **Ansicht** auf die Schaltfläche **Zoom** 1, um den gleichnamigen Dialog aufzurufen. Im Feld **Prozent** stellen Sie den gewünschten Zoomfaktor ein.

Schritt 3

Im Navigationsbereich, den Sie mit der Option **Navigationsbereich** einblenden, werden die Überschriften Ihres Dokuments aufgelistet, sofern Sie entsprechende Formatvorlagen verwendet haben. Klicken Sie auf **Überschriften** 2, falls der Bereich mit einer anderen Kategorie geöffnet wird. Per Klick auf eine Überschrift springt der Cursor direkt zur entsprechenden Zeile.

Schritt 4

Die Symbolleiste für den Schnellzugriff können Sie um Funktionen erweitern. Klicken Sie dazu auf den Pfeil rechts, und aktivieren Sie im Menü die gewünschten Befehle. **Weitere Befehle** öffnet einen Dialog, der alle Word-Befehle zur Auswahl stellt.

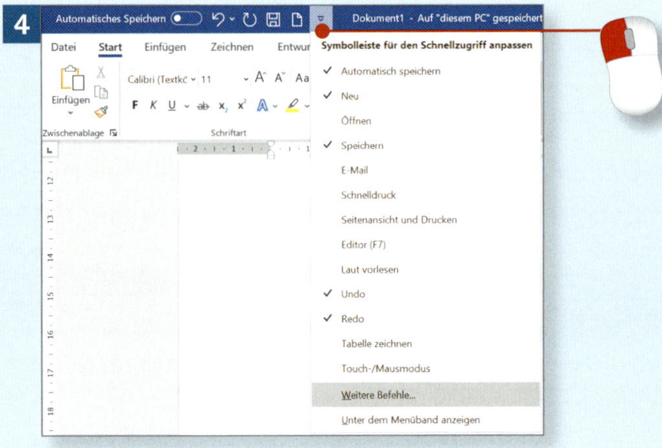

Schritt 5

Das Menüband mit den einzelnen Registerkarten nimmt recht viel Platz in Anspruch. Sie können es komplett ausblenden oder sich nur die Registerkarten anzeigen lassen. Die entsprechenden Optionen finden Sie im Menü der Schaltfläche **Menüband-Anzeigeoptionen**.

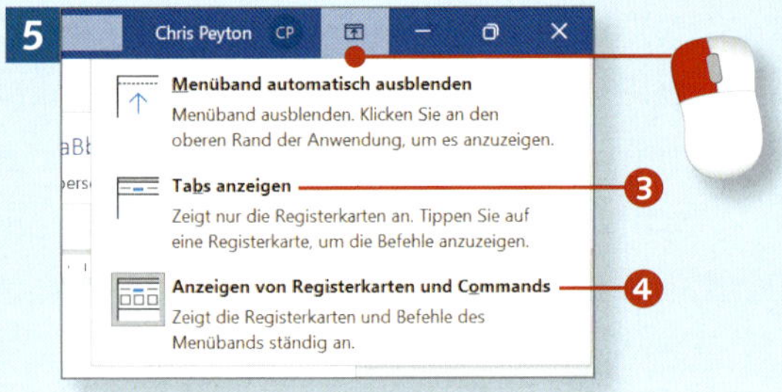

Schritt 6

Mit **Tabs anzeigen** ❸ werden die Befehle ausgeblendet; übrig bleiben die Registerkartenbeschriftungen. Sobald Sie den Namen einer Registerkarte anklicken, werden die Befehle angezeigt. Wählen Sie die Option **Anzeigen von Registerkarten und Commands** ❹, wenn Sie die Registerkarten mit Befehlen wieder dauerhaft sehen möchten. Dies erreichen Sie auch mit einem Doppelklick auf eine Registerkartenüberschrift.

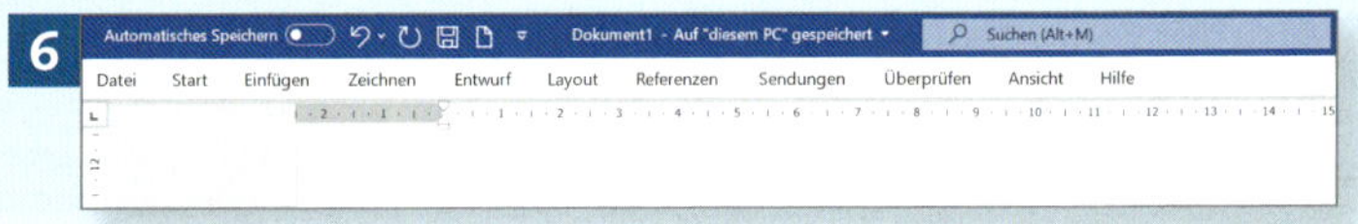

Menüband reduzieren

Ganz rechts in der Menüleiste gibt es die Schaltfläche **Das Menüband reduzieren**. Ein Klick darauf bewirkt das Gleiche wie die Option **Tabs anzeigen**. Auch im Kontextmenü der Menüleiste (Sie öffnen es per Rechtsklick) finden Sie den Befehl **Menüband reduzieren**.

Kapitel 3
Dokumente anlegen, öffnen und speichern

Das Dokument ist der Ausgangspunkt jeglicher Arbeit mit Word. In diesem Kapitel erfahren Sie mehr zum Erstellen, Speichern und Öffnen eines Dokuments.

Dateien neu erstellen und öffnen
Über die Registerkarte **Datei** – den Backstage-Bereich – können Sie im Bereich **Neu** neue Dokumente anlegen. Das geht ganz fix.

Dateien speichern
Dokumente müssen gespeichert werden, um sie dauerhaft zu sichern. Speichern Sie ein Dokument im Dateiformat *.docx*, wenn Sie alle Funktionen nutzen wollen, mit der Endung *.doc*, wenn es auch in älteren Word-Versionen genutzt werden soll, oder als PDF, um es per E-Mail zu verschicken. Sie können Dokumente auch im Internet (in der sogenannten *Cloud*) speichern: auf *OneDrive*, dem Onlinespeicher von Microsoft.

Vorlagen verwenden
Wenn Sie Vorlagen verwenden, erstellen Sie blitzschnell schicke Dokumente mit Layouts und Designs. Über Word 2021 haben Sie Zugriff auf Vorlagen zu jedem erdenklichen Thema. Sie müssen allerdings mit dem Internet verbunden sein, um die Vorlagen herunterladen zu können.

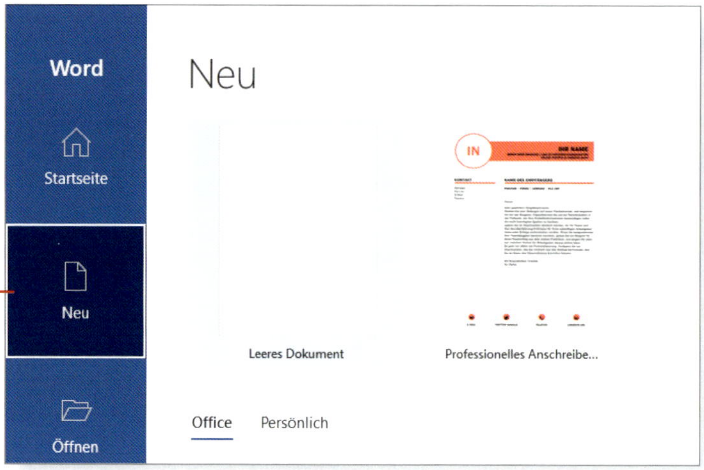

❶ Neue Dokumente können in Word 2021 schnell und unkompliziert angelegt werden.

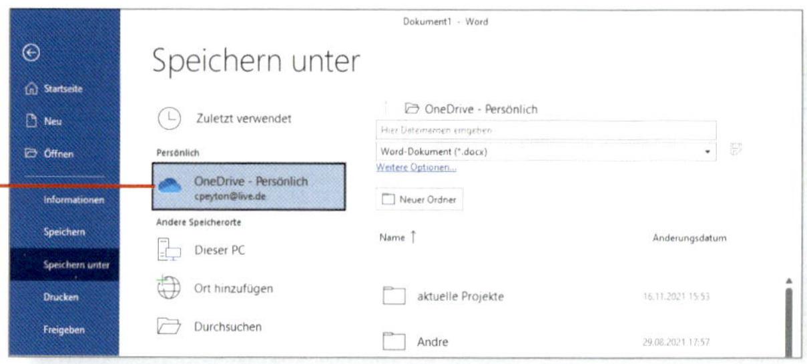

❷ Damit Dokumente dauerhaft gesichert sind, müssen sie abgespeichert werden. Word bietet Ihnen unterschiedliche Möglichkeiten für die Sicherung an.

❸ Schicke Dokumente mit fertigem Layout und ansprechendem Design? Kein Problem, Word bietet für viele Gelegenheiten die passende Vorlage an.

Ein neues Dokument erstellen

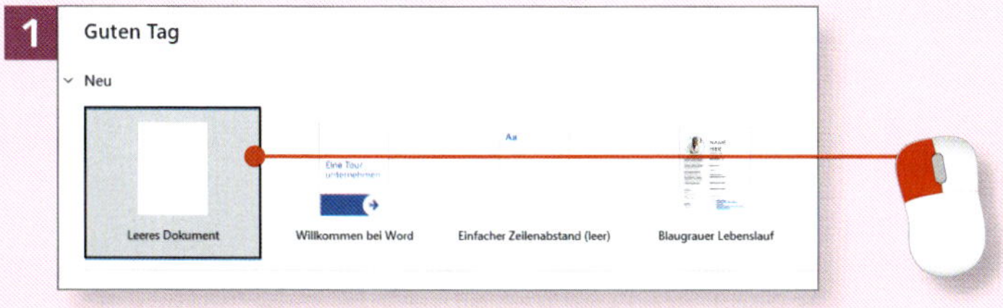

Wenn Sie zu Beginn Ihrer Arbeit in Word ein neues leeres Dokument öffnen, sehen Sie zunächst ein weißes Blatt auf dem Bildschirm und können sofort loslegen.

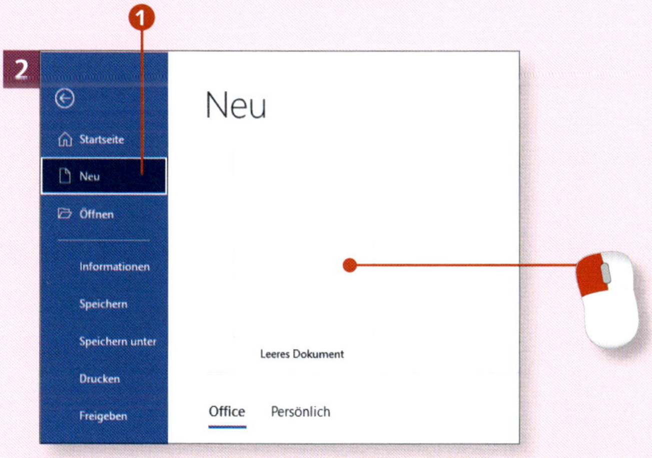

Schritt 1

Um in Word etwas zu schreiben, brauchen Sie zunächst natürlich ein leeres Blatt. Wenn ein solches Dokument nicht automatisch angezeigt wird, nachdem Sie Word geöffnet haben, klicken Sie gleich im ersten Fenster nach dem Aufrufen von Word auf **Leeres Dokument**.

Schritt 2

Wenn Sie während der Arbeit ein neues Dokument beginnen möchten, klicken Sie auf der Registerkarte **Datei** auf **Neu** (1) und im Fenster dann einfach auf die Schaltfläche **Leeres Dokument**. Word erstellt daraufhin ein neues Dokument.

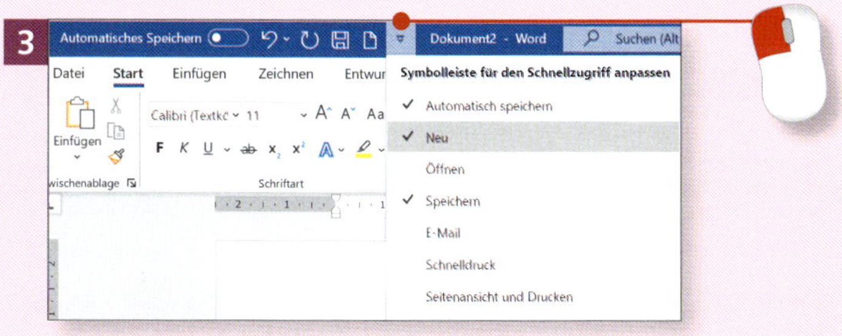

Schritt 3

Da Sie den Befehl **Neu** sehr häufig brauchen, empfiehlt es sich, die entsprechende Schaltfläche auf die Symbolleiste für den Schnellzugriff zu legen. Klicken Sie auf den Pfeil rechts an der Leiste, und wählen Sie **Neu**.

Per Tastatur zu einem leeren Dokument
Drücken Sie einfach die Tastenkombination Strg + N, um ein leeres Blatt zu öffnen.

Schritt 4

Wenn Sie eines Ihrer Dokumente als Basis für ein neues Dokument nutzen möchten, klicken Sie auf die Registerkarte **Datei** ❷ und dann auf **Öffnen** (siehe dazu auch den Abschnitt »Eine gespeicherte Datei öffnen« auf Seite 44).

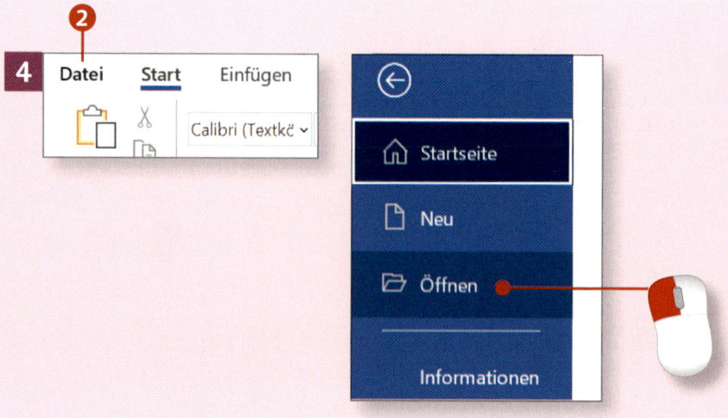

Schritt 5

Suchen Sie in der Liste **Zuletzt verwendet** ❸ das Dokument, das Sie als Basisdokument verwenden wollen. Haben Sie das gewünschte Dokument gefunden, klicken Sie es mit der rechten Maustaste an und wählen im Kontextmenü **Kopie öffnen**.

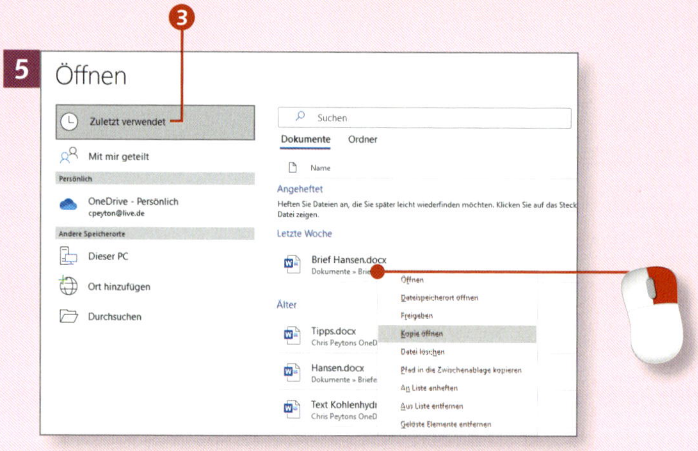

Schritt 6

Anschließend haben Sie – wie Sie in der Titelleiste sehen können ❹ – ein neues, bisher nicht gespeichertes Dokument auf dem Bildschirm, das mit dem Text des Basisdokuments gefüllt ist.

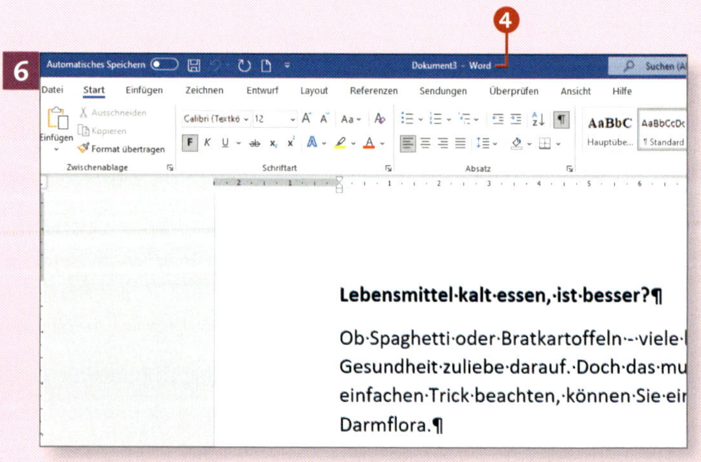

Neue Namen für Kopien

Achtung: Wenn Sie ein neues Dokument auf Basis eines vorhandenen beginnen, muss dieses neue Dokument unter einem neuen Namen gespeichert werden!

Eine gespeicherte Datei öffnen

1

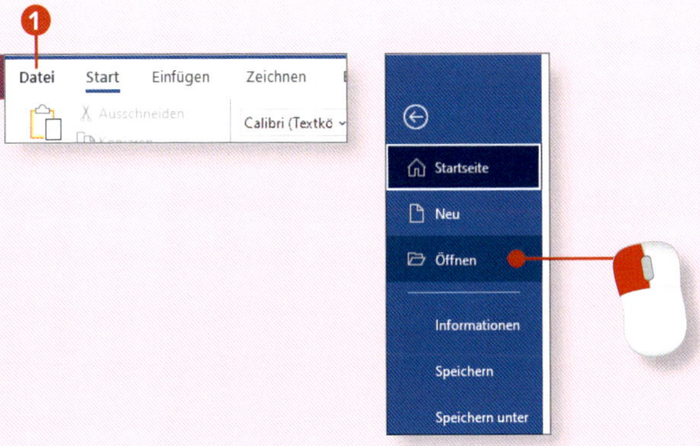

Dokumente können zur Weiterbearbeitung immer wieder aufgerufen werden. Dafür müssen sie zuvor natürlich gespeichert worden sein.

Schritt 1

Um ein bereits gespeichertes Dokument erneut aufzurufen, klicken Sie auf die Registerkarte **Datei** ❶ und dann auf **Öffnen**.

2

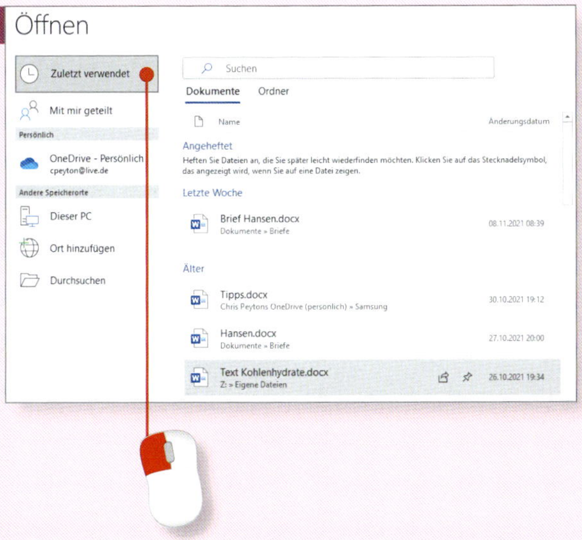

Schritt 2

Im Fenster **Öffnen** haben Sie mehrere Möglichkeiten. Wenn Sie eine Datei öffnen möchten, die Sie vor Kurzem geöffnet hatten, markieren Sie **Zuletzt verwendet**. In der Liste rechts klicken Sie dann einfach die gewünschte Datei an.

3

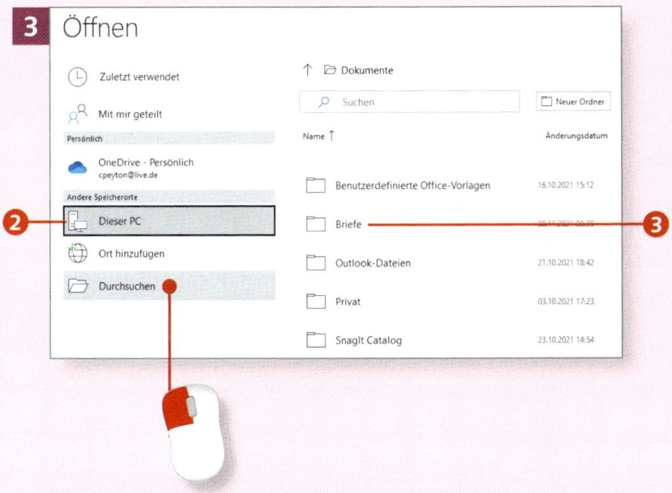

Schritt 3

Falls Sie die Datei nicht in dieser Liste finden, markieren Sie den Eintrag **Dieser PC** ❷. Dann öffnen Sie per Klick einen der Ordner ❸ oder eine der Dateien rechts in der Liste, oder Sie klicken auf die Schaltfläche **Durchsuchen**.

Schritt 4

Daraufhin erscheint der Dialog **Öffnen**. Entweder sehen Sie die gesuchte Datei bereits, oder Sie müssen zunächst zu dem Ordner wandern, in dem die Datei gespeichert ist.

4

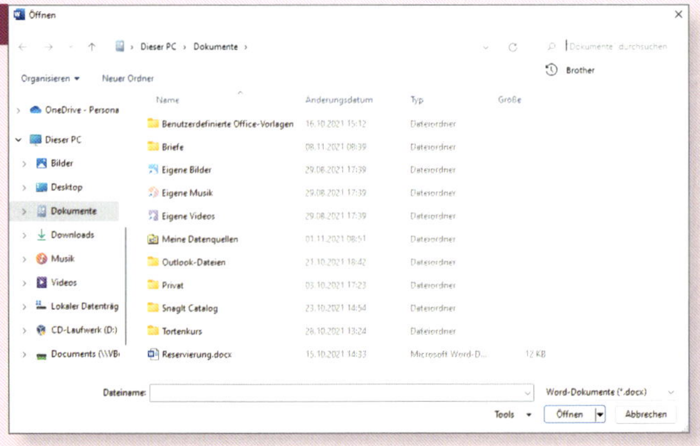

Schritt 5

Um in einen anderen Ordner zu wechseln, klicken Sie im Adressfeld auf den Ordnernamen oder auf den Pfeil daneben, um die Unterordner zu sehen. Per Mausklick öffnen Sie den jeweiligen Ordner. Auch über den linken Bereich können Sie zu anderen Ordnern springen. Klicken Sie auf **Dieser PC** ❹, um eine Liste aller Laufwerke und Ordner zu erhalten.

5

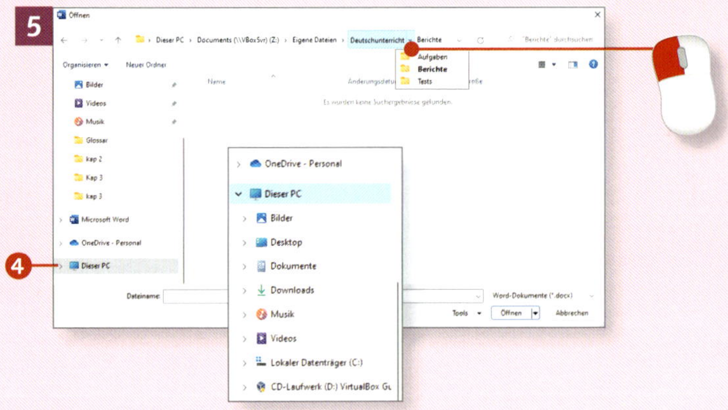

Schritt 6

Wenn Sie die gewünschte Datei gefunden haben, markieren Sie sie ❺ und klicken auf die Schaltfläche **Öffnen**. Auch ein Doppelklick auf den Dateinamen funktioniert.

6

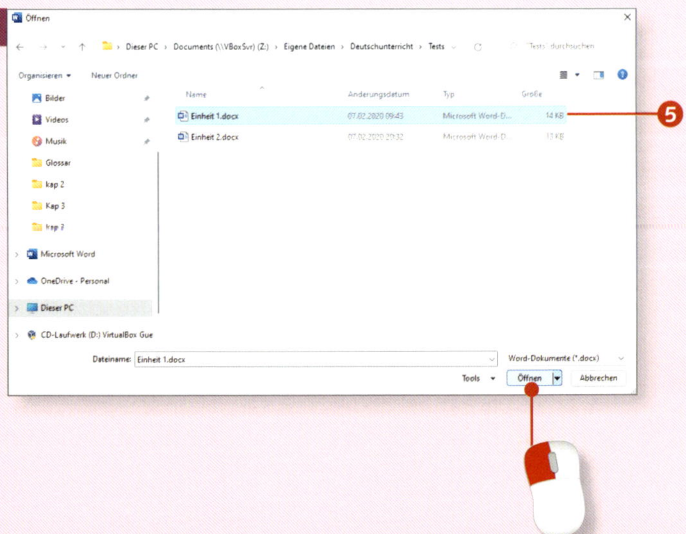

Schnellzugriff

Im linken Bereich des Dialogs **Öffnen** finden Sie ganz oben auch die Rubrik **Schnellzugriff**. Vereinfacht gesagt, finden Sie hier Verweise zu häufig benutzten Ordnern.

Auf vorhandenen Vorlagen aufbauen

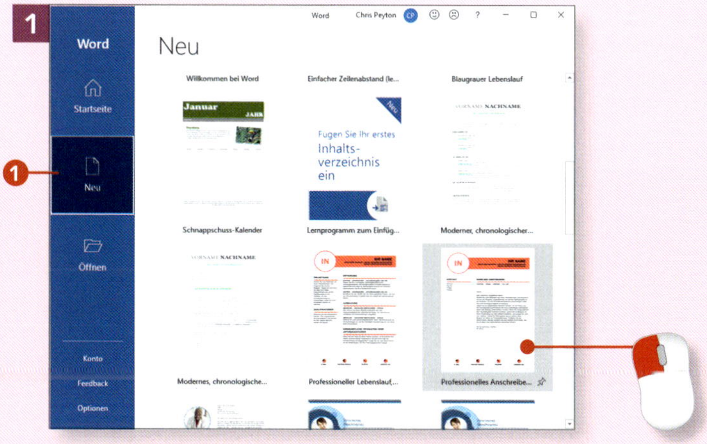

Word bietet zahlreiche Vorlagen – also vorbereitete, teils mit Text ausgefüllte Dokumente – für bestimmte Zwecke an, die Sie als Basis für Ihr neues Dokument nutzen können.

Schritt 1

Klicken Sie auf die Registerkarte **Datei** und dann auf **Neu** ①. Im gleichnamigen Fenster werden Ihnen zahlreiche Vorlagen angeboten. Wählen Sie anhand der Vorschaubildchen eine Vorlage aus, und klicken Sie darauf.

Schritt 2

Damit öffnet sich ein Fenster mit einer Beschreibung und einer größeren Vorschau. Entspricht die Vorlage Ihren Vorstellungen, klicken Sie auf die Schaltfläche **Erstellen**.

Schritt 3

Nun beginnt der Download. Wenn die Vorlage fertig heruntergeladen ist, öffnet sich ein entsprechendes Dokument in einem neuen Fenster. Sie können es jetzt bearbeiten und mit eigenen Texten füllen.

Schritt 4

Beachten Sie im Fenster **Neu** auch die Links unterhalb des Suchfeldes (**Geschäftlich**, **Briefe** etc.). Wenn Sie einen dieser Suchbegriffe auswählen, finden Sie nach Themen geordnete Vorlagen. Klicken Sie z. B. auf **Feiertage**.

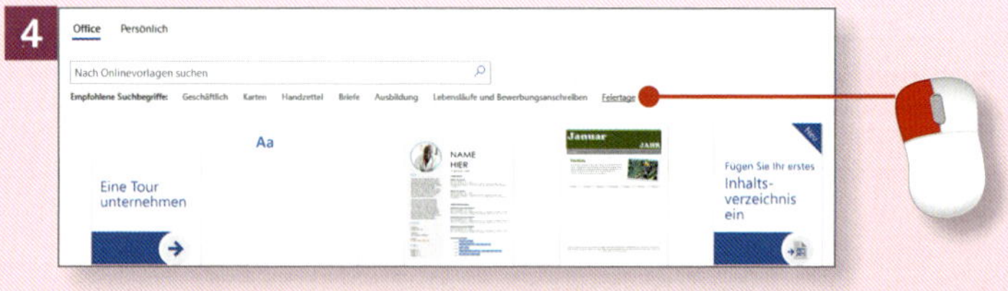

Schritt 5

Sie erhalten eine Auflistung aller Vorlagen, die zu diesem Thema passen. Suchen Sie sich per Mausklick eine Vorlage aus.

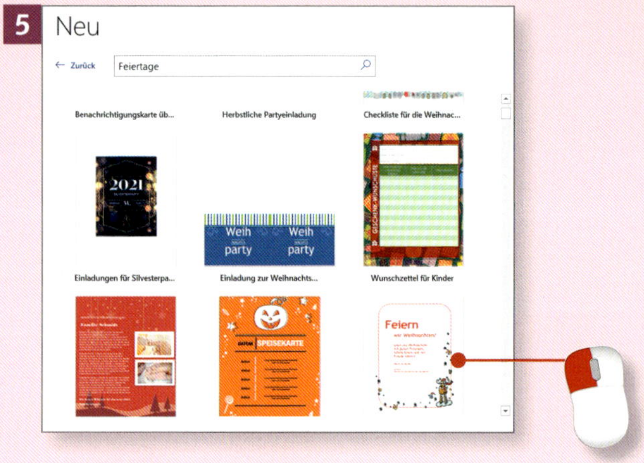

Schritt 6

Sie können auch eigene Suchbegriffe, z. B. »Eröffnung«, in das Suchfeld eingeben und die Suche mit einem Klick auf die Lupe **2** starten.

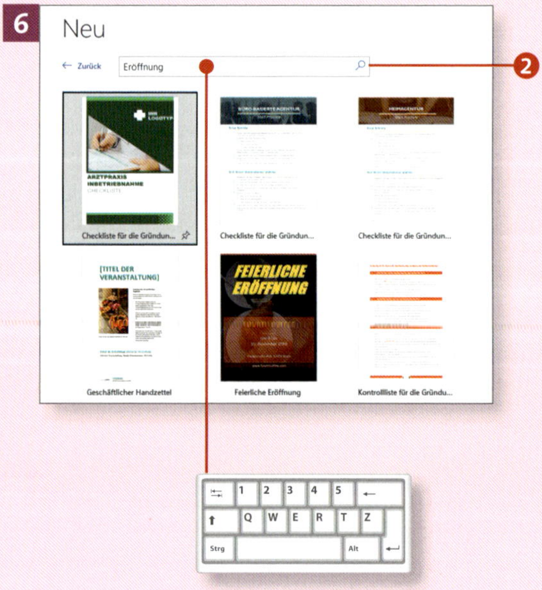

Onlinevorlagen

Bei den Vorlagen handelt es sich um Onlinevorlagen. Um sie zu verwenden, brauchen Sie also eine aktive Internetverbindung. Nach dem Download stehen sie Ihnen dann lokal zur Verfügung.

Eine Datei speichern – auf dem PC oder auf OneDrive

Das Speichern ist das A und O bei der Arbeit mit Word (und jedem anderen Programm). Wenn Sie regelmäßig speichern, ersparen Sie sich eine Menge Ärger.

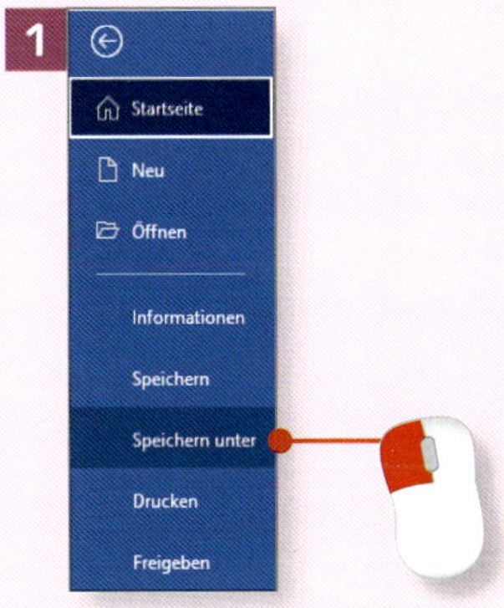

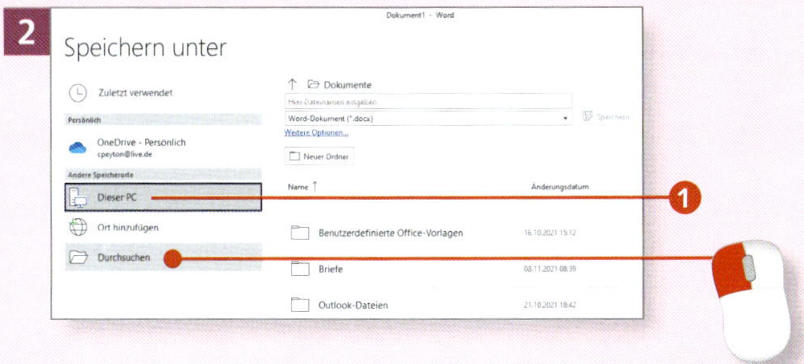

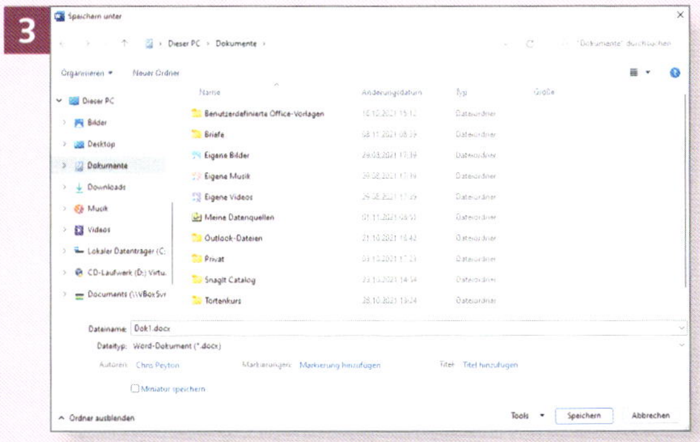

Schritt 1

Um ein noch nicht gespeichertes Dokument zu sichern, klicken Sie auf die Registerkarte **Datei** und dann auf **Speichern unter**. Daraufhin öffnet sich das gleichnamige Fenster.

Schritt 2

Um die Datei lokal auf Ihrem Rechner zu speichern, markieren Sie **Dieser PC** ❶. Im rechten Bereich klicken Sie auf den Zielordner, sofern er in der Liste auftaucht. Sie können aber auch direkt auf **Durchsuchen** klicken.

Schritt 3

Wenn Sie auf **Durchsuchen** klicken, wird der Dialog **Speichern unter** geöffnet. Befinden Sie sich noch nicht im richtigen Ordner, navigieren Sie zunächst zu dem Ordner, in dem Sie die Datei ablegen möchten.

Speichern auf die Schnelle

Wenn Sie auf das Speichersymbol in der Symbolleiste für den Schnellzugriff klicken, wird – sofern das Dokument noch nicht gespeichert ist – ein kleines Fenster geöffnet, in dem Sie einen Dateinamen vergeben und einen Speicherort auswählen können (im Feld **Ort auswählen**).

Schritt 4

Zum Navigieren in der Ordnerstruktur nutzen Sie – wie beim Öffnen – das Adressfeld oben im Dialog. Ein Klick auf den Ordnernamen öffnet den Ordner; ein Klick auf den Pfeil zeigt die Unterordner an, die dann per Mausklick zu öffnen sind.

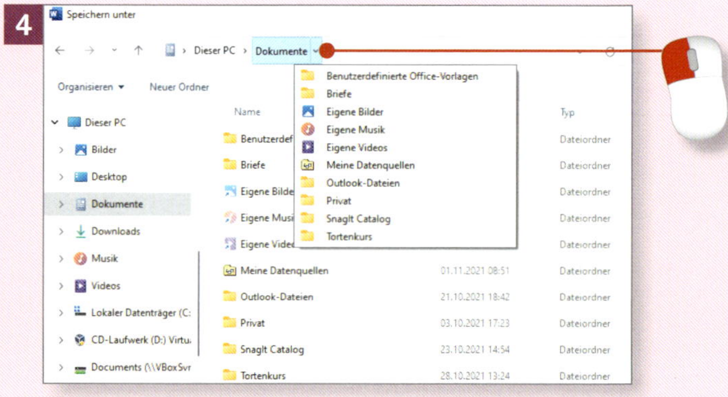

Schritt 5

Wenn Sie den gewünschten Ordner geöffnet haben, geben Sie im Feld **Dateiname** den Dateinamen ein. Die Erweiterung (*.docx*) schreiben Sie nicht mit, Word vergibt sie automatisch (mehr dazu erfahren Sie im Abschnitt »Die Dateiformate von Word« auf Seite 56). Klicken Sie dann auf **Speichern**.

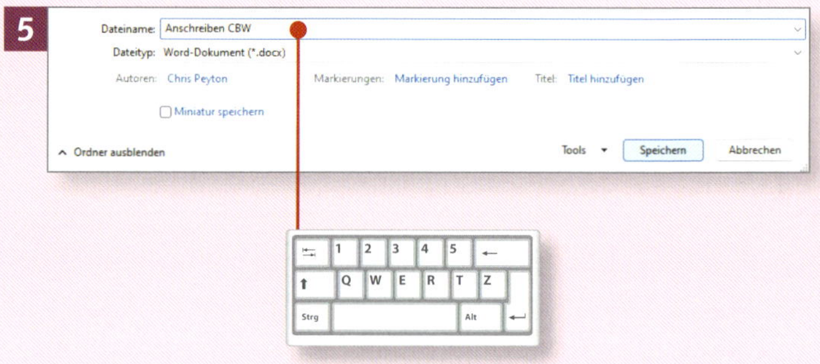

Schritt 6

In gewissen Grenzen können Sie den Typ der Datei auch selbst bestimmen und diese z. B. im Format einer älteren Programmversion speichern. Dazu klicken Sie auf den Pfeil am Feld **Dateityp** und wählen den gewünschten Typ aus (z. B. **Word 97-2003-Dokument** oder PDF (*.pdf).

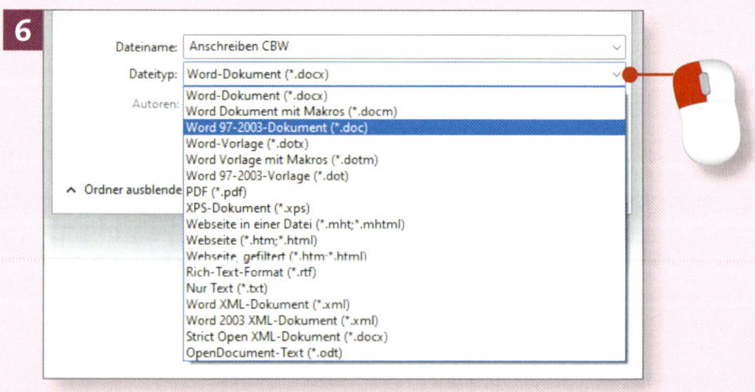

Eine Datei speichern (Forts.)

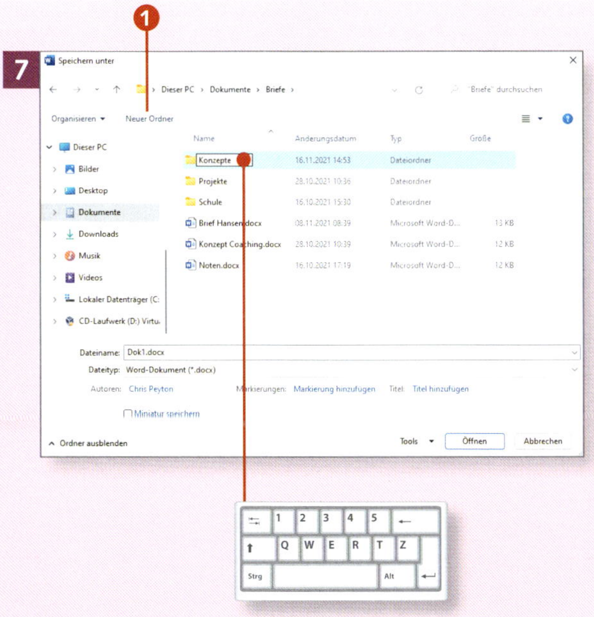

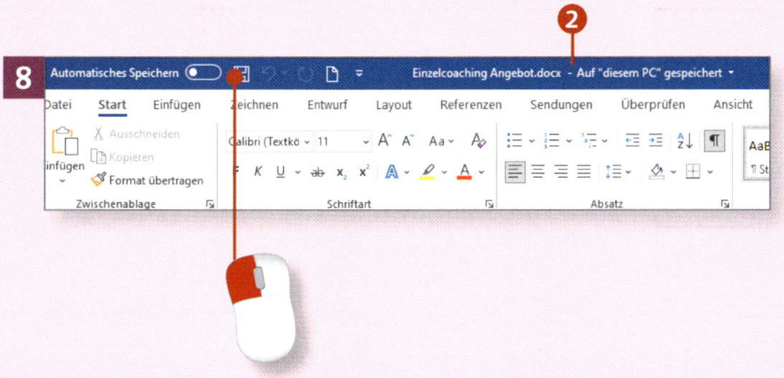

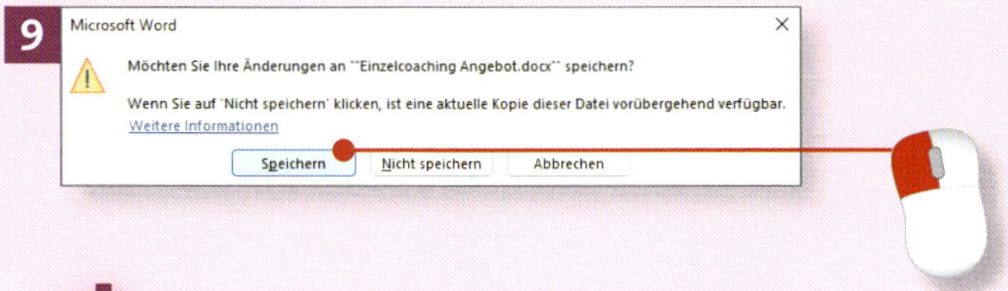

Schritt 7

Möchten Sie einen neuen Ordner für das Dokument anlegen? Dann öffnen Sie den entsprechenden Überordner und klicken auf **Neuer Ordner** 1. Ein gelbes Ordner-Symbol mit der Bezeichnung »Neuer Ordner« erscheint. Geben Sie ihm einen passenden Namen, und drücken Sie ↵.

Schritt 8

Sobald ein Dokument gespeichert ist, taucht der Dateiname im Kopf des Programmfensters auf 2. Denken Sie nun daran, regelmäßig nachzuspeichern. Dazu klicken Sie einfach auf die Schaltfläche **Speichern** in der Symbolleiste für den Schnellzugriff.

Schritt 9

Wenn Sie Word schließen und Änderungen an einem Dokument noch nicht gespeichert sind, fragt Word, wie Sie verfahren möchten. Normalerweise sollten Sie in diesem Dialog auf **Speichern** klicken, es sei denn, Sie verzichten bewusst auf die letzten Änderungen.

Ein schneller Weg zum Nachspeichern

Drücken Sie die Tastenkombination Strg + S. Damit speichern Sie den aktuellen Stand des Dokuments.

Schritt 10

Statt lokal können Sie ein Dokument auch im Internet – genau genommen auf OneDrive von Microsoft – speichern. Dazu markieren Sie im Fenster **Speichern unter** die Option **OneDrive – Persönlich** (bzw. **OneDrive**, sofern Sie noch nicht mit einem Microsoft-Konto angemeldet sind) und klicken rechts auf den gewünschten Unterordner.

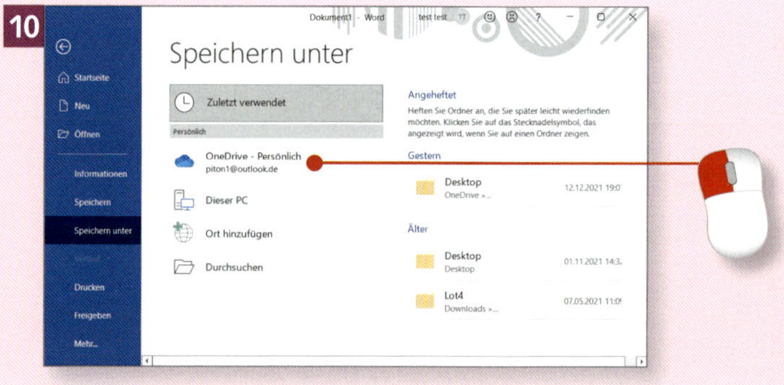

Schritt 11

Wenn Sie nicht mit Ihrem Microsoft-Konto angemeldet sind (dieses wird in der Regel bei der Installation von Windows 11 angelegt), müssen Sie sich zunächst anmelden bzw. überhaupt ein Microsoft-Konto anlegen. Klicken Sie dazu auf **OneDrive** ❸ und dann auf **Anmelden**.

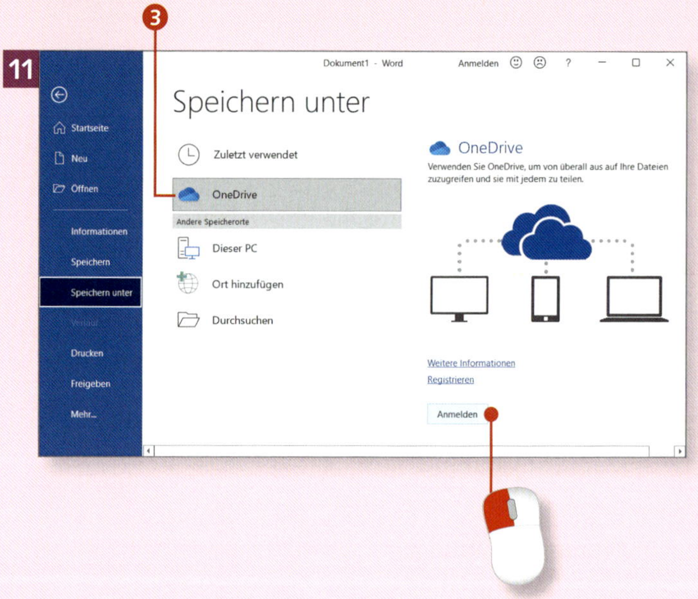

Schritt 12

Im nächsten Fenster geben Sie die E-Mail-Adresse Ihres Microsoft-Kontos ein, z. B. *IhrName@live.de* oder *IhrName@hotmail.de*. Falls Sie noch keine Microsoft-E-Mail-Adresse haben, geben Sie irgendeine – formal gültige – E-Mail-Adresse ein und klicken dann auf **Weiter**.

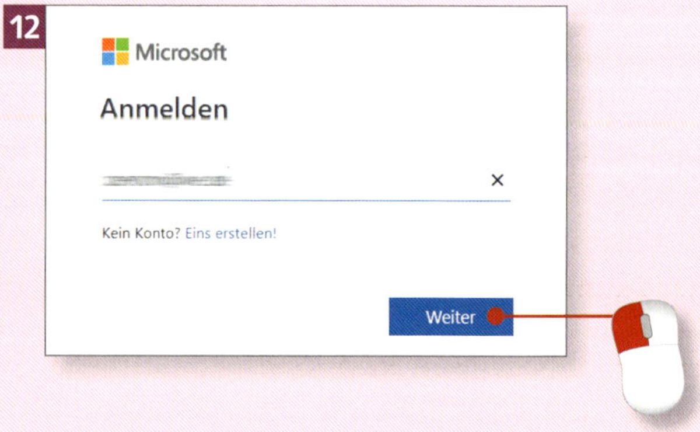

Eine Datei speichern (Forts.)

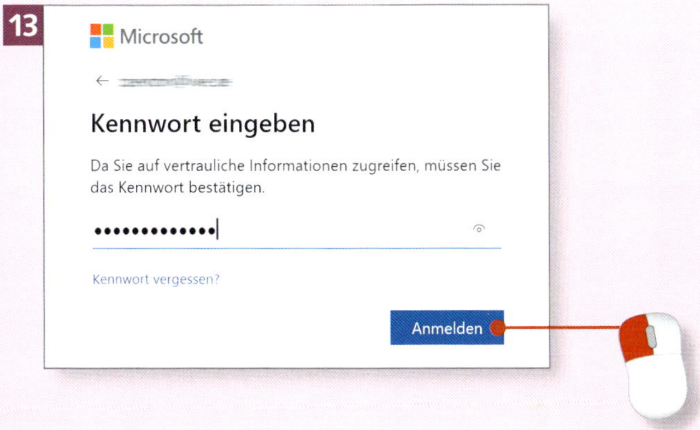

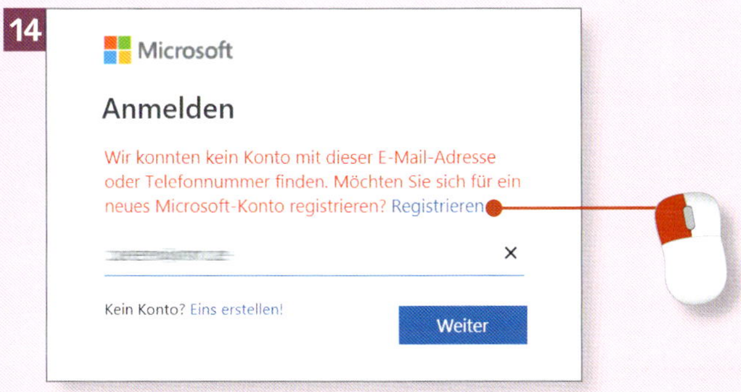

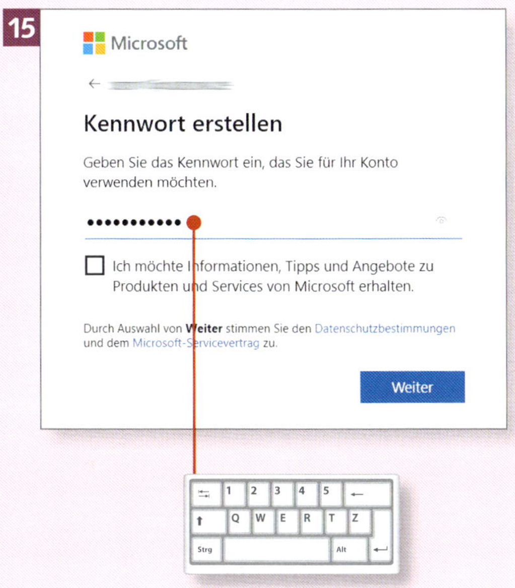

Schritt 13

Falls Sie bereits ein Microsoft-Konto angelegt hatten und die dort verwendete E-Mail-Adresse eingegeben haben, werden Sie aufgefordert, das entsprechende Kennwort einzugeben. Klicken Sie dann auf **Anmelden**.

Schritt 14

Wenn Sie kein Microsoft-Konto haben und die eingegebene Adresse bei Microsoft nicht existiert, werden Sie aufgefordert, sich zu registrieren. Klicken Sie auf den Link **Registrieren**.

Schritt 15

Folgen Sie dann den weiteren Aufforderungen. Nach Ihren Eingaben klicken Sie jeweils auf **Weiter**. Legen Sie zu guter Letzt ein Kennwort fest. Danach müssen Sie nur noch einen Sicherheitscode eingeben. Dieser Code wird Ihnen per E-Mail zugeschickt.

Speichern in der Cloud
Das Speichern in der Cloud, also auf OneDrive, ist eine verlockende Sache, da man mit jedem Gerät, das eine Internetverbindung hat, auf seine Dokumente zugreifen kann und den eigenen lokalen Speicherplatz nicht belastet.

Schritt 16

Nachdem Microsoft alles akzeptiert hat, finden Sie im Fenster **Speichern unter** auch **OneDrive** mit Ihrem Anmeldenamen. Klicken Sie auf den Eintrag **OneDrive – Persönlich**, und wählen Sie dann rechts den Ordner zum Speichern aus.

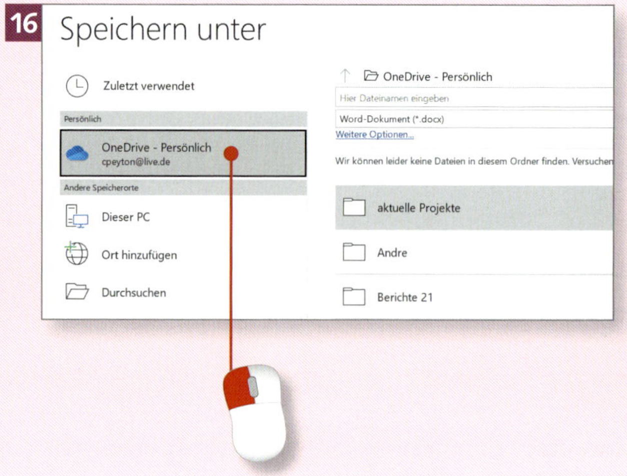

Schritt 17

Dass Sie mit Ihrem Microsoft-Konto angemeldet sind, erkennen Sie auch rechts oben im Word-Fenster; dort steht Ihr Anmeldename. Klicken Sie darauf, um das Menü zu öffnen.

Schritt 18

Wenn Sie sich von Ihrem Microsoft-Konto abmelden möchten, klicken Sie einfach auf den Link **Abmelden**. Sie werden dann u. a. darauf hingewiesen, dass Ihr Konto aus allen Office-Apps entfernt wird.

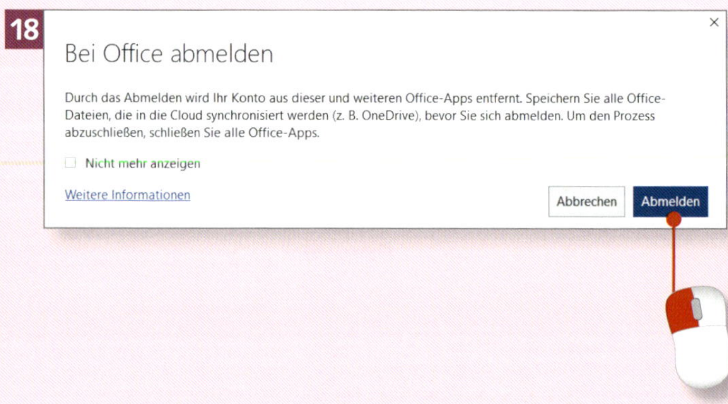

Abmelden ist wichtig

Denken Sie daran, sich jedes Mal abzumelden, wenn Sie als Gast nur kurzfristig einen Rechner benutzen.

Dokumente auf OneDrive aufrufen

1

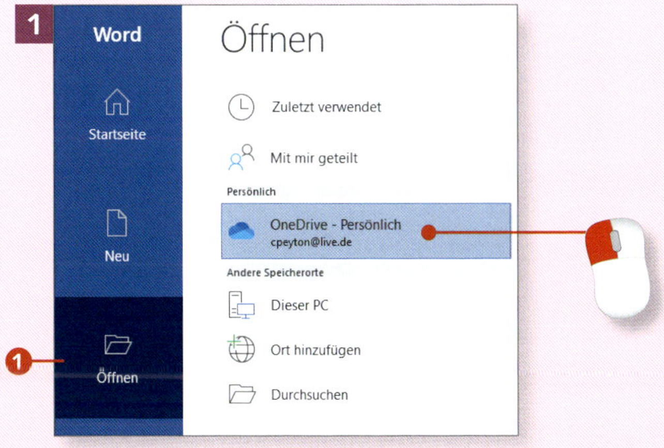

Dokumente, die auf OneDrive gespeichert sind, können Sie auf jedem anderen Gerät aufrufen, sofern es mit dem Internet verbunden ist.

Schritt 1

Genau wie beim Öffnen eines lokal gespeicherten Dokuments klicken Sie auf **Datei ▸ Öffnen** ❶. Im Fenster **Öffnen** klicken Sie auf **OneDrive – Persönlich**.

2

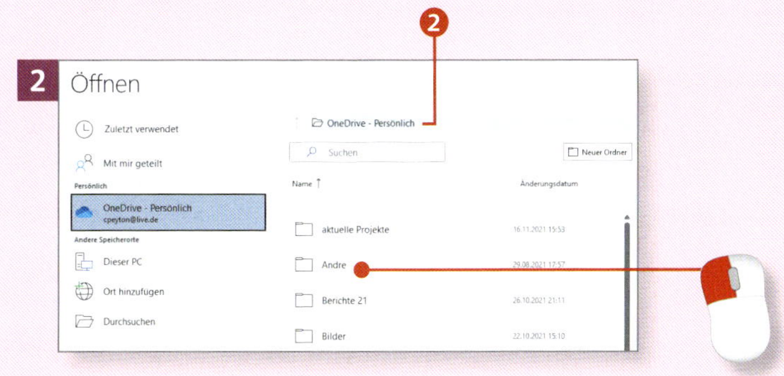

Schritt 2

Rechts finden Sie eine Auflistung der zuletzt verwendeten Ordner. Klicken Sie den Ordner an, in dem die Datei gespeichert ist. Falls kein oder nicht der richtige Ordner angezeigt wird, klicken Sie rechts auf **OneDrive – Persönlich** ❷.

3

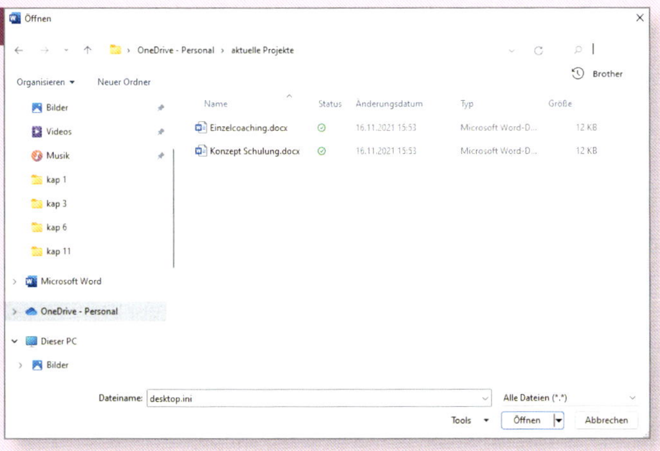

Schritt 3

In beiden Fällen wird die Verbindung zum OneDrive-Server hergestellt und der Dialog **Öffnen** angezeigt, der sich im Prinzip nicht von seinem lokalen Pendant unterscheidet.

Schritt 4

In der Adressleiste sehen Sie den Pfad zum geöffneten Ordner. Benutzen Sie die Pfeile zum Navigieren in der Ordnerstruktur oder klicken im linken Bereich auf einen Ordner, um seinen Inhalt anzuzeigen.

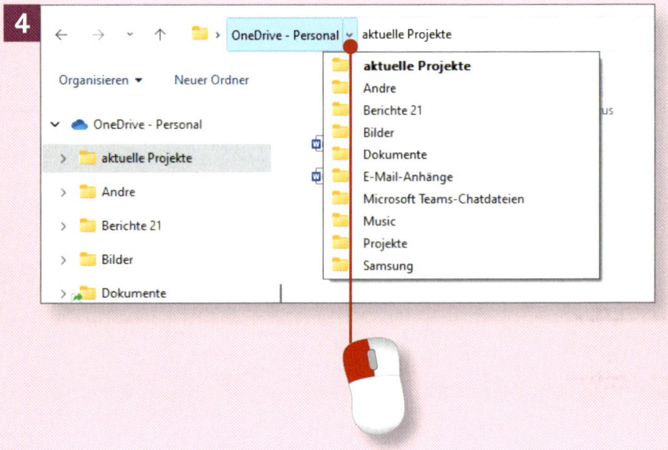

Schritt 5

Wenn Sie sich bereits im richtigen Ordner befinden, klicken Sie die gewünschte Datei einfach doppelt an. Bei einem Touchscreen können Sie den Dateinamen durch Antippen markieren und dann auf die Schaltfläche **Öffnen** tippen.

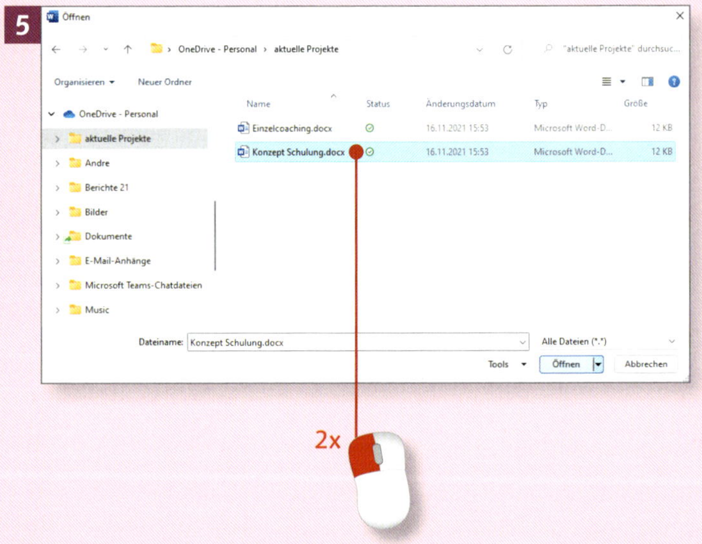

Schritt 6

Wenn Sie z. B. durch einen Klick auf **Desktop** ❸ im linken Bereich mehr oder minder freiwillig das OneDrive-Laufwerk verlassen haben, gelangen Sie am einfachsten mit dem **Zurück**-Pfeil wieder zurück.

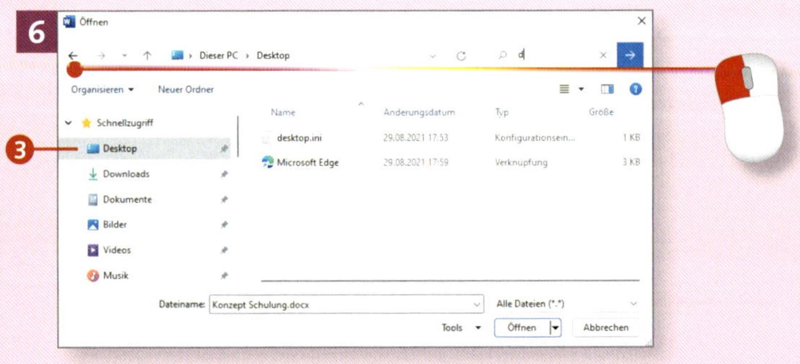

!

Nachteile

Ohne im Detail auf die Aspekte der Datensicherheit einzugehen – offensichtlich ist, dass Sie bei Internetverbindungsproblemen nicht an Ihre auf OneDrive abgelegten Dateien herankommen!

Die Dateiformate von Word

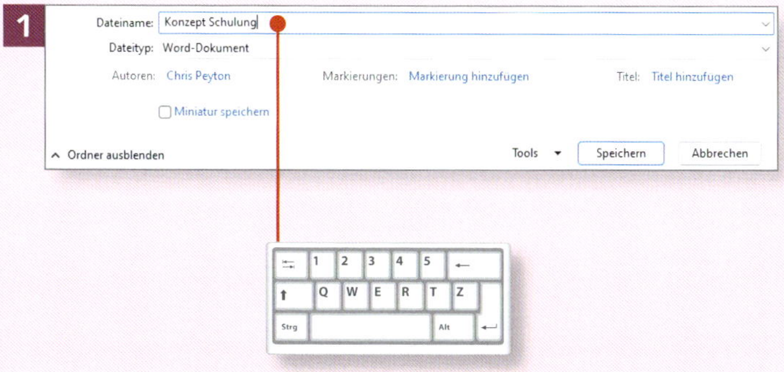

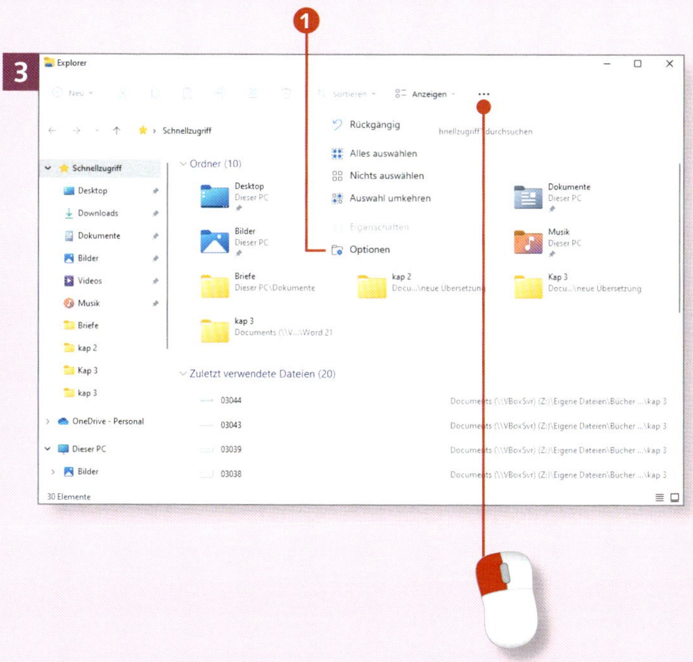

Dateiendungen wie ».docx« sind wie Familiennamen. An ihnen lässt sich erkennen, aus welchem Programm ein Dokument bzw. eine Datei stammt.

Schritt 1

Dokumente werden in bestimmten Formaten gespeichert. Diese werden mithilfe der Erweiterung nach dem letzten Punkt im Dateinamen festgelegt, z. B. *Konzept.docx*. Wenn Sie im Dialog **Speichern unter** im Eingabefeld einen Dateinamen eingeben, taucht die Erweiterung standardmäßig nicht auf.

Schritt 2

Es kann ganz nützlich sein, diese Erweiterungen einzublenden. Dazu öffnen Sie den Explorer. Klicken Sie einfach auf sein Symbol in der Taskleiste.

Schritt 3

Im Explorer klicken Sie oben rechts in der Symbolleiste auf die drei Punkte (**Weitere Infos**) und im Menü auf Optionen ❶.

Schritt 4

Wechseln Sie im Dialogfenster **Ordneroptionen** zur Registerkarte **Ansicht** ❷. Entfernen Sie das Häkchen vor **Erweiterungen bei bekannten Dateitypen ausblenden**, und klicken Sie auf **Übernehmen**. Zukünftig werden die Dateierweiterungen in Dateinamen und in Auswahllisten für den Dateityp angezeigt. Mit **OK** verlassen Sie den Dialog wieder.

4

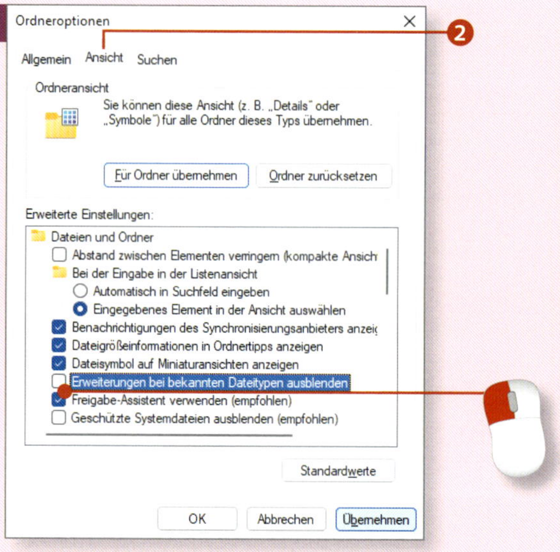

Schritt 5

Wenn Sie eine Datei nicht im Standardformat abspeichern möchten, sondern z. B. in einem Format einer älteren Programmversion, klicken Sie im Dialog **Speichern unter** auf den Auswahlpfeil am Feld **Dateityp**.

5

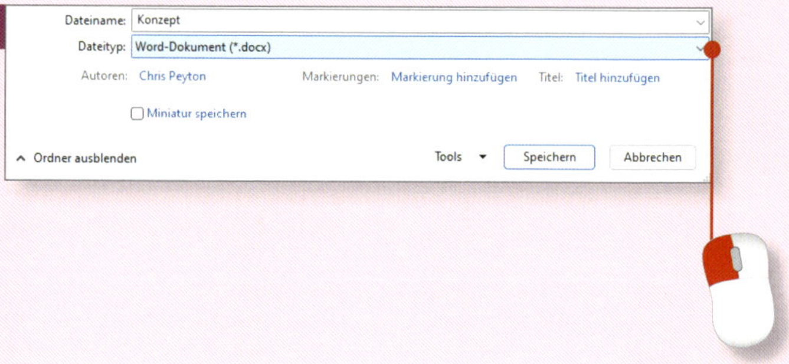

Schritt 6

In der Auswahlliste steht, in welchen anderen Formaten Sie ein Word-Dokument abspeichern können. Wie Sie sehen, sind zahlreiche Formate möglich.

6

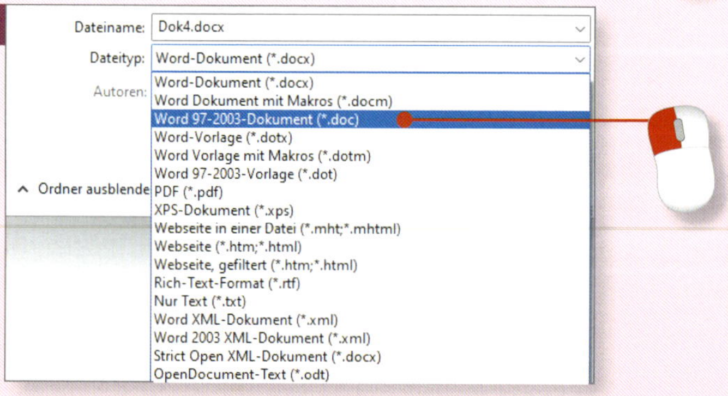

Die Dateiformate von Word (Forts.)

Schritt 7

Soll die Datei z. B. in Word 2003 oder einer älteren Version zu öffnen sein, wählen Sie **Word 97-2003-Dokument (*.doc)**. Wird die Datei geöffnet, erscheint dann neben dem Dateinamen im Kopf des Fensters der Zusatz **[Kompatibilitätsmodus]** ❶. Mitunter gehen dann jedoch bestimmte Formatierungen verloren.

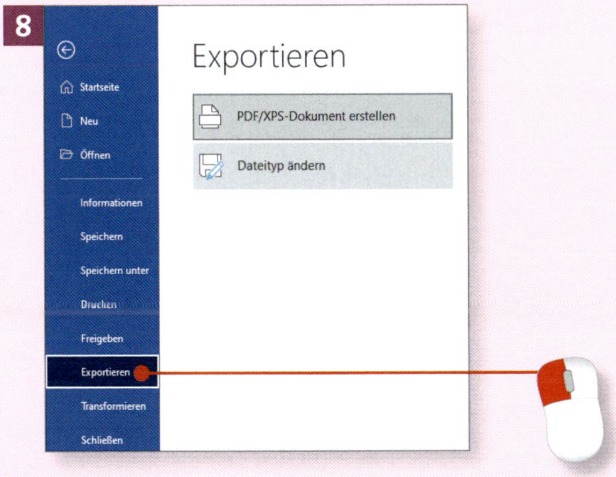

Schritt 8

Sie können Dateien auch in andere Formate exportieren. Den Befehl **Exportieren** finden Sie auf der Registerkarte **Datei**.

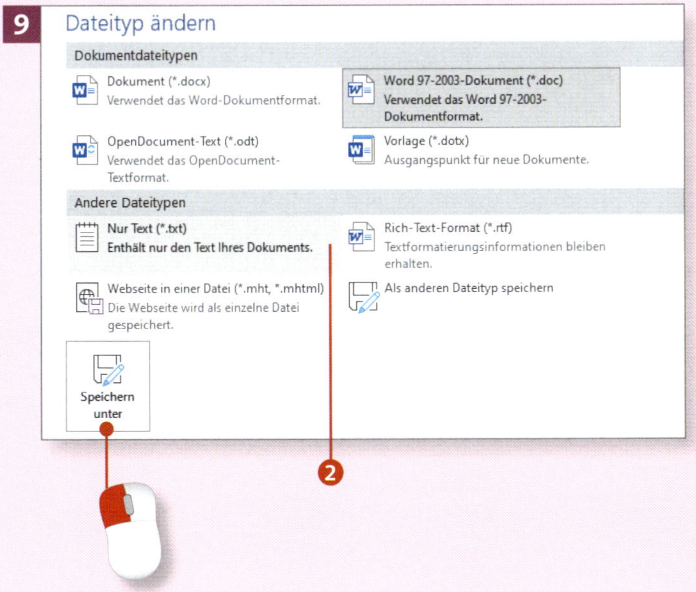

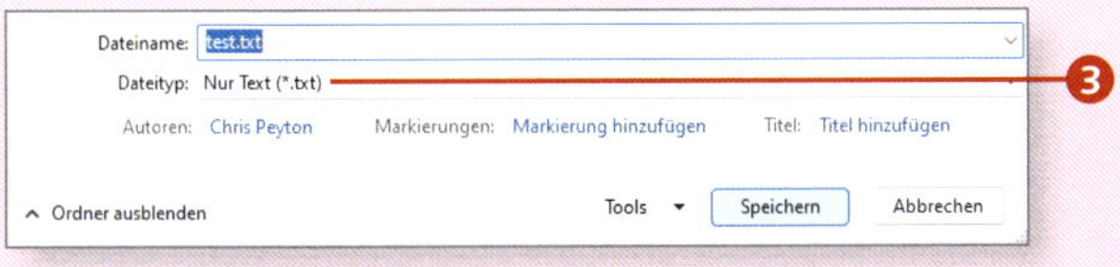

Schritt 9

Klicken Sie im Fenster **Exportieren** auf **Dateityp ändern**, und wählen Sie rechts den gewünschten Dateityp aus ❷. Dann klicken Sie auf **Speichern unter**. Daraufhin wird der Dialog **Speichern unter** geöffnet, in dem das neue Dateiformat bereits eingestellt ist ❸.

Schritt 10

Praktisch: Sie können mit Word direkt PDF-Dokumente (z. B. für die Weitergabe per E-Mail) erstellen. Markieren Sie im Fenster **Exportieren** den Eintrag **PDF/XPS-Dokument erstellen** ❹, und klicken Sie im rechten Bereich auf die gleichnamige Schaltfläche.

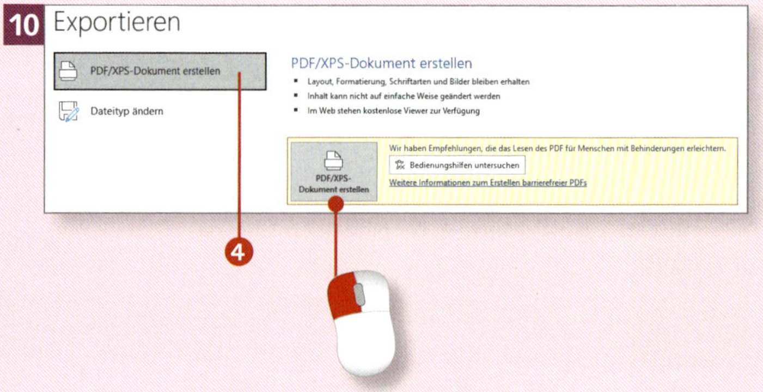

Schritt 11

Daraufhin wird der Dialog **Als PDF oder XPS veröffentlichen** angezeigt. Dateiname und Format sind bereits eingestellt. Klicken Sie auf **Veröffentlichen**. Nach dem Veröffentlichen wird die neue Datei in Ihrem PDF-Programm geöffnet (oder im Brower, sofern Sie den Adobe Acrobat Reader zum Anzeigen von PDF-Dateien nicht installiert haben).

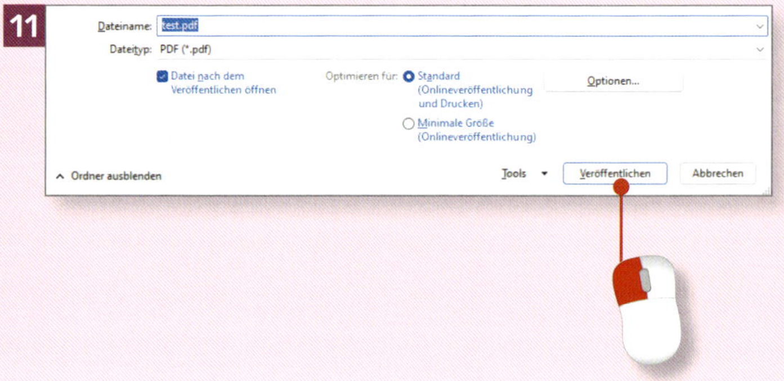

Schritt 12

Sie können auch ein Dateiformat festlegen, in dem Word standardmäßig speichern soll. Klicken Sie auf **Datei ▸ Optionen**, aktivieren Sie die Rubrik **Speichern** ❺, und wählen Sie im Feld **Dateien in diesem Format speichern** das gewünschte Format.

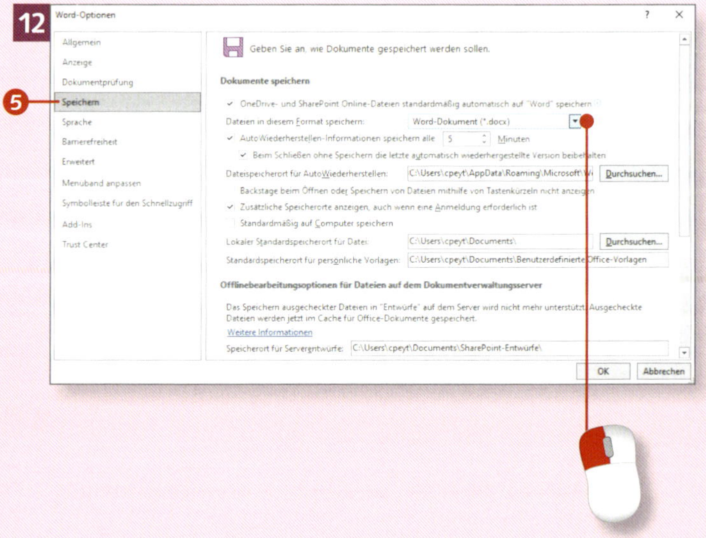

PDF-Dateien in Word öffnen und bearbeiten

Auch PDF-Dateien lassen sich in Word öffnen und bearbeiten. Sie erfahren hier, wie das geht.

1

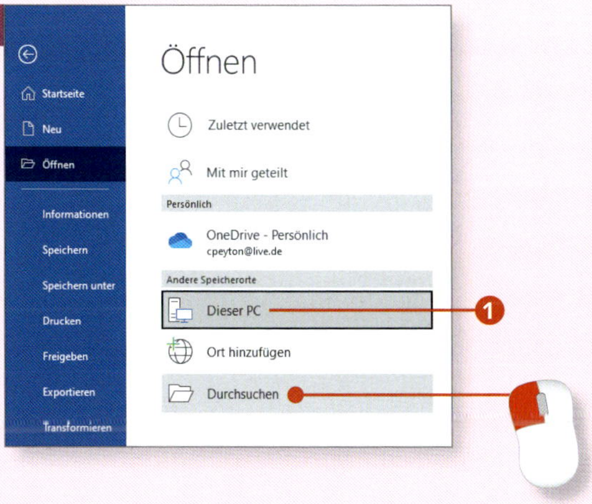

2

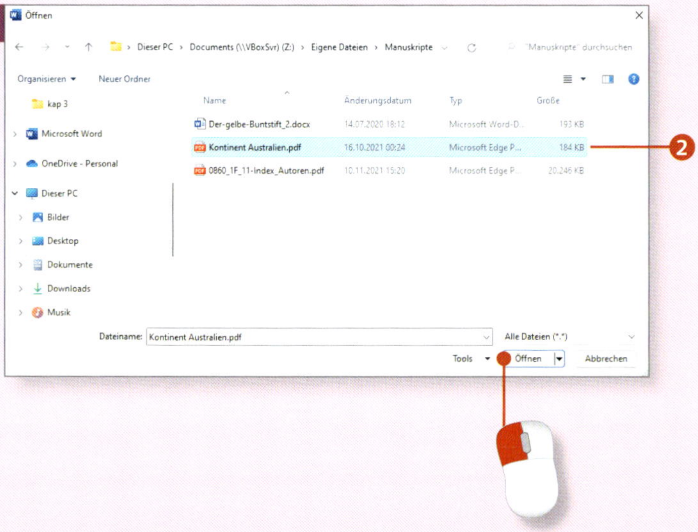

3

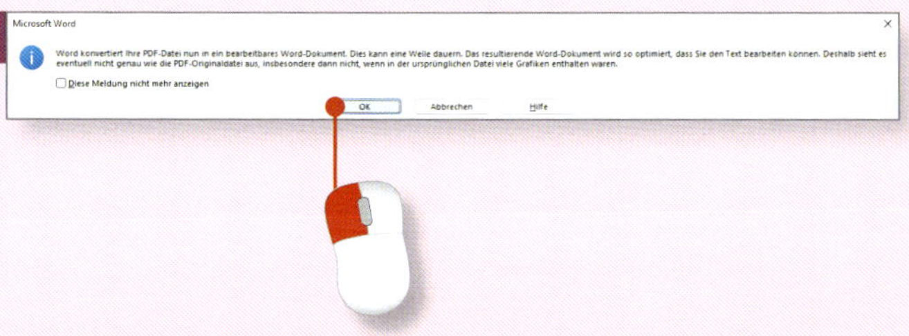

Schritt 1

Öffnen Sie über **Datei ▸ Öffnen** das Fenster **Öffnen**, klicken Sie hier auf **Dieser PC** ❶ und dann rechts auf den gewünschten Ordner oder auf **Durchsuchen**, um den Dialog **Öffnen** aufzurufen.

Schritt 2

Navigieren Sie gegebenenfalls zu dem Ordner, in dem die gesuchte PDF-Datei liegt. Markieren Sie die PDF-Datei ❷, und klicken Sie auf **Öffnen**.

Schritt 3

Sie erhalten dann ein Fenster mit der Meldung, dass das Dokument konvertiert wird und dass es vermutlich nicht genauso aussehen wird wie ein Word-Dokument. Bestätigen Sie die Meldung mit **OK**.

Schritt 4

Das Dokument wird in Word angezeigt. Sie können es »normal« bearbeiten; alle Befehle von Word stehen Ihnen dabei zur Verfügung. In der Titelleiste wird es weiterhin als PDF-Datei gekennzeichnet **3**.

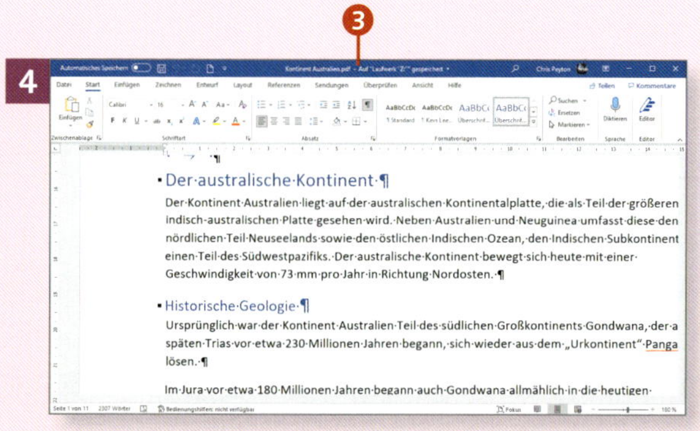

Schritt 5

Wenn Sie zum Speichern den Dialog **Speichern unter** öffnen, sehen Sie, dass das Word-Format *.docx* eingestellt ist. Möchten Sie wieder das PDF-Format erhalten, ändern Sie den Dateityp über das Menü des Feldes **Dateityp**.

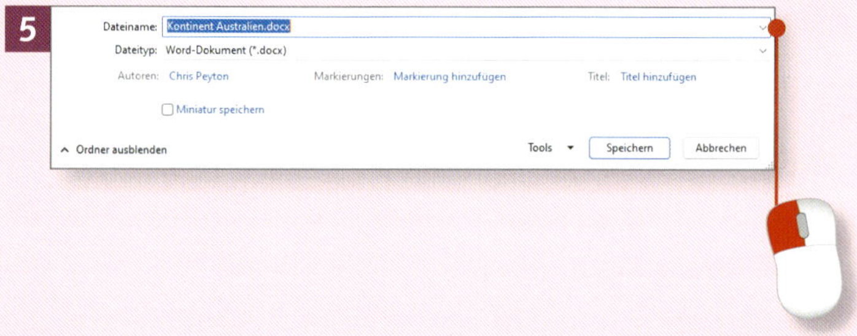

Schritt 6

Um ein PDF-Dokument als PDF zu öffnen, klicken Sie die Datei im Explorer doppelt an. Daraufhin wird das Dokument im Webbrowser angezeigt.

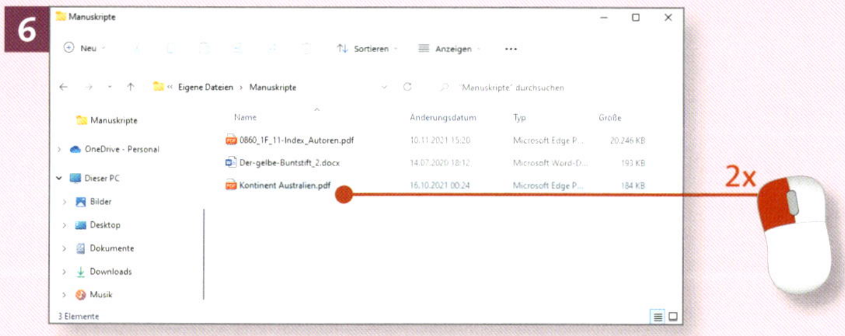

Dokumente öffnen

Um zu bestimmen, wie ein PDF-Dokument geöffnet werden soll, klicken Sie das Dokument im Explorer mit der rechten Maustaste an. Zeigen Sie im Kontextmenü auf **Öffnen mit**, und wählen Sie das gewünschte Programm.

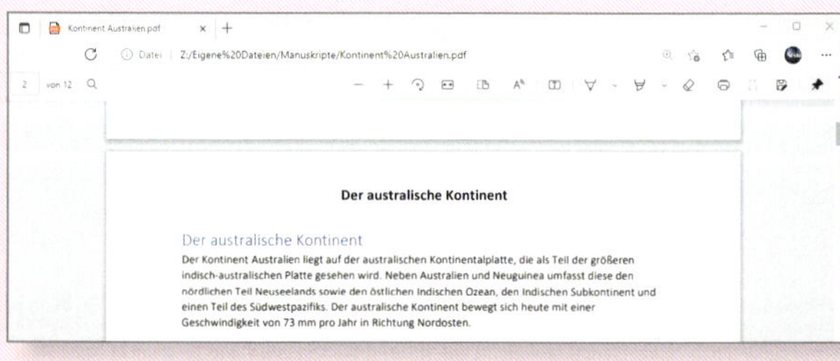

Kapitel 4
Texte schreiben und bearbeiten

Der Sinn und Zweck von Word 2021 ist es in erster Linie, Texte zu schreiben und zu bearbeiten. Wie das Programm Ihnen dabei unter die Arme greift, zeigen wir Ihnen in diesem Kapitel.

Text eingeben und korrigieren
Gerade wenn es schnell gehen muss, schleichen sich beim Tippen schon mal Fehler ein. Word verhilft Ihnen zu einem korrekten Text, indem es eine Rechtschreib- und Grammatikprüfung anbietet oder z. B. einfache Buchstabendreher selbstständig korrigiert.

Änderungen auf die Schnelle
Wenn Änderungen für mehrere Wörter oder ganze Passagen gelten sollen, markieren Sie diese, bevor Sie einen Befehl ausführen. Auf diese Weise lassen sich Textteile auch kopieren oder ausschneiden und komplett verschieben.

Suchen und ersetzen
Kommt Ihnen nachträglich in den Sinn, dass Sie z. B. lieber »Selters« anstelle von »Sekt« schreiben möchten, können Sie mit der Tastenkombination [Strg]+[F] das eine Wort suchen und automatisch durch das andere ersetzen. Das funktioniert sogar mit Formaten wie Fett- oder Kursivschrift.

Die Rechtschreib- und Grammatikprüfung von Word verhilft Ihnen zu korrekten Texten.

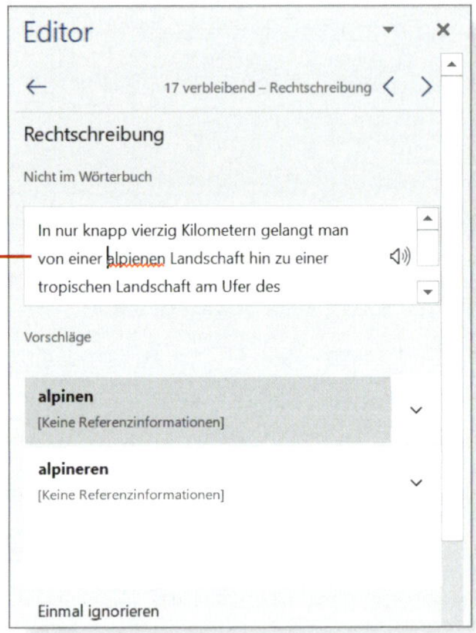

Um Änderungen an mehreren Wörtern und Textpassagen gleichzeitig vorzunehmen, können Textteile markiert und dann bearbeitet werden.

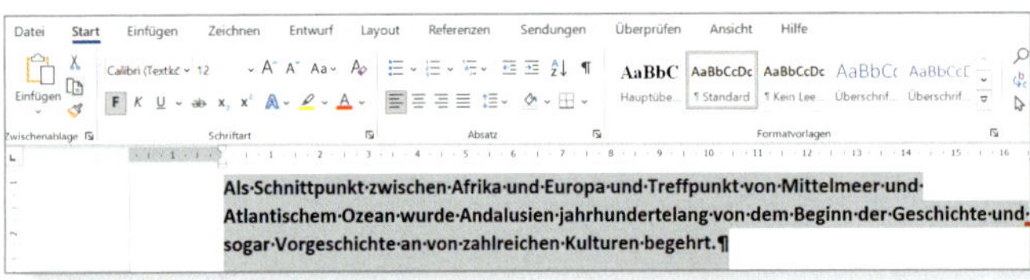

Sie können in Ihrem Textdokument ein Wort suchen und automatisch durch ein anderes ersetzen.

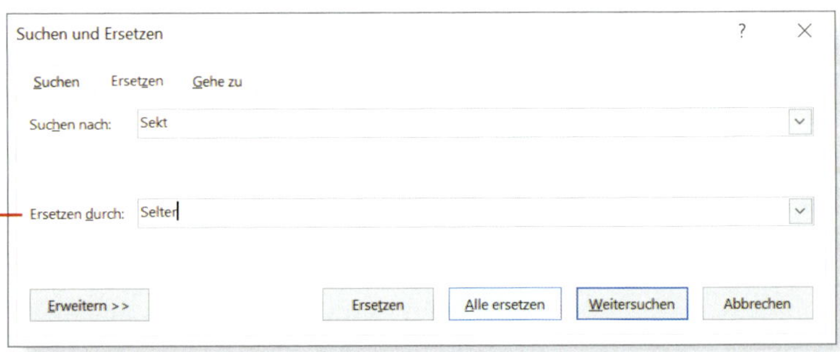

Text eingeben

Kommen wir nun zu den Grundlagen der Textverarbeitung. Erst einmal geht es ans Schreiben selbst, dann zeigen wir Ihnen, wie sich Korrekturen und nachträgliche Änderungen der Textstruktur vereinfachen lassen.

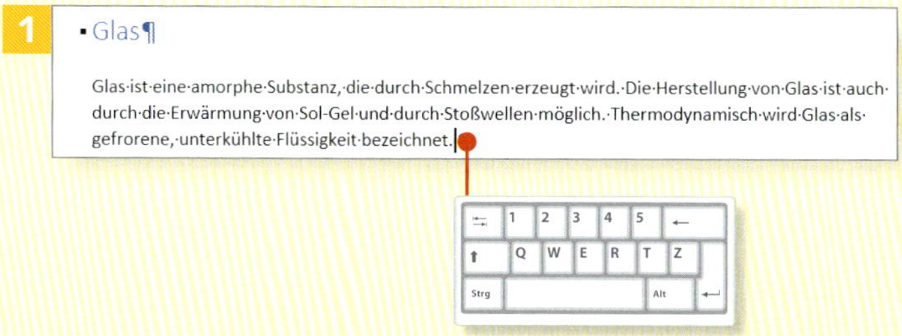

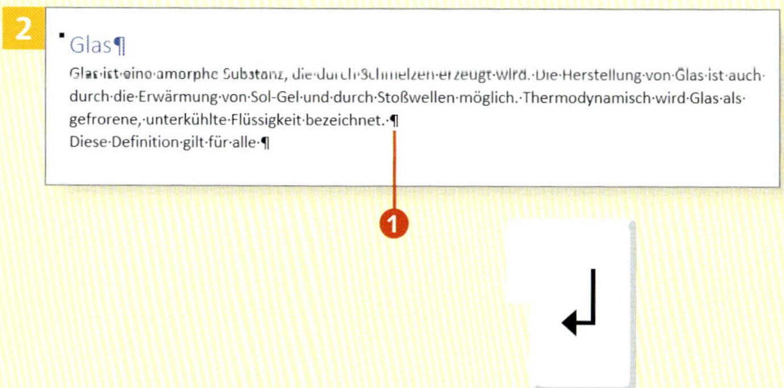

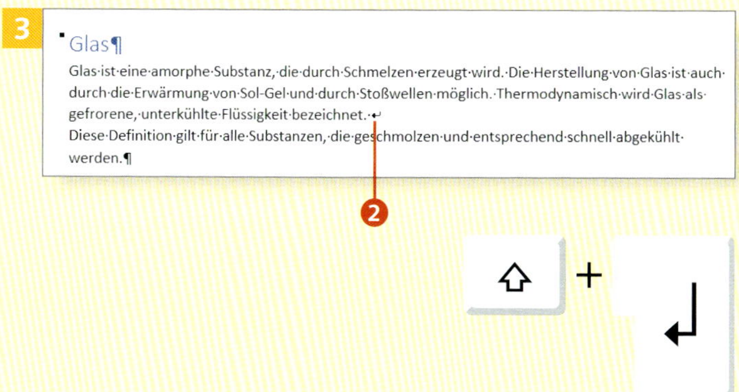

Schritt 1

Fangen Sie einfach an zu schreiben, ohne am Zeilenende einen Zeilenumbruch mit der [↵]-Taste zu erzeugen: Word umbricht die Zeile am rechten Rand automatisch. Was Sie hier eintippen, erscheint wie üblich an der Position des Cursors.

Schritt 2

Nur wenn Sie einen Absatz ❶ benötigen, drücken Sie einmal [↵]. Wenn Sie nun weiterschreiben, beginnt ein neuer Absatz.

Schritt 3

Wenn Sie keinen neuen Absatz erzeugen, aber dennoch in einer neuen Zeile weiterschreiben möchten, hilft ein sogenannter *weicher Zeilenumbruch* ❷. Drücken Sie dazu [⇧]+[↵].

Registerkarten einblenden

Einige Registerkarten können Sie extra anzeigen lassen, wenn Sie sie benötigen. Siehe dazu den Abschnitt »Registerkarten ein- und ausblenden« auf Seite 33.

Schritt 4

Word kümmert sich auch um den *Seitenumbruch*. Wenn der untere Rand einer Seite erreicht ist, wandert der Cursor auf die nächste Seite. In der Statuszeile steht jetzt **Seite 2 von 11** ❸.

4

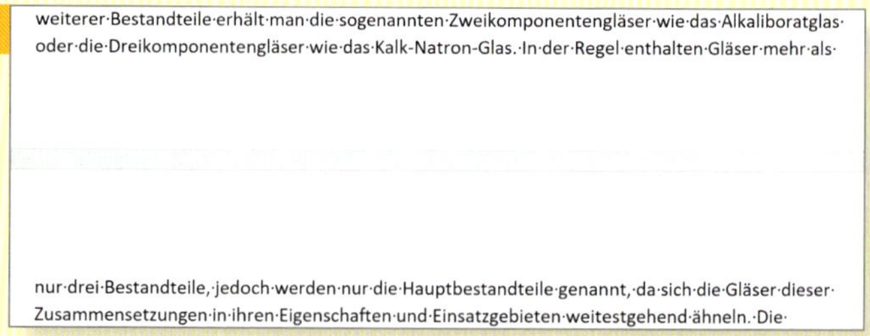

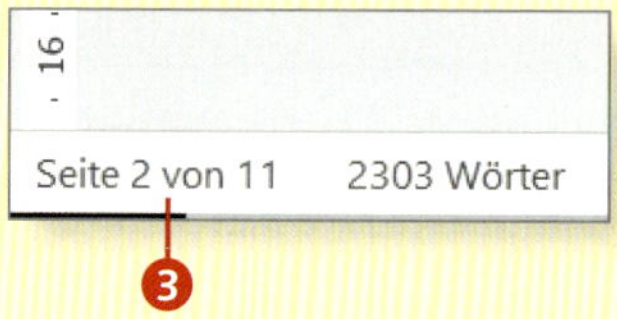

Schritt 5

Sie können einen Seitenumbruch auch »erzwingen«: Drücken Sie dazu [Strg]+[↵]. Dieser Seitenumbruch wird als gestrichelte Linie dargestellt.

5

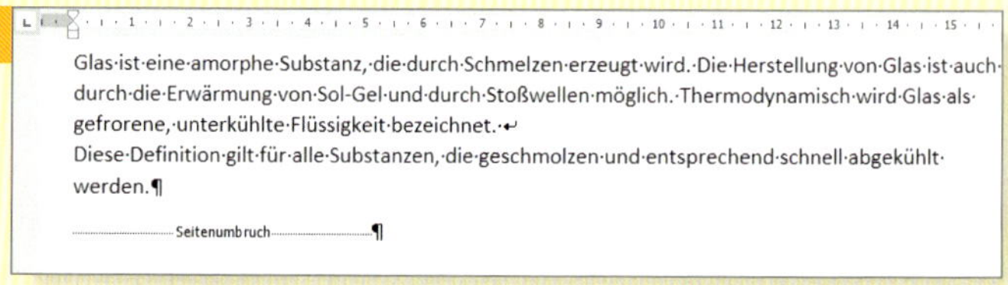

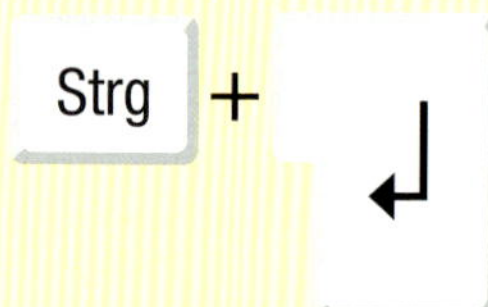

Schritt 6

Sie können verhindern, dass der Zeilenumbruch z. B. zwischen einer Zahl und einer Maßeinheit oder innerhalb einer Datumsangabe erfolgt ❹. Dazu fügen Sie ein geschütztes Leerzeichen ein: [Strg]+[⇧]+Leertaste. Das geschützte Leerzeichen wird als hochgestellter Kreis angezeigt ❺.

6

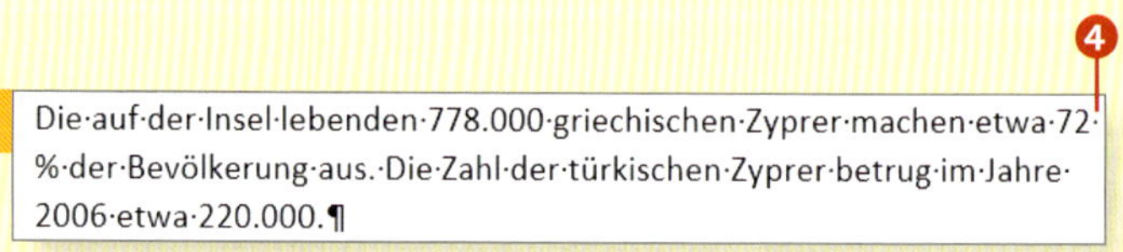

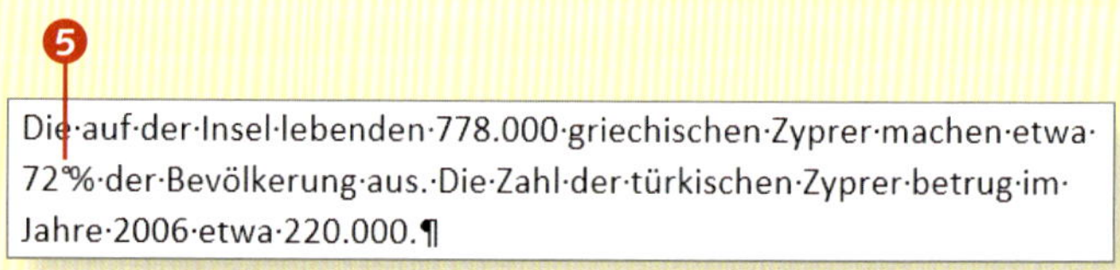

Seitenumbruch in Absätzen

Wie Word mit Seitenumbrüchen umgeht, legen Sie im Dialog **Absatz** auf der Registerkarte **Zeilen- und Seitenumbruch** fest. Um den Dialog zu öffnen, klicken Sie auf **Start** und in der Gruppe **Absatz** auf den Pfeil unten rechts.

Fehlerfreie Texte – die (Auto-)Korrektur in Word

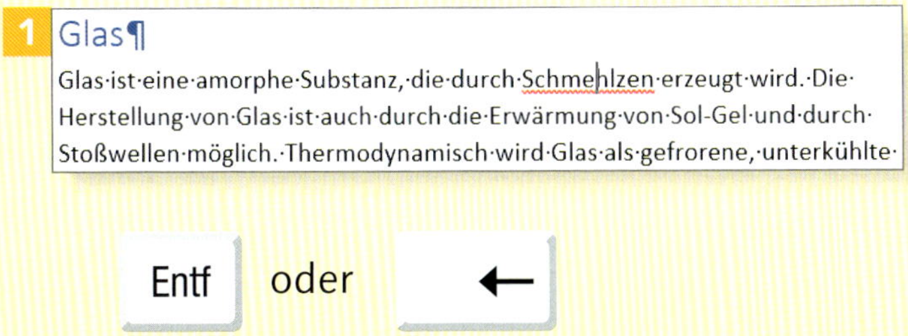

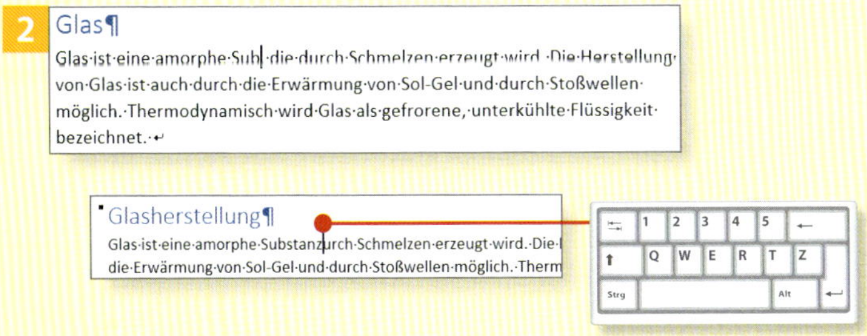

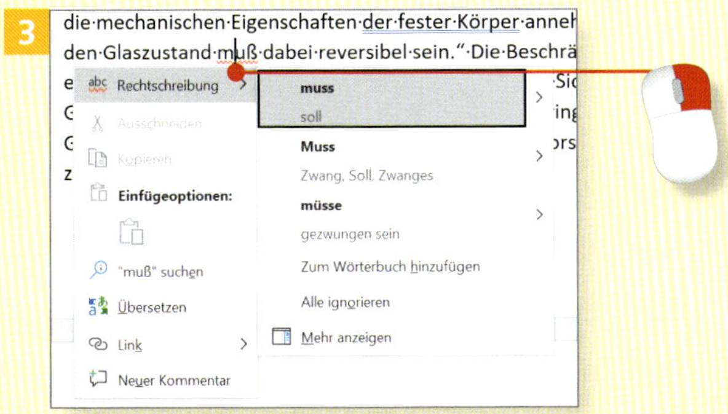

Trotz aller ausgefeilten Funktionen, die Word bietet – die einfache Tatsache, dass man das Geschriebene unbegrenzt korrigieren kann, gehört zu den bestechenden Vorteilen dieses Textverarbeitungsprogramms.

Schritt 1

Sie können Fehler einfach manuell korrigieren. Entf löscht Zeichen rechts, ← Zeichen links vom Cursor. Halten Sie eine dieser Tasten gedrückt, werden gleich mehrere Zeichen gelöscht.

Schritt 2

Haben Sie ein oder mehrere Zeichen vergessen, tippen Sie sie einfach an Ort und Stelle ein. Die Zeichen werden am Cursor eingefügt, der alte Text rutscht weiter nach rechts – es sei denn, Sie schreiben im *Überschreibmodus* (siehe den Kasten unten auf dieser Seite).

Schritt 3

Falsch geschriebene Wörter werden mit einer roten Wellenlinie unterstrichen. Klicken Sie das unterstrichene Wort mit rechts an: Häufig bietet das Kontextmenü einen Korrekturvorschlag, den Sie per Mausklick übernehmen können.

Überschreibmodus

Im Überschreibmodus wird der Text beim Tippen nicht nach rechts weggeschoben, sondern die vorhandenen Zeichen werden überschrieben. Aktivieren Sie im Kontextmenü (Rechtsklick) der Statusleiste den Eintrag **Überschreiben**, um nach Wunsch in diesen Modus wechseln zu können.

Schritt 4

Eigennamen stehen nicht von Haus aus im Word-Wörterbuch. Sie können sie aber darin aufnehmen, damit sie zukünftig nicht mehr bemängelt werden. Klicken Sie das Wort mit rechts an, und wählen Sie **Zum Wörterbuch hinzufügen**.

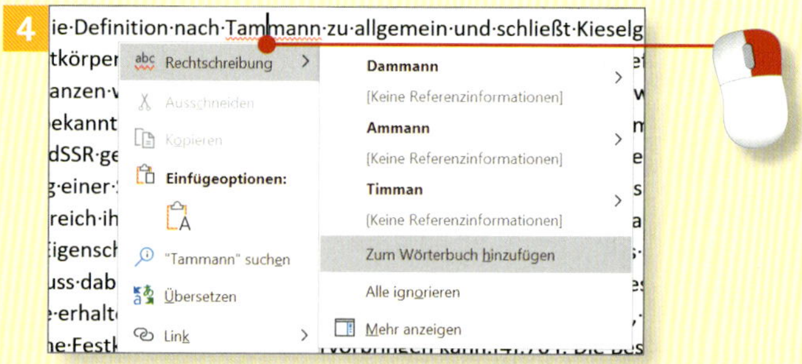

Schritt 5

Sie können ein Dokument auch »durchkorrigieren«. Klicken Sie auf der Registerkarte **Überprüfen** ganz links auf das Symbol **Editor**.

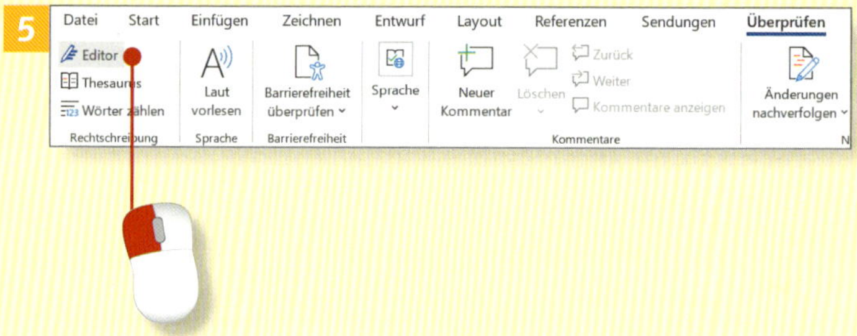

Schritt 6

Daraufhin wird rechts der Aufgabenbereich **Editor** eingeblendet. Klicken Sie im Bereich **Korrekturen** auf **Rechtschreibung**. Nun wird das erste bemängelte Wort präsentiert ❶. Im unteren Bereich erhalten Sie Korrekturvorschläge, die Sie mit einem Klick übernehmen können.

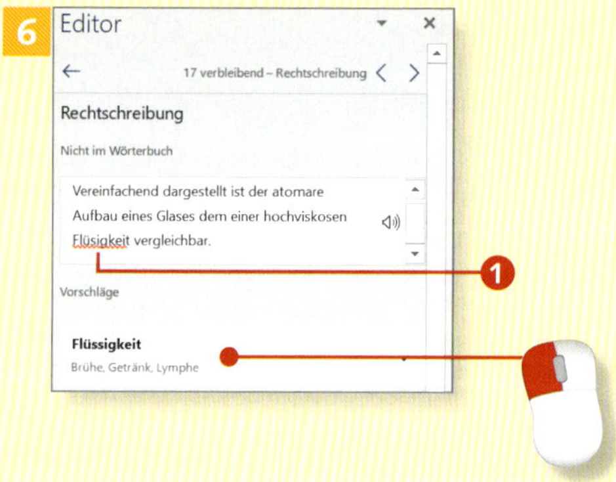

Wörterbuch nutzen

Gerade bei Eigennamen ist der Wörterbuch-Fundus von Word sehr eingeschränkt, sodass fremd klingende Namen meist rot unterkringelt werden. Damit das nicht in jedem Dokument aufs Neue passiert, lohnt es sich, oft verwendete Eigennamen mit **Zum Wörterbuch hinzufügen** aufzunehmen (siehe Schritt 4).

Fehlerfreie Texte – die (Auto-)Korrektur (Forts.)

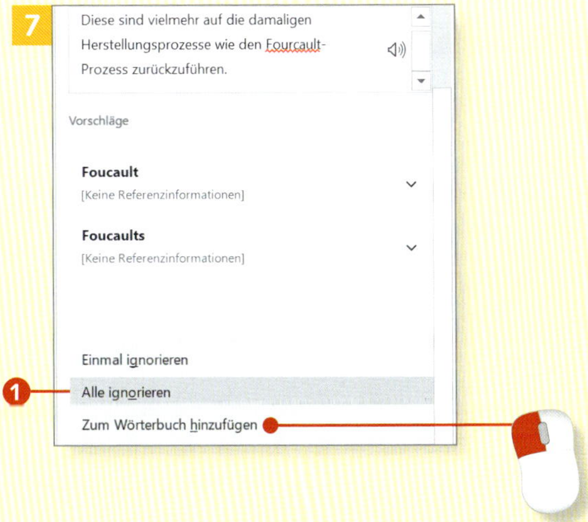

Schritt 7

Möchten Sie ein bemängeltes Wort nicht korrigieren, weil es richtig ist, klicken Sie einfach auf **Einmal ignorieren** oder auf **Alle ignorieren** 1 (alle Vorkommen im Dokument werden ignoriert). Oder nehmen Sie den Begriff mit **Zum Wörterbuch hinzufügen** in das Wörterbuch auf.

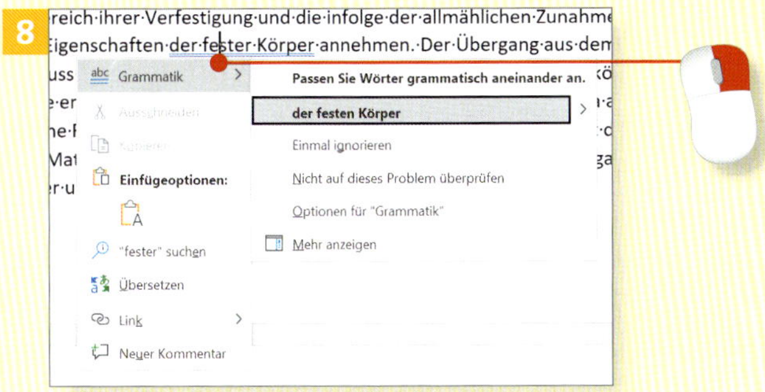

Schritt 8

Mitunter zeigt Word auch blaue Unterstreichungen an. Sie weisen darauf hin, dass etwas mit der Grammatik nicht stimmt. Klicken Sie mit der rechten Maustaste darauf, um den Korrekturvorschlag zu sehen und ihn gegebenenfalls zu übernehmen.

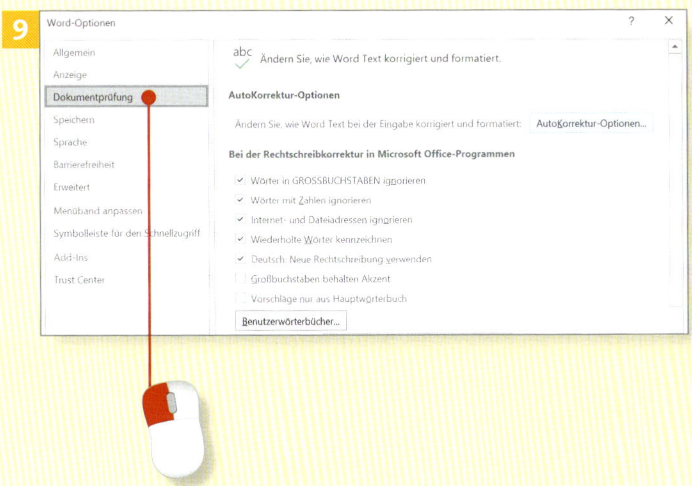

Schritt 9

Vertippen Sie sich häufig bei bestimmten Wörtern, können Sie die Korrektur auch an Word delegieren. Das Zauberwort heißt *AutoKorrektur*. Öffnen Sie über **Datei ▸ Optionen** die Word-Optionen, und wählen Sie hier **Dokumentprüfung**.

Schritt 10

Klicken Sie in diesem Fenster auf die Schaltfläche **AutoKorrektur-Optionen**. Sie finden sie oben rechts.

Schritt 11

Im Dialog **AutoKorrektur** auf der gleichnamigen Registerkarte schreiben Sie das Wort, das Word automatisch korrigieren soll, in das Feld **Ersetzen** ❷. Schreiben Sie es fehlerhaft, also so, wie Sie es versehentlich häufig tippen, z. B. mit einem bestimmten Buchstabendreher. In das Feld **Durch** schreiben Sie das Wort in der korrekten Form.

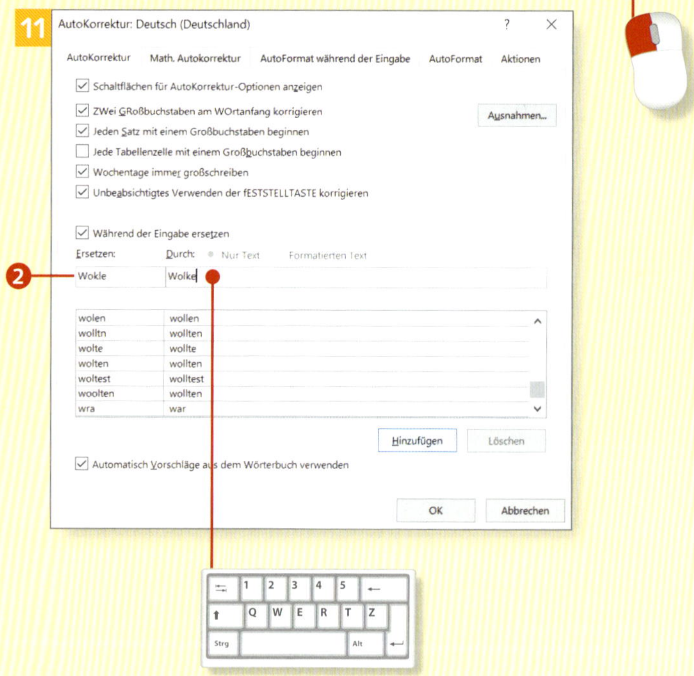

Schritt 12

Klicken Sie dann auf **Hinzufügen**. Anschließend verlassen Sie den Dialog mit **OK**. Wenn Ihnen der Fehler zukünftig beim Schreiben passiert, können Sie ihn einfach ignorieren und weiterschreiben; Word wird das Wort ohne Ihr Zutun korrigieren, sobald Sie die Leertaste drücken.

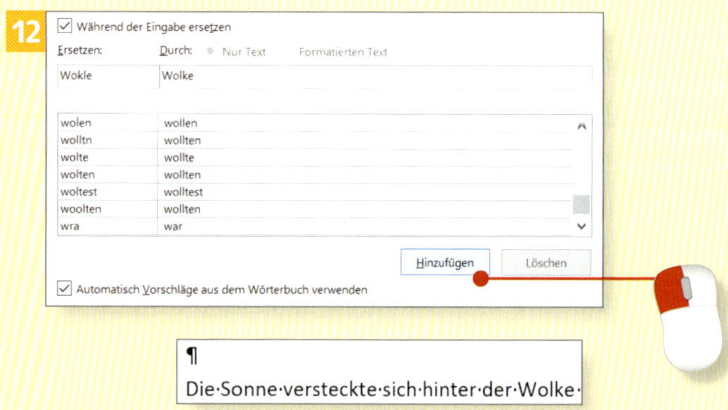

Kein Grammatik-Experte

Vertrauen Sie Word nicht blind! Bei komplexen, verschachtelten Sätzen erkennt Word oft nicht, ob die Grammatik korrekt ist.

Silbentrennung

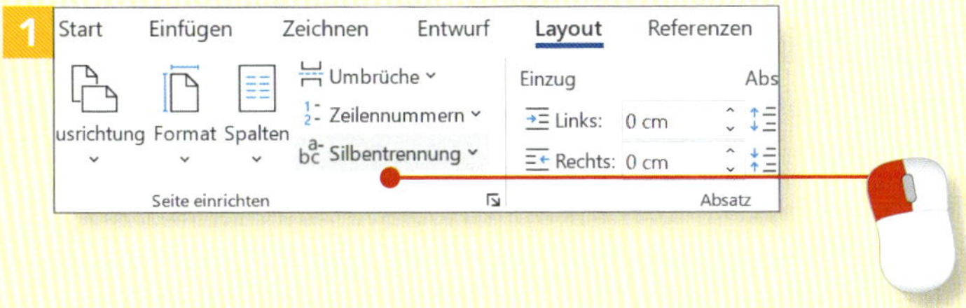

Es gibt eine praktische Funktion für die Silbentrennung: Mithilfe von bedingten Trennstrichen werden Vorschläge zum Trennen gemacht, die nur zum Tragen kommen, wenn das Wort wirklich getrennt werden muss.

Schritt 1

Setzen Sie den Cursor an den Anfang des Dokuments bzw. dorthin, wo die Silbentrennung beginnen soll. Wechseln Sie zur Registerkarte **Layout** und klicken Sie auf **Silbentrennung**.

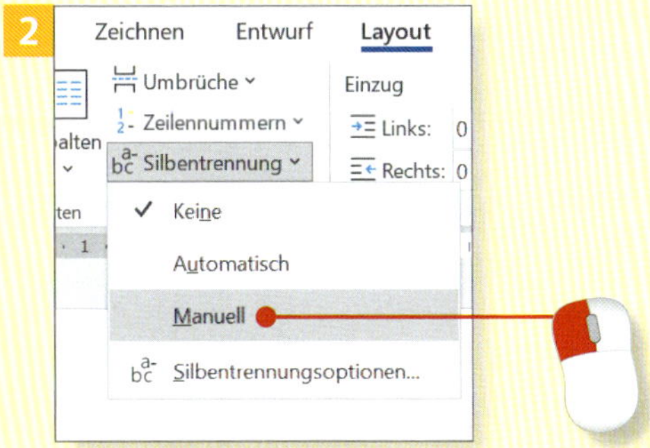

Schritt 2

Wie Sie sehen, gibt es zwei Optionen: **Automatisch** und **Manuell**. Nur mit **Manuell** können Sie selbst entscheiden, welche Wörter getrennt werden sollen. Klicken Sie also darauf. Word macht in einem kleinen Dialog sofort den ersten Trennvorschlag.

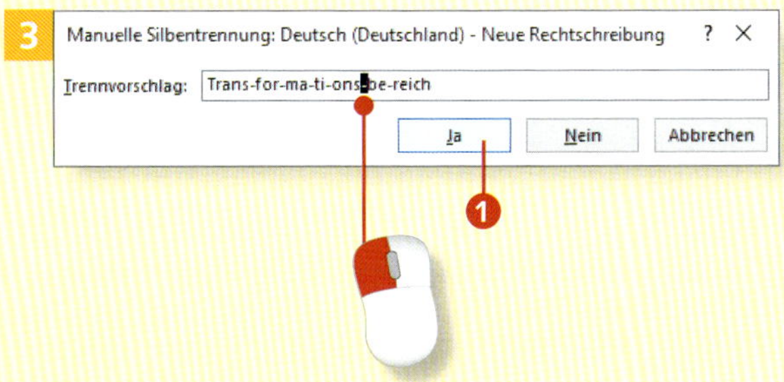

Schritt 3

Wenn Sie mit dem Vorschlag einverstanden sind, klicken Sie auf **Ja** ❶. Daraufhin wird sofort der nächste Trennvorschlag angezeigt. Wenn Ihnen nicht gefällt, wo Word trennen will, können Sie den Trennstrich versetzen, oder Sie ignorieren den Vorschlag und klicken auf **Nein**.

Manuell vs. automatisch

Mit der automatischen Silbentrennung setzt Word überall dort Trennstriche, wo eine Möglichkeit zum Trennen entdeckt wird. In der Regel trennt Word zwar grammatisch korrekt, aber nicht immer »schön«, z. B. Eigennamen oder sehr kurze Wörter.

Schritt 4

Auf diese Weise prüfen Sie das gesamte Dokument. Zum Schluss sehen Sie einen kleinen Dialog, der Ihnen mitteilt, dass die Silbentrennung abgeschlossen ist.

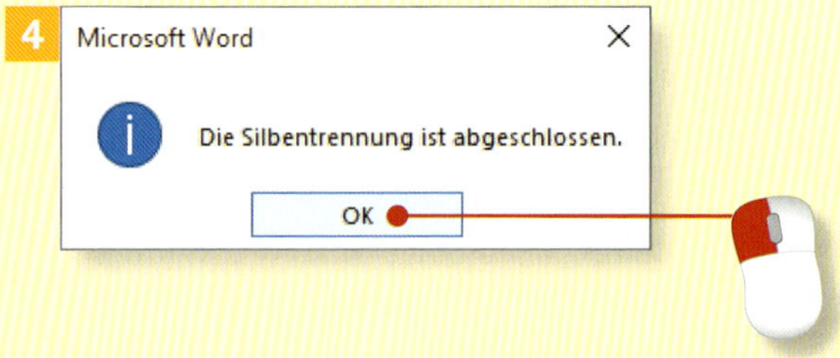

Schritt 5

In Ihrem Dokument sehen Sie nun Trennstriche am rechten Rand ❷. Es handelt sich aber um *bedingte Trennstriche*, d. h., Word wird das Wort nur trennen, wenn es am rechten Rand der Seite steht.

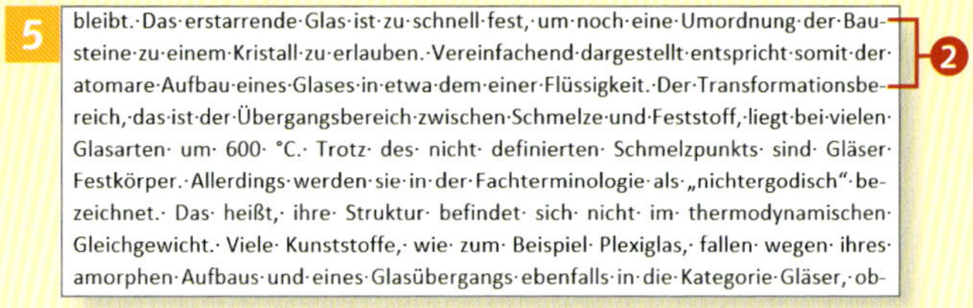

Schritt 6

Wenn das Wort durch Text- oder Layoutänderungen in die Mitte der Zeile rutscht, wird nicht getrennt. Der bedingte Trennstrich bleibt als ein *nicht druckbares Zeichen* erhalten ❸. Um es zu sehen, müssen Sie entweder alle Formatierungszeichen einblenden (siehe Seite 18) oder über **Datei ▸ Optionen ▸ Anzeige** zumindest die Option **Bedingte Trennstriche** aktivieren.

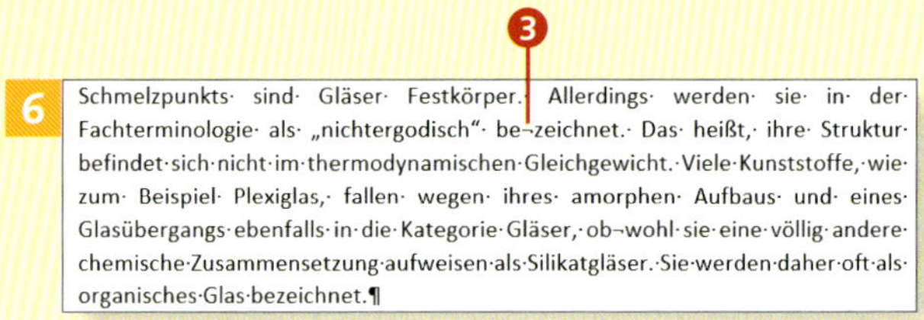

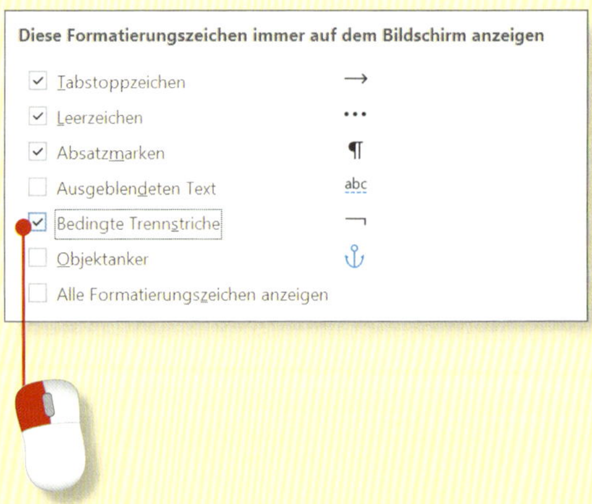

Bedingter Trennstrich
Sie können einen bedingten Trennstrich auch selbst einfügen, indem Sie Strg + - drücken.

Text markieren

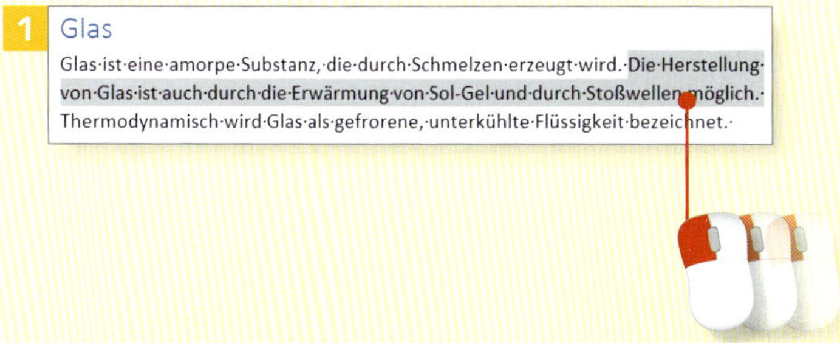

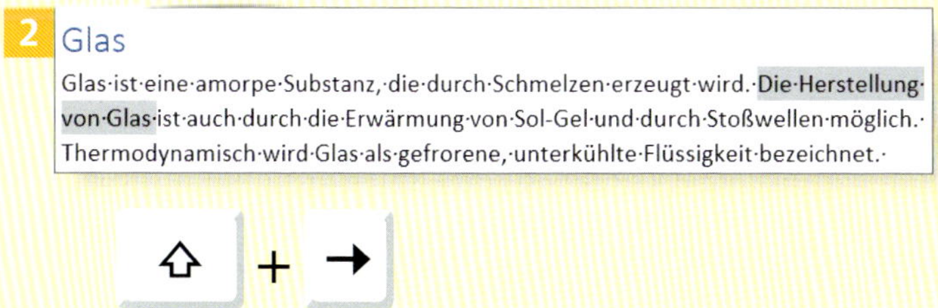

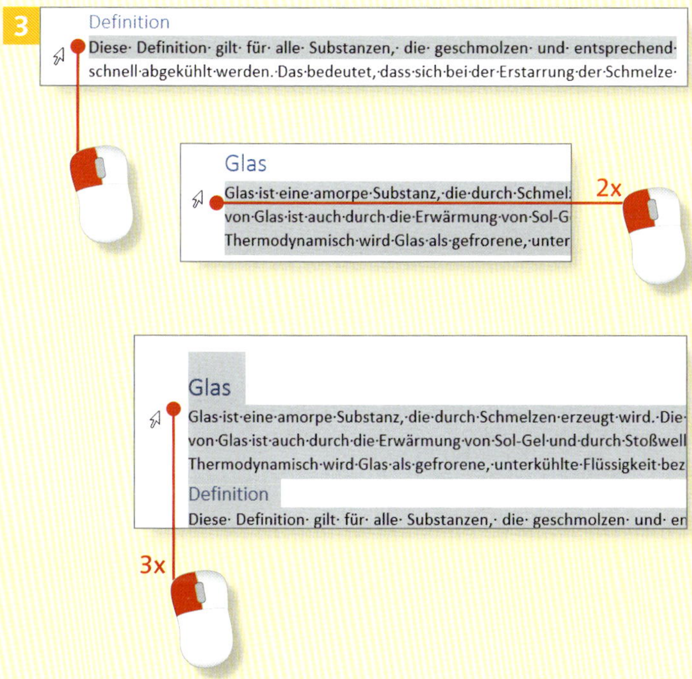

Das Markieren von Textpassagen ist das A und O bei der Arbeit mit Word. Vergessen Sie es nicht – ansonsten bleiben die meisten Ihrer Aktionen wirkungslos.

Schritt 1

Um Text zu markieren, ziehen Sie einfach den Cursor mit gedrückter Maustaste über den zu markierenden Text. Achten Sie darauf, dass Sie vorher den Cursor an den Anfang des ersten Wortes (oder an dessen Ende, aber nicht mittig) setzen.

Schritt 2

Es muss nicht immer die Maus sein! Auch mit der Tastatur können Sie markieren. Markieren Sie Text z. B., indem Sie den Cursor vor das Wort setzen, die [⇧]-Taste gedrückt halten und dann mit [→] oder [↓] über den Text »fahren«.

Schritt 3

Neben diesen beiden Methoden gibt es eine Reihe von »Tricks«, mit denen bestimmte Textteile (Zeilen, Absätze etc.) markiert werden können. Ein Klick links neben den Text markiert die jeweilige Zeile, ein Doppelklick den Absatz, ein Dreifachklick das gesamte Dokument.

Schritt 4

Um einzelne Wörter, also nicht zusammenhängenden Text, zu markieren, können Sie die Mehrfachmarkierung nutzen. Markieren Sie ein Wort, halten Sie `Strg` gedrückt, und markieren Sie das nächste Wort etc.

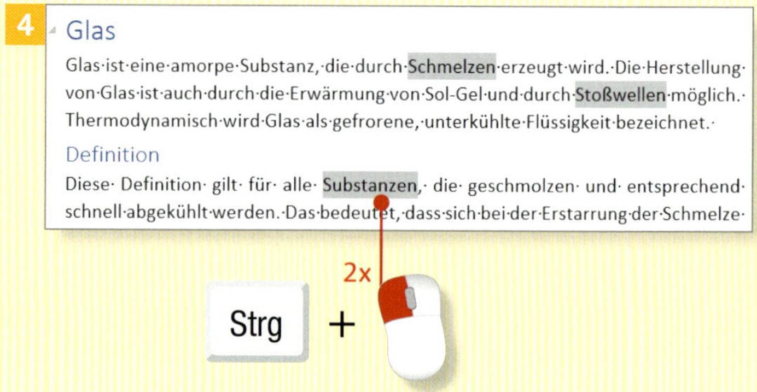

Schritt 5

Word bietet auch eine Reihe von Befehlen zum Markieren an. Klicken Sie auf der Registerkarte **Start** auf **Markieren**. Im Menü gibt es u.a. den Befehl **Alles markieren**, mit dem Sie ebenfalls das gesamte Dokument markieren können.

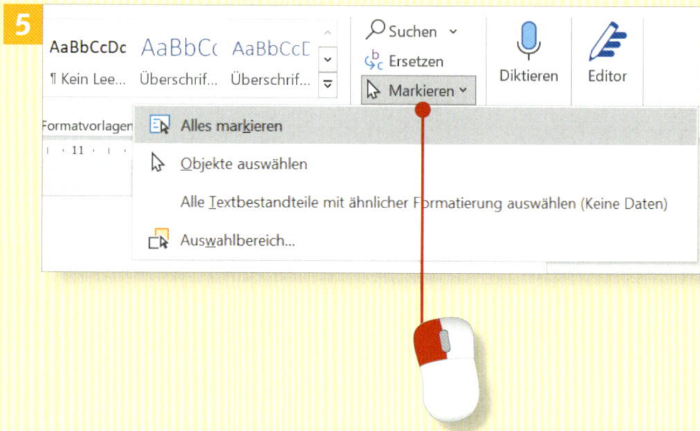

Schritt 6

Wenn Sie z.B. alle kursiv formatierten Wörter markieren möchten, setzen Sie den Cursor in das erste formatierte Wort ❶. Auf der Registerkarte **Start** wählen Sie anschließend **Markieren ▸ Text mit ähnlicher Formatierung markieren**.

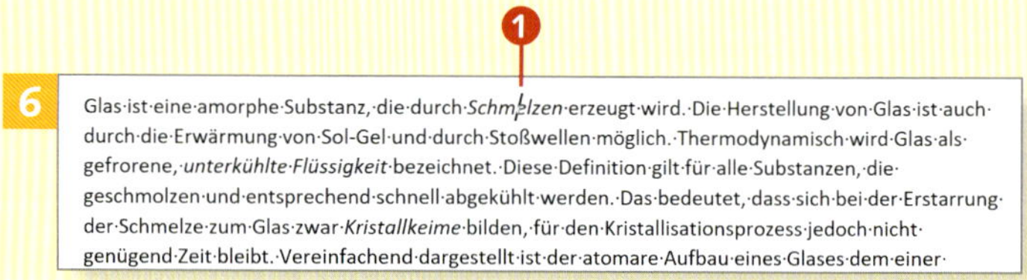

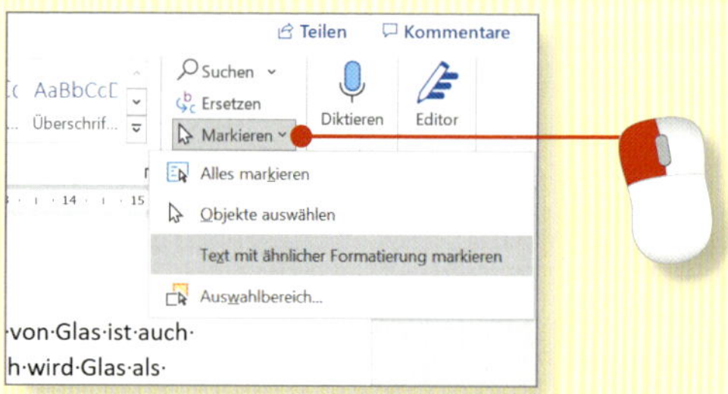

Tastatur oder Maus?

Es gibt unzählige Methoden zum Markieren. PC-Anfängern empfehlen wir, die Tastatur zu verwenden, weil der Text so nicht versehentlich verschoben werden kann.

Text markieren (Forts.)

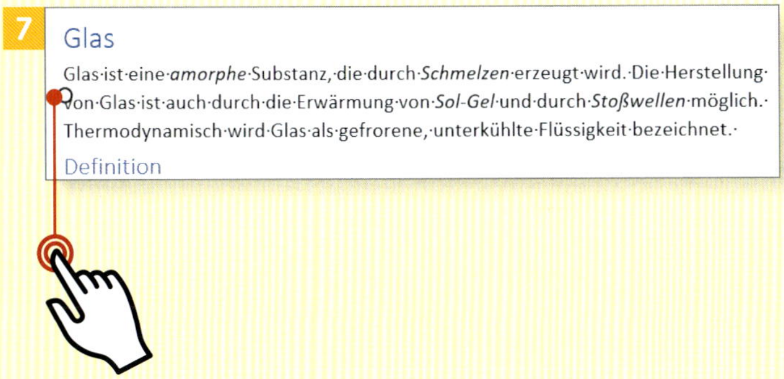

Schritt 7

Bei einem Touchscreen können Sie den Text auch mit dem Finger markieren (unabhängig davon, ob Sie im **Mausmodus** oder mit der **Fingereingabe** arbeiten). Tippen Sie an den Anfang der Textpassage, die Sie markieren möchten. Daraufhin erscheint ein kleiner Kringel, der *Auswahlziehpunkt*.

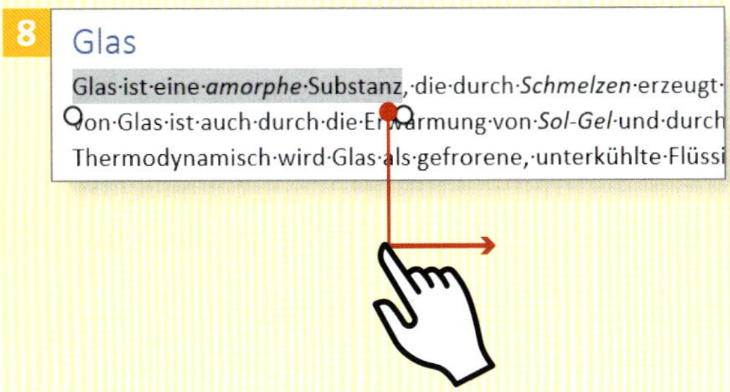

Schritt 8

»Greifen« Sie diesen Kringel – tippen Sie ihn also an –, und streifen Sie mit dem Finger über den Text. Wenn Sie den Finger vom Bildschirm nehmen, erscheint ein weiterer Kringel am Ende der Markierung.

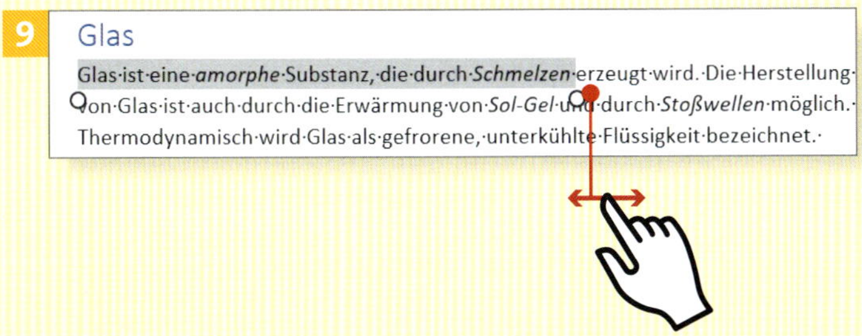

Schritt 9

Nachträglich korrigieren Sie die Markierung, indem Sie einen der Kringel mit dem Finger greifen und in die gewünschte Richtung etwas nach rechts oder links verschieben.

Komfortabel lesen

Besonders beim Lesemodus (siehe dazu den Abschnitt »Praktisch: der Lesemodus und der Plastische Reader« auf Seite 36) zeigen sich die Stärken der Fingereingabe: Hier können Sie ganz komfortabel durch den Text »gleiten«, denn Lesefluss und Wischtechnik werden hier optimal kombiniert.

Schritt 10

Wenn Sie mit dem Finger »doppeltippen«, markieren Sie ein ganzes Wort. So können Sie übrigens auch eine neue Markierung beginnen, weil nach dem »Doppeltipp« zwei Kringel angezeigt werden. Damit können Sie dann die Markierung erweitern.

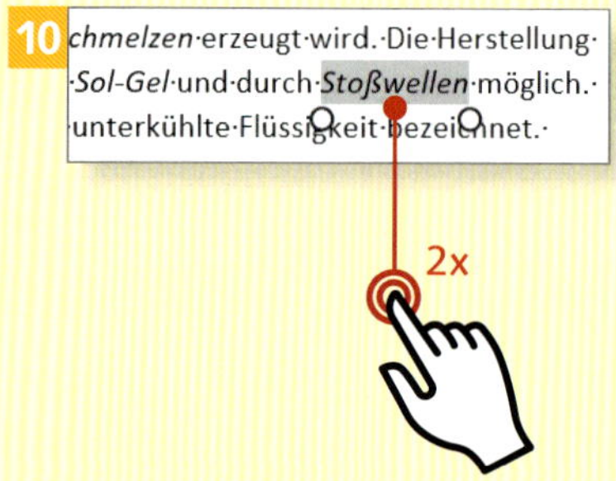

Schritt 11

Wenn Sie mit dem Finger etwas länger auf der Markierung verharren, erscheint an der Stelle, an der Sie mit Ihrem Finger verweilen, ein transparentes Rechteck.

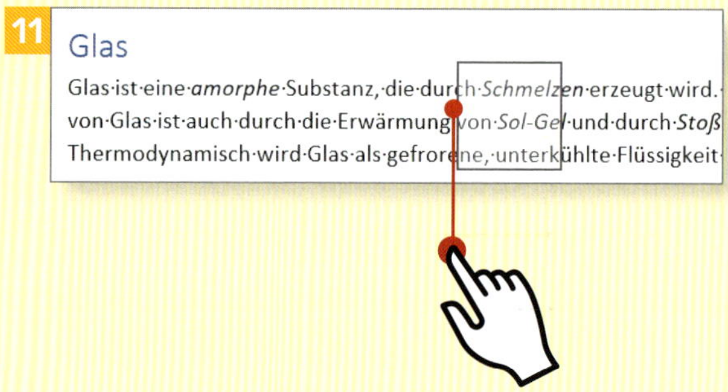

Schritt 12

Lösen Sie jetzt den Finger vom Bildschirm, wird die sogenannte *Minisymbolleiste* mit gängigen Formatierungsbefehlen eingeblendet. Die Leiste trägt ihren Namen nun eigentlich zu Unrecht – hier ist sie gar nicht mehr so »mini«.

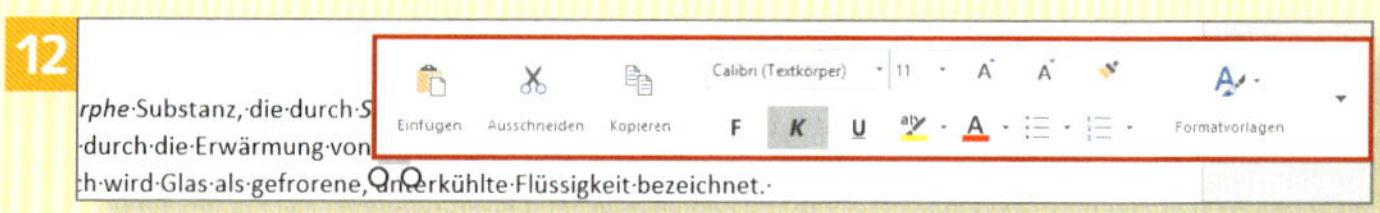

Markieren mit dem Finger

Generell ist das Markieren mit dem Finger recht gewöhnungsbedürftig. Oft trifft man nicht genau die gewünschte Stelle. Üben Sie ein bisschen, oder bleiben Sie bei den bewährten Methoden.

Text kopieren und verschieben

Selten sitzt ein Text auf Anhieb. Gut, dass sich Textpassagen ganz einfach verschieben lassen. Und wollen Sie einen brillanten Satz gleich zweimal verwenden, ist das kein Problem.

1

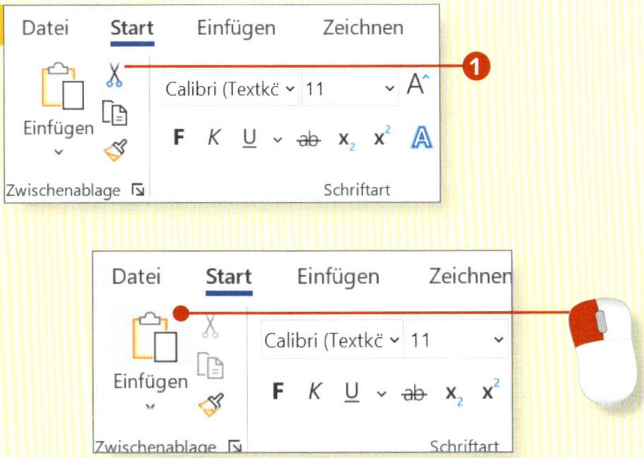

2

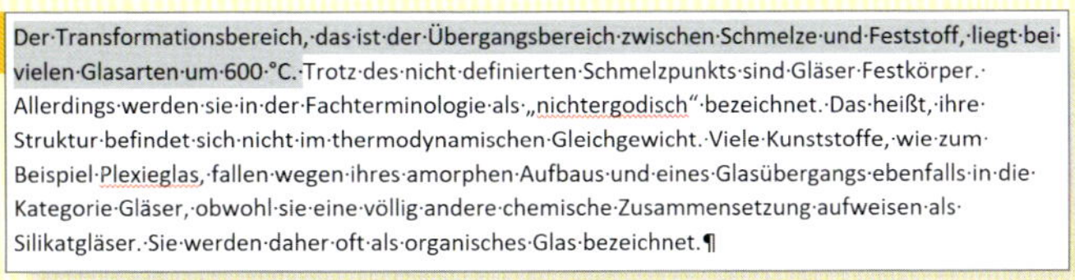
Der·Transformationsbereich,·das·ist·der·Übergangsbereich·zwischen·Schmelze·und·Feststoff,·liegt·bei·vielen·Glasarten·um·600·°C.·Trotz·des·nicht·definierten·Schmelzpunkts·sind·Gläser·Festkörper.·Allerdings·werden·sie·in·der·Fachterminologie·als·„nichtergodisch"·bezeichnet.·Das·heißt,·ihre·Struktur·befindet·sich·nicht·im·thermodynamischen·Gleichgewicht.·Viele·Kunststoffe,·wie·zum·Beispiel·Plexieglas,·fallen·wegen·ihres·amorphen·Aufbaus·und·eines·Glasübergangs·ebenfalls·in·die·Kategorie·Gläser,·obwohl·sie·eine·völlig·andere·chemische·Zusammensetzung·aufweisen·als·Silikatgläser.·Sie·werden·daher·oft·als·organisches·Glas·bezeichnet.¶

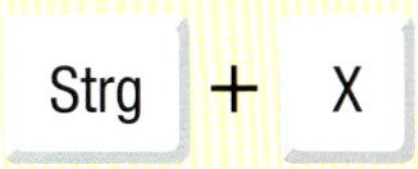

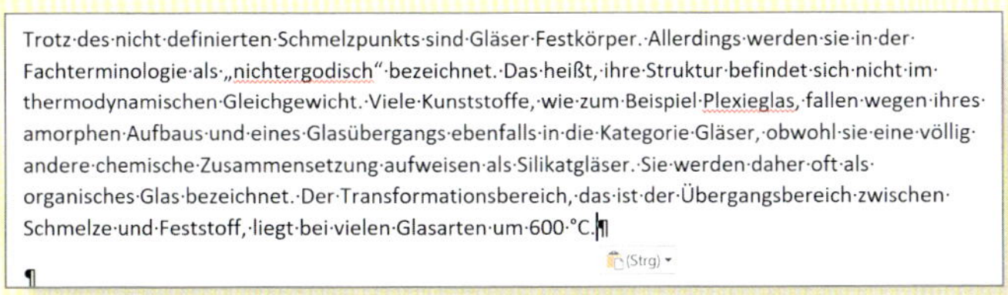
Trotz·des·nicht·definierten·Schmelzpunkts·sind·Gläser·Festkörper.·Allerdings·werden·sie·in·der·Fachterminologie·als·„nichtergodisch"·bezeichnet.·Das·heißt,·ihre·Struktur·befindet·sich·nicht·im·thermodynamischen·Gleichgewicht.·Viele·Kunststoffe,·wie·zum·Beispiel·Plexieglas,·fallen·wegen·ihres·amorphen·Aufbaus·und·eines·Glasübergangs·ebenfalls·in·die·Kategorie·Gläser,·obwohl·sie·eine·völlig·andere·chemische·Zusammensetzung·aufweisen·als·Silikatgläser.·Sie·werden·daher·oft·als·organisches·Glas·bezeichnet.·Der·Transformationsbereich,·das·ist·der·Übergangsbereich·zwischen·Schmelze·und·Feststoff,·liegt·bei·vielen·Glasarten·um·600·°C.¶

(Strg)

¶

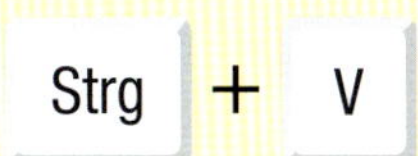

3

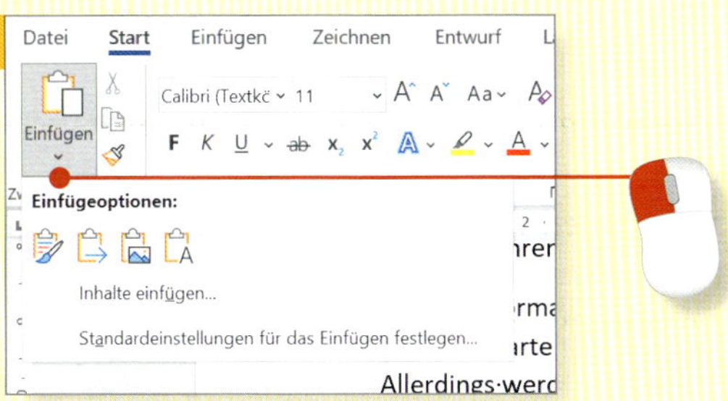

Schritt 1

Markieren Sie die Textpassage, die an einer anderen Stelle im Dokument besser aufgehoben wäre. Klicken Sie auf der Registerkarte **Start** auf **Ausschneiden** ❶. Setzen Sie den Cursor an den »Zielort«, und klicken Sie auf **Einfügen**. Die Befehle **Ausschneiden** und **Einfügen** finden Sie auch im Kontextmenü.

Schritt 2

Sie können hier auch mit der Tastatur arbeiten. Sie markieren den zu verschiebenden Text, drücken [Strg]+[X], wandern zu der Stelle, an der der Text eingefügt werden soll, und drücken [Strg]+[V].

Schritt 3

Wollen Sie bestimmen, mit welcher Formatierung der Text wieder eingefügt wird, klicken Sie auf den Pfeil bei **Einfügen**. Sie können zwischen verschiedenen Optionen wählen. (Lesen Sie dazu auch den Kasten »Einfügeoptionen« auf Seite 77.)

Schritt 4

Besonders schnell können Sie Text per *Drag & Drop* (»Ziehen und Fallenlassen«) verschieben. Markieren Sie den Text, führen Sie den Mauszeiger an die Markierung, und ziehen Sie den Text mit gedrückter Maustaste an den neuen Ort. Ein kleiner Strich gibt an, wo der Text eingefügt wird.

4

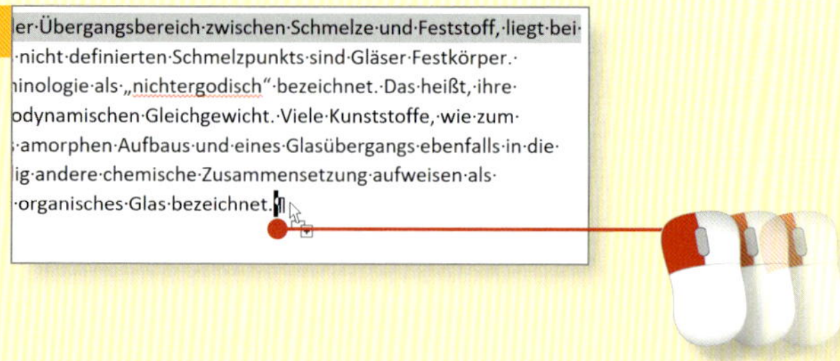

Schritt 5

Soll eine markierte Textpassage nicht ausgeschnitten, sondern kopiert und eingefügt werden, klicken Sie auf der Registerkarte **Start** auf **Kopieren**. Die nächsten Schritte sind identisch mit denen zum Ausschneiden.

5

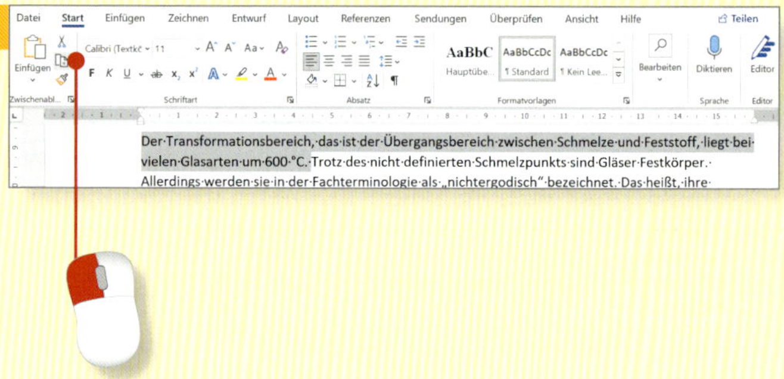

Schritt 6

Auch zum Kopieren können Sie mit Drag & Drop arbeiten. Markieren Sie den Text, und ziehen Sie ihn mit gedrückter rechter Maustaste. Beim Loslassen erscheint ein Menü, das die Option **Hierhin kopieren** anbietet.

6

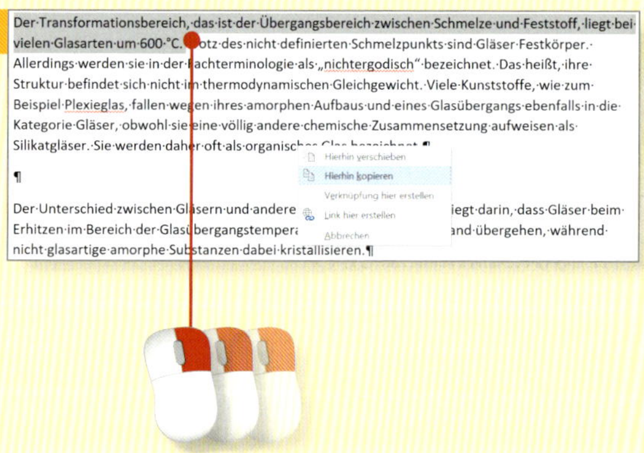

Einfügeoptionen

Die Option **Ursprüngliche Formatierung beibehalten** fügt den Text so ein, wie er formatiert war; **Nur den Text übernehmen** verwirft die ursprüngliche Formatierung; **Formatierung zusammenführen** ist eine Mischung aus vorheriger und aktueller Formatierung.

Textstellen suchen

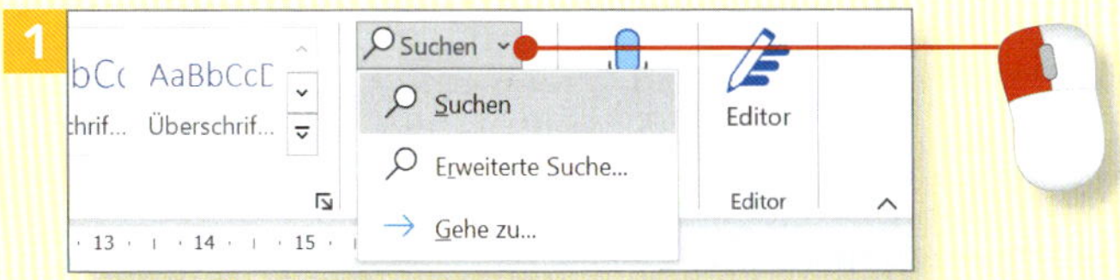

Um in einem langen Dokument einen bestimmten Begriff oder eine Passage zu finden, muss man nicht den gesamten Text lesen – schneller geht es mit der Suchfunktion.

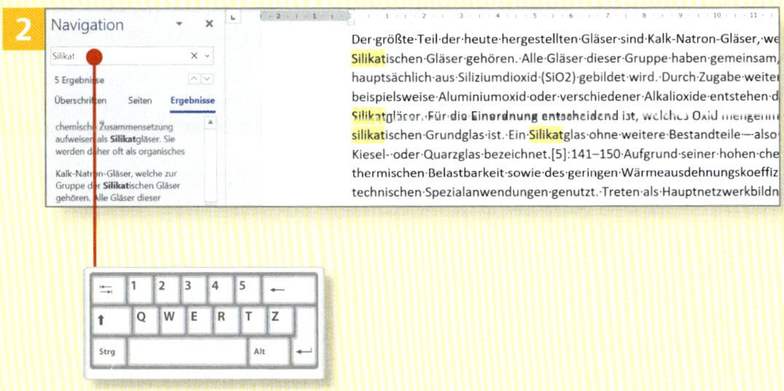

Schritt 1

Zum Auffinden eines bestimmten Textes bzw. Wortes gibt es mehrere Möglichkeiten. Klicken Sie rechts auf der Registerkarte **Start** in der Gruppe **Bearbeiten** auf **Suchen**. Daraufhin öffnet sich links am Bildschirm ein Navigationsbereich.

Schritt 2

In das Suchfeld geben Sie den Begriff ein, den Sie finden möchten. Der Cursor »hüpft« daraufhin zu der Stelle, an der dieser Begriff erstmalig im Dokument auftaucht. Er wird dort gelb unterlegt angezeigt.

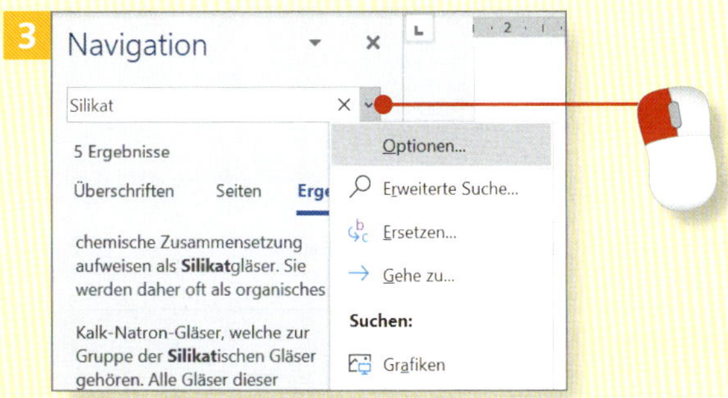

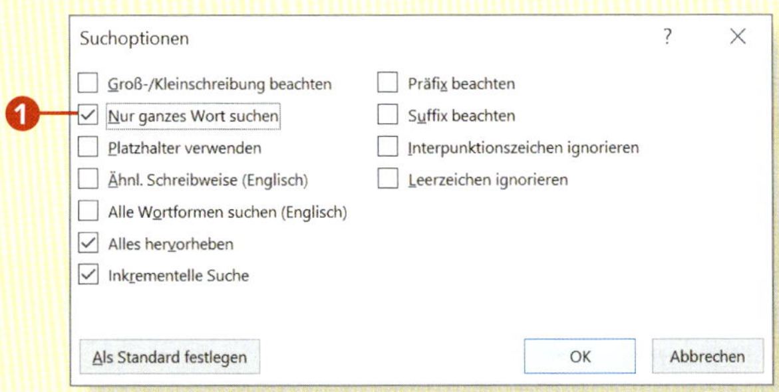

Schritt 3

Klicken Sie auf den Pfeil am Eingabefeld, um Ihre Suche zu verfeinern. Wenn Sie verhindern möchten, dass der Cursor bereits nach der Eingabe weniger Zeichen zu einem Wort hüpft, klicken Sie auf **Optionen** und im Dialog auf **Nur ganzes Wort suchen** (1).

Schritt 4

Mithilfe von *Textmarken* können Sie gezielt zu einem Wort bzw. einer Position springen. Setzen Sie den Cursor vor einen bestimmten Begriff, und klicken Sie auf der Registerkarte **Einfügen** auf **Textmarke** ❷. Geben Sie der Textmarke einen Namen, und klicken Sie auf **Hinzufügen**.

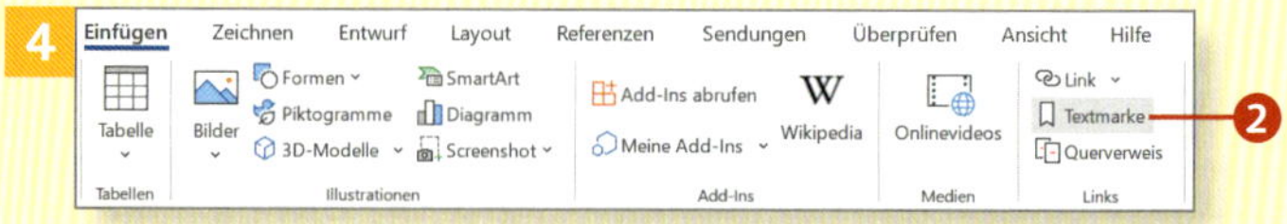

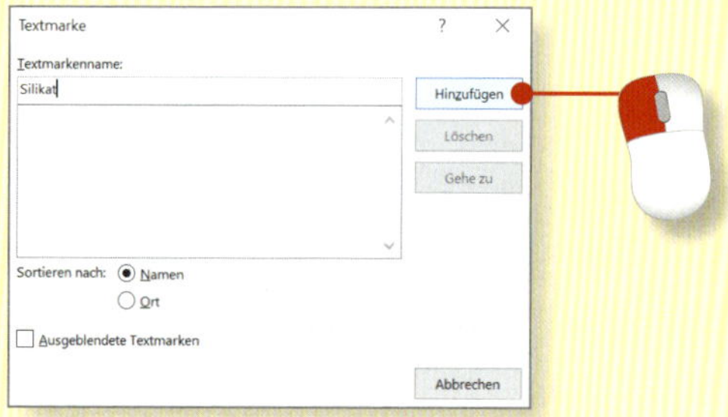

Schritt 5

Um gezielt zu dieser Stelle zu springen, klicken Sie im Navigationsbereich auf den Pfeil am Suchfeld und wählen im Menü **Gehe zu** ❸. Im Dialog **Suchen und Ersetzen** markieren Sie **Textmarke**, wählen im rechten Bereich den Textmarkennamen (klicken Sie gegebenenfalls auf den Auswahlpfeil ❹ am Feld) und klicken auf **Gehe zu**.

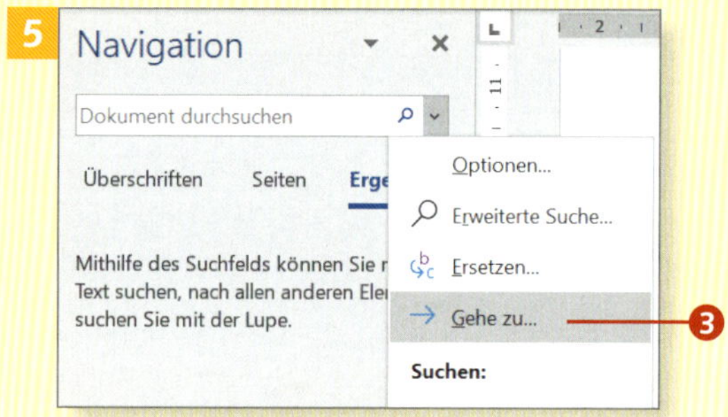

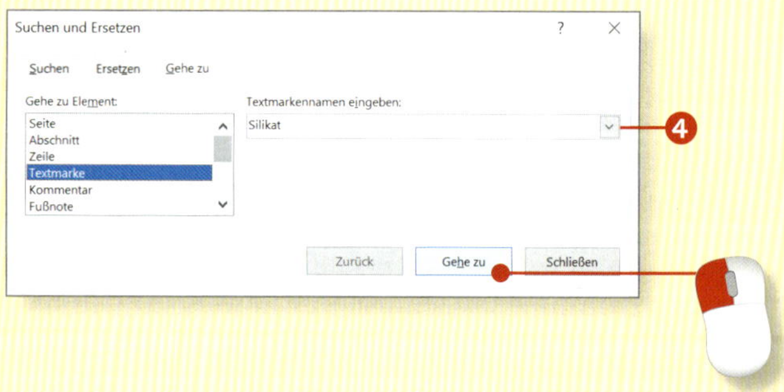

Schritt 6

Den Dialog **Suchen und Ersetzen** können Sie auch so aufrufen: Klicken Sie auf der Registerkarte **Start** auf den Pfeil an der Schaltfläche **Suchen**, und wählen Sie **Gehe zu**.

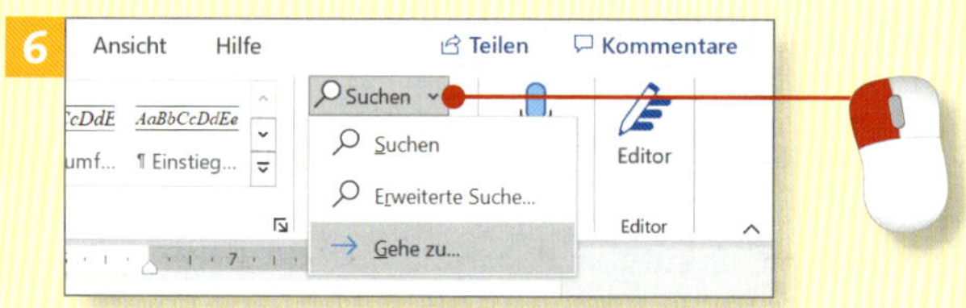

Die Taste F5 verwenden

Der Dialog **Suchen und Ersetzen** lässt sich auch mit F5 öffnen.

Text ersetzen

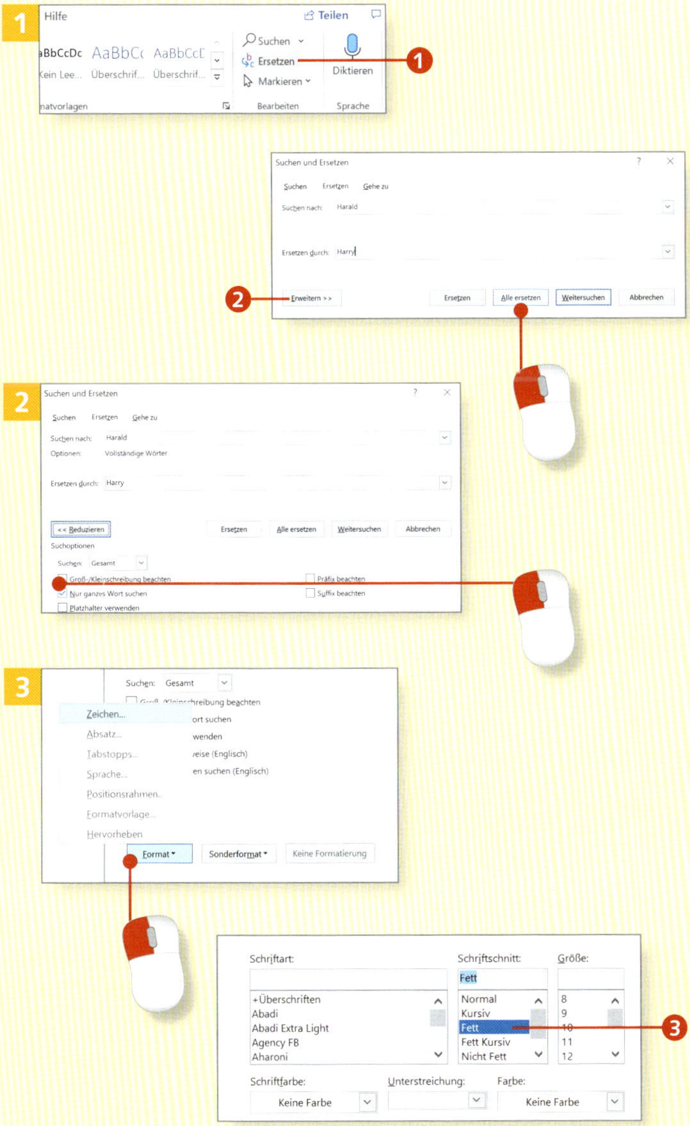

Sie haben in einem Text x-mal »Harald« geschrieben, entscheiden sich zu guter Letzt aber doch für »Harry«. Dies ist ein Fall für die Funktion »Ersetzen«.

Schritt 1

Klicken Sie auf der Registerkarte **Start** in der Gruppe **Bearbeiten** auf die Schaltfläche **Ersetzen** ❶. Im Feld **Suchen nach** geben Sie das zu ersetzende Wort ein. In das Feld **Ersetzen durch** schreiben Sie das neue Wort. Klicken Sie auf **Alle ersetzen**.

Schritt 2

Um die Funktion **Ersetzen** genauer einzustellen, klicken Sie im Dialog auf **Erweitern** ❷. Im Bereich **Suchoptionen** haken Sie die gewünschten Einstellungen an.

Schritt 3

Auch Formatierungen lassen sich schnell austauschen. Klicken Sie in das Feld **Suchen nach**, und öffnen Sie ganz unten über **Format ▸ Zeichen** den Dialog **Zeichen suchen**. Hier geben Sie die gesuchte Formatierung an (z. B. **Fett** ❸) und klicken auf **OK**.

Achten Sie auf leere Felder

Wenn Sie nur Formatierungen ersetzen möchten, müssen Sie darauf achten, dass in den Feldern **Suchen nach** und **Ersetzen durch** kein Text steht!

Schritt 4

Klicken Sie danach in das Feld **Ersetzen durch** ❹, und rufen Sie (ebenfalls über **Format ▸ Zeichen**) den Dialog **Zeichen ersetzen** auf. Dort geben Sie das neue Format an (z. B. **Kursiv**) und bestätigen mit **OK**. Dann klicken Sie im ersten Dialogfenster auf **Alle ersetzen**.

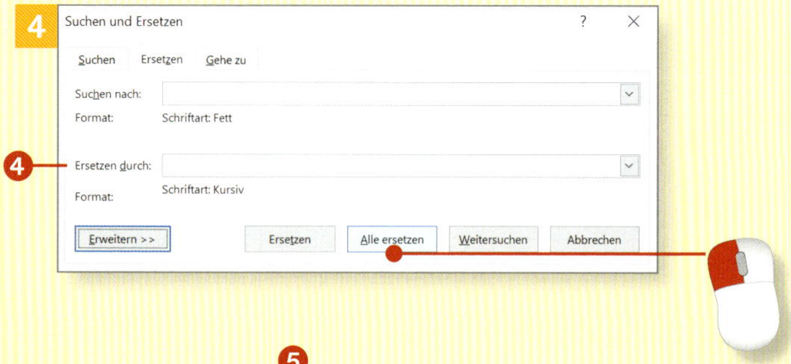

Schritt 5

Ganz ähnlich lassen sich Formatierungen zurücknehmen. Klicken Sie in das Feld **Suchen nach** ❺, und stellen Sie z. B. über **Format ▸ Zeichen** die zu löschende Formatierung ein (z. B. **Fett**). Setzen Sie den Cursor in das Feld **Ersetzen durch**, und wählen Sie über **Format ▸ Zeichen** die Option **Normal**. Um die Formatierung nun loszuwerden, klicken Sie auf **Alle ersetzen** ❻.

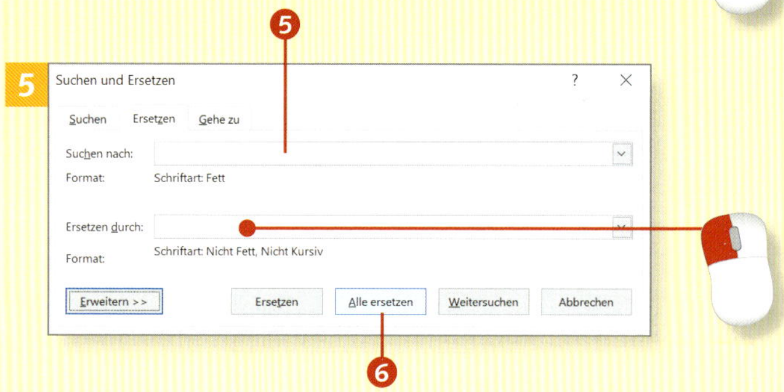

Schritt 6

Mit **Ersetzen** lassen sich auch Formatierungszeichen austauschen oder entfernen. Setzen Sie den Cursor in das Feld **Suchen nach**, und klicken Sie auf **Sonderformat**. Wählen Sie im Menü z. B. **Absatzmarke**. Das Feld **Ersetzen durch** lassen Sie leer. Dann klicken Sie auf **Alle ersetzen** ❼.

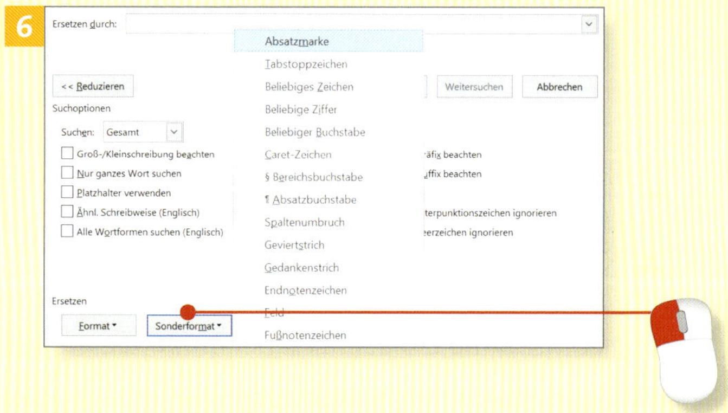

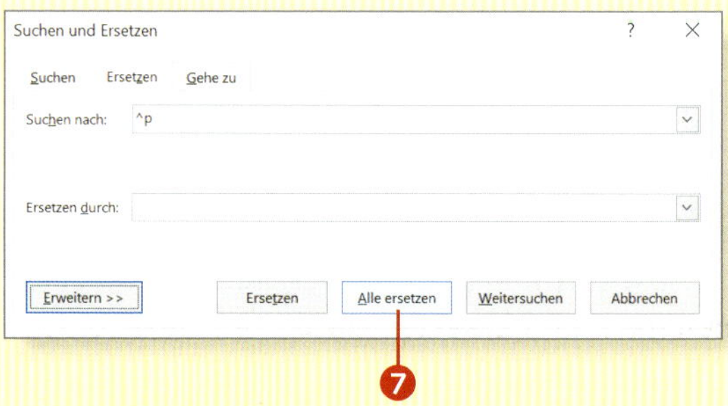

Mit Schnellbausteinen arbeiten

1

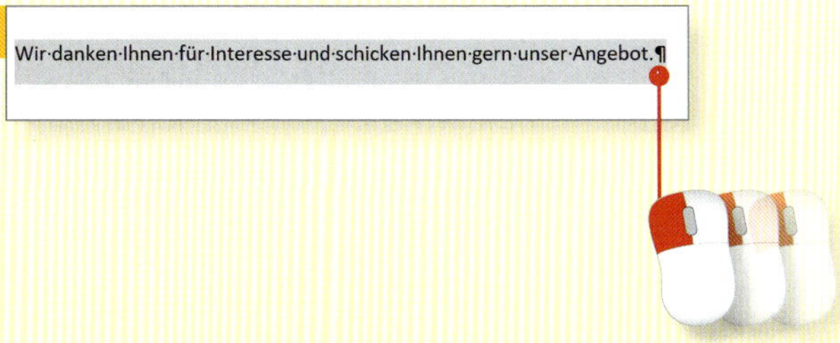

2

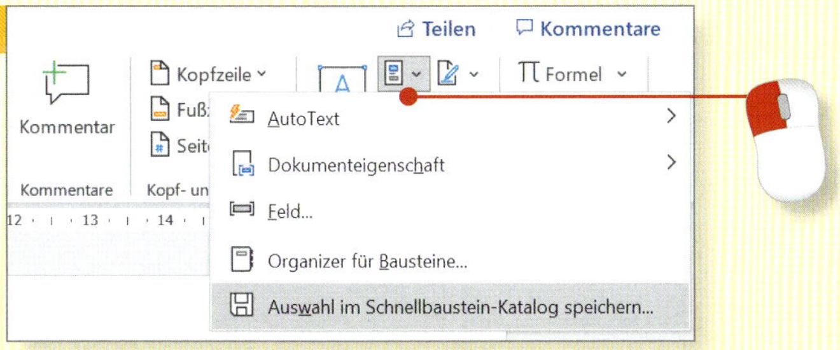

3

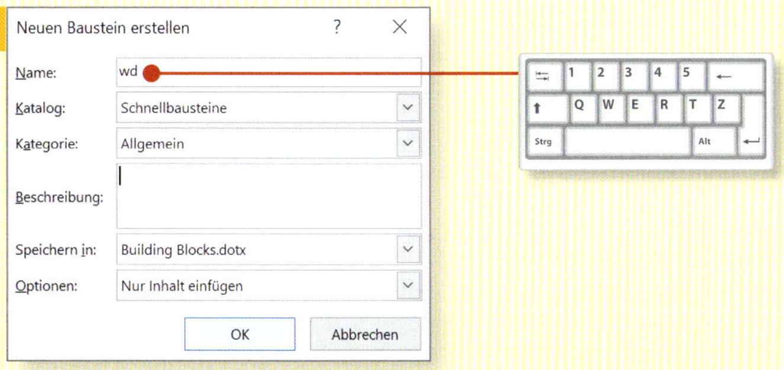

Schnellbausteine sind aus dem Computeralltag nicht mehr wegzudenken. Wenn Sie Textpassagen häufig verwenden, legen Sie sich dafür am besten einen Baustein an.

Schritt 1

Um für ein paar Textzeilen, die Sie häufig verwenden, einen Schnellbaustein zu erstellen, müssen Sie diesen Text zunächst einmal schreiben und ihn nach Wunsch auch gleich formatieren. Dann markieren Sie ihn.

Schritt 2

Wechseln Sie zur Registerkarte **Einfügen**, und klicken Sie hier auf den Pfeil an der Schaltfläche **Schnellbausteine durchsuchen**. Im Menü wählen Sie **Auswahl im Schnellbaustein-Katalog speichern**.

Schritt 3

Daraufhin wird der Dialog **Neuen Baustein erstellen** geöffnet. Hier geben Sie dem Baustein im Feld **Name** einen kurzen Namen. Merken Sie sich das Kürzel, um den Baustein später problemlos einfügen zu können. Im Feld **Katalog** belassen Sie es bei **Schnellbausteine**, und auch die anderen Felder ändern Sie nicht. Dann klicken Sie auf **OK**.

Länge der Bausteine

Bausteine können ein Wort umfassen – z. B. ein langes, das Sie ungern tippen – oder mehrere Zeilen und sogar Absätze. Im Prinzip kann ein Baustein beliebig lang sein.

Schritt 4

Probieren Sie nun den Baustein aus. Öffnen Sie ein Dokument, und setzen Sie den Cursor an die Stelle, an der der Text des Bausteins eingefügt werden soll. Dort tippen Sie den Namen des Bausteins (die Groß-/Kleinschreibung spielt dabei keine Rolle) und drücken gleich im Anschluss die Taste F3. Der Text erscheint.

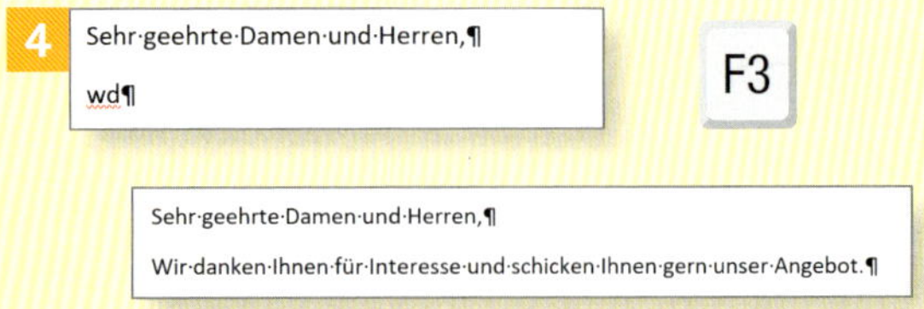

Schritt 5

Dies ist die schnellste Methode, setzt aber natürlich voraus, dass Sie sich an das richtige Kürzel erinnern. Im Zweifelsfall klicken Sie auf die Schaltfläche **Schnellbausteine durchsuchen**, wandern durch das Menü und markieren den Baustein, den Sie einfügen möchten.

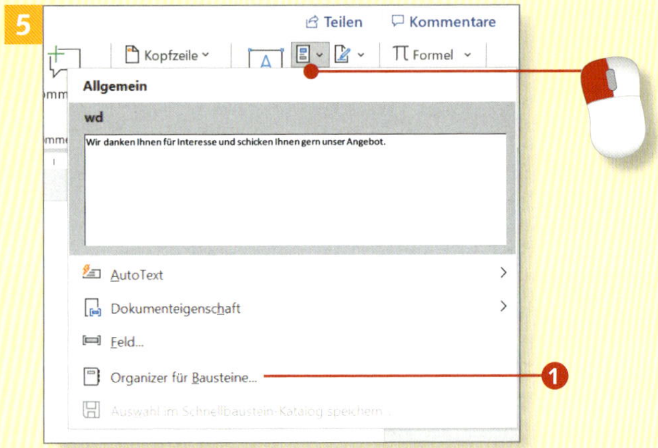

Schritt 6

Bausteine, die Sie nur für ein bestimmtes Projekt gebraucht haben, können Sie wieder löschen. Klicken Sie im Menü der Schaltfläche **Schnellbausteine durchsuchen** auf den Eintrag **Organizer für Bausteine** ❶. Markieren Sie den entsprechenden Baustein in der Liste, und klicken Sie auf **Löschen**.

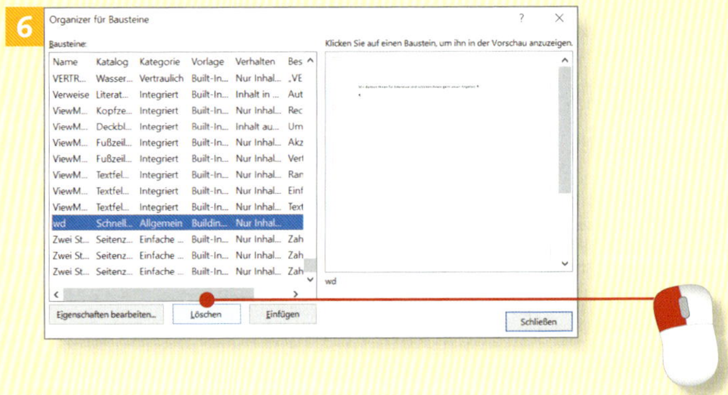

Wo liegen die Bausteine?

Building Block.dotx ist der Standardspeicherort für Schnellbausteine. Sie können im Dialog **Neuen Baustein erstellen** aber auch eine andere Dokumentvorlage wählen, mit der der Baustein gespeichert werden soll.

Die Seite einrichten

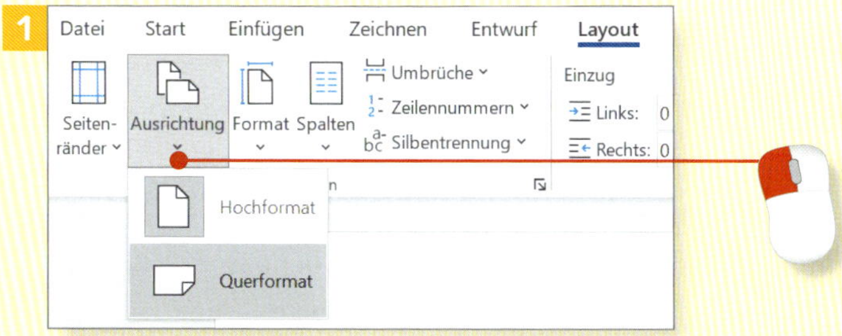

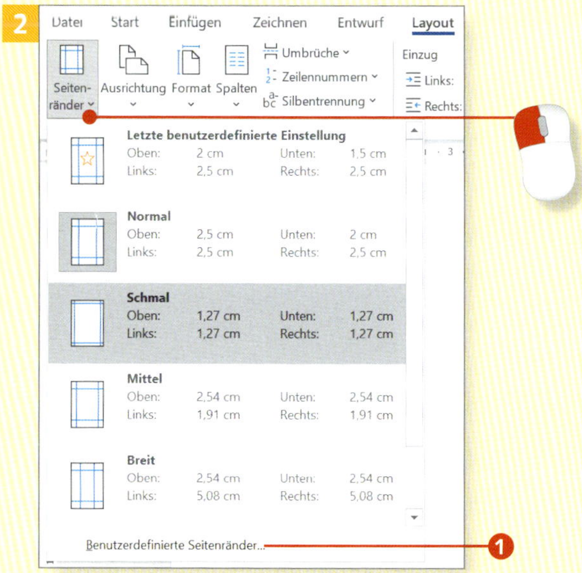

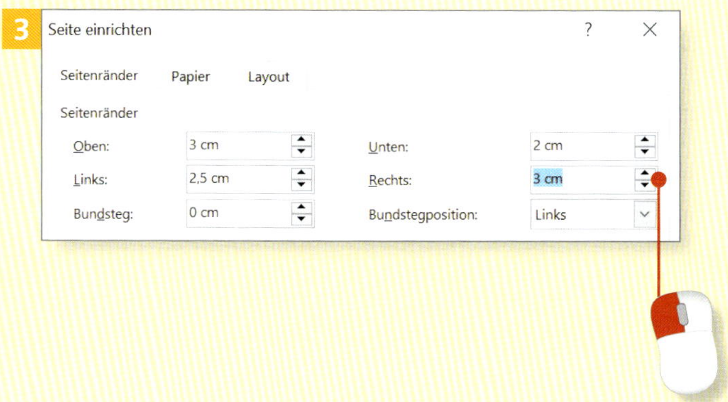

Word bietet Ihnen eine Standardseite, mit der Sie sofort arbeiten können. Sie können sich eine Seite aber auch ganz nach Ihrem Geschmack einrichten.

Schritt 1

Standardmäßig schreiben Sie auf einem Blatt mit der Einstellung **Hochformat**. Auf einer Seite mit einer vielspaltigen Tabelle ist aber z. B. das Querformat passender. Um die Ausrichtung zu ändern, aktivieren Sie die Registerkarte **Layout** und klicken auf die Schaltfläche **Ausrichtung**. Wählen Sie **Querformat**.

Schritt 2

Selbstverständlich können Sie die Standardseitenränder verändern. Aktivieren Sie die Registerkarte **Layout**, und klicken Sie auf **Seitenränder**. Im Menü suchen Sie sich ein passendes Layout aus und klicken es an.

Schritt 3

Um die Breite der Seitenränder frei zu bestimmen, klicken Sie unten im Menü auf **Benutzerdefinierte Seitenränder** ❶ (oder auf den Pfeil an der Gruppe **Seite einrichten**). Beides öffnet den Dialog **Seite einrichten**, in dem Sie die passenden Maße manuell angeben können.

Schritt 4

In der Standardeinstellung schreiben Sie einspaltig. Wenn Sie Ihrem Blatt eine Art Zeitungslayout verpassen wollen, richten Sie mehrere Spalten ein. Klicken Sie auf der Registerkarte **Layout** auf **Spalten**, und wählen Sie die Anzahl der Spalten.

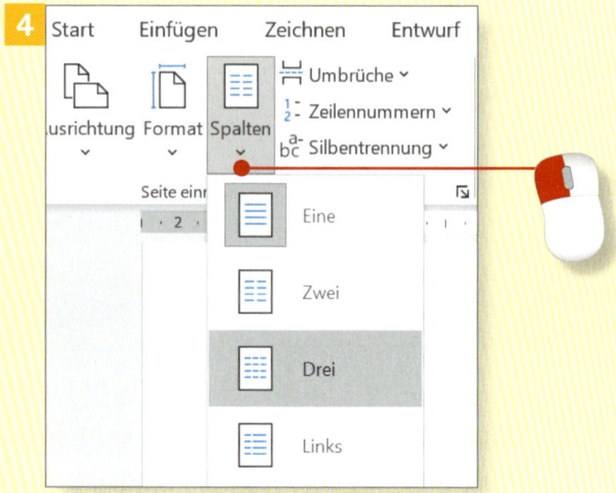

Schritt 5

Sie können die Spalten und Seitenränder auch im Lineal mit der Maus verändern. Blenden Sie die Lineale über **Ansicht ▸ Lineal** ein, sollten sie nicht bereits angezeigt werden.

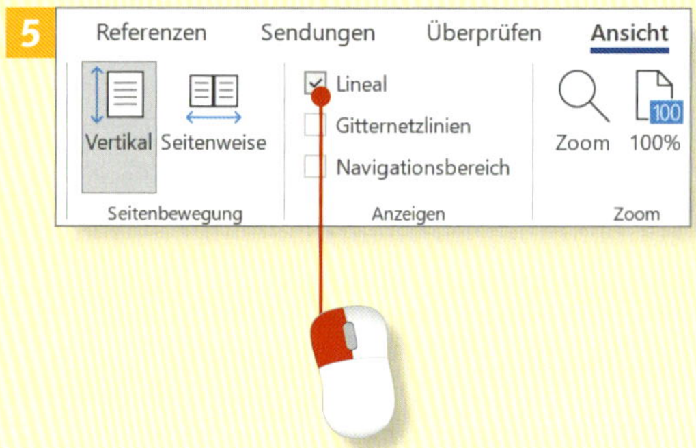

Schritt 6

Wenn Sie die Maus jetzt auf den angedeuteten Seitenrändern im Lineal positionieren, wird der Mauszeiger zum Doppelpfeil und Sie können die Ränder mit gedrückter Maustaste verschieben. Übrigens: Die »Sanduhren« ❷ zeigen die Absatzeinzüge an (mehr dazu erfahren Sie in Kapitel 5, »Text gestalten und formatieren«, ab Seite 86).

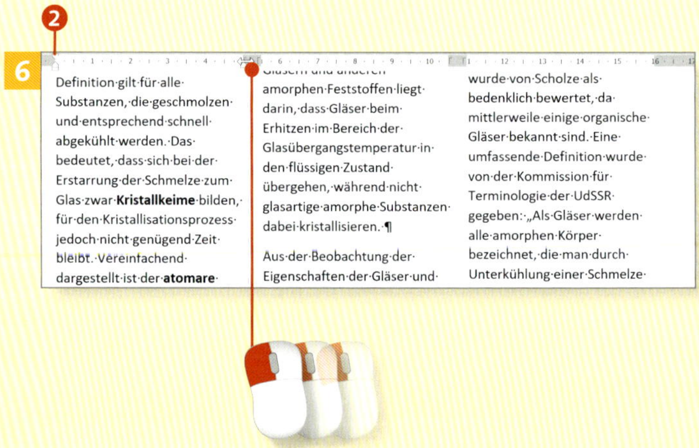

Kapitel 5
Text gestalten und formatieren

Wie Sie Formatierungen in Word realisieren, erfahren Sie in diesem Kapitel. So lässt sich die Seite schön gestalten, und wichtige Abschnitte können hervorgehoben werden.

Schriften und Texteffekte
Sie können die Schriftart, ihre Größe oder Farbe selbst verändern oder aber auf fertige Formatvorlagen zurückgreifen. Versehen Sie den Text z. B. mit einem Rahmen oder einer Hintergrundfarbe. Darüber hinaus gibt es (jedoch nur im Dateiformat *.docx*) erweiterte Effekte wie Schattierungen oder Spiegelungen.

Ordnung in den Text bringen
Normalerweise orientiert sich der Text am linken Blattrand. Sie können ihn aber auch rechtsbündig ausrichten, Blocksatz einstellen oder z. B. einzelne Textteile zentrieren. Um die Lesbarkeit zu erhöhen, lässt sich u. a. der Zeilenabstand anpassen.

Ergänzungen
Wenn Sie nicht als Einziger an einem Dokument arbeiten, ist der Änderungsmodus sehr nützlich. Damit können Sie Textkorrekturen kenntlich machen. Ebenfalls nützlich ist die Registerkarte **Referenzen**, über die sich Fußnoten oder auch ein automatisch erstelltes Inhaltsverzeichnis einfügen lassen.

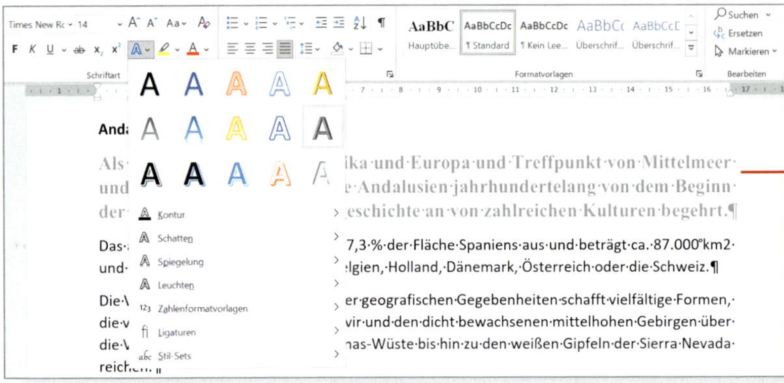

❶ Texte lassen sich in Word 2021 vielfach gestalten. Sie können die Schriftart, die Schriftgröße, die Farbe und vieles mehr ändern. Auch Texteffekte stehen Ihnen zur Verfügung.

❷ Auch Textausrichtung und Zeilenabstand lassen sich schnell und einfach anpassen.

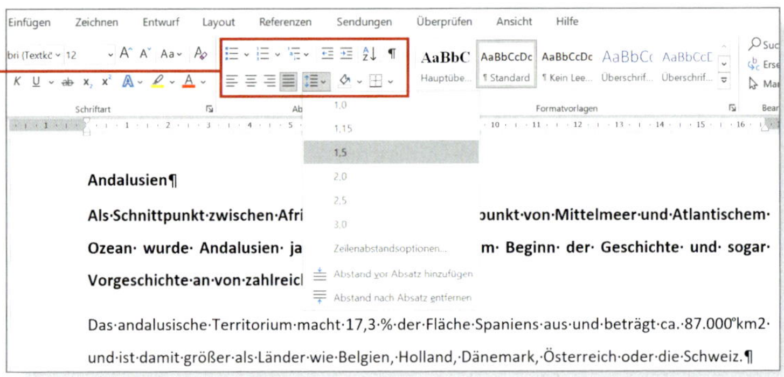

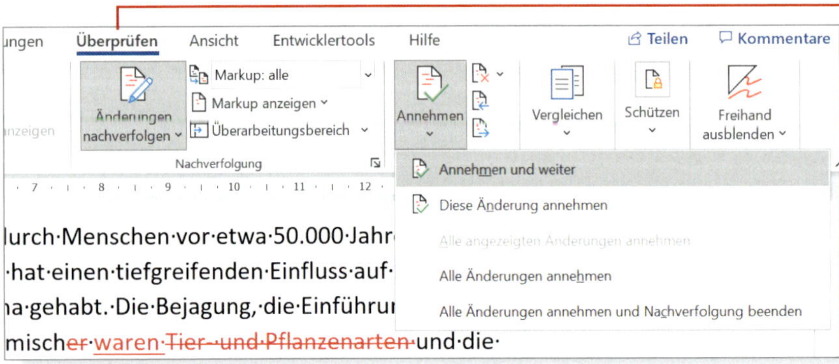

❸ Der Änderungsmodus ist sehr hilfreich: Hiermit können Sie Textkorrekturen kenntlich machen.

Die Schriftart festlegen

Word bietet Schriftarten in Hülle und Fülle. Für jeden Geschmack und jeden Zweck ist etwas dabei.

1

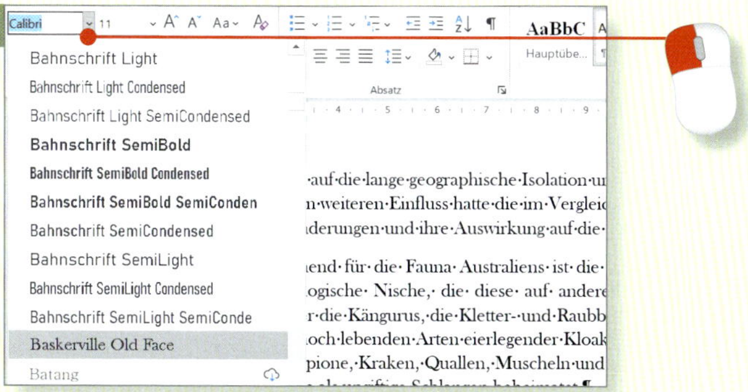

2

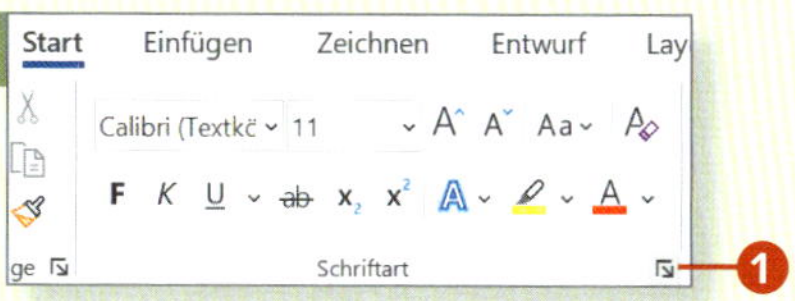

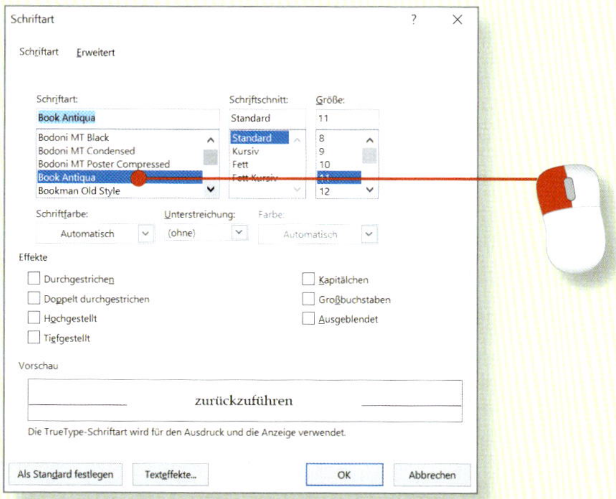

3

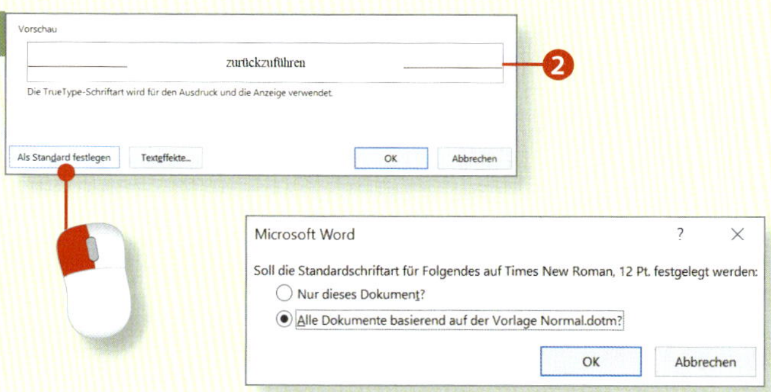

Schritt 1

Um die Schriftart zu verändern, markieren Sie den relevanten Textteil. Klicken Sie dann auf der Registerkarte **Start** auf den Pfeil neben **Schriftart**. Aus der Liste wählen Sie per Mausklick die gewünschte Schriftart aus.

Schritt 2

Die Schriftart lässt sich auch im Dialog einstellen. Klicken Sie auf den Pfeil **1** an der Gruppe **Schriftart**. Im Dialog klicken Sie im gleichnamigen Feld auf die gewünschte Schriftart. Achten Sie dabei auf die Vorschau unten **2**.

Schritt 3

Im Dialog **Schriftart** können Sie auch eine Schriftart zur Standardschriftart machen. Wählen Sie eine Schrift aus, und klicken Sie auf die Schaltfläche **Als Standard festlegen**. Im nächsten Dialog aktivieren Sie eine der beiden Optionen und klicken auf **OK**.

Schritt 4

Sie können auch mit der rechten Maustaste arbeiten. Markieren Sie den relevanten Text, und rufen Sie per Rechtsklick das Kontextmenü auf. Wählen Sie **Schriftart**, um den gleichnamigen Dialog aufzurufen.

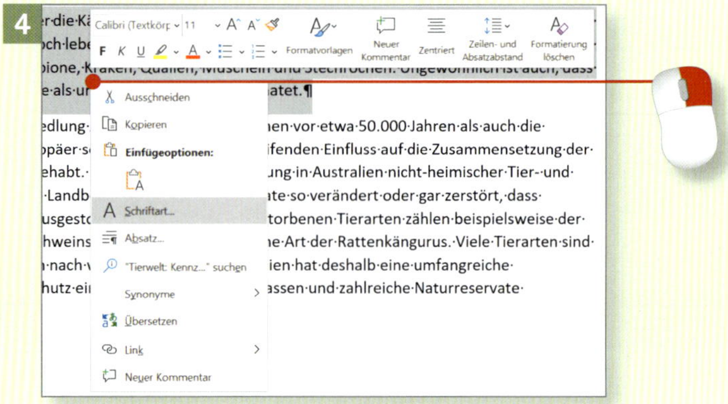

Schritt 5

Manche Schriftzeichen anderer Sprachen, z. B. das spanische ñ, können Sie mit einem Trick bzw. einer Tastenkombination auf den Bildschirm zaubern. Für die Tilde drücken Sie [Strg]+[Alt] + Plustaste (links neben der **Enter**-Taste). Dann schreiben Sie den Buchstaben (n).

Schritt 6

Auch der Dialog **Symbol** (Registerkarte **Einfügen ▸ Symbol ▸ Weitere Symbole**) bietet Schriftzeichen aus anderen Sprachen an. Sie finden hier z. B. das »æ« des dänischen Alphabets und vieles mehr. Markieren Sie das Zeichen, und klicken Sie auf **Einfügen**.

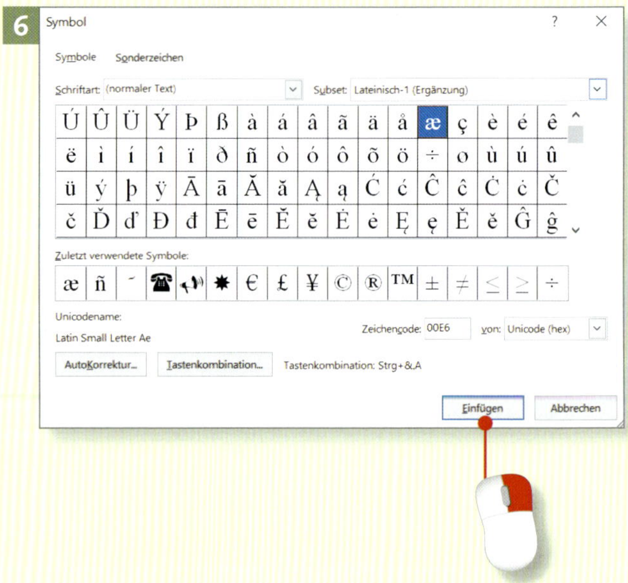

Accent aigu und Accent grave

Sie möchten z. B. »Coupé« schreiben? Ganz einfach: Drücken Sie die Taste [´] (bzw. [⇧]+[´]), und schreiben Sie erst dann das »e«.

Die Schriftgröße festlegen

Die Schriftgröße wird in der Einheit »Punkt« gemessen. Je höher die Zahl, desto größer die Schrift. In Word heißt es übrigens »Schriftgrad«, nicht »Schriftgröße«.

1

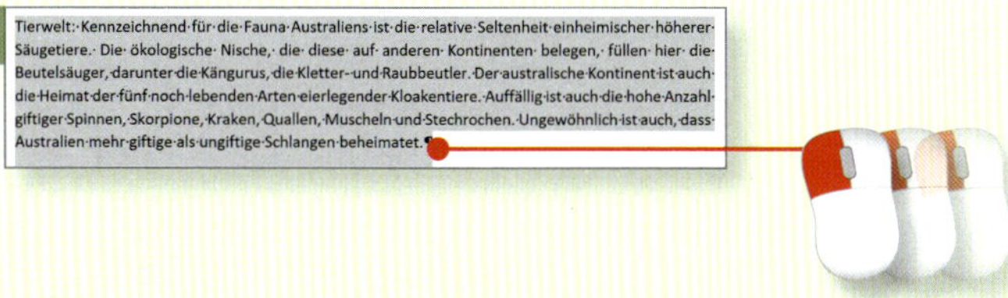

Schritt 1

Um die Schrift einer Textpassage zu vergrößern, markieren Sie zunächst den Text. Denken Sie daran, dass Sie auch nicht zusammenhängende Textpassagen mithilfe der Strg-Taste markieren können (siehe Seite 73).

2

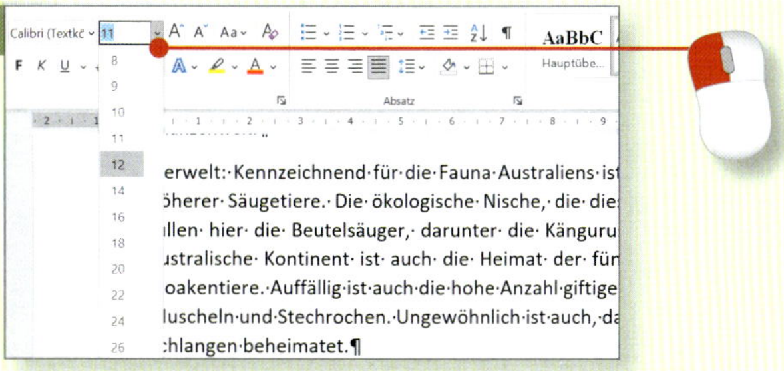

Schritt 2

Klicken Sie auf der Registerkarte **Start** auf den Pfeil am Feld **Schriftgrad**. In der Liste wählen Sie die gewünschte Schriftgröße aus und übernehmen sie per Mausklick.

3

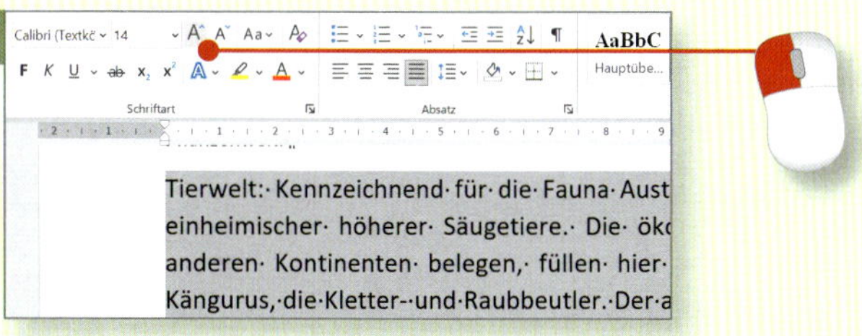

Schritt 3

Sie können auch mit den Schaltflächen **Schriftart vergrößern** und **Schriftart verkleinern** arbeiten. Klicken Sie nach dem Markieren auf eine der beiden Schaltflächen. Die Schrift wird jeweils um einen Punkt vergrößert bzw. verkleinert.

Den Dialog »Schriftart« im Kontextmenü aufrufen

Sie können den Dialog **Schriftart** auch über das Kontextmenü des markierten Textabschnitts aufrufen. Wählen Sie darin den Eintrag **Schriftart**.

Schritt 4

Wenn Sie eine Standardschriftgröße einstellen bzw. die Standardeinstellung ändern möchten, klicken Sie auf der Registerkarte **Start** auf den Pfeil an der Gruppe **Schriftart**, um den gleichnamigen Dialog zu öffnen.

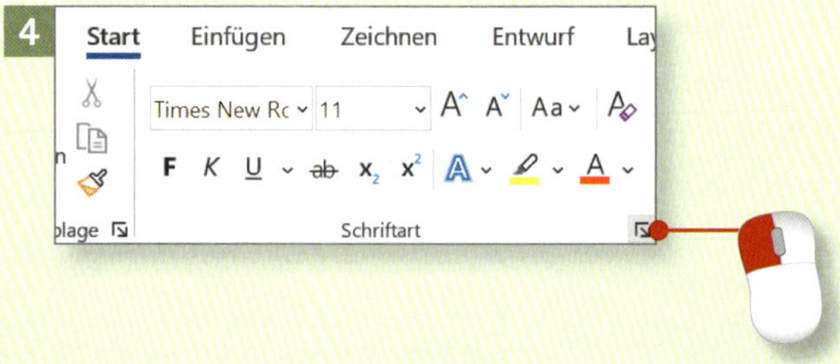

Schritt 5

Wählen Sie im Dialog **Schriftart** die von Ihnen gewünschte Schriftgröße aus, und klicken Sie anschließend unten auf die Schaltfläche **Als Standard festlegen**.

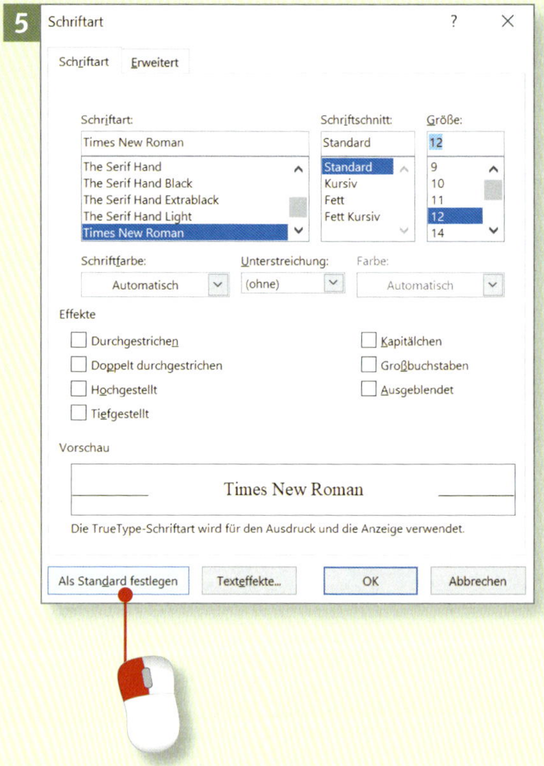

Schritt 6

Bestimmen Sie im nächsten Fenster, ob der Standard nur für das gerade aktive Dokument gelten soll oder für alle Dokumente, die auf der genutzten Formatvorlage basieren. Klicken Sie dann auf **OK**.

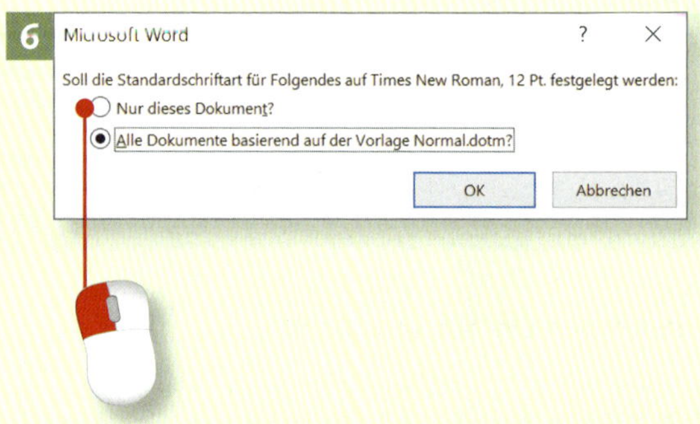

Standard festlegen

Mit der Schaltfläche **Als Standard festlegen** legen Sie nicht nur die Schriftgröße, sondern alle im Dialog gewählten Einstellungen als Standard fest!

Eine Schriftfarbe festlegen

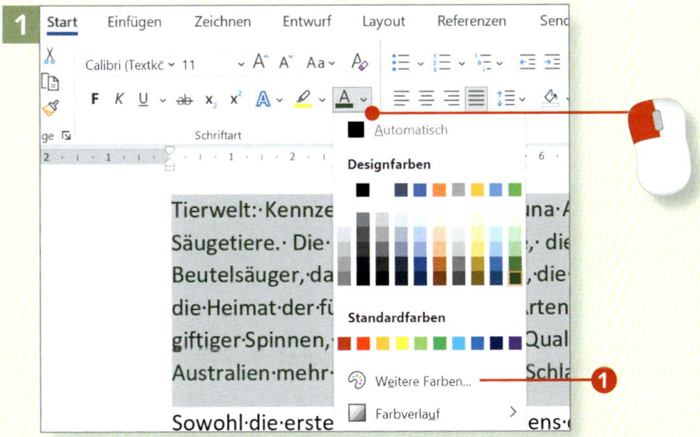

Schriftfarben können einen Text optisch lebendiger machen. Aber greifen Sie nicht zu tief in den Farbtopf – weniger ist oft mehr!

Schritt 1

Wie bei den bisherigen Aktionen markieren Sie zunächst den Text. Klicken Sie dann auf den Pfeil an der Schaltfläche **Schriftfarbe**, und wählen Sie per Mausklick die gewünschte Farbe aus der Palette aus.

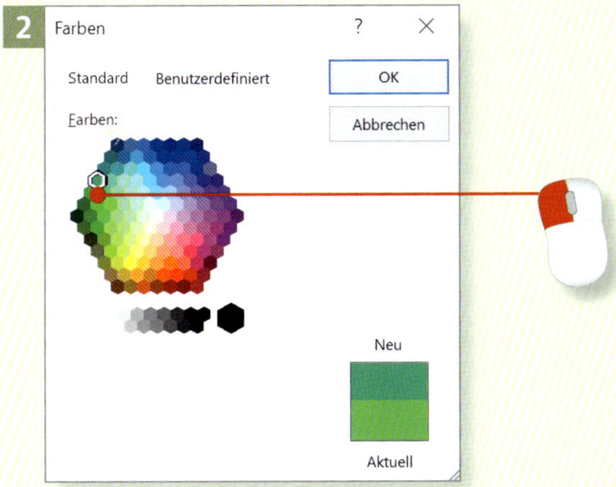

Schritt 2

Eine noch größere Auswahl an Farben erhalten Sie, wenn Sie auf die Option **Weitere Farben** (1) im Menü **Schriftfarbe** klicken. Im Dialog **Farben** wählen Sie auf der Registerkarte **Standard** eine Farbe aus dem Sechseck aus.

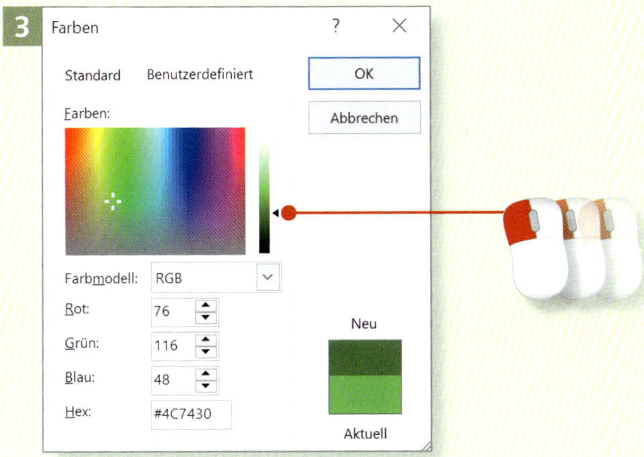

Schritt 3

Auf der Registerkarte **Benutzerdefiniert** des Dialogs **Farben** stellen Sie per Klick auf das Farbfeld die Grundfarbe ein, die Sie mittels des Schiebereglers rechts daneben verfeinern können. Ziehen Sie dafür mit gedrückter Maustaste am Farbbalken.

Schritt 4

Für Schriftzüge lässt sich auch ein Farbverlauf einstellen. Führen Sie den Mauszeiger auf **Farbverlauf** im Menü der Schaltfläche **Schriftfarbe**, und fahren Sie mit der Maus über die verschiedenen Varianten. Der Effekt zeigt sich im Text. Per Klick übernehmen Sie eine Variante.

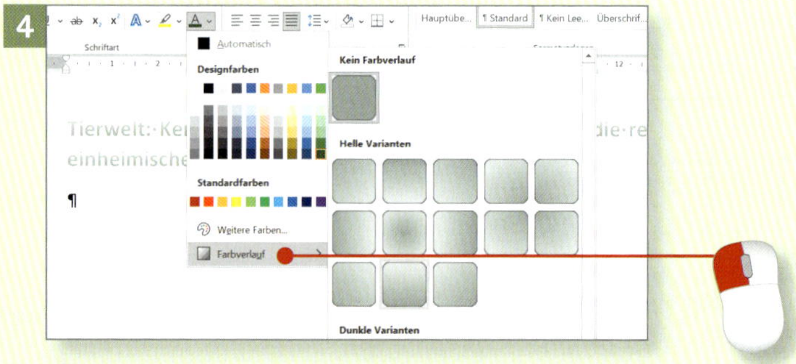

Schritt 5

Ein Farbverlauf lässt sich verfeinern, wenn Sie im Untermenü zu **Farbverlauf** auf **Weitere Farbverläufe** klicken. Im Aufgabenbereich **Texteffekte formatieren** aktivieren Sie die Option **Farbverlauf** ❷. Am einfachsten machen Sie es sich mit einem voreingestellten Farbverlauf. Klicken Sie auf den Pfeil an der Schaltfläche, und wählen Sie eine Variante aus.

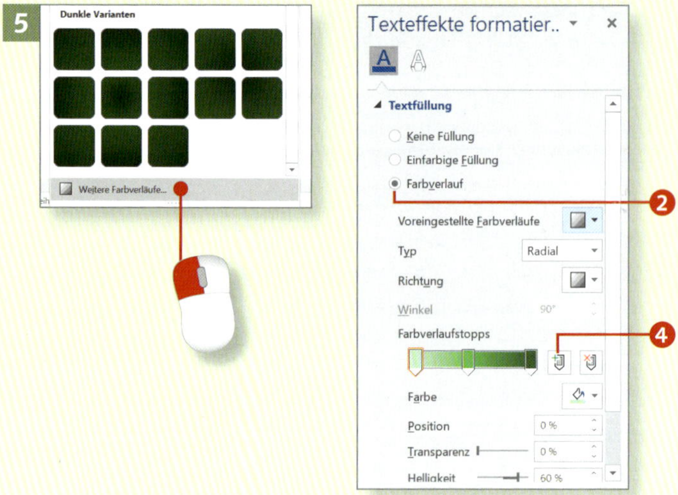

Schritt 6

Für einen individuellen Farbverlauf klicken Sie einen *Farbverlaufsstopp* an ❸ und wählen über die Schaltfläche **Farbe** eine Farbe. Dann klicken Sie den zweiten Farbverlaufsstopp an und wählen die nächste Farbe (mit dem Pluszeichen ❹ fügen Sie weitere Stopps hinzu). Über die Stopps dazwischen steuern Sie den Verlauf.

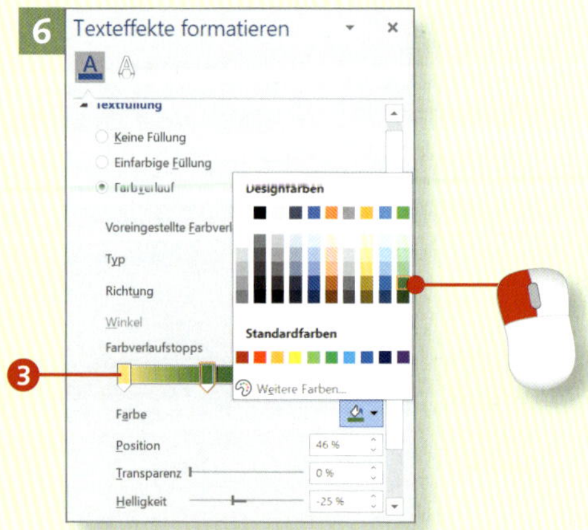

Textabschnitte ordentlich ausrichten

Sie kennen linksbündigen Text, zentrierte Überschriften oder Blocksatz? Nichts anderes verbirgt sich hinter den Befehlen zur Ausrichtung. Auch mit Einzügen werden Absätze angeordnet.

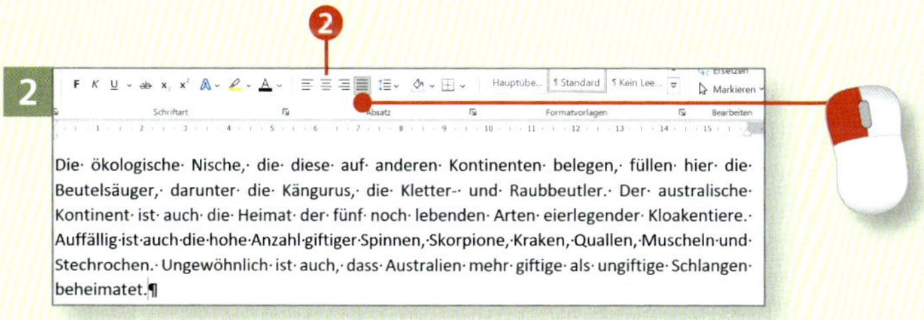

Schritt 1

Standardmäßig ist ein Dokument linksbündig **1** ausgerichtet. Um einen Absatz z. B. mittig auszurichten, setzen Sie den Cursor (irgendwo) in den Absatz und klicken auf **Zentriert** (auf der Registerkarte **Start**).

Schritt 2

Genauso verfahren Sie, wenn Sie einen Absatz rechtsbündig ausrichten oder in Blocksatz setzen möchten. Klicken Sie einfach auf **Rechtsbündig** bzw. auf **Blocksatz** **2**.

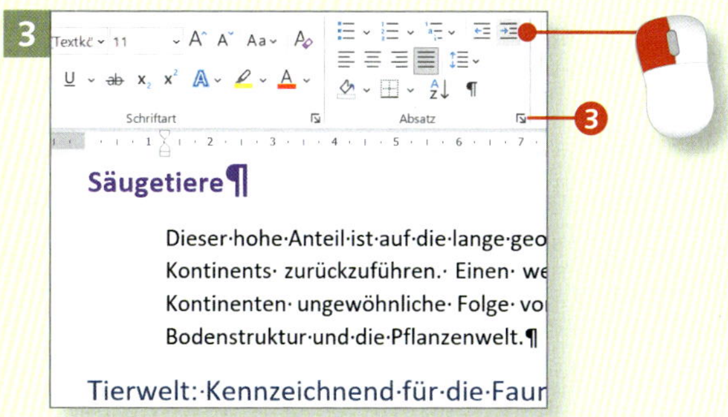

Schritt 3

Absätze lassen sich auch vom Rand ein wenig nach rechts einrücken – man nennt das *Einzug*. Für einen Standardeinzug (1,25 cm) klicken Sie auf der Registerkarte **Start** in der Gruppe **Absatz** auf das Symbol **Einzug vergrößern**.

Schritt 4

Für individuelle Maße klicken Sie auf den Pfeil an der Gruppe **Absatz** ❸. Geben Sie im Feld **Einzug ▸ Links** das Maß für den Einzug ein, z. B. »3,0 cm«. Bestätigen Sie mit **OK**.

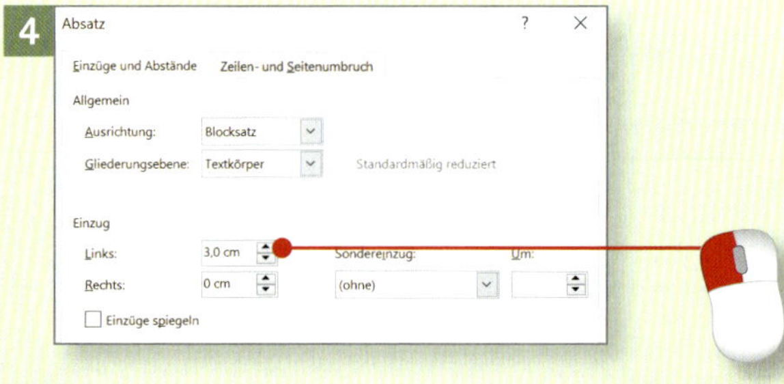

Schritt 5

Word bietet auch *Sondereinzüge*: *Erstzeileneinzug* (nur die erste Zeile wird eingerückt) und *hängender Einzug* (alle Zeilen mit Ausnahme der ersten Zeile werden eingerückt). Wählen Sie im Feld **Sondereinzug** die Option **Erste Zeile**. Im Feld **Um** ❹ geben Sie an, um wie viele Zentimeter die Zeile eingerückt werden soll.

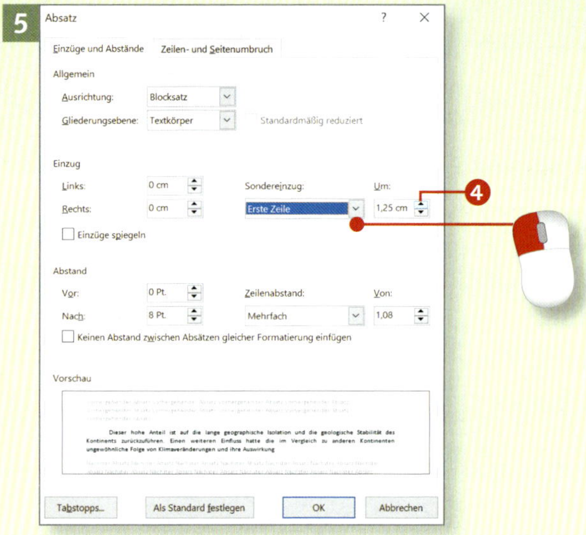

Schritt 6

Für einen hängenden Einzug wählen Sie im Feld **Sondereinzug** die Option **Hängend**. Im Feld **Um** geben Sie an, um wie viele Zentimeter die Zeilen eingerückt werden sollen.

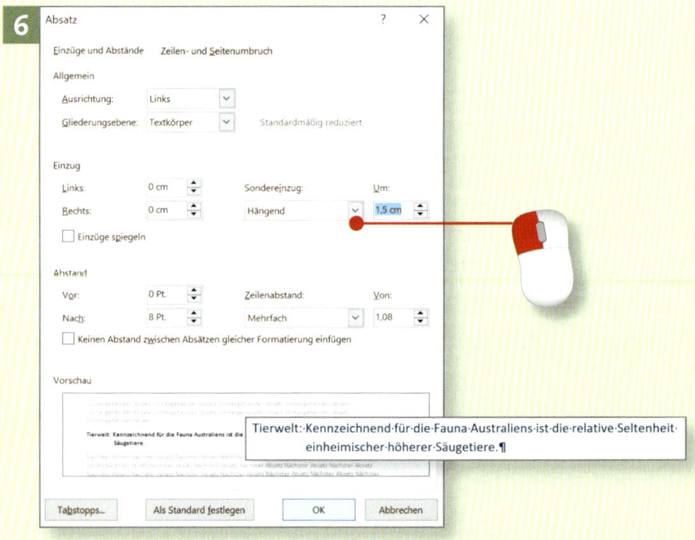

Einzüge mit dem Lineal

Ziehen Sie am unteren Teil der »Sanduhr« im Lineal, um den ganzen Absatz einzuziehen, am oberen Teil für den Erstzeileneinzug und am mittleren Dreieck für den hängenden Einzug.

Abstände zwischen Absätzen festlegen

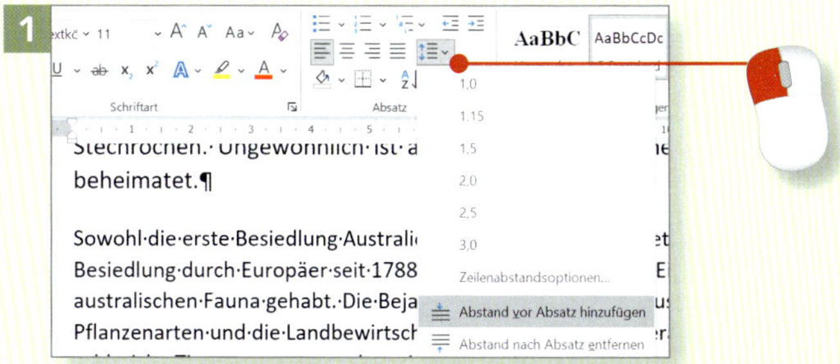

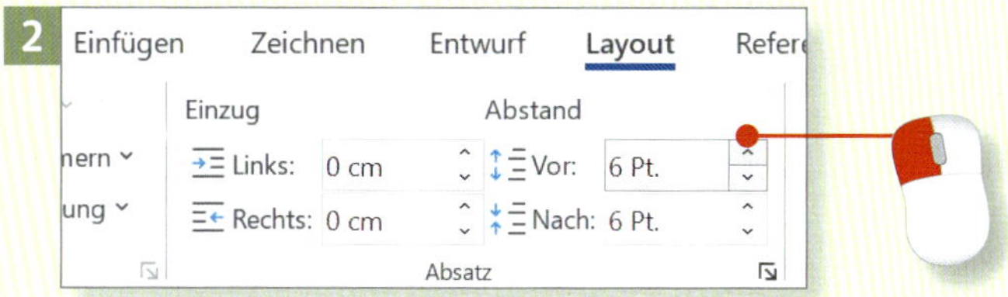

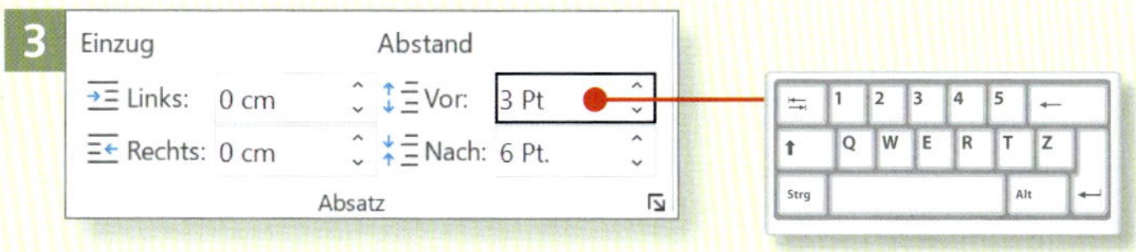

Sie können einen Abstand zwischen Absätzen mit der [↵]*-Taste erzeugen, aber eleganter ist es, wenn Sie die Abstände festlegen.*

Schritt 1

Standardmäßig wird nach dem Drücken von [↵] ein Abstand von 8 Punkt (Pt.) erzeugt. Auf die Schnelle können Sie einen größeren Abstand (12 Pt.) erzeugen, indem Sie auf der Registerkarte **Start** auf die Schaltfläche **Zeilen- und Absatzabstand** klicken und im Menü **Abstand vor Absatz hinzufügen** wählen.

Schritt 2

Möchten Sie den Abstand genauer einstellen, aktivieren Sie die Registerkarte **Layout**. In der Gruppe **Absatz** klicken Sie auf einen der Pfeile neben **Vor** oder **Nach** und wählen den gewünschten Abstand aus.

Schritt 3

Sie müssen sich nicht an die Sprünge der Felder **Vor** bzw. **Nach** halten. Wenn Ihnen 6 Pt. zu viel sind, klicken Sie einfach in das Feld und geben einen anderen Wert ein, z. B. »3 Pt.«.

Absätze markieren

Wenn der Absatzabstand für das ganze Dokument gelten soll, müssen Sie alles markieren.

Schritt 4

Auch im Dialog **Absatz** können Sie Absatzabstände festlegen. Sie öffnen ihn auf der Registerkarte **Start** über einen Klick auf den kleinen Pfeil an der Gruppe **Absatz** oder über das Kontextmenü eines Absatzes.

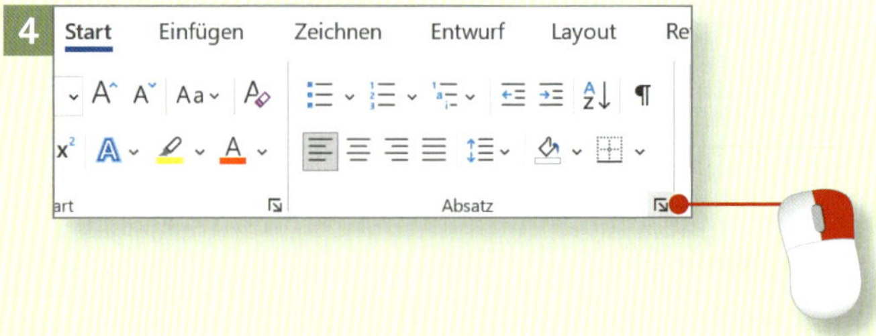

Schritt 5

Im Dialog verfahren Sie genauso wie auf der Registerkarte **Layout**. Legen Sie den gewünschten Abstand in den Feldern **Vor** oder **Nach** im Bereich **Abstand** fest.

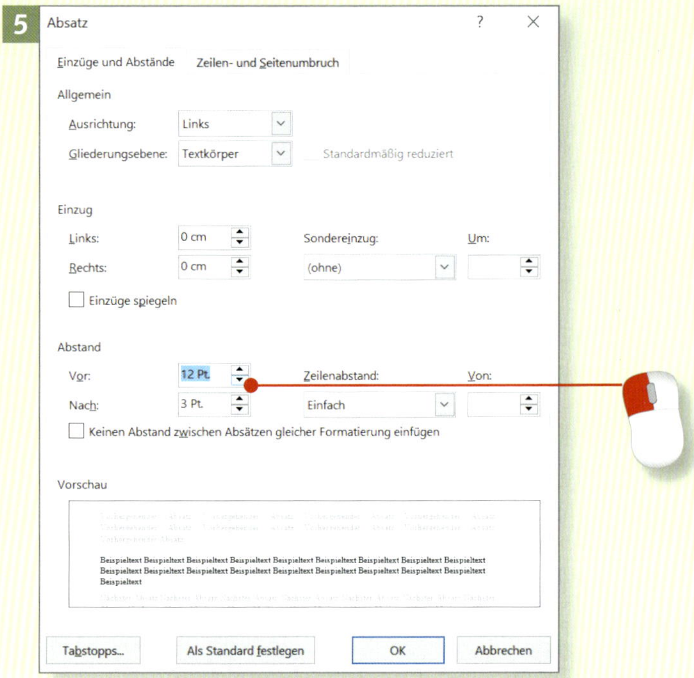

Schritt 6

Einige wichtige Einstellungen zum Umgang mit Absätzen finden Sie auf der Registerkarte **Zeilen- und Seitenumbruch** ❶ des Dialogs **Absatz**. Haken Sie hier z. B. die Option **Diesen Absatz zusammenhalten** an, wenn ein Teil eines Absatzes nicht auf die nächste Seite rutschen soll.

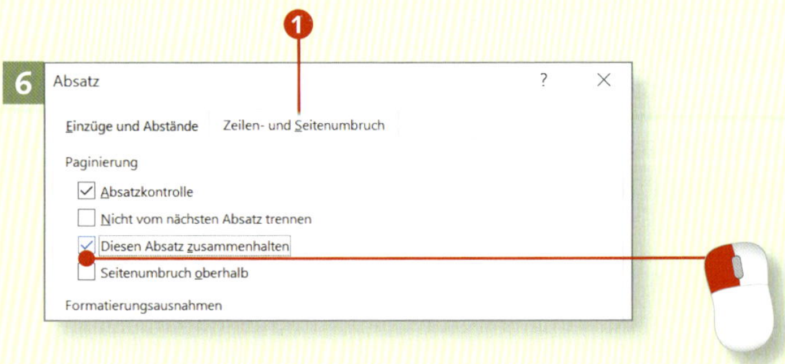

Abstände zwischen Absätzen

Wenn Sie einem Absatz einen Abstand **Nach** von 12 Pt. geben und dem folgenden Absatz einen Abstand **Vor** von 6 Pt., addiert Word diese beiden Abstände nicht, sondern wählt den größeren Wert (12 Pt.) als maßgeblich aus.

Abstände zwischen Zeilen festlegen

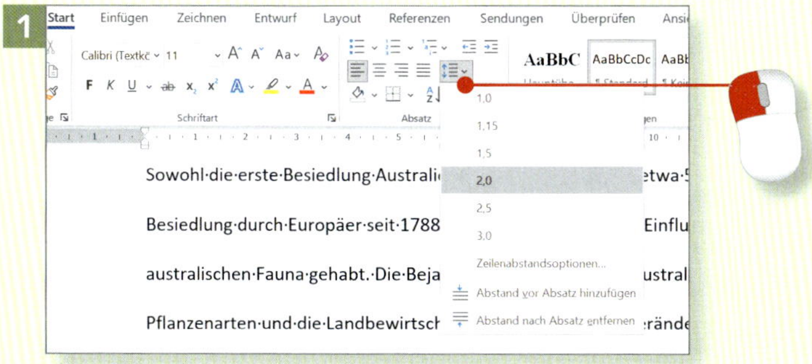

Standardmäßig wird in Word ein Zeilenabstand von 1,08 verwendet, mitunter ist jedoch ein anderer Abstand gewünscht.

Schritt 1

Der Zeilenabstand ist schnell geändert. Setzen Sie den Cursor in den entsprechenden Absatz, und klicken Sie auf der Registerkarte **Start** auf **Zeilen- und Absatzabstand**. Aus der Liste wählen Sie per Mausklick den gewünschten Zeilenabstand aus.

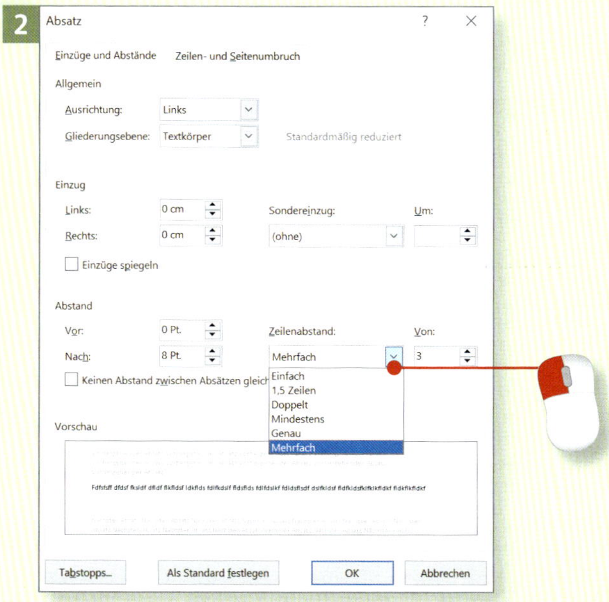

Schritt 2

Weitere Optionen für den Zeilenabstand erhalten Sie im Dialog **Absatz**. Klicken Sie hier auf den Pfeil im Bereich **Zeilenabstand**, und wählen Sie im Menü den gewünschten Abstand.

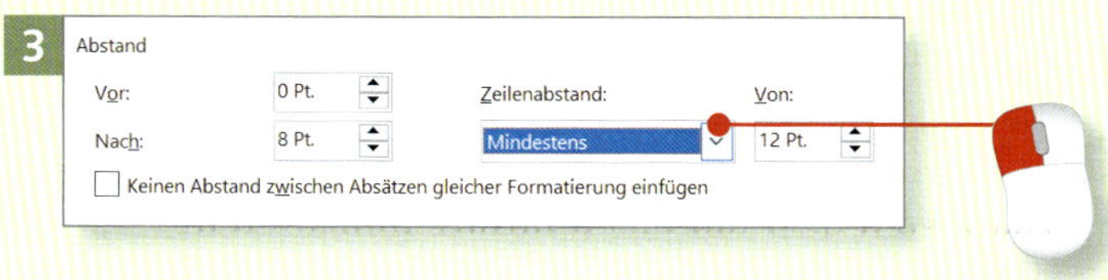

Begriff Glas zu geben. Der anerkannte Glaswissenschaftler Horst Scholze führte eine Auswertung der gängigsten Definitionsversuche des Begriffs Glas durch. G. Tamman definierte 1933 den Glaszustand folgendermaßen: „Im Glaszustand befinden sich die festen, nicht kristallisierten Stoffe.“, während die ASTM 1945 als Definition „Glas ist ein

Schritt 3

Wählen Sie die Option **Mindestens**, um für das größte Schriftzeichen (oder eine Grafik) in einer Zeile den nötigen Abstand zwischen den Zeilen festzulegen. Für den Beispieltext gilt ein Abstand von 16 Pt., nur die Zeile mit den großen Buchstaben erhält automatisch einen größeren Zeilenabstand.

Schritt 4

Mithilfe der Option **Einfach** wird der vom größten Schriftzeichen in einer Zeile abhängige Zeilenabstand festgelegt und zusätzlich ein kleiner Zwischenraum gelassen. Der Zwischenraum variiert je nach verwendeter Schriftart.

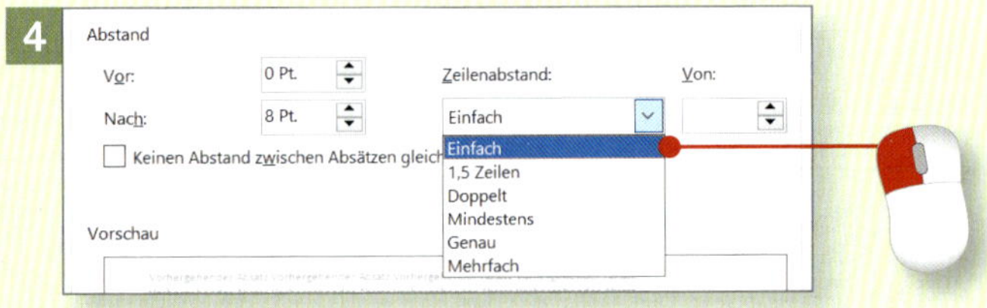

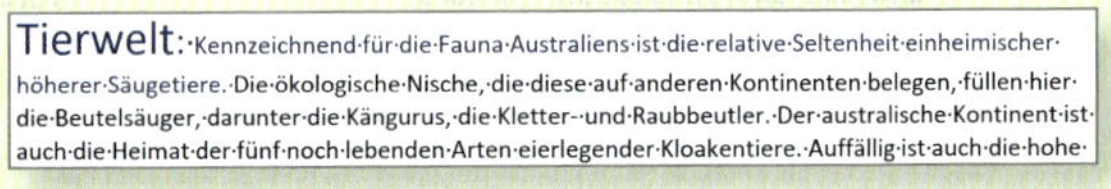

Schritt 5

Mit der Option **Genau** legen Sie einen festen Zeilenabstand fest, der von Word nicht angepasst wird. So können Sie den Zeilenabstand optimal an die gewählte Schriftgröße anpassen. Bei variierenden Schriftgrößen empfiehlt sich diese Einstellung nicht.

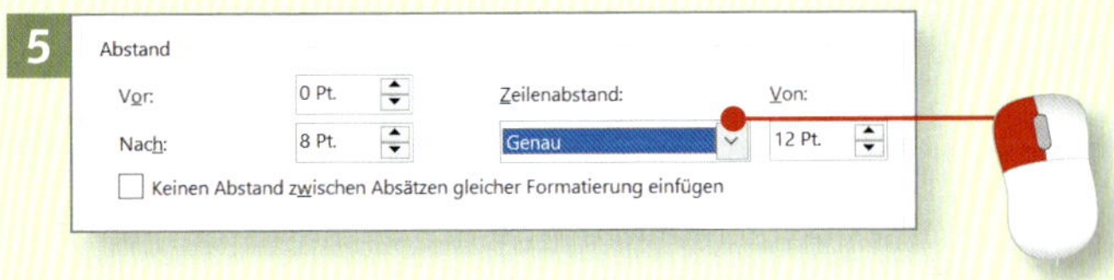

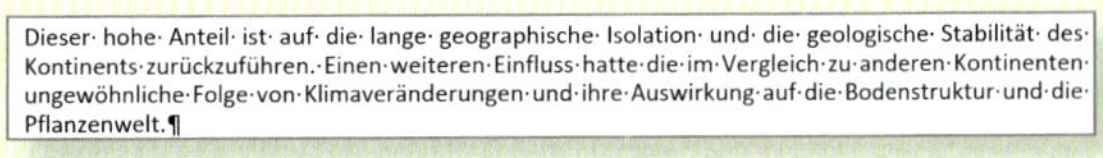

Schritt 6

Wenn der eingegebene Zeilenabstand bei **Mehrfach** identisch mit den Werten der Zeilenabstände **Einfach**, **1,5 Zeilen** oder **Doppelt** ist, ändert Word die Einträge nach einem Klick auf **OK** entsprechend: Aus **Mehrfach** mit dem Wert »2« wird dann z. B. automatisch der Zeilenabstand **Doppelt**.

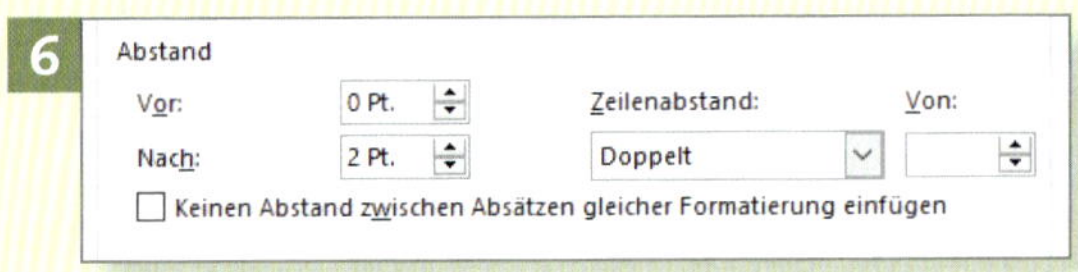

Markieren oder nur einen Absatz formatieren?
Beachten Sie bei allen Änderungen des Zeilenabstands, dass der betreffende Text bzw. das Dokument markiert sein muss. Für Änderungen an einem Absatz reicht es, den Cursor in diesen Absatz zu setzen.

Text mit Hervorhebungen und Effekten versehen

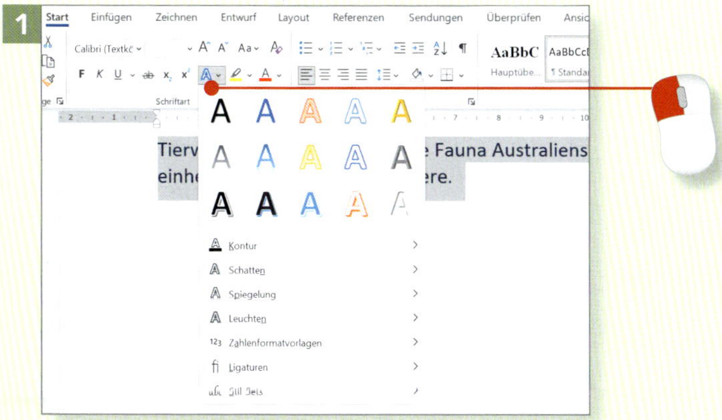

Es gibt weitere Möglichkeiten, einen Text optisch aufzuwerten. Die Texteffekte bieten Schattierungen, Spiegelungen und vieles mehr.

Schritt 1

Markieren Sie den relevanten Text, und klicken Sie auf den Pfeil an der Schaltfläche **Texteffekte und Typografie**. Das Menü bietet eine Reihe von Füllungen, die Sie per Mausklick übertragen können. Sie stehen jedoch nur beim Dateiformat *.docx* zur Verfügung.

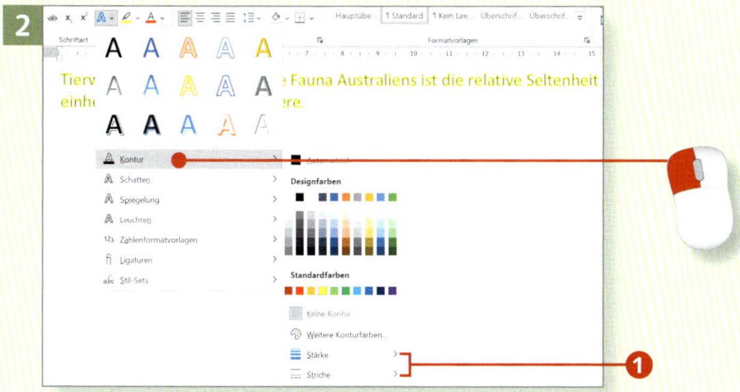

Schritt 2

Wenn Sie den Mauszeiger auf **Kontur** führen, erhalten Sie eine Farbpalette, um eine Farbe für die Kontur der Buchstaben auszuwählen. Auch die Breite und Art der Kontur lassen sich ändern (Menüpunkte **Stärke** und **Striche** ❶).

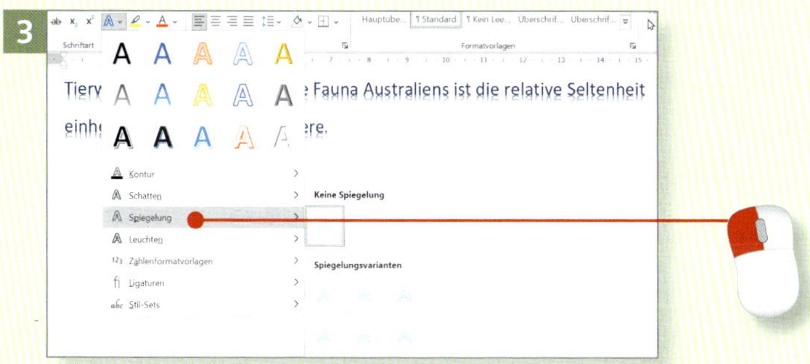

Schritt 3

Durchaus interessant ist der Effekt **Spiegelung**. Der ausgewählte Text taucht als angedeutete Spiegelung auf. Wählen Sie per Mausklick eine der Varianten.

Schritt 4

Sie können Texte auch zum Strahlen bringen. Klicken Sie im Menü auf **Leuchten**, und wählen Sie per Mausklick eine Variante.

Schritt 5

Haben Sie zu tief in den Effekte-Topf gegriffen? Dann klicken Sie in den Untermenüs auf die Einträge **Keine Kontur**, **Keine Spiegelung** etc. Denken Sie daran, den betreffenden Text vorher zu markieren.

Schritt 6

Achten Sie auf die Einträge **Leuchteffektoptionen**, **Spiegelungsoptionen** usw. in den Untermenüs. Sie öffnen den Aufgabenbereich **Texteffekte formatieren**, der in der Rubrik **Texteffekte** ❷ zahlreiche Einstellungen für den Feinschliff bietet.

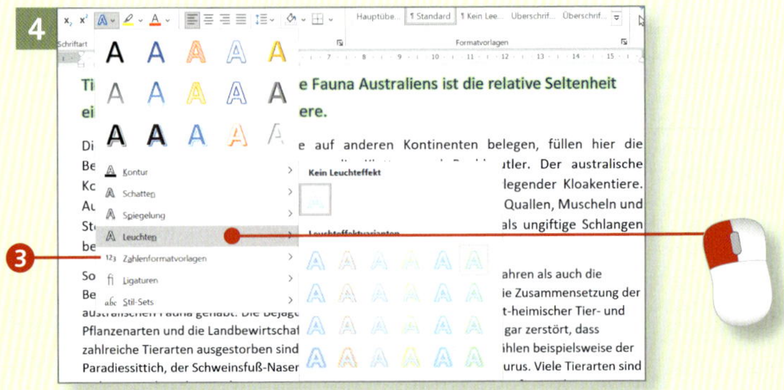

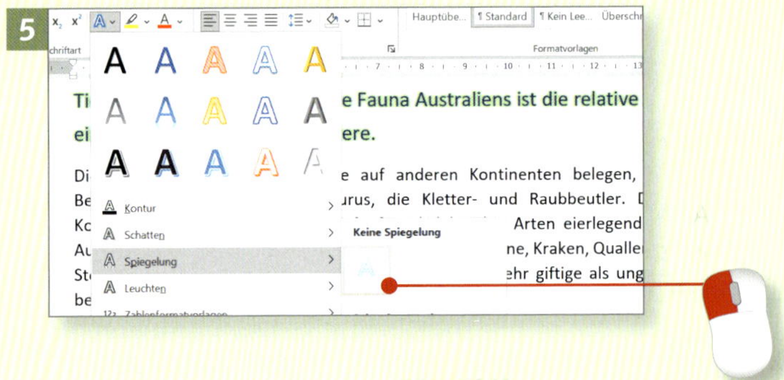

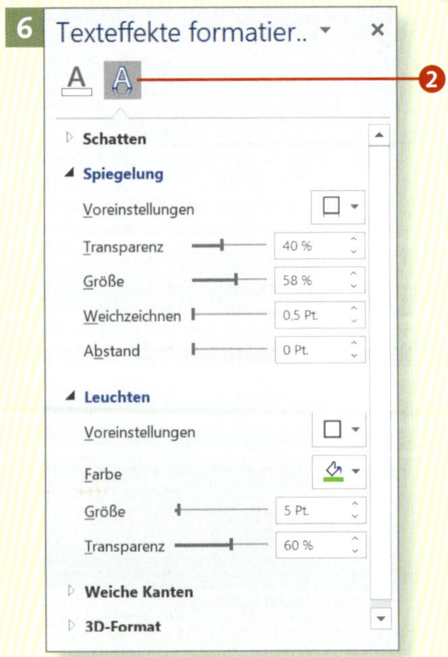

Effekte für Zahlen

Im Menü der Schaltfläche **Texteffekte** wird auch die Option **Zahlenformatvorlagen** ❸ angeboten. In ihrem Untermenü finden Sie Formatierungen für Zahlen, z. B. **Proportionale Lineatur**. Damit wird der Abstand zwischen Zahlen je nach dem Platz, den eine Zahl benötigt, angepasst.

Rahmen und Linien um Texte setzen

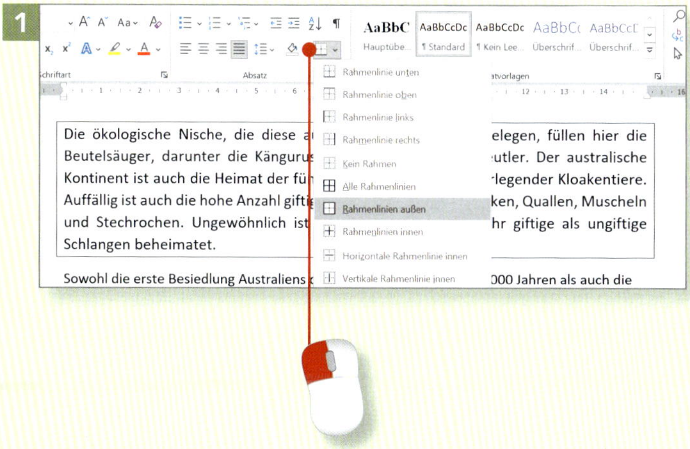

Text zu umranden oder einzelne Linien zu ziehen sind tolle Möglichkeiten, um bestimmte Passagen vom Rest des Textes abzugrenzen.

Schritt 1

Um einem ganzen Absatz einen Rahmen zu geben, setzen Sie den Cursor in diesen Absatz. Klicken Sie auf der Registerkarte **Start** auf den Pfeil an der Schaltfläche **Rahmen**. Im Menü wählen Sie **Rahmenlinien außen**.

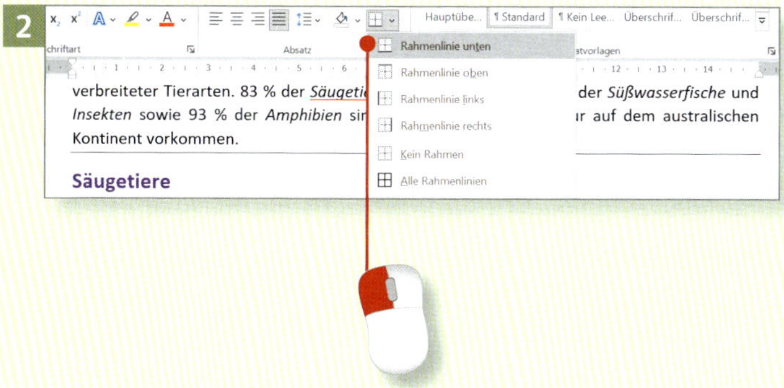

Schritt 2

Mit den Optionen im Menü **Rahmen** können Sie nicht nur einen geschlossenen Rahmen um eine Textpassage setzen, sondern auch einzelne Linien ziehen. Um z. B. eine Linie unterhalb eines Absatzes zu erzeugen (in dem der Cursor stehen muss), klicken Sie auf **Rahmenlinie unten**.

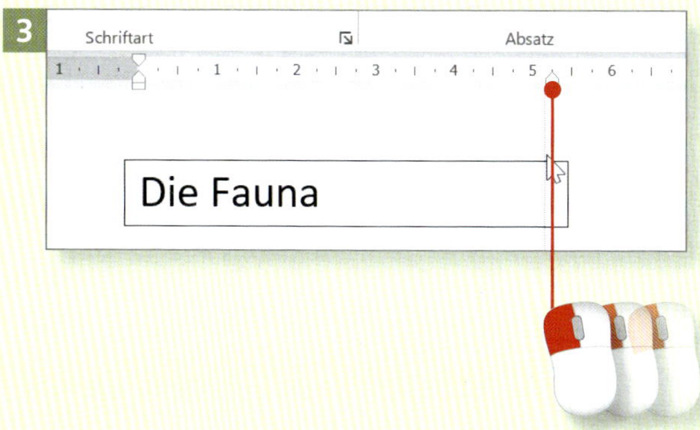

Schritt 3

Sie möchten eine linksbündige Überschrift einrahmen und stellen fest, dass der Rahmen zu groß ist? Kein Problem! Klicken Sie im Lineal auf das nach oben weisende Dreieck, das den rechten Einzug repräsentiert, und ziehen Sie es ein wenig nach links.

Schritt 4

Um einen Rahmen zu setzen, der sich exakt um ein Stück Text legt, markieren Sie den betreffenden Text. Wenn Sie das letzte Wort eines Absatzes einrahmen möchten, achten Sie darauf, dass Sie die Absatzmarke nicht mit markieren (sonst wird der ganze Absatz umrandet). Dann klicken Sie im Menü der Schaltfläche **Rahmen** auf **Rahmenlinien außen**.

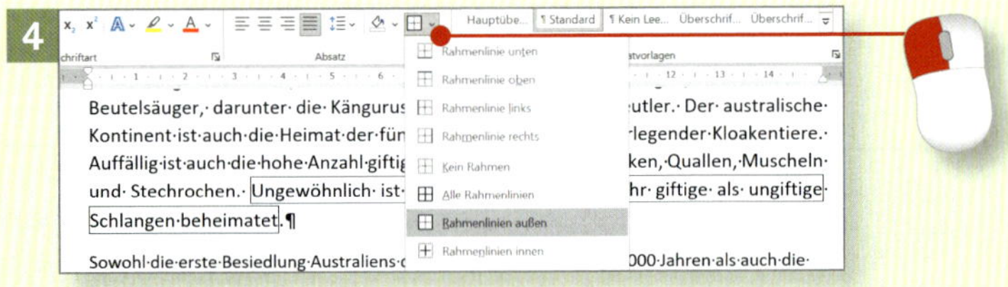

Schritt 5

Um weitere Optionen für Rahmen und Linien zu sehen, klicken Sie unten im Menü **Rahmen** auf **Rahmen und Schattierung**. Im zugehörigen Dialog können Sie u. a. die Linienart und die Farbe des Rahmens einstellen.

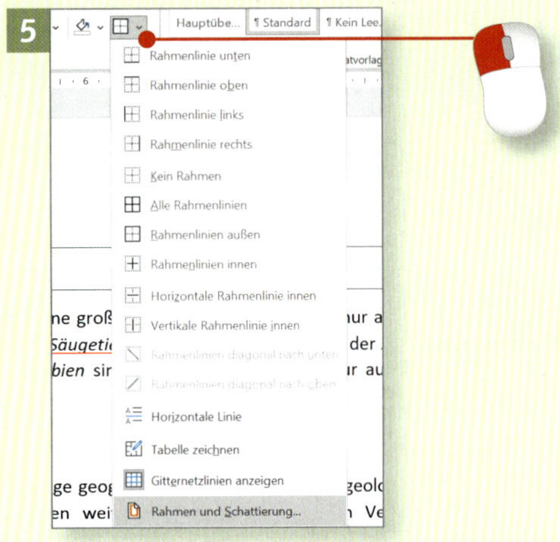

Schritt 6

Wählen Sie in der Liste **Formatvorlage** zunächst z. B. eine gestrichelte Linie ❶ und dann eine Farbe aus der Farbpalette. Klicken Sie nach diesen Einstellungen gegebenenfalls auf **Kontur** ❷. Im Bereich **Vorschau** ❸ rechts wird der Effekt vorab gezeigt.

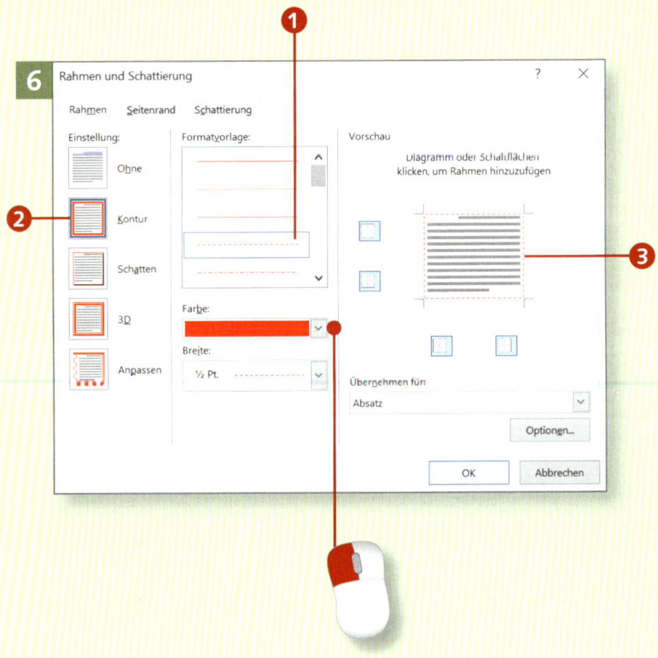

Schattierungen zuweisen

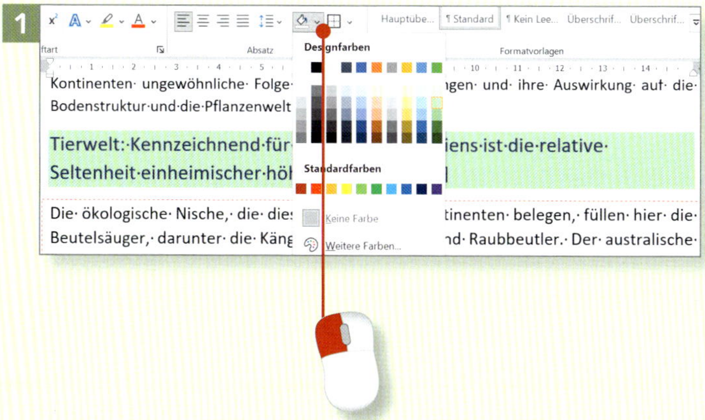

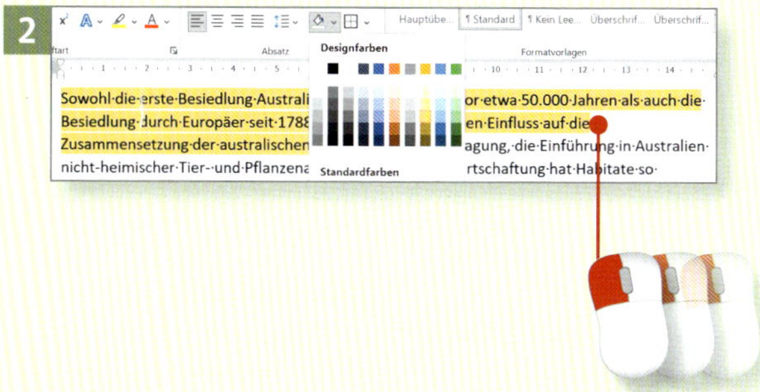

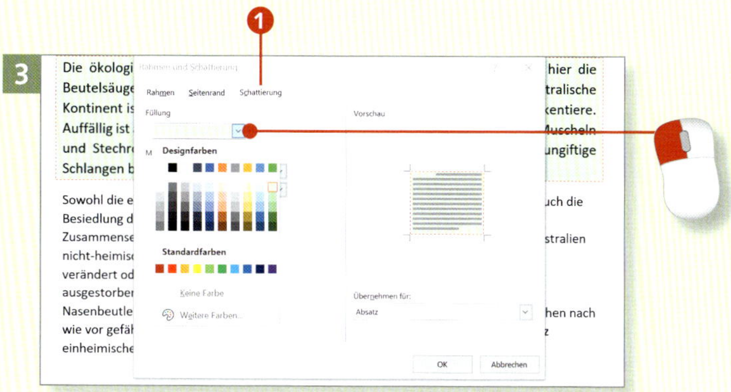

Den Hintergrund von Textpassagen zu schattieren ist ein weiteres optisches Gestaltungsmittel; wenn es sparsam eingesetzt wird, kann es sehr wirkungsvoll sein.

Schritt 1

Der Hintergrund eines Absatzes kann auch mit einer Farbe gefüllt werden. Wenn der Cursor im richtigen Absatz steht, klicken Sie auf der Registerkarte **Start** auf den Pfeil an der Schaltfläche **Schattierung**. In der Palette wählen Sie eine Farbe aus.

Schritt 2

Wenn Sie den Hintergrund einer beliebig langen Textpassage farbig hinterlegen möchten, müssen Sie den Text zunächst markieren. Dann wiederholen Sie Schritt 1.

Schritt 3

Genauso können Sie einen Rahmen mit einer Farbe füllen. Öffnen Sie den Dialog **Rahmen und Schattierung**, und stellen Sie **Kontur** ein (siehe Seite 103). Dann wechseln Sie zur Registerkarte **Schattierung** (1) und wählen über das Feld **Füllung** eine Farbe aus.

Schritt 4

Für eine größere Auswahl an Farben klicken Sie im Menü der Schaltfläche **Schattierung** oder – wenn Sie im Dialog arbeiten – im Menü des Feldes **Füllung** auf **Weitere Farben**. Im Dialog **Farben** wählen Sie etwas Passendes aus.

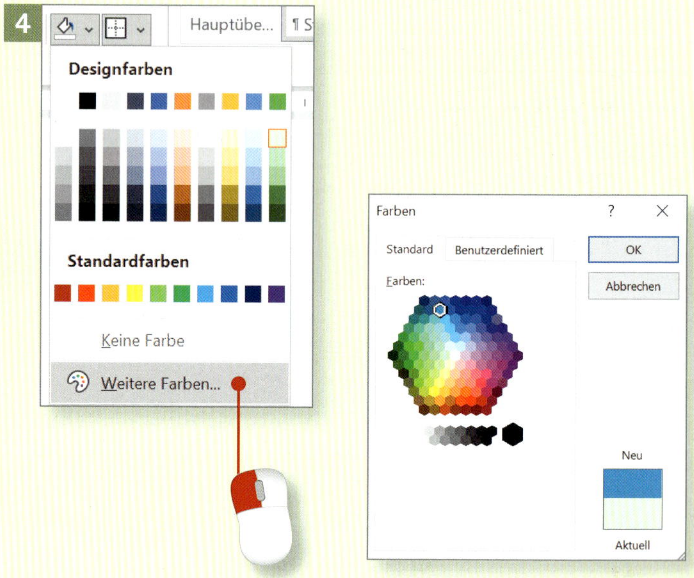

Schritt 5

Effektvoll sind farbig hinterlegte Überschriften: Zentrieren Sie die Überschrift, und setzen Sie den Cursor hinein. Im Menü der Schaltfläche **Schattierung** entscheiden Sie sich für eine Farbe.

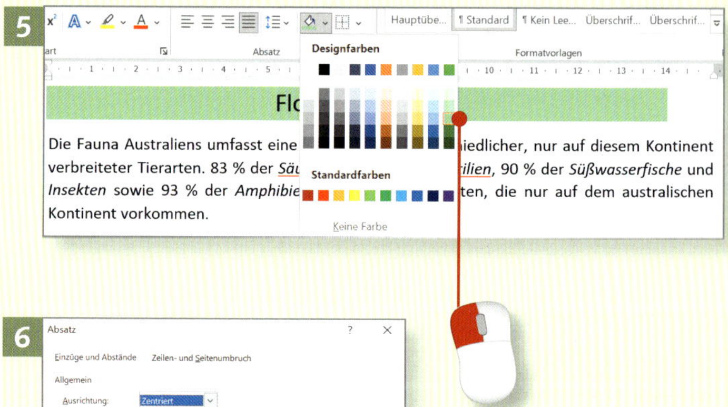

Schritt 6

Verkürzen Sie die Schattierung auf beiden Seiten. Anstatt im Lineal an den entsprechenden Dreiecken zu ziehen, klicken Sie auf den Pfeil an der Gruppe **Absatz** und stellen in den Feldern **Einzug ▸ Links** und **Einzug ▸ Rechts** jeweils einen geeigneten Wert ein, z. B. »3 cm«. Klicken Sie auf **OK**.

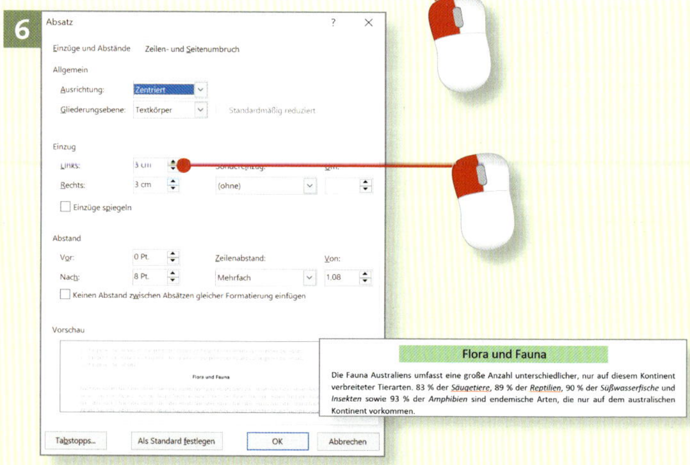

Schattierung entfernen

Auch Schattierungen werden Sie mit der Schaltfläche **Formatierung löschen** auf der Registerkarte **Start** wieder los.

Seiten unterschiedlich formatieren – Abschnittswechsel

Für unterschiedliche Seitenformatierungen in einem Dokument, z. B. Kopf- und Fußzeilen, Spalten, Seitenränder oder die Seitenausrichtung, benötigen Sie Abschnitte.

1

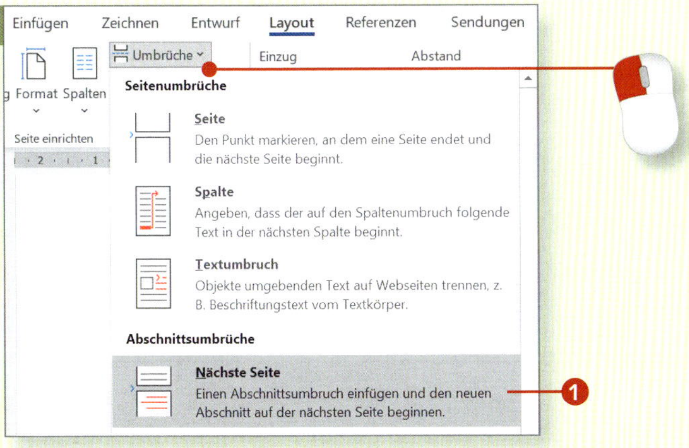

2

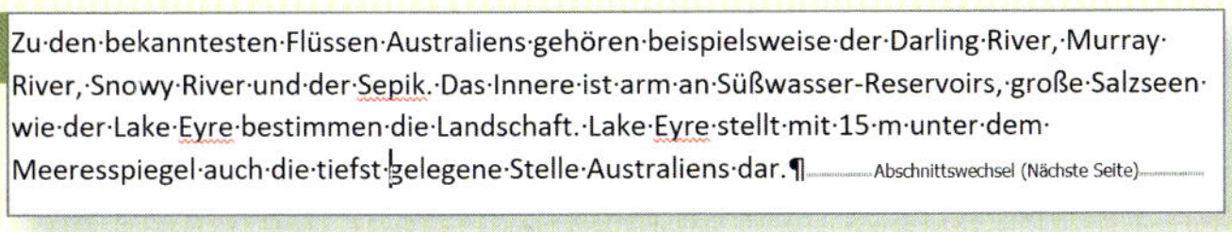

3

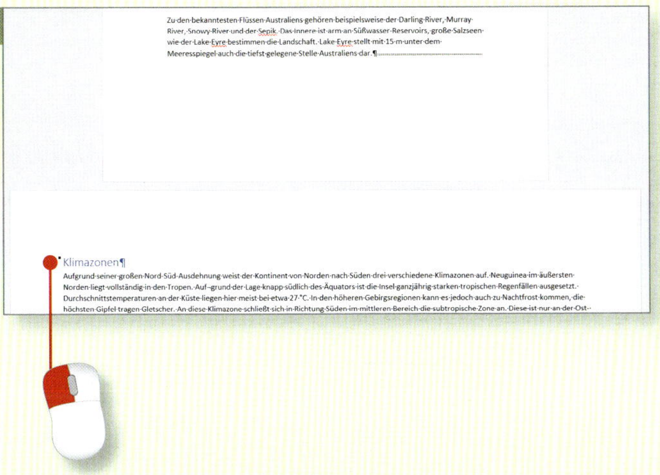

Schritt 1

Setzen Sie den Cursor an die Position, an der der Abschnittswechsel eingefügt werden soll. Wechseln Sie zur Registerkarte **Layout**. Klicken Sie dann auf den Auswahlpfeil der Schaltfläche **Umbrüche**.

Schritt 2

Um z. B. für die folgende Seite eine andere Ausrichtung einzustellen, wählen Sie in der Auswahlliste den Eintrag **Nächste Seite** ❶. Im Dokument wird der Abschnittswechsel mit einer Linie dargestellt, sofern Sie die Formatierungszeichen anzeigen lassen.

Schritt 3

Setzen Sie den Cursor in den Abschnitt nach dem Wechsel, und wählen Sie auf der Registerkarte **Layout** die Option **Ausrichtung ▸ Querformat** (siehe Seite 84). Die Wirkung zeigt sich sofort: Die Seite vor dem Wechsel hat Hochformat, die danach Querformat.

Schritt 4

Wenn die Überschrift eines Dokuments einspaltig bleiben, der Text darunter aber zweispaltig angeordnet ist, benötigen Sie einen *fortlaufenden Abschnittswechsel*. Positionieren Sie den Cursor dort, wo das zweispaltige Layout beginnen soll. Klicken Sie auf der Registerkarte **Layout** im Menü der Schaltfläche **Umbrüche** auf **Fortlaufend**.

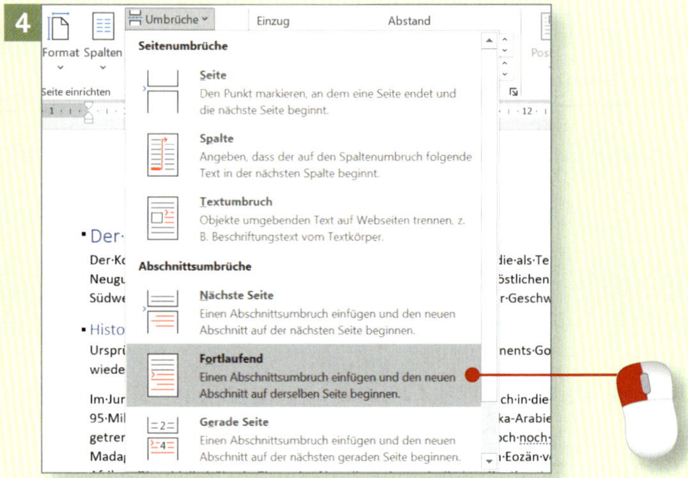

Schritt 5

Auch der fortlaufende Abschnittswechsel wird als doppelte Linie ❷ angezeigt.

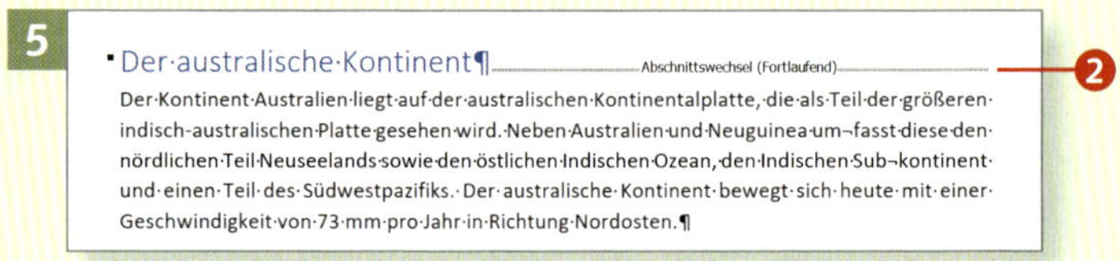

Schritt 6

Um den neuen Abschnitt zweispaltig zu setzen, setzen Sie den Cursor in diesen Abschnitt und wählen auf der Registerkarte **Layout** im Menü zu **Spalten** die Option **Zwei**.

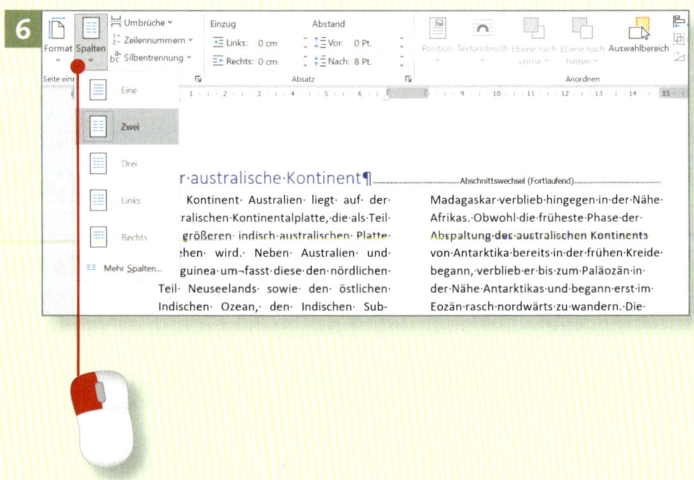

Abschnitte formatieren

Um Abschnitte zu formatieren, klicken Sie in den bekannten Dialogen auf **Übernehmen für**. Dort bestimmen Sie z. B., ob die Formatierung für das gesamte Dokument gelten soll oder für den ausgewählten Abschnitt (also den, in dem der Cursor steht).

Fußnoten einfügen

Anmerkungen, Literaturhinweise, Quellenangaben etc. gehören in Fußnoten, die in der Regel durchnummeriert werden. Mit Word lassen sich solche Anforderungen bestens umsetzen.

Schritt 1

Zuerst setzen Sie den Cursor genau dorthin, wo das Fußnotenzeichen im Text erscheinen soll. Achten Sie darauf, dass Sie den Cursor direkt, also ohne Leerstelle, hinter das Zeichen setzen.

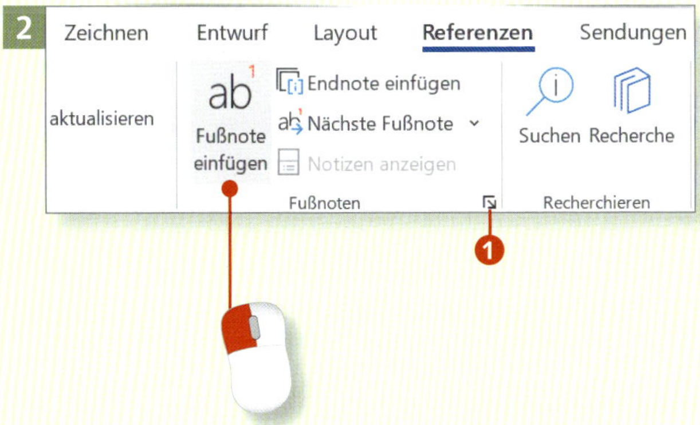

Schritt 2

Aktivieren Sie nun die Registerkarte **Referenzen**. Wenn Sie keine Einstellungen vornehmen möchten (für das Fußnotenzeichen o. Ä.), klicken Sie auf **Fußnote einfügen**.

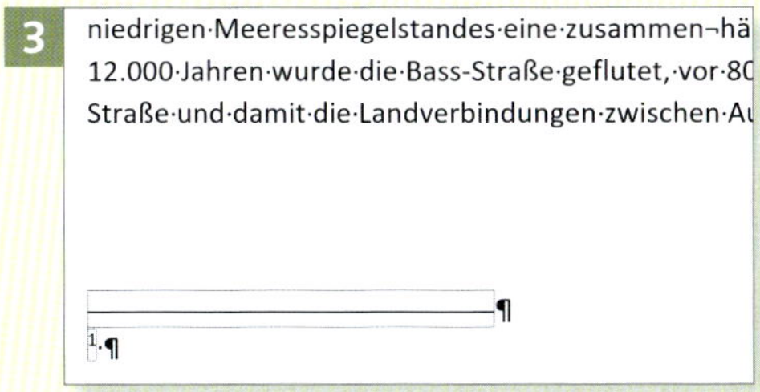

Schritt 3

Dadurch springt der Cursor direkt in den Fußnotenbereich, der automatisch durch eine kurze Linie vom Rest des Textes abgegrenzt wird. Am Anfang der Zeile sehen Sie eine hochgestellte 1 (für die erste Fußnote). Im Text erscheint ebenfalls eine hochgestellte 1 (siehe Schritt 6).

Word zählt mit!

Word kümmert sich um die fortlaufende Nummerierung. Wenn Sie eine Fußnote löschen oder nachträglich eine weitere einfügen, wird die Nummerierung entsprechend angepasst.

Schritt 4

Schreiben Sie nun Ihren Text in die Fußnote. Ist er länger als eine Zeile, sieht es besser aus, wenn Sie einen hängenden Einzug (für alle Zeilen bis auf die erste) einstellen. Ziehen Sie dazu am entsprechenden Symbol auf dem Lineal (siehe dazu den Abschnitt »Textabschnitte ordentlich ausrichten« auf Seite 94).

4

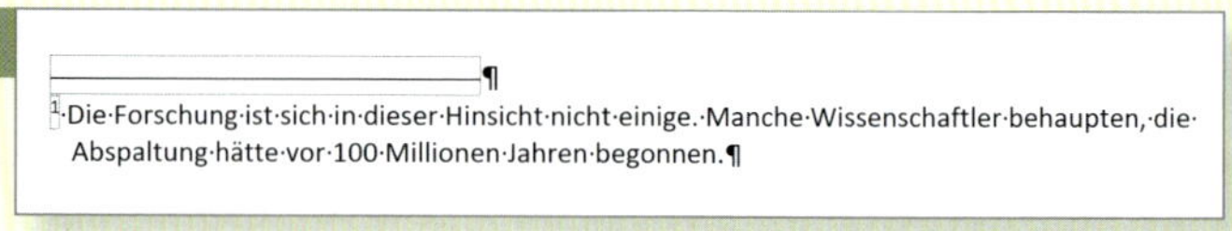

Schritt 5

Um weitere Einstellungen für Fußnoten vorzunehmen, klicken Sie auf der Registerkarte **Referenzen** auf den Pfeil an der Gruppe **Fußnoten** (❶ auf Seite 108). Im Dialog könnten Sie sich z. B. auch für Endnoten (»Fußnoten« am Ende des Dokuments) entscheiden ❷ oder ein anderes Zahlenformat ❸ wählen. Zum Abschluss klicken Sie auf **Einfügen**.

5

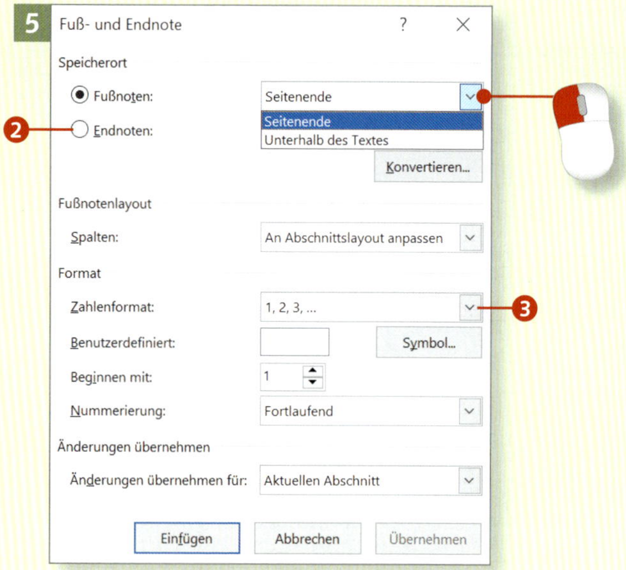

Schritt 6

Sie werden Fußnoten auch leicht wieder los. Markieren Sie das kleine Fußnotenzeichen im Text, und drücken Sie [Entf]. Dadurch wird die gesamte Fußnote gelöscht.

6

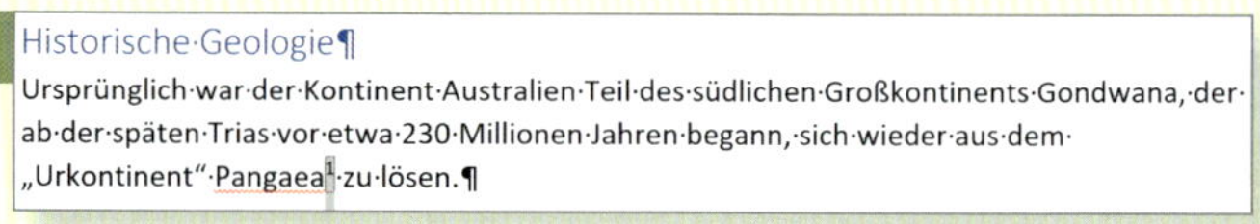

Kopf- und Fußzeilen anlegen und bearbeiten

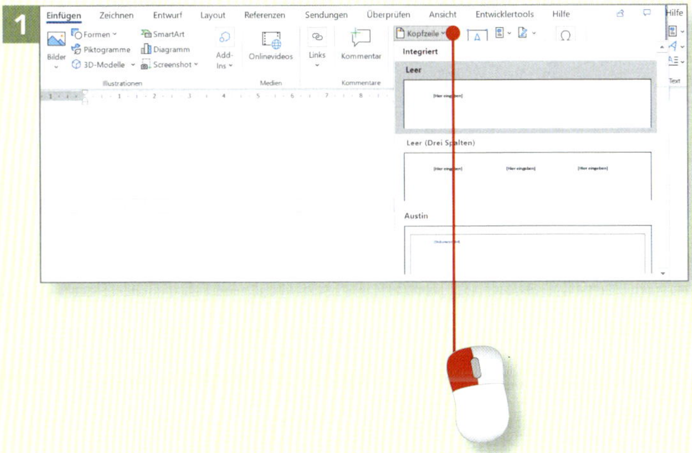

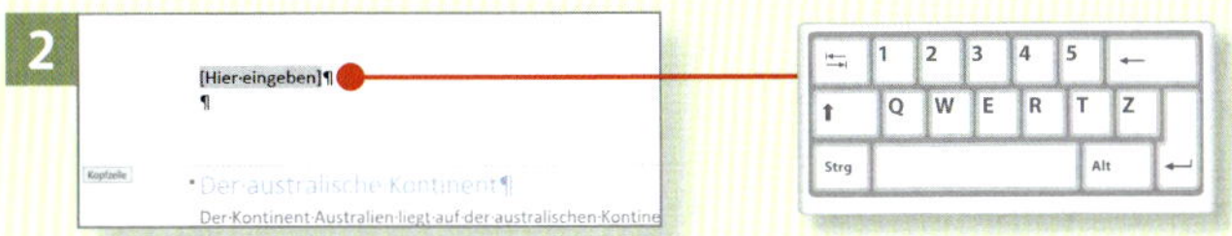

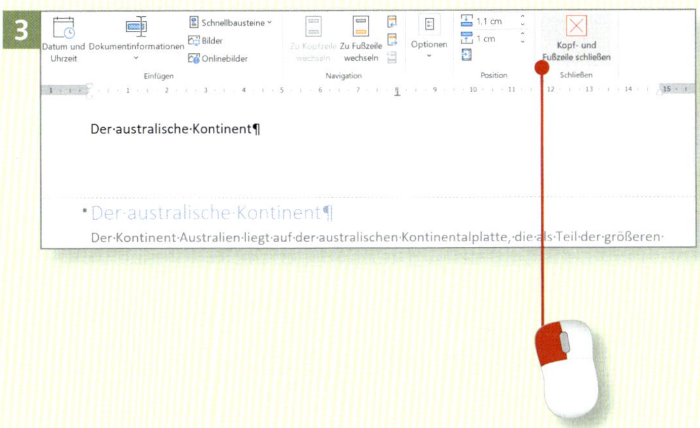

Kopfzeilen und Fußzeilen erscheinen automatisch auf jeder neuen Seite des Dokuments. Sie werden gern für Kapitelüberschriften, Firmennamen, Briefköpfe etc. eingesetzt. Wir beschreiben hier Kopfzeilen; der Umgang mit Fußzeilen ist identisch.

Schritt 1

Aktivieren Sie die Registerkarte **Einfügen**. Hier klicken Sie auf den Pfeil an der Schaltfläche **Kopfzeile**. Um eine Kopfzeile ohne weitere Formatierung einzufügen, wählen Sie **Leer**.

Schritt 2

Daraufhin erscheint oberhalb des Dokuments ein neuer Bereich mit dem Platzhaltertext **[Hier eingeben]**. Geben Sie den Text für die Kopfzeile einfach dort ein.

Schritt 3

Wenn Sie keine weiteren Formatierungen für die Kopfzeile festlegen möchten, war's das schon. Klicken Sie doppelt in den normalen Text oder auf die Schaltfläche **Kopf- und Fußzeile schließen** ganz rechts auf der Registerkarte **Kopf- und Fußzeile**.

Kopfzeilenbereich wieder einblenden

Um die Kopfzeile erneut zu bearbeiten, doppelklicken Sie im Dokument auf den Bereich.

Schritt 4

Sie können den Text einer Kopfzeile aber auch formatieren wie jeden anderen Text. Aktivieren Sie die Registerkarte **Start**, und nehmen Sie die gewünschten Formatierungen vor. Weisen Sie z. B. das Attribut **Fett** ❶ zu, und zentrieren Sie den Text.

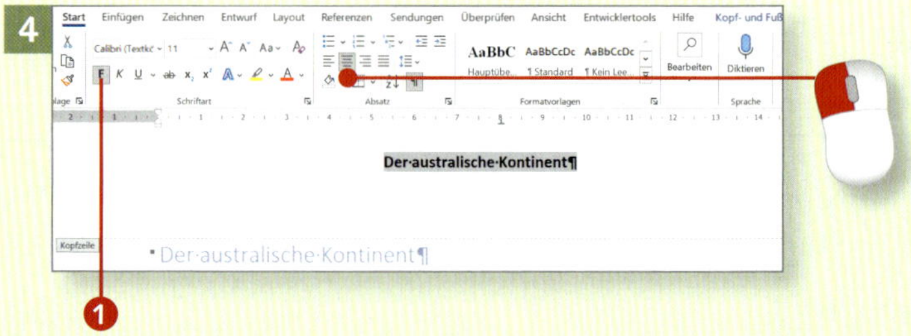

Schritt 5

Solange der Bereich der Kopfzeile geöffnet ist, wird die Registerkarte **Kopf- und Fußzeile** ❷ eingeblendet. Sie finden hier diverse Schaltflächen bzw. Funktionen zur Bearbeitung der Kopfzeile.

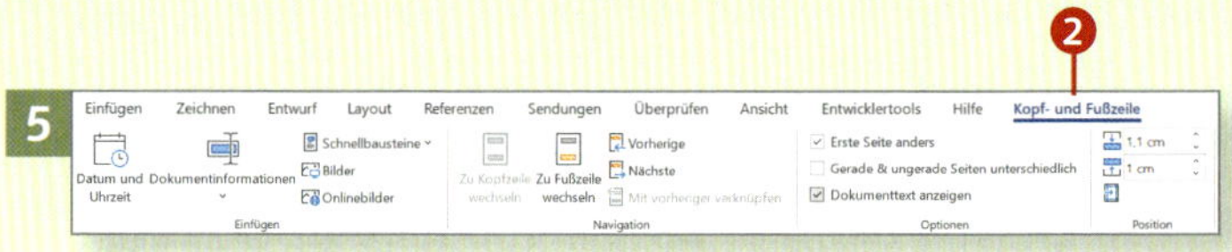

Schritt 6

Wenn Sie z. B. das Datum in die Kopfzeile einfügen möchten, klicken Sie in der Gruppe **Einfügen** auf **Datum und Uhrzeit**. Im Dialog wählen Sie das Format für das Datum aus ❸ und klicken auf **OK**. Setzen Sie das Datum mithilfe der Tab-Taste z. B. nach rechts.

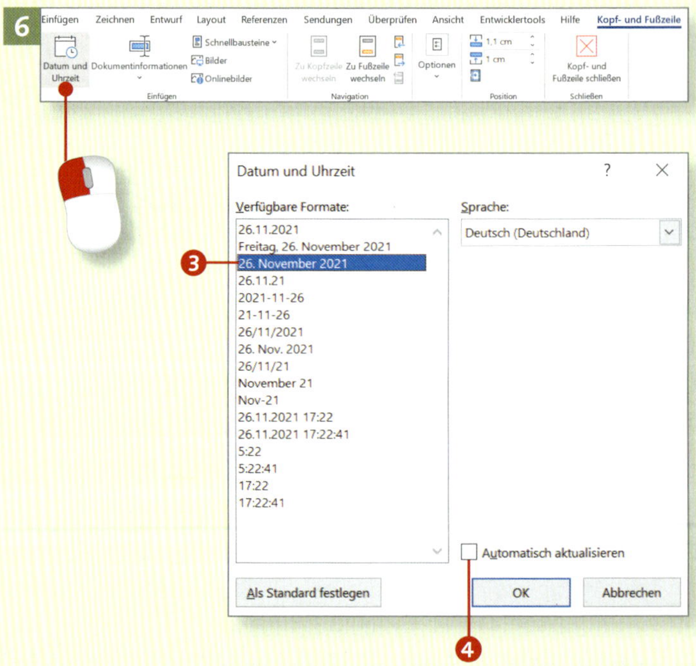

Datum aktualisieren

Wenn Sie im Dialog **Datum und Uhrzeit** die Option **Automatisch aktualisieren** ❹ anhaken, wird das Datum bei jedem Öffnen des Dokuments aktualisiert.

Kopf- und Fußzeilen anlegen und bearbeiten (Forts.)

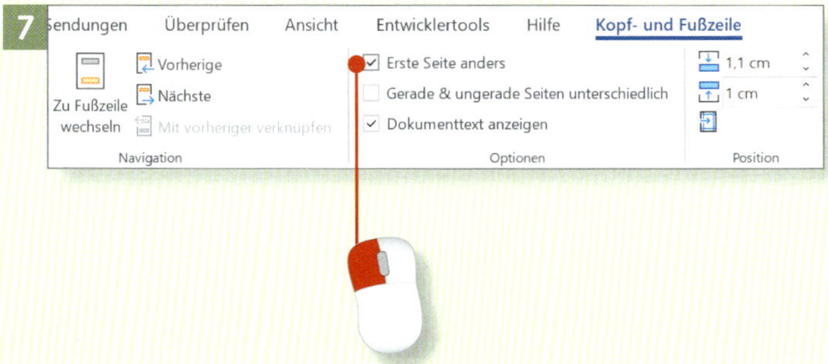

Schritt 7

Oftmals soll auf der ersten Seite des Dokuments die Kopfzeile nicht auftauchen bzw. anders gestaltet sein. Das zu gewährleisten ist ganz einfach: Aktivieren Sie die Option **Erste Seite anders**.

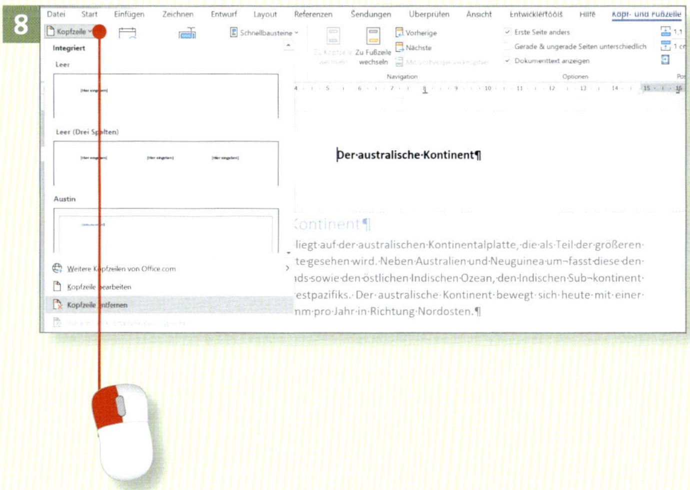

Schritt 8

Sie können Kopfzeilen auch wieder entfernen. Klicken Sie auf der Registerkarte **Einfügen** auf den Pfeil an der Schaltfläche **Kopfzeile**. (Wenn die Kopfzeile geöffnet ist, finden Sie diese Schaltfläche auch ganz links auf der Registerkarte **Kopf- und Fußzeile**.) Im Menü wählen Sie **Kopfzeile entfernen**.

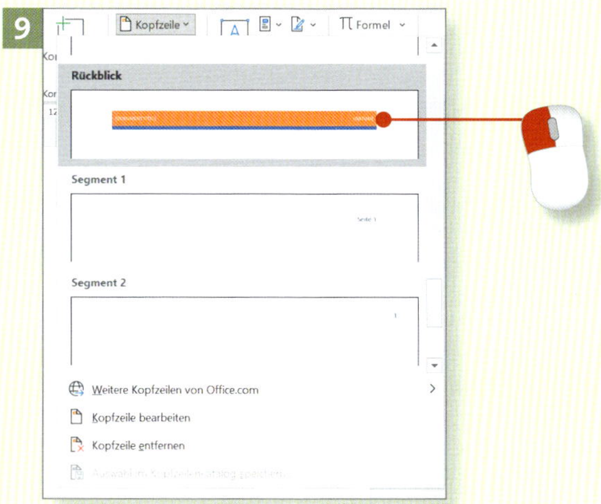

Schritt 9

Wenn Sie es sich bequem machen wollen, fügen Sie eine Kopfzeile mit einem Design ein. Öffnen Sie das Menü der Schaltfläche **Kopfzeile**, und klicken Sie auf eine Vorschau, die Ihnen gefällt.

Von Kopf bis Fuß

Um von der Kopfzeile in die Fußzeile zu springen, klicken Sie auf der Registerkarte **Kopf- und Fußzeile** auf **Zu Fußzeile wechseln**.

Schritt 10

Sie finden im Menü der Schaltfläche **Kopfzeile** auch Kopfzeilen, bei denen zwischen gerader und ungerader Seite unterschieden wird, z. B. **Facette**.

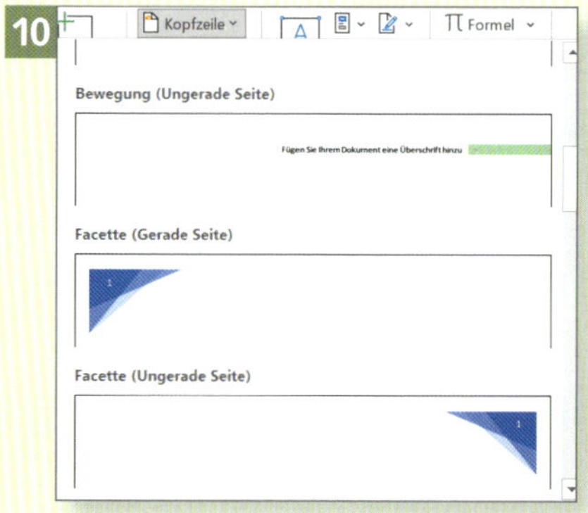

Schritt 11

Fügen Sie auf der ersten Seite die Kopfzeile **Facette (Ungerade Seite)** ein. Aktivieren Sie dann die Option **Gerade & ungerade Seiten unterschiedlich**. Mit den Schaltflächen **Vorherige** und **Nächste** ❶ können Sie zwischen den geraden und ungeraden Kopfzeilen wechseln.

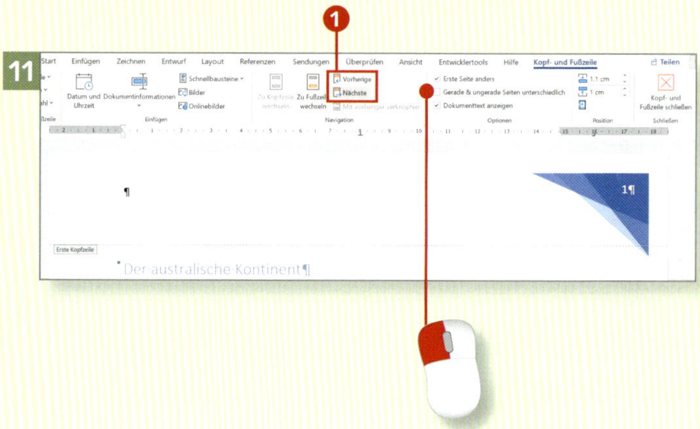

Schritt 12

Springen Sie also zur nächsten Kopfzeile, und klicken Sie auf der Registerkarte **Kopf- und Fußzeile** auf **Kopfzeile**. Aus dem Menü fügen Sie nun das Pendant ein, in unserem Beispiel **Facette (Gerade Seite)**.

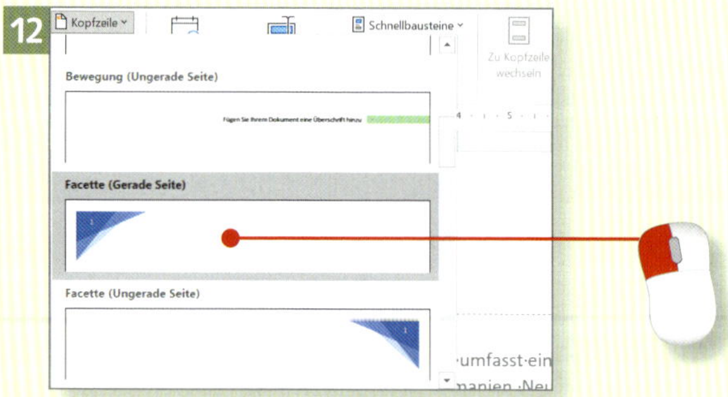

Gerade und ungerade Kopfzeilen
Wenn Sie verschiedene Kopfzeilen nutzen und die Option **Gerade & ungerade Seiten unterschiedlich** deaktivieren, verschwindet die »gerade« Kopfzeile und alle Seiten erhalten die »ungerade« Kopfzeile.

Seitenzahlen einfügen

1

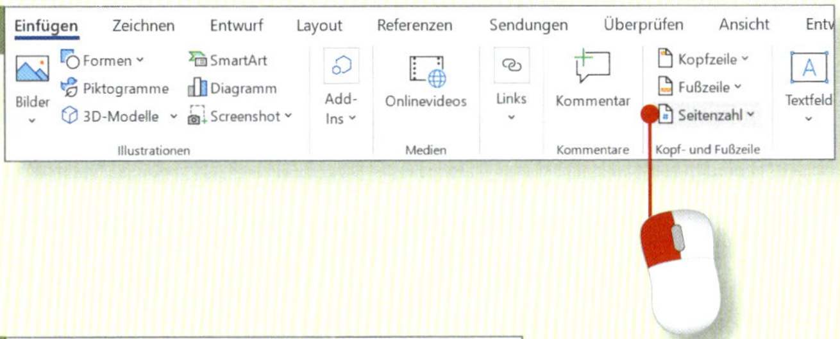

Lange Texte sind mit Seitenzahlen besser zu handhaben, vor allem, wenn sie ausgedruckt werden sollen. Es wäre sehr mühselig, einen Stapel Papier ohne Seitenzahlen wieder zu sortieren, wenn er auf dem Fußboden gelandet ist.

2

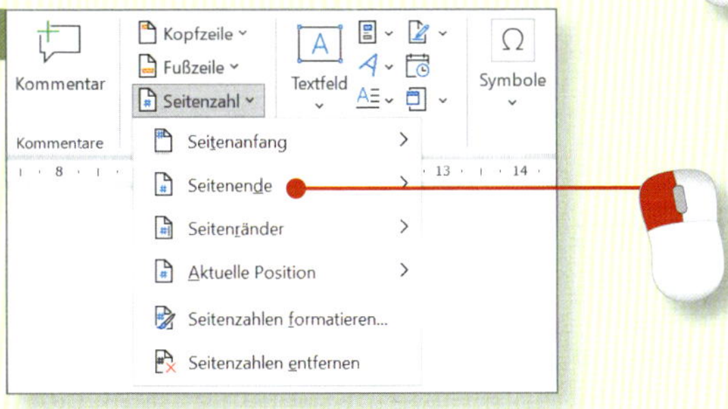

Schritt 1

Mehrseitige Dokumente sollten Seitenzahlen haben. Dafür finden Sie auf der Registerkarte **Einfügen** die Funktion **Seitenzahl**. Klicken Sie auf den Pfeil an der Schaltfläche.

3

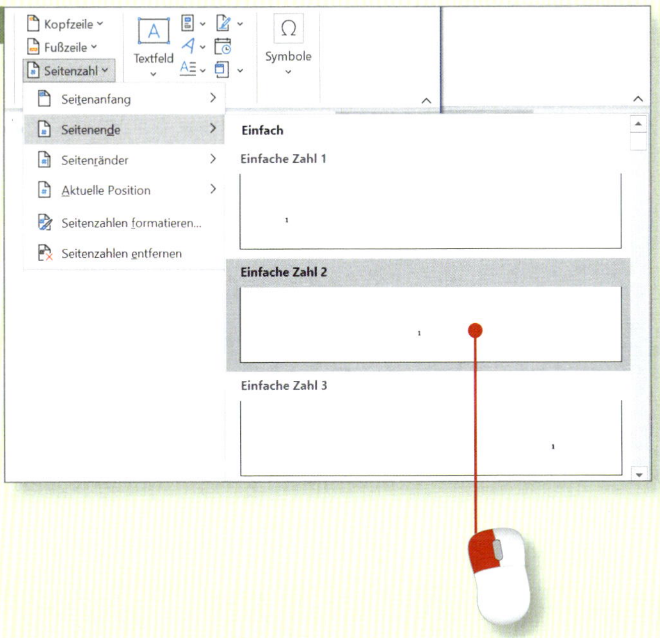

Schritt 2

Im Menü wählen Sie zunächst, wo die Seitenzahlen platziert werden sollen. **Seitenanfang**, **Seitenende** und **Seitenränder** stehen zur Verfügung. In der Regel werden Sie hier **Seitenende** wählen.

Schritt 3

Im Untermenü wandern Sie durch die Auswahl. Neben einer einfachen Zahl stehen Ihnen zahlreiche Formatierungen zur Verfügung. Für eine schlichte Seitenzahl in der Mitte klicken Sie auf **Einfache Zahl 2**.

Schritt 4

Nun erscheint im unteren Bereich des Dokuments der Fußzeilenbereich mit der Seitenzahl ❶.

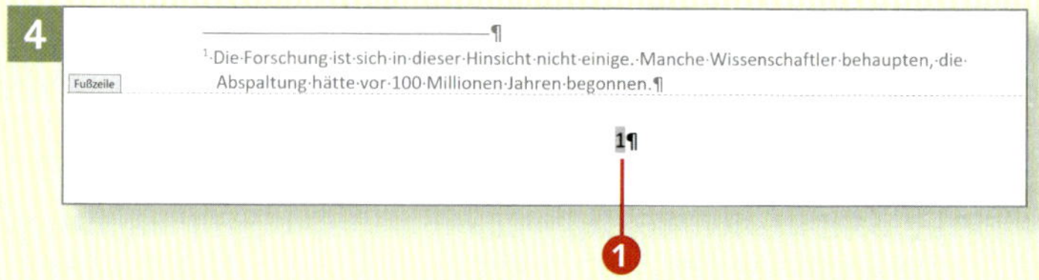

Schritt 5

Sie können aber auch ohne große Mühe für ein anderes Layout sorgen. Wie wäre es z. B. mit einer Linie über der Seitenzahl? Wählen Sie dazu im Auswahlmenü des Eintrags **Seitenende** die Option **Dünne Linie**.

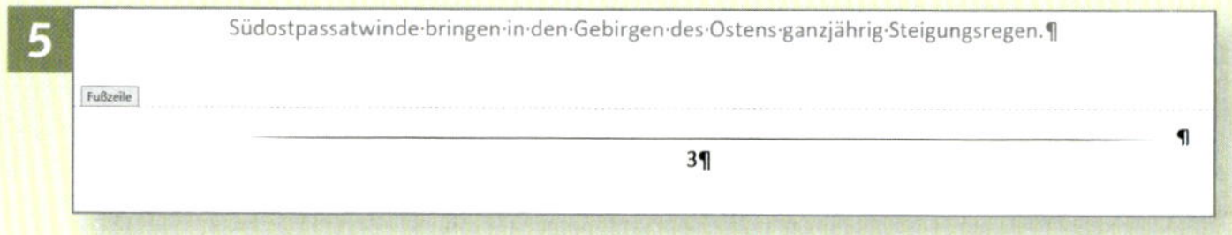

Schritt 6

Um das Format der Seitenzahlen zu ändern, klicken Sie auf **Seitenzahl ▸ Seitenzahlen formatieren** ❷. Der Dialog **Seitenzahlenformat** öffnet sich. Klicken Sie auf den Pfeil am Feld **Zahlenformat**, und wählen Sie eine Option.

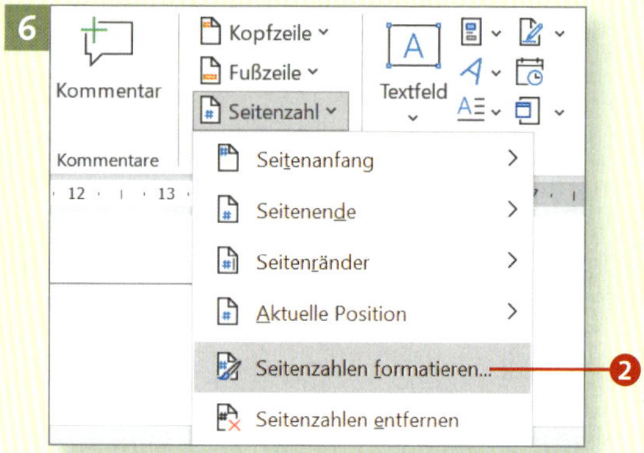

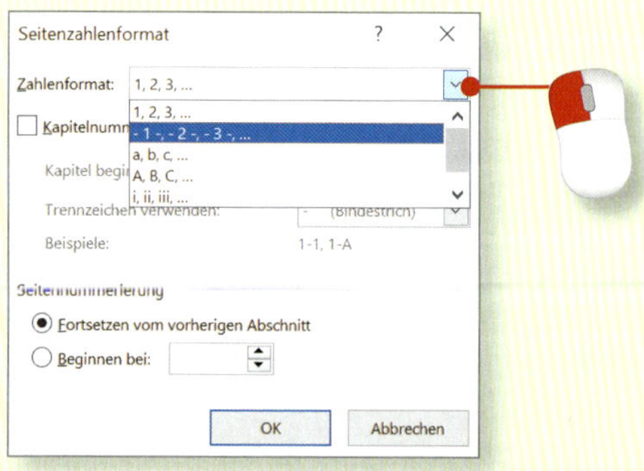

Eine 1 auf der 2. Seite

Um auf der ersten Seite keine Seitenzahl auftauchen zu lassen, aktivieren Sie auf der Registerkarte **Kopf- und Fußzeile** die Option **Erste Seite anders**. Öffnen Sie die Fußzeile der ersten Seite, und wählen Sie **Seitenzahl ▸ Seitenzahlen formatieren**. Geben Sie im Feld **Beginnen bei** des Dialogs **Seitenzahlenformat** »0« ein.

Kopfzeilen für einzelne Kapitel anlegen

1

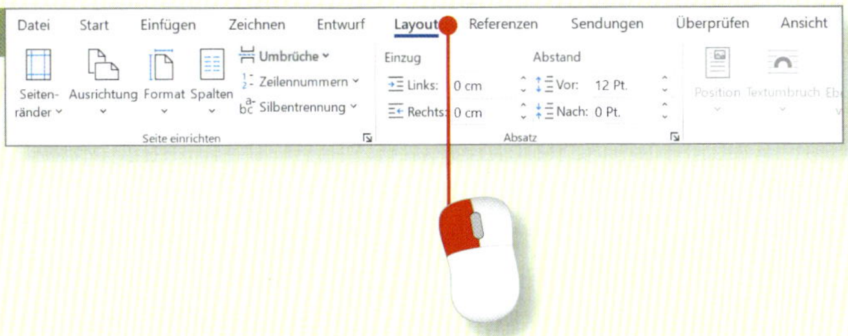

2

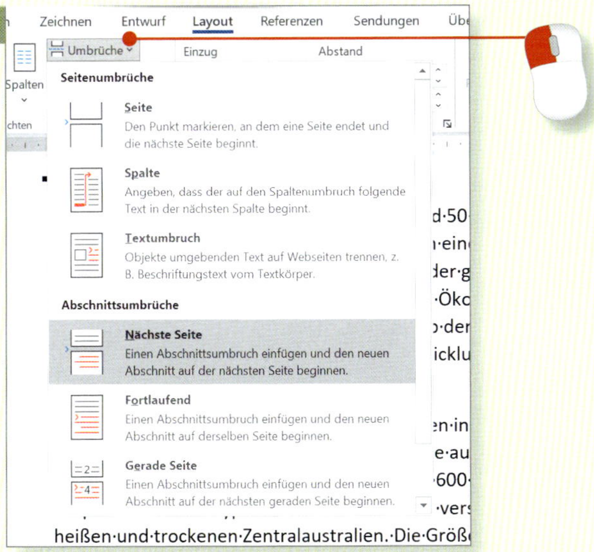

3

Längere Texte enthalten oft Kapitel- oder Zwischenüberschriften. Dann macht es sich gut, wenn Sie keine einheitliche, sondern pro Kapitel eine passende Kopfzeile anlegen.

Schritt 1

Setzen Sie den Cursor an die Stelle, an der Sie eine neue Kopfzeile erstellen möchten, in der Regel also vor eine Überschrift. Wechseln Sie dann zur Registerkarte **Layout**.

Schritt 2

Öffnen Sie das Menü **Umbrüche**, und klicken Sie im Bereich **Abschnittsumbrüche** auf die Option **Nächste Seite**. Fügen Sie auf diese Weise an passenden Stellen weitere Abschnitte in Ihr Dokument ein.

Schritt 3

Gehen Sie an den Anfang des Dokuments, und fügen Sie die erste Kopfzeile ein, wie im Abschnitt »Kopf- und Fußzeilen anlegen und bearbeiten« auf Seite 110 beschrieben.

Schritt 4

Klicken Sie auf der Registerkarte **Kopf- und Fußzeile** auf die Schaltfläche **Nächste**. Sie erkennen an der aktivierten Schaltfläche **Mit vorheriger verknüpfen** ❶ und an der Angabe **Wie vorherige** in der Kopfzeile ❷, dass die Kopfzeile den Inhalt der Kopfzeile von Abschnitt 1 übernimmt.

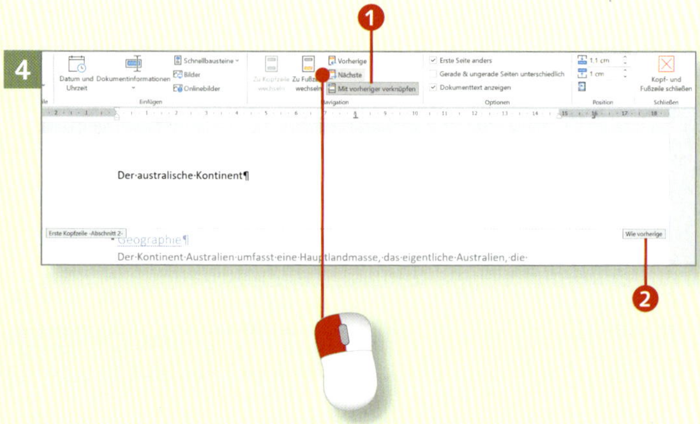

Schritt 5

Klicken Sie auf die Schaltfläche **Mit vorheriger verknüpfen** ❸, um sie zu deaktivieren. Löschen Sie den Text der Kopfzeile, und geben Sie einen zum aktuellen Abschnitt passenden Text ein.

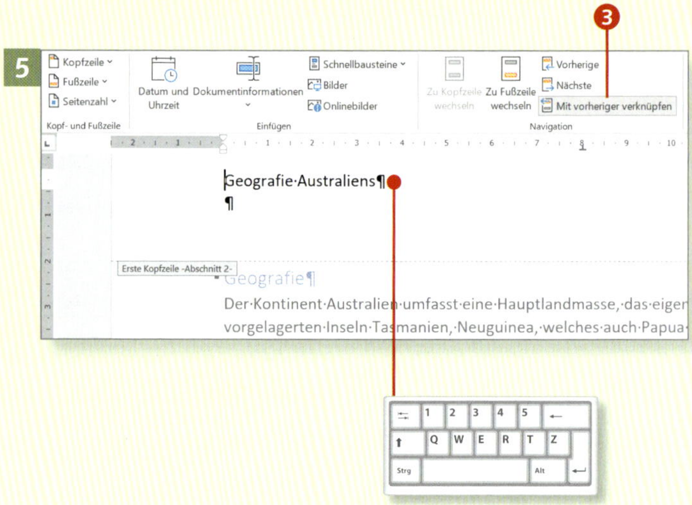

Schritt 6

Auf diese Weise gehen Sie Abschnitt für Abschnitt durch Ihr Dokument. Wenn ein Abschnitt doch den Inhalt der vorherigen Kopfzeile übernehmen soll, klicken Sie in den Kopfzeilenbereich dieses Abschnitts und aktivieren erneut die Schaltfläche **Mit vorheriger verknüpfen**. Im Nachfragedialog klicken Sie auf **Ja**.

Mit Formatvorlagen arbeiten

Eine praktische Sache: Formatvorlagen bündeln diverse Formatierungen in Vorlagen, die Sie Absätzen einfach per Mausklick zuweisen können.

1

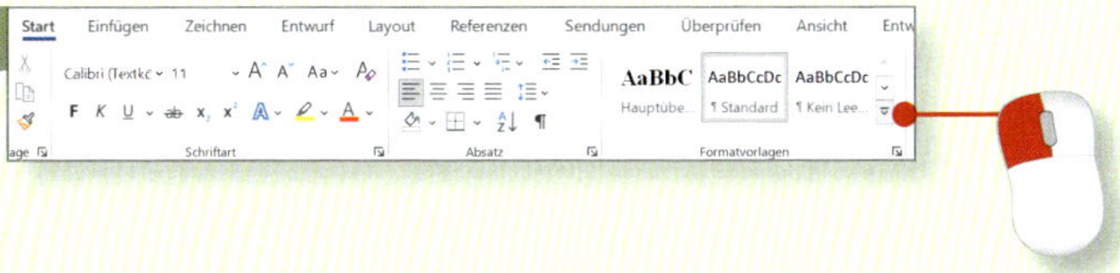

Schritt 1

Um eine Formatvorlage zuzuweisen, setzen Sie den Cursor in den entsprechenden Absatz und klicken auf der Registerkarte **Start** auf den untersten Pfeil des Auswahlbereichs **Formatvorlagen**.

2

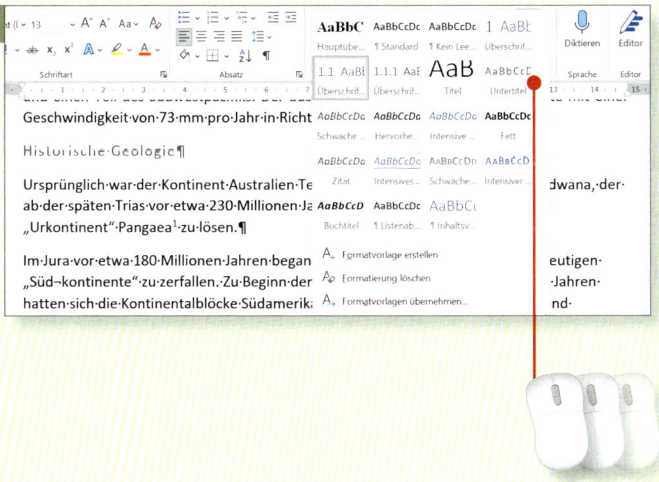

Schritt 2

Im Menü sehen Sie eine Auswahl der Formatvorlagen, die *Schnellformatvorlagen*. Fahren Sie mit der Maus über die Bezeichnungen, dann sehen Sie die Auswirkungen direkt im Text. Klicken Sie auf eine Vorlage, um sie zu übernehmen.

3

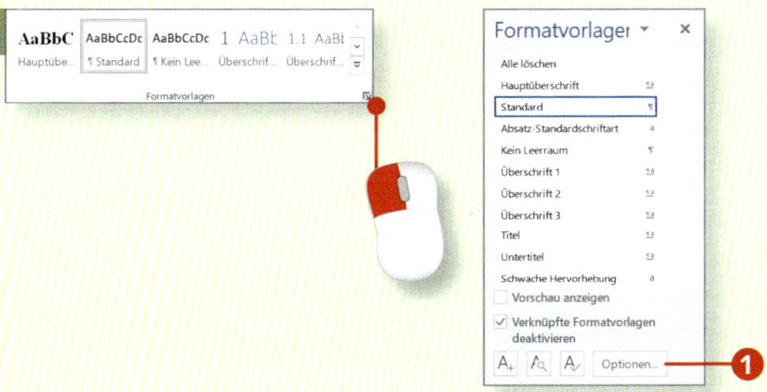

Schritt 3

Um eine Auswahl der Formatvorlagen als Liste zu erhalten und zu weiteren Optionen zu gelangen, klicken Sie auf den Pfeil an der Befehlsgruppe **Formatvorlagen**. Daraufhin wird der Aufgabenbereich **Formatvorlagen** eingeblendet.

Die angezeigten Formatvorlagen

Wenn Sie an einem Dokument arbeiten, in dem Sie nur bestimmte Formatvorlagen verwenden möchten, ist es sinnvoll, im Feld **Anzuzeigende Formatvorlagen wählen** (siehe Schritt 4) die Einstellung **Verwendet** zu wählen.

Schritt 4

Um alle vorhandenen Formatvorlagen zu sehen, klicken Sie ganz unten auf den Link **Optionen** ❶. Im Dialog wählen Sie im Feld **Anzuzeigende Formatvorlagen auswählen** die Option **Alle Formatvorlagen** und bestätigen mit **OK**.

4
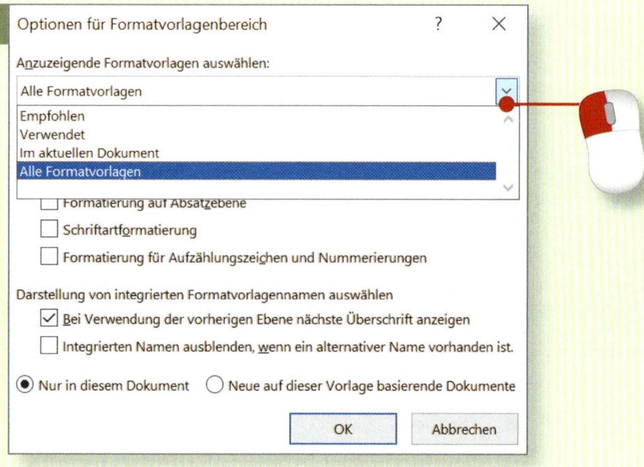

Schritt 5

Wenn Sie mit der Maus auf eine der Formatvorlagen im Aufgabenbereich zeigen (nicht klicken!), werden die Formatierungseinstellungen eingeblendet.

5
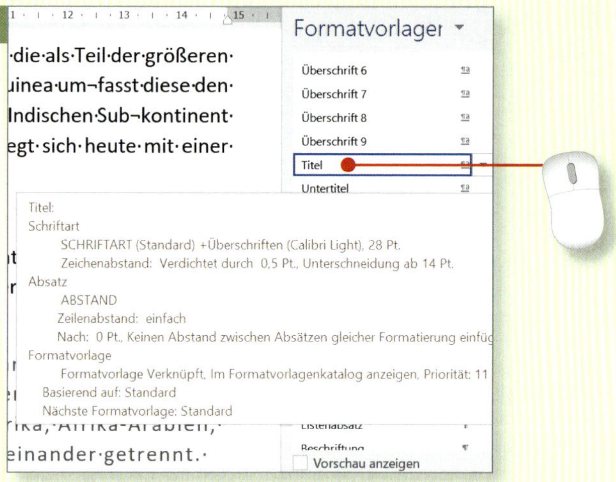

Schritt 6

Um sich die Formatierung eines Absatzes anzeigen zu lassen, sodass Sie sehen, welche Formatierungen zusätzlich zu den Formatvorlagen vergeben sind, bietet sich der *Formatinspektor* an. Sie rufen ihn über die gleichnamige Schaltfläche im Aufgabenbereich **Formatvorlagen** auf.

6
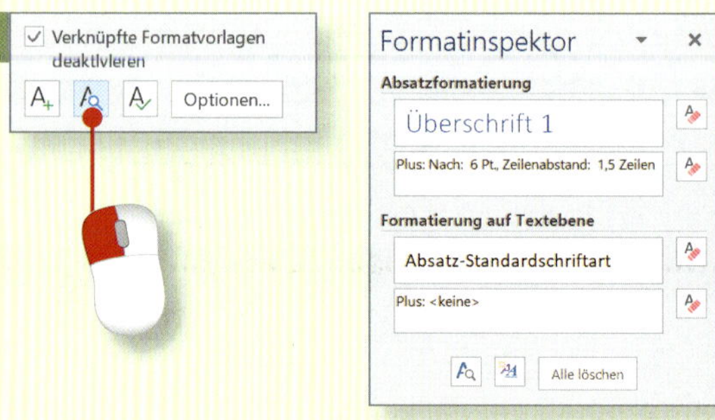

Vorteile der Formatvorlagen

Insbesondere bei längeren Dokumenten sind Formatvorlagen nützlich, weil Sie wiederkehrende Formatierungen einfach mit einem Mausklick zuweisen können.

Vorhandene Formatvorlagen ändern

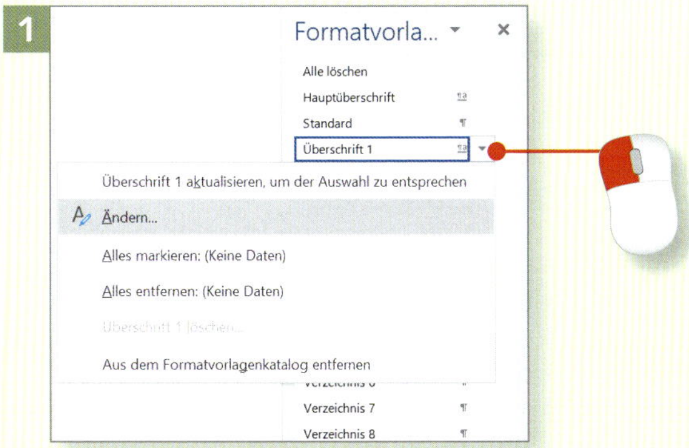

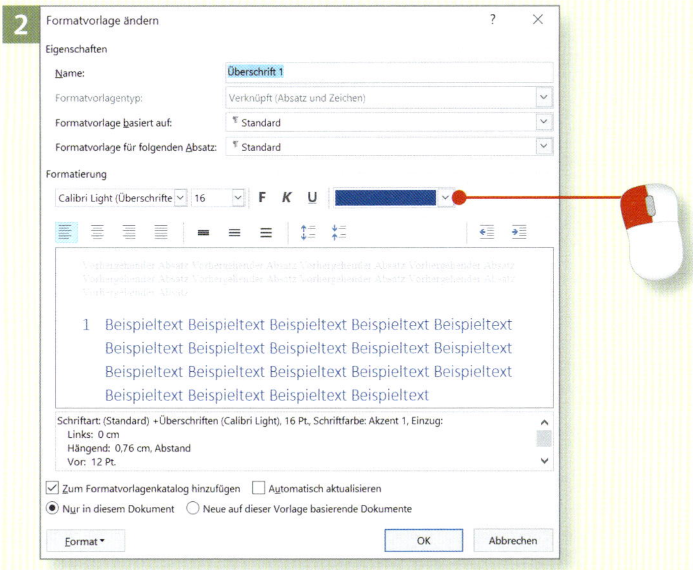

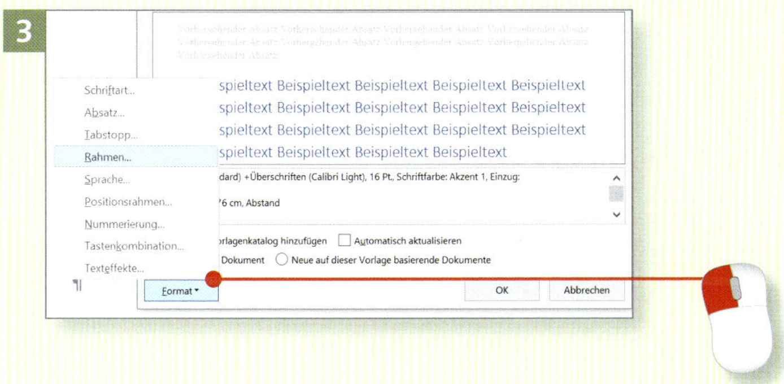

Wenn Sie mit den Eigenschaften einer Vorlage nicht vollkommen zufrieden sind, können Sie sie auch verändern und an Ihre Vorstellungen anpassen. Wir zeigen Ihnen, wie das geht.

Schritt 1

Öffnen Sie den Aufgabenbereich, indem Sie auf den Pfeil an der Gruppe **Formatvorlagen** klicken (siehe Seite 118). In der Liste klicken Sie auf den Pfeil rechts an der Vorlage, die Sie ändern möchten (z. B. **Überschrift 1**). Im Menü wählen Sie **Ändern**.

Schritt 2

Der Dialog **Formatvorlage ändern** öffnet sich. Einige Formatierungseinstellungen können Sie unmittelbar im Dialog ändern, z. B. Schriftgröße und/oder Farbe.

Schritt 3

Für andere Einstellungen, z. B. einen Rahmen, klicken Sie unten im Dialogfenster **Formatvorlage ändern** auf **Format** und wählen im Menü **Rahmen**. Dies öffnet den Dialog **Rahmen und Schattierung**, wo Sie alle Einstellungen für einen Rahmen vornehmen können.

Schritt 4

Wenn Sie dafür sorgen möchten, dass die (geänderte) Formatvorlage in der Gruppe **Schnellformatvorlagen** auf der Registerkarte **Start** auftaucht, aktivieren Sie die Option **Zum Formatvorlagenkatalog hinzufügen**.

4

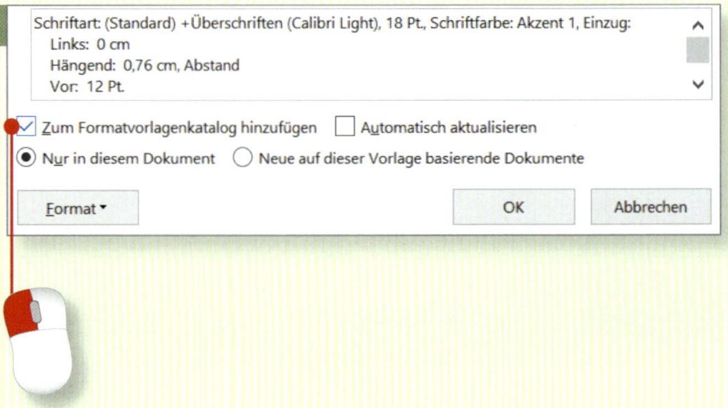

Schritt 5

Sollen die Veränderungen an der Formatvorlage nur im aktuellen Dokument gelten, aktivieren Sie die Option **Nur in diesem Dokument**. In neuen Dokumenten hat die Formatvorlage dann wieder die Standardeinstellungen (gemäß der Dokumentvorlage).

5

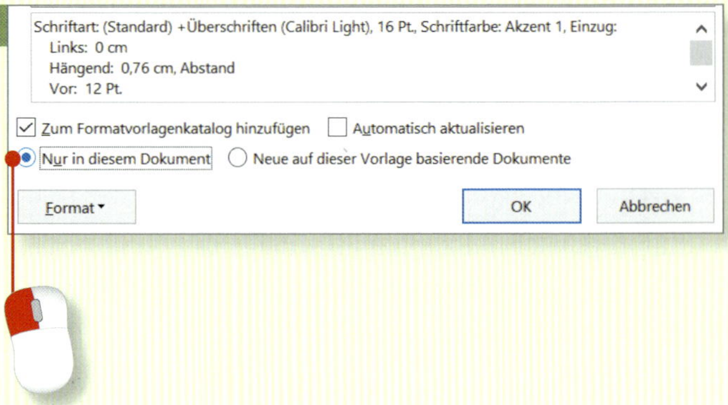

Schritt 6

Achten Sie auch auf das Feld **Formatvorlage für folgenden Absatz**. Hier stellen Sie ein, in welcher Formatvorlage Sie nach dem Drücken der [↵]-Taste weiterschreiben.

6

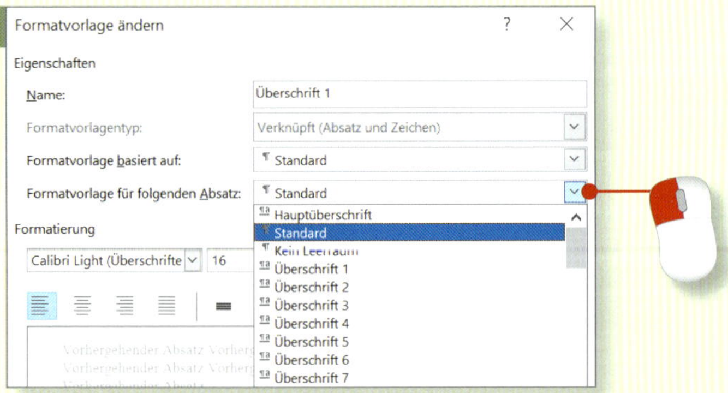

Vorlage für folgenden Absatz

Die Einstellung **Formatvorlage für folgenden Absatz** ist sehr wichtig. Es wäre lästig, wenn Sie nach dem Drücken von [↵] erst immer zur gewünschten Formatvorlage wechseln müssten.

Eigene Dokumentvorlagen erstellen

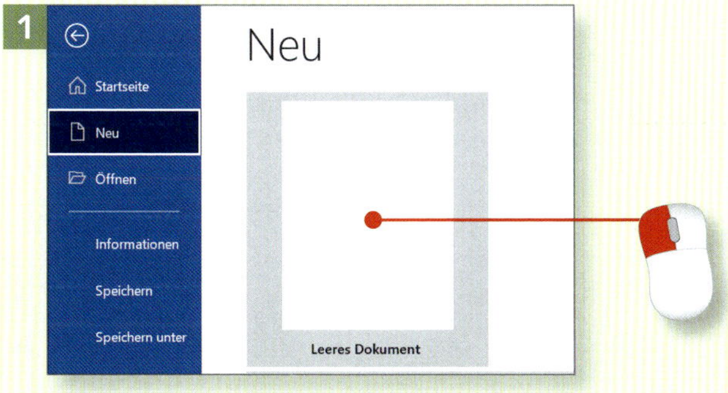

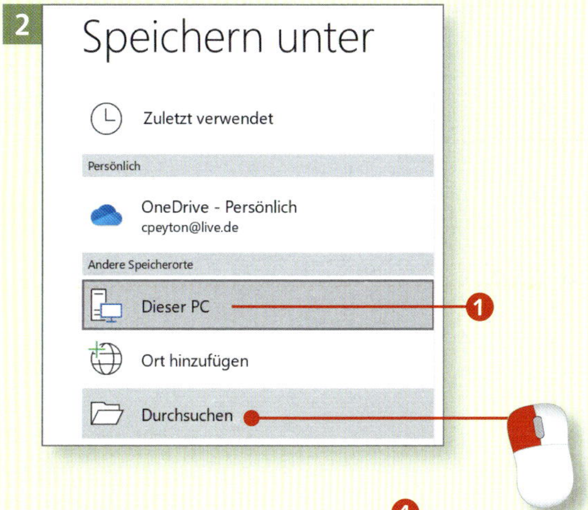

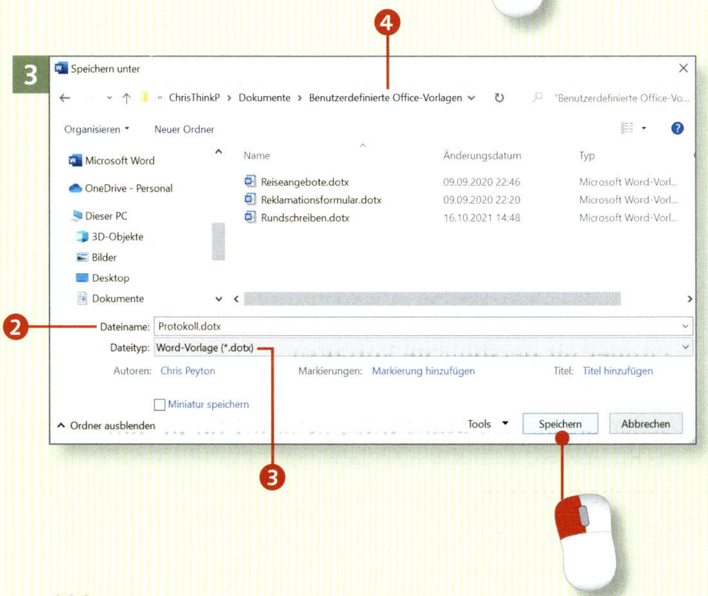

Eine Dokumentvorlage enthält alle Einstellungen, die Sie benötigen: Seitenlayout, Formatierungen, Formatvorlagen etc. Wir beschreiben hier ihre Erstellung.

Schritt 1

Für ein Protokoll der wöchentlichen Teamsitzung sparen Sie sich mit einer Dokumentvorlage viel Arbeit. Beginnen Sie damit, das Grundgerüst Ihrer Vorlage wie eine normale Datei zu erstellen. Klicken Sie dazu auf **Datei ▸ Neu** und in der Auswahl auf **Leeres Dokument**.

Schritt 2

Nun speichern Sie das Dokument als Dokumentvorlage ab. Klicken Sie auf **Datei ▸ Speichern unter**, und markieren Sie **Dieser PC** ❶. Dann klicken Sie auf **Durchsuchen**.

Schritt 3

Geben Sie der Vorlage im Dialog **Speichern unter** einen Namen ❷. Klicken Sie dann auf den Pfeil am Feld **Dateityp**, und markieren Sie in der Liste **Word Vorlage mit Makros (*.dotm)** bzw. **Word-Vorlage** ❸. Der Ordner für **Benutzerdefinierte Office-Vorlagen** wird geöffnet ❹. Klicken Sie dann auf **Speichern**.

Schritt 4

Nehmen Sie die Einstellungen für Ihre neue Dokumentvorlage vor. Sie können z. B. Texte und Formatierungen einbinden. All diese Eigenschaften sind später in den Dokumenten, die auf dieser Dokumentvorlage basieren, bereits vorhanden.

4

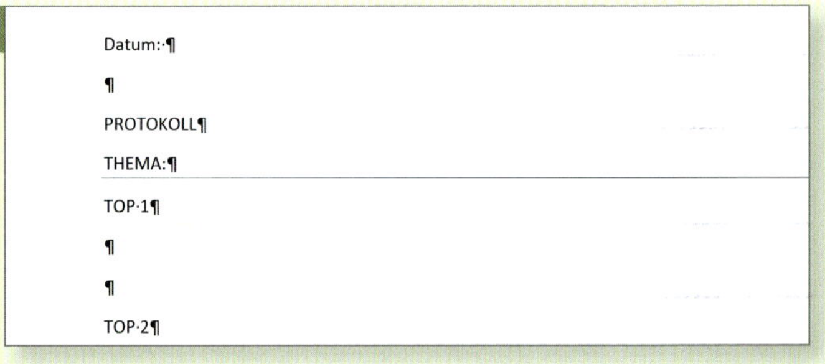

Schritt 5

Gönnen Sie der Vorlage z. B. auch eine Kopfzeile. Klicken Sie dazu auf der Registerkarte **Einfügen** auf die Schaltfläche **Kopfzeile**, und wählen Sie im Untermenü ein Layout, z. B. **Bewegung** (wie im Beispiel).

5

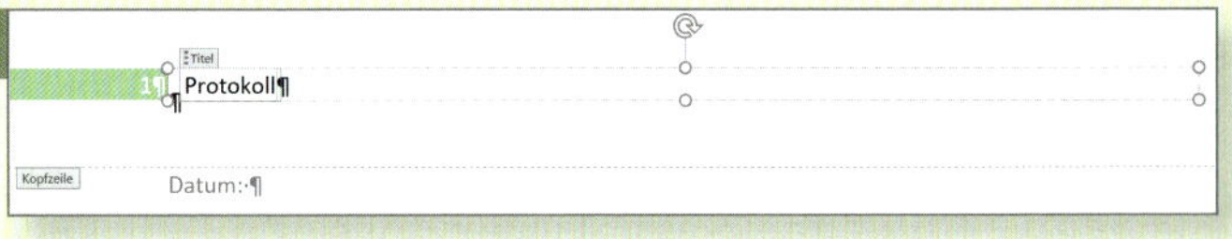

Schritt 6

Wenn Sie alle Einstellungen für die Dokumentvorlage vorgenommen haben und zufrieden sind, speichern Sie sie ab, indem Sie oben links auf das **Speichern**-Symbol klicken. Aber denken Sie daran, Elemente zu löschen, die in späteren Dokumenten nicht zu sehen sein sollen.

6

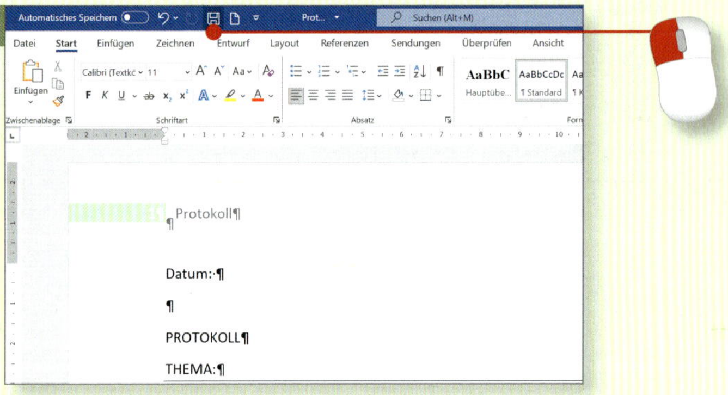

Ordner für persönliche Vorlagen

In der Kategorie **Speichern** der Word-Optionen sehen Sie im Feld **Standardspeicherort für persönliche Vorlagen**, wo benutzerdefinierte Vorlagen gespeichert werden.

Eigene Dokumentvorlagen aufrufen

1

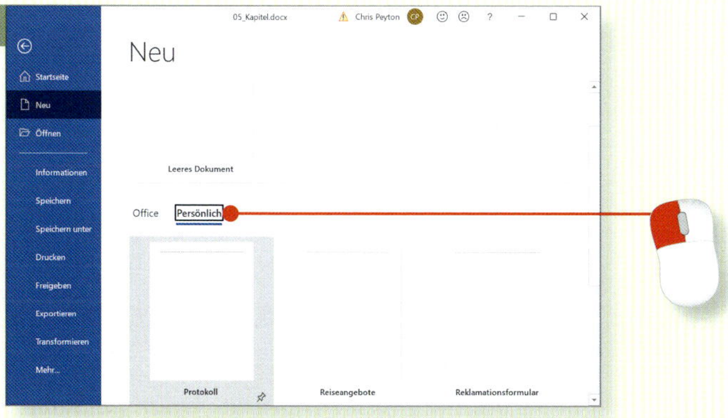

2

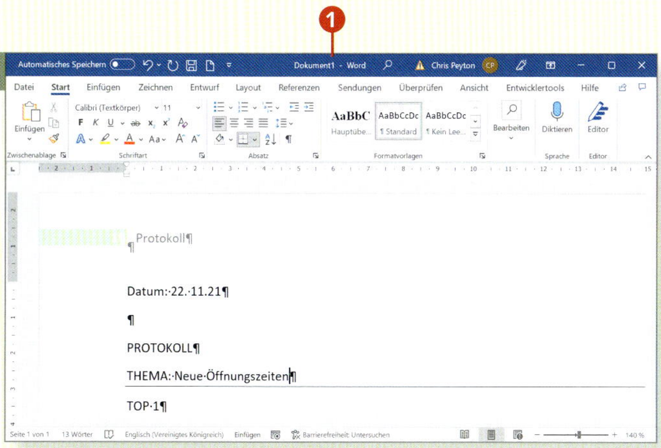

3

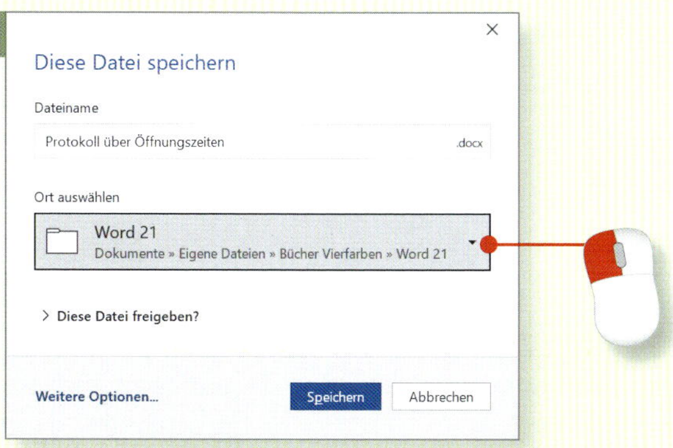

Nachdem Sie nun – wie im vorangegangenen Abschnitt beschrieben – eine Dokumentvorlage für das Protokoll einer Teamsitzung erstellt haben, können Sie sie schnell einsetzen.

Schritt 1

Eigene Dokumentvorlagen finden Sie, wie auch die Vorlagen von Microsoft, unter **Datei ▸ Neu**. Im Fenster **Neu** klicken Sie auf den Link **Persönlich**. Per Klick rufen Sie die Vorlage auf.

Schritt 2

Word legt ein neues Dokument auf Basis der Dokumentvorlage an. Sie sehen das in der Titelleiste **1**. Das Dokument ist mit den Elementen der Vorlage gefüllt. Sie können es nun für neue Eingaben verwenden.

Schritt 3

Sie speichern das Protokoll wie jedes andere Dokument; klicken Sie also auf **Datei ▸ Speichern unter** oder einfach auf **Speichern** in der Symbolleiste für den Schnellzugriff. Dies öffnet das Fenster **Diese Datei speichern**. Geben Sie im Dialog einen Dateinamen ein, und legen Sie über den Pfeil am Feld **Ort auswählen** den Speicherort fest.

Schritt 4

Um eine vorhandene Dokumentvorlage zu bearbeiten, müssen Sie sie öffnen. Wählen Sie im Dialog **Öffnen** den Ordner, in dem Sie Ihre Vorlagen abgelegt haben, normalerweise **Dieser PC ▸ Dokumente ▸ Benutzerdefinierte Office-Vorlagen**.

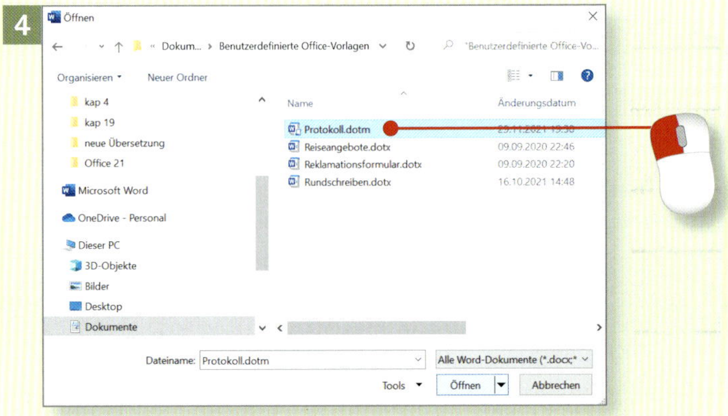

Schritt 5

Da die Dateiendungen standardmäßig nicht angezeigt werden, gehen Sie auf Nummer sicher und wählen in der Auswahlliste neben dem Feld **Dateiname** den Eintrag **Word-Vorlagen mit Makros**. Mit dieser Einstellung werden normale Word-Dokumente nicht angezeigt, sondern nur die Word-Vorlagen.

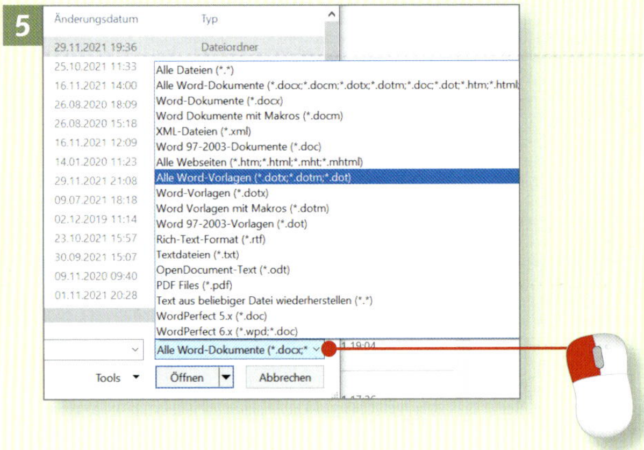

Schritt 6

Markieren Sie nun die gewünschte Dokumentvorlage ❷, und klicken Sie auf **Öffnen**. Anschließend können Sie die Vorlage ändern und bearbeiten. Vergessen Sie das Speichern nicht! Alle neuen Dokumente auf Basis dieser Vorlage werden das neue Aussehen annehmen.

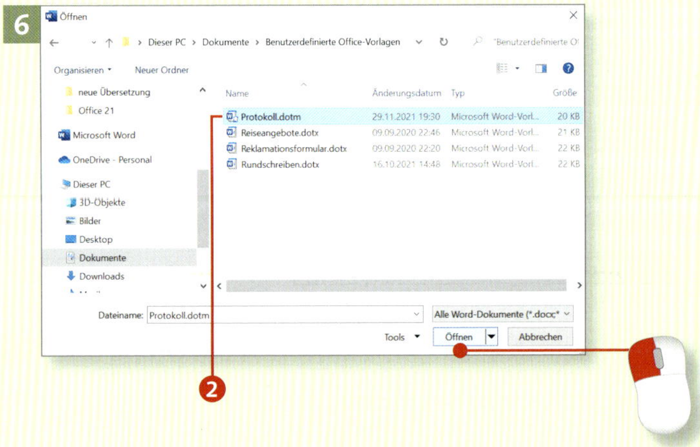

Arbeit im Team – Kommentare

Teamwork wird überall großgeschrieben! Word geht mit diesem Trend und bietet zahlreiche Möglichkeiten der Zusammenarbeit.

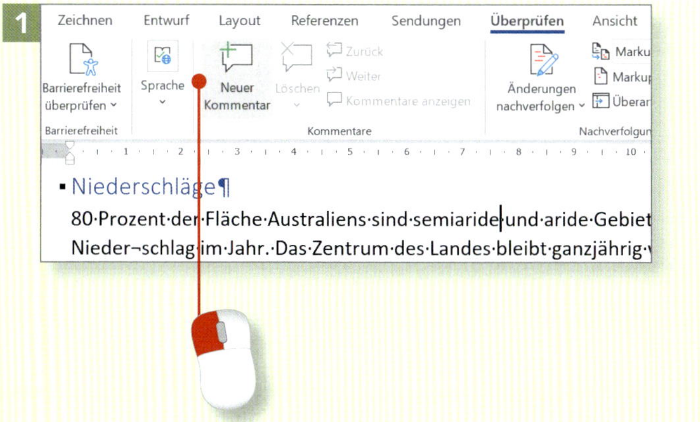

Schritt 1

Um einen Text mit einem Kommentar zu versehen, aktivieren Sie die Registerkarte **Überprüfen**. Setzen Sie den Cursor vor das Textstückchen, das Sie kommentieren möchten, und klicken Sie auf **Neuer Kommentar**.

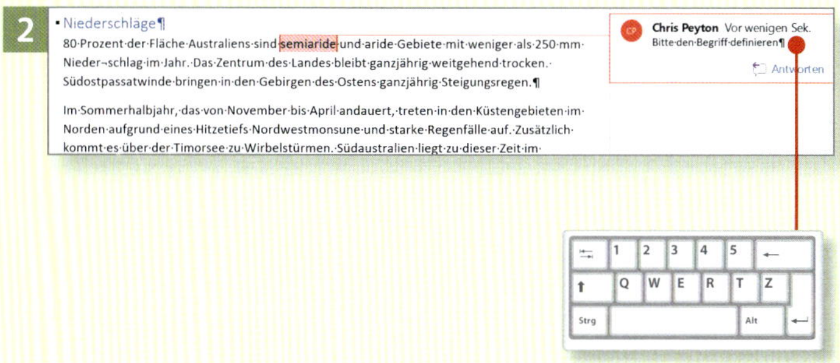

Schritt 2

Am rechten Rand des Dokuments wird in der Ansicht **Drucklayout** eine Art »Sprechblase« eingeblendet. In die Sprechblase schreiben Sie Ihren Kommentar, z. B. einen Änderungsvorschlag.

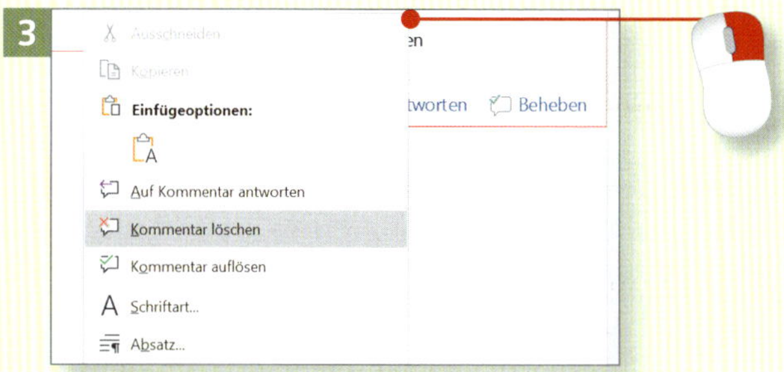

Schritt 3

Wenn Sie einen Kommentar entfernen möchten, klicken Sie mit der rechten Maustaste in die Sprechblase und wählen den Befehl **Kommentar löschen**. Alternativ dazu finden Sie auf der Registerkarte **Überprüfen** die Schaltfläche **Löschen**.

Nur Text in den Kommentaren

Um die Platzhalter der Bildchen in den Kommentaren zu entfernen, klicken Sie mit der rechten Maustaste in einen Kommentar und wählen den Eintrag **Bilder nach Kommentaren ausblenden**.

Schritt 4

Um alle Kommentare in einem Rutsch aus dem Dokument zu entfernen, klicken Sie auf den Pfeil an der Schaltfläche **Löschen** und dann auf **Alle Kommentare im Dokument löschen**.

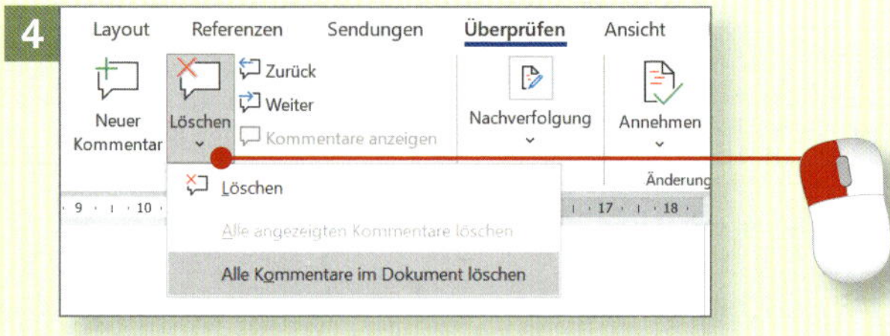

Schritt 5

Sie können im Dokument auch von einem Kommentar zum nächsten springen. Dazu setzen Sie den Cursor in die erste Sprechblase und klicken auf **Weiter**.

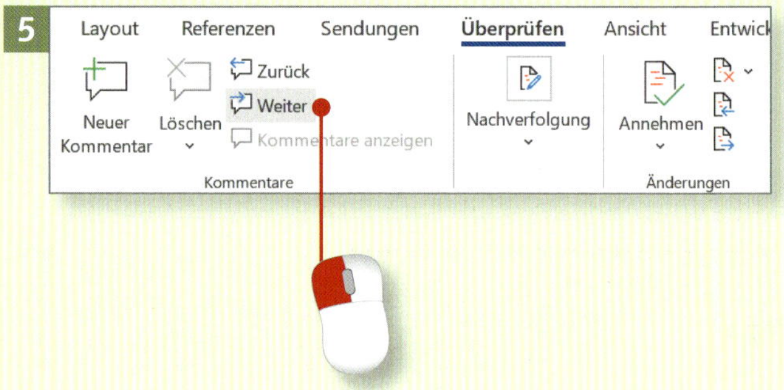

Schritt 6

Kommentare können Sie sich auch der Reihe nach im Überarbeitungsbereich anzeigen lassen. Sie blenden diesen Bereich über das Menü der Schaltfläche **Überarbeitungsbereich** ein und schließen ihn wieder mit einem Klick auf das Schließkreuz ❶.

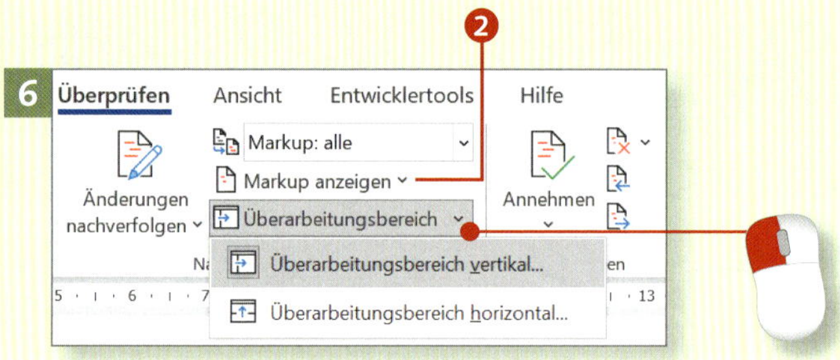

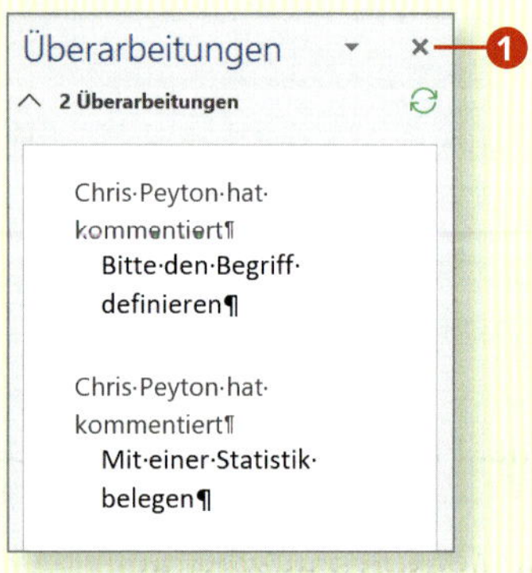

Anzeige von Änderungen

Wie Änderungen im Dokument angezeigt werden, können Sie auf der Registerkarte **Überprüfen** über **Markup anzeigen** ❷ ▸ **Sprechblasen** festlegen.

Kommentare kommentieren

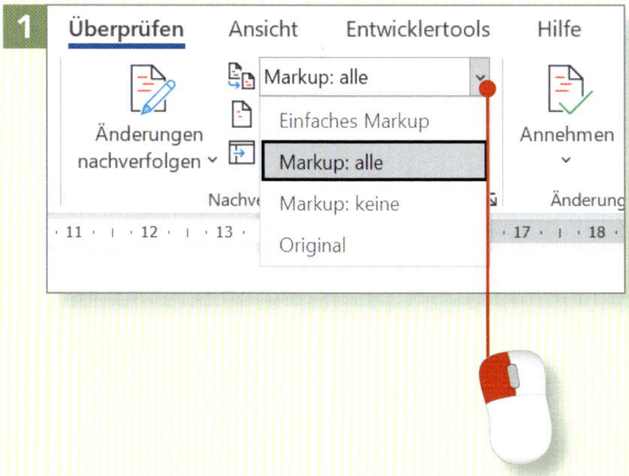

Kommentare können oft nicht unkommentiert bleiben! Sie dürfen antworten und »Ihren Senf« dazugeben.

Schritt 1

Zunächst müssen Sie die Kommentare, die einem Dokument hinzugefügt wurden, sichtbar machen. Klicken Sie dazu auf der Registerkarte **Überprüfen** auf den Pfeil am Feld **Anzeige zur Überarbeitung**, und wählen Sie im Menü **Markup: alle**.

Schritt 2

Klicken Sie in die Sprechblase des Kommentars, den Sie kommentieren möchten und dann auf **Antworten**. Alternativ drücken Sie die rechte Maustaste und wählen im Kontextmenü **Auf Kommentar antworten**.

Schritt 3

Nun erscheint etwas eingerückt unter dem ursprünglichen Kommentar eine neue Zeile in der Sprechblase, in der Sie Ihrerseits einen Kommentar eingeben können.

Schritt 4

Um schnell zu erkennen, welche Kommentare Sie bereits bearbeitet haben, können Sie sie anders darstellen. Dazu setzen Sie den Cursor in den entsprechenden Kommentar und klicken auf **Beheben**.

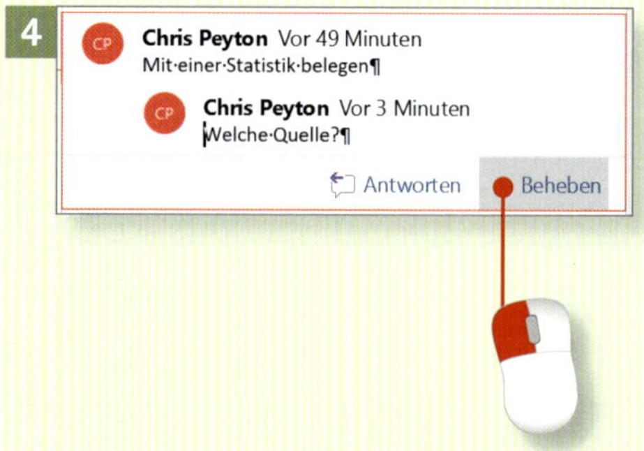

Schritt 5

Wurde ein Kommentar als »behoben« gekennzeichnet, wird der Text des Kommentars ausgegraut und nur noch blass dargestellt, ist aber noch zu lesen.

Schritt 6

Um sich einen aufgelösten Kommentar erneut »normal« anzeigen zu lassen, klicken Sie in die Sprechblase und dann auf das Symbol **Erneut öffnen**.

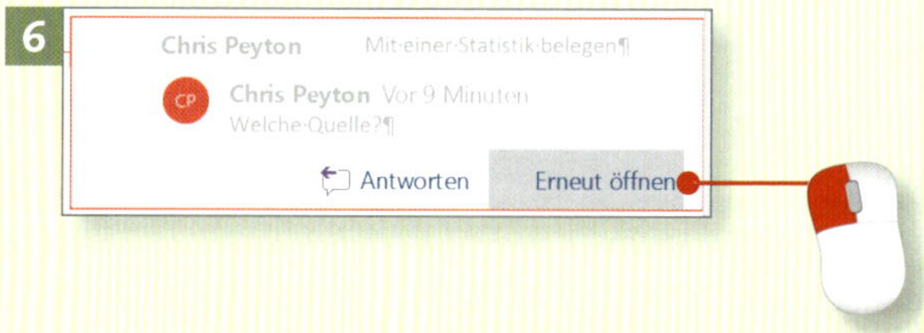

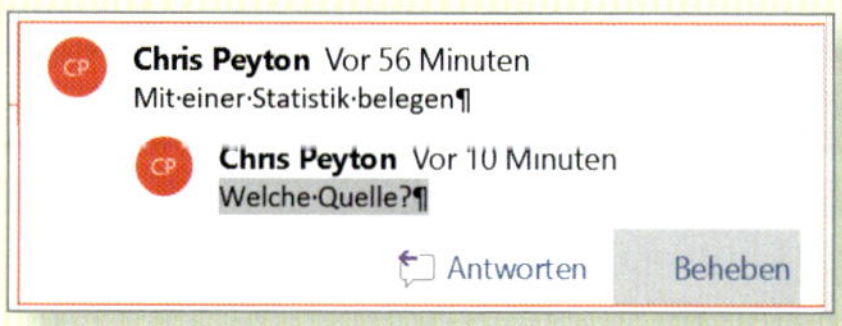

Hierarchie der Kommentare

Wenn Sie einen Kommentar als »behoben« kennzeichnen, werden alle Antworten ebenfalls als »behoben« markiert.

Text sichtbar korrigieren

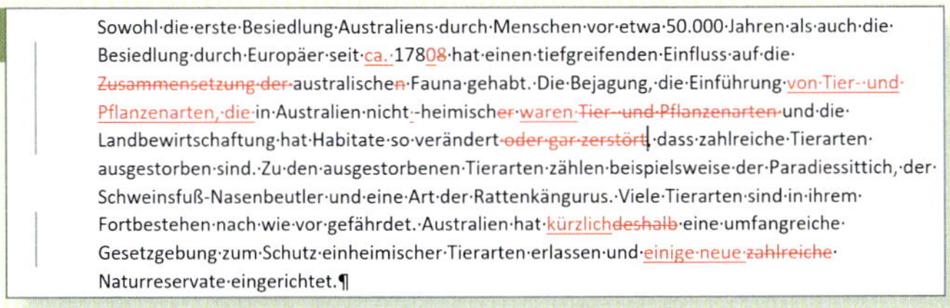
Sowohl die erste Besiedlung Australiens durch Menschen vor etwa 50.000 Jahren als auch die Besiedlung durch Europäer seit ca. 17808 hat einen tiefgreifenden Einfluss auf die ~~Zusammensetzung der~~ australischen Fauna gehabt. Die Bejagung, die Einführung von Tier- und Pflanzenarten, die in Australien nicht -heimischer waren ~~Tier- und Pflanzenarten~~ und die Landbewirtschaftung hat Habitate so verändert ~~oder gar zerstört~~, dass zahlreiche Tierarten ausgestorben sind. Zu den ausgestorbenen Tierarten zählen beispielsweise der Paradiessittich, der Schweinsfuß-Nasenbeutler und eine Art der Rattenkängurus. Viele Tierarten sind in ihrem Fortbestehen nach wie vor gefährdet. Australien hat kürzlich ~~deshalb~~ eine umfangreiche Gesetzgebung zum Schutz einheimischer Tierarten erlassen und einige neue ~~zahlreiche~~ Naturreservate eingerichtet.¶

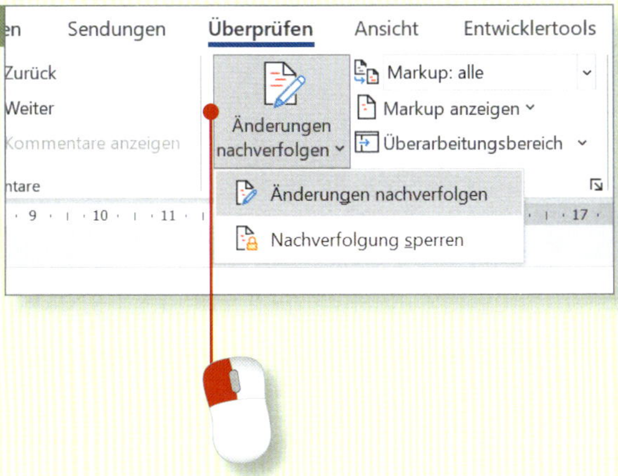

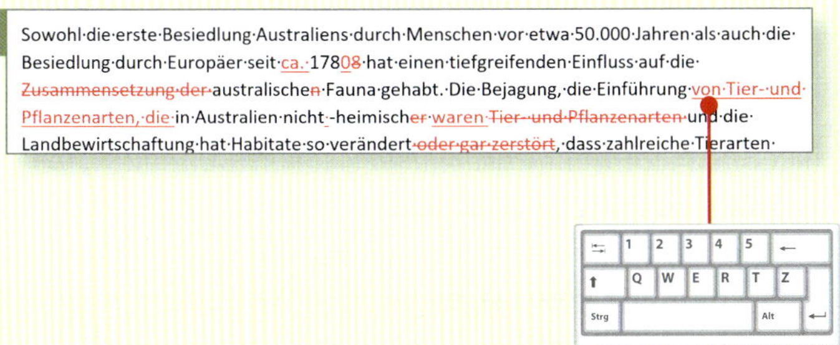
Sowohl die erste Besiedlung Australiens durch Menschen vor etwa 50.000 Jahren als auch die Besiedlung durch Europäer seit ca. 17808 hat einen tiefgreifenden Einfluss auf die ~~Zusammensetzung der~~ australischen Fauna gehabt. Die Bejagung, die Einführung von Tier- und Pflanzenarten, die in Australien nicht -heimischer waren ~~Tier- und Pflanzenarten~~ und die Landbewirtschaftung hat Habitate so verändert ~~oder gar zerstört~~, dass zahlreiche Tierarten

Word bietet praktische Funktionen für die gemeinsame Korrektur und Bearbeitung von Dokumenten an.

Schritt 1

Abgesehen von Kommentaren bietet Word die Möglichkeit, alle Änderungen und Korrekturen eines Textes sichtbar zu machen – ein bisschen so, als ob Sie ein Blatt Papier vor Augen haben und Textstellen durchstreichen und neue Sätze hinzuschreiben.

Schritt 2

Um diesen Änderungsmodus zu aktivieren, klicken Sie auf der Registerkarte **Überprüfen** auf **Änderungen nachverfolgen** und im Menü erneut auf **Änderungen nachverfolgen**.

Schritt 3

Nehmen Sie nun Änderungen an dem geöffneten Dokument vor. Löschen Sie beispielsweise ein Stück Text. Sie werden sehen, dass der Text nicht einfach gelöscht, sondern durchgestrichen wird. Neuer Text wird farbig und mit Unterstreichung eingefügt.

Schritt 4

Wenn Sie ein Dokument mit diesen Änderungsmarkierungen vor sich haben, können Sie auf unterschiedliche Weise damit umgehen. Um die Änderung, also z. B. ein durchgestrichenes Stück Text, zu akzeptieren, setzen Sie den Cursor in die Textstelle und klicken (auf der Registerkarte **Überprüfen**) auf **Annehmen ▸ Annehmen und weiter**. So springen Sie gleich zur nächsten Änderung.

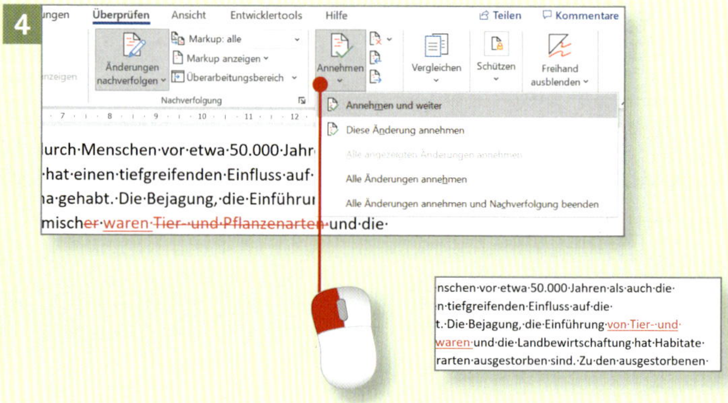

Schritt 5

Gefällt Ihnen eine Überarbeitung nicht, verfahren Sie ähnlich, nur dass Sie auf das Symbol **Ablehnen** klicken und im Menü auf **Änderung ablehnen** bzw. auf **Ablehnen und Weiter**, um zur nächsten Textstelle mit Änderungsmarkierung zu springen.

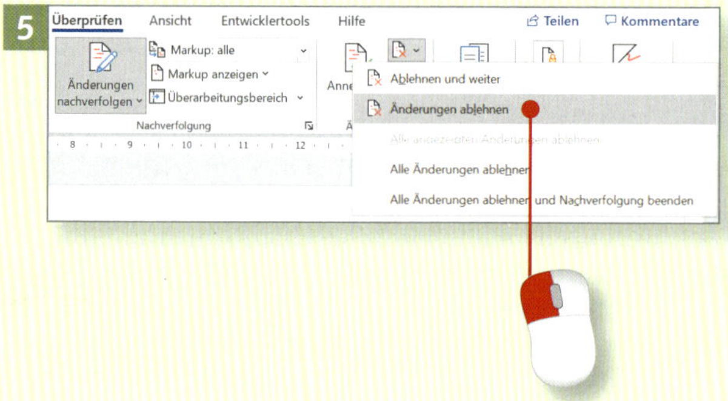

Schritt 6

Damit die Überarbeitungen wie beschrieben im Text angezeigt werden, müssen Sie darauf achten, dass Sie im Feld **Markup** (das Symbol heißt **Anzeige zur Überarbeitung**) die Option **Markup: alle** einstellen. Ansonsten taucht an Stellen mit Korrekturvorschlägen nur ein vertikaler Strich am Rand auf.

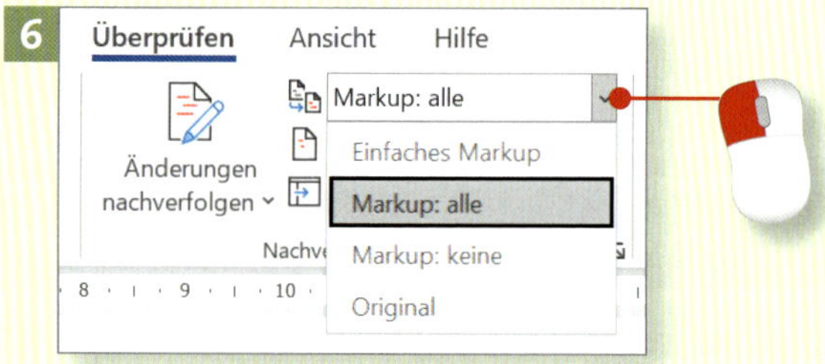

Alle Änderungen ablehnen

Sofern Sie sicher sind, dass Ihr Text der beste ist und Sie nicht mit Vorschlägen belästigt werden möchten, klicken Sie einfach im Menü **Ablehnen** auf **Alle Änderungen ablehnen**.

Kapitel 6
Drucken

Obwohl wir im Zeitalter der Digitalisierung leben, kommt man oft nicht umhin, Texte buchstäblich auf Papier zu bringen. In diesem Kapitel lernen Sie die Druckfunktion von Word 2021 kennen.

Die Druckvorschau
Über die Registerkarte **Datei** können Sie sich eine Vorschau anzeigen lassen, die dem späteren Ausdruck entspricht. Hier nehmen Sie zudem sämtliche Druckereinstellungen vor.

Praktische Hinweise
Ein paar praktische Ratschläge dürfen hier auch nicht fehlen: Woran sollten Sie vor dem Drucken denken, wie können Sie Tinte sparen, und was machen Sie, wenn der Drucker nicht tut, was er soll?

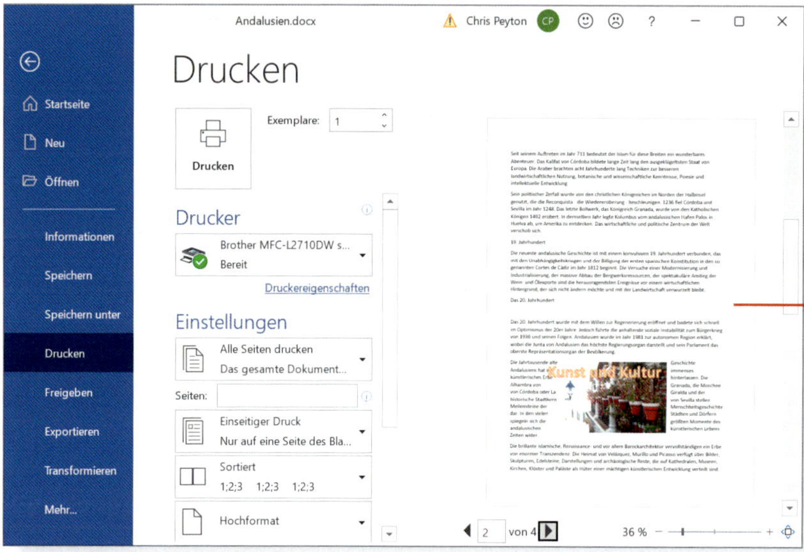

1 Auf der Registerkarte **Datei** können Sie sich eine Druckvorschau Ihres Dokuments ansehen.

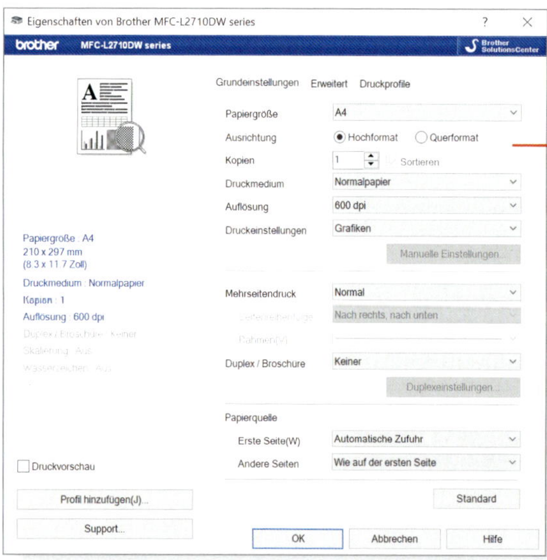

2 Stolpersteine, die das Ausdrucken von Dokumenten behindern, lassen sich mit den richtigen Tipps und Tricks meist schnell beseitigen.

Die Druckvorschau im Dialog »Drucken«

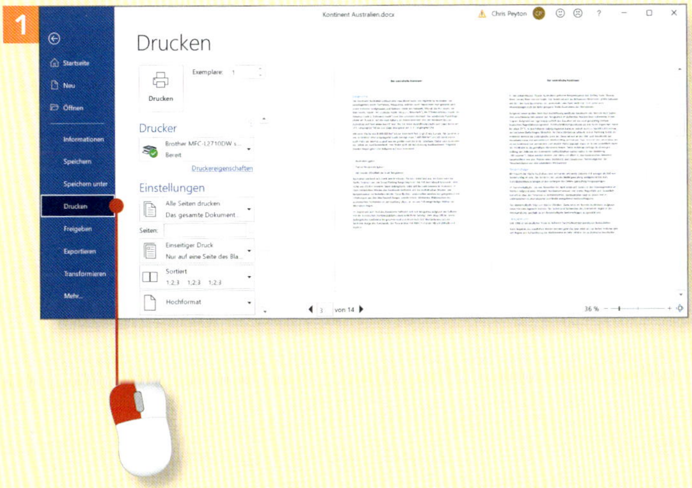

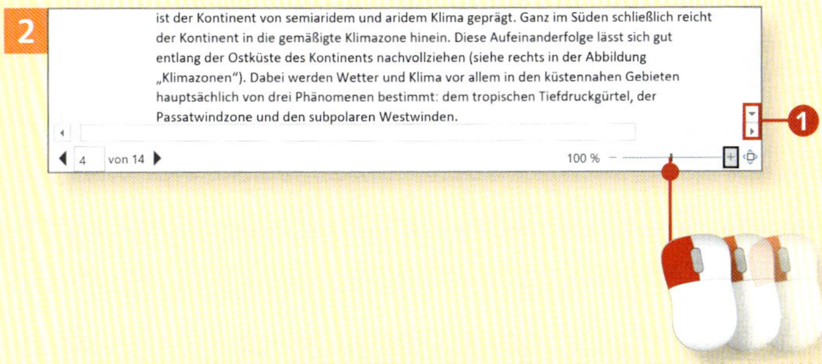

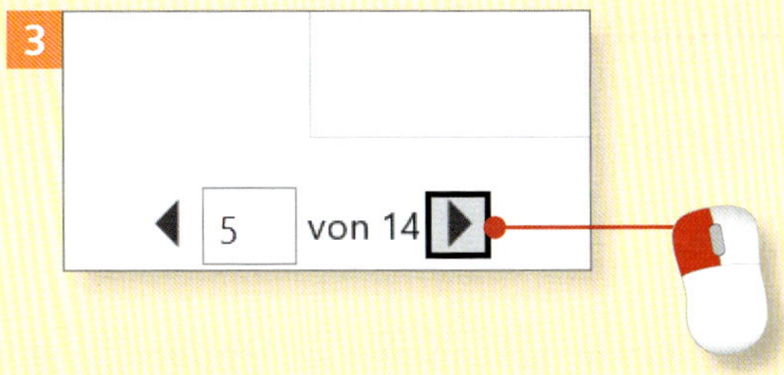

Auch Word 2021 bietet eine Druckvorschau. Wie Sie die Vorschau finden und was Sie darüber einstellen können, zeigen wir Ihnen in diesem Abschnitt.

Schritt 1

Klicken Sie im Menü **Datei** auf **Drucken**. Die Druckvorschau wird automatisch im rechten Bereich angezeigt.

Schritt 2

Mit dem Zoomregler unten rechts am Bildschirm vergrößern (oder verkleinern) Sie die Ansicht; mit den Pfeilen der Bildlaufleisten ❶ können Sie durch das Dokument wandern.

Schritt 3

Um das Dokument zu betrachten, können Sie auch die Schaltflächen **Vorherige Seite** bzw. **Nächste Seite** unten am Bildschirm nutzen. Klicken Sie einfach auf die Pfeile.

Schritt 4

Wenn Sie eine Seite auch in der Vorschau komplett auf einer Seite sehen wollen, klicken Sie auf die Schaltfläche **Auf Seite zoomen**. Der Zoomfaktor wird dann automatisch so angepasst, dass die Seite möglichst groß angezeigt wird.

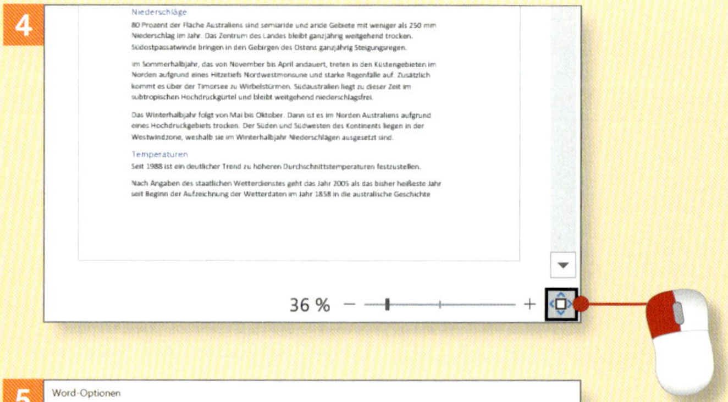

Schritt 5

Auch eine Seitenansicht gibt es noch. Öffnen Sie das Menü der Symbolleiste für den Schnellzugriff, und wählen Sie **Weitere Befehle**. In den Word-Optionen wählen Sie unter **Befehle auswählen** den Eintrag **Alle Befehle** ❷. In der Liste markieren Sie **Seitenansicht-Bearbeitungsmodus** ❸. Klicken Sie dann auf **Hinzufügen** ❹.

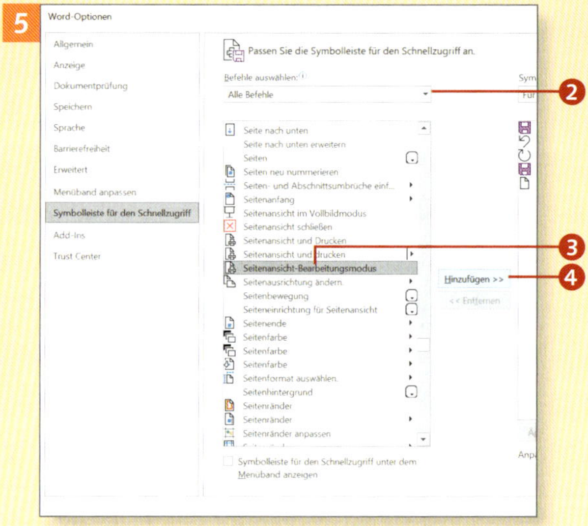

Schritt 6

Klicken Sie auf die eben hinzugefügte Schaltfläche, um die Seitenansicht aufzurufen. Auf der Registerkarte **Seitenansicht** finden Sie etliche Befehle zum Umgang mit dieser Ansicht. Wenn Sie die Option **Lupe** ❺ deaktivieren, können Sie den Cursor in das Dokument setzen und es bearbeiten. Um die Seitenansicht zu schließen, drücken Sie die Taste [Esc].

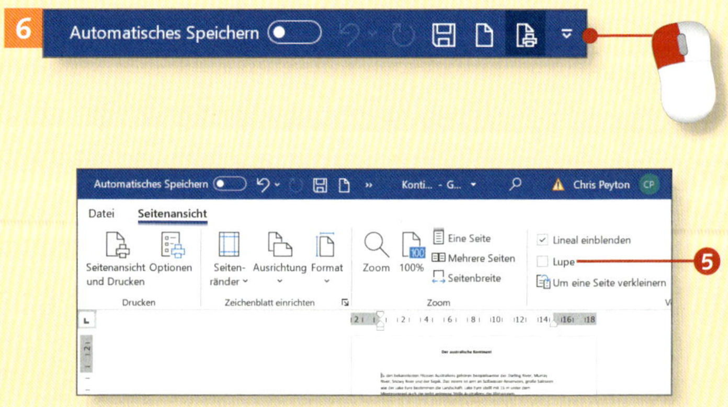

Optionen für den Ausdruck

1

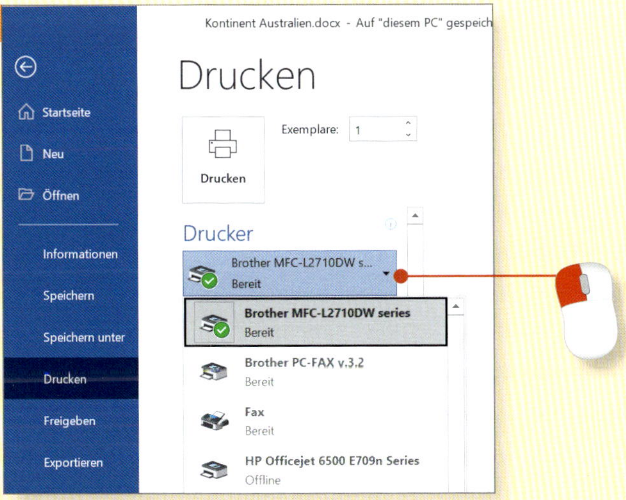

2

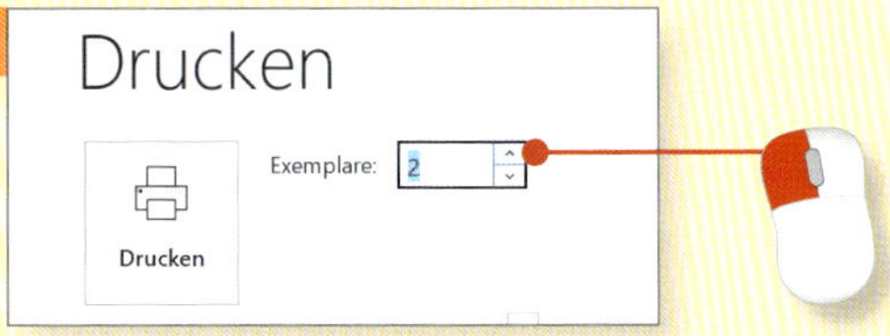

3

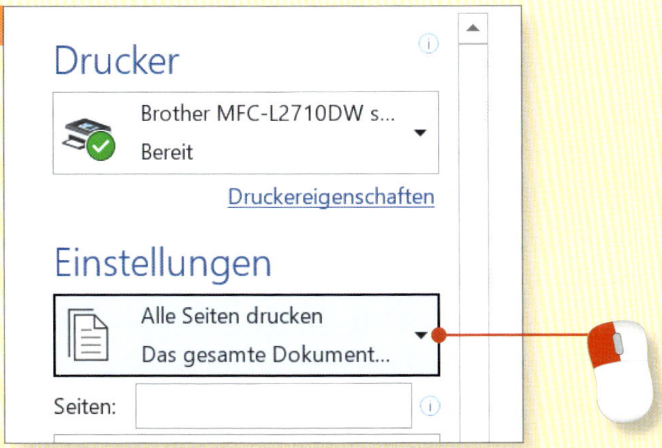

Der Dialog »Drucken« bietet eine Reihe von Einstellungsmöglichkeiten. Die wichtigsten stellen wir Ihnen in diesem Abschnitt vor.

Schritt 1

Rufen Sie über **Datei ▸ Drucken** das Fenster zum Drucken auf. Prüfen Sie zunächst, ob Sie den richtigen Drucker ausgewählt haben. Klicken Sie gegebenenfalls auf den Pfeil im Bereich **Drucker**, um den Drucker zu wechseln.

Schritt 2

Sie können auch gleich mehrere Exemplare des Dokuments ausdrucken. Im Feld **Exemplare** stellen Sie ein, wie oft Sie das Dokument drucken möchten.

Schritt 3

Standardmäßig werden alle Seiten des geöffneten Dokuments ausgedruckt. Um dies zu ändern, klicken Sie im Bereich **Einstellungen** auf den Pfeil am ersten Feld **Alle Seiten drucken**.

Schritt 4

Möchten Sie nur einen ganz bestimmten Bereich eines Dokuments drucken? Dann markieren Sie ihn, und wählen Sie in der Auswahlliste der **Einstellungen** die Option **Auswahl drucken**.

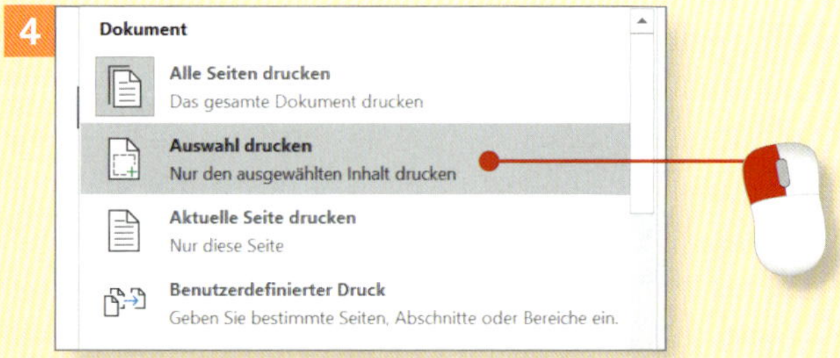

Schritt 5

In einem mehrseitigen Dokument können Sie bequem die aktuelle Seite ausdrucken, d.h. die Seite, in der der Cursor steht. Wählen Sie dazu im Menü des ersten Feldes der **Einstellungen** die Option **Aktuelle Seite drucken**.

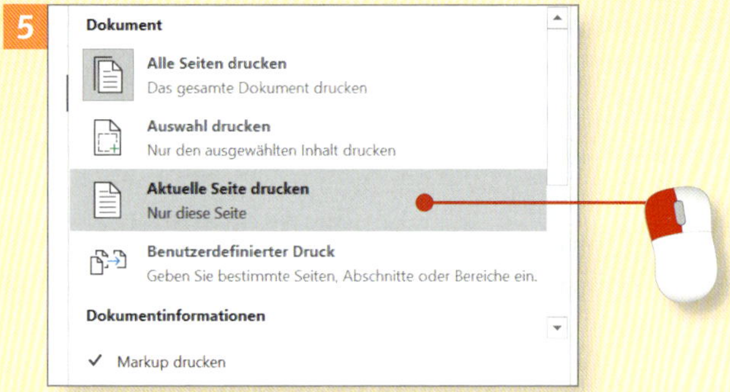

Schritt 6

Wenn Sie viel mit AutoTexten arbeiten (siehe dazu den Abschnitt »Mit Schnellbausteinen arbeiten« auf Seite 82) und Gefahr laufen, den Überblick zu verlieren, hilft eine ausgedruckte Liste. Dazu wählen Sie im Menü die Option **AutoText-Einträge**.

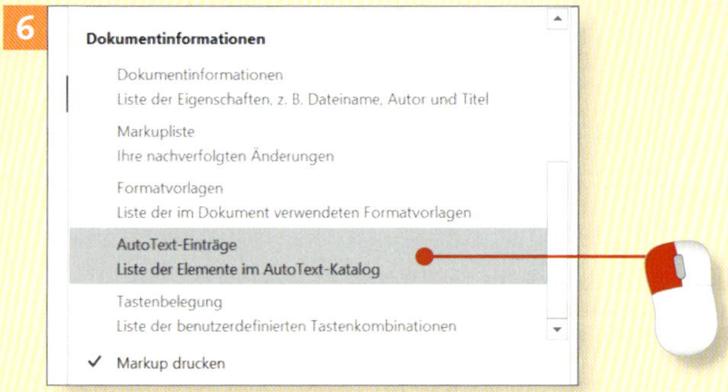

AutoText-Katalog

Damit Sie eine solche Liste ausdrucken können, müssen Bausteine im AutoText-Katalog und nicht im Schnellbaustein-Katalog gespeichert werden. Dazu klicken Sie im Menü **Schnellbausteine durchsuchen** zuerst auf **AutoText** und im Untermenü auf **Auswahl im AutoText-Katalog speichern**.

Optionen für den Ausdruck (Forts.)

7

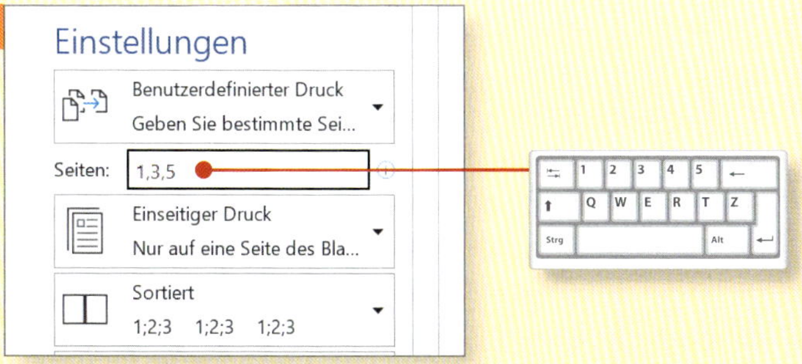

Schritt 7

Um bestimmte Seiten auszudrucken, nutzen Sie das Feld **Seiten**. Geben Sie hier die Seitenzahlen durch Komma getrennt ein, z. B. »1, 3, 5«. Auch die Eingabe »3-5« (die Seiten 3 bis 5) funktioniert. Näheres dazu erfahren Sie im Abschnitt »Einzelne Seiten drucken« auf Seite 140.

8

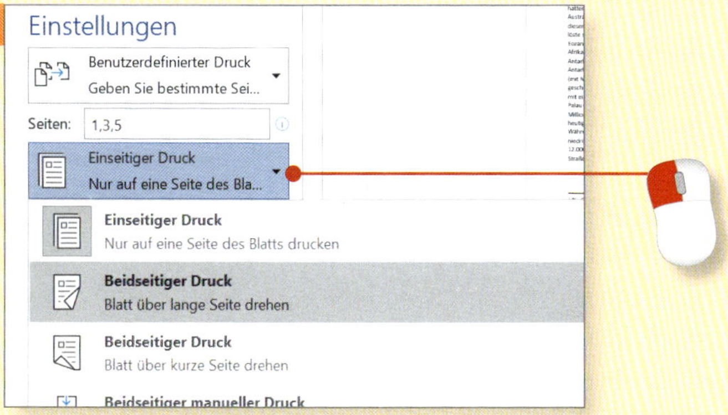

Schritt 8

Standardmäßig wird einseitig gedruckt. Sie können für einen beidseitigen Ausdruck sorgen, wenn Sie auf den Pfeil am Feld **Einseitiger Druck** klicken und die gewünschte Option wählen (siehe dazu auch den Kasten »Beidseitiger Druck« unten).

9

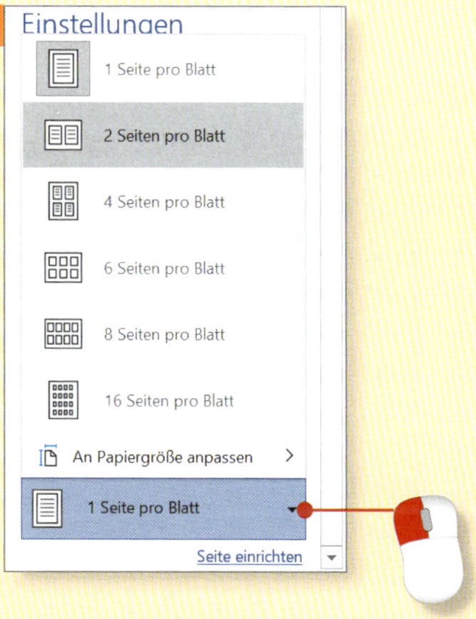

Schritt 9

Pfiffig ist die Möglichkeit, auch mehrere Dokumentseiten auf einer einzigen Seite auszudrucken. Klicken Sie auf den Pfeil am Feld **1 Seite pro Blatt**, und legen Sie im Menü die gewünschte Anzahl fest.

Beidseitiger Druck

Wenn Ihr Drucker nicht mit beidseitigem Druck umgehen kann, müssen Sie **Beidseitiger manueller Druck** wählen und das Papier von Hand umdrehen.

Schritt 10

Sie können auch im Dialog **Drucken** die Seitenränder ändern. Klicken Sie dazu auf den Pfeil am vorletzten Feld; Sie sehen hier die aktuelle Einstellung für die Seitenränder. Treffen Sie im Menü Ihre Auswahl.

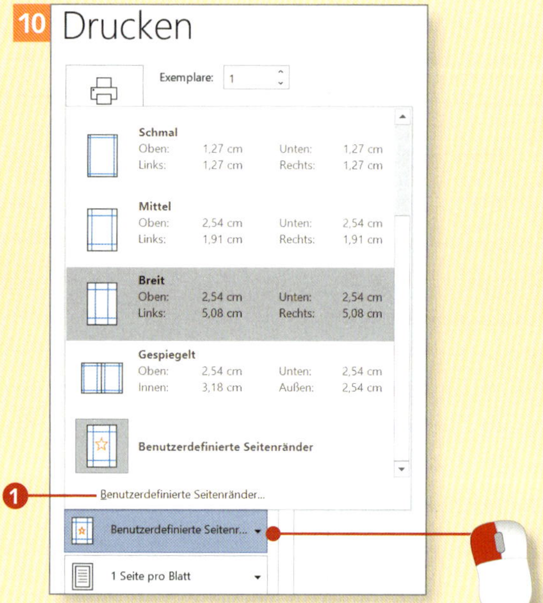

Schritt 11

Über **Benutzerdefinierte Seitenränder** ❶ rufen Sie den Dialog **Seite einrichten** auf, in dem Sie die Maße für die Ränder manuell angeben. Diesen Dialog öffnen Sie auch per Klick auf den Link **Seite einrichten** ganz unten im Fenster **Drucken**.

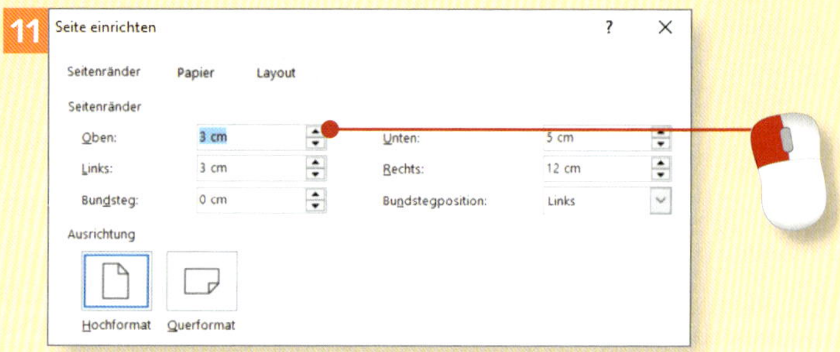

Schritt 12

Wenn Sie mehrere Exemplare eines mehrseitigen Dokuments drucken, können Sie schließlich über das Menü **Sortiert** auswählen, in welcher Reihenfolge die Seiten aus dem Drucker kommen.

Machen Sie Ihrem Drucker Beine

Bei vielen Druckern beschleunigen Sie den Ausdruck mehrerer Exemplare, wenn Sie die Sortierung **Getrennt** wählen, sodass erst alle Exemplare der Seite 1, dann alle Exemplare der Seite 2 etc. ausgedruckt werden.

Einzelne Seiten drucken

Es gibt viele Möglichkeiten, einzelne Seiten zu drucken. Sogar abschnittsweise können Sie differenzieren.

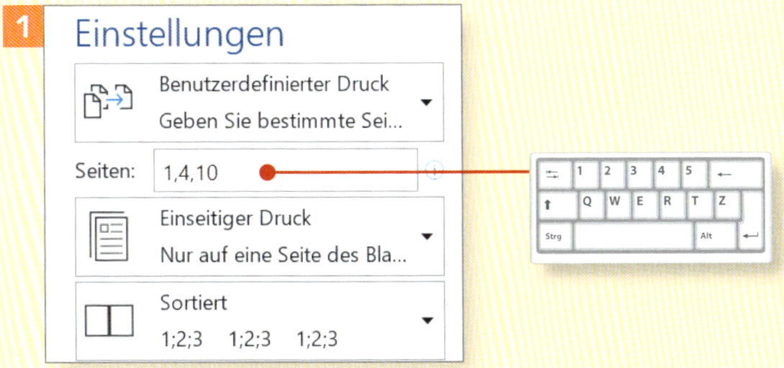

Schritt 1

Es kommt vor, dass Sie nur bestimmte Seiten eines Dokuments ausdrucken möchten. Öffnen Sie das Fenster **Drucken**, und geben Sie im Feld **Seiten** die Seitenzahlen durch Komma (oder Semikolon) getrennt ein.

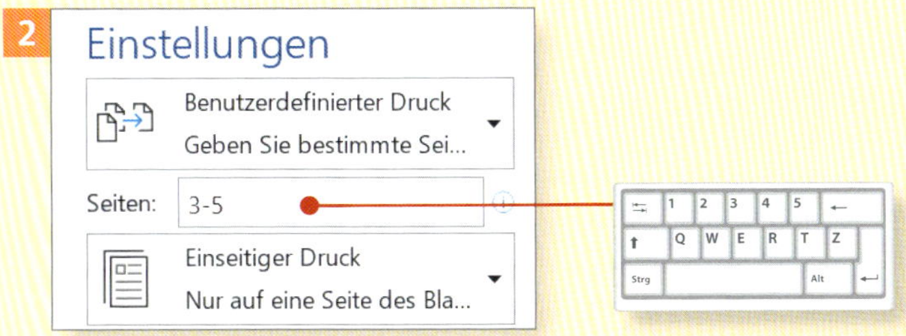

Schritt 2

Wenn die Seiten, die Sie ausdrucken möchten, hintereinanderliegen, ist es schneller, den ganzen Bereich anzugeben. Schreiben Sie im Feld **Seiten** einfach »3-5«, im Klartext bedeutet dies: Seite 3 bis Seite 5 einschließlich werden gedruckt.

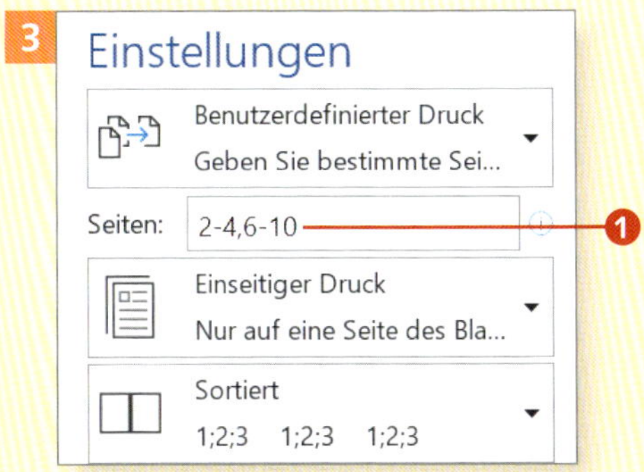

Schritt 3

Solche Bereiche können Sie auch kombinieren. Trennen Sie die einzelnen Bereiche mit einem Komma oder Semikolon. Schreiben Sie z. B. »2-4,6-10« (1). Auch die Kombination »1;3;6-10« funktioniert.

Sortiert drucken

Word berücksichtigt die Reihenfolge, in der Sie die Seitenzahlen angeben. Geben Sie z. B. »3,1« ein, druckt Word zuerst die Seite 3 und dann die Seite 1. Auch bei Bereichen verfährt Word so: Bei »10-7« kommt z. B. zuerst die Seite 10 aus dem Drucker.

Schritt 4

Sie haben ein Dokument in mehrere Abschnitte unterteilt und möchten nur Seiten bestimmter Abschnitte (die jeweils wieder mit Seite 1 beginnen) drucken? Geben Sie z. B. Folgendes ein: »1$2«. So wird die Seite 1 des zweiten Abschnitts im Dokument ausgedruckt.

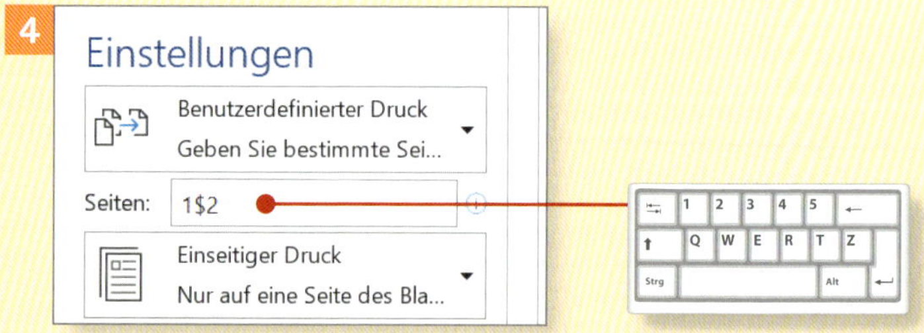

Schritt 5

Sie können Word auch anweisen, einen ganzen Abschnitt zu drucken. Sie lassen dann einfach die Seitenzahl weg und schreiben »$2«. Damit drucken Sie den gesamten Abschnitt 2. Auch bei Abschnitten können Sie Minuszeichen, Komma und Semikolon zur Trennung verwenden.

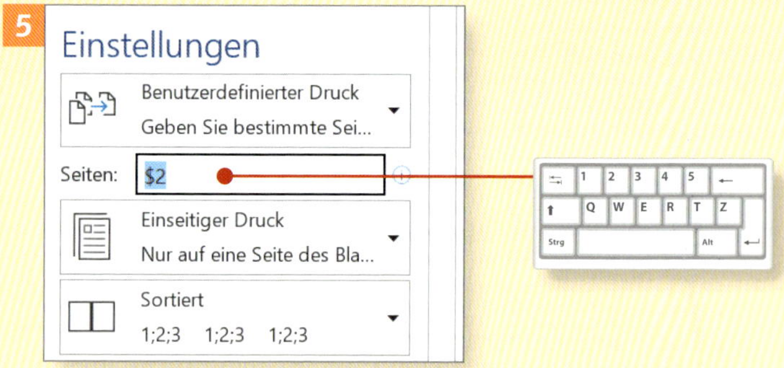

Schritt 6

Standardmäßig wird der Abschnitt nicht in der Statuszeile angezeigt. Klicken Sie sie mit rechts an, und wählen Sie **Abschnitt**. Fortan erscheint auch diese Angabe in der Statuszeile ❷.

Tipps und Tricks beim Drucken

1

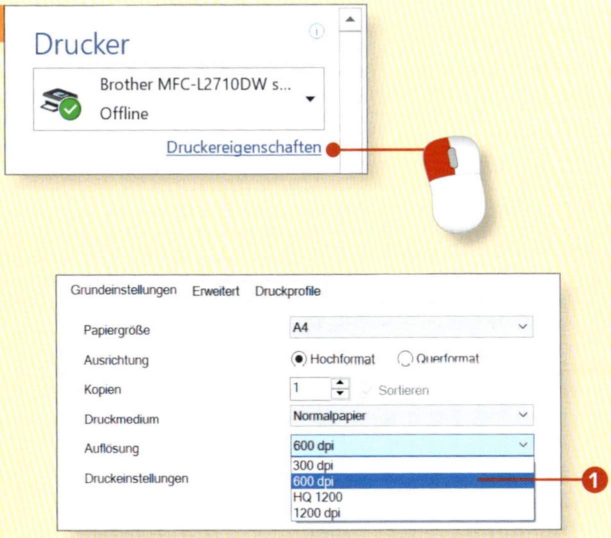

2

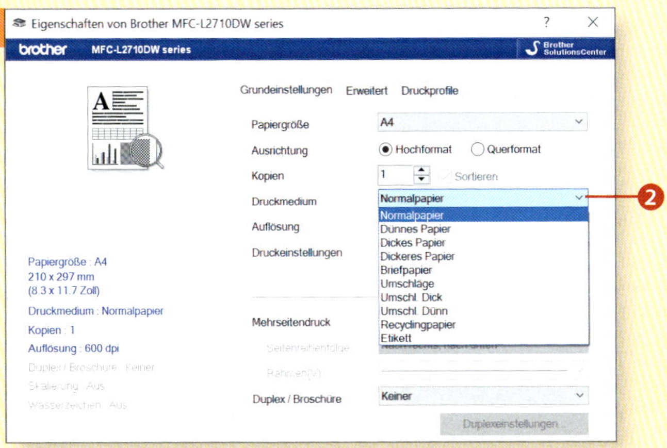

3

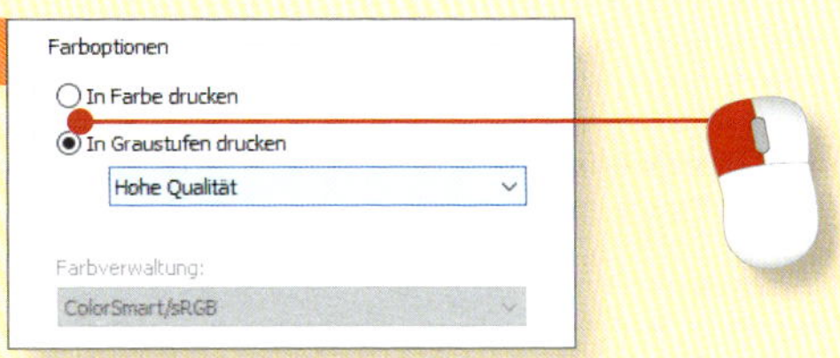

Beim Drucken von Dokumenten gibt es manchmal Stolpersteine, die den Ausdruck vermiesen. Hier ein paar Tipps für gute Ergebnisse.

Schritt 1

Die meisten Drucker bieten unterschiedliche Betriebsmodi für spezielle Ausdrucke und Papiere. Achten Sie darauf, den entsprechenden Modus zu wählen. Rufen Sie die **Druckereigenschaften** auf, und wählen Sie die gewünschte Auflösung ❶.

Schritt 2

Achten Sie auch auf den richtigen Papiertyp ❷. Insbesondere bei Tintenstrahldruckern ist das wichtig. Was nutzt das teure Papier für ein optimales Druckergebnis, wenn Sie es Ihrem Drucker nicht anbieten?

Schritt 3

Wenn die Qualität des Ausdrucks nicht von Bedeutung ist und/oder Sie auf Farbe verzichten können, aktivieren Sie **Entwurf**, und/oder aktivieren Sie die Option **In Graustufen drucken** (oder eine vergleichbare Option). Das beschleunigt den Ausdruck und spart Tinte.

Schritt 4

Ärgern Sie sich darüber, dass das Nachfüllen der Tintenpatronen teurer ist als der Drucker selbst? Versuchen Sie, Tinte zu sparen. Dabei hilft die Auswahl der Schriftart: Nehmen Sie z. B. *Century Gothic* anstelle von *Arial*. Auch *Times New Roman* ist sparsam. Oder Sie installieren eine frei verfügbare Eco-Font-Schrift.

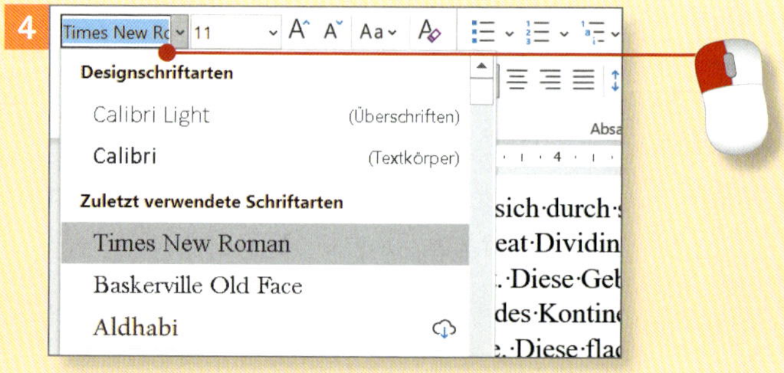

Schritt 5

Wenn der Ausdruck nicht optimal wirkt, hilft es bei Tintenstrahldruckern oft, die Druckpatronen zu reinigen bzw. neu zu justieren. Dazu nutzen Sie die *Utility-Verwaltung* (oder auch unter *Druckerdienste* zu finden). Rufen Sie sie über die App Ihres Druckerherstellers oder über den Dialog **Eigenschaften von** auf.

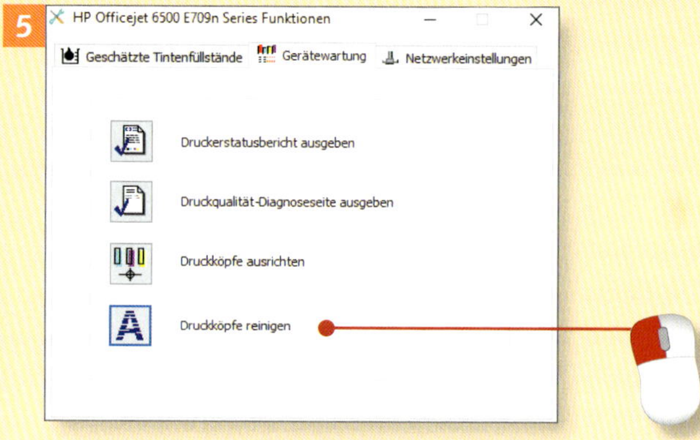

Schritt 6

Wenn Ihr Drucker einmal komplett spinnt und z. B. nur noch wilde Steuerzeichen druckt, nehmen Sie ihn vom Stromnetz, damit intern gespeicherte Druckaufträge gelöscht werden. Löschen Sie dann mit einem Klick auf **Dokument ▸ Abbrechen** den Auftrag in der Druckerwarteschlange.

Druckereigenschaften

Der Dialog für die Druckereigenschaften sieht bei jedem Drucker bzw. Hersteller anders aus. Auch die genauen Einstellungsmöglichkeiten unterscheiden sich, doch fast alle Hersteller bieten die genannten Grundfunktionen an.

Word-Dokumente extern drucken

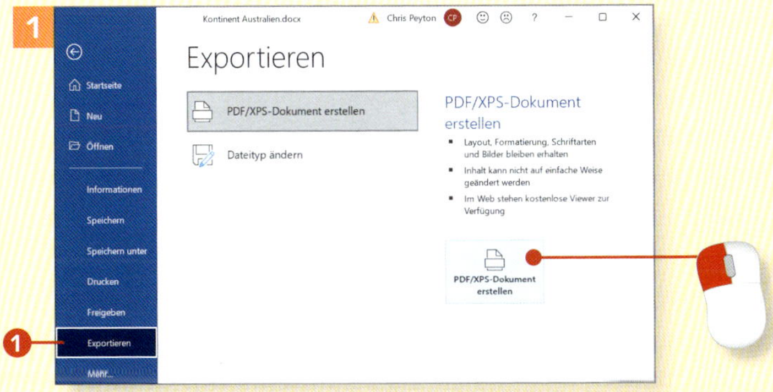

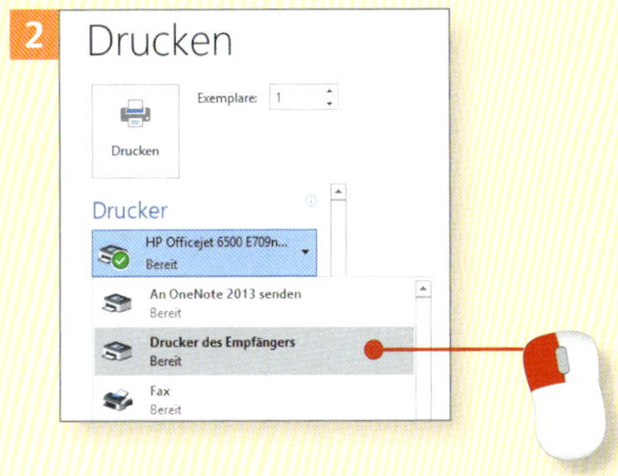

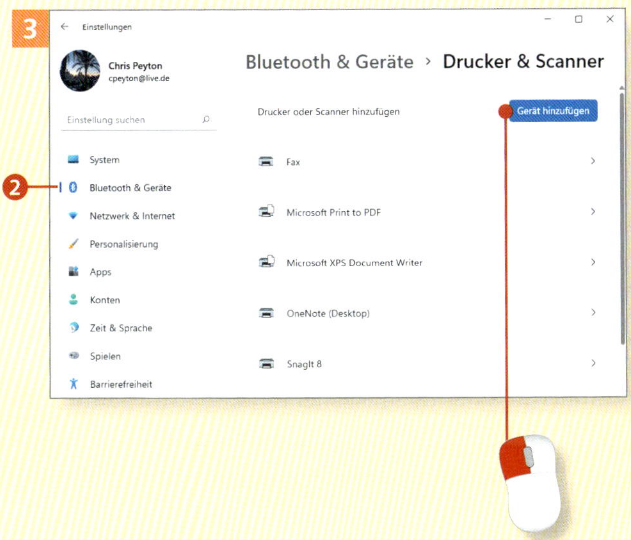

Dokumente sehen im Ausdruck verschiedener Drucker oft unterschiedlich aus. Dafür gibt es Lösungen.

Schritt 1

Der einfachste Weg, Word-Dokumente per E-Mail zu verschicken, ist, sie im PDF-Format zu speichern. So kann der Empfänger das Dokument leicht ausdrucken. Klicken Sie auf **Datei ▸ Exportieren** ① und dann auf **PDF/XPS-Dokument erstellen**.

Schritt 2

Die nächste Variante ist etwas aufwendiger. Wenn Sie den gleichen Druckertreiber wie der Empfänger installieren und diesen Drucker auswählen, bevor Sie mit der Formatierung des Dokuments beginnen, wird es genauso aussehen wie nachher im Ausdruck.

Schritt 3

Um den Treiber zu installieren, öffnen Sie das Startmenü, klicken auf **Einstellungen ▸ Bluetooth & Geräte** ② und klicken im nächsten Fenster auf **Drucker & Scanner**. Im nächsten Fenster klicken Sie auf **Gerät hinzufügen**.

Schritt 4

Zunächst werden vorhandene Drucker gesucht. Klicken Sie hier auf **Manuell hinzufügen**, da der Drucker ja nicht bei Ihnen angeschlossen ist. Aktivieren Sie die Option, dass Sie einen lokalen Drucker hinzufügen möchten ❸, und klicken Sie auf **Weiter**.

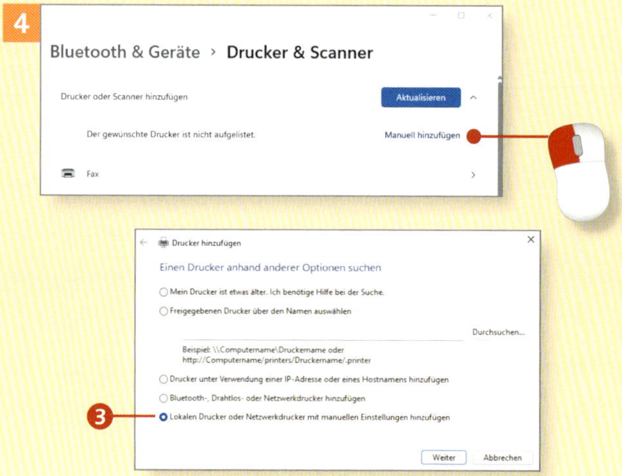

Schritt 5

Wählen Sie einen Anschluss, und klicken Sie wieder auf **Weiter**. Wählen Sie dann das Modell des Druckers ❹, um den richtigen Treiber zu installieren, oder klicken Sie – wenn Sie einen Treiber aus dem Internet gezogen haben – auf **Datenträger** ❺, und geben Sie an, wo der Treiber gespeichert ist.

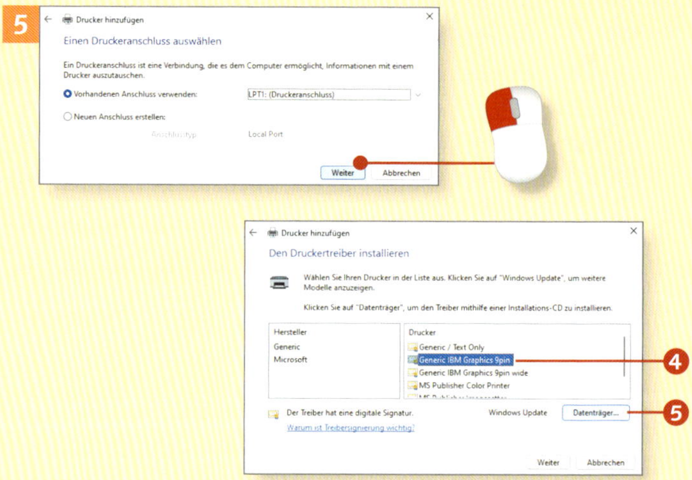

Schritt 6

Geben Sie dem Drucker einen Namen, und klicken Sie auf **Weiter**. Lassen Sie ihn *nicht* im Netzwerk ❻ freigeben. Nach einem erneuten Klick auf **Weiter** erhalten Sie eine Erfolgsmeldung. Klicken Sie auf **Fertig stellen**. Jetzt wird Ihr Dokument so aussehen wie im Ausdruck des Empfängers.

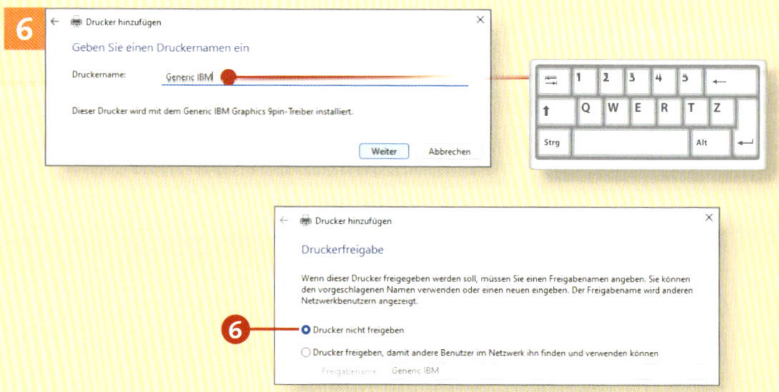

Kapitel 7
Nummerierungen und Aufzählungen

Inhaltsverzeichnisse und Listen sind hilfreich für das Textverständnis, jedoch nur, wenn sie übersichtlich gegliedert sind. Welche Möglichkeiten Ihnen Word 2021 dazu bietet, erfahren Sie in diesem Kapitel.

Aufzählungszeichen
Sie können zwischen fortlaufenden Nummerierungen oder symbolhaften Aufzählungszeichen wählen, die nicht mit Zahlen arbeiten. Natürlich gibt es auch die Möglichkeit, selbst Symbole anstelle der üblichen Spiegelstriche einzufügen oder sie z. B. andersfarbig zu gestalten.

Schöne Listen
Für die Übersicht ist es sehr nützlich, Listen mit mehreren Ebenen zu erstellen, also z. B. 1.1, 1.1.1 etc. Diese lassen sich in Word 2021 automatisch einfügen. Wenn Sie Formatvorlagen wie **Überschrift 1**, **Überschrift 2** etc. genutzt haben, können Sie auch nachträglich leicht eine Nummerierung für alle Überschriften ergänzen.

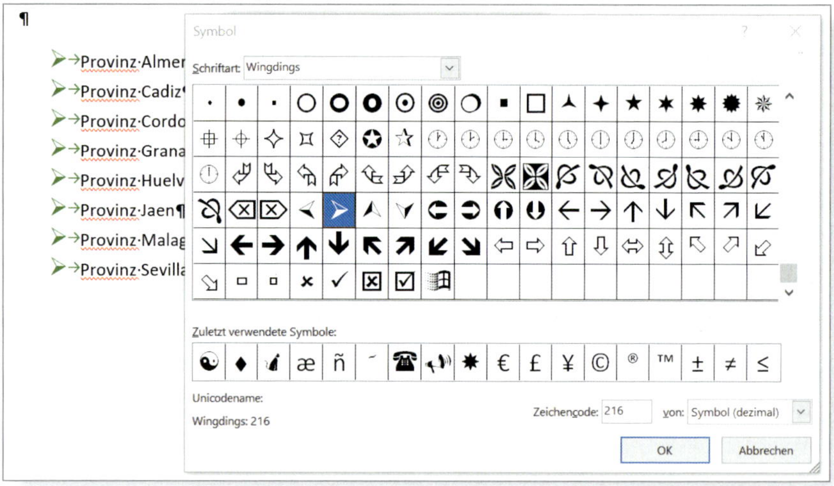

1 Sie können Listen mit fortlaufender Nummerierung oder einfachen Aufzählungszeichen anlegen.

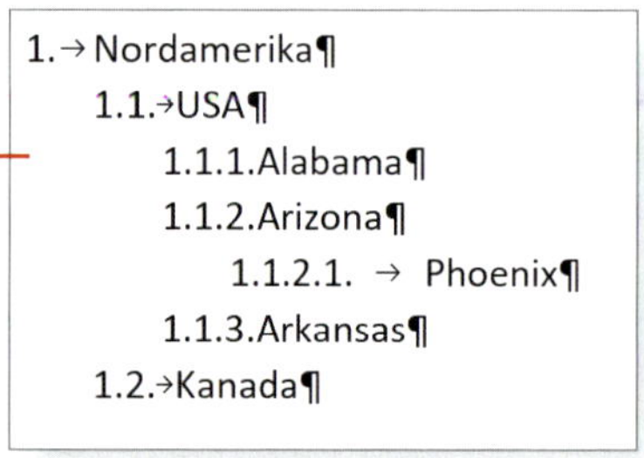

2 Listen mit mehreren Ebenen dienen der Übersicht und lassen sich in Word 2021 schnell einfügen.

Eine einfache Nummerierung einfügen

Überschriften oder Listen durchzunummerieren gehört zur gängigen Strukturierung eines Textes. Damit dies reibungslos klappt, zeigen wir Ihnen in diesem Abschnitt die wichtigsten Schritte und erklären Ihnen, was Sie beachten sollten.

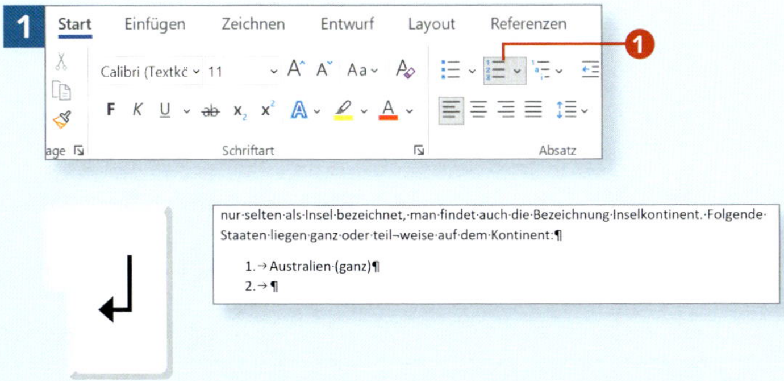

Schritt 1

Für eine einfache Nummerierung klicken Sie auf der Registerkarte **Start** auf die Schaltfläche **Nummerierung** ❶. Es erscheint eine eingerückte 1. Schreiben Sie Ihren Text. Sobald Sie [↵] drücken, wird die Nummerierung fortgesetzt.

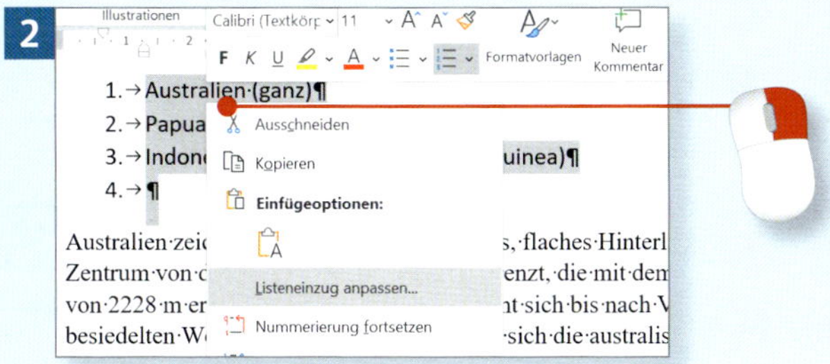

Schritt 2

Sowohl die Zahl als auch der Text werden etwas eingerückt. Sie können diese Einzüge verändern. Klicken Sie den betreffenden Absatz mit rechts an, und wählen Sie **Listeneinzug anpassen**.

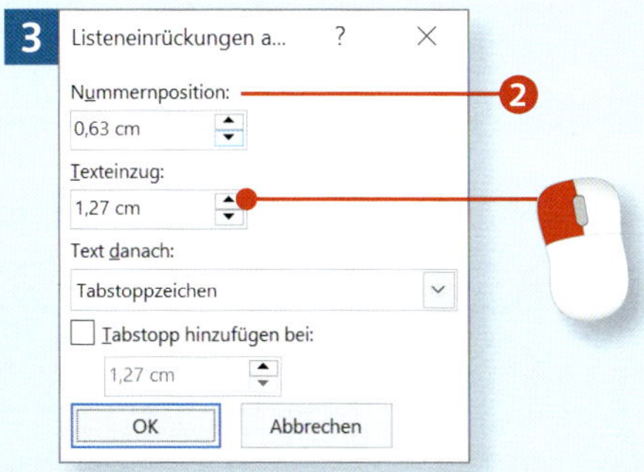

Schritt 3

Im Dialog **Listeneinrückungen anpassen** geben Sie die gewünschten Maße in die Felder **Nummernposition** ❷ und **Texteinzug** ein. Bestätigen Sie Ihre Eingabe, indem Sie auf **OK** klicken.

Einzüge im Lineal verändern

Sie können die Einzüge auch mithilfe der Markierungen im Lineal verändern. Verschieben Sie einfach die Symbole für den Einzug nach links bzw. rechts.

Schritt 4

Andere Nummerierungszeichen erhalten Sie, wenn Sie auf den Pfeil an der Schaltfläche **Nummerierung** klicken. Wählen Sie aus der **Nummerierungsbibliothek** per Mausklick die gewünschte Art der Nummerierung, z. B. eine Ziffer mit Klammer.

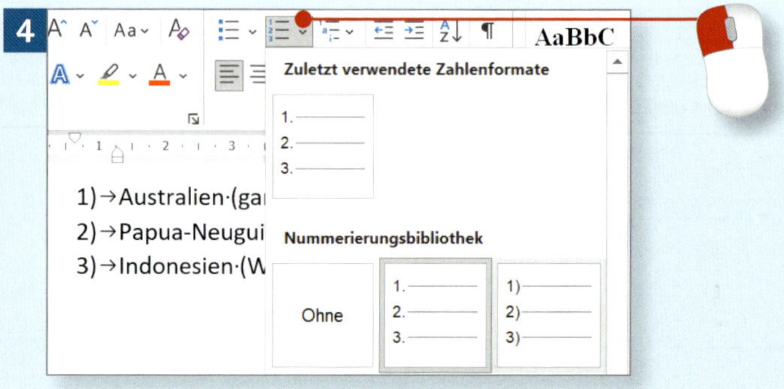

Schritt 5

Wenn die Auswahl nichts Passendes anbietet und Sie ein eigenes Format bzw. eine andere Formatierung erstellen möchten, klicken Sie unten im Menü auf den Eintrag **Neues Zahlenformat definieren** ❸. Im gleichnamigen Dialog gibt es u. a. die Schaltfläche **Schriftart**. Klicken Sie darauf.

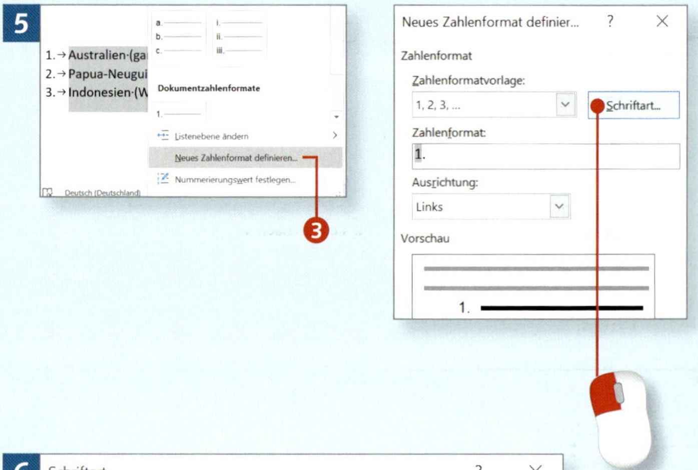

Schritt 6

Daraufhin erscheint der Dialog mit den üblichen Zeichenformatierungen. Hier können Sie z. B. eine Farbe für die Nummerierung einstellen.

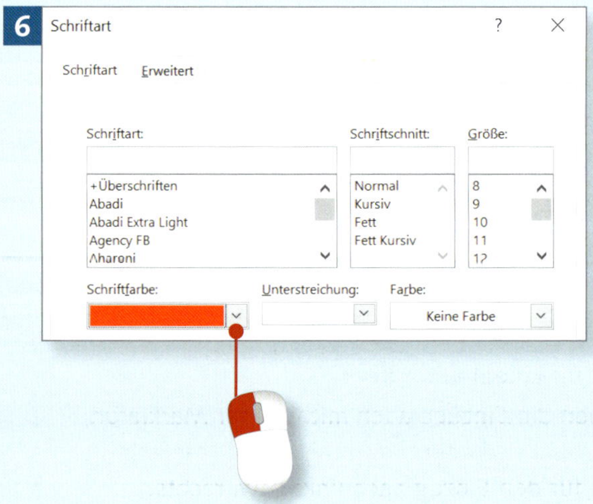

Nummerierungszeichen
Wenn Sie eine Liste schreiben und die Schaltfläche **Nummerierung** aktivieren, nutzt Word automatisch das zuletzt verwendete Zeichen.

Die automatische Nummerierung ausschalten

1

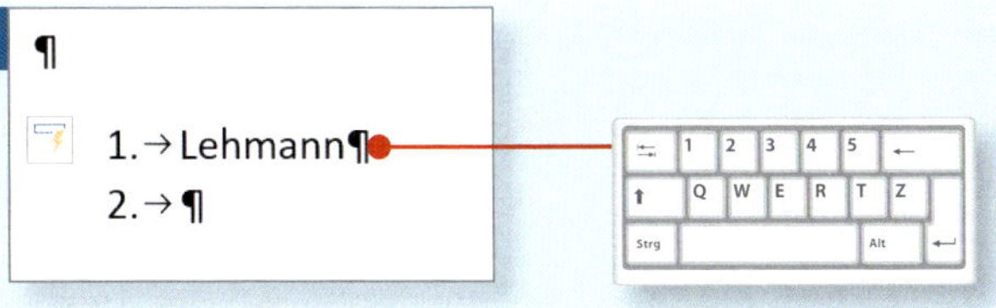

Word nummeriert automatisch, sobald Sie »1.« schreiben und die Leertaste drücken. Das kann mitunter störend sein. Sie können es abstellen.

Schritt 1

Wenn Sie eine Zeile mit einer Ordinalzahl (wie »1.«) beginnen (oder z. B. mit »a.«), erkennt Word, sobald Sie daraufhin ein Leerzeichen eingeben, eine Nummerierung/Liste und stellt automatisch die entsprechende Formatierung für Nummerierungen ein.

2

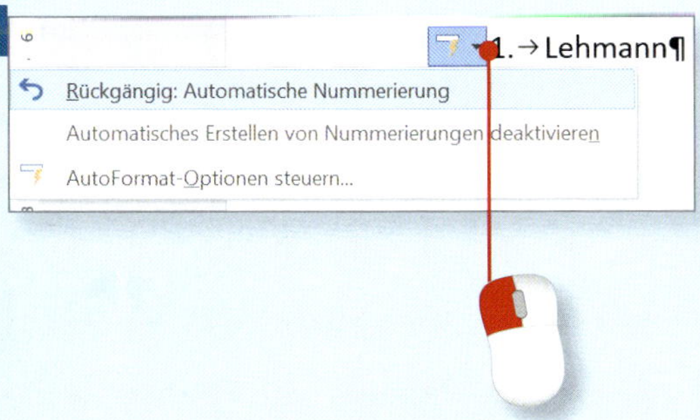

Schritt 2

Diese automatische Nummerierung können Sie zurücknehmen. Klicken Sie dazu auf das *Smarttag* **AutoKorrektur-Optionen**, und wählen Sie im zugehörigen Menü den Eintrag **Rückgängig: Automatische Nummerierung**.

3

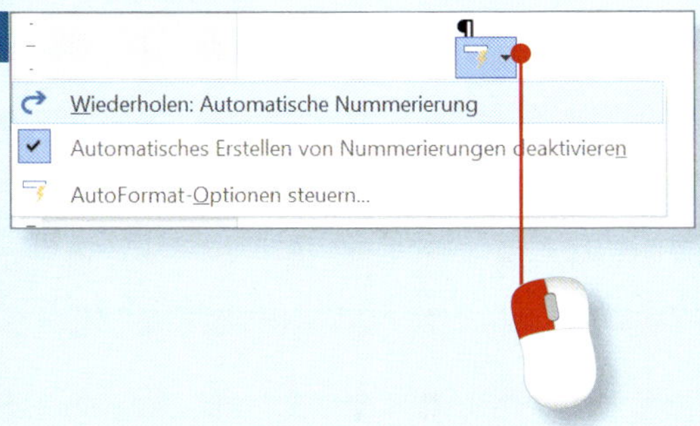

Schritt 3

Mithilfe des Smarttags können Sie die zuvor entfernte Nummerierung auch wieder »zurückholen«. Dazu klicken Sie auf **Wiederholen: Automatische Nummerierung**.

Schritt 4

Im Menü des Smarttags finden Sie zudem die Option, die Nummerierung regelrecht auszuschalten. Klicken Sie dazu auf **Automatisches Erstellen von Nummerierungen deaktivieren**.

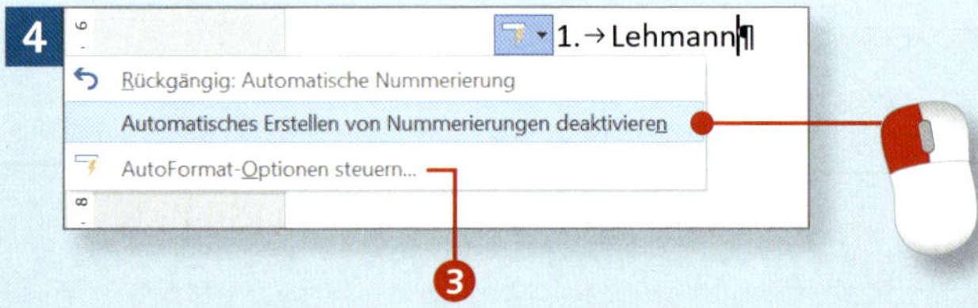

Schritt 5

Sie können die automatische Nummerierung auch in den Word-Optionen deaktivieren (falls das Smarttag nicht auftaucht). Klicken Sie auf **Datei ▸ Optionen ▸ Dokumentprüfung** ❶. Hier finden Sie die Schaltfläche **AutoKorrektur-Optionen**. Klicken Sie darauf.

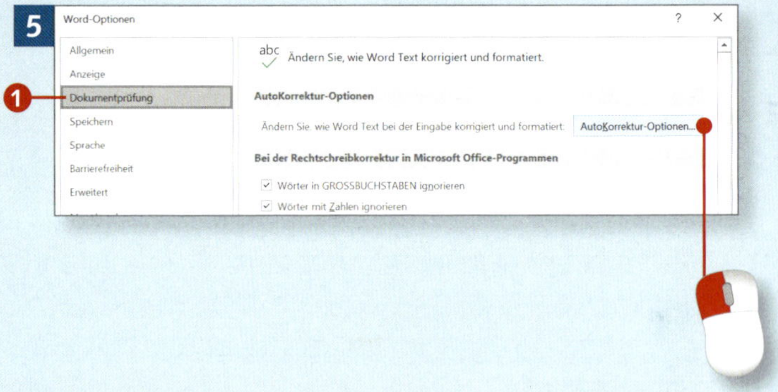

Schritt 6

Dies öffnet den Dialog **AutoKorrektur**. Wechseln Sie zur Registerkarte **AutoFormat während der Eingabe** ❷. Hier deaktivieren Sie die Option **Automatische Nummerierung**. Bestätigen Sie dies mit **OK**.

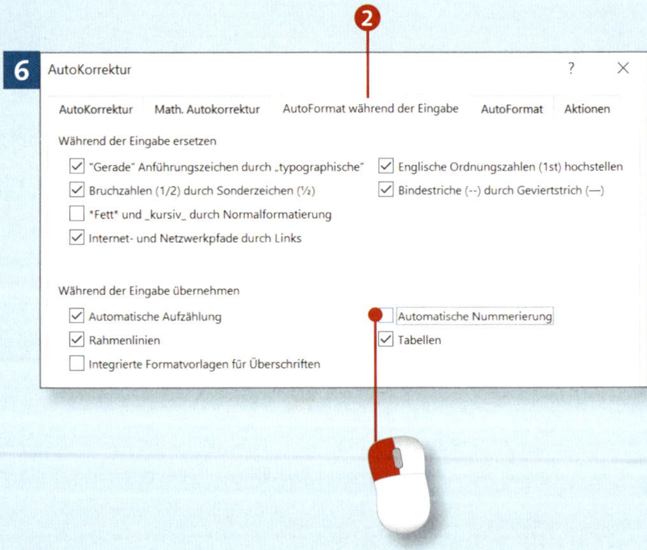

AutoFormat-Optionen

Die Optionen der AutoKorrektur können Sie auch mithilfe des Smarttags aufrufen. Klicken Sie einfach auf den Eintrag **AutoFormat-Optionen steuern** ❸.

Nummerierungen fortsetzen

1

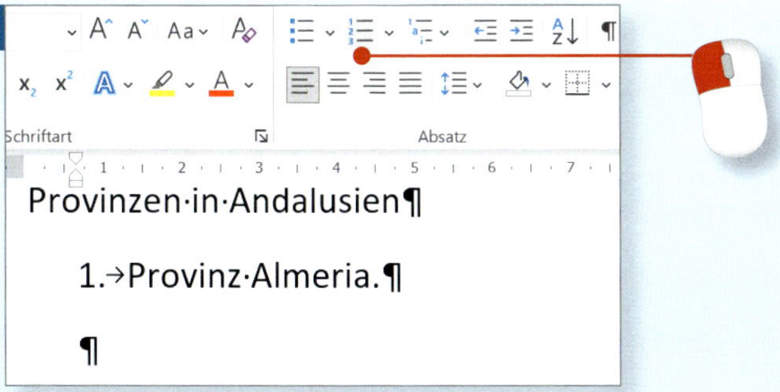

Word setzt Nummerierungen zwar automatisch fort, aber was ist, wenn Sie die Liste unterbrechen und Word beginnt, wieder von vorn zu zählen?

Schritt 1

Sie beenden eine Nummerierung, indem Sie den Cursor in eine neue Zeile setzen und einfach erneut auf die Schaltfläche **Nummerierung** klicken. Die Liste wird abgeschlossen, und Sie können jetzt wieder ganz normalen Text eingeben.

2

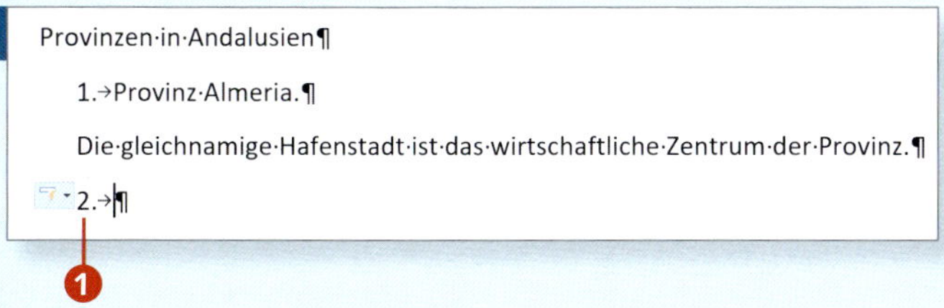

Schritt 2

Möchten Sie die begonnene Liste nach einem normalen Absatz fortsetzen? Setzen Sie den Cursor in eine neue Zeile, und klicken Sie auf **Nummerierung**. Anschließend erhalten Sie eine Nummerierung, die wieder mit »1.« beginnt oder die Nummerierung fortsetzt ❶.

3

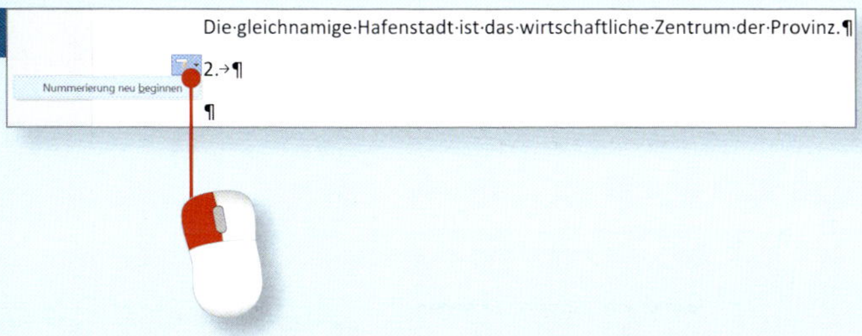

Schritt 3

Wenn die Nummerierung fortgesetzt wird, Sie aber eine neue Liste möchten, klicken Sie auf den Pfeil am Smarttag und wählen **Nummerierung neu beginnen**. Erscheint ein »1.« und Sie möchten die Liste fortsetzen, heißt die Option **Nummerierung fortsetzen**.

Schritt 4

Wenn Ihnen das Smarttag abhandengekommen ist, können Sie die Fortsetzung bzw. den Neubeginn der Nummerierung auch über das Menü der Schaltfläche **Nummerierung** bestimmen. Klicken Sie hier auf **Nummerierungswert festlegen**.

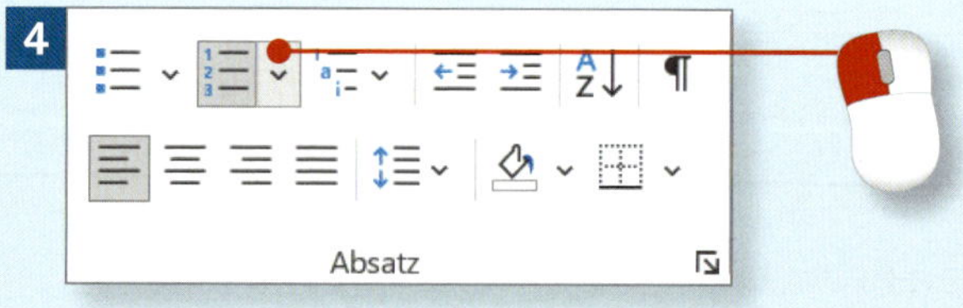

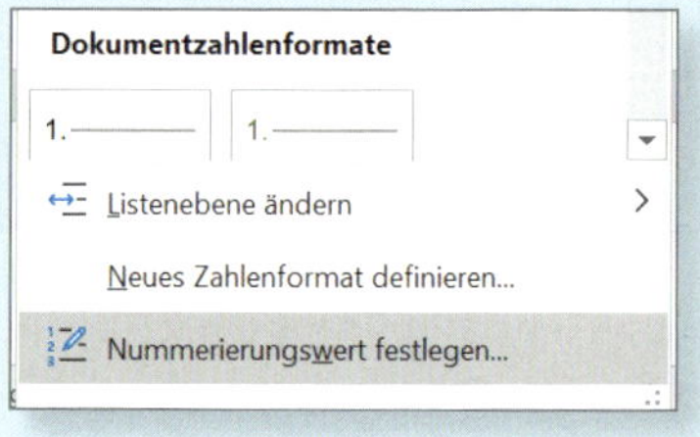

Schritt 5

Im Dialog aktivieren Sie je nach Wunsch die Option **Neue Liste beginnen** oder **Vorherige Liste fortsetzen**. Mit aktivierter ersten Option könnten Sie hier auch einen anderen Anfangswert für die Nummerierung festlegen ❷.

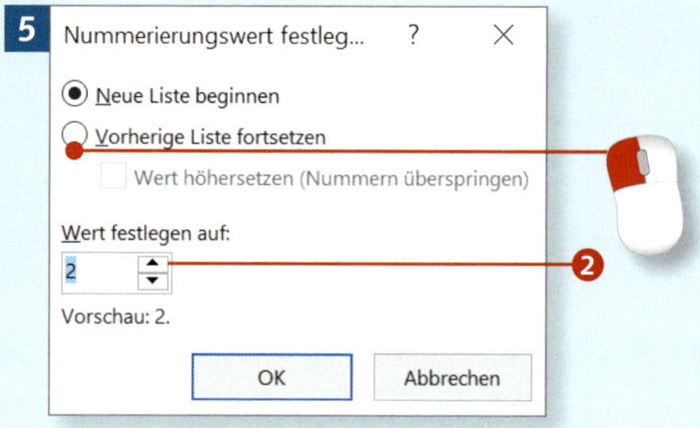

Schritt 6

Auch über das Kontextmenü können Sie steuern, ob eine Nummerierung fortgesetzt werden soll oder nicht. Klicken Sie die Nummerierung mit der rechten Maustaste an, und wählen Sie die gewünschte Option.

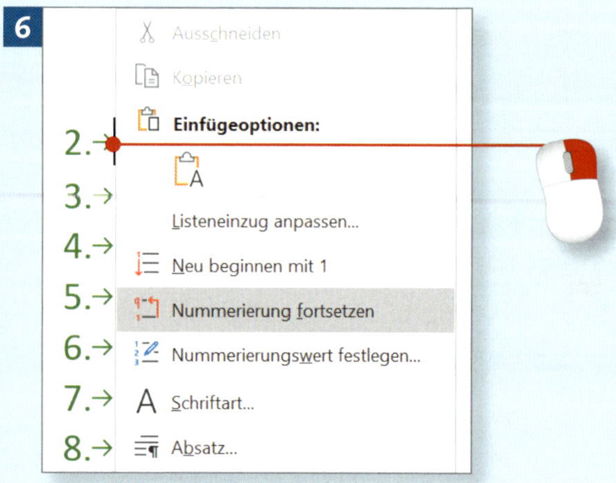

Word hört nicht immer

Mitunter ignoriert Word die Ansage, dass die Nummerierung fortgesetzt werden soll, wenn Sie diese Option – wie in Schritt 5 beschrieben – im Dialog wählen. Nutzen Sie dann das Kontextmenü.

Aufzählungszeichen einfügen und ändern

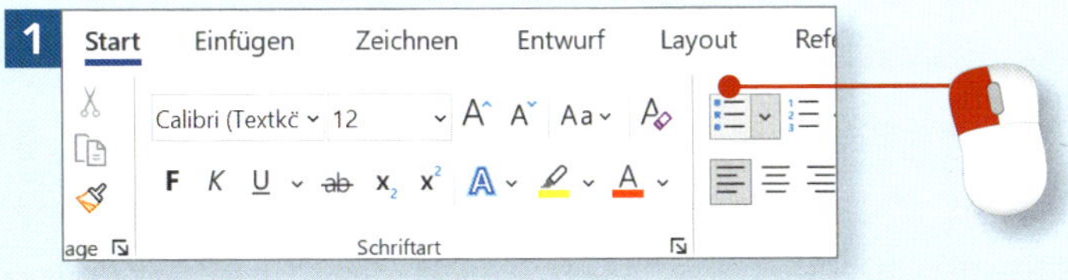

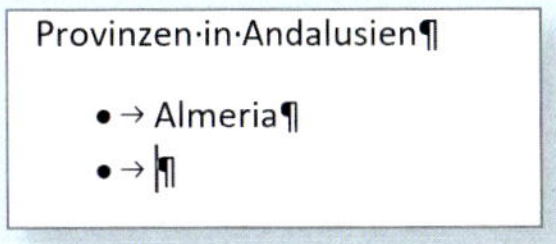

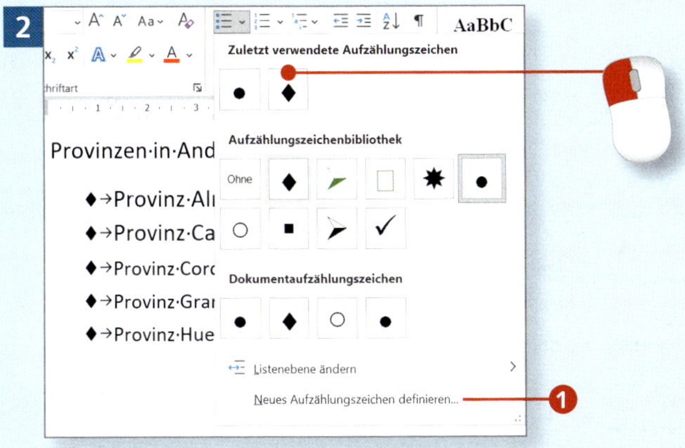

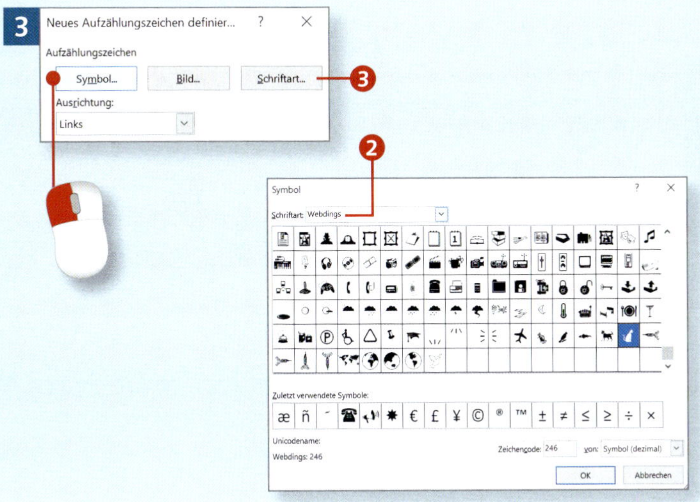

Auch Aufzählungszeichen strukturieren einen Text bzw. eine Liste. Ähnlich wie Nummerierungen lassen sie sich per Mausklick zuweisen.

Schritt 1

Auf der Registerkarte **Start** finden Sie die Schaltfläche **Aufzählungszeichen**. Damit weisen Sie dem Absatz, in dem der Cursor steht, das zuletzt verwendete Aufzählungszeichen zu. Der nächste Punkt erscheint, sobald Sie [↵] drücken.

Schritt 2

Um ein anderes Aufzählungszeichen einzufügen, klicken Sie auf den Pfeil an der Schaltfläche **Aufzählungszeichen**. Wählen Sie per Mausklick ein Zeichen aus der **Aufzählungszeichenbibliothek**, sofern diese nicht leer ist. (In ihr werden die zuletzt genutzten Zeichen gesammelt.)

Schritt 3

Um aus einem großen Angebot wählen zu können, klicken Sie auf **Neues Aufzählungszeichen definieren** ❶ und im zugehörigen Dialog auf die Schaltfläche **Symbol**. Der Dialog **Symbol** bietet dann je nach eingestellter Schriftart ❷ eine Fülle unterschiedlichster Zeichen.

Schritt 4

Um die Aufzählungszeichen zu formatieren (größer, kleiner, farbig etc.), klicken Sie im Dialog **Neues Aufzählungszeichen definieren** auf **Schriftart** (❸ im Bild zu Schritt 3). Nehmen Sie im zugehörigen Dialog die gewünschten Einstellungen vor, und bestätigen Sie sie mit **OK**.

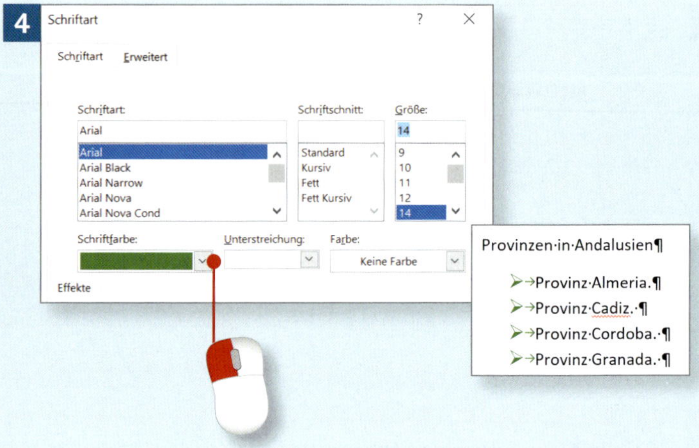

Schritt 5

Um bestimmte Zeilen der Auflistung als Unterpunkte weiter einzurücken, klicken Sie im Menü der Schaltfläche **Aufzählung** auf **Listenebene ändern**. Im Untermenü wählen Sie die gewünschte Ebene.

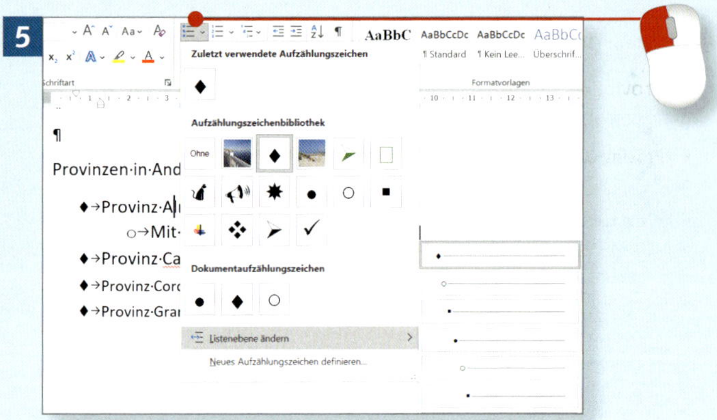

Schritt 6

Um die Aufzählungszeichen wieder zu löschen, markieren Sie die Liste und klicken erneut auf die Schaltfläche **Aufzählungszeichen**. Der Einzug bleibt allerdings erhalten.

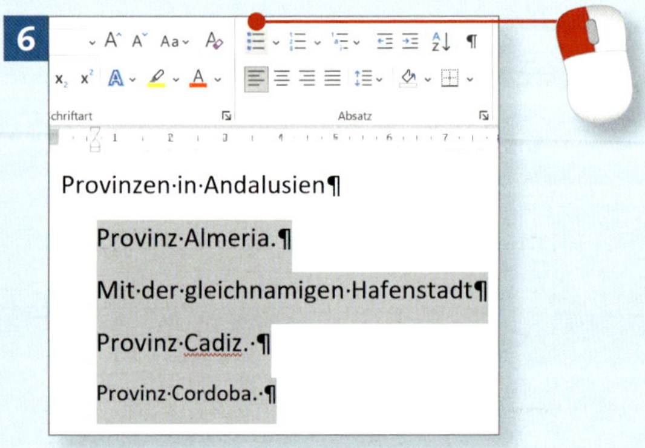

Grafische Symbole

Besondere Symbole finden Sie vor allem in den Schriftarten *Wingdings* und *Webdings*.

Listen mit mehreren Ebenen

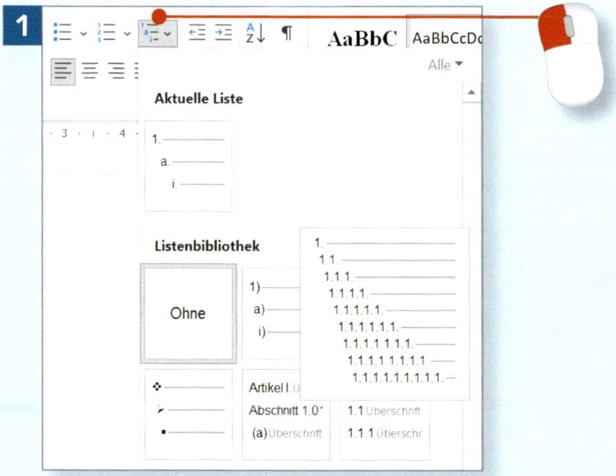

Word bietet auch die Möglichkeit, Text und Gliederungen so zu strukturieren, wie es oft in wissenschaftlichen Texten erforderlich ist. Üblich ist die dezimale Gliederung nach dem Muster 1., 1.1, 1.2, 1.3 etc.

Schritt 1

Wenn Sie eine dezimale Gliederung verwenden möchten, klicken Sie auf der Registerkarte **Start** auf **Liste mit mehreren Ebenen** und wählen eine Option aus der **Listenbibliothek**.

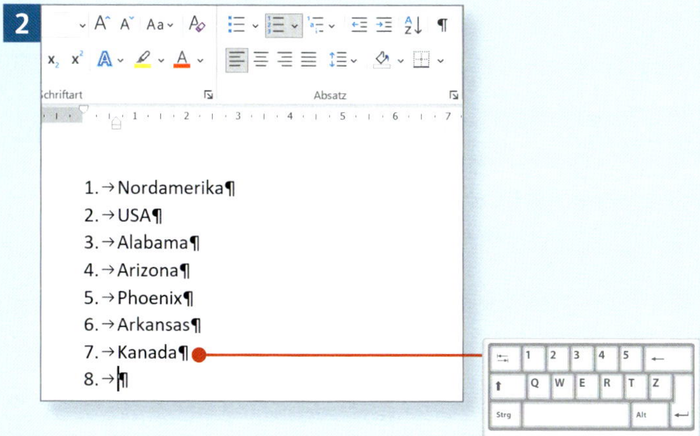

Schritt 2

Geben Sie die Überschriften ein, und drücken Sie dazwischen immer ↵. Zunächst stehen alle Punkte nummeriert untereinander. Im Menüband wird die Schaltfläche **Nummerierung** hervorgehoben.

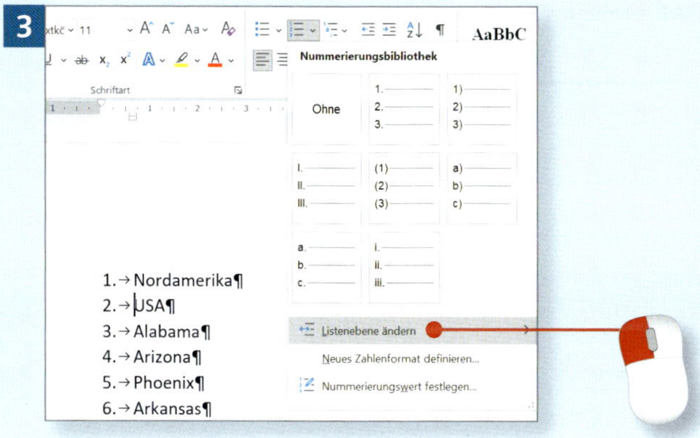

Schritt 3

Danach beginnen Sie, die Überschriften hierarchisch zu gliedern. Setzen Sie den Cursor in die Zeile mit der zweiten Überschrift, und klicken Sie im Menü auf **Listenebene ändern**.

Schritt 4

Im Untermenü wählen Sie die Ebene **1.1**, um die Überschrift eine Ebene herunterzustufen. Falls die nächste Überschrift eine Überschrift der gleichen Hierarchiestufe ist, wiederholen Sie den Schritt. Diese Überschrift wird dann mit der Nummer 1.2 versehen.

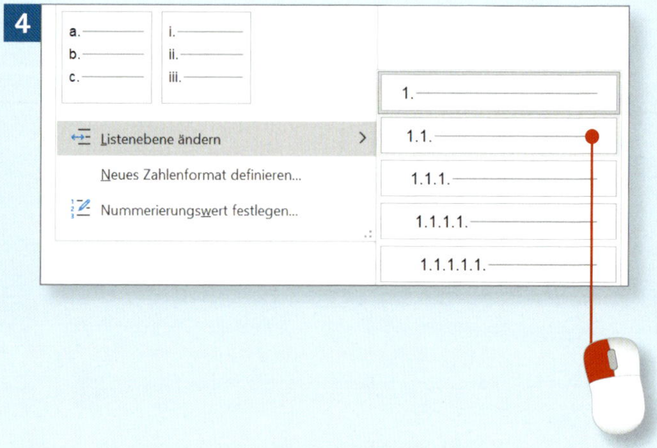

Schritt 5

Wenn die folgende Überschrift ein Unterpunkt von 1.1 ist, öffnen Sie das Menü erneut und wählen die nächste Ebene. Klicken Sie also auf **1.1.1**. Die Überschrift wird eingerückt und erhält die Nummer 1.1.1.

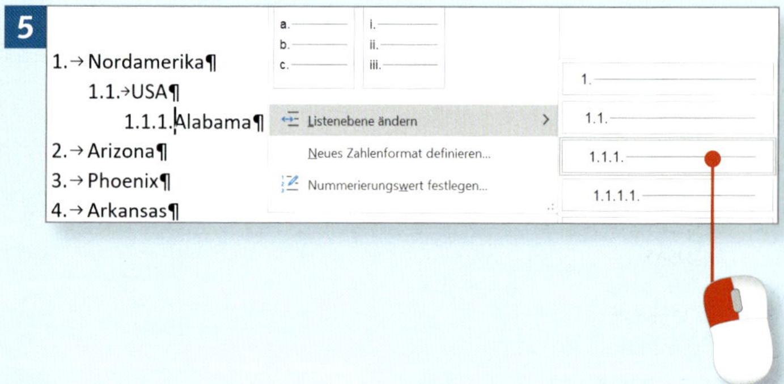

Schritt 6

Auf diese Weise strukturieren Sie die gesamte Gliederung. Die jeweilige Hierarchie können Sie auch mithilfe der Schaltflächen **Einzug verkleinern** und **Einzug vergrößern** ❶ ändern.

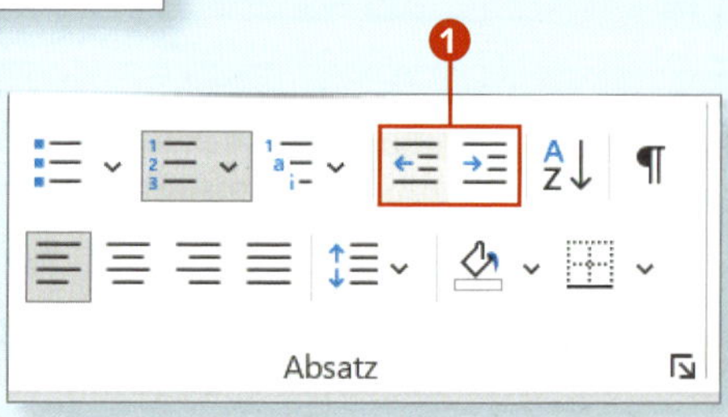

Neu strukturieren

Falls Sie sich bezüglich der gewählten Hierarchie nicht sicher sind, können Sie alles rückgängig machen. Markieren Sie den gesamten Text, und wählen Sie im Menü **Listenebene ändern** den Eintrag **1.** aus.

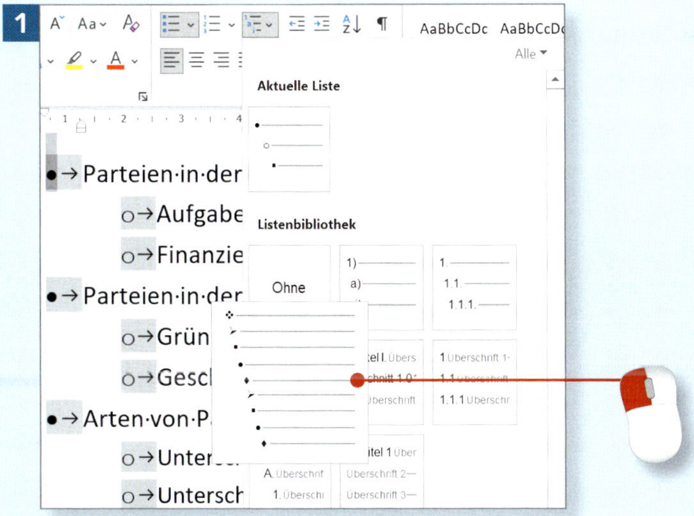

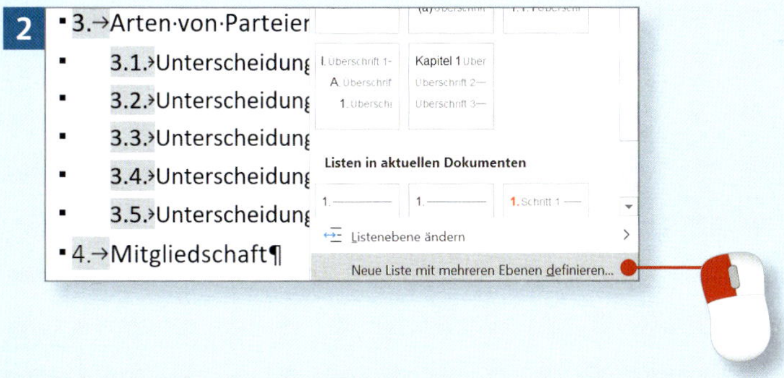

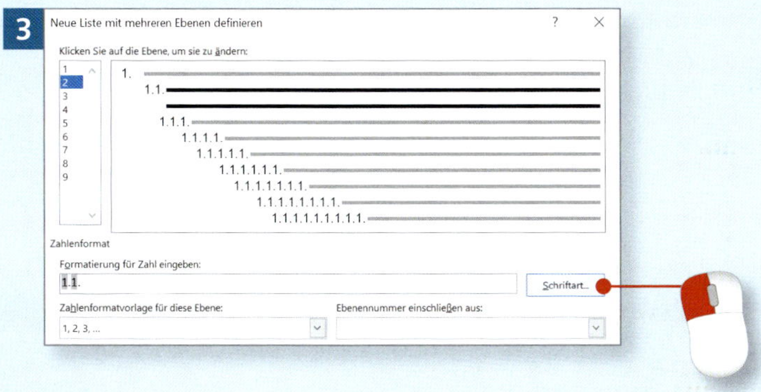

Wenn Ihnen die Angebote in der Listenbibliothek nicht ausreichen, können Sie Ihre Listen an Ihre Anforderungen anpassen. Die neu formatierten Listen werden im Bereich »Listen im aktuellen Dokument« im Listen-Menü angezeigt.

Schritt 1

Sie können auch das Layout Ihrer Gliederung bearbeiten. Einige Möglichkeiten bietet das Menü der Schaltfläche **Liste mit mehreren Ebenen** auf der Registerkarte **Start**. Setzen Sie den Cursor einfach irgendwo in den Text, und treffen Sie im Bereich **Listenbibliothek** Ihre Auswahl.

Schritt 2

Um das Aussehen einzelner Zeilen oder Ebenen zu ändern, setzen Sie den Cursor in die betreffende Zeile und wählen **Liste mit mehreren Ebenen ▸ Neue Liste mit mehreren Ebenen definieren**.

Schritt 3

Im gleichnamigen Dialog klicken Sie auf **Schriftart**, wenn Sie die Formatierung der Zahlen dieser Ebene bearbeiten möchten (Farbe, Schriftgröße, Schriftart etc.).

Schritt 4

Im Dialog **Schriftart** nehmen Sie die gewünschten Einstellungen vor. Sie können also z. B. die Schrift selbst, ihre Größe oder ihre Farbe ändern. Die Einstellungen wirken sich nach zwei Klicks auf **OK** auf alle Texte der aktuellen Ebene aus.

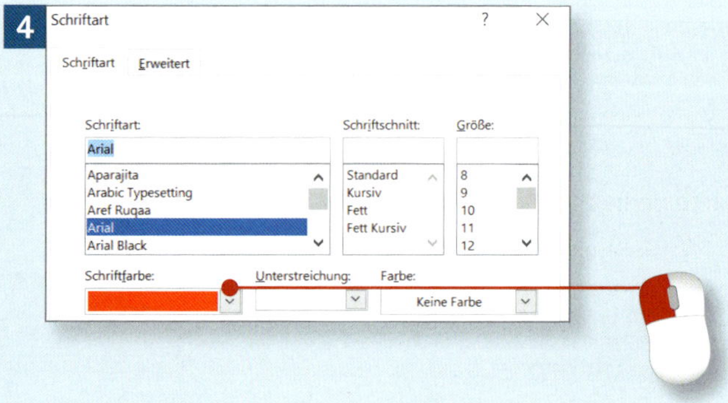

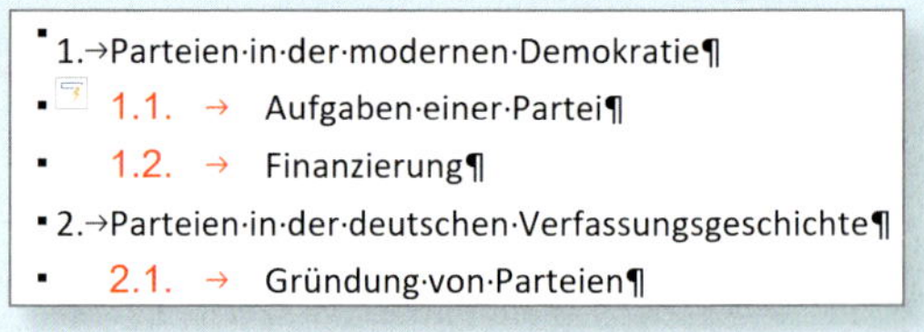

Schritt 5

Die Einzüge der jeweiligen Listenebene können Sie ebenfalls ändern. Im Dialog **Neue Liste mit mehreren Ebenen definieren** legen Sie im Bereich **Position** fest, an welcher Stelle die Nummerierung (**Ausrichtung**) und wo der nachfolgende Text (**Texteinzug bei** ❶) beginnt. Beide Werte werden vom Seitenrand aus gemessen.

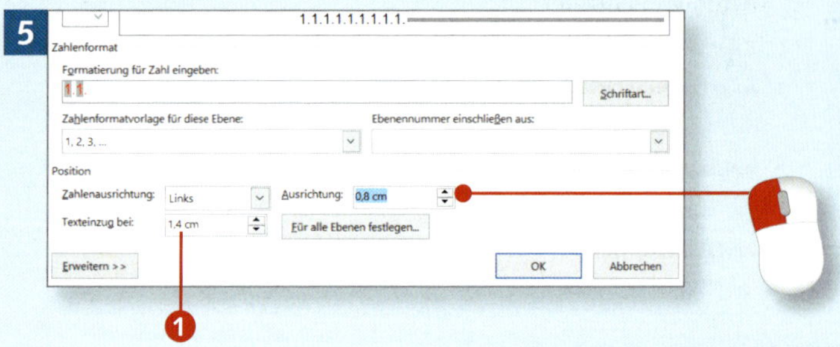

Schritt 6

Um die Formatierung für mehrere Ebenen vorzunehmen, müssen Sie den Dialog nicht jedes Mal schließen, um den Cursor neu zu positionieren. Sie können die zu formatierende Ebene oben links im Dialog auswählen. In der Vorschau rechts wird die ausgewählte Ebene hervorgehoben.

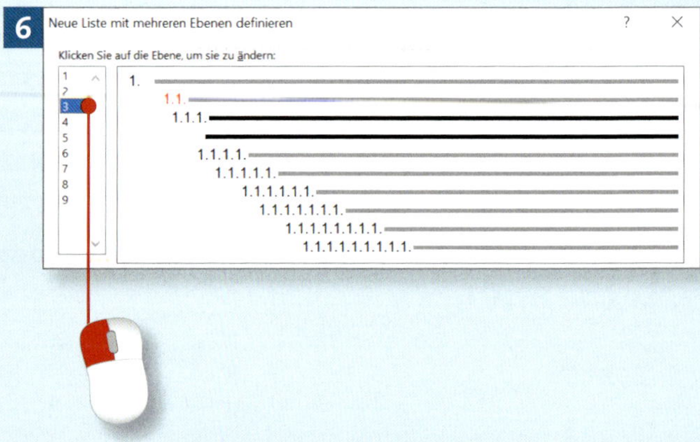

Überschriften durchzählen

Wenn Sie die Listenfunktion für die Nummerierung von Überschriften einsetzen möchten, können Sie auf vorgefertigte Formate zurückgreifen oder eine bestehende Liste anpassen.

1

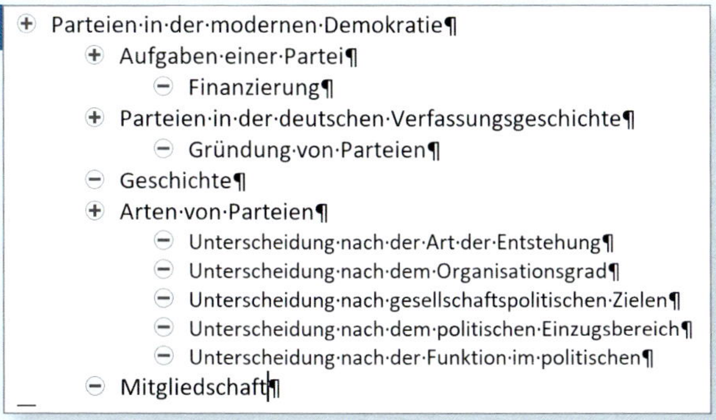

Schritt 1

Wenn Sie Ihren Text geschrieben und die Überschriften mit den Formatvorlagen **Überschrift 1**, **Überschrift 2** etc. formatiert haben, reichen wenige Mausklicks, um die Nummerierung für alle Überschriften zu übernehmen. Die Abbildung zeigt das Dokument in der Gliederungsansicht.

2

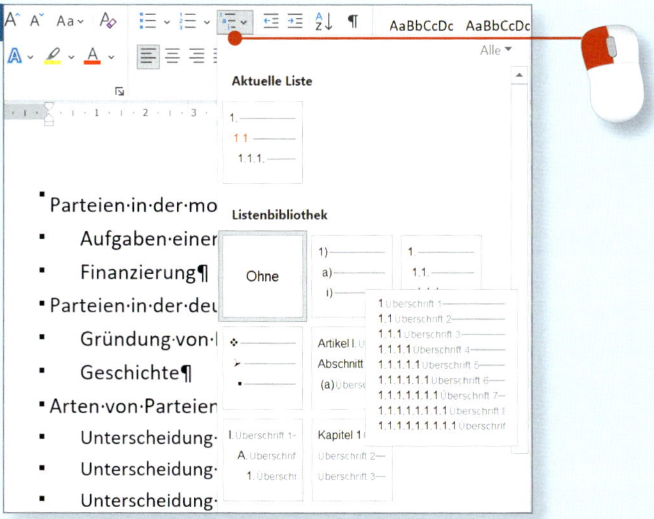

Schritt 2

Verlassen Sie die Gliederungsansicht, und klicken Sie auf der Registerkarte **Start** auf die Schaltfläche **Liste mit mehreren Ebenen**. In der Listenbibliothek wählen Sie eine Variante, in der die Bezeichnung **Überschrift** auftaucht.

3

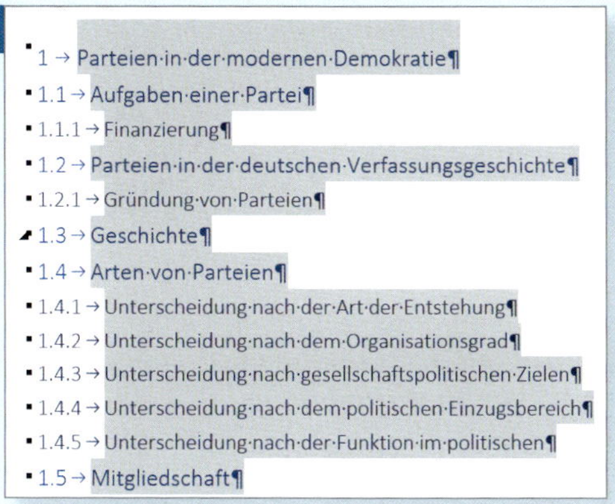

Schritt 3

Alle Überschriften, deren Formatvorlagen in die Listendefinition aufgenommen sind, werden jetzt mit der Nummerierung versehen.

Schritt 4

Wenn Sie jetzt eine neue Überschrift schreiben und ihr die entsprechende Formatvorlage zuweisen, z. B. **Überschrift 2** ❶, wird automatisch die Nummerierung der gewählten Liste angewandt.

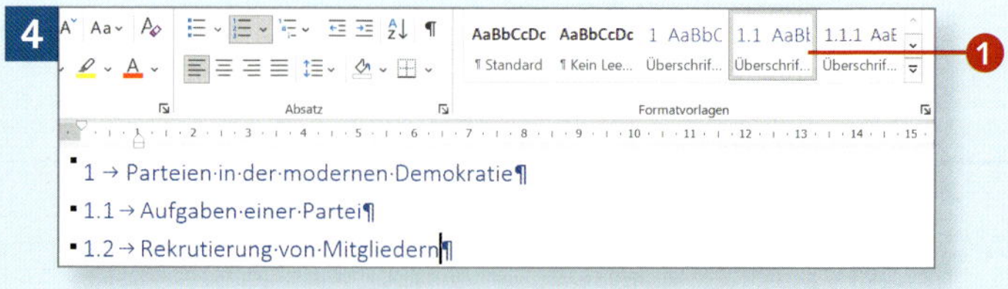

Schritt 5

Um eine eigene Formatliste zu erstellen, wählen Sie im Menü der Schaltfläche **Liste mit mehreren Ebenen** den Punkt **Neue Liste mit mehreren Ebenen definieren** (siehe Seite 158). Erweitern Sie den Dialog mit einem Klick auf **Erweitern**.

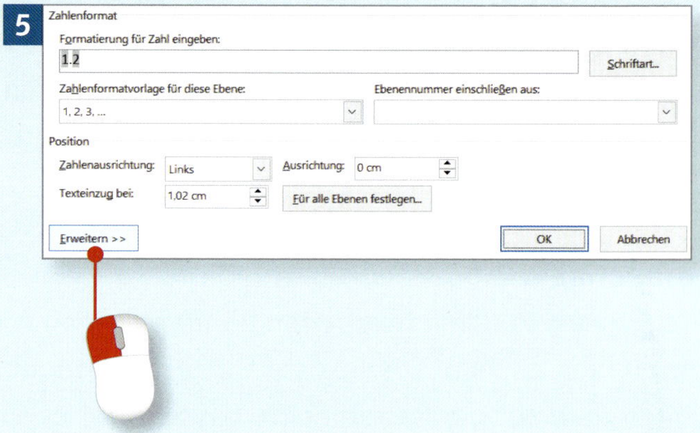

Schritt 6

Wählen Sie links oben im Dialog zunächst eine Ebene aus. Im Feld **Verbinden mit Formatvorlage** ❷ legen Sie fest, welche Formatvorlage nummeriert werden soll. Dann geben Sie die Nummerierung vor ❸. Wiederholen Sie das für alle Ebenen Ihrer Liste. Ab der zweiten Ebene müssen Sie mithilfe der Felder **Formatierung für Zahl eingeben** ❹ und **Ebenennummer einschließen aus** ❺ die Nummern der übergeordneten Ebenen aufnehmen.

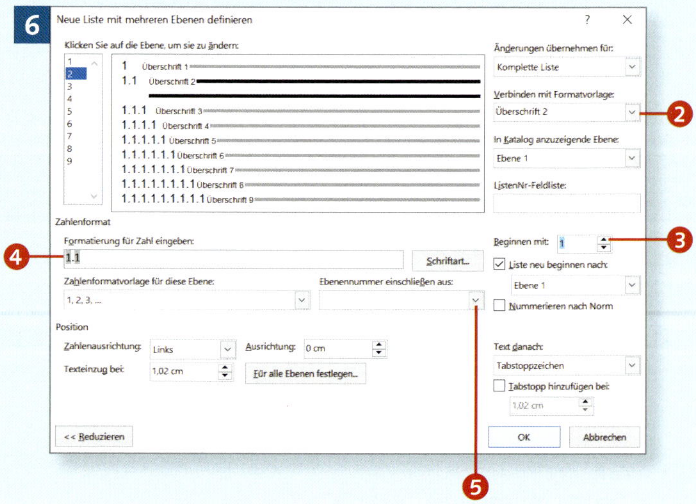

Kapitel 8
Tabellen erstellen und bearbeiten

Auch wenn in Word die Arbeit mit Tabellen nicht vorrangig ist, bietet das Programm natürlich diese Möglichkeit. Wie Sie Tabellen in Ihr Dokument einfügen und anschaulich gestalten, zeigen wir Ihnen in diesem Kapitel.

Erstellen oder übernehmen?
Es könnte kaum leichter sein, eine Tabelle einzufügen, denn es geschieht über zwei einfache Mausklicks. Sie können auch Excel-Tabellen mit Word verknüpfen oder aus Text eine Tabelle machen.

In Form bringen
Damit Sie Ihre Tabellen bearbeiten können, zeigen wir Ihnen, wie Sie Zeilen und Spalten ergänzen und löschen. Die Registerkarte **Tabellenentwurf** bietet zahlreiche Gestaltungsoptionen, und auf der Registerkarte **Layout** gibt es spezielle Tabellenformatvorlagen für eilige Fälle.

Eine Tabelle in Word 2021 einzufügen ist ganz einfach. Nur zwei Mausklicks, und die Tabelle steht.

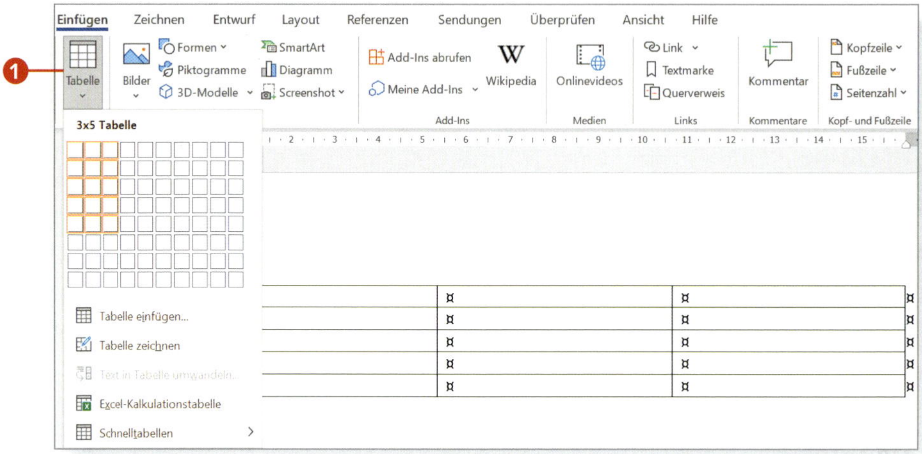

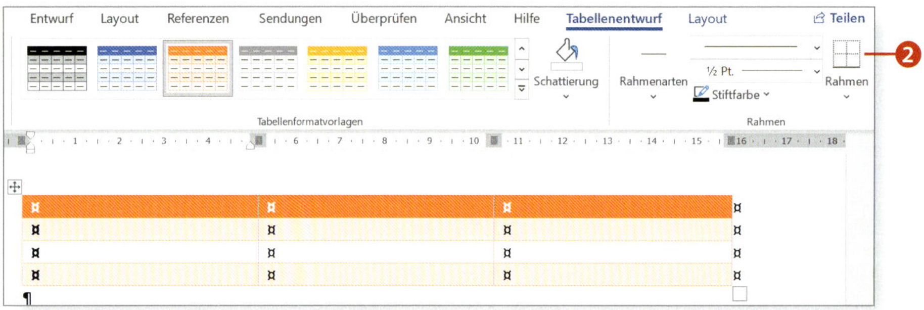

Das Aussehen der Tabelle können Sie vielfältig gestalten. Dazu finden Sie auf der Registerkarte **Tabellenentwurf** zahlreiche Gestaltungsoptionen.

Eine Tabelle per Klick erzeugen

1
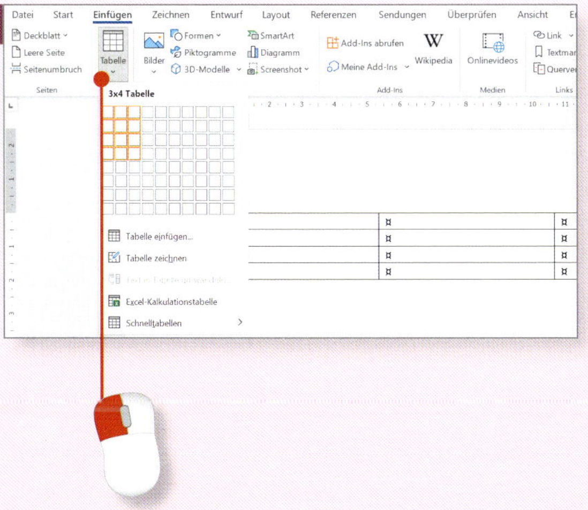

2
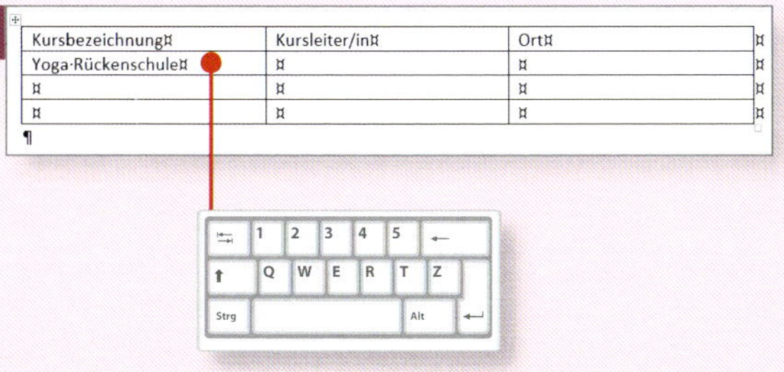

3
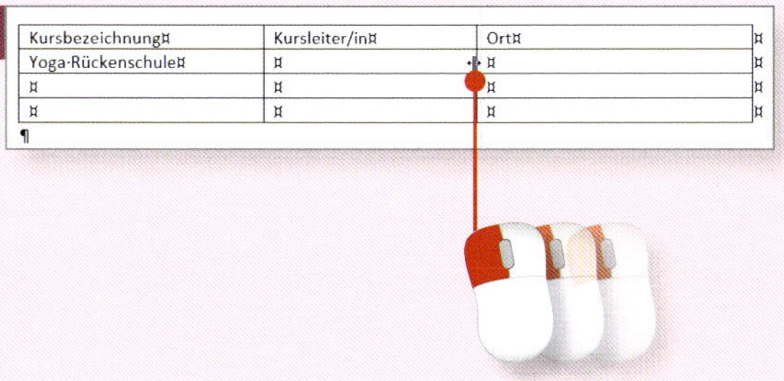

Sollen Texteinträge geordnet untereinander und nebeneinander in Spalten und Zeilen stehen, sind Tabellen dafür das geeignete Mittel. Sie lassen sich blitzschnell einfügen!

Schritt 1

Klicken Sie auf der Registerkarte **Einfügen** auf die Schaltfläche **Tabelle**. Fahren Sie im Menü über die Anzahl der Spalten und Zeilen, die Sie einfügen möchten (die Kästchen werden farbig umrandet), und klicken Sie darauf.

Schritt 2

Sie können also sofort losschreiben. Mit ↹ oder → springen Sie bequem in die nächste Zelle. Sie können aber auch die Maus benutzen oder – bei einem Touchbildschirm – einfach die Zelle antippen.

Schritt 3

Um die Spaltenbreite zu verändern, führen Sie den Mauszeiger an die vertikale Linie zwischen zwei Spalten. Der Mauszeiger verwandelt sich in einen Strich mit zwei Pfeilen. Ziehen Sie die Linie nach links oder rechts. Genauso verändern Sie die Zeilenhöhe, nur dass Sie hier an der horizontalen Linie ziehen.

Tabelleneigenschaften aufrufen

Den Dialog **Tabelleneigenschaften** können Sie auf verschiedenen Wegen aufrufen. Zum Beispiel finden Sie auch im Kontextmenü der Tabelle den Eintrag **Tabelleneigenschaften**.

Schritt 4

Sie können auch eine exakte Spaltenbreite und Zeilenhöhe eingeben. Auf der Registerkarte **Layout** (eingeblendet, wenn der Cursor in der Tabelle steht) sehen Sie die Felder **Tabellenzeilenhöhe** und **Tabellenspaltenbreite** ❶. Hier können Sie die Maße für die Zeile oder Spalte eingeben, in der der Cursor steht.

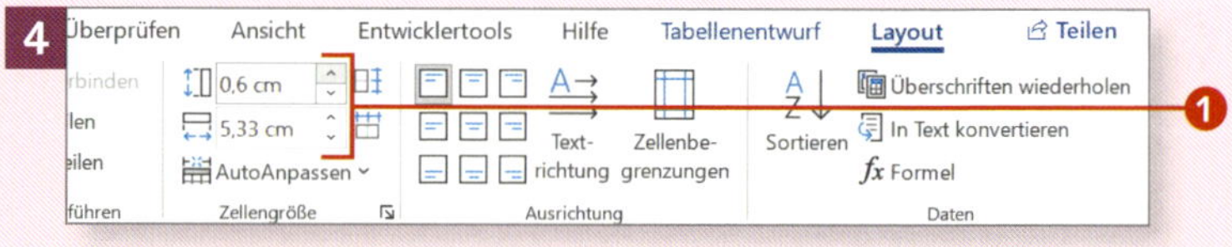

Schritt 5

In der Standardeinstellung werden Tabellen mit fester Spaltenbreite eingefügt, längerer Text wird umbrochen. Man kann die Spaltenbreite aber bis zu einem gewissen Grad auch an den Text anpassen. Dazu klicken Sie auf der Registerkarte **Layout** auf **AutoAnpassen ▸ Automatisch an Inhalt anpassen**.

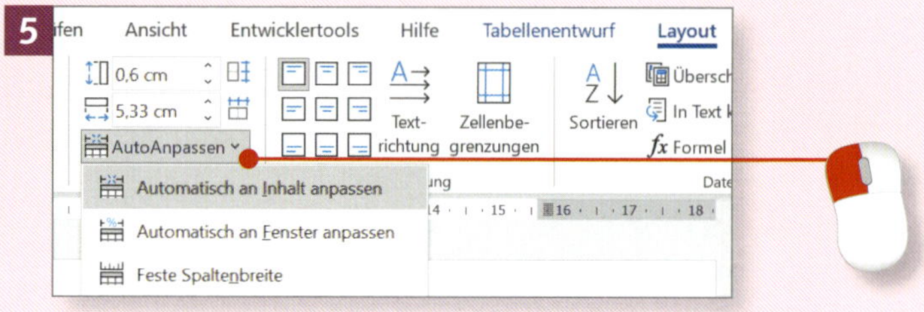

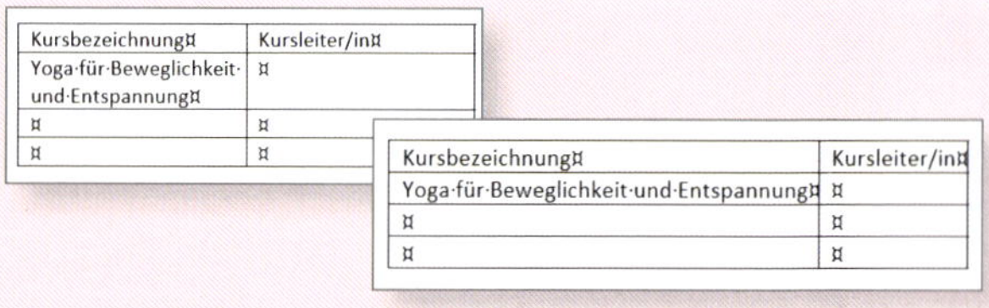

Schritt 6

Spaltenbreite, Zeilenhöhe sowie die Ausrichtung der Tabelle und des Textes in einer Tabelle lassen sich auch in einem Rutsch im Dialog **Tabelleneigenschaften** festlegen. Klicken Sie links auf der Registerkarte **Layout** auf **Eigenschaften**. Im Dialog **Tabelleneigenschaften** wechseln Sie zwischen den benötigten Registerkarten ❷.

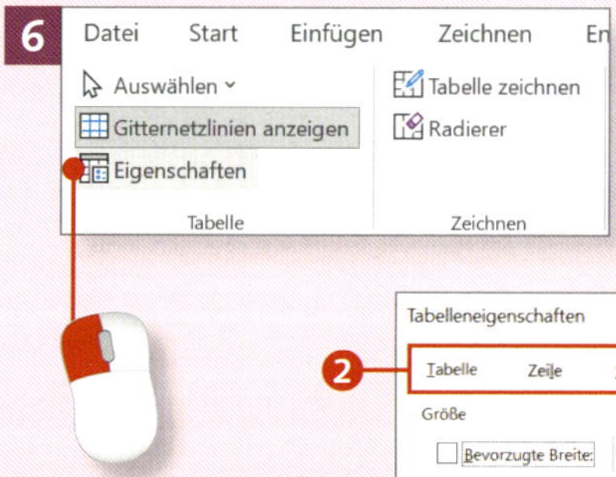

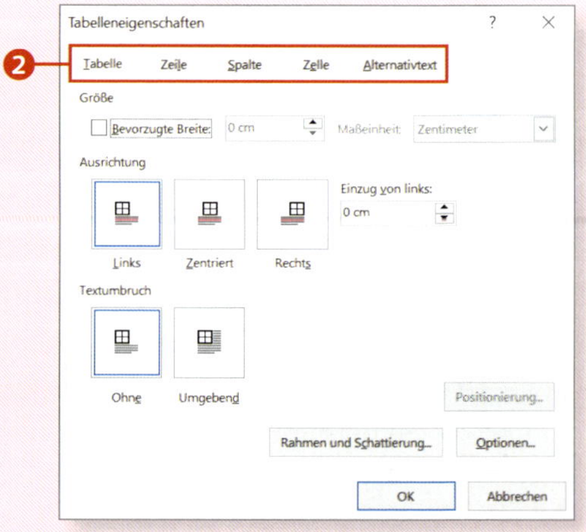

Zeilen und Spalten einfügen und löschen

1

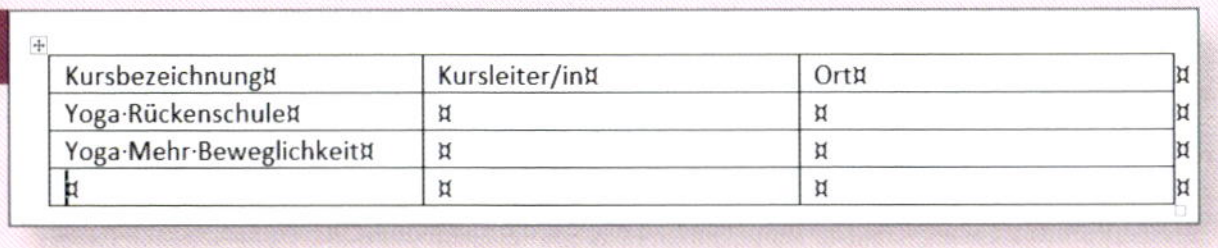

2

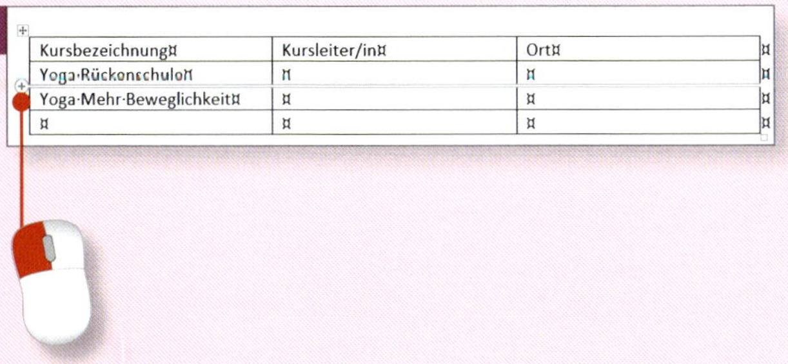

3

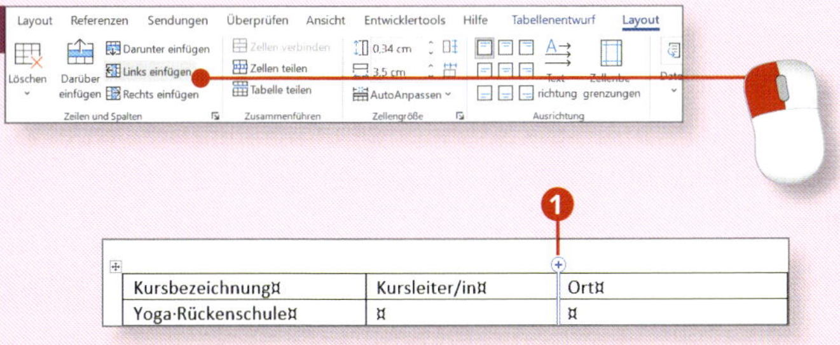

Sie haben eine Tabelle eingefügt und brauchen später doch mehr Spalten und/oder Zeilen? Das ist kein Grund, eine neue Tabelle einzufügen – ergänzen Sie einfach die vorhandene.

Schritt 1

Es ist ganz leicht, die Tabelle durch weitere Zeilen zu verlängern. Setzen Sie den Cursor in die letzte Zelle der Tabelle, und drücken Sie [Tab]. Dadurch erzeugen Sie eine weitere Tabellenzeile.

Schritt 2

Brauchen Sie eine neue Zeile mitten in der Tabelle, zeigen Sie mit der Maus auf den linken Rand der Zeile, *unter* der Sie eine Zeile einfügen möchten. Es erscheint eine Linie mit einem Pluszeichen. Klicken Sie darauf, wird eine Zeile eingefügt.

Schritt 3

Fehlt eine Spalte, setzen Sie den Cursor in die Spalte, *neben* der Sie eine Spalte einfügen möchten. Klicken Sie dann auf der Registerkarte **Layout** z. B. auf **Links einfügen**. Sie können auch die Linie mit dem Pluszeichen verwenden (1): Zeigen Sie mit der Maus auf den oberen Rand einer vertikalen Linie.

Zeilen einfügen

Sie können natürlich auch Zeilen oberhalb und unterhalb der Tabelle einfügen. Setzen Sie den Cursor in die Zeile, über oder unter der Sie eine Zeile einfügen möchten, und klicken Sie auf der Registerkarte **Tabellentools/Layout** z. B. auf **Darüber einfügen**.

Schritt 4

Es ist auch möglich, eine Zelle in weitere Spalten (oder Zeilen) aufzuteilen. Setzen Sie den Cursor in die Zelle, und klicken Sie auf **Zellen teilen**. Im Dialog geben Sie an, in wie viele Spalten (oder Zeilen) die Zelle unterteilt werden soll ❷.

4

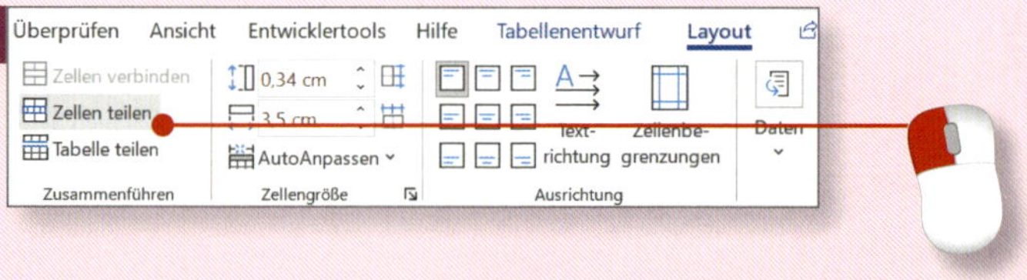

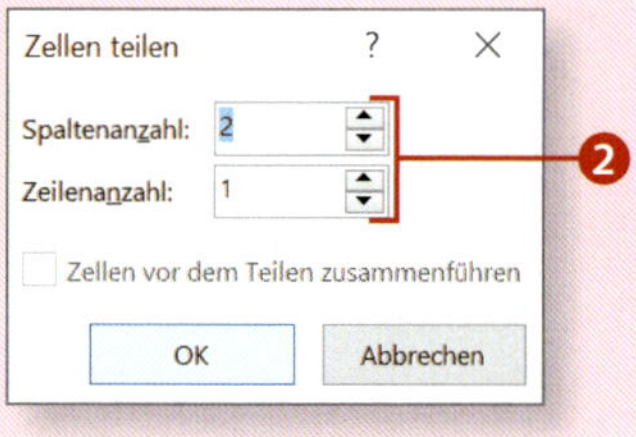

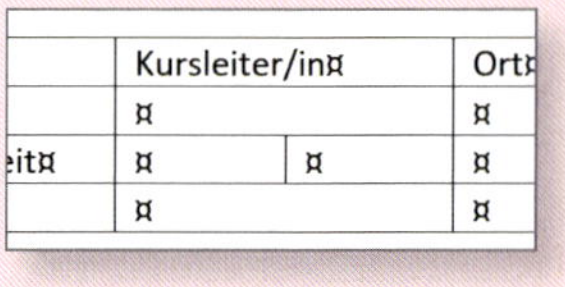

Schritt 5

Sie können Zeilen oder Spalten auch wieder loswerden. Platzieren Sie den Cursor entsprechend, und klicken Sie auf **Löschen**. Entscheiden Sie im Menü, was Sie löschen möchten, z. B. **Zeilen löschen**. Damit wird die Zeile gelöscht, in der der Cursor steht.

5

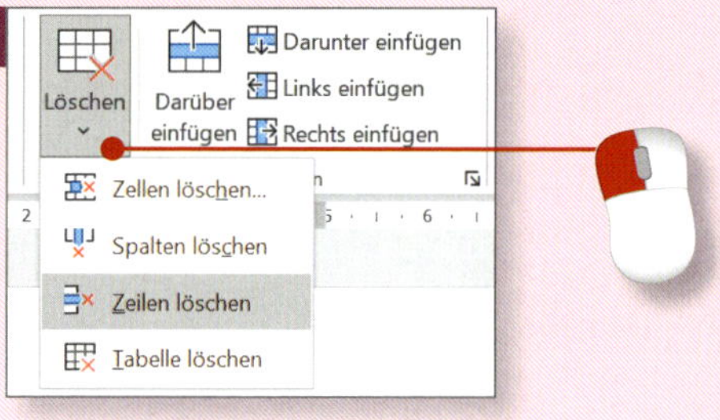

Schritt 6

Es gibt auch einen Radierer ❸, mit dem Sie löschen können, z. B. einzelne Linien zwischen den Zellen. Klicken Sie auf **Radierer**, und damit dann auf eine Linie.

6

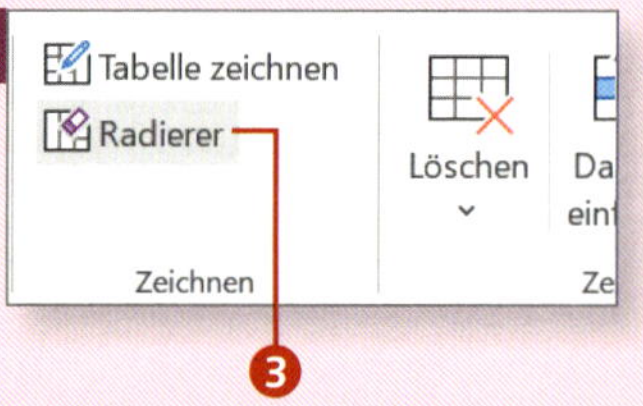

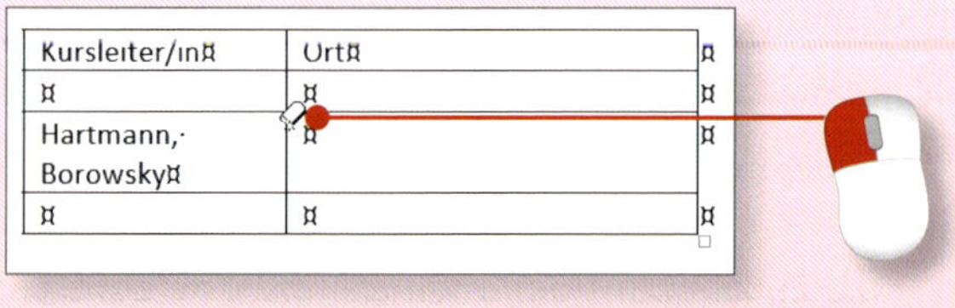

Tabellen in Tabellen

Sie können auch eine neue Tabelle in eine Zelle einfügen. Gehen Sie dabei genauso vor wie beim Einfügen von Tabellen (siehe den Abschnitt »Eine Tabelle per Klick erzeugen« auf Seite 164).

Die Tabelle formatieren

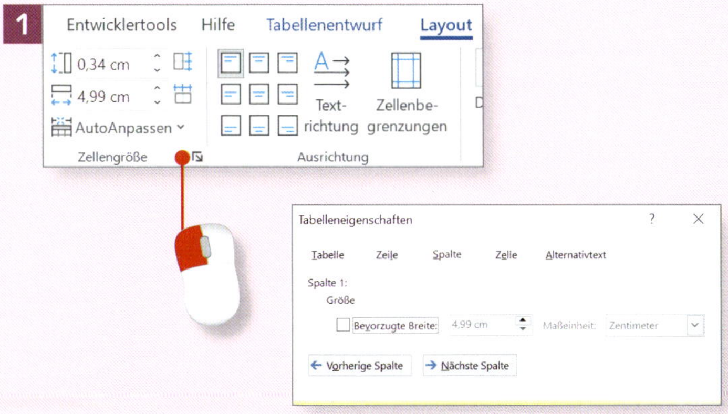

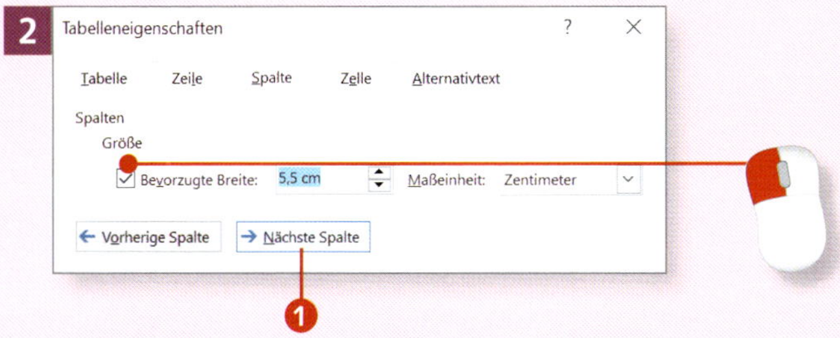

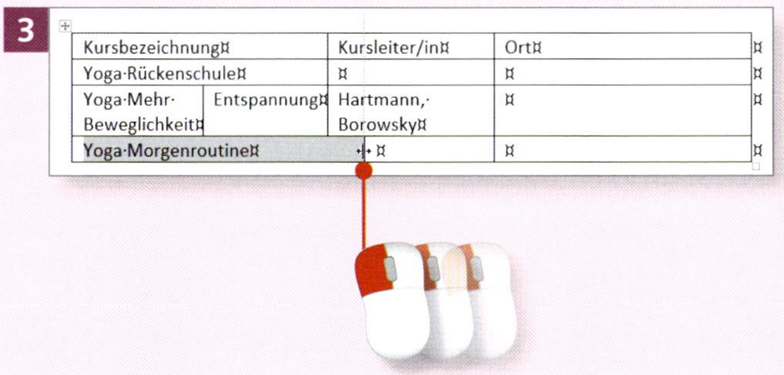

Tabellen lassen sich optisch auf vielerlei Art und Weise gestalten. Aus einer schlichten Tabelle kann mit wenigen Handgriffen ein eindrucksvolles Werk werden.

Schritt 1

Um die Breite der Spalten nicht »Pi mal Daumen« mit der Maus, sondern exakt festzulegen, klicken Sie auf der Registerkarte **Layout** auf den Pfeil an der Gruppe **Zellengröße** und öffnen so den Dialog **Tabelleneigenschaften**.

Schritt 2

Auf der Registerkarte **Spalte** haken Sie die Option **Bevorzugte Breite** an und geben im Feld daneben das gewünschte Maß ein. Dann klicken Sie auf die Schaltfläche **Nächste Spalte** ❶ und geben das Maß für diese Spalte ein etc.

Schritt 3

Wenn Sie eine Spalte verbreitern und dazu mit gedrückter Maustaste an der vertikalen Linie ziehen, wird die gesamte Spalte verbreitert. Um die Breite einer einzigen Zelle zu vergrößern, müssen Sie die Zelle zunächst markieren. Dann ziehen Sie an der Linie.

Text in Tabellen formatieren

Den Text in Tabellen können Sie natürlich auch formatieren. Dazu markieren Sie den Text und nutzen die üblichen Formatierungsbefehle.

Schritt 4

Farbige Hintergründe für einzelne Zellen weisen Sie zu, indem Sie auf der Registerkarte **Tabellenentwurf** eine Farbe im Menü **Schattierung** wählen. Sollen ganze Spalten oder Zeilen eingefärbt werden, müssen Sie sie vorher markieren.

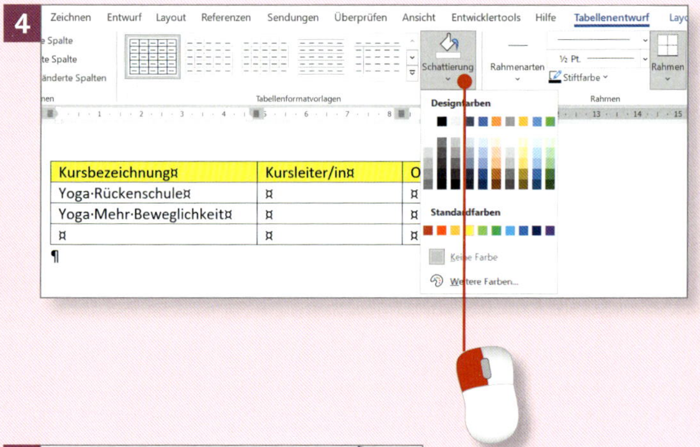

Schritt 5

Die eingefügte Tabelle hat Rahmenlinien innen und außen. Sie können diese Rahmenlinien komplett oder teilweise entfernen. Alle Rahmenlinien werden unsichtbar, wenn Sie die Tabelle markieren und auf **Rahmen ▸ Kein Rahmen** klicken.

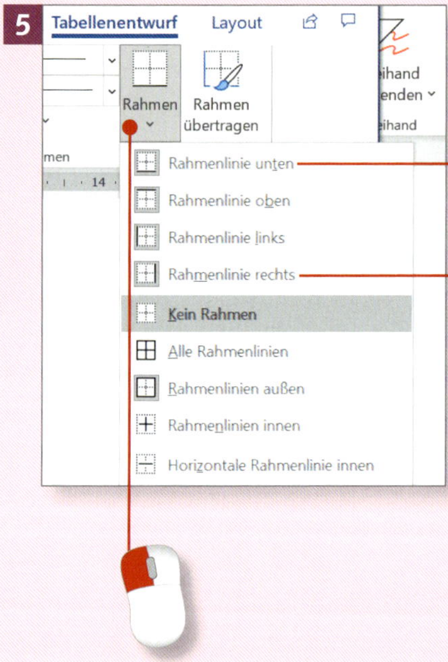

Schritt 6

Einzelne Linien setzen Sie folgendermaßen: Markieren Sie z. B. die oberste Zeile; klicken Sie auf **Rahmen ▸ Rahmenlinie unten** ❷. Markieren Sie die erste Spalte, und wählen Sie **Rahmenlinie rechts** ❸.

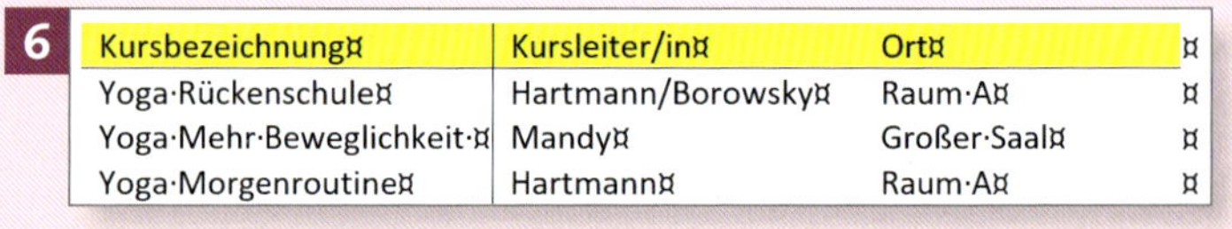

Kursbezeichnung¤	Kursleiter/in¤	Ort¤	¤
Yoga·Rückenschule¤	Hartmann/Borowsky¤	Raum·A¤	¤
Yoga·Mehr·Beweglichkeit·¤	Mandy¤	Großer·Saal¤	¤
Yoga·Morgenroutine¤	Hartmann¤	Raum·A¤	¤

Spalten/Zeilen markieren

Eine Spalte markieren Sie bequem, indem Sie mit der Maus auf den oberen Rand der Spalte zeigen (es erscheint ein kleiner schwarzer Pfeil) und dann klicken. Um eine Zeile zu markieren, zeigen Sie auf den linken Rand neben der Zeile.

Die Tabelle formatieren (Forts.)

7

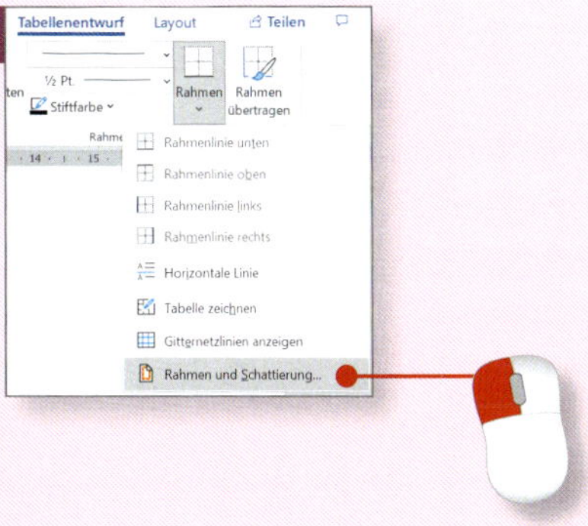

8

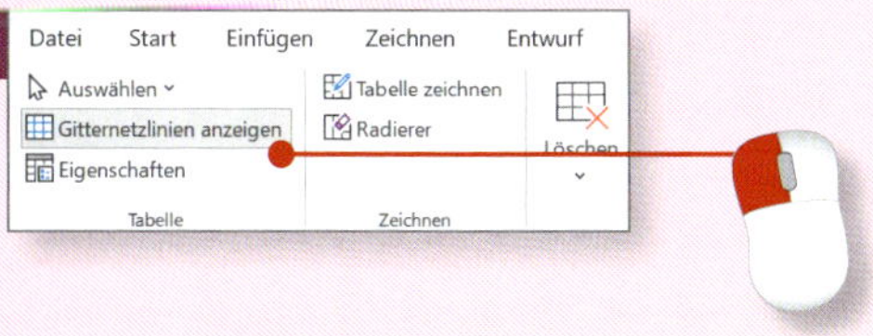

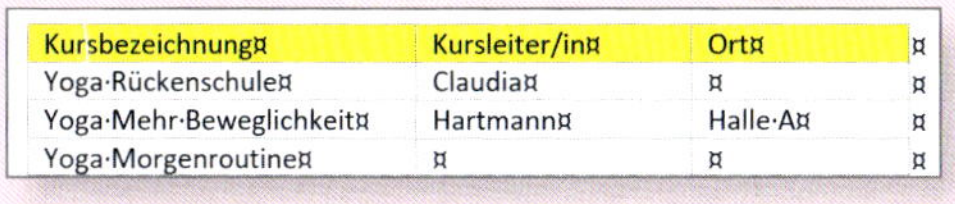

9

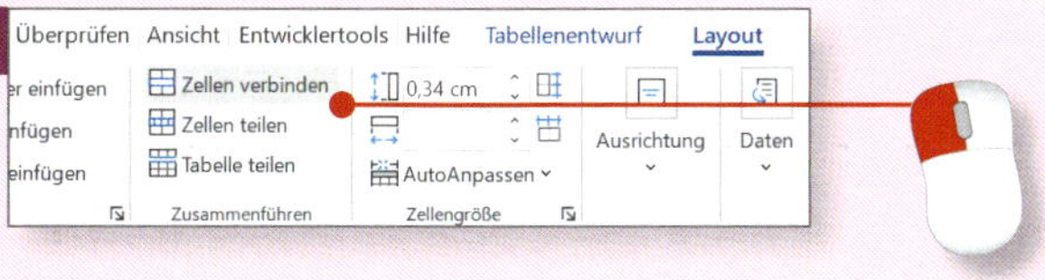

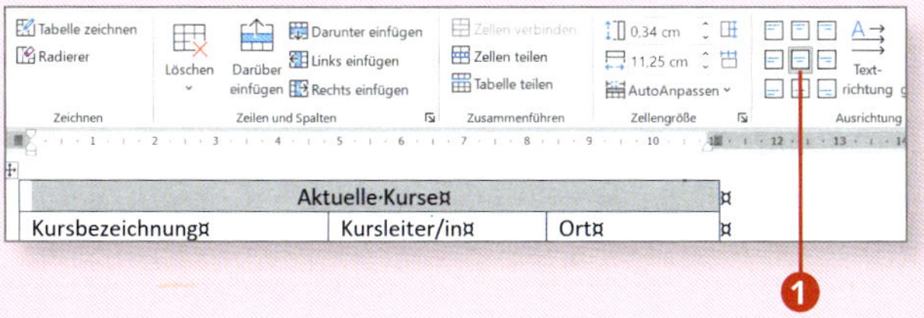

Schritt 7

Für farbige Rahmenlinien oder andere Stricharten öffnen Sie über **Rahmen ▸ Rahmen und Schattierung** den gleichnamigen Dialog. Hier können Sie eine Formatvorlage für die Linienart wählen sowie eine andere Farbe und die Breite der Linien anpassen (siehe Abschnitt »Rahmen und Linien um Texte setzen« auf Seite 102). Denken Sie daran, die Spalten/Zeilen zuvor zu markieren.

Schritt 8

Auch wenn Sie alle Rahmenlinien ausgeschaltet haben (siehe Schritt 5), ist die Arbeit in der Tabelle oft angenehmer, wenn weiterhin Linien sichtbar sind. Aktivieren Sie auf der Registerkarte **Layout** die Option **Gitternetzlinien anzeigen**. Die Gitternetzlinien sind nur auf dem Bildschirm zu sehen.

Schritt 9

In der ersten Zeile soll eine zentrierte Überschrift stehen? Markieren Sie die Zeile, und klicken Sie auf **Zellen verbinden**. Um nun den Text der Überschrift zu zentrieren, klicken Sie auf die Schaltfläche **Zentriert ausrichten** 1.

Designrahmen

Im Menü **Rahmenarten** (Registerkarte **Tabellenentwurf**) werden diverse Designrahmen angeboten. Nach Auswahl einer solchen Linienart wird der Mauszeiger zu einem Stift. Klicken Sie einfach an die Linien der Zellen, um die Formatierung zuzuweisen.

Schritt 10

Zwischen den Rahmenlinien der Zellen gibt es standardmäßig keinen Abstand. Möchten Sie einen Abstand einstellen, klicken Sie auf **Zellenbegrenzungen**.

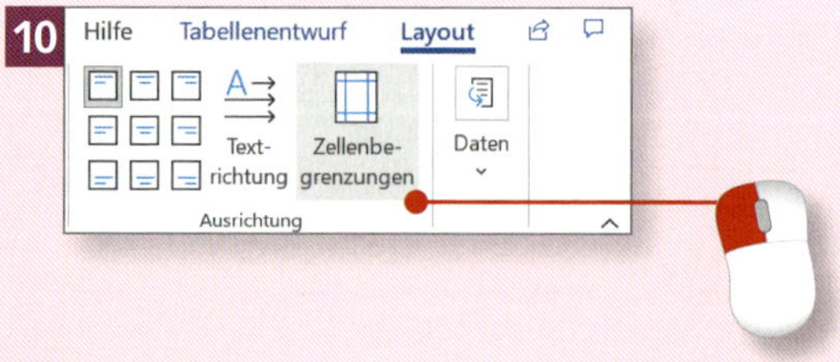

Schritt 11

Im Dialog **Tabellenoptionen** aktivieren Sie zunächst **Abstand zwischen Zellen zulassen**. Im Feld daneben geben Sie dann einen Wert für den Abstand ein, z. B. »0,1 cm«.

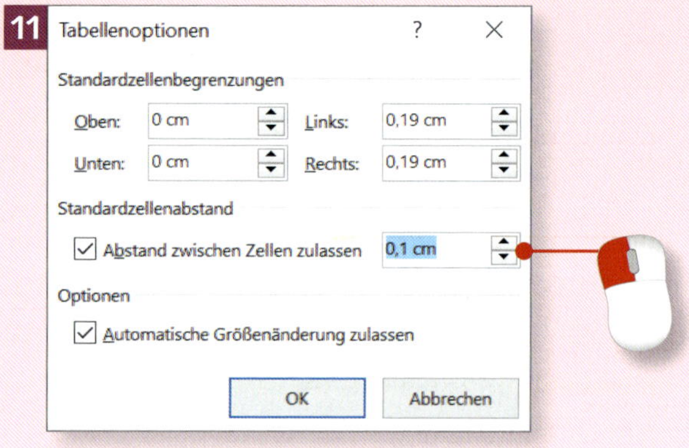

Aktuelle·Kurse¤		
Kursbezeichnung¤	Kursleiter/in¤	Ort¤
Yoga·Rückenschule¤	Claudia¤	¤
Yoga·Mehr·Beweglichkeit¤	Hartmann¤	Halle·A¤
Yoga·Morgenroutine¤	¤	¤

Schritt 12

Der Text in Zellen lässt sich unterschiedlich horizontal/vertikal ausrichten. Die entsprechenden Schaltflächen finden Sie in der Gruppe **Ausrichtung**. Standardmäßig ist **Oben links ausrichten** ❷ eingestellt. Wählen Sie z. B. **Zentriert ausrichten**. Damit rutscht der Text horizontal und vertikal in die Mitte der Zelle.

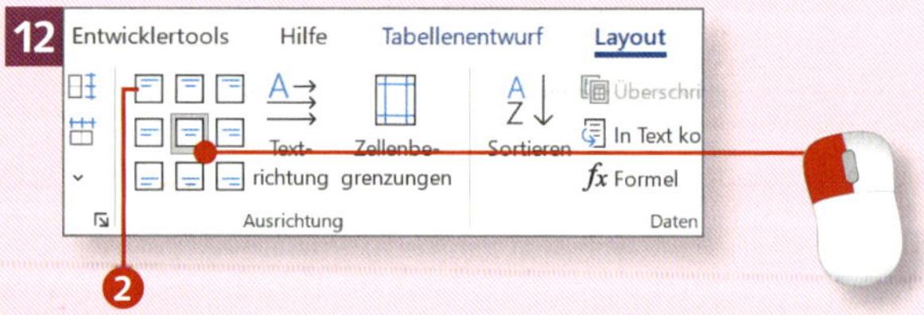

Aktuelle·Kurse¤		
Kursbezeichnung¤	Kursleiter/in¤	Ort¤
Yoga·Rückenschule¤	Claudia¤	¤
Yoga·Mehr·Beweglichkeit¤	Hartmann¤	Halle·A¤

Zellenbegrenzungen
Mit den Feldern unter **Standardzellenbegrenzungen** im Dialog **Tabellenoptionen** legen Sie fest, wie groß der Abstand zwischen dem Text und der Zelllinie ist.

Formatvorlagen für Tabellen nutzen

1

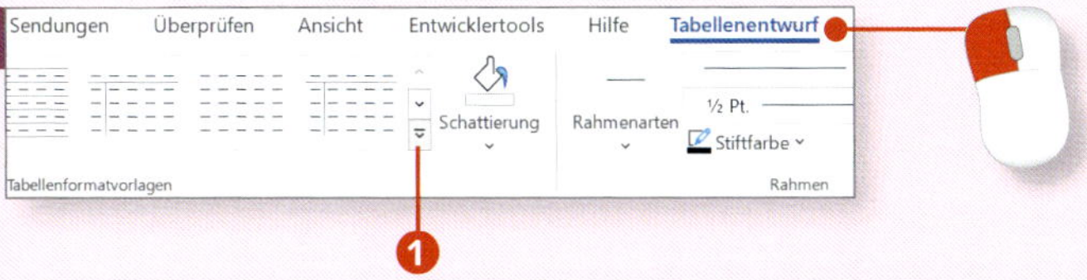

Mit speziellen Tabellenformatvorlagen können Sie Tabellen quasi per Mausklick gestalten. Wählen Sie einfach ein schickes Layout aus.

2

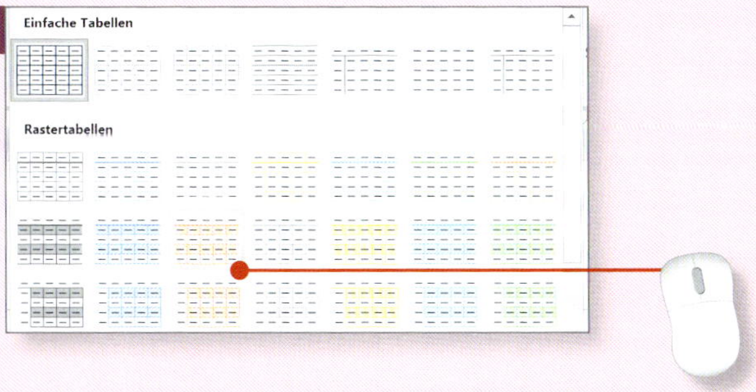

Schritt 1

Am wenigsten Arbeit ist es, die Tabelle mithilfe einer Vorlage zu formatieren. Setzen Sie den Cursor irgendwo in die Tabelle, und aktivieren Sie die Registerkarte **Tabellenentwurf**.

3

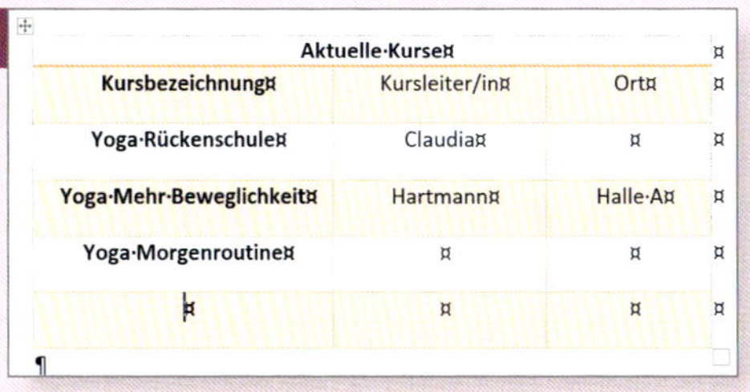

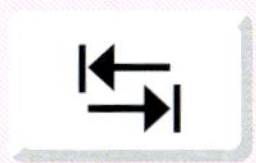

Schritt 2

Klicken Sie auf den Pfeil **1** an der Auswahl der Tabellenformatvorlagen, und fahren Sie über die Vorschauen. Klicken Sie auf das gewünschte Format.

Schritt 3

Die Tabelle nimmt das Aussehen der Formatvorlage an. Auch wenn Sie z. B. mit der ↹-Taste eine Zeile hinzufügen, wird die Formatierung fortgesetzt, und das einheitliche Layout der Tabelle bleibt erhalten.

Eigene Vorlagen für Tabellen

Um eine eigene Formatvorlage zu erstellen, wählen Sie im Menü der Tabellenvorlagen **Neue Tabellenformatvorlage**. Im zugehörigen Dialog geben Sie der Vorlage einen Namen und nehmen alle Einstellungen für die Elemente der Tabelle vor. Nachdem Sie alles mit **OK** bestätigt haben, finden Sie Ihre Vorlage im Menü der Tabellenformatvorlagen in der Rubrik **Benutzerdefiniert**.

Schritt 4

Wenn Sie mit dem gewählten Tabellenformat nicht hundertprozentig zufrieden sind, können Sie es bearbeiten. Öffnen Sie das Menü der Tabellenformatvorlagen, und klicken Sie darin auf **Tabellenformatvorlage ändern**.

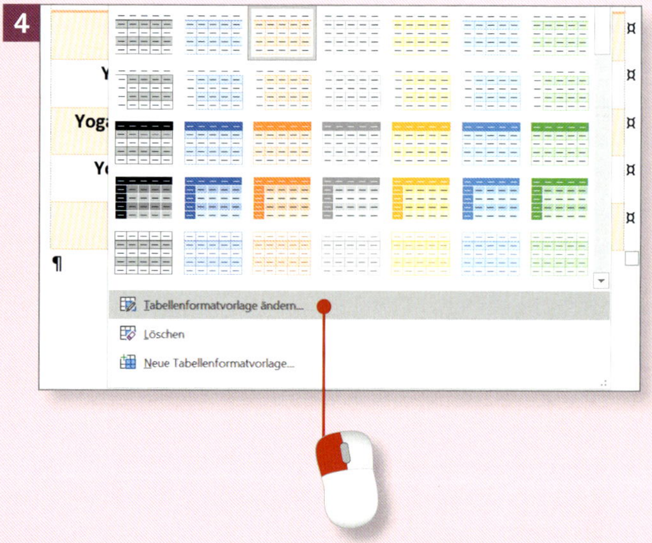

Schritt 5

Im Dialog **Formatvorlage ändern** können Sie andere Einstellungen für einzelne Elemente der Vorlage vornehmen. Klicken Sie z. B. auf den Pfeil am Feld **Rahmenfarbe**, und wählen Sie eine andere Farbe. Diese Änderung wirkt sich auf die Rahmenlinie und die inneren Linien der Tabelle aus.

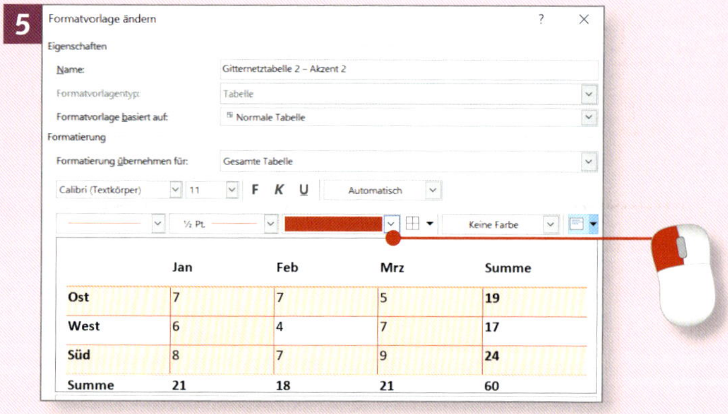

Schritt 6

Um die Formatierung einer Tabelle mit einer Vorlage wieder zurückzunehmen, klicken Sie im Menü der Tabellenformatvorlagen auf den vorletzten Eintrag **Löschen**.

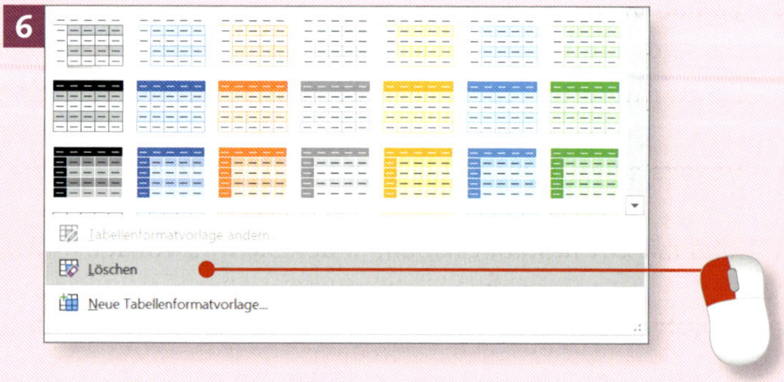

Text in Tabellen umwandeln

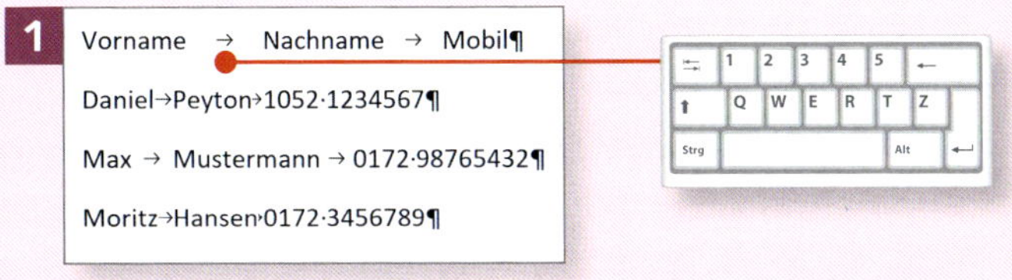

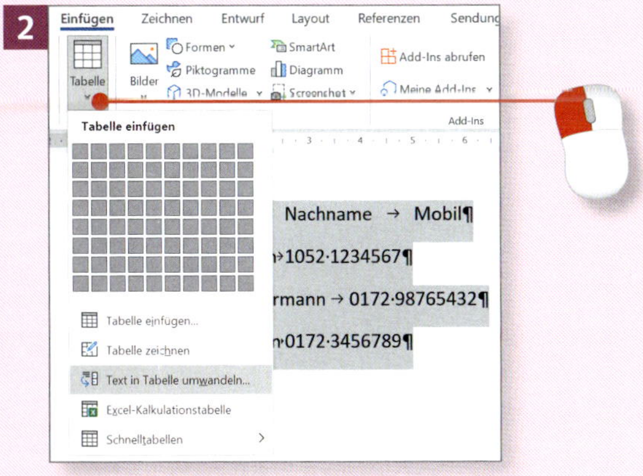

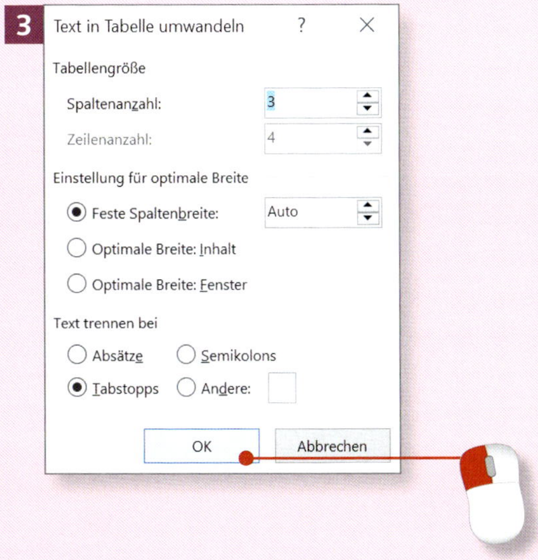

Text lässt sich auch nachträglich in eine Tabellenform bringen. Das geht problemlos, wenn Sie ein paar Regeln beachten.

Schritt 1

Text, der nachträglich in eine Tabelle umgewandelt werden soll, muss mit bestimmten Trennzeichen geschrieben werden. Die Umwandlung funktioniert gut, wenn Sie die (zukünftigen) Spalteneinträge durch Tabstopps trennen. Schreiben Sie also z. B. »Vorname [Tab] Nachname«.

Schritt 2

Markieren Sie den mit Tabstopps geschriebenen Text. Klicken Sie dann auf der Registerkarte **Einfügen** auf **Tabelle ▸ Text in Tabelle umwandeln**.

Schritt 3

Im zugehörigen Dialog sollte die passende Spalten- und Zeilenanzahl bereits eingetragen sein, da Word die festgelegten Trennzeichen erkennt. Klicken Sie also einfach auf **OK**.

Schritt 4

Ihr Text wird umgehend in eine normale Tabelle verwandelt. Wahrscheinlich müssen Sie die Breite der Spalten noch anpassen, da diese meist zu großzügig ausfällt.

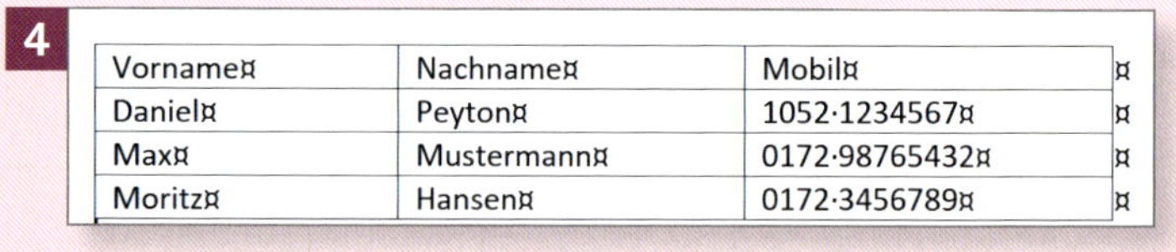

Vorname¤	Nachname¤	Mobil¤
Daniel¤	Peyton¤	1052·1234567¤
Max¤	Mustermann¤	0172·98765432¤
Moritz¤	Hansen¤	0172·3456789¤

Schritt 5

Sie können den Text auch durch ein anderes Zeichen trennen, z. B. durch ein Komma (am besten ohne Leerzeichen nach dem Komma). Dies müssen Sie aber im Dialog **Text in Tabelle umwandeln** angeben, falls Word das Trennzeichen in Ihrem Text nicht automatisch erkannt hat.

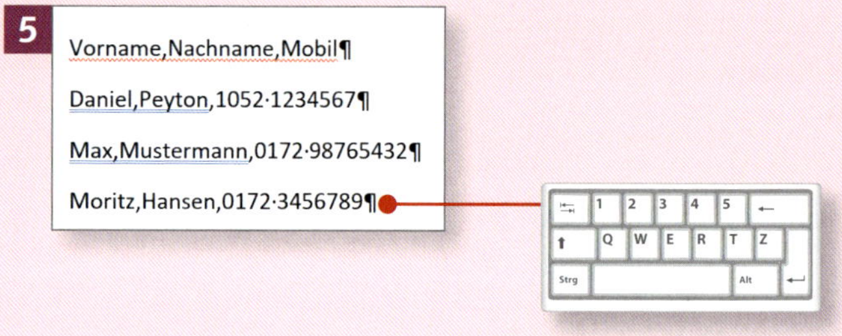

Schritt 6

Um das Komma als Trennzeichen einzusetzen, verfahren Sie, wie in Schritt 2 beschrieben. Aktivieren Sie im Dialog **Text in Tabelle umwandeln** die Option **Andere**, und geben Sie ein Komma in das Kästchen daneben ein.

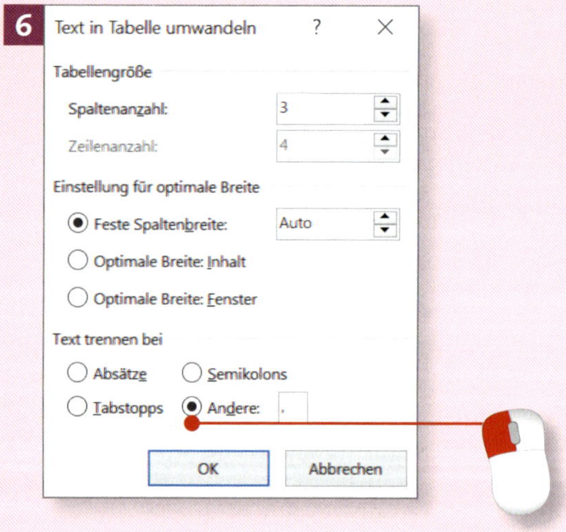

Von Hand korrigieren
Wenn der Text, den Sie in eine Tabelle umwandeln möchten, nicht sauber mit Trennzeichen versehen ist (also z. B. ein Trennzeichen in der Überschrift fehlt), müssen Sie die Spaltenzahl von Hand eingeben.

Tabellen in Text umwandeln

1

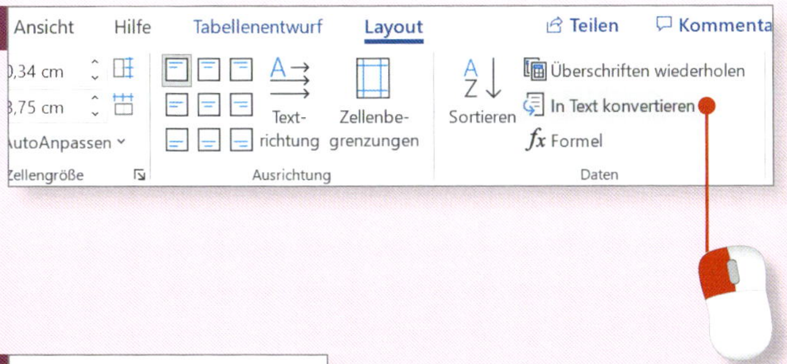

2

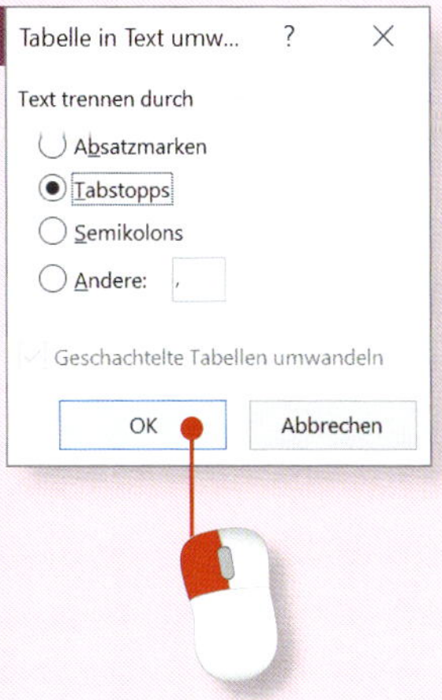

3

Nachname	→	Vorname¶
Peyton	→	Daniel¶
Meier	→	Kevin¶
Hartmann	→	Nicole¶

Tabellen sind wandlungsfähig – Sie können aus einer Tabelle auch mit wenigen Klicks normalen Text machen.

Schritt 1

Sie brauchen eine Tabelle als normalen Text? Setzen Sie den Cursor in die Tabelle. Aktivieren Sie die Registerkarte **Layout**, und klicken Sie auf die Schaltfläche **In Text konvertieren**.

Schritt 2

Im zugehörigen Dialog belassen Sie es am besten bei **Tabstopps** oder wählen ein anderes von Ihnen gewünschtes Trennzeichen aus und klicken auf **OK**. Daraufhin verschwindet die Tabelle, und der Text steht mit dem Trennzeichen solo da.

Schritt 3

Aus der hier verwendeten Tabelle mit den Namen wird eine einfache Liste, in der Vornamen und Nachnamen durch Tabstopps getrennt sind. Jede Tabellenzeile wird eine Zeile im Text.

Tabstopps in Tabellenzellen

Wenn Sie innerhalb einer Tabellenzelle einen Tabstopp setzen möchten, müssen Sie Strg gedrückt halten und dann ⇆ drücken.

Schritt 4

Wenn in der Tabelle eine Zelle in zwei Spalten unterteilt war, ergibt das Umwandeln in Text an dieser Stelle ein zusätzliches Trennzeichen. (In dem gezeigten Beispiel wird ein zusätzlicher Tabstopp erzeugt.)

4

<table>
<tr><td colspan="2">Kursbezeichnung¤</td><td>Kursleiter/in¤</td></tr>
<tr><td colspan="2">Yoga·Rückenschule¤</td><td>Hartmann¤</td></tr>
<tr><td>Yoga·Mehr·Beweglichkeit¤</td><td>Entspannung¤</td><td>Hartmann,·Borowsky¤</td></tr>
<tr><td colspan="2">Yoga·Morgenroutine¤</td><td>Mandy¤</td></tr>
</table>

Kursbezeichnung → Kursleiter/in¶
Yoga·Rückenschule → Hartmann¶
Yoga·Mehr·Beweglichkeit → Entspannung → Hartmann,·Borowsky¶
Yoga·Morgenroutine → Mandy¶

Schritt 5

Wenn in der Tabelle eine Zelle in zwei Zeilen unterteilt wurde, erhalten Sie nach dem Umwandeln eine Liste mit einer zusätzlichen Zeile.

5

<table>
<tr><td>Kursbezeichnung¤</td><td>Kursleiter/in¤</td></tr>
<tr><td>Yoga·Rückenschule¤</td><td>Hartmann¤</td></tr>
<tr><td>Yoga·Mehr·Beweglichkeit¤</td><td rowspan="2">Hartmann,·Borowsky¤</td></tr>
<tr><td>Entspannung¤</td></tr>
<tr><td>Yoga·Morgenroutine¤</td><td>Mandy¤</td></tr>
</table>

Kursbezeichnung → Kursleiter/in¶
Yoga·Rückenschule → Hartmann¶
Yoga·Mehr·Beweglichkeit → Hartmann,·Borowsky¶
Entspannung → ¶
Yoga·Morgenroutine → Mandy¶

Schritt 6

Achten Sie darauf, dass das verwendete Trennzeichen nicht in der Tabelle vorkommt (im Beispiel das Semikolon). Ansonsten können Sie später nicht mehr zuordnen, welche Inhalte in welcher Spalte gestanden haben. Für leere Tabellenzeilen erhalten Sie eine leere Textzeile, gefüllt mit den Trennzeichen.

6

Kursbezeichnung¤	Kursleiter/in¤
Yoga·Rückenschule¤	Hartmann¤
Yoga·Mehr·Beweglichkeit¤	Hartmann;·Borowsky¤
Yoga·Morgenroutine¤	Mandy¤
¤	¤

Kursbezeichnung;·Kursleiter/in¶
Yoga·Rückenschule;·Hartmann¶
Yoga·Mehr·Beweglichkeit;·Hartmann;·Borowsky¶
Yoga·Morgenroutine;·Mandy¶
;·¶

!

Tabellen importieren
Da das Umwandeln in Text oft verwendet wird, um Informationen, die in Word-Tabellen vorliegen, in Datenbanken zu importieren, ist es wichtig, die in den Schritten 4 bis 6 gezeigten Besonderheiten zu vermeiden.

Tabellen aus Excel übernehmen

Als Programm zur Tabellenkalkulation bietet Excel sich zwar für die Arbeit mit Tabellen an, doch mitunter möchte man diese Tabellen in ein Word-Dokument einfügen. Das ist auf verschiedenen Wegen möglich.

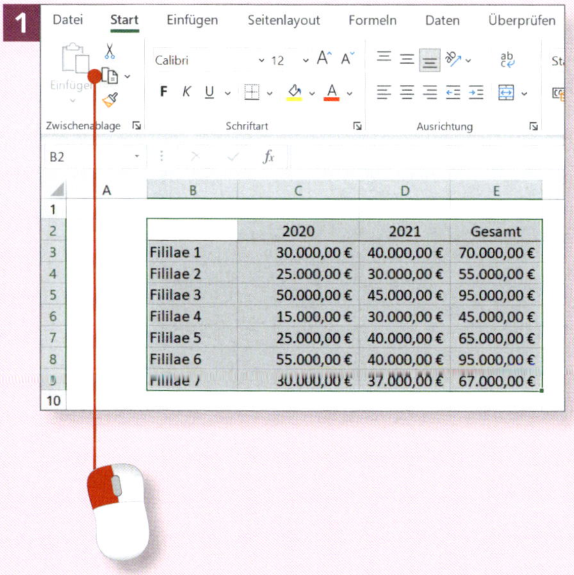

Schritt 1

Markieren Sie in Excel die Daten, die Sie in Ihr Word-Dokument einfügen möchten, und klicken Sie auf der Registerkarte **Start** auf die Schaltfläche **Kopieren**.

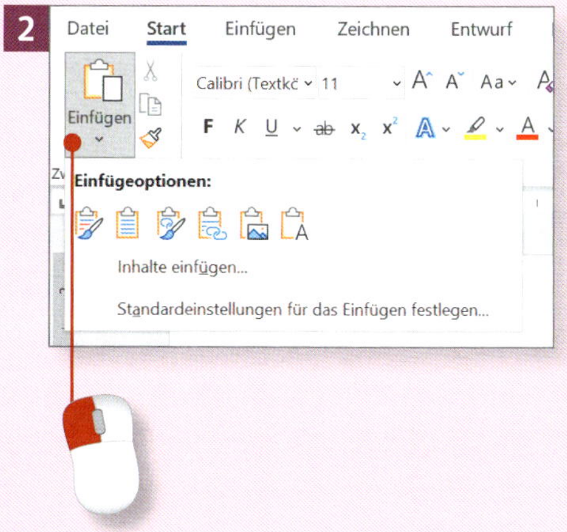

Schritt 2

Wechseln Sie in Ihr Word-Dokument, und setzen Sie den Cursor an die Position, an der die Tabellendaten eingefügt werden sollen. Klicken Sie dann auf der Registerkarte **Start** auf den Pfeil an der Schaltfläche **Einfügen**.

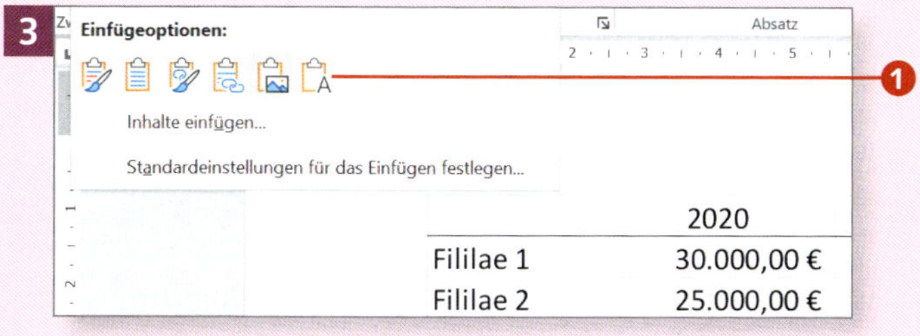

Schritt 3

Im Untermenü entscheiden Sie, wie die Daten eingefügt werden sollen **1**. Prinzipiell müssen Sie festlegen, ob die Daten verknüpft werden oder nicht, wie sie formatiert sein sollen und ob die Daten als Grafik oder als reiner Text eingefügt werden.

Schritt 4

Wenn Sie den Cursor in Word direkt unter eine bestehende Tabelle mit gleicher Struktur setzen, können Sie diese Word-Tabelle einfach um die Excel-Daten ergänzen, indem Sie als Einfügeoption **Tabelle zusammenführen** wählen. Dieses Symbol ist nur zu sehen, wenn der Cursor direkt unter einer Tabelle steht (dafür fehlen einige der anderen Einfügeoptionen).

4

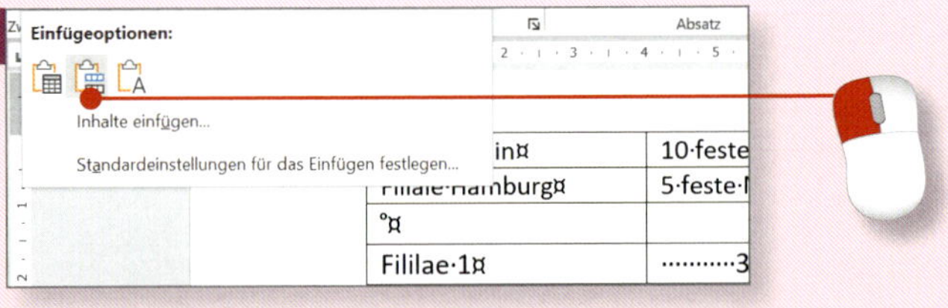

Schritt 5

Wenn Sie die Excel-Daten als Grafik in Ihr Word-Dokument einfügen möchten, können Sie auch so vorgehen: Markieren Sie den Zellbereich, und klicken Sie dann im Auswahlmenü der Schaltfläche **Kopieren** auf **Als Bild kopieren**.

5

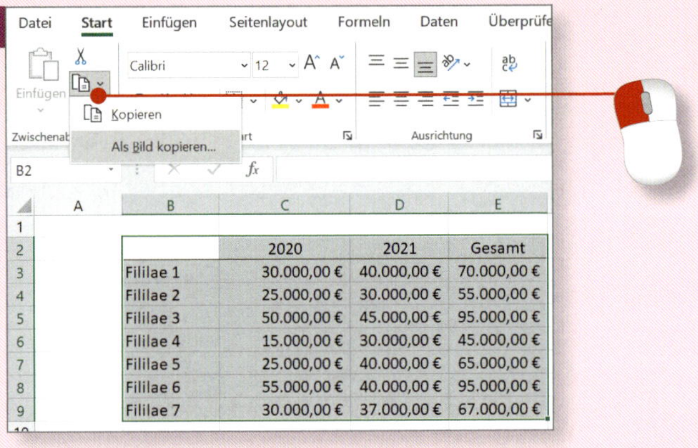

Schritt 6

Anschließend können Sie festlegen, wie die Grafik erstellt werden soll. Wenn Sie z. B. die Option **Wie ausgedruckt** wählen, werden die Gitternetzlinien, die in Excel angezeigt werden, in der Grafik ausgeblendet. Fügen Sie die Grafik dann ganz normal in Word ein.

6

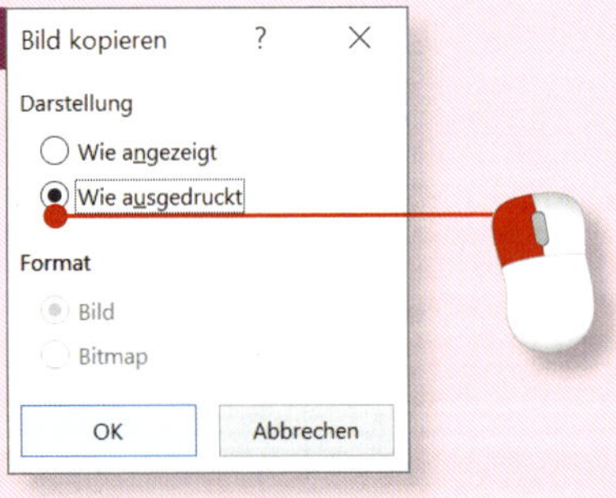

Smarttags am Text

Nachdem Sie die Daten eingefügt haben, erscheint am Text ein *Smarttag*. In dessen Menü können Sie die Art und Weise des Einfügens nachträglich ändern.

Profitipps für Tabellen

Tabellen sind ein tolles Instrument, um Texteinträge sorgfältig untereinanderzusetzen. Der Umgang mit Tabellen ist sogar noch einfacher, wenn Sie ein paar Kniffe kennen.

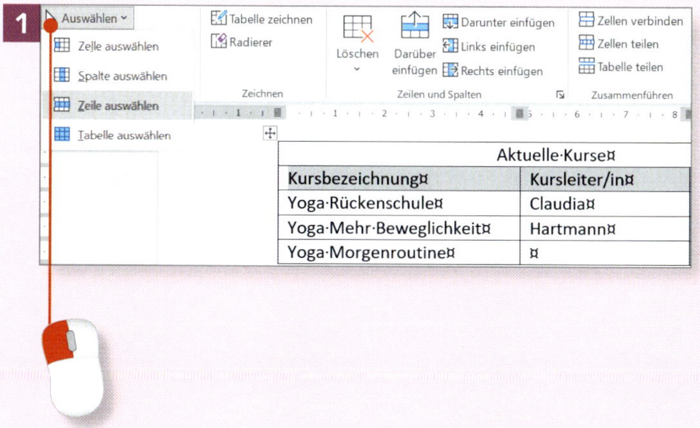

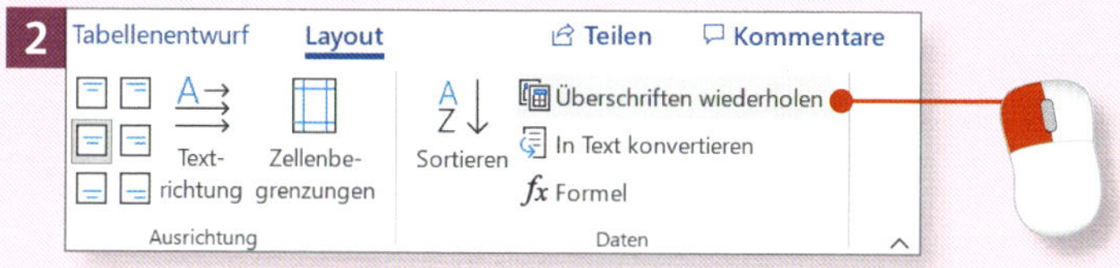

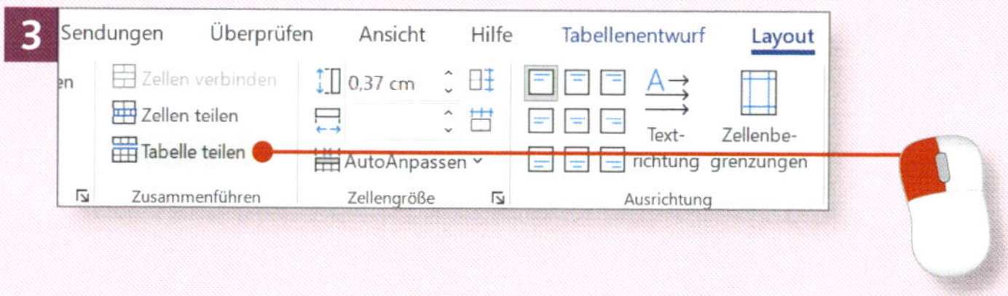

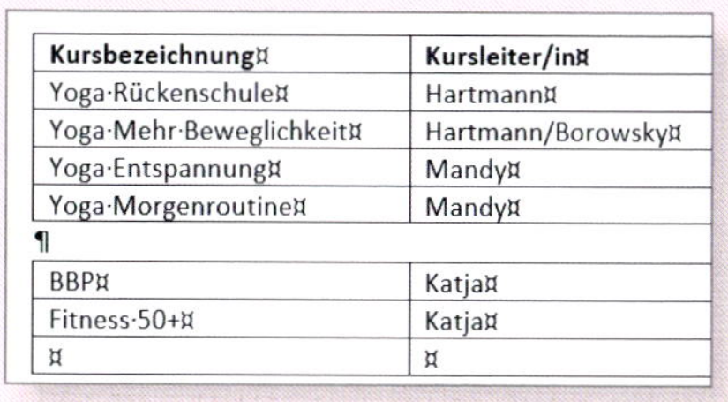

Kursbezeichnung¤	Kursleiter/in¤
Yoga·Rückenschule¤	Hartmann¤
Yoga·Mehr·Beweglichkeit¤	Hartmann/Borowsky¤
Yoga·Entspannung¤	Mandy¤
Yoga·Morgenroutine¤	Mandy¤

¶

BBP¤	Katja¤
Fitness·50+¤	Katja¤
¤	¤

Schritt 1

Ganze Tabellen oder einzelne Spalten und Zeilen lassen sich sehr einfach markieren. Klicken Sie ganz links auf der Registerkarte **Layout** auf **Auswählen**. Im Menü klicken Sie z. B. auf **Zeile auswählen**, um die Zeile zu markieren, in der der Cursor steht.

Schritt 2

Bei einer Tabelle, die sich über mehrere Seiten erstreckt, ist es praktisch, wenn sich die Spaltenüberschriften auf jeder Seite wiederholen. Klicken Sie in die Zeile mit der Überschrift und dann auf die Funktion **Überschriften wiederholen**.

Schritt 3

Um eine Tabelle in zwei Teile zu splitten, klicken Sie auf die Zeile, die als erste Zeile in der zweiten Tabelle angezeigt werden soll. Dann klicken Sie auf der Registerkarte **Layout** auf **Tabelle teilen**.

Schritt 4

Um Text in einer Zelle vertikal auszurichten, klicken Sie auf der Registerkarte **Layout** in der Gruppe **Ausrichtung** (mehrfach) auf die Schaltfläche **Textrichtung**.

4
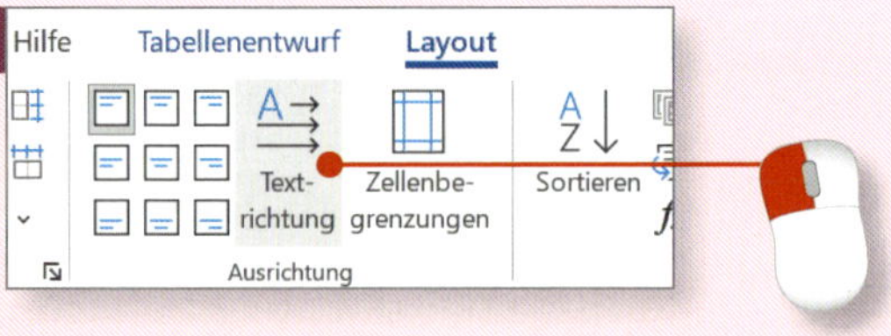

Schritt 5

Auch bei vertikaler Textrichtung gibt es verschiedene Ausrichtungen, mit denen Sie festlegen, wo der Text in der Zelle steht. Die entsprechenden Schaltflächen finden Sie ebenfalls in der Gruppe **Ausrichtung**.

5
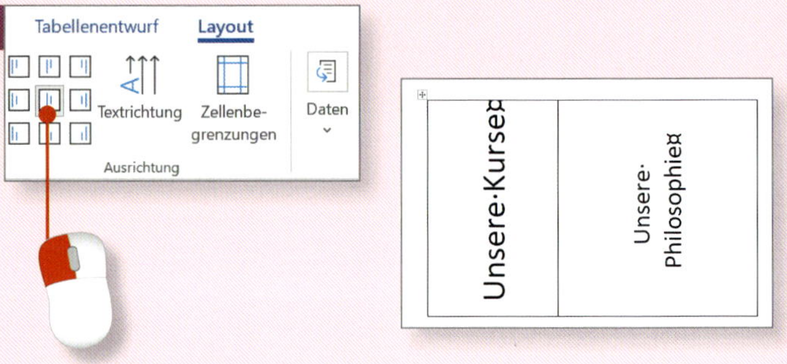

Schritt 6

Wenn die Einträge der Tabelle alphabetisch geordnet werden sollen, kann Word das übernehmen. Markieren Sie die Spalte mit den zu sortierenden Einträgen. Klicken Sie dann auf **Sortieren** und im Dialog – sofern Sie die Einstellungen übernehmen wollen – auf **OK**.

6
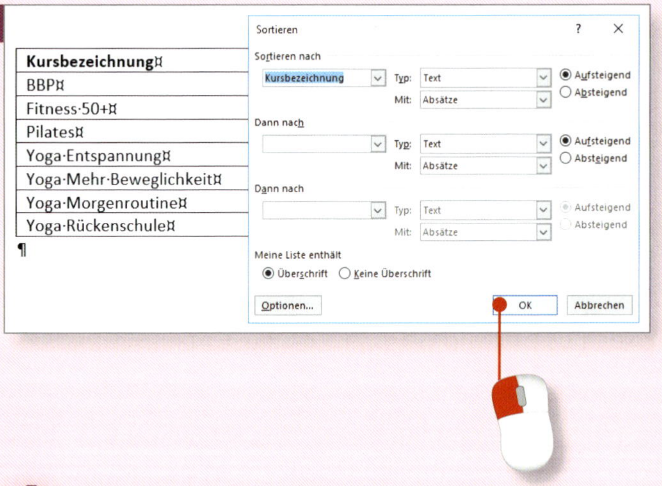

Die Höhe der Zelle verringern

Wenn Sie eine vertikale Textrichtung gewählt haben, wird die Zelle sehr groß. Diese Größe bleibt auch erhalten, wenn Sie den Text wieder horizontal setzen. Öffnen Sie über das Kontextmenü den Dialog **Tabelleneigenschaften**, und deaktivieren Sie auf der Registerkarte **Zeile** die Option **Höhe definieren**.

Profitipps für Tabellen (Forts.)

7

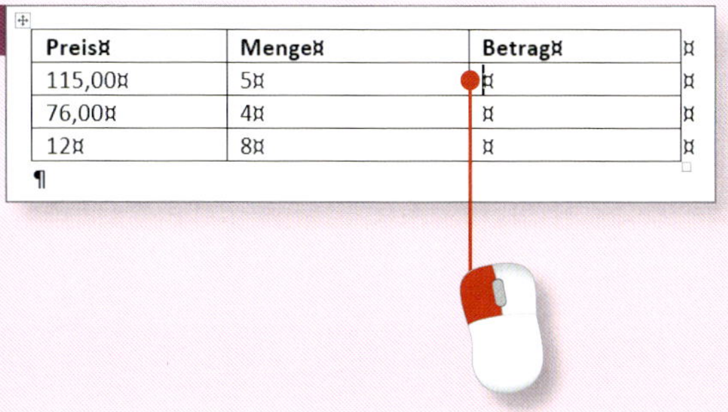

8

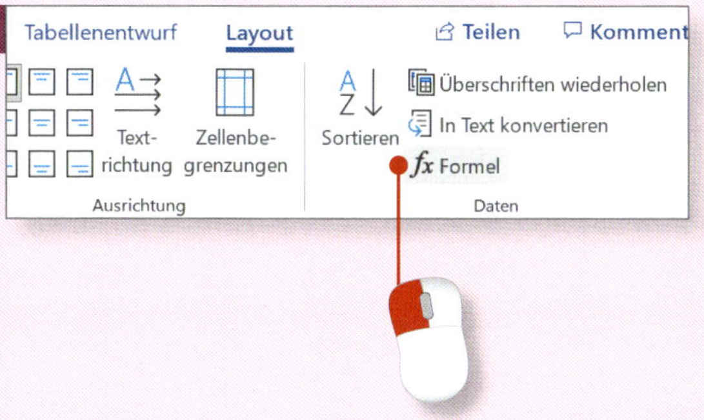

9

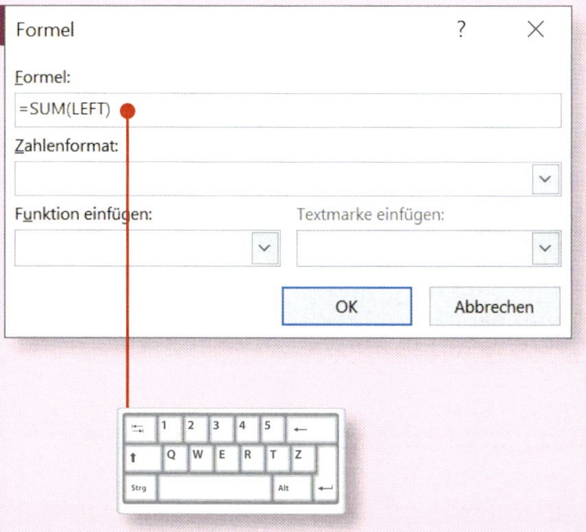

Schritt 7

Für einfache Berechnungen müssen Sie nicht Excel bemühen. Schreiben Sie z. B. eine einfache Rechnung mithilfe einer Word-Tabelle. Setzen Sie den Cursor in die Zelle, in der das Ergebnis berechnet werden soll.

Schritt 8

Klicken Sie auf der Registerkarte **Layout** auf die Schaltfläche **Formel**, um den Dialog zum Zusammenstellen der Formel zu öffnen.

Schritt 9

Im Dialog **Formel** steht vermutlich die Formel =*SUM()*, wobei in der Klammer die Position der Zahlen steht, mit denen gerechnet werden soll (vom Cursor aus gesehen): LEFT, RIGHT, ABOVE oder BELOW. Wenn die Formel stimmt, klicken Sie auf **OK**, ansonsten passen Sie sie an (siehe Schritt 10). Das Ergebnis erscheint in der Zelle.

Word versteht auch Deutsch!

In den Formeln müssen Sie nicht die englischen Begriffe verwenden. Die Position der Zahlen können Sie auch mit »links«, »rechts«, »über« und »unter« angeben.

Schritt 10

Um z. B. eine Multiplikation durchführen zu lassen, löschen Sie *SUM* (das Gleichheitszeichen muss stehen bleiben) und wählen in der Auswahlliste des Feldes **Funktion einfügen** den Eintrag **PRODUCT**. In Klammern schreiben Sie die Position der Zahlen, z. B. »left« (oder »links«).

10
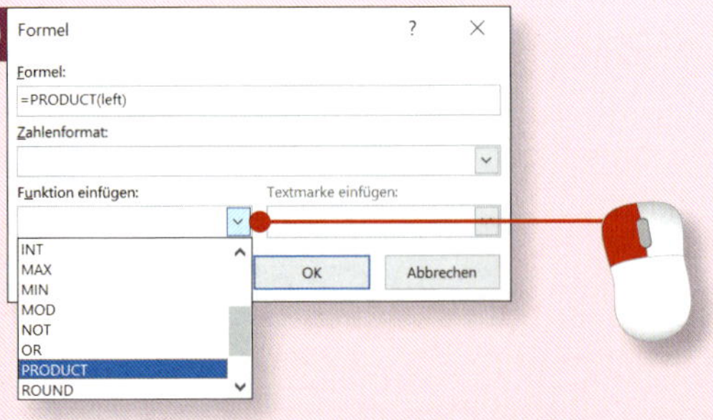

Schritt 11

Wählen Sie dann über die Auswahlliste ein Zahlenformat, z. B. **#.##0,00**, und klicken Sie auf **OK** (siehe dazu den Kasten »Zahlenformate« unten auf dieser Seite). Voilà, das Ergebnis wird präsentiert. Die graue Unterlegung besagt, dass es sich um ein Feld handelt, dessen Inhalt aktualisiert werden kann.

11
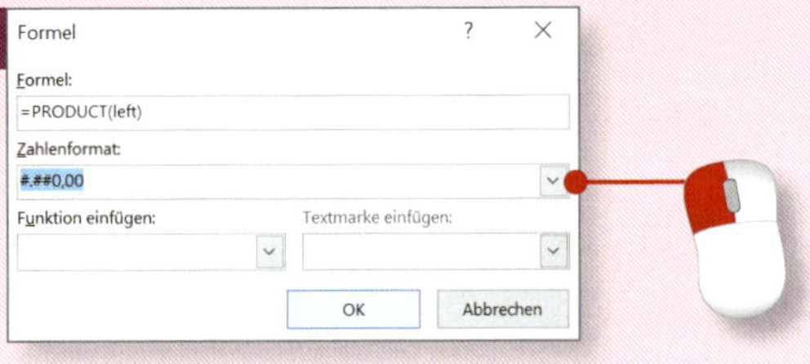

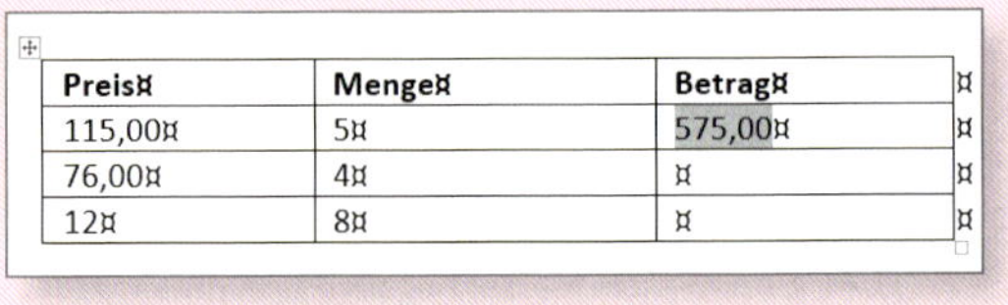

Preis	**Menge**	**Betrag**
115,00	5	575,00
76,00	4	
12	8	

Schritt 12

Zwei Tabellen nebeneinander erhalten Sie, indem Sie zunächst eine zweispaltige Tabelle einfügen. Markieren Sie diese Tabelle, und klicken Sie auf der Registerkarte **Tabellenentwurf** auf die Schaltfläche **Rahmen ▸ Kein Rahmen**. Dann fügen Sie in die linke Zelle und in die rechte Zelle jeweils eine neue Tabelle ein.

12
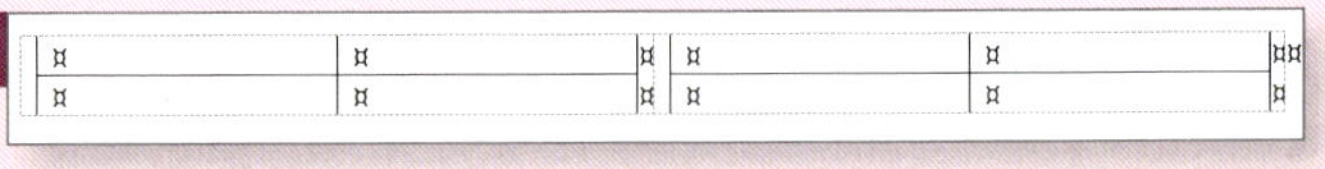

Zahlenformate

»0« zeigt an, dass an dieser Stelle immer eine Ziffer erscheint. Wenn die zu formatierende Zahl keine Ziffer an dieser Stelle hat, wird eine 0 gesetzt. Die Raute steht für beliebige Ziffern, die auch weggelassen werden dürfen. Wenn Sie eine Zahl mit zwei Nachkommastellen haben möchten, wählen Sie immer ein Format mit **,00**.

Kapitel 9
Grafiken, Diagramme und Links einfügen

Verschönern Sie Ihre Word-Dokumente mit grafischen Elementen. Dies hat nicht nur eine ästhetische Wirkung: Mithilfe von Diagrammen können Sie Ihre Aussagen untermauern, und sogar Excel-Daten sind in Word verwendbar.

Grafiken einfügen

Fügen Sie einfach Bilder, Fotos, Formen oder Onlinegrafiken ein. Mit der Bing-Bildersuche finden Sie Tausende von Bildern zu jedem erdenklichen Thema.

Grafiken bearbeiten

Haben Sie ein Grafikelement eingefügt, können Sie es über die Registerkarte **Bildformat** bearbeiten. Schneiden Sie es zu, fügen Sie z. B. einen Rahmen ein, oder nutzen Sie künstlerische Effekte.

Diagramme

Word 2021 selbst bietet eine Diagrammfunktion, bei der Sie aus diversen Vorlagen wählen können. Genauso leicht binden Sie aber auch ein bestehendes Excel-Diagramm ein, wenn Sie möchten.

1 In Word 2021 können Sie Bilder, Fotos, Formen und Onlinegrafiken in Ihre Dokumente einfügen.

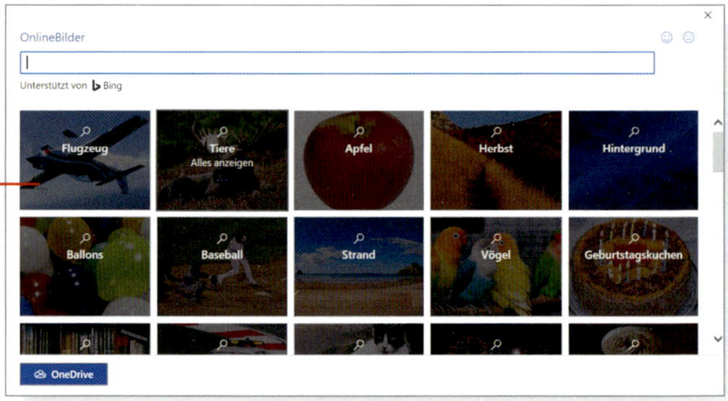

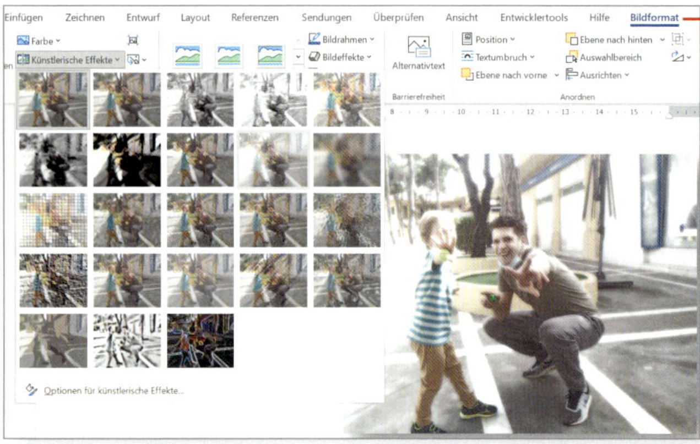

2 Über die Registerkarte **Bildformat** können Sie eingefügte Grafikelemente vielfältig bearbeiten.

3 Die Diagrammfunktion bringt zahlreiche Vorlagen mit; auch Diagramme aus Excel können in Word-Dokumenten genutzt werden.

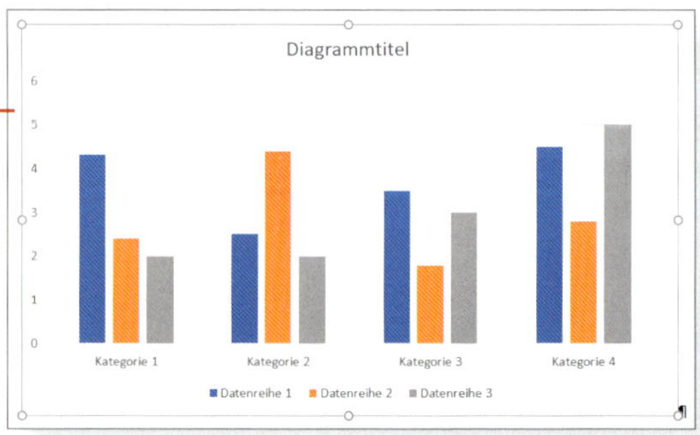

Bilder einfügen

1

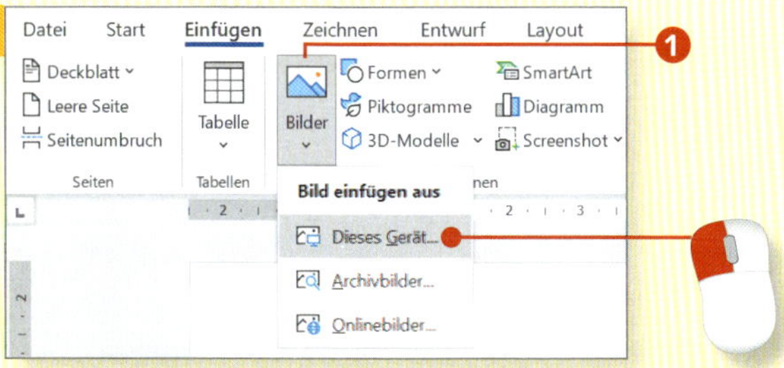

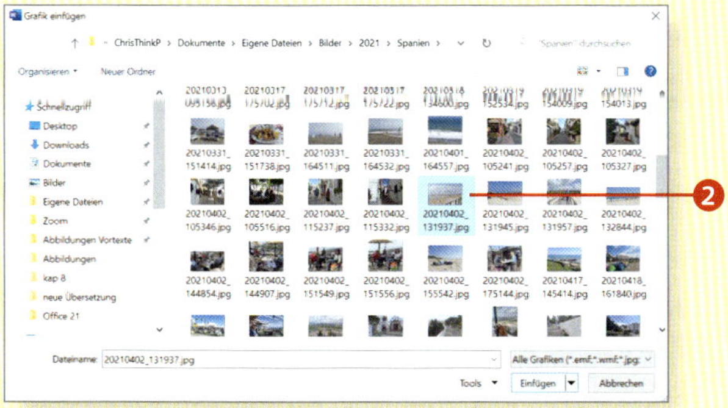

Sie sind in Word nicht darauf beschränkt, mit Texten zu arbeiten. Das Programm kann auch bestens mit Bildern umgehen. Die Resultate sind oft verblüffend.

Schritt 1

Um ein Bild in Ihr Dokument einzufügen, klicken Sie auf der Registerkarte **Einfügen** auf **Bilder** ❶ und im Menü auf **Dieses Gerät**. Im Dialog **Grafik einfügen** wandern Sie zu dem Ordner, in dem das Bild liegt, markieren es ❷ und klicken auf den Pfeil neben **Einfügen**.

2

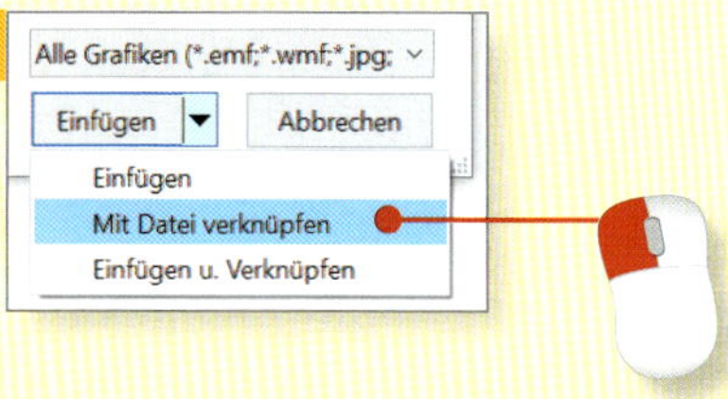

Schritt 2

Die Option **Einfügen** bettet das Bild in das Dokument ein. Weil es dann Teil des Dokuments ist, wächst jedoch die Größe der Gesamtdatei. Mit dem Befehl **Mit Datei verknüpfen** vermeiden Sie diesen Effekt.

3

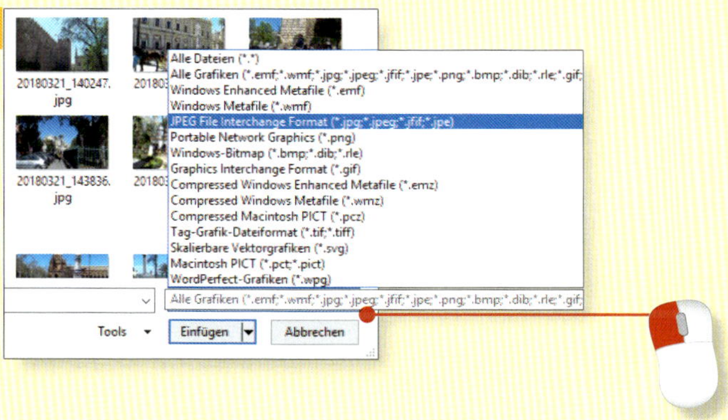

Schritt 3

Falls Sie beim Einfügen viele Bilder durchsuchen möchten/müssen, können Sie die Suche auf einen bestimmten Dateityp einschränken. Klicken Sie im Dialog **Grafik einfügen** auf den Pfeil am Feld **Alle Grafiken**. Wählen Sie in der Liste das gewünschte Format aus.

Schritt 4

Beim Verknüpfen eines Bildes mit der Datei (siehe Schritt 2) wird nicht das Bild in der Datei gespeichert, sondern nur ein Verweis auf die Bilddatei. Folglich blicken Sie auf einen leeren Kasten mit einer Fehlermeldung, wenn Sie das Bild z. B. auf Ihrer Festplatte löschen.

4

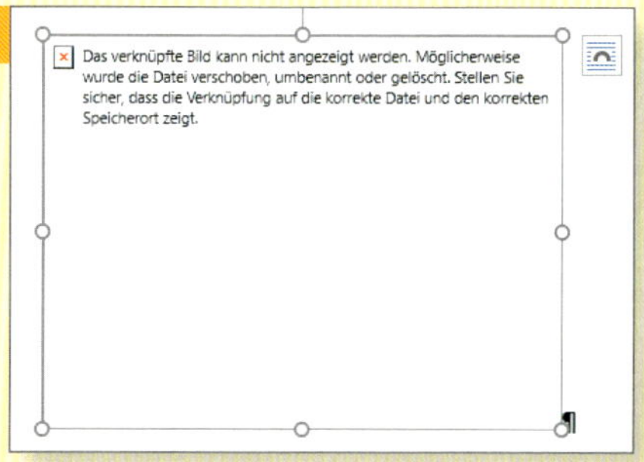

Schritt 5

Haben Sie das verknüpfte Bild lediglich verschoben, können Sie es sich wieder anzeigen lassen, indem Sie die Quelle anpassen. Markieren Sie in diesem Fall den leeren Kasten, und klicken Sie auf **Datei**. Im Backstage-Bereich bei **Informationen** klicken Sie ganz rechts unten auf **Verknüpfungen mit Dateien bearbeiten**.

5

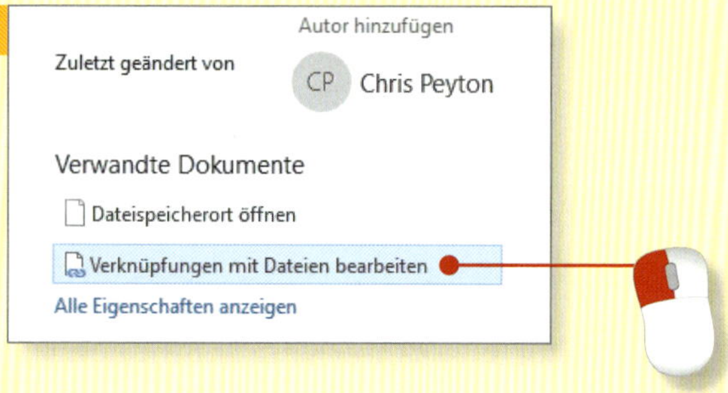

6

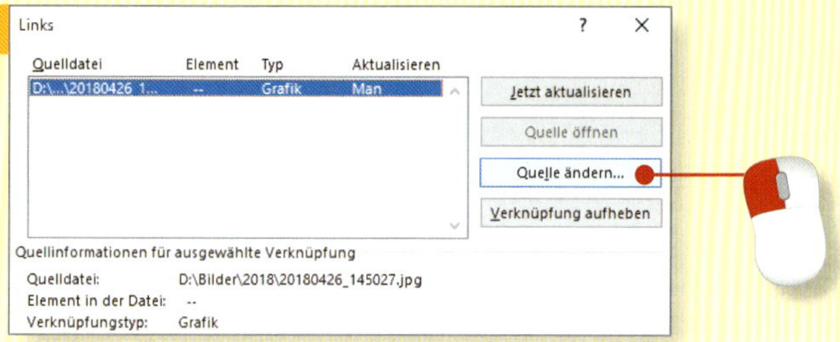

Schritt 6

Im Dialog **Links** markieren Sie die vermisste Bilddatei und klicken auf **Quelle ändern**. Dies öffnet den gleichnamigen Dialog. Hier suchen Sie nach dem Bild, markieren es und klicken auf **Öffnen** ❸.

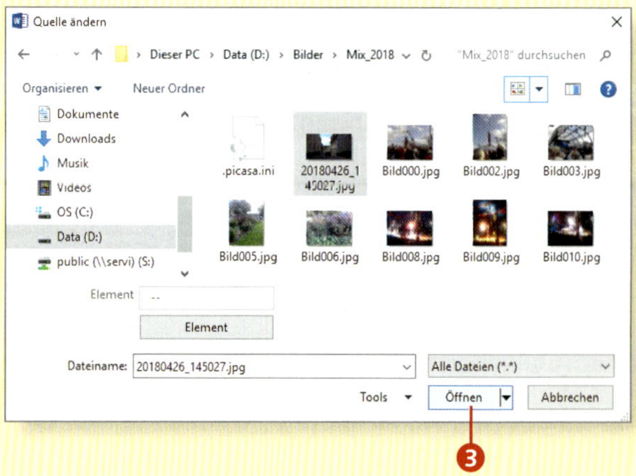

Bilder einfügen (Forts.)

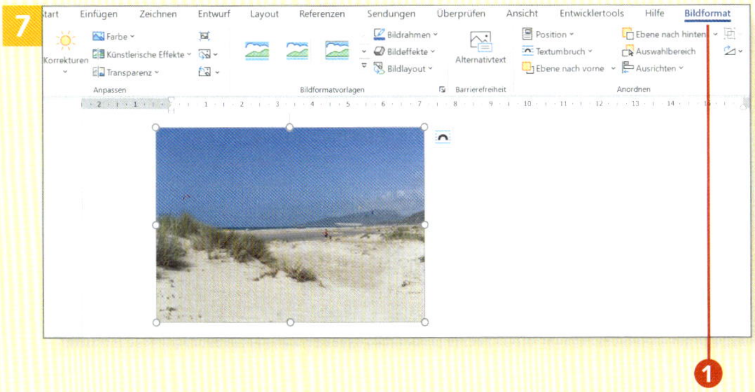

Schritt 7

Sobald Sie ein Bild eingefügt haben und es markiert ist, wird die Registerkarte **Bildformat** ❶ eingeblendet. Sie finden hier zahlreiche Funktionen zum Umgang mit eingefügten Bildern und Grafiken.

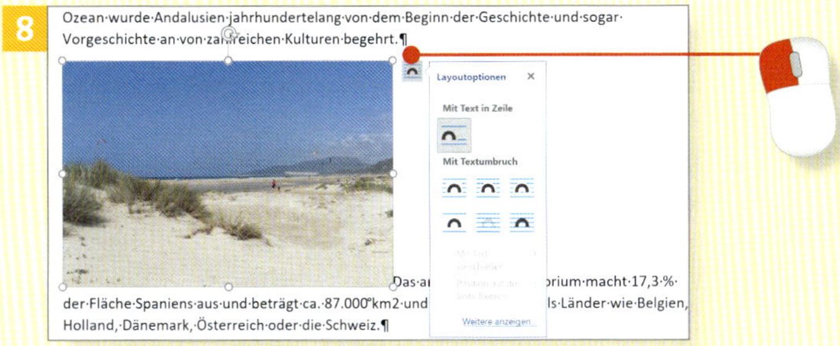

Schritt 8

Der Textumbruch legt fest, wie sich das Bild zum Text verhält. Klicken Sie auf die Schaltfläche **Layoutoptionen**, die rechts am Bild auftaucht, wenn es markiert ist. Sie sehen, dass die Option **Mit Text in Zeile** markiert ist. Dies ist die Einstellung, mit der standardmäßig Bilder eingefügt werden.

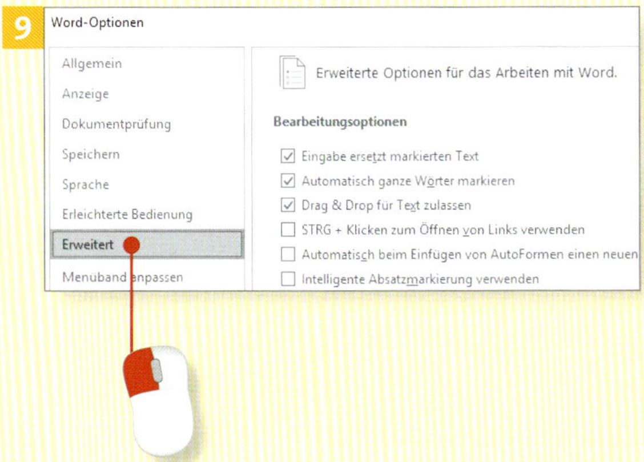

Schritt 9

Sie können die standardmäßige Einstellung ändern, wenn eine andere Umbruchart besser zu Ihren meisten Vorhaben passt. Rufen Sie über **Datei ▸ Optionen** die Word-Optionen auf, und wählen Sie die Kategorie **Erweitert**.

Textumbruch »Mit Text in Zeile«

Mit der Einstellung **Mit Text in Zeile** kann ein Bild ausgerichtet werden wie Text, es kann aber nicht völlig frei verschoben werden.

Schritt 10

Scrollen Sie in dem Fenster ein wenig nach unten bis zur Überschrift **Ausschneiden, Kopieren und Einfügen**. Öffnen Sie die Auswahl des Feldes **Bilder einfügen als**, und markieren Sie hier die gewünschte Einfügeart, z. B. **Genau**.

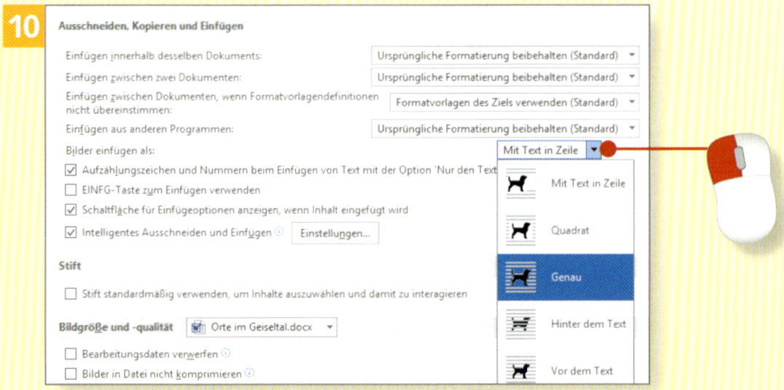

Schritt 11

Zur Komprimierung des eingefügten Bildes wird die Auflösung 220 ppi verwendet. Diese Einstellung können Sie ändern. Scrollen Sie im Dialog **Word-Optionen ▸ Erweitert** zum Bereich **Bildgröße und -qualität** ❷.

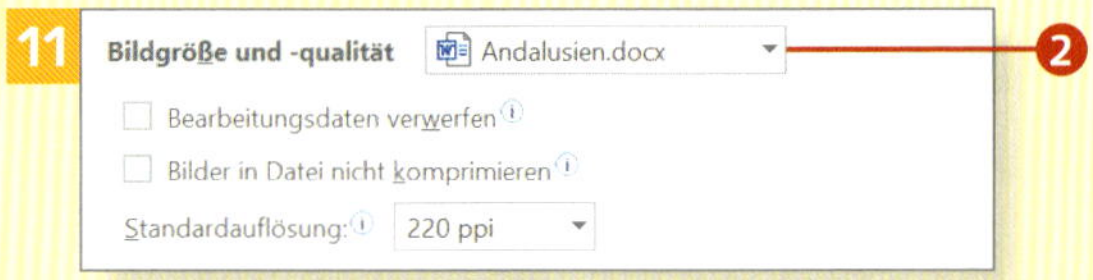

Schritt 12

Legen Sie dort zunächst im obersten Feld (dort wird der Dateiname angezeigt) fest, ob die Einstellung nur für das aktuelle Dokument oder für alle neuen Dokumente gelten soll ❸. Die Dateigröße lässt sich mit einer verringerten Auflösung steuern. Wählen Sie z. B. **96 ppi**.

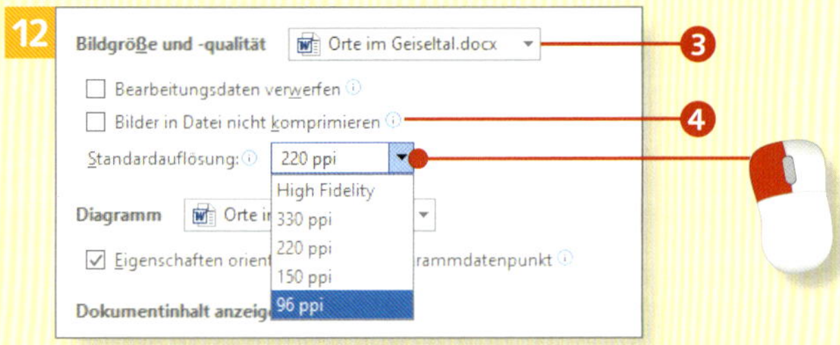

Komprimierung deaktivieren

Ist die Bildqualität besonders wichtig, können Sie die Komprimierung komplett deaktivieren. Setzen Sie im Bereich **Bildgröße und -qualität** ein Häkchen vor **Bilder in Datei nicht komprimieren** ❹.

Grafikelemente positionieren

Bilder sitzen nach dem Einfügen oft nicht an der richtigen Stelle. Sie lassen sich aber nachträglich an den passenden Ort verschieben.

1

Schritt 1

Wie Sie ein Bild positionieren können, hängt vom Textumbruch ab. Die Standardeinstellung ist **Mit Text in Zeile** ❶. Damit lässt sich ein Bild wie ein Textzeichen zentrieren oder rechtsbündig ausrichten und innerhalb des Textes verschieben.

2

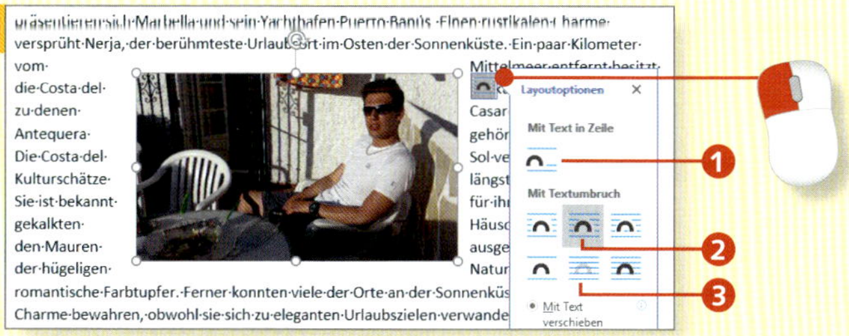

Schritt 2

Um das Bild an eine beliebige Stelle im Dokument ziehen zu können, muss der Textumbruch geändert werden. Klicken Sie auf die Schaltfläche **Layoutoptionen**, die rechts neben dem Bild erscheint, sobald Sie es anklicken, und wählen Sie z. B. **Eng** ❷.

3

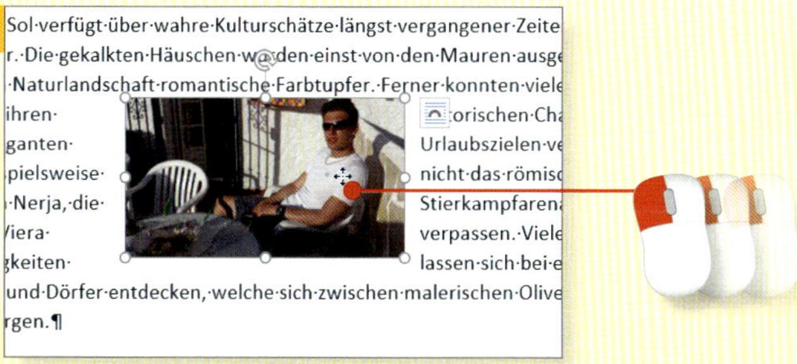

Schritt 3

Mit der Einstellung **Eng** (oder jeder anderen außer **Mit Text in Zeile**) können Sie ein Bild mit der Maus frei positionieren. Zeigen Sie mit dem Mauszeiger auf das Bild, und ziehen Sie es mit gedrückter Maustaste – oder mit dem Finger – an die gewünschte Stelle.

Bilder mit Anker

Die Bilder, die mit dem Text verschoben werden, sind an einen Absatz gekoppelt (zu erkennen ist das an einem kleinen Anker ❹, zu sehen im Bild zu Schritt 6). Verschiebt sich der Absatz, wird auch das Bild verschoben.

Schritt 4

Der Textumbruch bestimmt, wie Text um ein Bild »fließt«. Sie können ein Bild mit **Hinter den Text** ❸ z. B. auch als Hintergrund verwenden. Die Transparenz eines Fotos können Sie auf der Registerkarte **Bildformat** anpassen.

4

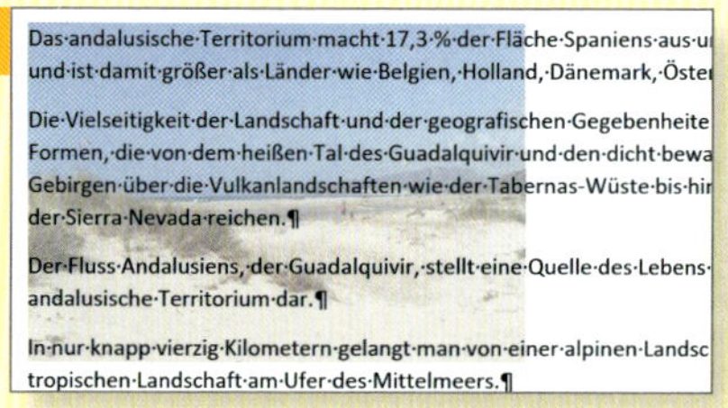

Schritt 5

Um ein Bild exakt zu positionieren, klicken Sie auf der Registerkarte **Bildformat** auf **Position ▸ Weitere Layoutoptionen**. Auf der Registerkarte **Position** ❺ können Sie in den Feldern **Absolute Position** (und **rechts von** bzw. **unterhalb**) die Position des Bildes genau bestimmen.

5

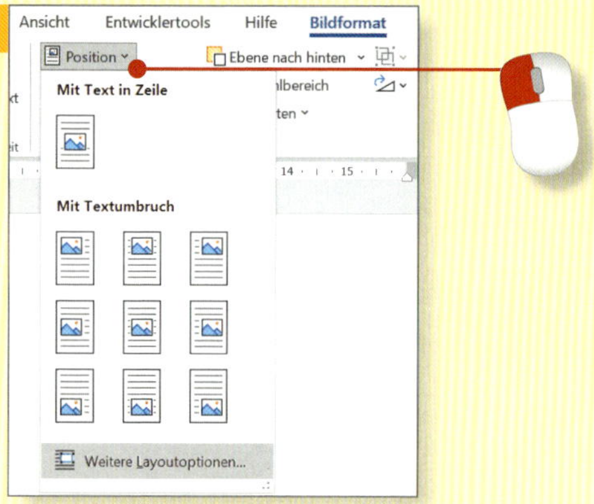

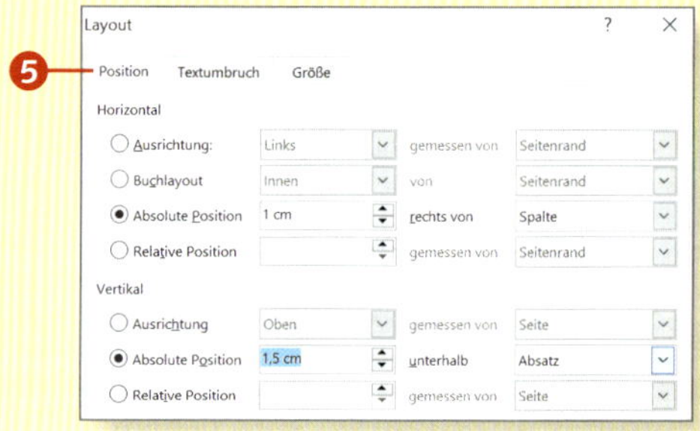

Schritt 6

Standardmäßig wird ein Bild mit dem Absatz verschoben. Soll es an Ort und Stelle bleiben, muss es über **Layoutoptionen ▸ Position auf der Seite fixieren** fixiert werden.

6

Bilder verankern

Um die Position eines Bildes an einem festen Absatz auszurichten, setzen Sie den Anker an diesen Absatz und aktivieren die Option **Verankern** auf der Registerkarte **Position** des Dialogs **Layout**.

Bilder zuschneiden und bearbeiten

1

2

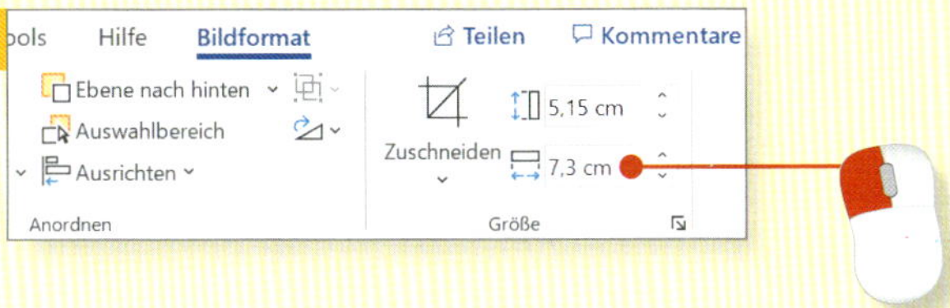

3

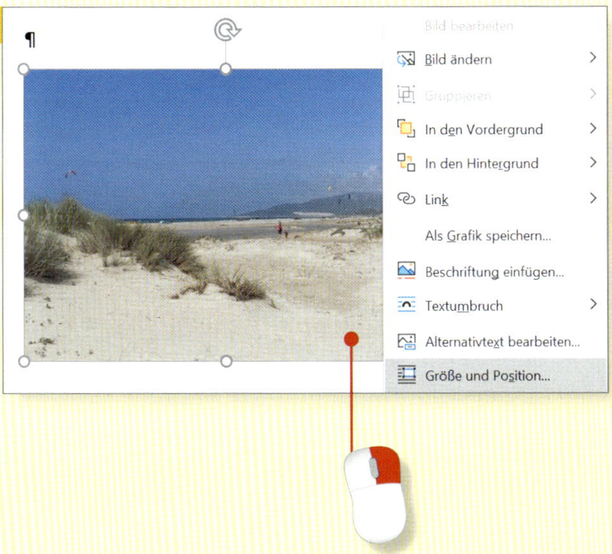

Eingefügte Bilder haben selten auf Anhieb die passende Größe. Kein Problem: Sie können Bilder nach Herzenslust in ihrer Größe verändern.

Schritt 1

Klicken Sie das eingefügte Bild an. Führen Sie den Mauszeiger auf einen der acht Zielpunkte (am besten auf einen der Eckpunkte, um die Proportionen beizubehalten), und ziehen Sie mit gedrückter Maustaste nach innen oder außen. Das geht auch mit dem Finger.

Schritt 2

Statt mit der Maus zu ziehen, können Sie die Bildmaße auch exakt angeben. Beachten Sie auf der Registerkarte **Bildformat** die Felder **Formenhöhe** und **Formenbreite**. Hier können Sie die Maße verändern, indem Sie auf die Pfeile klicken oder eine Größe eingeben.

Schritt 3

Natürlich können Sie die Größe eines Bildes auch im Dialog bestimmen. Klicken Sie das Bild mit rechts an, und wählen Sie im Kontextmenü den Eintrag **Größe und Position**.

Schritt 4

Geben Sie auf der Registerkarte **Größe** in den Feldern **Höhe** und **Breite** die gewünschten Maße ein. Wenn Sie **Seitenverhältnis sperren** ❶ aktiviert lassen, verändert sich die Größe der Höhe und Breite passend zueinander.

Schritt 5

Ein Bild lässt sich auch auf einen Ausschnitt zuschneiden. Markieren Sie es, und klicken Sie auf der Registerkarte **Bildformat** auf den Pfeil bei **Zuschneiden** und im Menü erneut auf **Zuschneiden**.

Schritt 6

Sie sehen nun acht *Zuschneidemarken*. Ziehen Sie eine Marke nach innen, und klicken Sie zur Bestätigung irgendwo außerhalb des Bildes. Um den Ausschnitt zu bearbeiten, klicken Sie erneut auf die Schaltfläche **Zuschneiden**. Mithilfe der Zuschneidemarken lässt sich der Ausschnitt dann wieder verändern.

In Form schneiden

Sie können Bilder auch auf Formen zuschneiden. Wählen Sie **Zuschneiden ▸ Auf Form zuschneiden**, und wählen Sie eine Form.

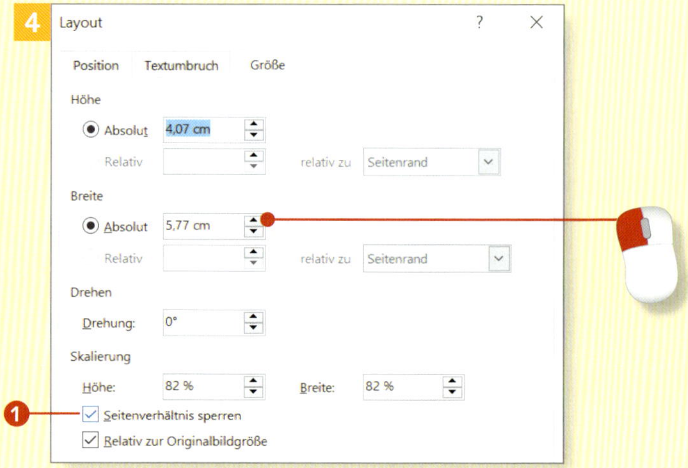

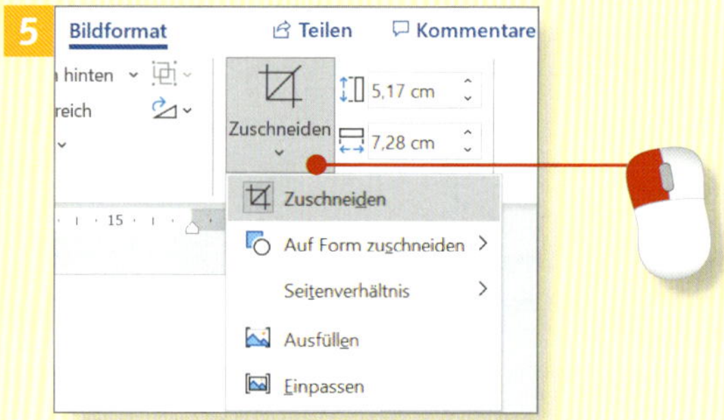

Bilder zuschneiden und bearbeiten (Forts.)

7
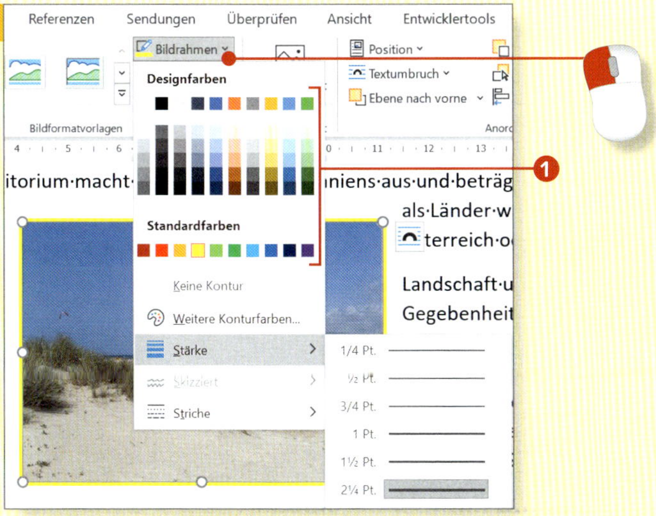

8
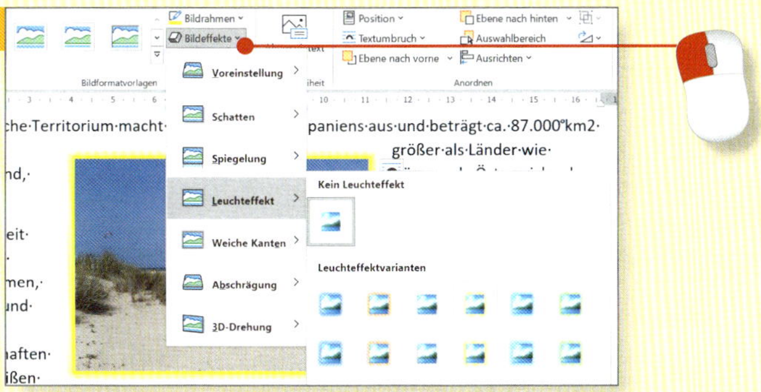

9
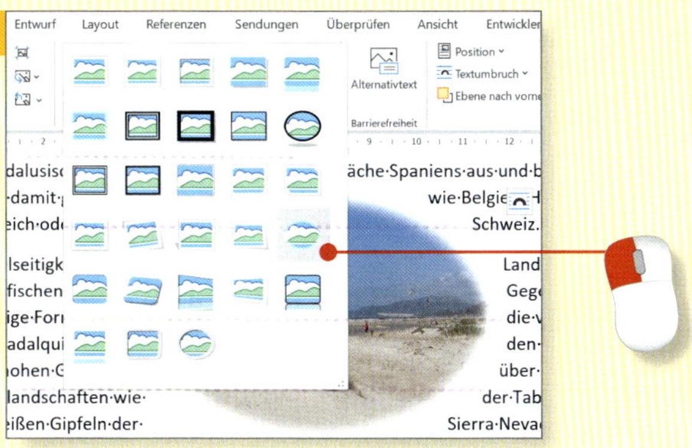

Schritt 7

Manche Bilder machen sich mit einem Rahmen gut. Markieren Sie das Bild per Mausklick, und klicken Sie auf der Registerkarte **Bildformat** auf **Bildrahmen**. Wählen Sie hier eine Farbe 1 und aus der Auswahl des Menüpunkts **Stärke** die Dicke des Rahmens.

Schritt 8

Weitere Bildeffekte, die sich größtenteils auf die Umrandung des Bildes beziehen, erzeugen Sie mithilfe der Optionen der Schaltfläche **Bildeffekte**. Lassen Sie den Rahmen z. B. leuchten.

Schritt 9

Auf Registerkarte **Bildformat** finden Sie auch *Bildformatvorlagen*. Mit ihnen können Sie Bildern auf die Schnelle ein anderes Aussehen verpassen. Wandern Sie einfach durch die Angebote, um sich die Effekte anzuschauen. Wie wäre es z. B. mit **Oval mit weichen Kanten**?

Schritt 10

Helligkeit, Kontrast und Schärfe eines Bildes lassen sich ebenfalls korrigieren. Klicken Sie auf **Korrekturen**. Im Menü können Sie durch die verschiedenen Optionen wandern. Sie sehen den Effekt, sobald Sie mit der Maus auf eine Option zeigen.

10
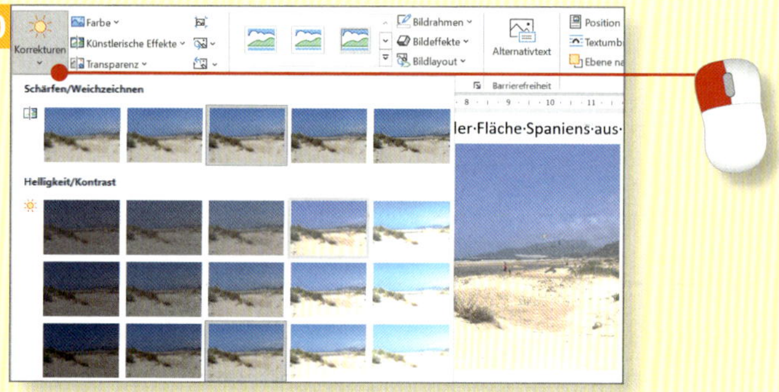

Schritt 11

Klicken Sie auf die Schaltfläche **Künstlerische Effekte**, um die Möglichkeiten der Verfremdung (**Glas**, **Mosaik** etc.) zu entdecken.

11
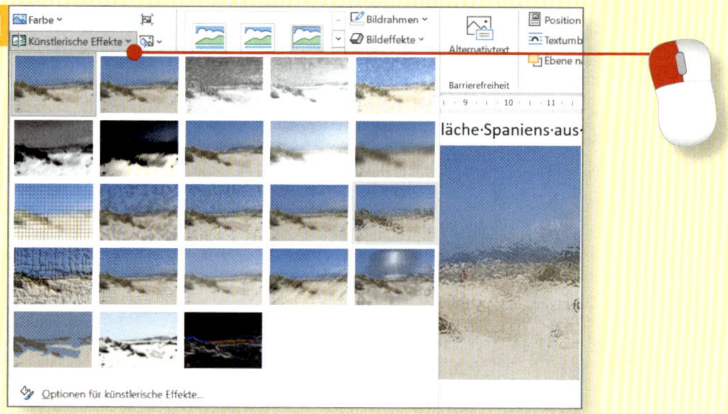

Schritt 12

Zum Freistellen klicken Sie auf **Freistellen**. Word ermittelt anhand ähnlicher Farben den freizustellenden Bereich. Mit den Optionen auf der neuen Registerkarte **Freistellen** ❷ können Sie die Bereiche nacharbeiten, die Word nicht richtig erkannt hat.

12
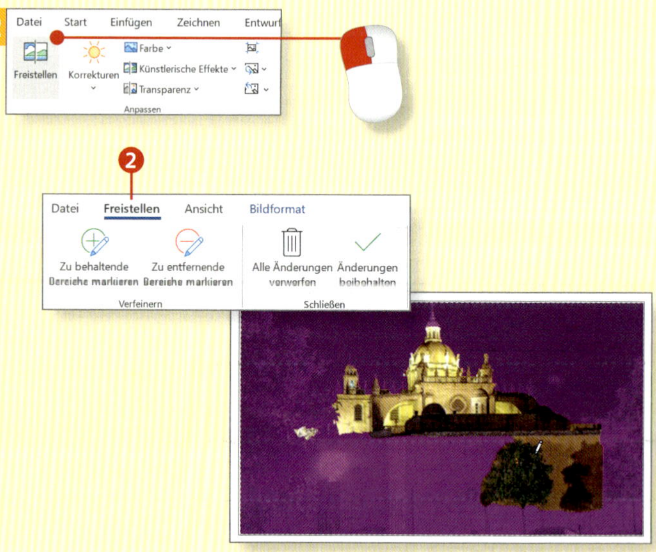

Bilder freistellen

Wenn Word die Bereiche, die Sie ein- oder ausblenden möchten, partout nicht erkennt, können Sie auch mit gedrückter Maustaste an der Kontur entlangwandern.

Onlinegrafiken einfügen

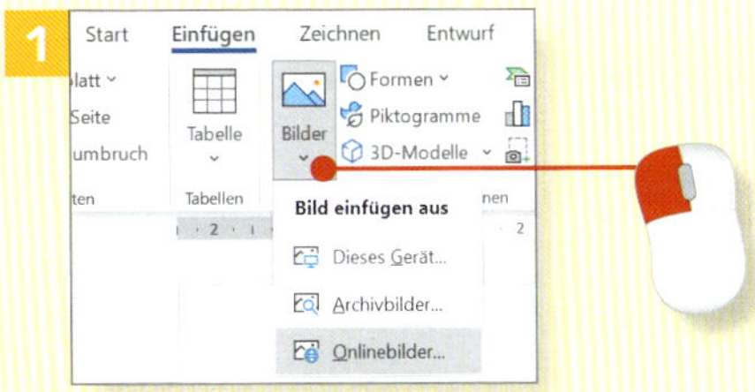

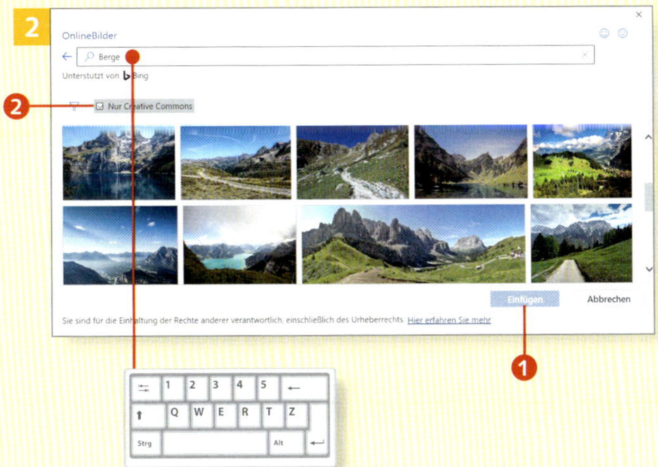

Die ClipArts, kleine Bildchen, Illustrationen und Fotos, die über Jahre mit Word bzw. Office mitgeliefert wurden, gibt es schon seit Word 2013 nicht mehr. An ihre Stelle sind Onlinegrafiken getreten.

Schritt 1

Um Ihrem Dokument Onlinegrafiken hinzuzufügen, wechseln Sie zur Registerkarte **Einfügen** und klicken auf die Schaltfläche **Bilder** und im Menü auf **Onlinebilder**.

Schritt 2

Geben Sie in das Suchfeld der Online-Bildersuche einen Suchbegriff ein, z. B. »Berge«. Drücken Sie dann einfach [↵], um sich Bilder zu diesem Thema anzeigen zu lassen.

Schritt 3

Wandern Sie durch das Angebot, markieren Sie das gewünschte Bild, und klicken Sie auf **Einfügen** ❶. Daraufhin wird das Bild in Ihr Word-Dokument eingefügt.

Urheberrecht

Bilder unterliegen dem Urheberrechtsschutz. Für ihre Verwendung sind Genehmigungen erforderlich, insbesondere bei der Nutzung für gewerbliche Zwecke. Die Organisation *Creative Commons* macht mit unterschiedlichen Lizenztypen möglichst viele Bilder der Allgemeinheit zugänglich. Daher ist es rechtlich sicherer, bei der Bildauswahl den Filter **Nur Creative Commons** ❷ aktiviert zu lassen.

Schritt 4

Zeigen Sie mit der Maus auf ein Bild, erscheint eine kleine Schaltfläche mit drei Punkten. Mit einem Klick darauf (bzw. auf **Kostenloses Foto zum Thema...**) erhalten Sie Informationen zum Bild, z. B. die Adresse der Webseite, von der das Bild stammt.

4

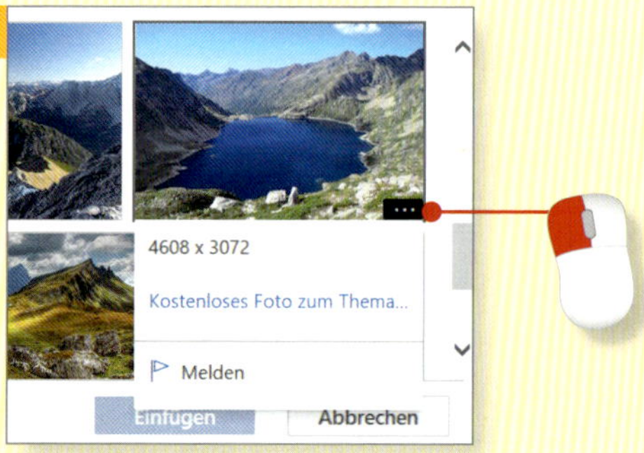

Schritt 5

Mit einem allgemeinen Suchbegriff erhalten Sie oft Hunderte von Treffern. Daher ist es sinnvoll, den Suchbegriff präziser zu fassen, anstelle von »Berge« z. B. »Berge Schweiz«.

5

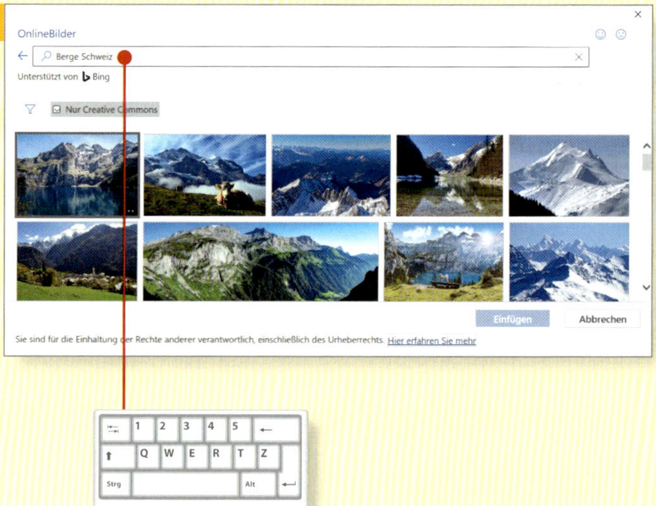

Schritt 6

Sie können die Trefferliste auch mithilfe eines Filters einschränken. Klicken Sie auf **Filter**, und wählen Sie im Menü die Kriterien für Ihre Auswahl, z. B. nur eine bestimmte Größe und ein bestimmtes Layout.

6

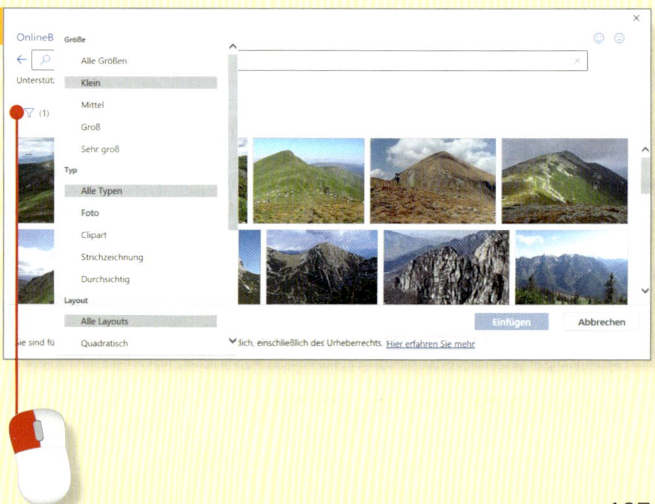

Onlinegrafiken speichern

Für das Einfügen von Onlinegrafiken müssen Sie mit dem Internet verbunden sein. Nach dem Einfügen sind die Bilder im Dokument gespeichert. Über den Kontextmenübefehl **Als Grafik speichern** können Sie ein Bild dann auch auf Ihrem Rechner speichern.

3D-Bilder einfügen

1

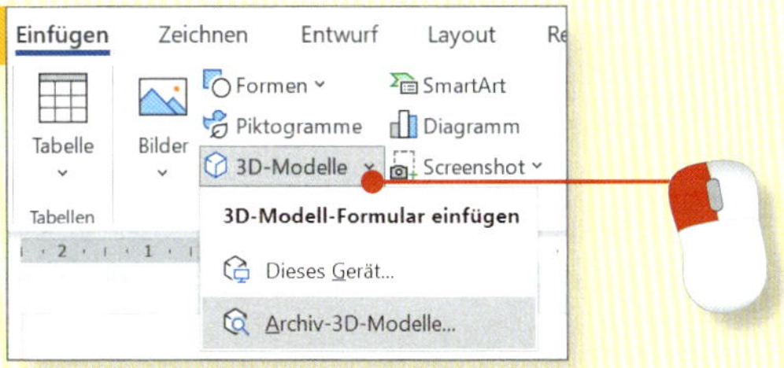

2

3

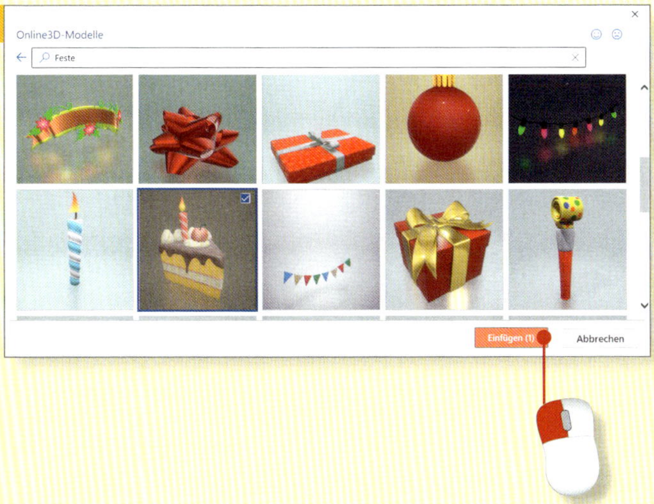

Word 2021 hat ein schickes Feature an Bord: 3D-Modelle. Aus vielen Kategorien können Sie ein Bild auswählen und einfügen und dies dann von allen Seiten betrachten.

Schritt 1

Wechseln Sie zur Registerkarte **Einfügen**, und klicken Sie auf den Pfeil an der Schaltfläche **3D-Modelle**. Im Menü klicken Sie auf **Archiv-3D-Modelle**.

Schritt 2

Im Fenster **Online3D-Modelle** wandern Sie durch die Auswahl und klicken dann auf die gewünschte Kategorie.

Schritt 3

Im nächsten Fenster setzen Sie per Klick ein Häkchen an das gewünschte Motiv und klicken dann auf die Schaltfläche **Einfügen**. Sie können auch mehrere Bilder gleichzeitig einfügen.

Schwenken und Zoomen

Die Bezeichnung der Schaltfläche scheint nicht stimmig. Sie dient lediglich dem Zoomen von Bildteilen; zum Schwenken nutzen Sie wie beschrieben das Symbol in der Mitte des Bildes.

Schritt 4

Sobald Sie das eingefügte Bild markieren, erscheint die Registerkarte **3D-Modell**. Hier gibt es die üblichen Symbole zum Bearbeiten eines Bildes und die 3D-Modellansichten, mit denen Sie das Bild aus vielen unterschiedlichen Perspektiven betrachten können.

4

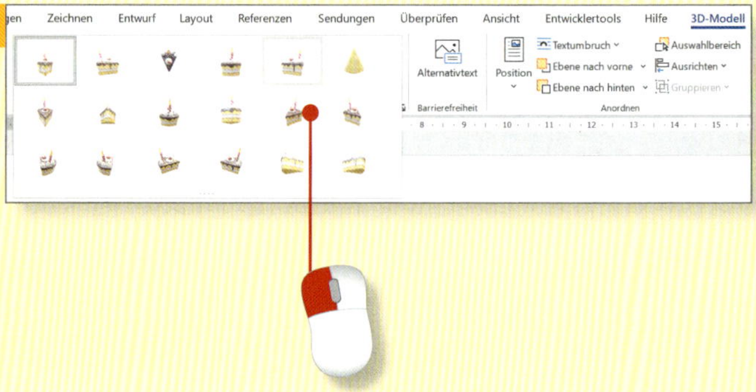

Schritt 5

Um das Bild manuell in alle möglichen Richtungen zu schwenken, drehen Sie es mit gedrückter Maustaste an dem Symbol (den zwei gegenläufigen Pfeilen mittig auf dem Bild).

5

Schritt 6

Wenn Sie auf der Registerkarte **3D-Modell** auf die Schaltfläche **Schwenken und Zoomen** ❶ klicken, erscheint am rechten Rand des Bildes eine kleine Lupe. Ziehen Sie an der Lupe mit gedrückter Maustaste nach oben, um Bildbereiche zu vergrößern.

6

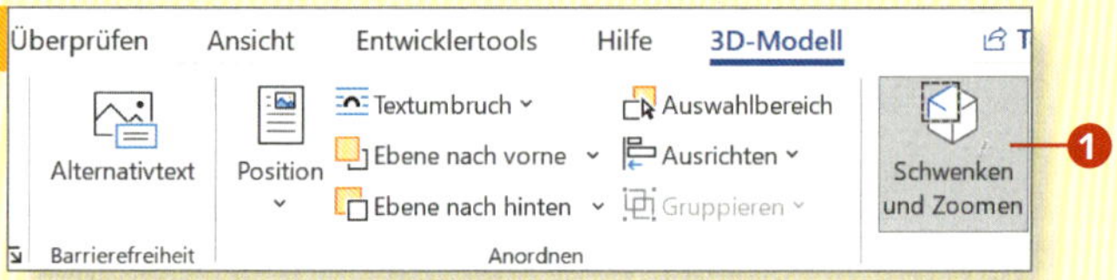

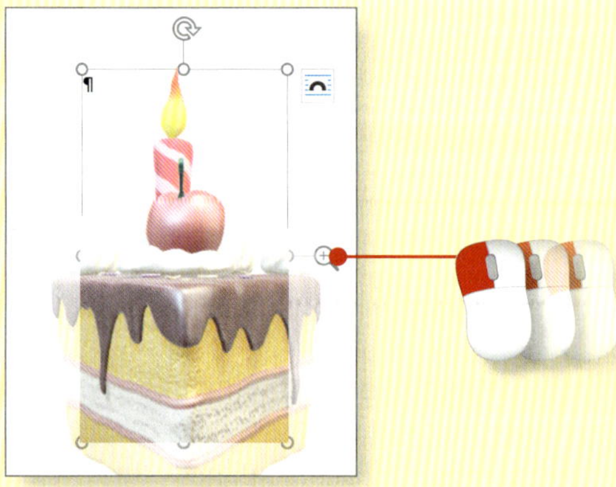

Formen hinzufügen

Mit dem Einfügen von Bildern und Grafiken sind Sie noch nicht am Ende der grafischen Gestaltungsmöglichkeiten. Mit der Formenpalette können Sie besonders kreativ sein.

1

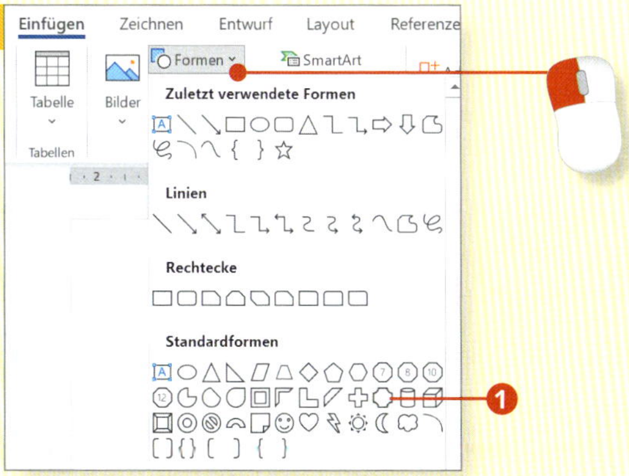

Schritt 1

Klicken Sie auf der Registerkarte **Einfügen** auf **Formen**. Um eine Form aus dem Menü auf das Blatt zu zaubern, klicken Sie sie an ❶, führen den Mauszeiger an die passende Stelle auf dem Blatt und ziehen die Form mit gedrückter Maustaste auf.

2

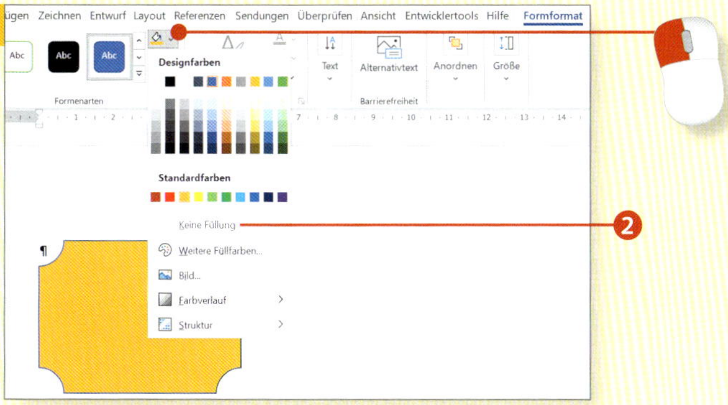

Schritt 2

Sie sehen eine blaue Form. Die Füllfarbe können Sie natürlich ändern. Markieren Sie die Form, und klicken Sie auf der Registerkarte **Formformat** auf **Fülleffekt**. In der Palette wählen Sie die gewünschte Farbe oder **Keine Füllung** ❷.

3

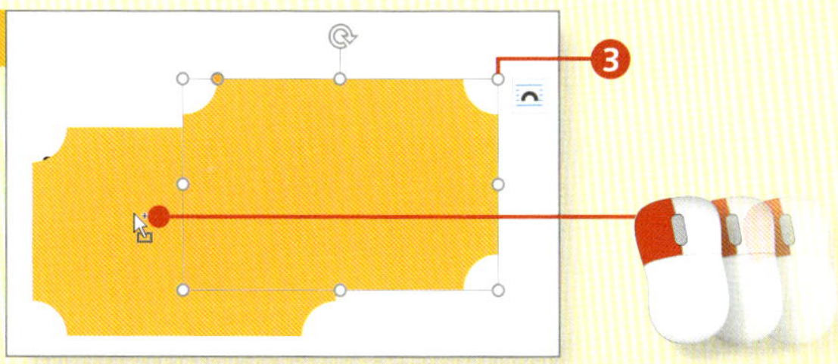

Schritt 3

Die Größe verändern Sie durch Ziehen an den Ziehpunkten ❸. Zum Verschieben setzen Sie den Mauszeiger an den Rand der Form. Sie sehen einen Vierfachpfeil. Sie können damit die Form mit gedrückter Maustaste an die gewünschte Position ziehen.

Schritt 4

Soll die Form eine bestimmte Umrandung haben, klicken Sie auf **Formkontur**. Im Menü bestimmen Sie die Farbe ❹, die Strichstärke ❺ und die Art der Kontur ❻. In der Abbildung sehen Sie **Runde Punkte** in der Stärke **3 Pt**.

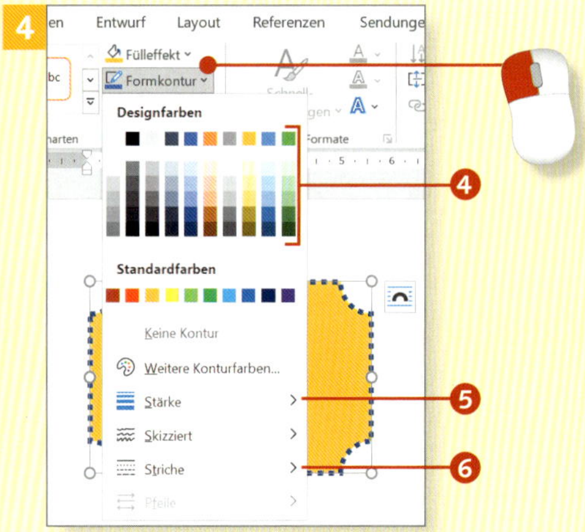

Schritt 5

Formeffekte wie **Schatten**, **Spiegelung** oder **Leuchten** weisen Sie zu, indem Sie auf **Formeffekte** klicken. Die Form im Beispiel wurde um eine Spiegelung ergänzt.

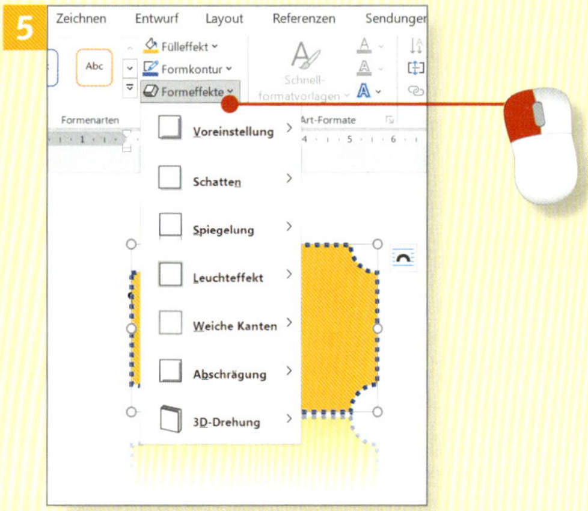

Schritt 6

Eine Menge Möglichkeiten bietet der Aufgabenbereich **Form formatieren**, den Sie öffnen, indem Sie auf den Pfeil ❼ an der Gruppe **Formenarten** klicken. Klicken Sie im Aufgabenbereich z. B. auf das Symbol **Effekte** und dann auf den Effekt, den Sie »feintunen« möchten.

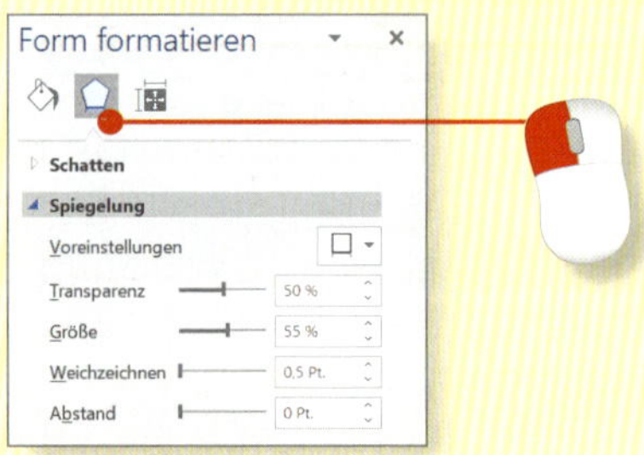

Text hinzufügen

Soll in einer Form auch Text stehen, klicken Sie im Kontextmenü der Form auf **Text hinzufügen**, oder schreiben Sie einfach drauflos.

Formatierte Schriftzüge – WordArt

Mit WordArt wird aus einer Textzeile ein dekorativer, professionell anmutender Schriftzug, geeignet für Werbezettel, Slogans oder Plakattexte.

1

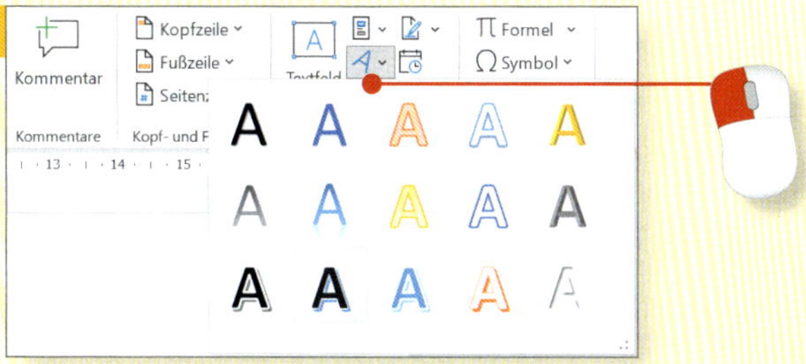

Schritt 1

Klicken Sie rechts auf der Registerkarte **Einfügen** auf **WordArt**, und wählen Sie im Menü ein Design. Nun wird eine Grafik in Ihr Dokument eingefügt, in der zu lesen ist: »Hier steht Ihr Text«. Überschreiben Sie diesen Platzhaltertext.

2

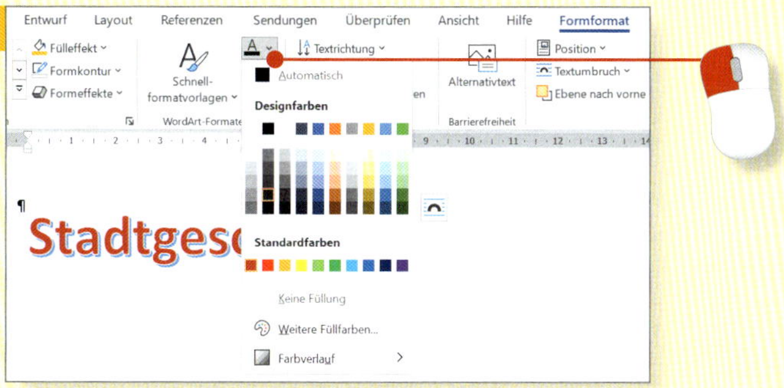

Schritt 2

Um den Text mit einer anderen Farbe oder einem Farbverlauf zu füllen, klicken Sie auf der Registerkarte **Formformat** auf den Pfeil an der Schaltfläche **Textfüllung**. Im Menü wählen Sie eine Farbe und/oder klicken auf **Farbverlauf** und wählen eine Option.

3

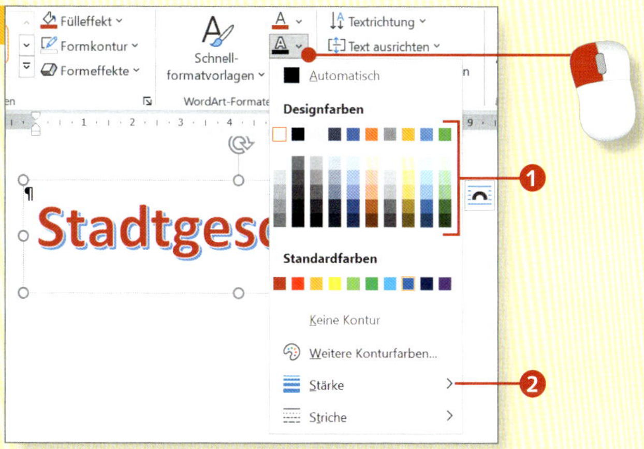

Schritt 3

Die Kontur des Schriftzugs ändern Sie, indem Sie auf den Pfeil an der Schaltfläche **Textkontur** klicken. Hier wählen Sie eine Farbe ❶, die Stärke der Kontur ❷ und die Strichart.

Schritt 4

Um einen Grafikeffekt auf den Text anzuwenden, klicken Sie auf **Texteffekte**. Im Menü und in den jeweiligen Untermenüs finden Sie eine Vielzahl von Effekten, z. B. **Spiegelung**, **Leuchten** und **Abschrägung**.

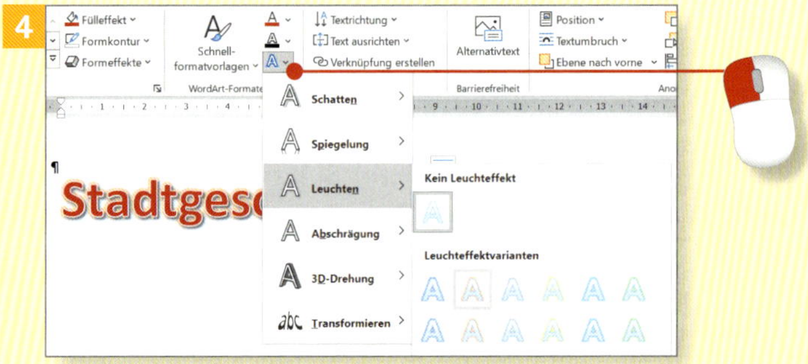

Schritt 5

Um dem Schriftzug selbst eine andere Form zu geben, klicken Sie auf **Texteffekte ▸ Transformieren**. Im Untermenü finden Sie viele unterschiedliche Formen (**Kreis**, **Bogen**, **Wellen** etc.).

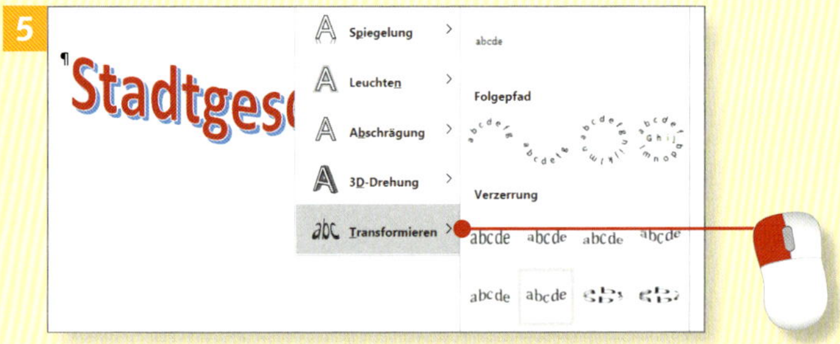

Schritt 6

Für einen farbigen Hintergrund klicken Sie auf **Fülleffekt**. Hier wählen Sie eine Farbe, einen Farbverlauf ❸ oder eine Struktur ❹. Für ein Foto als Hintergrund wählen Sie **Bild**, klicken im nächsten Fenster auf **Aus Datei** oder suchen nach Bildern im Internet (**Onlinebilder**).

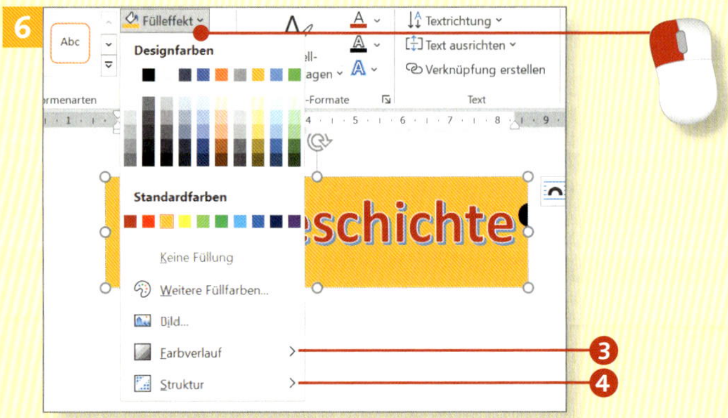

Transformation bearbeiten

Haben Sie der WordArt eine Transformation zugewiesen, erhält sie meistens zusätzliche Ziehpunkte, mit denen Sie die Stärke der Transformation bearbeiten können.

Mehrere Grafiken kombinieren

Bilder, Grafiken und Formen lassen sich problemlos nebeneinander- oder übereinanderlegen. Soll daraus eine einzige Grafik werden, kann man alle Objekte gruppieren.

1

Schritt 1

Am besten gruppieren Sie Objekte erst, wenn Sie mit der Bearbeitung der einzelnen Elemente fertig sind. Wichtig ist die Objekt-Reihenfolge, die Sie selbst festlegen können.

2

Schritt 2

Zum Anordnen markieren Sie das jeweilige Objekt und klicken auf der Registerkarte **Formformat** auf den Pfeil an der Schaltfläche **Ebene nach vorne** (bzw. in anderen Fällen **Ebene nach hinten**). Wählen Sie eine Option aus dem Menü.

3

Schritt 3

Ist alles wunschgemäß angeordnet, markieren Sie alle Objekte, indem Sie das erste Objekt anklicken, Strg gedrückt halten und nach und nach die übrigen Objekte anklicken. Achten Sie darauf, dass als Textumbruch nicht **Mit Text in Zeile** eingestellt ist (siehe den Abschnitt »Grafikelemente positionieren« auf Seite 190).

Uneindeutige Optionen

Die Optionen zur Ebene sind leider nicht immer eindeutig: Um z. B. eine Form hinter ein Bild zu legen, müssen Sie **Hinter den Text bringen** nutzen.

Schritt 4

Wenn alle Objekte markiert sind, klicken Sie mit der rechten Maustaste darauf und wählen **Gruppieren ▸ Gruppieren**.

4
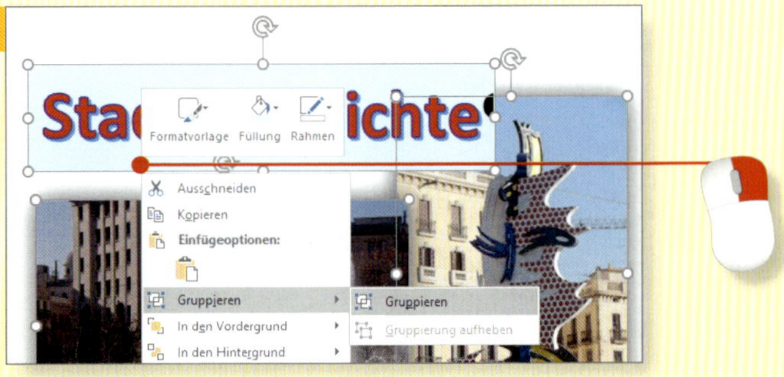

Schritt 5

Nun umgibt die Objekte nur noch ein Markierungsrahmen. Sie können die gruppierten Objekte jetzt *en bloc* mit der Maus verschieben und in ihrer Größe verändern. Leider werden die Proportionen nicht immer beibehalten, selbst wenn Sie die Größe von den Ecken aus verändern.

5

Schritt 6

Gruppierte Objekte lassen sich auch wieder in ihre Einzelteile auflösen. Klicken Sie das Objekt mit rechts an, und wählen Sie im Kontextmenü **Gruppieren ▸ Gruppierung aufheben**.

6
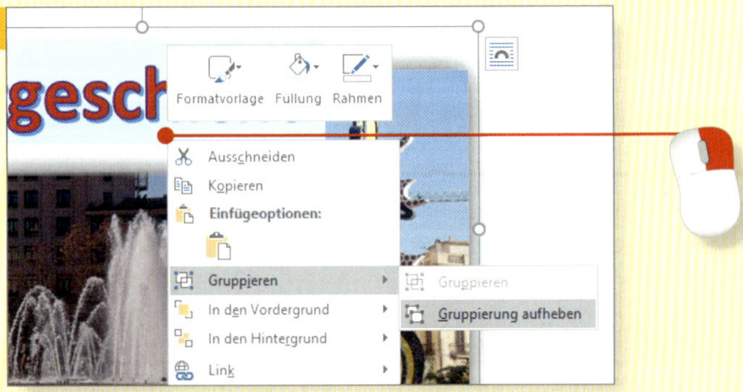

Reihenfolge der Elemente

Die Reihenfolge der Elemente anzupassen, ist mitunter etwas knifflig. Stellt sich der beabsichtigte Effekt nicht ein, versuchen Sie zunächst, ein Objekt ganz nach vorn zu legen (mit **Vor den Text legen**) und dann Ebene um Ebene nach hinten zu verschieben.

Organigramme einfügen

1

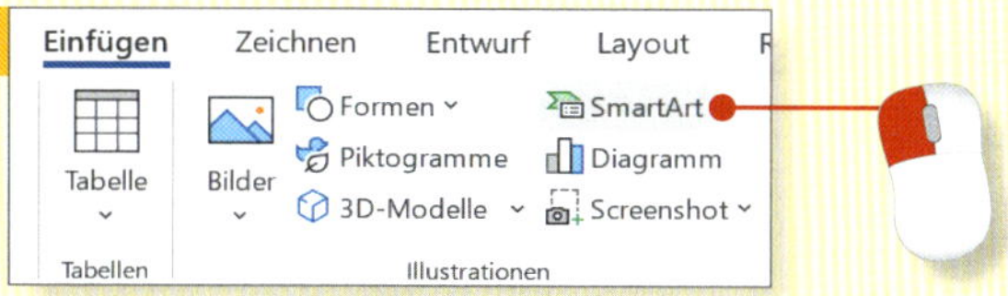

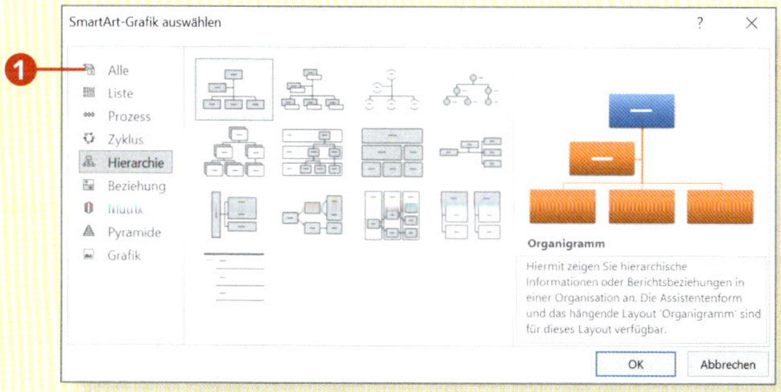

2

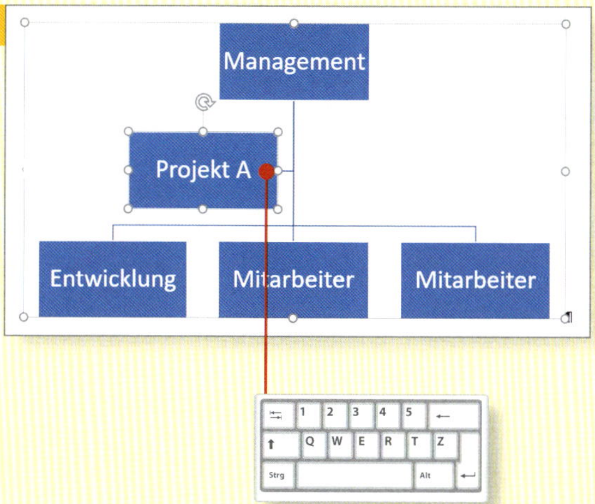

3

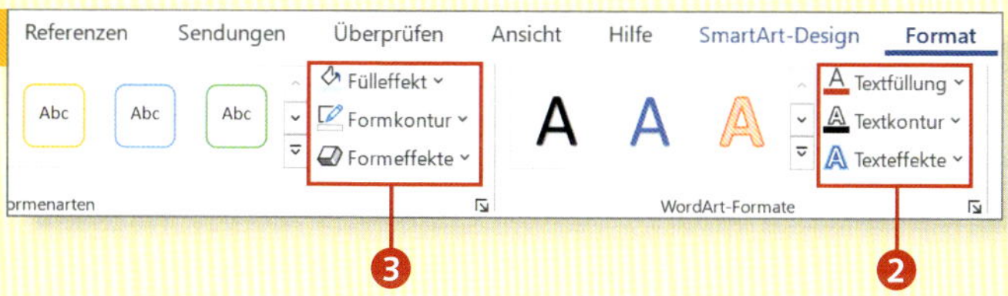

Mithilfe von Organigrammen lassen sich Hierarchien, Strukturen und Prozesse bestens grafisch darstellen. Word bietet eine große Auswahl an Vorlagen.

Schritt 1

Klicken Sie auf der Registerkarte **Einfügen** auf **SmartArt**. Im Dialog wählen Sie eine Kategorie aus oder belassen es bei **Alle** ❶. Entscheiden Sie sich per Klick für eine passende Vorlage (abhängig davon, was Sie darstellen möchten).

Schritt 2

Nachdem Sie eine Vorlage eingefügt haben, beginnen Sie damit, die Felder des Organigramms mit Ihrem Text zu füllen. Überschreiben Sie einfach den Platzhaltertext.

Schritt 3

Das Aussehen des Organigramms verändern Sie mit den Optionen auf der Registerkarte **Format**. Hier können Sie die Optik des Textes ❷ (**Textfüllung**, **Textkontur** etc.) und seine Formen ❸ (**Fülleffekt**, **Formkontur** etc.) bearbeiten.

Schritt 4

Um eine neue Form einzufügen, markieren Sie die Form (der jeweiligen Ebene) und klicken auf der Registerkarte **SmartArt-Design** auf den Pfeil bei **Form hinzufügen**. Die angebotenen Optionen hängen von der jeweiligen SmartArt ab.

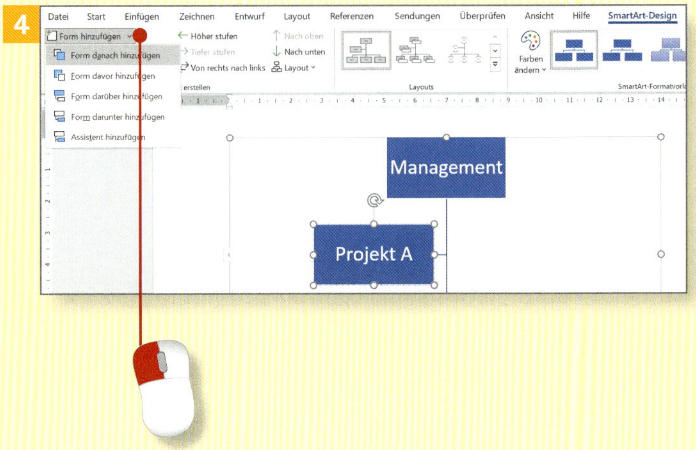

Schritt 5

Auf der Registerkarte **SmartArt-Design** können Sie auch die gesamte Struktur und das Layout des Organigramms verändern. Klicken Sie auf den Pfeil an der Auswahl der **Layouts**, und wählen Sie beispielsweise ein Layout, das Felder zum Eintragen von Namen enthält.

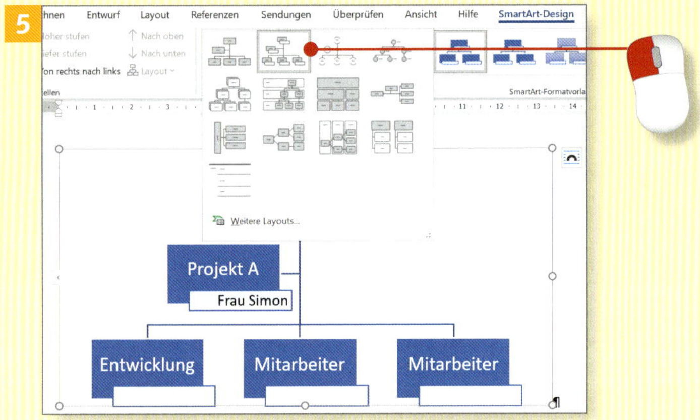

Schritt 6

Um die Hierarchie oder Anordnung zu verändern, markieren Sie die jeweilige Form und klicken dann entweder auf **Höher stufen**, **Tiefer stufen**, **Von rechts nach links**, **Nach oben** oder **Nach unten**.

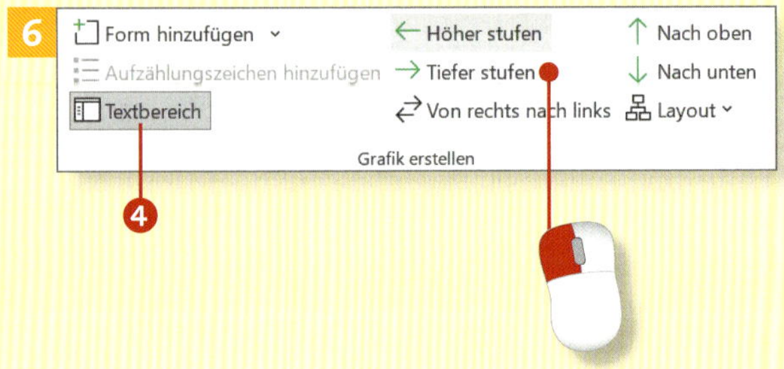

Textbereich

Den Textbereich blenden Sie mit der gleichnamigen Schaltfläche ❹ auf der Registerkarte **SmartArt-Design** oder mit dem kleinen Pfeil an der linken Linie des markierten Organigramms ein.

Diagramme erstellen und formatieren

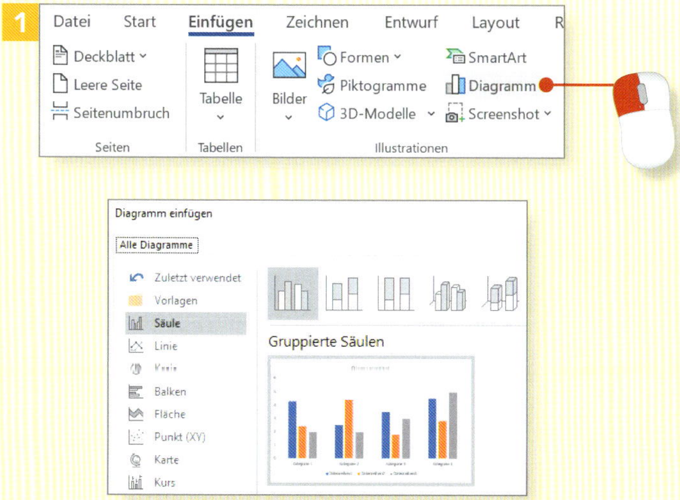

Diagramme sind die klassische Methode, um Zahlenmaterial grafisch darzustellen. Um mit Word ein Diagramm zu erstellen, arbeiten Sie eng mit Excel zusammen.

Schritt 1

Klicken Sie auf der Registerkarte **Einfügen** auf **Diagramm**. Im Dialog wählen Sie eine passende Vorlage aus und klicken auf **OK**.

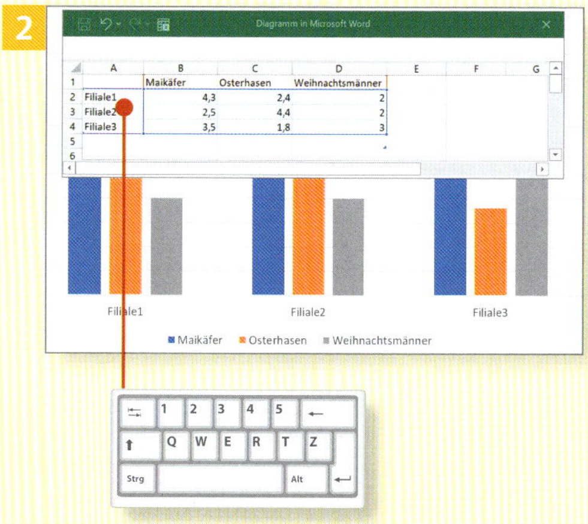

Schritt 2

Ein Diagramm wird eingefügt, und ein kleines Excel-Fenster mit einigen Mustereinträgen öffnet sich. Überschreiben Sie die Einträge mit Ihren Zahlen und Bezeichnungen. Die Veränderungen werden automatisch in das Diagramm übernommen. Wenn Sie alles eingegeben haben, können Sie das Excel-Fenster schließen oder minimieren.

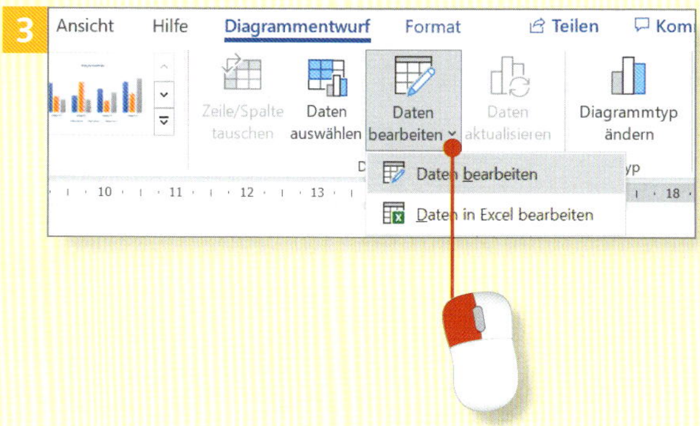

Schritt 3

Wenn Sie die Daten der Tabelle modifizieren möchten, aktivieren Sie die Registerkarte **Diagrammentwurf** und klicken dann auf **Daten bearbeiten** und erneut auf **Daten bearbeiten**. Das Excel-Fenster mit der Tabelle wird wieder eingeblendet.

Schritt 4

Praktisch ist auch das Menü der Schaltfläche **Schnelllayout**. Hier finden Sie eine Auswahl an Layouts, die sich auf die Elemente des Diagramms beziehen. Sie können z. B. ein Layout mit Legende, Diagrammtitel oder weiteren horizontalen Linien wählen.

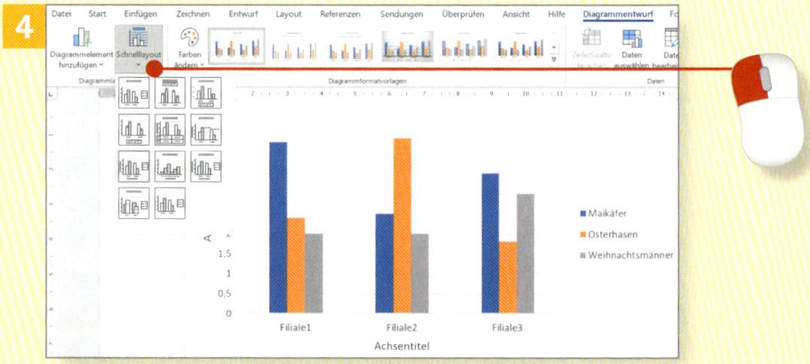

Schritt 5

Das Menü **Diagrammformatvorlagen** bietet Ihnen eine Auswahl an Vorlagen für die optische Gestaltung des Diagramms. Sie öffnen es über den unteren Pfeil am Feld **Diagrammformatvorlagen**.

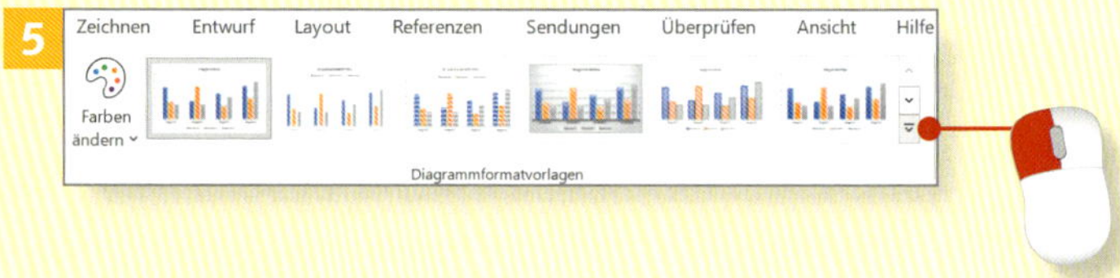

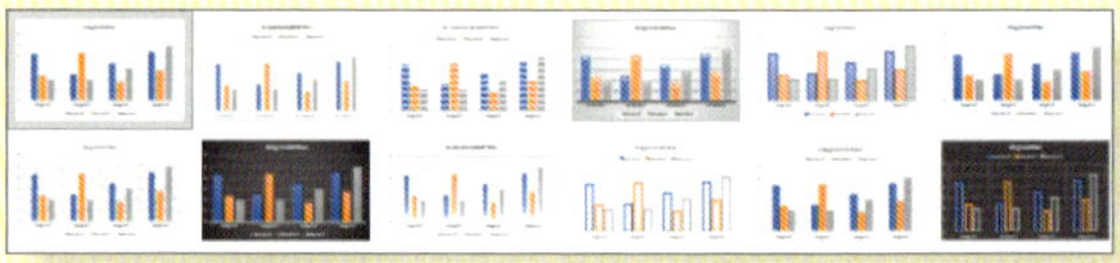

Schritt 6

Über das Pluszeichen rechts am markierten Diagramm lassen sich einzelne Diagrammelemente (**Diagrammtitel**, **Achsentitel** etc.) hinzufügen oder entfernen. Setzen Sie ein Häkchen in das entsprechende Optionskästchen, oder entfernen Sie es. Für die einzelnen Elemente erhalten Sie Untermenüs, wenn Sie auf den Pfeil am jeweiligen Eintrag klicken.

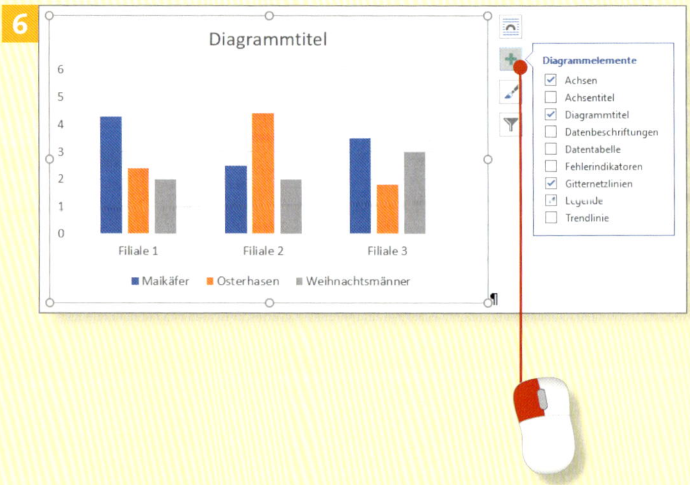

Diagramme erstellen und formatieren (Forts.)

7

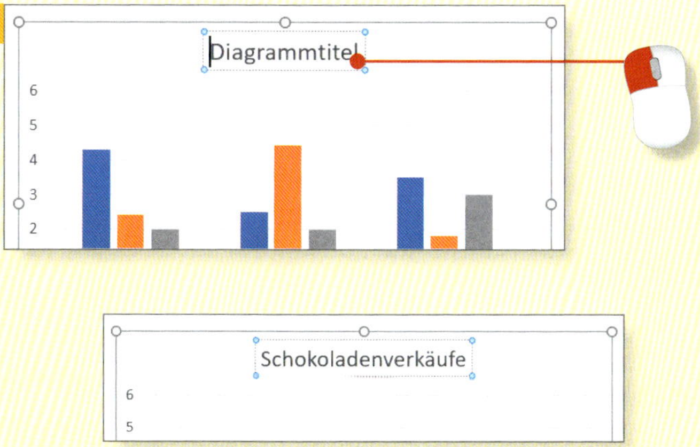

8

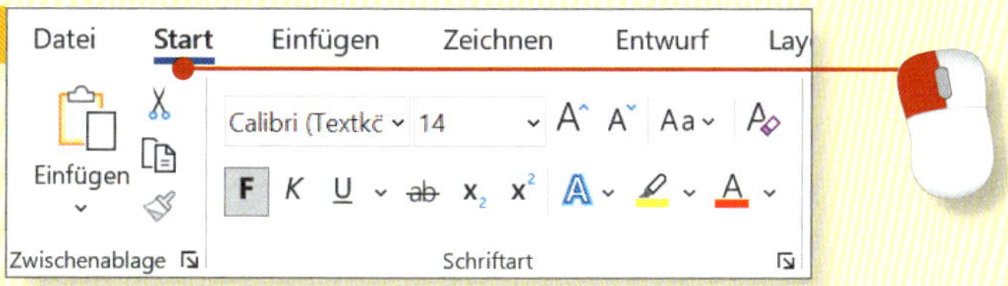

9

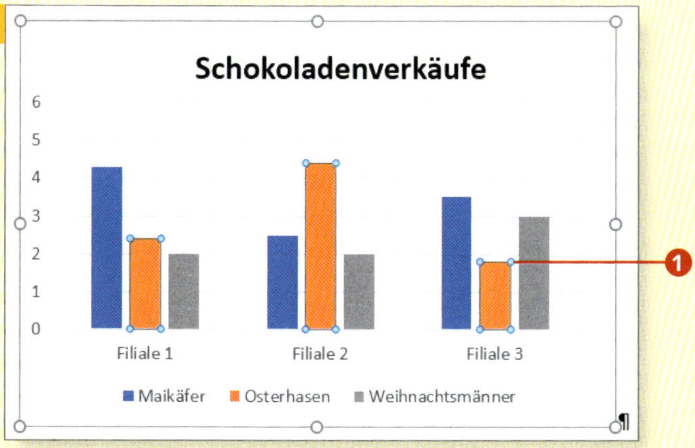

Schritt 7

Um den Diagrammtitel zu ändern, klicken Sie das Textfeld an. Wenn Sie die Markierungsumrandung sehen, klicken Sie erneut, um den Cursor in den Text zu setzen. Anschließend können Sie den Text ändern.

Schritt 8

Um die Schriftart des Titels zu ändern, markieren Sie das Feld durch einfaches Anklicken und wechseln dann zur Registerkarte **Start**, wo Sie die klassischen Formatierungen für Text einstellen können.

Schritt 9

Um z. B. die Farbe einer Datenreihe zu ändern, wählen Sie die Datenreihe durch Anklicken aus (hier *Osterhasen*, siehe Schritt 2). Anschließend zeigt Word diese Elemente mit den üblichen Markierungspunkten 1 an.

!

Diagrammtools

Die Registerkarten **Diagrammentwurf** und **Format** werden nur dann eingeblendet, wenn Sie das Diagramm angeklickt haben.

Schritt 10

Klicken Sie dann auf der Registerkarte **Format** auf **Fülleffekt**, und weisen Sie der Datenreihe eine Farbe zu oder z. B. einen Farbverlauf bzw. eine Struktur.

10

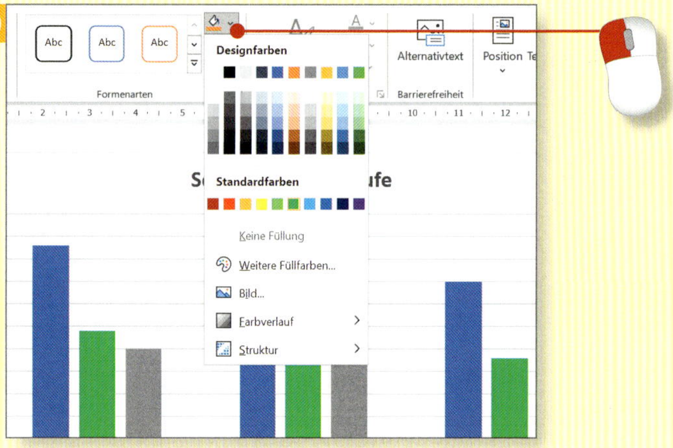

Schritt 11

Wenn Sie nur einen Datenpunkt einer Datenreihe formatieren möchten, markieren Sie zunächst die gesamte Reihe (siehe Schritt 9) und klicken dann nur den gewünschten Datenpunkt an. Nun ist nur dieser Datenpunkt markiert 2.

11

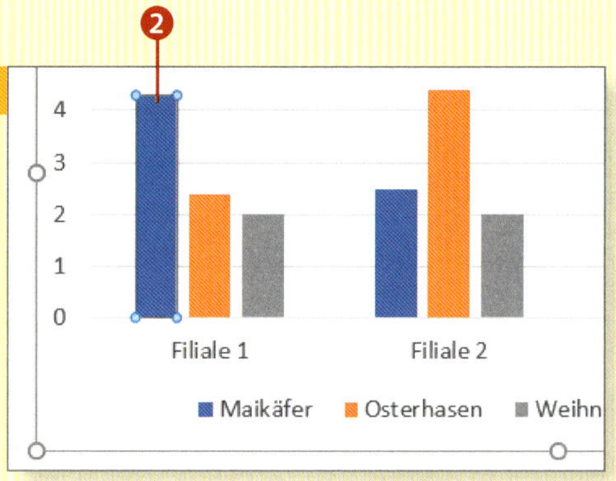

Schritt 12

Nun können Sie, wie in Schritt 10 beschrieben, den ausgewählten Datenpunkt formatieren und ihm z. B. eine eigene Farbe oder eine Kontur zuweisen.

12

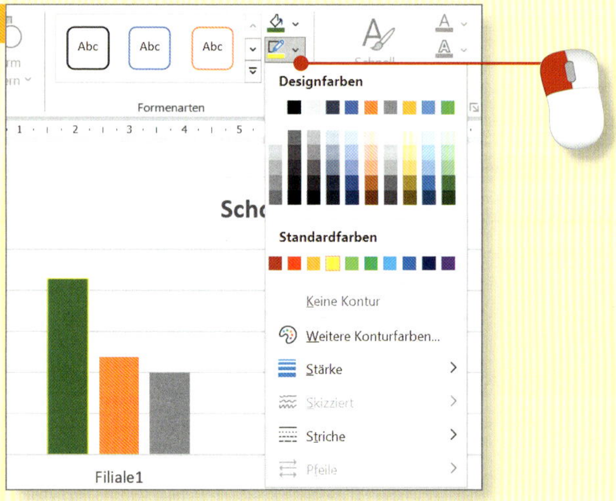

Excel-Diagramme einfügen

1

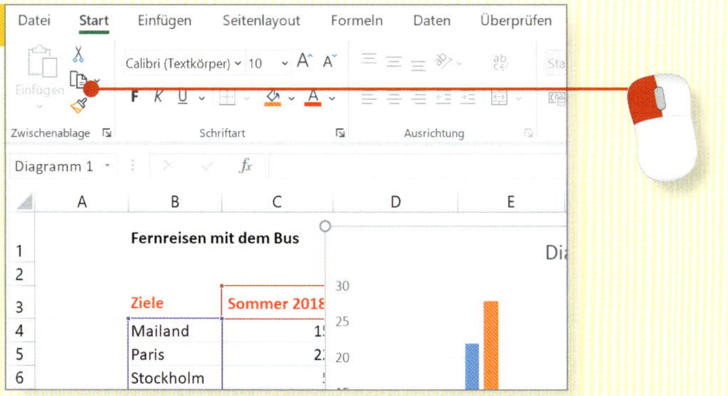

2

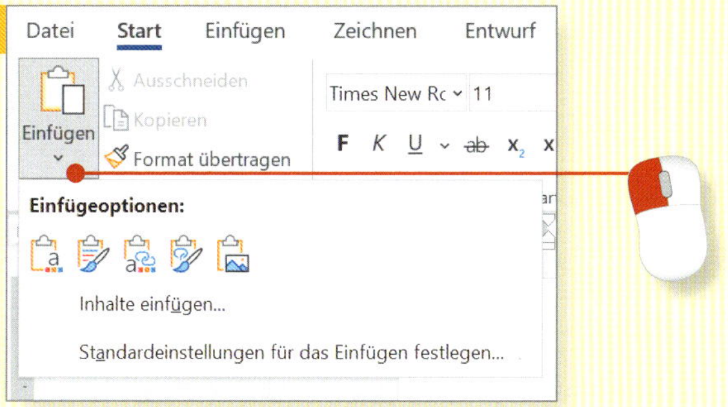

3

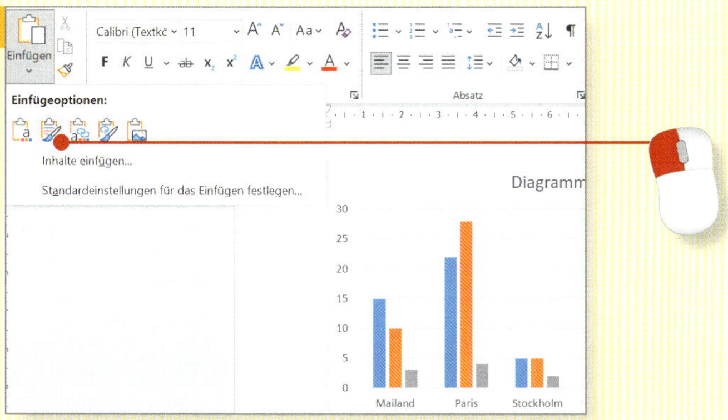

In der Regel wird in Excel in Tabellen gerechnet, und auch entsprechende Diagramme werden dort erzeugt. Ein solches Diagramm können Sie auf mehrere Arten in ein Word-Dokument einfügen.

Schritt 1

Öffnen Sie eine Excel-Datei mit einem Diagramm. Klicken Sie das Diagramm an, um es zu markieren, und klicken Sie dann auf der Registerkarte **Start** auf **Kopieren**.

Schritt 2

Wechseln Sie zu Word, und öffnen Sie die Datei, in die Sie das Diagramm einfügen möchten. Aktivieren Sie die Registerkarte **Start**, und klicken Sie auf den Pfeil an der Schaltfläche **Einfügen**, um die verschiedenen Einfügeoptionen zu sehen.

Schritt 3

Wir stellen Ihnen die wichtigsten Optionen vor. Mit **Ursprüngliche Formatierung beibehalten und Arbeitsmappe einbetten** sieht das Diagramm aus wie in Excel. Wenn Sie Daten in der Excel-Arbeitsmappe ändern, bleibt das Diagramm in Word aber unverändert.

Schritt 4

Bei **Zieldesign verwenden und Arbeitsmappe einbetten** nimmt das Diagramm die Farbgebung Ihres Word-Dokuments an. Änderungen an Daten in der Excel-Arbeitsmappe werden nicht übernommen.

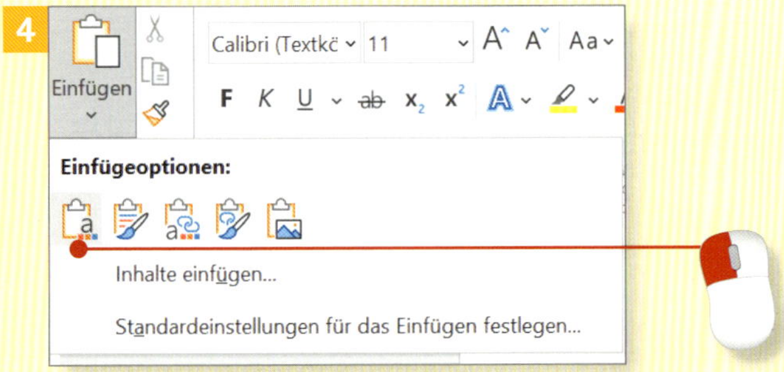

Schritt 5

Mit **Ursprüngliche Formatierung beibehalten und Daten verknüpfen** sieht das Diagramm aus wie in Excel, und die Daten werden angepasst, wenn Sie sie in der Arbeitsmappe ändern. Dies geschieht beim Öffnen des Word-Dokuments. Um eine Anpassung zu »erzwingen«, markieren Sie das Diagramm und drücken [F9].

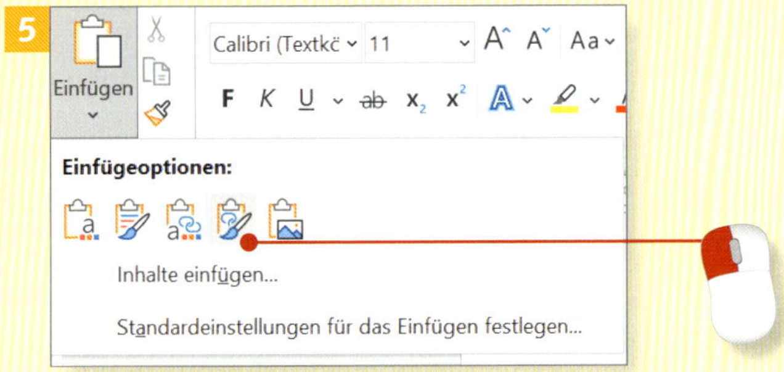

Schritt 6

Sie können das Diagramm auch als Grafik einfügen. Wählen Sie dazu die Einfügeoption **Grafik**. Dann können Sie die einzelnen Diagrammelemente jedoch nicht mehr nachbearbeiten, und die Daten werden natürlich auch nicht aktualisiert.

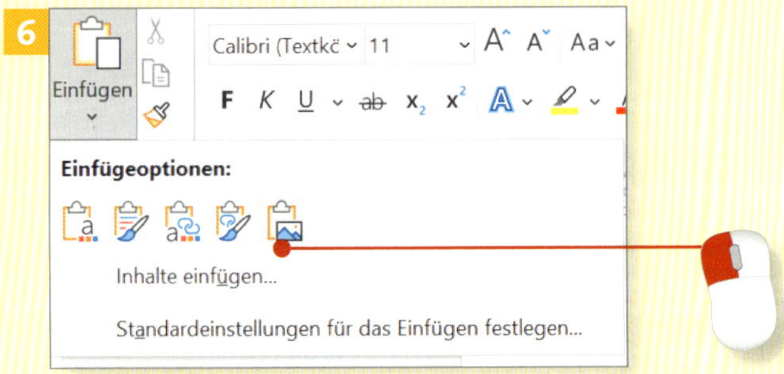

Verknüpfen
Achten Sie beim Verknüpfen von Informationen darauf, dass der Speicherort der Ursprungsdatei nicht verändert wird!

Links in ein Word-Dokument einfügen

1
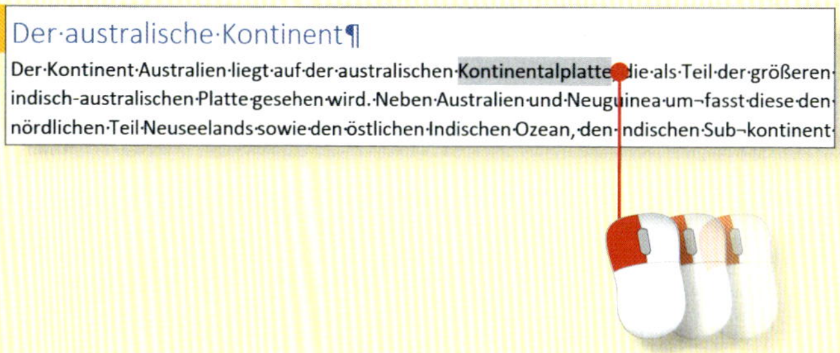

Sie alle kennen Links aus dem Internet. Sobald Sie mit der Maus auf einen Link zeigen, erscheint das berühmte Händchen. Dann klicken Sie, um zu einer anderen Stelle bzw. Website zu wandern. Solche Links können Sie auch einem Word-Dokument hinzufügen.

2
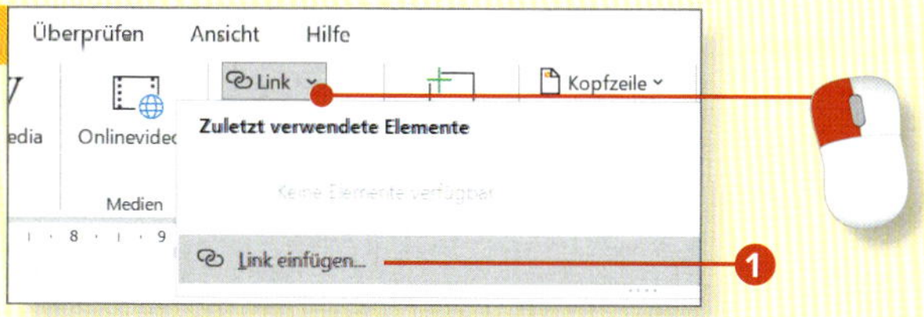

Schritt 1

Markieren Sie in dem geöffneten Dokument ein Wort, dem Sie einen Link hinzufügen möchten, der zu einer anderen Datei oder einer bestimmten Website führen soll.

3
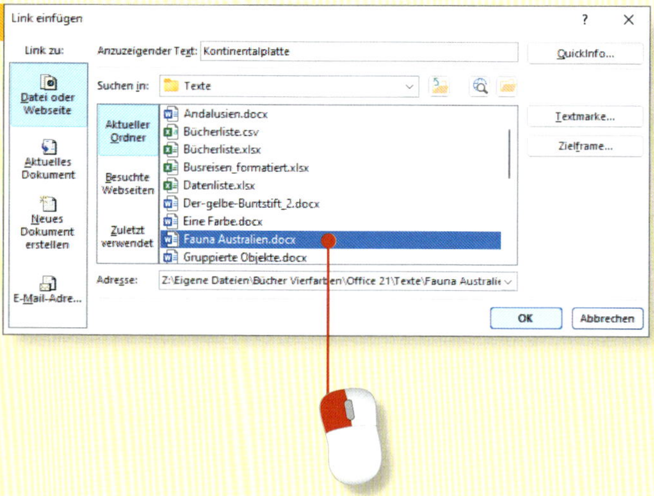

Schritt 2

Öffnen Sie die Registerkarte **Einfügen**, und klicken Sie auf die Schaltfläche **Link** und im Menü auf **Link einfügen** ❶.

Schritt 3

Im Dialog **Link einfügen** bestimmen Sie, wo der Link hinführen soll. Sofern sich die Zieldatei im aktuell geöffneten Ordner befindet, markieren Sie einfach diese Datei und klicken auf **OK**.

Schritt 4

Wenn sich die gesuchte Datei nicht in dem Ordner befindet, klicken Sie entweder auf das Symbol **Einen Ordner nach oben** ❷ oder auf das Symbol **Nach Datei suchen** ❸. Dies öffnet den Dialog **Mit Datei verknüpfen**. Suchen Sie hier nach der gewünschten Datei, markieren Sie sie, und klicken Sie auf **OK**.

4

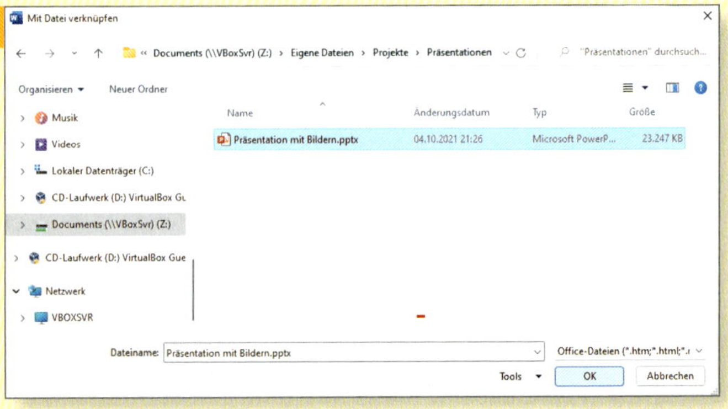

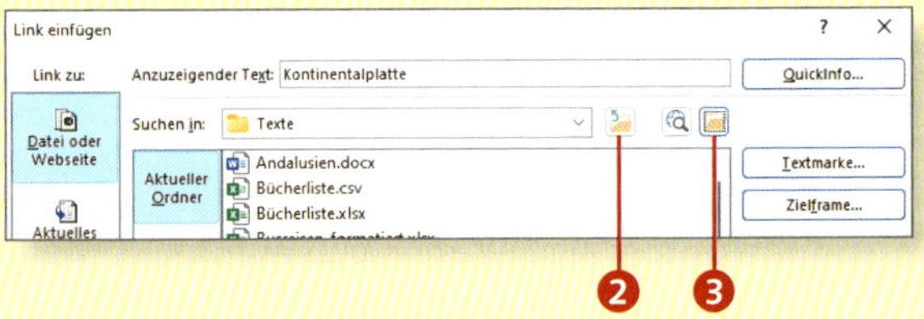

Schritt 5

Ein Link kann auch zu einer Website führen. Geben Sie dazu die Adresse der Website in das Feld **Adresse** ein. (Oder kopieren Sie sie in der Adresszeile des Webbrowsers.)

5

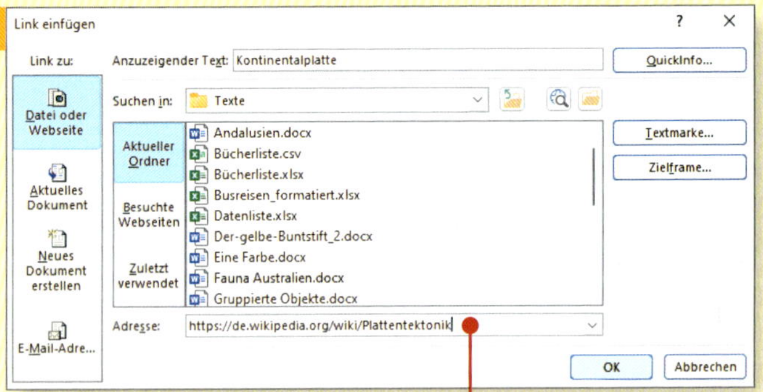

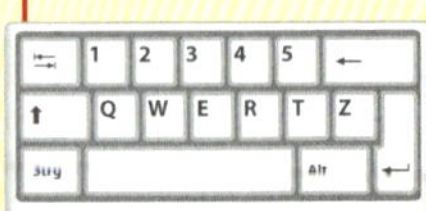

Schritt 6

Nachdem Sie den Dialog bestätigt haben, sehen Sie, dass aus dem zuvor markierten Wort ein *Link* geworden ist. Das erkennen Sie (in der Standardeinstellung) an der blauen Schriftfarbe und der Unterstreichung ❹.

6

Links löschen

Sie löschen einen Link, indem Sie ihn mit der rechten Maustaste anklicken und im Kontextmenü **Link entfernen** wählen.

Links in ein Word-Dokument einfügen (Forts.)

7

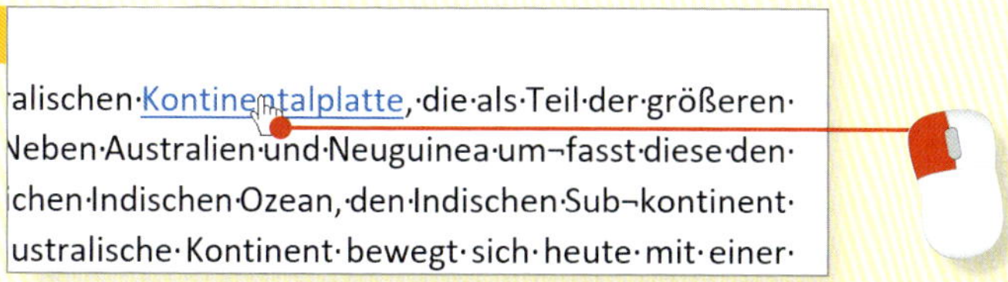

Schritt 7

Um den Link zu nutzen, führen Sie den Mauszeiger auf den Link. Nun sollte das Händchen auftauchen. Per Klick gelangen Sie zu dem zuvor festgelegten Ziel; es öffnet sich also eine Website oder eine andere Datei.

8

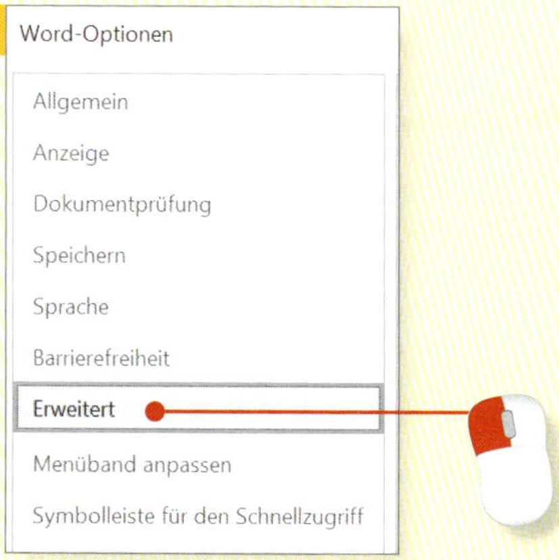

Schritt 8

Möglicherweise taucht das Händchen nicht *ad hoc* auf. Dann müssen Sie zusätzlich [Strg] drücken, während Sie mit der Maus auf den Link zeigen. Ob Sie [Strg] drücken müssen oder nicht, legen Sie in den Word-Optionen in der Kategorie **Erweitert** fest.

9

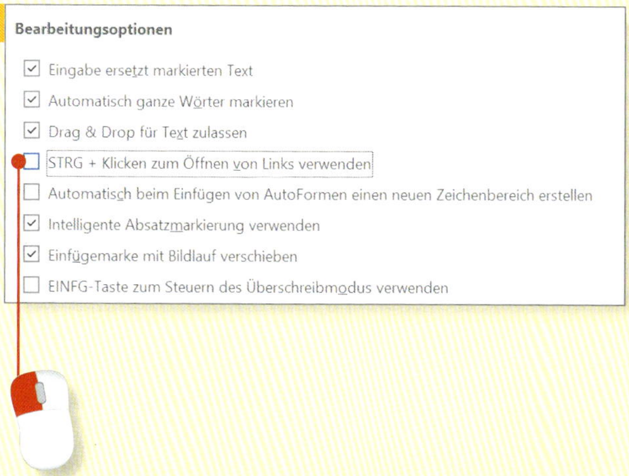

Schritt 9

Scrollen Sie hier zur Überschrift **Bearbeitungsoptionen**, und entfernen Sie das Häkchen vor der Option **STRG + Klicken zum Öffnen von Links verwenden**. Oder setzen Sie ein Häkchen, wenn Sie zusätzlich [Strg] drücken möchten, z. B. um zu verhindern, dass Sie versehentlich einen Link anklicken.

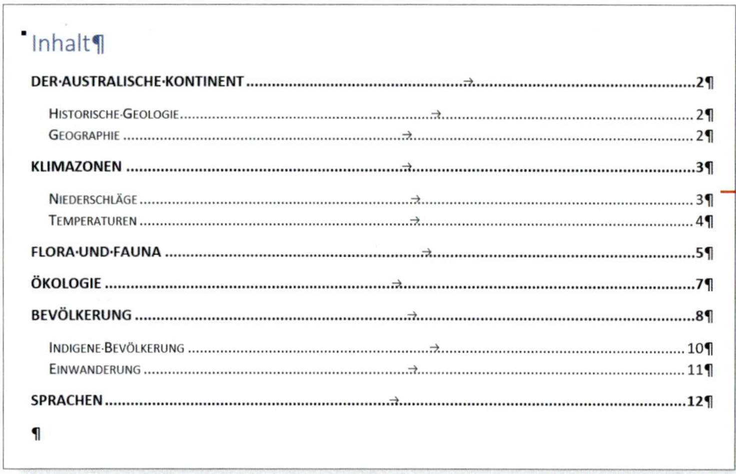

1 Haben Sie für Ihre Überschriften im Dokument Formatvorlagen genutzt, können Sie problemlos ein automatisches Inhaltsverzeichnis anlegen.

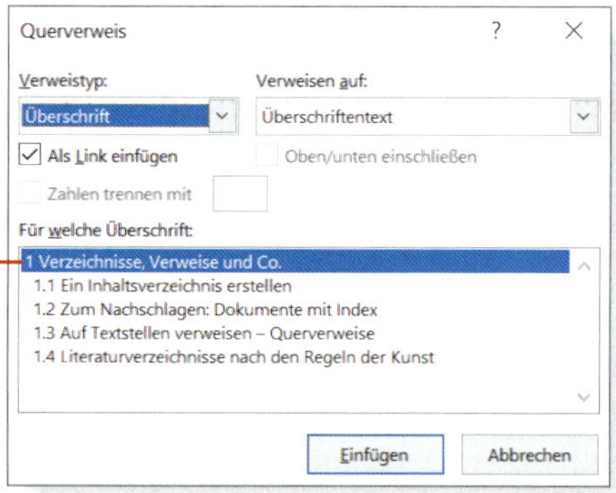

2 Mit Word können Sie ganz einfach auf Abschnitte im Text verweisen und einen Index erstellen.

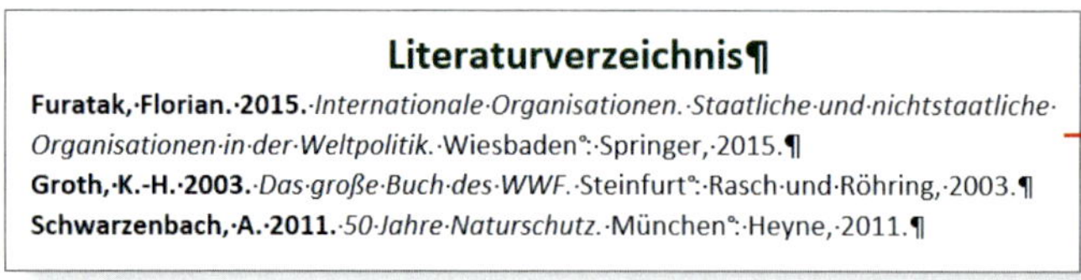

3 Auch für das Anlegen eines Literaturverzeichnisses hält Word komfortable Möglichkeiten bereit.

Ein Inhaltsverzeichnis erstellen

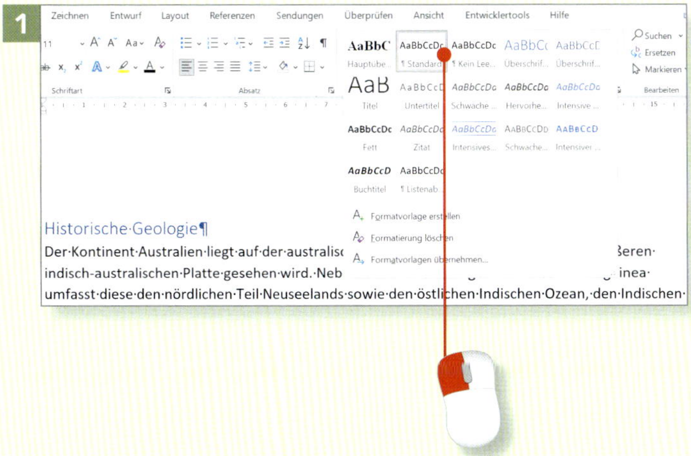

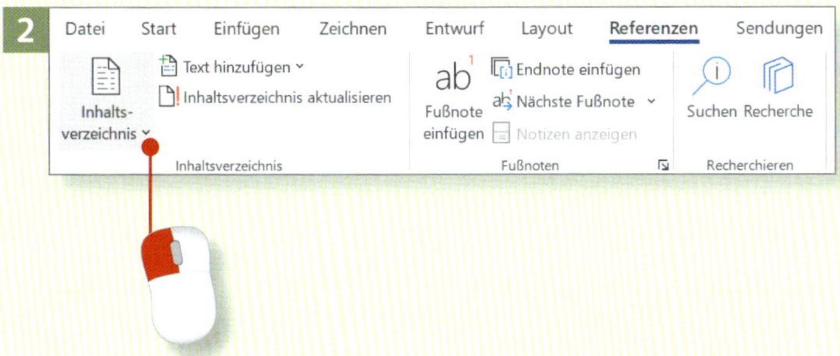

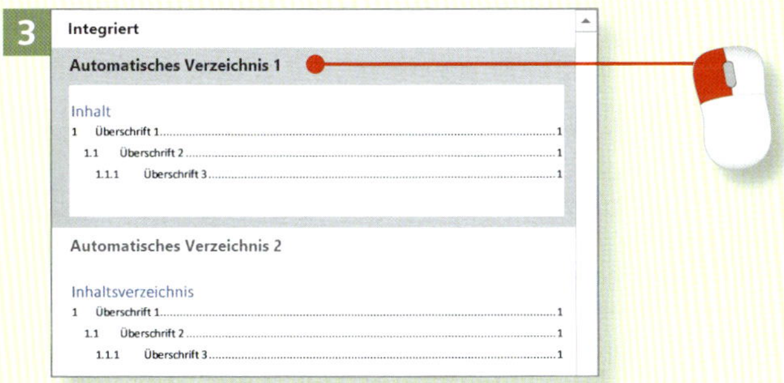

Lange Berichte, Abschlussarbeiten etc. benötigen ein Inhaltsverzeichnis. Sie müssen es aber nicht manuell tippen. Word steht Ihnen mit einer speziellen Funktion zur Seite.

Schritt 1

Damit Word ein Inhaltsverzeichnis erstellen kann, mussen die Überschriften im Dokument mit Formatvorlagen formatiert sein (mehr dazu erfahren Sie im Abschnitt »Mit Formatvorlagen arbeiten« auf Seite 118). Wenn das noch nicht der Fall ist, müssen Sie es nachholen. Weisen Sie allen Überschriften je nach Ebene die Formatvorlage **Überschrift 1**, **Überschrift 2** etc. zu.

Schritt 2

Wenn das getan ist, setzen Sie den Cursor an den Anfang des Dokuments, also vor die erste Überschrift. Dann wechseln Sie zur Registerkarte **Referenzen**. Hier klicken Sie auf die Schaltfläche **Inhaltsverzeichnis**.

Schritt 3

Word bietet verschiedene Formate an. Für ein schlichtes Inhaltsverzeichnis klicken Sie im Menü einfach auf **Automatisches Verzeichnis 1**.

Einem Hyperlink folgen

Ob Sie einem Link mit einem Klick folgen können oder zusätzlich [Strg] gedrückt halten müssen, legen Sie in den Word-Optionen in der Kategorie **Erweitert ▸ Bearbeitungsoptionen** fest.

Schritt 4

Im Nu präsentiert Word das Inhaltsverzeichnis. Da es auf einer separaten Seite stehen soll, fügen Sie mit Strg + ↵ einen Seitenumbruch zwischen dem Inhaltsverzeichnis und dem Text ein.

4

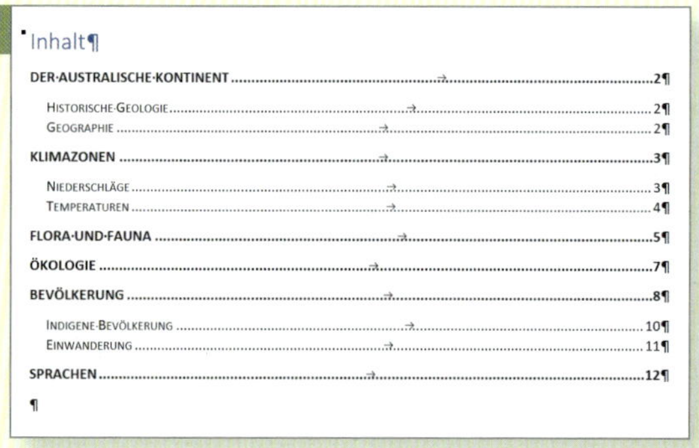

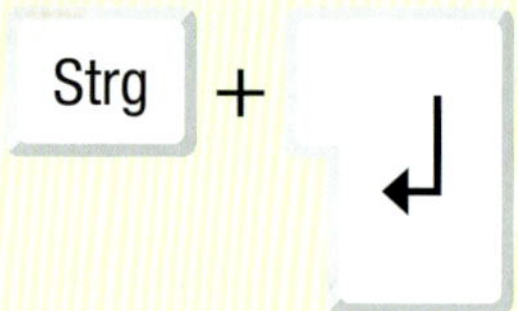

Schritt 5

Bei einem Inhaltsverzeichnis handelt es sich um ein *Feld*, also um ein Element, das aktualisiert werden kann. Das können Sie auch erkennen, wenn Sie das Verzeichnis mit rechts anklicken: Im Kontextmenü finden Sie Befehle zum Umgang mit Feldern (z. B. **Felder aktualisieren** oder **Feld bearbeiten**).

5

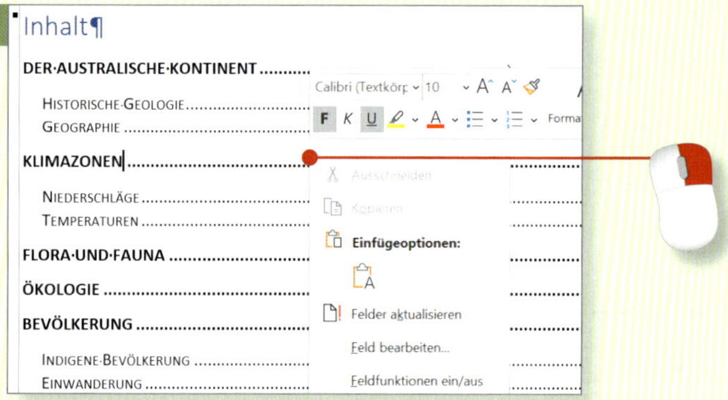

Schritt 6

Automatische Inhaltsverzeichnisse sind nicht nur praktisch, weil sie Ihnen Tipparbeit ersparen. Sie dienen auch der Navigation. Wenn Sie mit der Maus auf eine Überschrift zeigen, sehen Sie das für Links typische »Händchen« (siehe dazu auch den Kasten »Einem Hyperlink folgen« auf Seite 220). Mit einem Klick springen Sie direkt zu der Überschrift im Dokument.

6

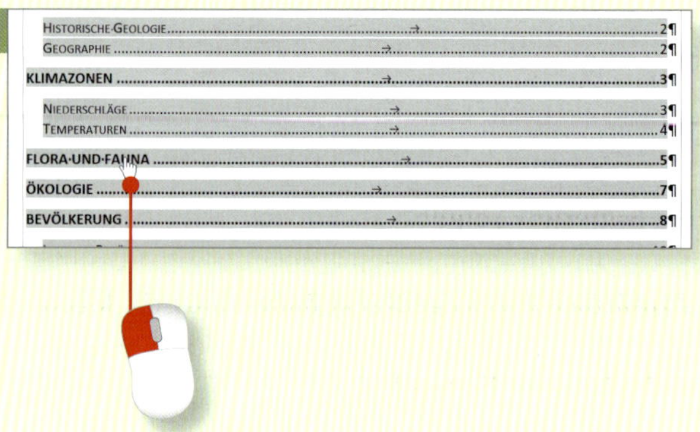

Ein Inhaltsverzeichnis erstellen (Forts.)

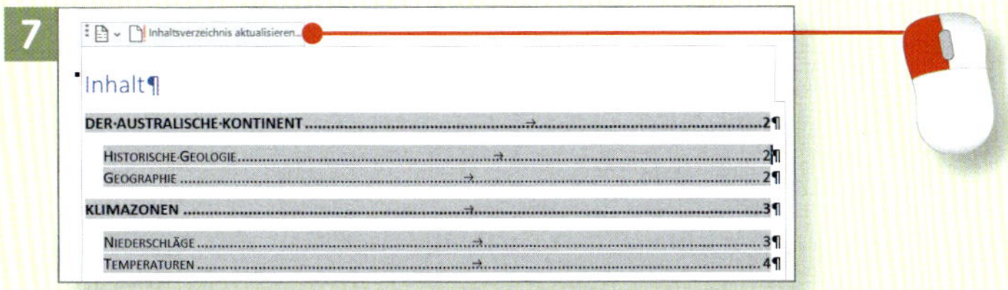

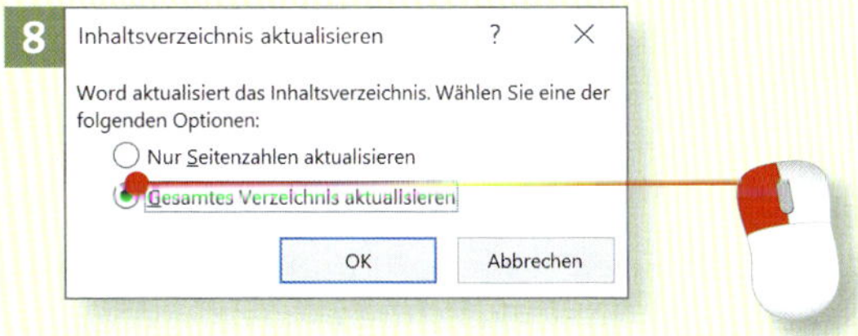

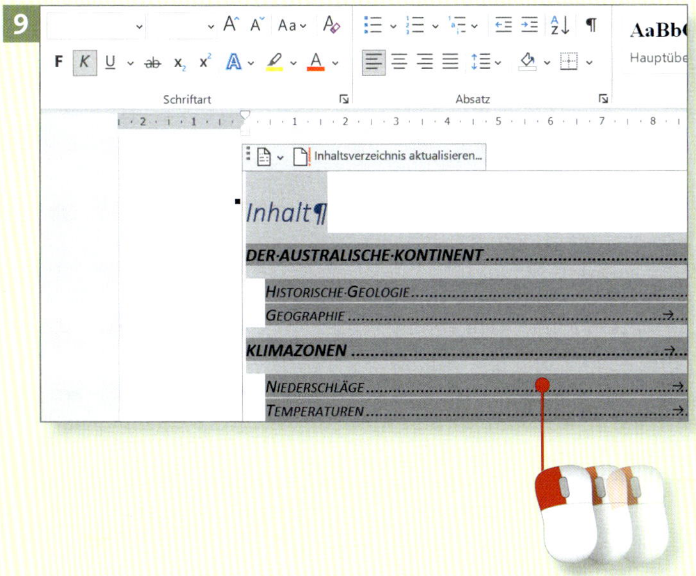

Schritt 7

Die Überschriften in einem Inhaltsverzeichnis müssen genau den Überschriften im Dokument entsprechen. Wenn Sie während des Schreibens Überschriften geändert haben, bietet Word die Schaltfläche **Inhaltsverzeichnis aktualisieren** oberhalb des Verzeichnisses an. (Klicken Sie das Inhaltsverzeichnis an, falls Sie die Schaltfläche nicht sehen. Aber Vorsicht, nicht auf einen Link klicken!)

Schritt 8

Daraufhin werden Sie in einem kleinen Dialog gefragt, ob Sie nur die Seitenzahlen oder das gesamte Verzeichnis aktualisieren möchten. Wählen Sie die untere Option, und klicken Sie auf **OK**. Das Inhaltsverzeichnis wird nun angepasst.

Schritt 9

Um das Inhaltsverzeichnis manuell zu formatieren, ihm z. B. eine andere Schriftart oder einen anderen Schriftschnitt zuzuweisen, müssen Sie es markieren. (Achten Sie darauf, dass kein Händchen auftaucht!) Dann formatieren Sie es wie gewohnt mit den Befehlen auf der Registerkarte **Start**.

!

Formatierungen gehen verloren

Beachten Sie, dass manuelle Formatierungen verloren gehen, wenn Sie das Inhaltsverzeichnis danach aktualisieren. Wenn Sie Ihr Inhaltsverzeichnis formatieren möchten, sollten Sie dies also ganz zuletzt machen.

Schritt 10

Anstelle des bisher gezeigten einfachen Inhaltsverzeichnisses können Sie auch ein benutzerdefiniertes Inhaltsverzeichnis erstellen lassen. Dazu klicken Sie auf der Registerkarte **Referenzen** auf **Inhaltsverzeichnis ▸ Benutzerdefiniertes Inhaltsverzeichnis**.

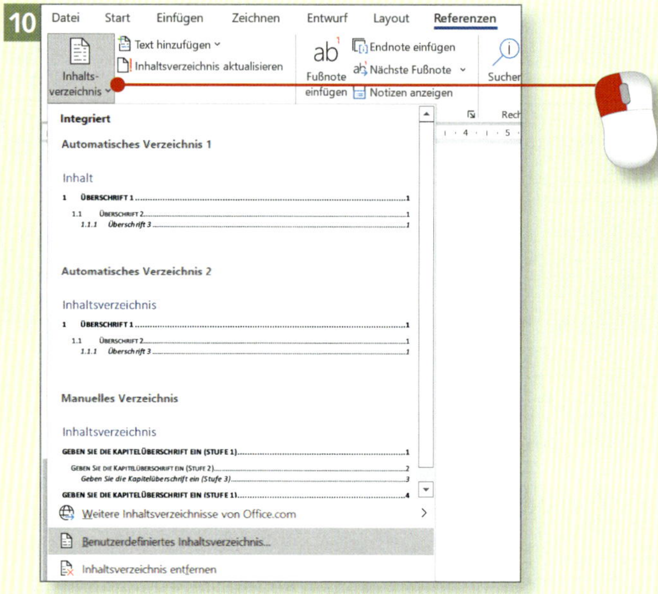

Schritt 11

Im Dialog **Inhaltsverzeichnis** können Sie z. B. auf den Pfeil am Feld **Formate** klicken, um sich ein schickes Format für das Verzeichnis auszusuchen. Sie können die Art der **Füllzeichen** ❶ bei den Überschriften bestimmen und festlegen, wie viele Überschriftenebenen ❷ das Inhaltsverzeichnis enthalten soll. Ihre Einstellungen bestätigen Sie mit **OK**.

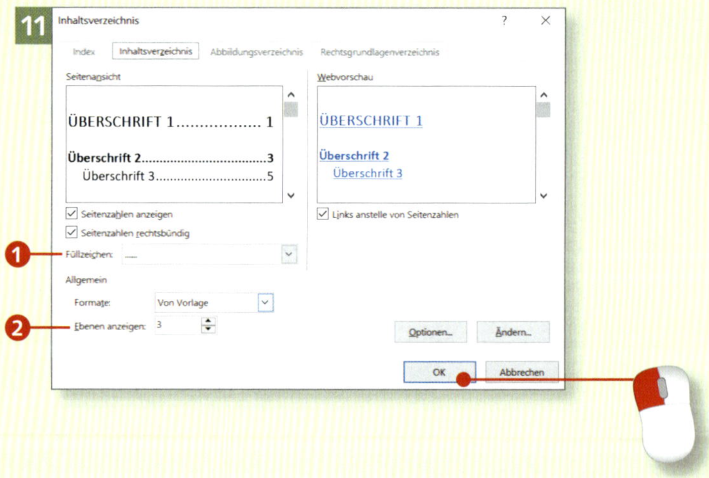

Schritt 12

Sofern Sie bereits ein Inhaltsverzeichnis eingefügt hatten, werden Sie dann gefragt, ob das vorhandene Verzeichnis ersetzt werden soll. Klicken Sie auf **OK** – warum hätten Sie sich sonst die Mühe gemacht?

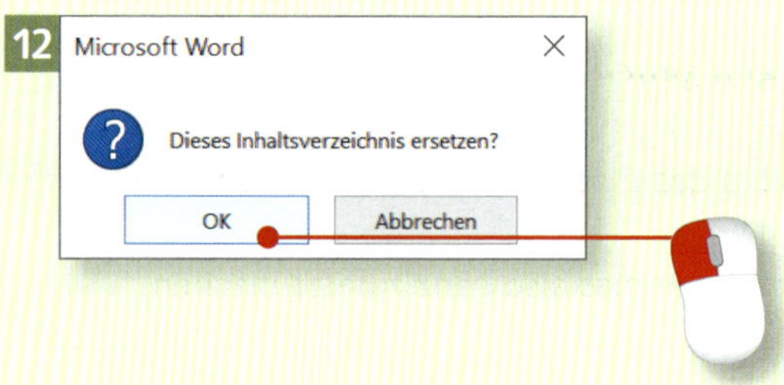

Zum Nachschlagen: Dokumente mit Index

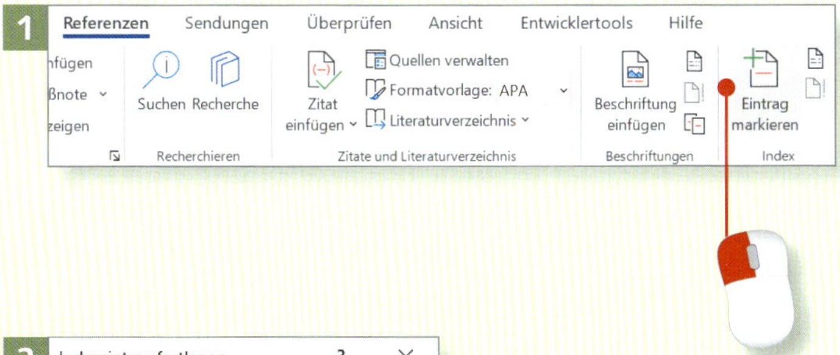

In einem Index können Sie gezielt nach Themen in einem Buch suchen und dann genau die richtige Seite aufschlagen. Das ist sehr praktisch.

Schritt 1

Am bequemsten machen Sie es sich, wenn Sie mit Begriffen, die im Dokument vorkommen, Indexeinträge erstellen. Markieren Sie einen Begriff, den Sie in den Index aufnehmen wollen, und klicken Sie auf der Registerkarte **Referenzen** auf **Eintrag markieren**.

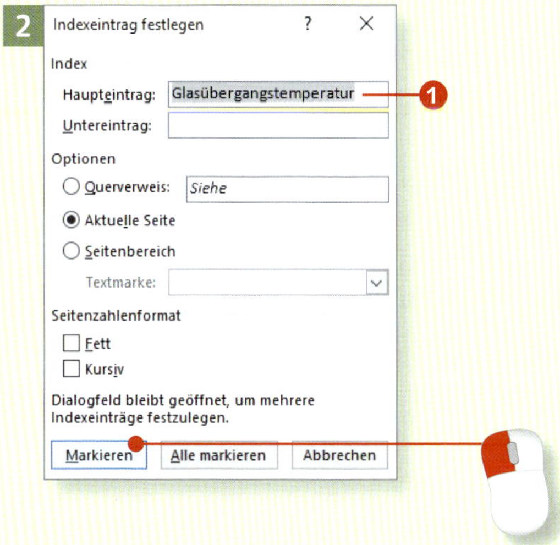

Schritt 2

Im Dialog **Indexeintrag festlegen** ist der markierte Begriff im Feld **Haupteintrag** bereits eingetragen ❶. Wenn Sie ihn so übernehmen möchten (Sie können anderenfalls auch den Cursor in das Feld setzen und Änderungen vornehmen), klicken Sie einfach auf **Markieren**.

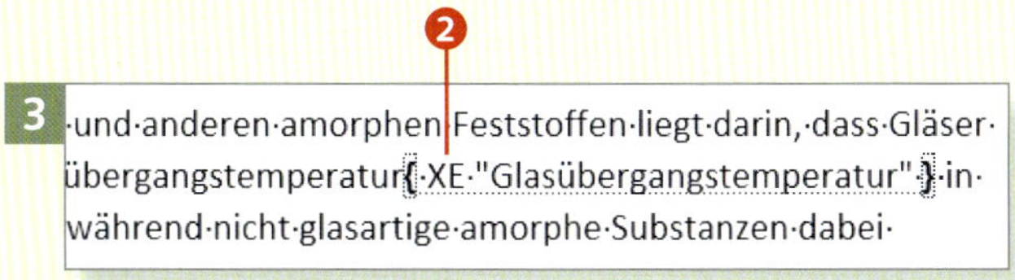

Schritt 3

Damit ist der Begriff gekennzeichnet, und Word weiß, dass er in den Index aufgenommen werden soll. In Ihrem Dokument sehen Sie hinter dem Begriff den Indexeintrag in geschweiften Klammern. **XE** ❷ steht für ein Feld des Typs *Indexeintrag*.

Indexeinträge im Text sichtbar?

Die Indexeinträge im Text sehen Sie, wenn Sie die Formatierungszeichen mit der Option **Alle anzeigen** aktiviert haben. Differenziert stellen Sie die Anzeige der Formatierungszeichen in den Word-Optionen in der Kategorie **Anzeige** ein. Für Indexeinträge muss **Ausgeblendeter Text** aktiviert sein.

Schritt 4

Sie können einen Indexeintrag auch im Text bearbeiten. Dazu setzen Sie den Cursor einfach in die geschweifte Klammer vor bzw. nach den Anführungszeichen und korrigieren oder ergänzen den Eintrag auf dem üblichen Weg.

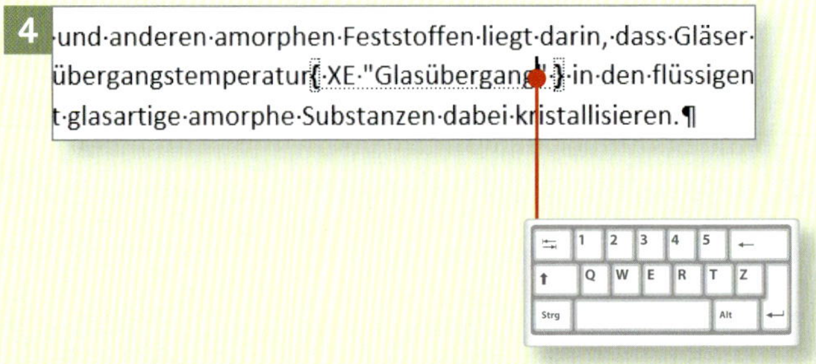

Schritt 5

Oftmals verwendet man für einen Index Haupt- und Untereinträge (z. B. »Grafik« als Haupteintrag und dann Untereinträge wie »anordnen«, »gruppieren« etc.). Sie gehen vor, wie bisher beschrieben, geben im Dialog **Indexeintrag festlegen** hier aber auch einen Begriff in das Feld **Untereintrag** ein.

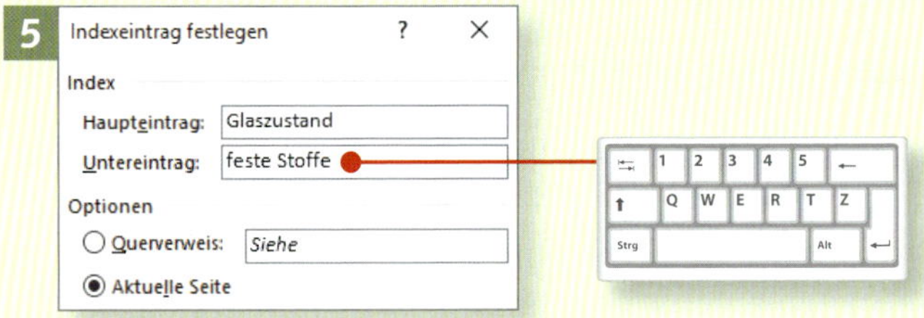

Schritt 6

Um aus den Indexeinträgen den Index erstellen zu lassen, setzen Sie den Cursor ans Ende des Dokuments und klicken auf der Registerkarte **Referenzen** auf **Index einfügen** ❸. Daraufhin wird der Dialog **Index** geöffnet. Darin klicken Sie einfach auf **OK**; schon wird Ihr Index erstellt.

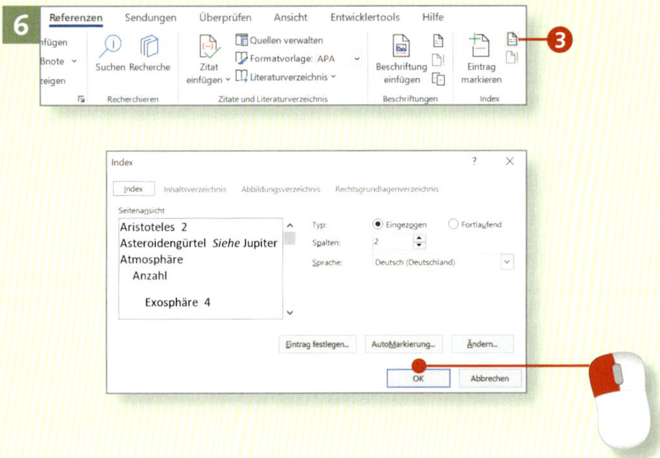

Auf Textstellen verweisen – Querverweise

1
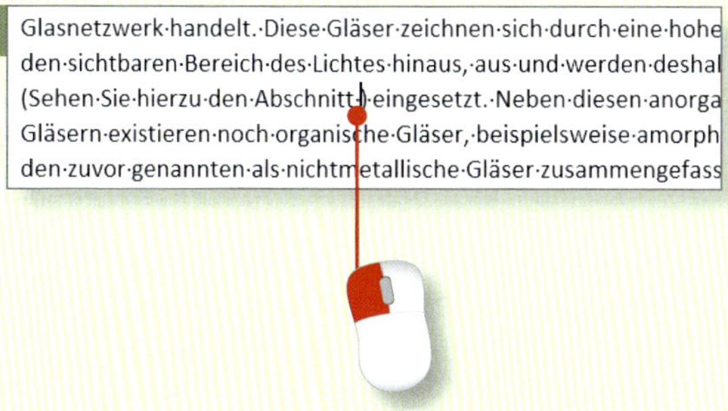

2
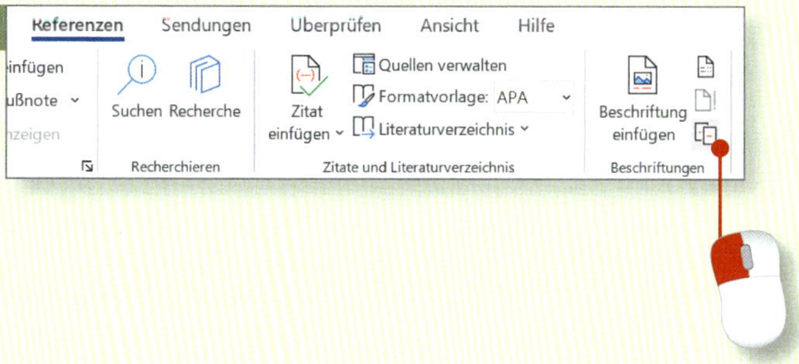

3
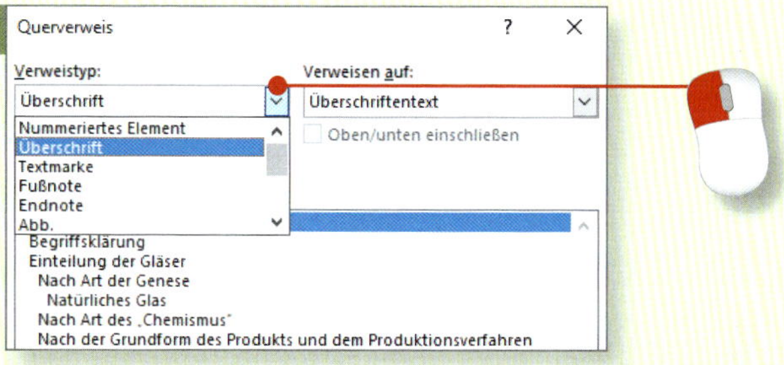

In längeren Dokumenten gibt es oft Verweise auf andere Elemente im Text, z. B. auf andere Abschnitte oder Fußnoten. Wenn Sie für solche Querverweise Word-Funktionen nutzen, stellen Sie sicher, dass der Verweis immer stimmt, auch wenn Sie Änderungen vorgenommen haben.

Schritt 1

Einen Querverweis einzufügen, ist recht einfach. Setzen Sie den Cursor an die Stelle, an der der Verweis eingefügt werden soll.

Schritt 2

Wechseln Sie zur Registerkarte **Referenzen**, und klicken Sie in der Gruppe **Beschriftungen** auf die Schaltfläche **Einen Querverweis einfügen**. Dies öffnet den Dialog.

Schritt 3

Hier bestimmen Sie, auf welchen Elementtyp der Querverweis hinweisen soll. Klicken Sie auf den Pfeil am Feld **Verweistyp**. Wählen Sie **Überschrift**, wenn Sie auf ein Kapitel bzw. einen Abschnitt hinweisen möchten. Nun tauchen die im Dokument vorhandenen Überschriften im unteren Bereich auf.

!

Überschriften mit Formatvorlagen

Die Überschriften der Kapitel, auf die Sie mit einem Querverweis verweisen, müssen mit Formatvorlagen wie **Überschrift 2**, **Überschrift 3** etc. formatiert sein! Manuell formatierte Überschriften tauchen in der Liste nicht auf.

Schritt 4

Bei **Verweisen auf** legen Sie fest, was im Querverweis auftauchen wird, z. B. **Überschriftentext**, **Seitenzahl** etc. Die Option **Als Link einfügen** ❶ ist standardmäßig aktiviert. (Damit wird der Querverweis als Hyperlink eingefügt. Wenn man dann auf den Querverweis klickt, gelangt man zu der Stelle im Dokument, auf die verwiesen wird.)

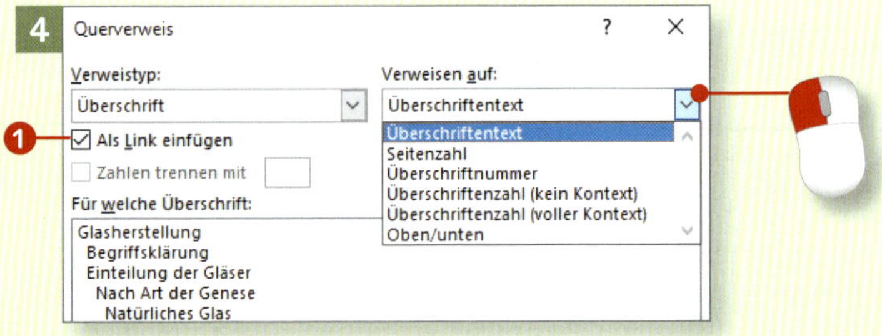

Schritt 5

Wenn Sie alle Einstellungen vorgenommen und eine Überschrift ausgewählt haben, klicken Sie auf **Einfügen** und danach auf **Schließen** ❷. Im Text sehen Sie dann den eben eingefügten Verweis auf die gewählte Überschrift.

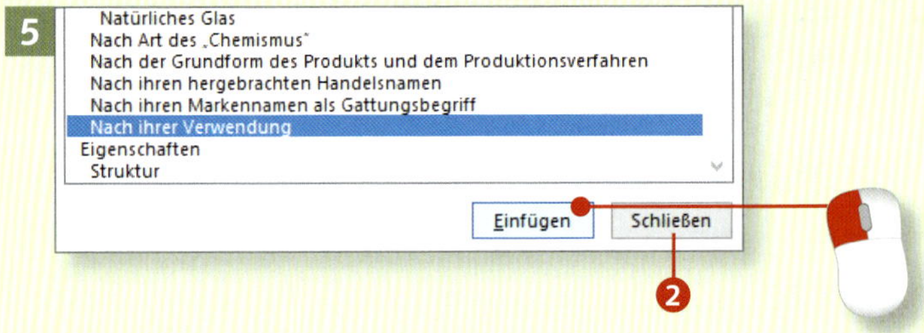

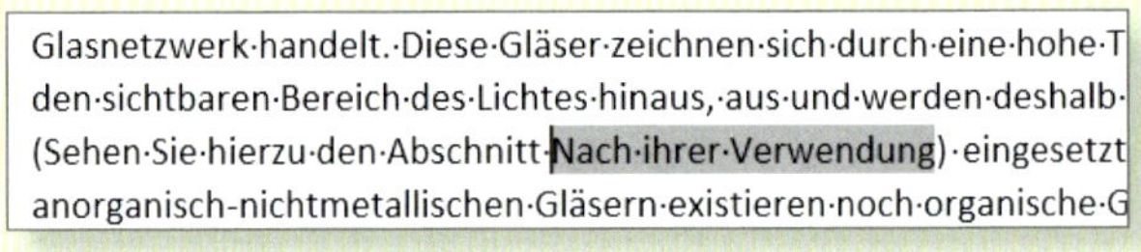

Schritt 6

Der Vorteil dieser Querverweise ist, dass sie sich bei Änderungen aktualisieren lassen. Um die Aktualisierung manuell anzustoßen, markieren Sie den eingefügten Querverweis und klicken mit der rechten Maustaste auf ihn. Im Kontextmenü wählen Sie **Felder aktualisieren**. Alternativ drücken Sie einfach F9.

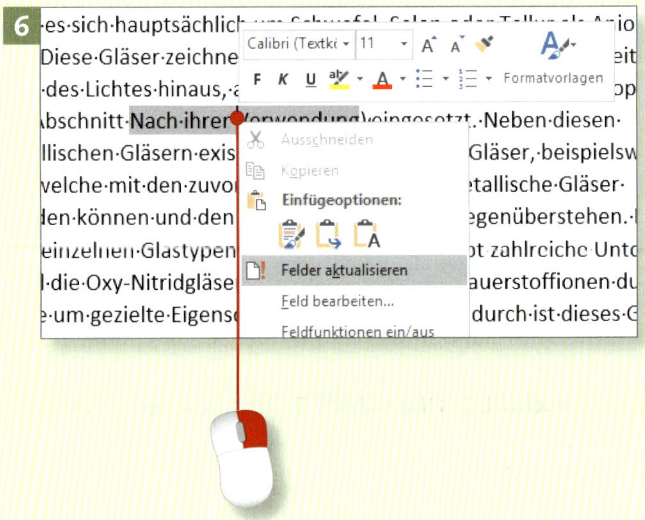

Literaturverzeichnisse nach den Regeln der Kunst

Ein Literaturverzeichnis gehört in jede wissenschaftliche Arbeit. Word hilft Ihnen dabei, ein solches Verzeichnis zu erstellen.

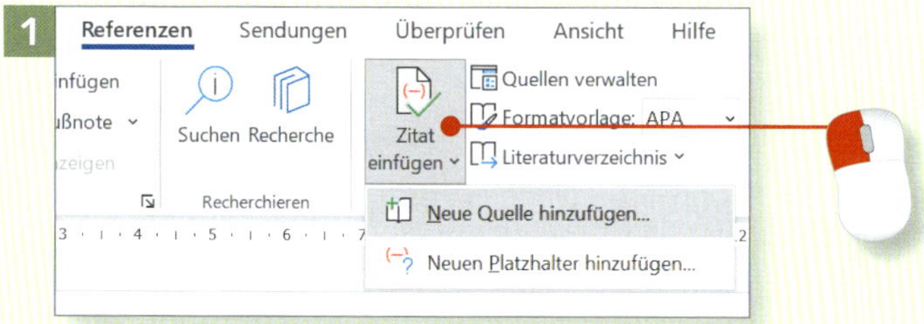

Schritt 1

Um ein Literaturverzeichnis zu erstellen, brauchen Sie entsprechende Quellenangaben. Setzen Sie den Cursor an die Stelle im Dokument, an der die Quelle erscheinen soll, und klicken Sie auf der Registerkarte **Referenzen** auf den Pfeil an der Schaltfläche **Zitat einfügen**. Im Menü wählen Sie **Neue Quelle hinzufügen**.

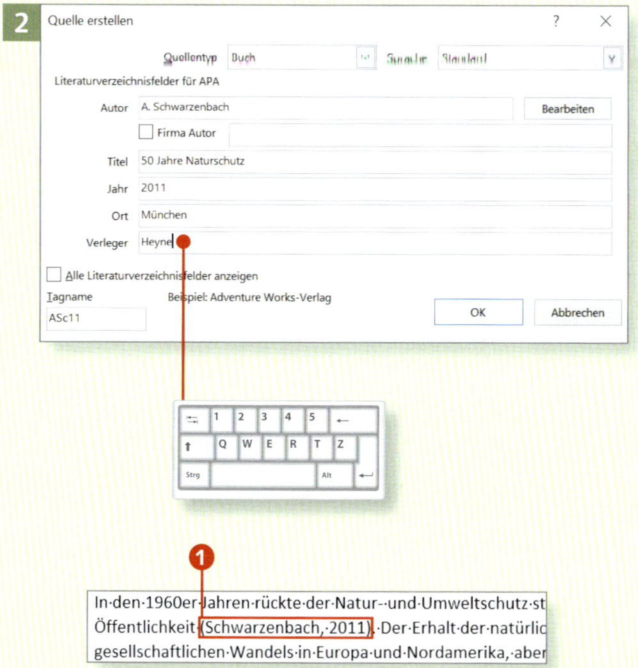

Schritt 2

Im Dialog **Quelle erstellen** geben Sie die Daten zu dem Literaturzitat ein und klicken abschließend auf **OK**. Die Quelle wird daraufhin automatisch im Text eingefügt **1**.

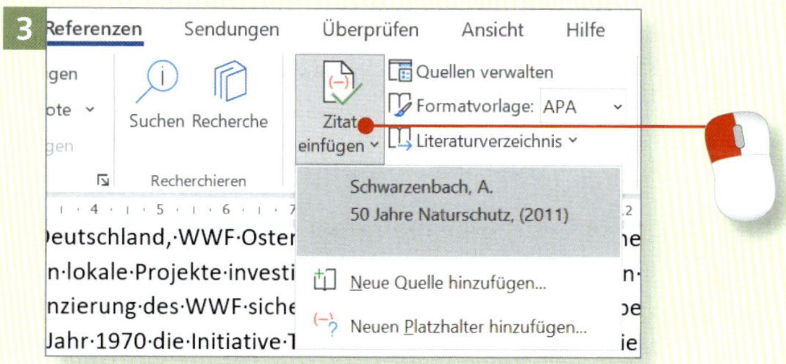

Schritt 3

Die einmal erstellte Quelle können Sie nun so oft wie nötig in das Dokument einfügen. Platzieren Sie den Cursor an die jeweilige Stelle, und klicken Sie auf **Zitat einfügen**. Im Menü wählen Sie die benötigte Quellenangabe aus.

Schritt 4

Um weitere Quellenangaben zu erstellen, klicken Sie erneut auf **Zitat einfügen ▸ Neue Quelle hinzufügen** (Schritt 1). Wenn Sie für die Angaben mehr Felder benötigen, aktivieren Sie die Option **Alle Literaturverzeichnisfelder anzeigen**.

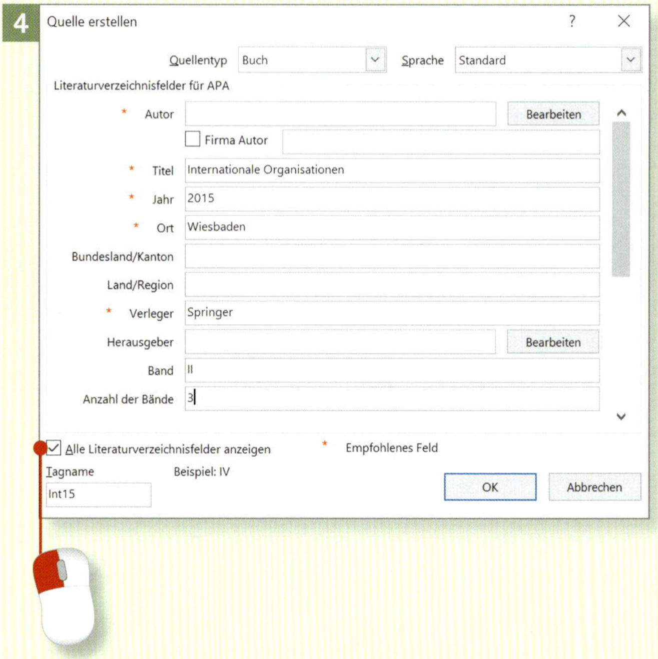

Schritt 5

Achten Sie auch auf das Feld **Quellentyp**. Im Menü dieses Feldes können Sie andere Quellen festlegen, sodass Sie die entsprechenden Felder für die Angaben erhalten, die Sie eingeben müssen.

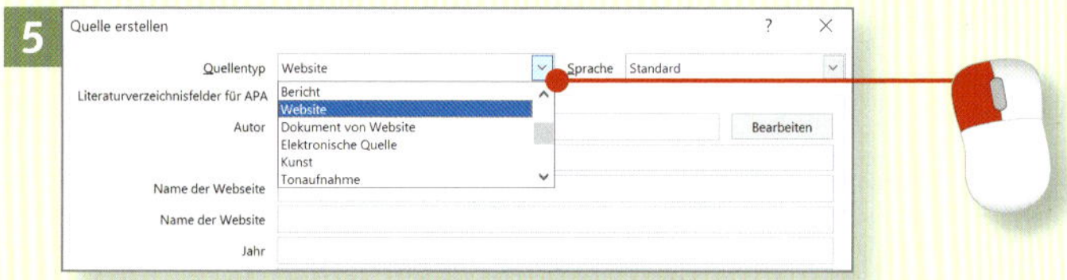

Schritt 6

Die Quellen lassen sich nachträglich bearbeiten. Markieren Sie die Quellenangabe im Text, und klicken Sie auf den Pfeil rechts am Feld. Aus dem Menü wählen Sie **Quelle bearbeiten**. Dies öffnet den Dialog **Quelle bearbeiten**, der im Prinzip dem Dialog **Quelle erstellen** entspricht. Nehmen Sie hier nun Ihre Änderungen/Ergänzungen vor.

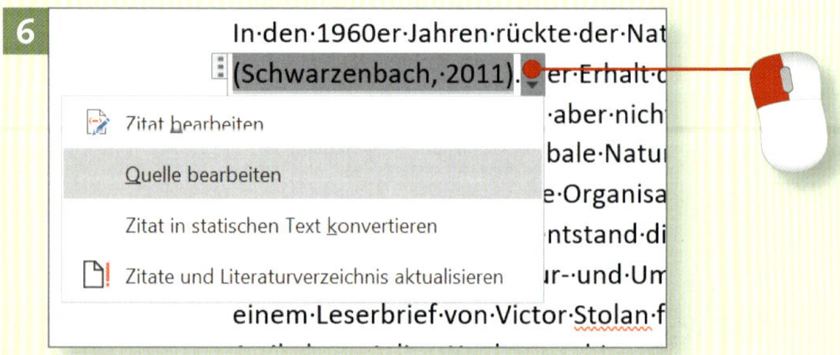

Literaturverzeichnisse (Forts.)

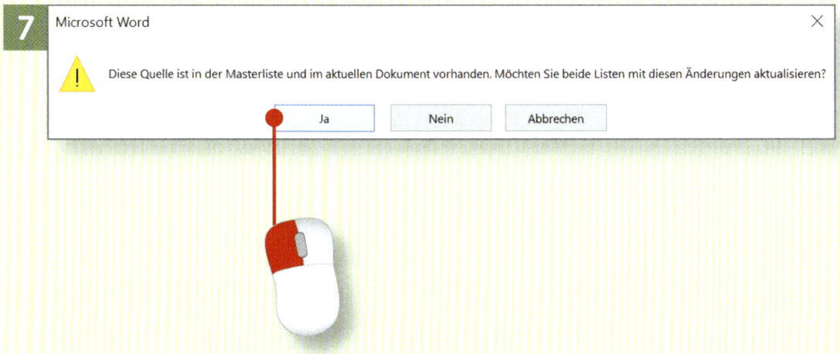

Schritt 7

Nachdem Sie auf **OK** geklickt haben, erhalten Sie einen Dialog mit der Nachfrage, ob Sie die Quelle in der Masterliste (der Liste, in der all Ihre Quellen gesammelt werden) und im aktuellen Dokument aktualisieren möchten. Klicken Sie auf **Ja**.

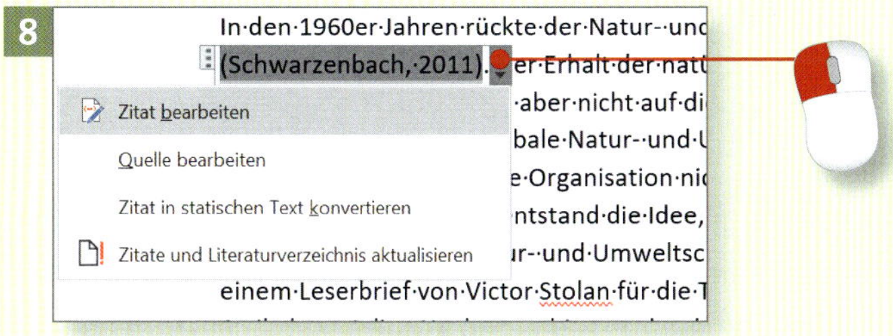

Schritt 8

Um zu bestimmen, wie die Quellenangabe im Dokument aussehen soll, und um der Angabe z. B. eine Seitenzahl hinzuzufügen, markieren Sie das Feld, klicken auf den Pfeil und wählen im Menü **Zitat bearbeiten**.

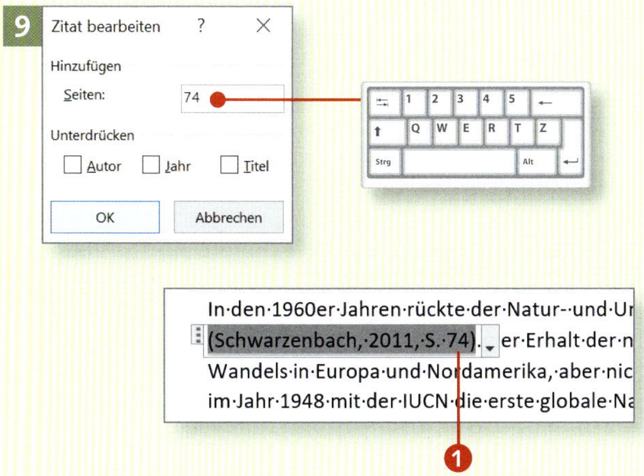

Schritt 9

Nun öffnet sich ein kleiner Dialog, über den Sie einzelne Elemente hinzufügen oder unterdrücken können. Tragen Sie die Seitenzahl ein. Im Text sehen Sie dann, dass in der Quelle auch die Seitenzahl angezeigt wird ❶.

Zitierstile

Es gibt verschiedene Zitierstile. Gängig ist der Stil nach DIN ISO 690 oder – im internationalen Gebrauch – die Harvard-Variante. In Word ist das Format ISO 690 voreingestellt. Sie ändern es im Feld **Formatvorlage** in der Gruppe **Zitate und Literaturverzeichnis**.

Schritt 10

Die Quellen, die Sie in Ihrer Arbeit verwendet haben, gehören in das Literaturverzeichnis. Setzen Sie den Cursor in einen neuen Absatz am Ende Ihres Dokuments, und klicken Sie auf der Registerkarte **Referenzen** auf die Schaltfläche **Literaturverzeichnis**. Im Menü wählen Sie den Eintrag **Literaturverzeichnis**.

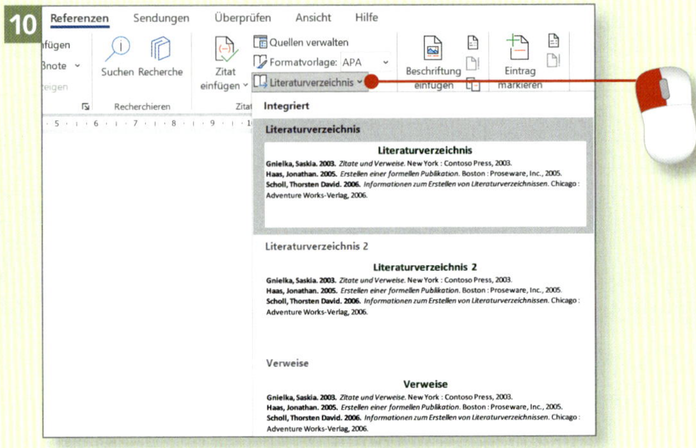

Schritt 11

Word erstellt das Verzeichnis anhand Ihrer Quellenangaben. Ähnlich wie beim Inhaltsverzeichnis (siehe dazu den Abschnitt »Ein Inhaltsverzeichnis erstellen« auf Seite 220) gibt es auch hier – wenn Sie es anklicken – oberhalb des Verzeichnisses die Schaltfläche **Zitate und Literaturverzeichnis aktualisieren** ❷.

Schritt 12

Sie können die Quellen in neue Dokumente übertragen. Klicken Sie auf **Quellen verwalten**, um den Dialog **Quellen-Manager** zu öffnen. Öffnen Sie gegebenenfalls über **Durchsuchen** ❸ die Quellenliste, und kopieren Sie die benötigten Quellenangaben dann vom linken Bereich in den Bereich **Aktuelle Liste**.

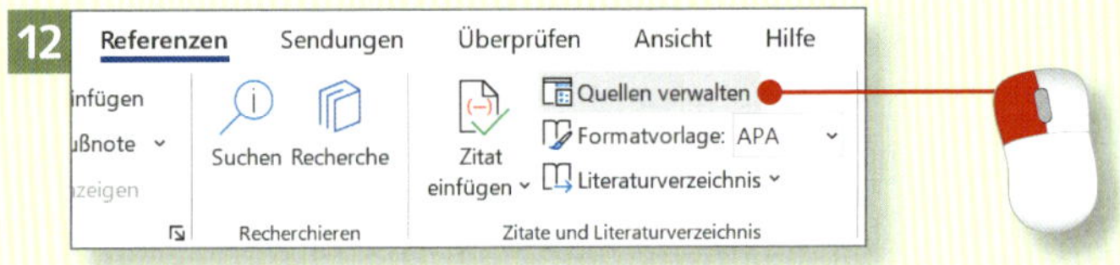

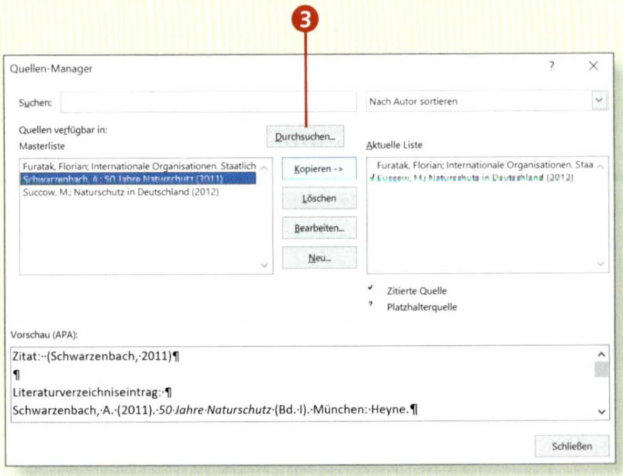

Kapitel 11
Die große Vorlagensammlung

In diesem Kapitel haben wir einige praktische Anwendungsfälle zusammengestellt, die Sie in Word umsetzen können. Sicherlich ist auch für Sie ein nützliches Beispiel dabei.

Zum Mitmachen
Alle Beispiele werden Schritt für Schritt vorgestellt, sodass Sie jeden Klick und jeden Arbeitsschritt nachvollziehen können. Dabei steht es Ihnen selbstverständlich frei, eigene Ideen umzusetzen und die Vorlage nach Ihrem Geschmack umzugestalten.

Auch zum Herunterladen
Unsere Vorlagen lassen sich als Grundlage verwenden und individuell anpassen. Die fertigen Dateien stehen auf unserer Website unter *www.rheinwerk-verlag.de/5437* zum Download bereit, sodass Sie sofort loslegen können. Wenn Sie möchten, können Sie diese Beispiele aber natürlich auch von Grund auf selbst anfertigen.

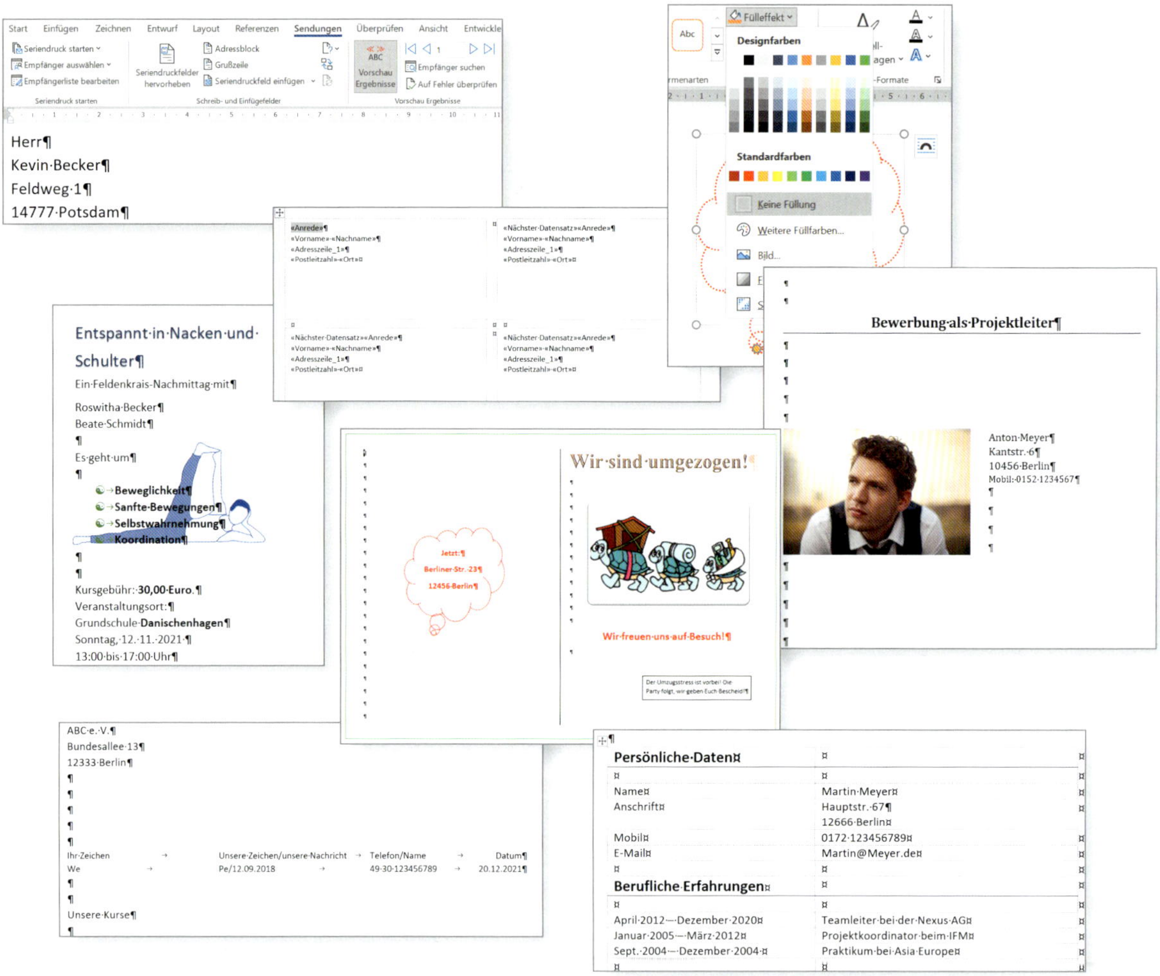

Herr¶
Kevin·Becker¶
Feldweg·1¶
14777·Potsdam¶
Entspannt·in·Nacken·und·Schulter¶
Ein·Feldenkrais-Nachmittag·mit¶
Roswitha·Becker¶
Beate·Schmidt¶
Es·geht·um¶
Beweglichkeit¶
Sanfte·Bewegungen¶
Selbstwahrnehmung¶
Koordination¶
Kursgebühr:·30,00·Euro.¶
Veranstaltungsort:¶
Grundschule·Danischenhagen¶
Sonntag,·12.·11.·2021·¶
13:00·bis·17:00·Uhr¶
Designfarben
Standardfarben
Keine Füllung
Weitere Füllfarben...
Bewerbung·als·Projektleiter¶
Anton·Meyer¶
Kantstr.·6¶
10456·Berlin¶
Mobil:·0152·1234567¶
Wir·sind·umgezogen!
Wir·freuen·uns·auf·Besuch!¶
ABC·e.·V.¶
Bundesallee·13¶
12333·Berlin¶
Unsere·Kurse¶
Persönliche·Daten
Name
Martin·Meyer
Anschrift
Hauptstr.·67¶
12666·Berlin
Mobil
0172·123456789
E-Mail
Martin@Meyer.de
Berufliche·Erfahrungen
April·2012·–·Dezember·2020
Teamleiter·bei·der·Nexus·AG
Januar·2005·–·März·2012
Projektkoordinator·beim·IFM
Sept.·2004·–·Dezember·2004
Praktikum·bei·Asia·Europe

Serienbrief

Wenn Sie den gleichen Brief an viele Empfänger schicken wollen, verwenden Sie die Seriendruckfunktion. Die variablen Elemente wie Namen und Adressen werden aus einer Datenquelle gezogen und mit dem Dokument verbunden.

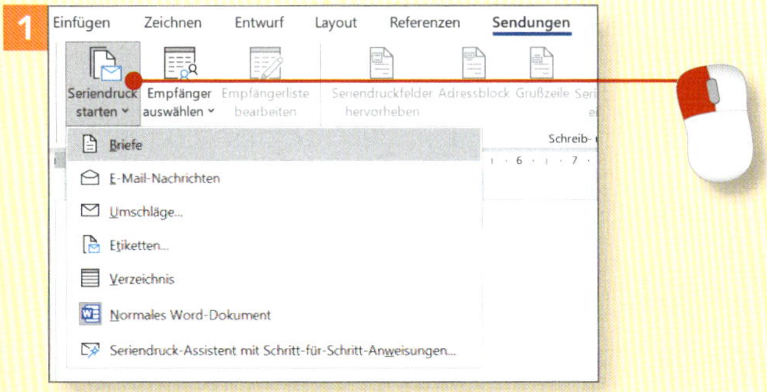

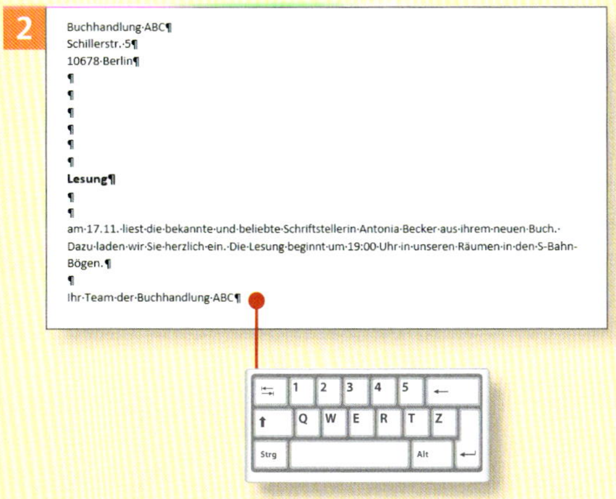

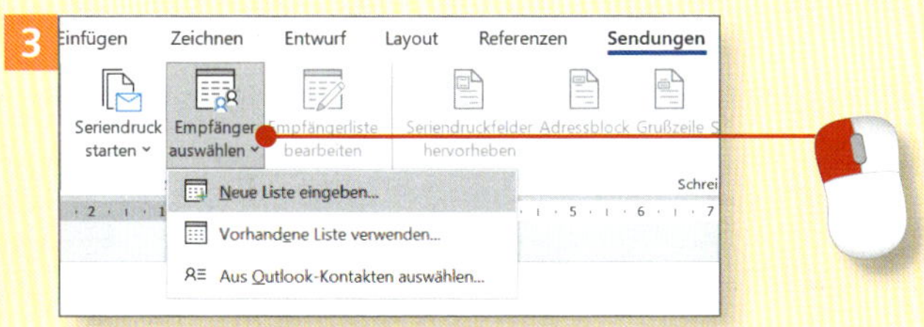

Schritt 1

Sie beginnen ein Dokument, das ein Serienbrief werden soll, auf der Registerkarte **Sendungen**. Klicken Sie auf **Seriendruck starten ▸ Briefe**.

Schritt 2

In das leere Dokument schreiben Sie den Text für den Serienbrief, allerdings nur den, der für alle Empfänger gilt, also keine variablen Elemente wie Namen oder Adressen. Speichern Sie das Dokument unter einem aussagekräftigen Namen.

Schritt 3

Als Nächstes klicken Sie auf **Empfänger auswählen**. Im Menü wählen Sie **Neue Liste eingeben**, da Sie noch nicht auf eine vorhandene Datenquelle zurückgreifen können.

Vorhandene Datenquelle

Gibt es bereits eine Empfängerliste, wählen Sie in Schritt 3 die Option **Vorhandene Liste verwenden**. Im Dialog **Datenquelle auswählen** öffnen Sie dann die gewünschte Datei mit den Daten.

Schritt 4

Im Dialog **Neue Adressliste** geben Sie nun die Daten des ersten Datensatzes (die Informationen für den ersten Adressaten des Briefes) in die dafür vorgesehenen Felder ein. Sie müssen nicht alle Felder füllen. Die Anrede tragen Sie in das Feld **Anrede** ein, den Straßennamen am besten in das Feld **Adresszeile 1** (da es standardmäßig kein Feld für den Straßennamen gibt.)

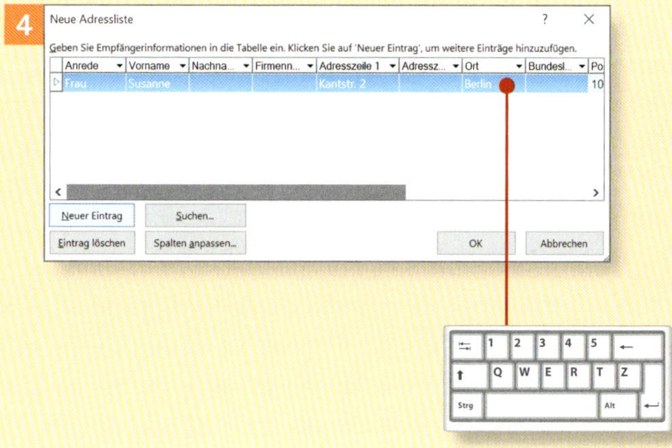

Schritt 5

Um den nächsten Datensatz einzugeben, klicken Sie auf **Neuer Eintrag**. Achten Sie darauf, dass Sie die gleichen Felder nutzen, also den Straßennamen wieder in das Feld **Adresszeile 1** eingeben. Erst wenn Sie alle Datensätze eingegeben haben, klicken Sie auf **OK**.

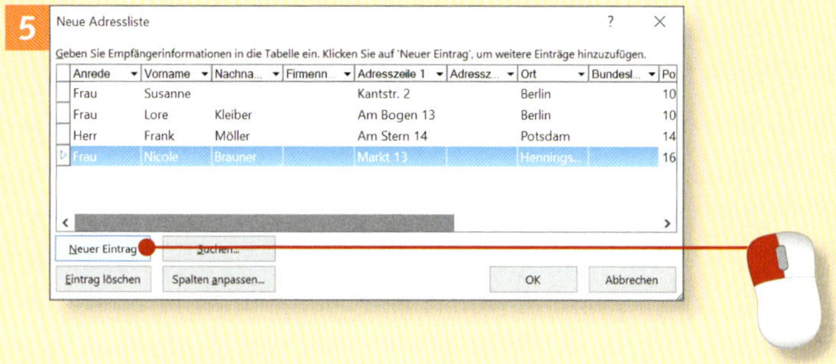

Schritt 6

Daraufhin wird der Dialog **Adressliste speichern** geöffnet, und zwar automatisch mit dem Ordner **Meine Datenquellen** ❶. Geben Sie der Adressliste einen Namen ❷, und klicken Sie auf **Speichern**.

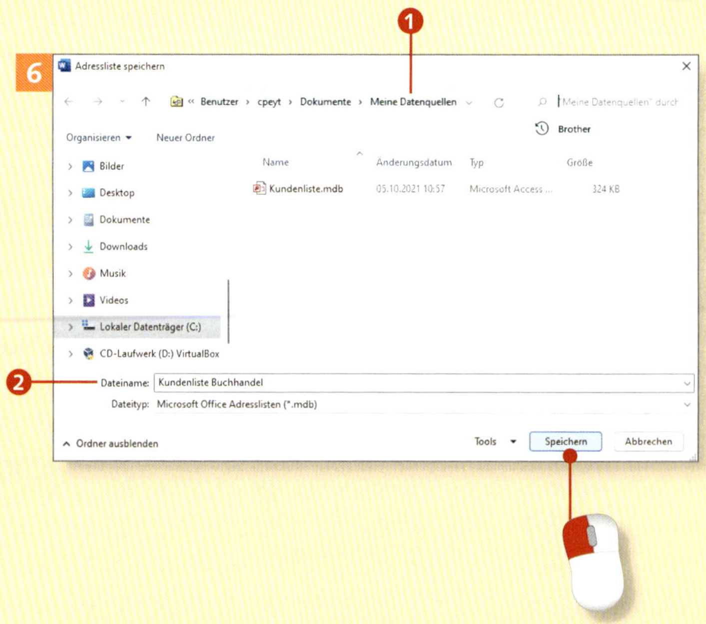

Serienbrief (Forts.)

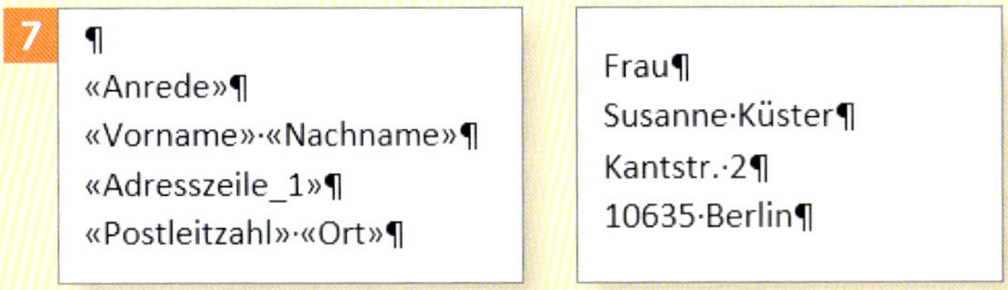

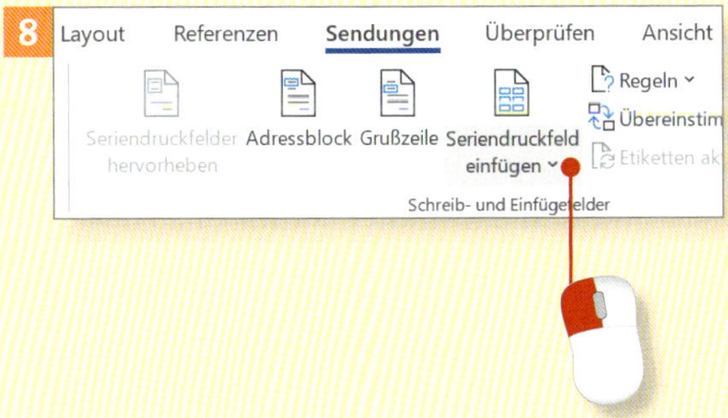

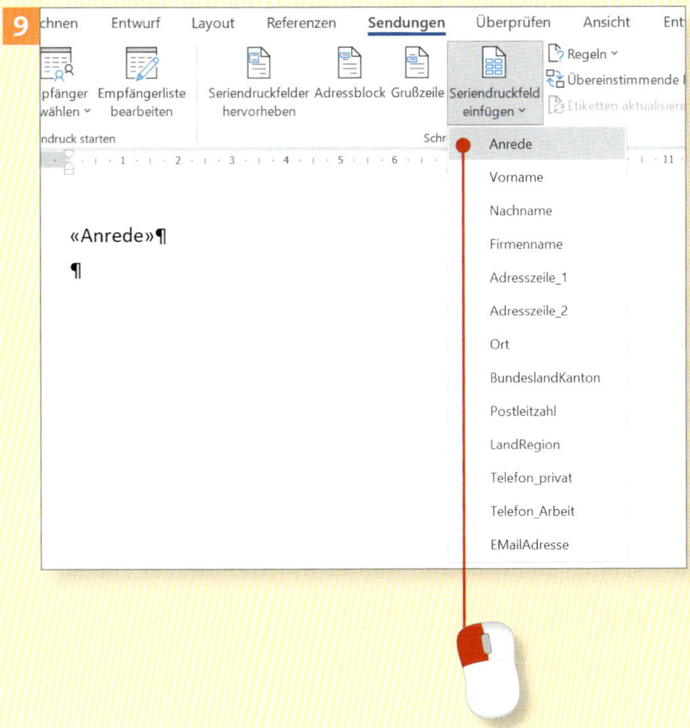

Schritt 7

Nun können Sie das Dokument um die Felder der Empfängerliste ergänzen. Diese dienen als Platzhalter und werden später durch die entsprechenden konkreten Daten ersetzt.

Schritt 8

Platzieren Sie den Cursor oben links in der Zeile des Dokuments, an der das Adressfeld beginnen soll. Die Felder der Empfängerliste nennt man *Seriendruckfelder*. Klicken Sie auf den Pfeil an der Schaltfläche **Seriendruckfeld einfügen**.

Schritt 9

Sie sehen die Liste der Felder, die Sie beim Erstellen der Empfängerliste ausgefüllt haben. Klicken Sie auf **Anrede**, um das Feld für die Anrede einzufügen. Im Text erscheint nun das Seriendruckfeld **«Anrede»**.

Einfügen der Seriendruckfelder

Sie können alle Felder nacheinander einfügen und sie nachträglich durch Leerzeichen bzw. Absätze trennen, oder Sie drücken jeweils nach dem Einfügen eines Feldes [↵], klicken erneut auf **Seriendruckfeld einfügen** und wählen das nächste Feld aus.

Schritt 10

Bauen Sie so nach und nach das Adressfeld auf. Fügen Sie nur die Felder ein, in die Sie beim Erstellen der Empfängerliste Daten eingegeben haben, also **Anrede**, **Vorname**, **Nachname**, **Adresszeile 1** (für die Straße) etc.

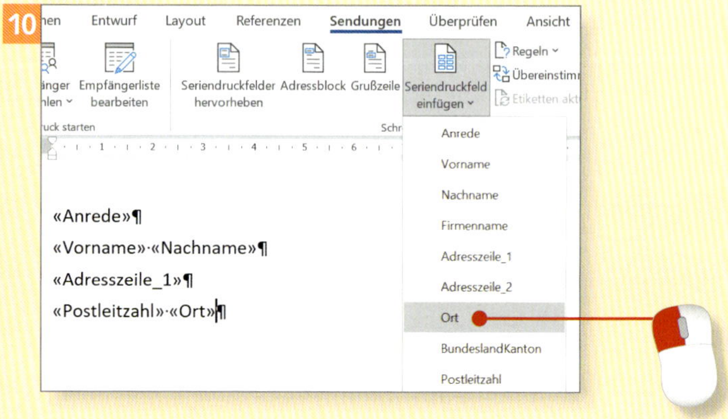

Schritt 11

Um einen ersten Eindruck vom Serienbrief zu erhalten, können Sie die eingegebenen Adressdaten anstelle der Seriendruckfelder einblenden. Klicken Sie dazu auf **Vorschau Ergebnisse**. Mit den danebenliegenden Schaltflächen ❶ können Sie durch die Datensätze navigieren. Per Klick auf **Vorschau Ergebnisse** schalten Sie die Vorschau wieder aus.

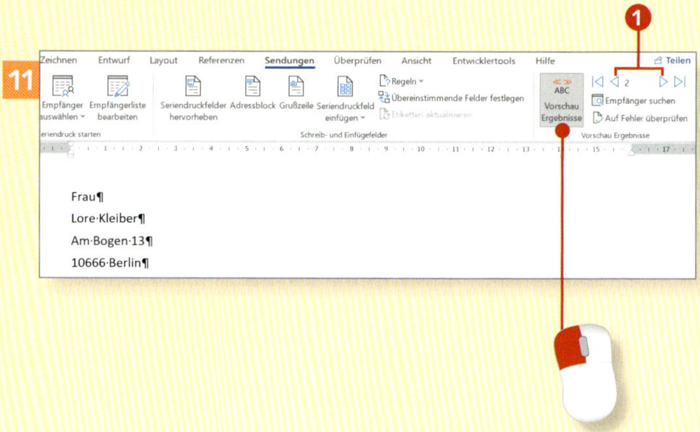

Schritt 12

Wenn Sie alle Seriendruckfelder eingefügt haben, ist das Adressfeld für den Serienbrief vorbereitet.

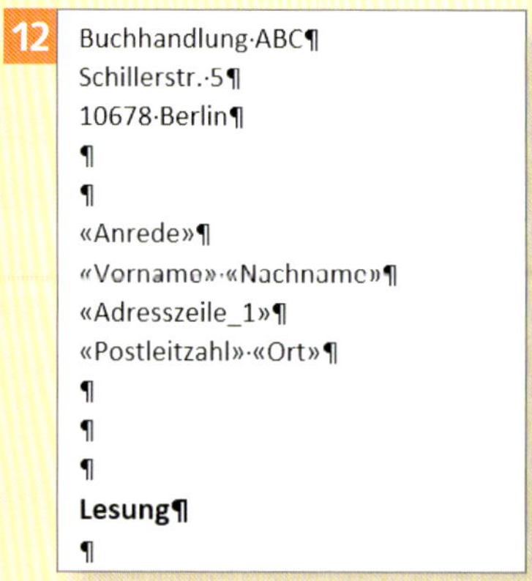

Empfängerliste bearbeiten

Um die Empfängerliste zu bearbeiten, klicken Sie auf der Registerkarte **Sendungen** auf die Schaltfläche **Empfängerliste bearbeiten**.

Serienbrief (Forts.)

13
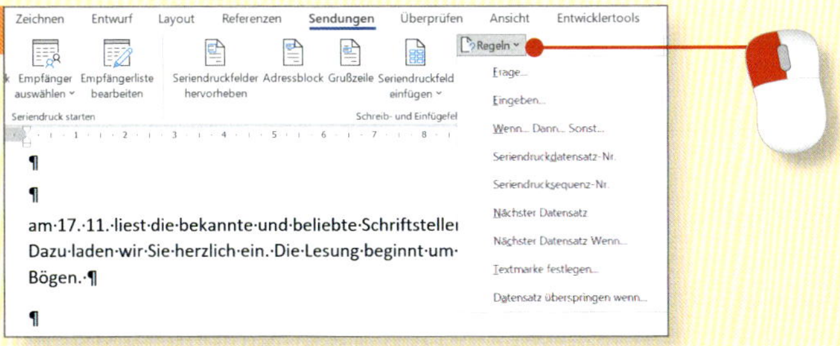

Schritt 13

Jetzt geht es um die Anredezeile, die ebenfalls individuell sein soll. Zwar bietet Word eine Grußzeile, die man einfach einfügen könnte, aber wir möchten Ihnen in diesem Zusammenhang die Verwendung einer Regel vorstellen, die auch für andere individuelle Textzeilen eingesetzt werden kann. Setzen Sie den Cursor mit einer Freizeile über den Text, und klicken Sie auf **Regeln**.

14
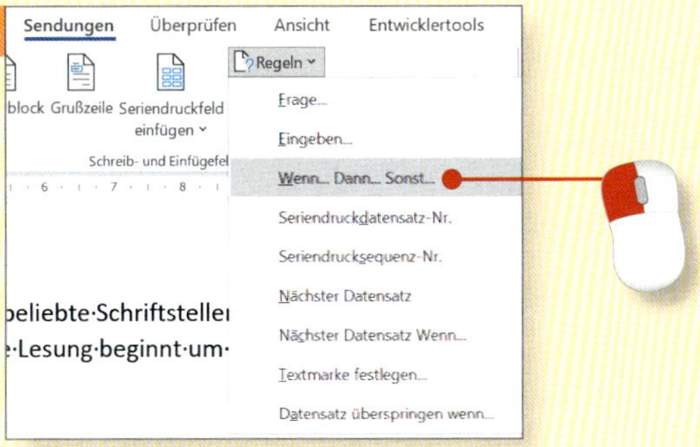

Schritt 14

Für das Zusammenstellen einer individuellen Anrede bietet sich die Regel **Wenn... Dann... Sonst...** an. Klicken Sie im Menü also auf diese Option.

15
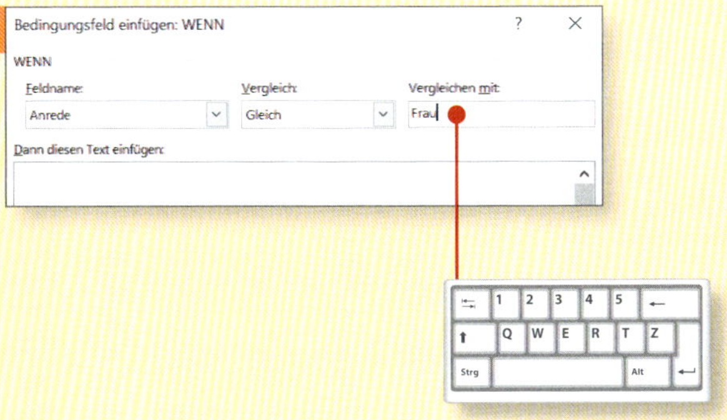

Schritt 15

Im Dialog **Bedingungsfeld einfügen: WENN** definieren Sie die Bedingung. Belassen Sie es im Feld **Feldname** bei **Anrede**. Im Feld **Vergleich** wählen Sie den Vergleichsoperator **Gleich**, und im Feld **Vergleichen mit** tragen Sie »Frau« ein.

»Herr« oder »Frau« als »Anrede«

Die hier verwendete Bedingung funktioniert natürlich nur, wenn Sie im Feld **Anrede** der Empfängerliste nur die Anreden »Herr« und »Frau« eingegeben haben.

Schritt 16

Die Bedingung lautet im Klartext: Wenn im Feld **Anrede** das Wort »Frau« zu finden ist, soll die Anrede einen bestimmten Text haben. Wie die Anrede genau lautet, geben Sie im Feld **Dann diesen Text einfügen** an. Tragen Sie hier also z. B. »Sehr geehrte Frau« ein.

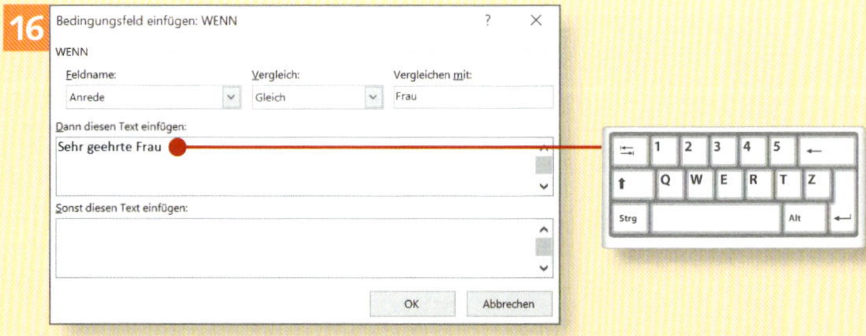

Schritt 17

In den Bereich **Sonst diesen Text einfügen** schreiben Sie die Anrede, die auftauchen soll, wenn die Bedingung *Anrede = Frau* nicht erfüllt ist, also »Sehr geehrter Herr«. Klicken Sie dann auf **OK**. Der Text des Feldes wird im Dokument angezeigt. Um das Bedingungsfeld zu sehen, setzen Sie den Cursor in das Feld, klicken es mit rechts an und wählen **Feldfunktionen ein/aus** ❶.

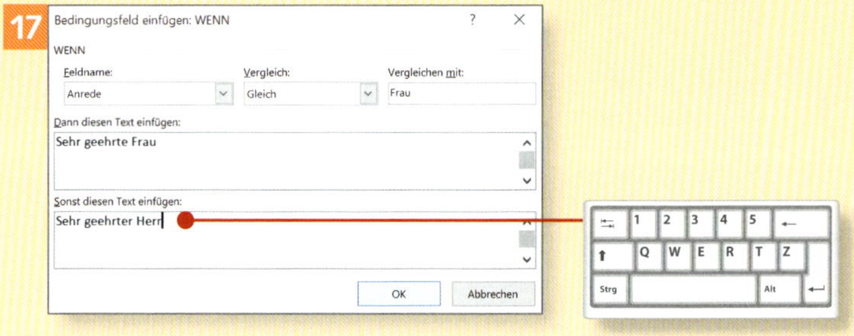

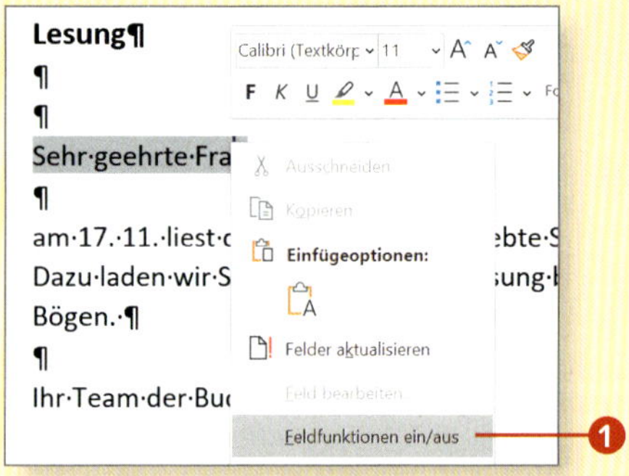

Schritt 18

Da in der Anredezeile erneut der Name des Empfängers auftauchen soll, brauchen Sie nach dem bisherigen Text für die Anrede nochmals das Seriendruckfeld **Nachname**. Klicken Sie also auf **Seriendruckfeld einfügen ▸ Nachname**. Setzen Sie dann hier auch gleich das benötigte Komma.

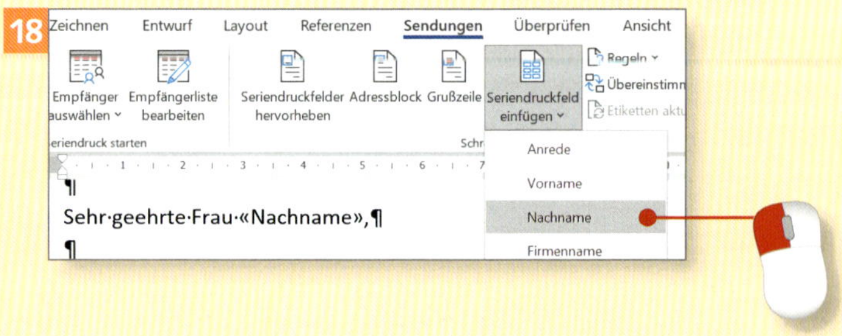

Serienbrief (Forts.)

19

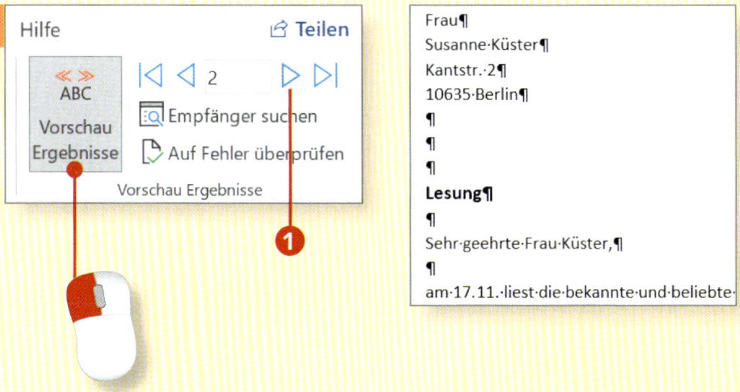

Schritt 19

Das Dokument ist nun für den Seriendruck vorbereitet. Um zu prüfen, ob die Serienbriefe nach der Verbindung mit der Datenquelle korrekt aussehen werden, lassen Sie sich diese in der Vorschau anzeigen (**Vorschau Ergebnisse**). In der Vorschau werden die »fertigen« Briefe angezeigt. Mit der Schaltfläche **Nächster Datensatz** ❶ wandern Sie durch die Briefe.

20

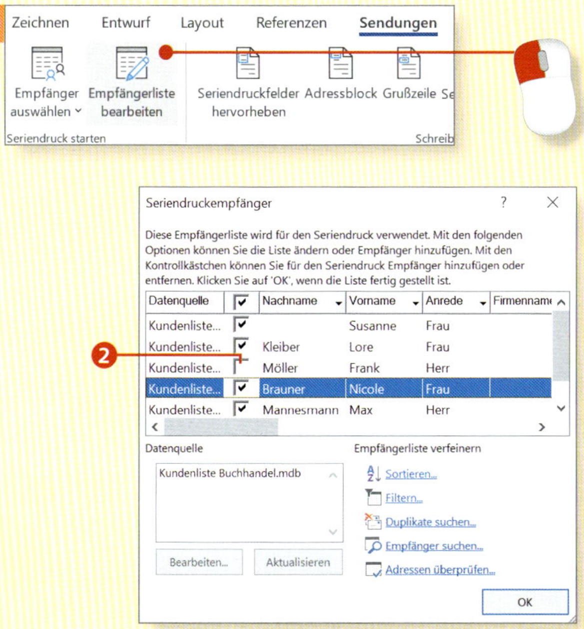

Schritt 20

Möchten Sie einzelne Empfänger kurzfristig aus der Adressliste streichen, klicken Sie auf **Empfängerliste bearbeiten** und entfernen im zugehörigen Dialog das Häkchen vor dem entsprechenden Namen ❷.

21

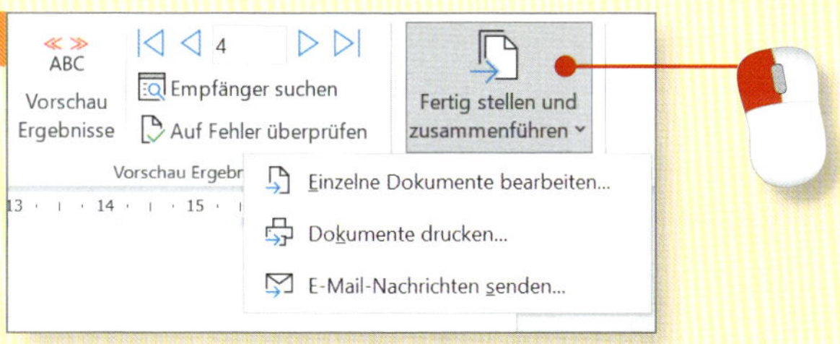

Schritt 21

Wenn in der Vorschau alles nach Wunsch aussieht, können Sie den Seriendruck nun abschließen und die Datenquelle mit dem Dokument verbinden. Klicken Sie auf den Pfeil an der Schaltfläche **Fertig stellen und zusammenführen**.

Schritt 22

Das Menü bietet drei Optionen. Wenn Sie keine weiteren Korrekturen vornehmen möchten, können Sie die Serienbriefe direkt an den Drucker schicken. Wählen Sie dazu **Dokumente drucken** und im Dialog **Alle** ❸, und klicken Sie dann auf **OK**. Anschließend öffnet sich der Drucken-Dialog.

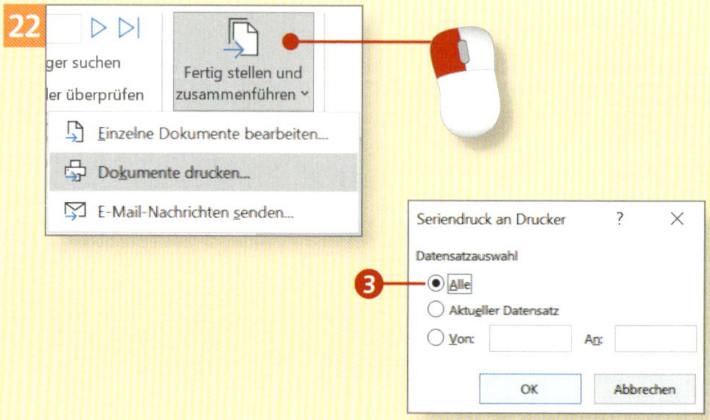

Schritt 23

Sollen die Briefe nochmals am Bildschirm angezeigt werden, klicken Sie auf **Einzelne Dokumente bearbeiten**, dann auf **Alle** und anschließend auf **OK**. Nun wird jeder Brief in einem jeweils eigenen Abschnitt in einer neuen Datei präsentiert. Sie können hier einzelne Briefe korrigieren, bevor Sie sie zum Drucker schicken.

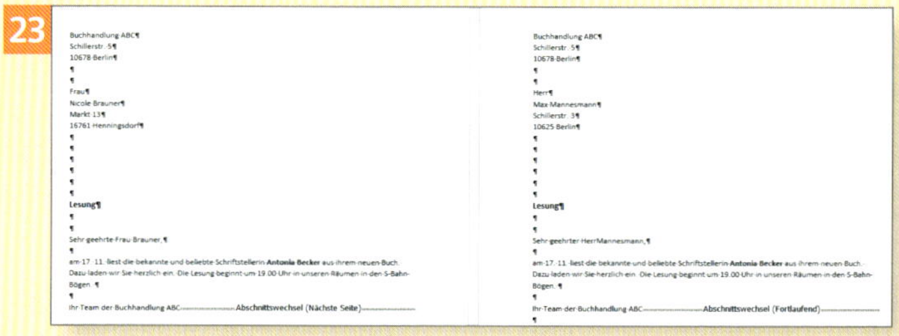

Schritt 24

Grundsätzliche Veränderungen am Text müssen Sie stets im Hauptdokument vornehmen ❹. (Schließen Sie also gegebenenfalls die Datei mit den »fertigen« Briefen, ohne sie zu speichern). Nach den Korrekturen/Änderungen klicken Sie nochmals auf **Fertig stellen und zusammenführen** und auf eine der Optionen.

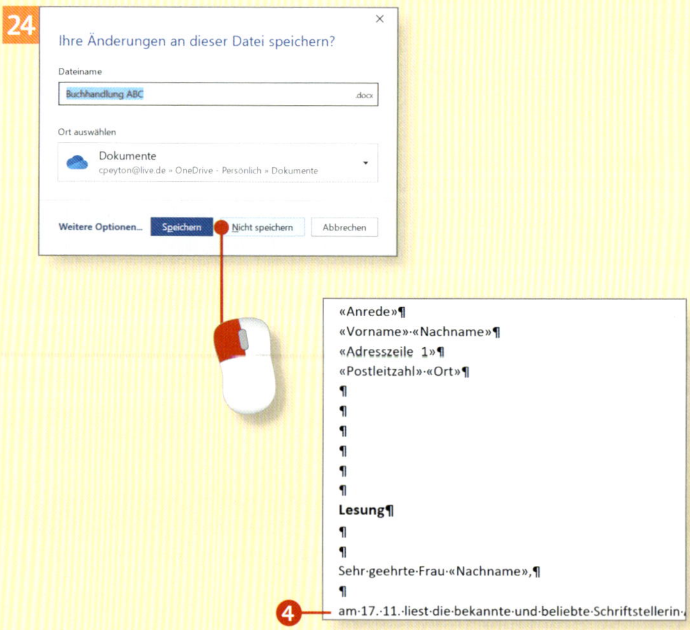

Serienbrief (Forts.)

25

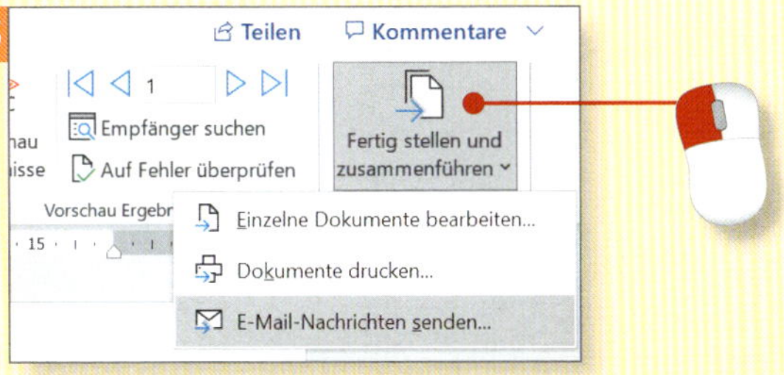

26

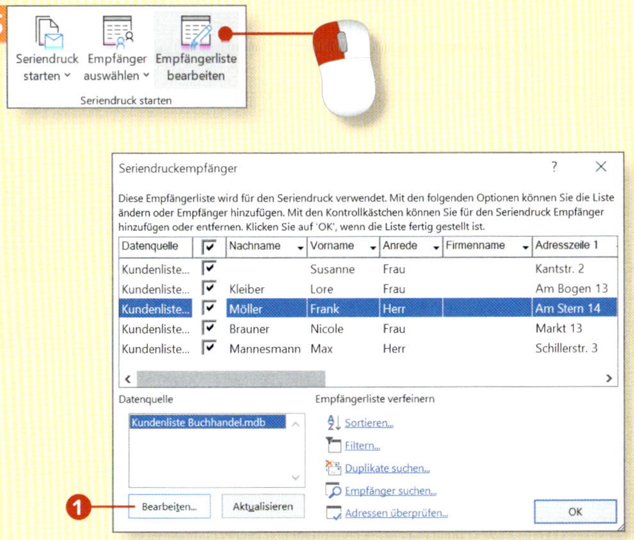

27

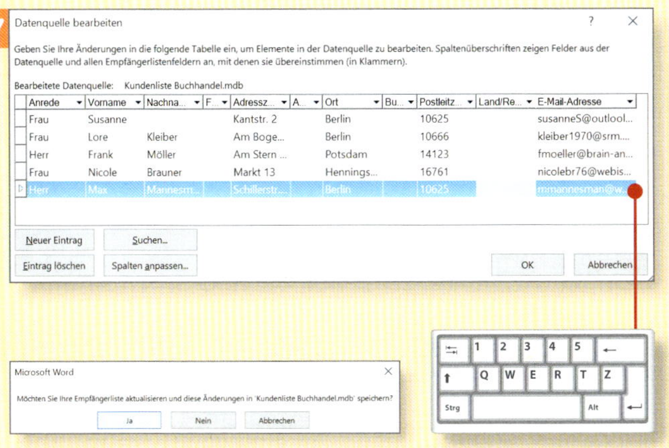

Schritt 25

Die dritte Option **E-Mail-Nachrichten senden** im Menü **Fertig stellen und zusammenführen** ist heutzutage besonders relevant. Wie zu erwarten, versenden Sie Ihre Briefe damit einfach per Mail.

Schritt 26

Damit dies klappt, muss in den einzelnen Datensätzen naturgemäß eine E-Mail-Adresse eingetragen werden. Falls Sie dies nachholen möchten, klicken Sie auf **Empfängerliste bearbeiten**, und im nächsten Dialog markieren Sie den Dateinamen der Datenquelle und klicken auf **Bearbeiten** ❶.

Schritt 27

Im Dialog **Datenquelle bearbeiten** (der im Prinzip so aussieht wie der Dialog **Neue Adressliste**) wandern Sie ganz nach rechts bis zum Feld **E-Mail-Adresse**. Hier tragen Sie nun für jeden Datensatz die E-Mail-Adresse ein. Klicken Sie dann auf **OK** und bestätigen Sie den folgenden Dialog.

Schritt 28

In einem Serienbrief, der per Mail verschickt werden soll, muss es die Seriendruckfelder wie «Anrede», «Vorname» etc. nicht geben. Löschen Sie sie also einfach aus dem Hauptdokument (oder fügen Sie sie gar nicht erst ein). Auch einen Absender und einen »Betreff« brauchen Sie in diesem Dokument nicht.

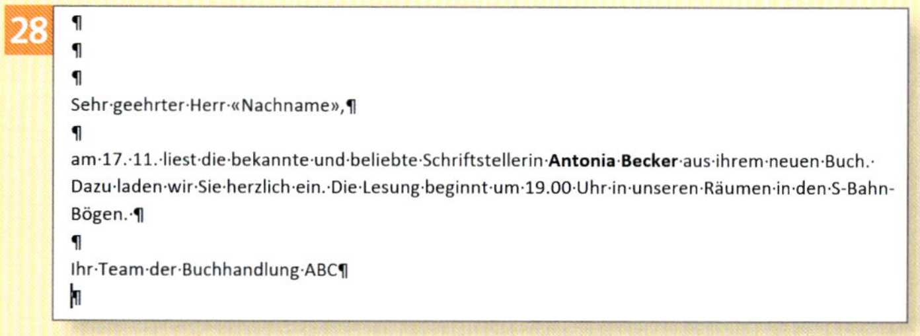

Schritt 29

Zum Zusammenführen und Versenden klicken Sie nun auf **E-Mail-Nachrichten senden** im Menü **Fertig stellen und zusammenführen**. Im Dialog **Seriendruck in E-Mail** geben Sie noch einen Betreff für die Mails ein und klicken Sie dann auf **OK**.

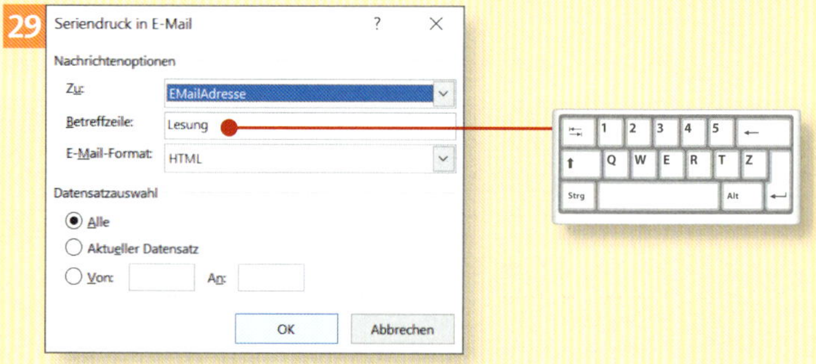

Schritt 30

Die Briefe werden nun mit Ihrem installierten Mailprogramm (Outlook) verschickt und alle Empfänger – für die Sie eine gültige Mail-Adresse eingetragen haben – erhalten nun die Mail. Wenn es nicht geklappt hat, erhalten Sie eine entsprechende Meldung **2** in Ihrem Posteingang. Überprüfen Sie dann die Mail-Adresse in der Datenquelle.

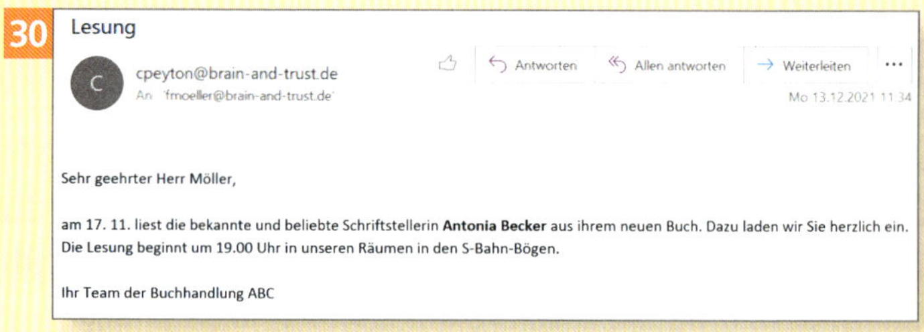

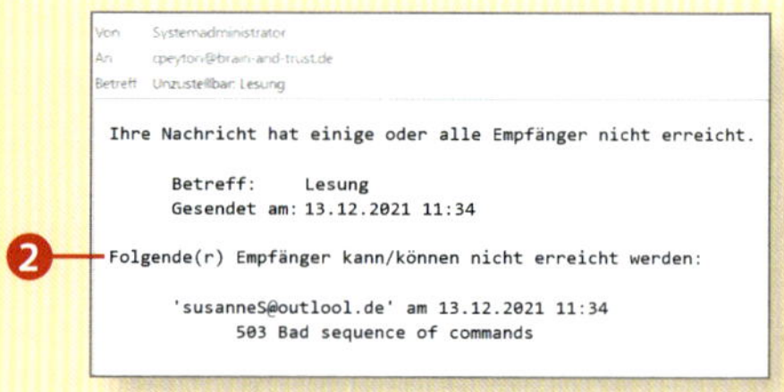

Geschäftsbrief

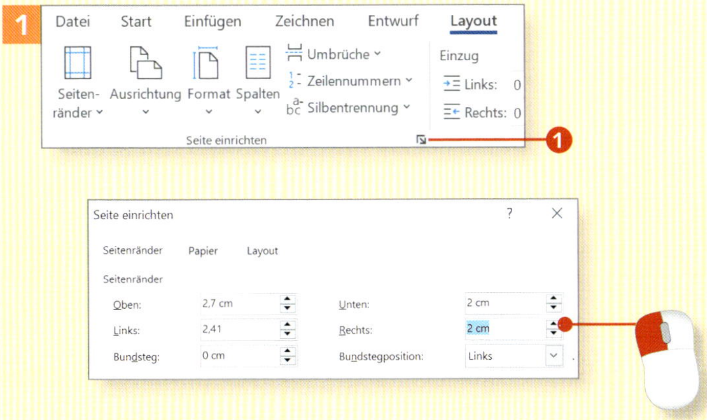

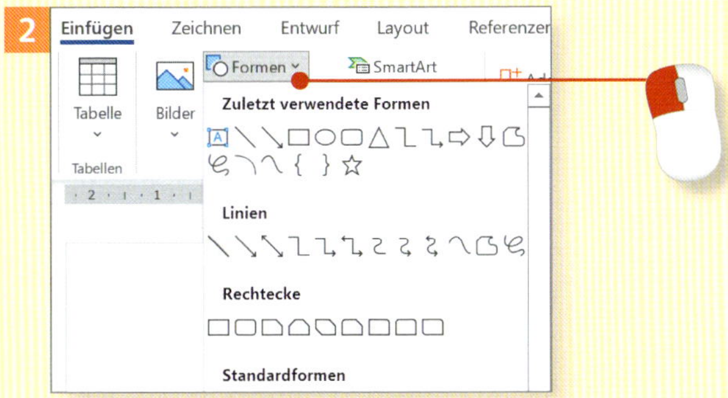

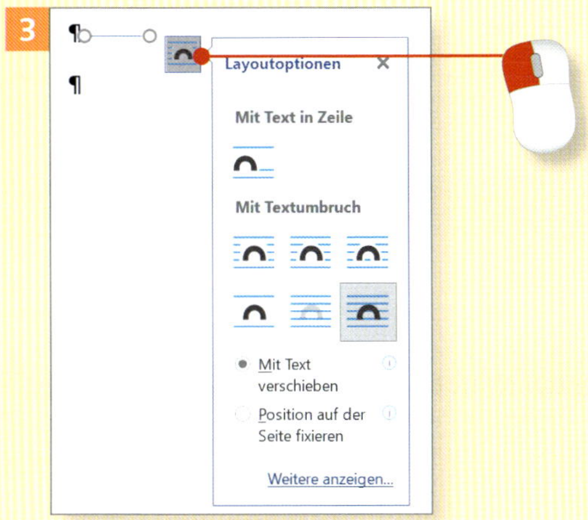

Damit Geschäftsbriefe professionell wirken und Sie sie problemlos in Fensterbriefhüllen verschicken können, orientieren Sie sich bei der Gestaltung an den Empfehlungen der DIN 5008.

Schritt 1

Stellen Sie zuerst die Seitenränder ein. Klicken Sie auf der Registerkarte **Layout** auf den Pfeil an der Gruppe **Seite einrichten** 1. Stellen Sie die Seitenränder ein: Für den oberen Rand 2,7 cm und als linken Rand 2,41 cm, rechts und unten 2 cm. Klicken Sie dann auf **OK**.

Schritt 2

Zum Brief gehören zwei Falzmarken. Diese sollen diskret am linken Rand erscheinen. Dazu nutzen Sie einfach eine kleine Linie. Aktivieren Sie die Registerkarte **Einfügen**, und klicken Sie auf **Formen**. Im zugehörigen Menü wählen Sie **Linie**.

Schritt 3

Ziehen Sie mit gedrückter Maus- und Strg-Taste eine kurze horizontale Linie auf das Blatt. Markieren Sie die Linie, und klicken Sie auf die Schaltfläche **Layoutoptionen** und im Menü unten auf **Weitere anzeigen**.

Schritt 4

Im Dialog **Layout** geben Sie auf der Registerkarte **Position** unter **Horizontal** im Feld **Absolute Position** »0,1« ein, im Feld **rechts von** wählen Sie **Seite** ❷. Unter **Vertikal** geben Sie bei **Absolute Position** »8,7« ein und wählen im Feld **unterhalb** die Option **Seite** ❸. Aktivieren Sie die Option **Verankern**, und bestätigen Sie alles mit **OK**.

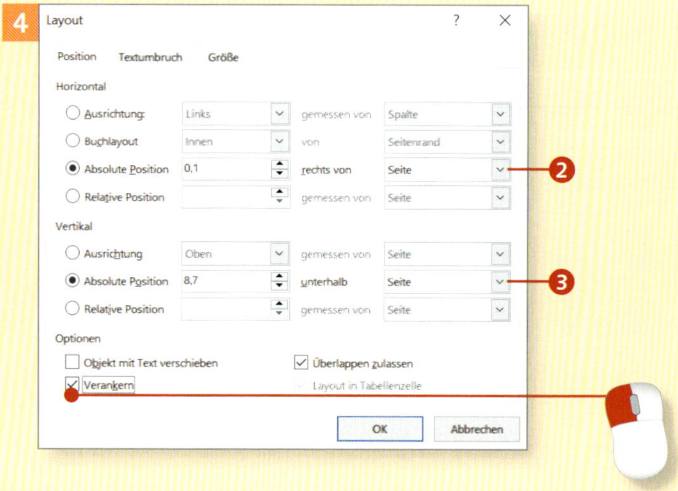

Schritt 5

Kopieren Sie die Linie, und fügen Sie sie erneut ein. Öffnen Sie für die neue Linie – wie eben beschrieben – erneut den Dialog **Layout** mit der Registerkarte **Position**. Geben Sie jetzt aber unter **Vertikal** im Feld **Absolute Position** »19,2« ein. (Alles andere machen Sie wie bei der ersten Falzmarke.)

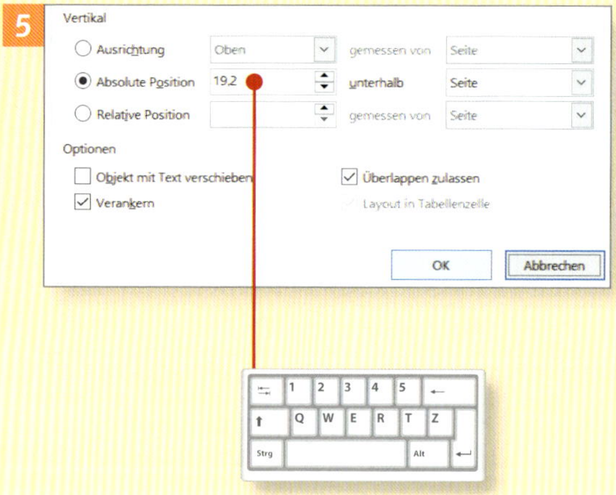

Schritt 6

Die Vorlage soll auch eine *Bezugszeichenzeile* erhalten (»Ihr Zeichen« etc.). Die Leitwörter für diese Zeile sollen 8,4 cm entfernt vom Blattrand stehen. Den oberen Seitenrand berücksichtigend, beginnen Sie, die Leitwörter bei ca. 5,8 cm des vertikalen Lineals zu schreiben. Als Schriftgrad stellen Sie 9 Pt. ein.

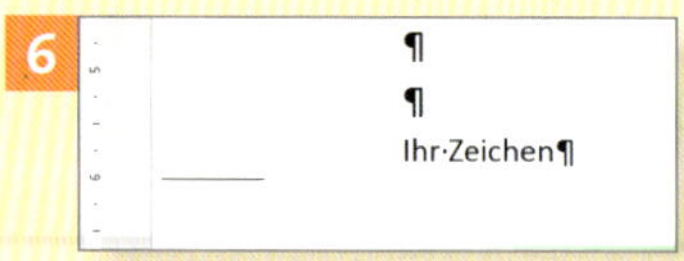

Lochmarke

Sie könnten zusätzlich noch eine Lochmarke am linken Rand in der Mitte des Briefbogens einfügen, also bei 14,85 cm.

Geschäftsbrief (Forts.)

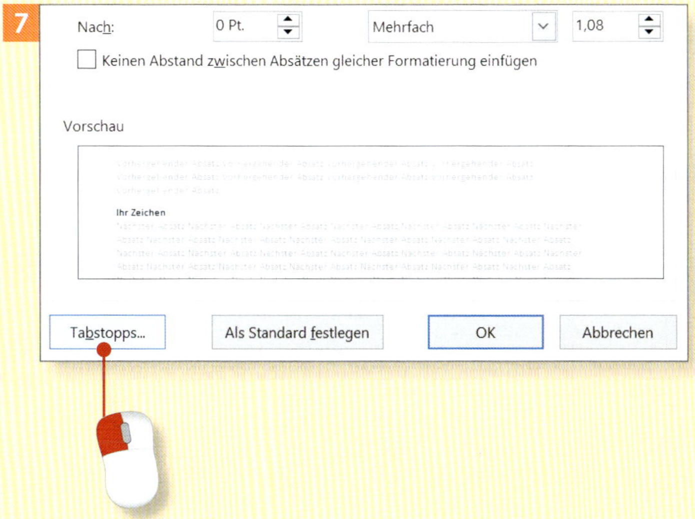

Schritt 7

Das erste Leitwort »Ihr Zeichen« steht linksbündig. Nun arbeiten Sie mit Tabstopps. Bei präzisen Tabstopppositionen können Sie nicht einfach in das Lineal klicken. Klicken Sie also im Dialog **Absatz** (siehe u. a. Seite 94) unten auf die Schaltfläche **Tabstopps**.

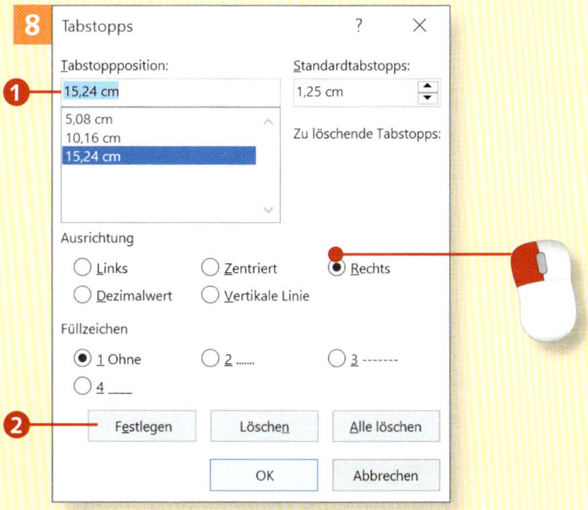

Schritt 8

Tippen Sie »5,08 cm« in das Feld **Tabstoppposition** ❶, und klicken Sie auf **Festlegen** ❷ (Vorsicht, nicht auf **OK**!). Verfahren Sie für die nächsten Tabstopps ebenso: Legen Sie »10,16 cm« (für das Leitwort »Telefon, Name«) fest und dann »15,24 cm« für »Datum«. Aktivieren Sie für diesen Tabstopp die Ausrichtung **Rechts**. Klicken Sie auf **OK**.

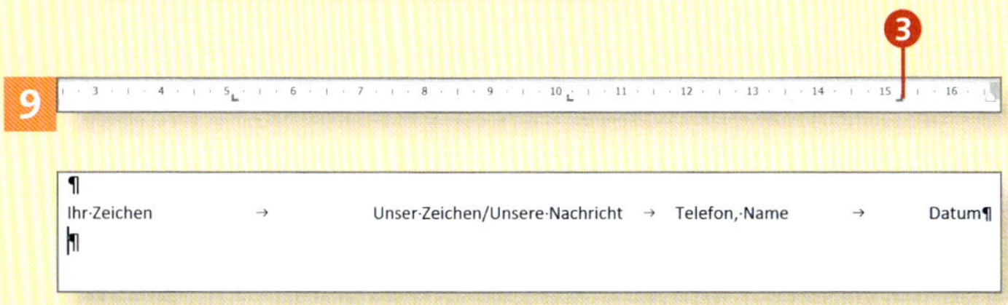

Schritt 9

Im Lineal sehen Sie die Tabstopps (als kleine Winkel ❸). Drücken Sie jeweils die [⇆]-Taste, um zu den Tabstopps zu hüpfen, und schreiben Sie »Unser Zeichen/Unsere Nachricht«, am nächsten Tabstopp »Telefon, Name« und dann »Datum«. Drücken Sie am Ende der Zeile [↵], um die Tabstopps in die nächste Zeile zu übernehmen.

Schritt 10

Geschäftsbriefe haben in der Regel auch einen Brieffuß. Hier werden Daten zum Unternehmen wie Geschäftsadresse, Handelsregistereintrag oder Bankverbindung(en) genannt. Klicken Sie auf der Registerkarte **Einfügen** auf **Fußzeile**, und wählen Sie **Leer** oder **Leer (Drei Spalten)**. Geben Sie die Angaben dann am besten wieder mit Tabstopps ein.

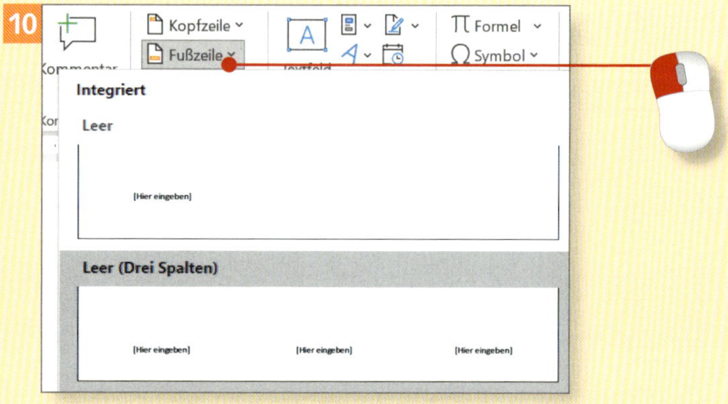

Schritt 11

Für den Briefkopf nutzen Sie eine Kopfzeile. Wenn der Cursor sich noch in der Fußzeile befindet, können Sie einfach auf **Zu Kopfzeile wechseln** klicken. (Ansonsten klicken Sie auf der Registerkarte **Einfügen** auf **Kopfzeile** ❹ und wählen als Layout **Leer**.)

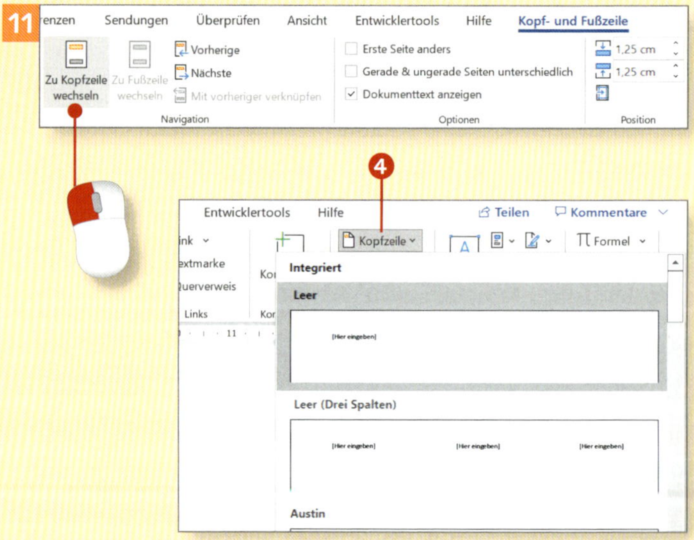

Schritt 12

In den Kopfzeilenbereich schreiben Sie nun Ihren Firmennamen und die weiteren Angaben, die dort stehen sollen. Zum Formatieren nutzen Sie die bekannten Befehle. Sollen die Firmenangaben rechts auf der Seite stehen (aber nicht rechtsbündig), setzen Sie bei ca. 12 oder 13 cm (je nach Länge des Firmennamens) einen linksbündigen Tabstopp.

Geschäftsbrief (Forts.)

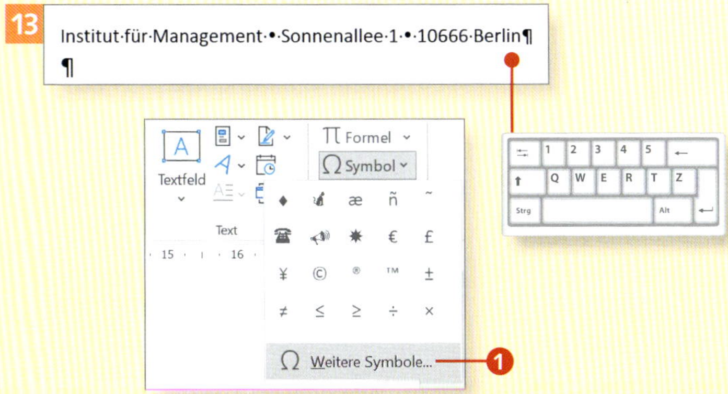

Schritt 13

Geben Sie nun die Adresszeile (Anschrift des Absenders) ein, die oberhalb des Adressfeldes erscheint. Damit der Text nicht zu lang wird, sollte er mit einer kleineren Schriftgröße formatiert werden, z. B. 8 Pt. Die Punkte zum Trennen finden Sie unter **Einfügen ▸ Symbol ▸ Weitere Symbole** ❶.

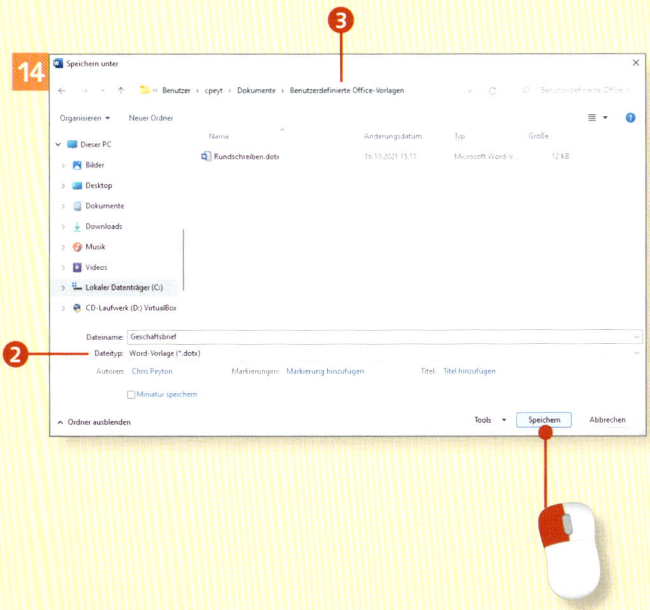

Schritt 14

Die Briefvorlage enthält jetzt die nicht variablen Elemente. Speichern Sie sie als Dokumentvorlage. Wählen Sie dazu **Datei ▸ Speichern unter ▸ Dieser PC ▸ Durchsuchen**. Im Dialog **Speichern unter** stellen Sie **Word-Vorlage** als **Dateityp** ❷ ein. Vergeben Sie einen passenden Namen, und klicken Sie auf **Speichern**. Die Vorlage wird automatisch im Ordner **Benutzerdefinierte Office-Vorlagen** ❸ abgelegt.

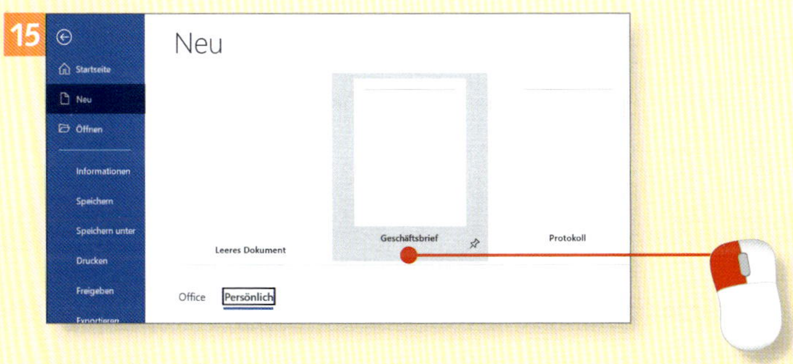

Schritt 15

Um die Vorlage anzuwenden, klicken Sie auf **Datei ▸ Neu** und dann auf den Link **Persönlich**. Nun werden die von Ihnen erstellen Dokumentvorlagen angezeigt. Klicken Sie hier auf die gewünschte Vorlage (im Beispiel **Geschäftsbrief**).

Schritt 16

Für das Adressfeld sind neun Zeilen vorgesehen. Schreiben Sie den Firmennamen in die vierte Zeile und darunter ohne Leerzeilen die weiteren Angaben. Schreiben Sie die Angaben für die Bezugszeichenzeile in die Zeile unter den Leitwörtern. Nutzen Sie die [Tab]-Taste, um zu den Tabstopps zu springen.

16

Institut·für·Management·•·Sonnenallee·1·•·10666·Berlin¶
¶
¶
¶
ABC·e.·V.¶
Bundesallee·13¶
12333·Berlin¶
¶
¶
¶
¶
¶
Ihr·Zeichen → Unsere·Zeichen/unsere·Nachricht → Telefon/Name → Datum¶
We → Pe/12.09.2021 → 030·12345678/Meier → 17.10.2021¶

Schritt 17

Erzeugen Sie zwei Leerzeilen, um den Betreff einzugeben, und danach zwei weitere Leerzeilen. Geben Sie dann die Anrede ein. Ergänzen Sie ein Komma, drücken Sie zweimal [↵], und schreiben Sie den Brieftext (beginnend mit einem Kleinbuchstaben, es sei denn, es folgt ein Anredepronomen oder ein Substantiv).

17

¶
¶
Unsere·Kurse¶
¶
¶
Sehr·geehrte·Frau·Schneider,¶
¶
gern·möchten·wir·Sie·für·unseren·Kurs·buchen.·Wir·freuen·uns,·dass·wir·Sie·als·Mitarbeiterin·gewonnen·haben.·¶
¶

Schritt 18

Am Ende des Textes folgt wieder eine Leerzeile, und dann schreiben Sie die Grußformel, die auf der gleichen Höhe steht wie der Text. Nach der Grußformel bleiben drei Leerzeilen für die Unterschrift und den Firmenstempel frei. Zuletzt folgt der Name des Unterzeichnenden. Denken Sie daran, den Brief als neues Dokument zu speichern.

18

Unsere·Kurse¶
¶
¶
Sehr·geehrte·Frau·Schneider,¶
¶
gern·möchten·wir·Sie·für·unseren·Kurs·buchen.·Wir·freuen·uns,·dass·wir·Sie·als·Mitarbeiterin·gewonnen·haben.·¶
¶
Zu·Ihrer·weiteren·Information:·Der·Kurs·beginnt·am·15.11.2021.·Wir·haben·zurzeit·acht·Teilnehmer,·erwarten·aber·noch·einige·weitere·Anmeldungen.·Über·die·Inhalte·haben·wie·Sie·bereits·in·unserem·Gespräch·informiert.·¶
¶
Bitte·wenden·Sie·sich·bei·weiteren·Fragen·zu·jeder·Zeit·an·uns.·Wir·sind·Ihnen·auch·gern·mit·Lernmaterialien·und·Unterlagen·behilflich.¶
¶
Mit·freundlichen·Grüßen¶
¶
¶
¶
Christian·Seger¶
Projektkoordinator¶

Etiketten

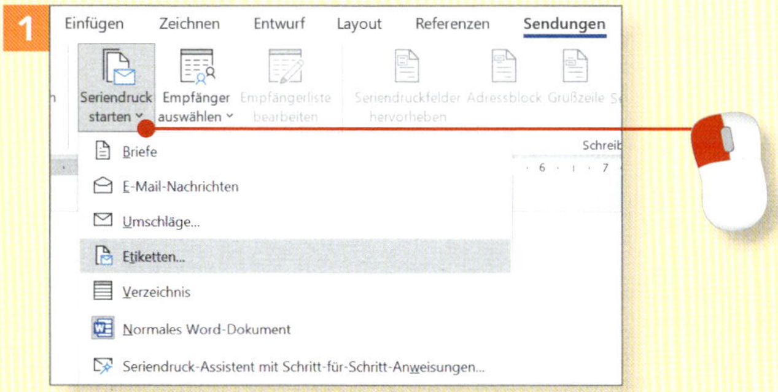

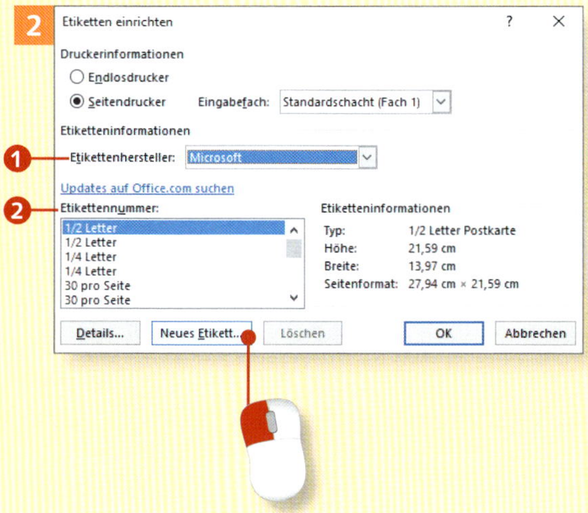

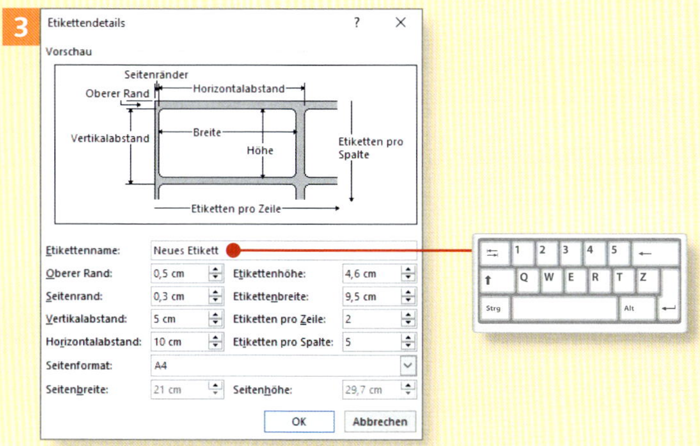

Für den Versand mehrerer Briefe sind Etiketten praktisch. Wir erstellen sie hier mithilfe des Seriendrucks. Deutlich schneller können Sie Etiketten zudem erstellen, wenn Sie eine vorhandene Empfängerliste nutzen.

Schritt 1

Öffnen Sie eine leere Seite, und klicken Sie auf der Registerkarte **Sendungen** auf **Seriendruck starten**. Im Menü wählen Sie **Etiketten**.

Schritt 2

Der Dialog **Etiketten einrichten** öffnet sich. Wenn Sie in den Feldern **Etikettenhersteller** 1 und **Etikettennummer** 2 Ihr Etikettenpapier entdecken, wählen Sie es aus und überspringen die nächsten beiden Schritte. Ansonsten klicken Sie auf die Schaltfläche **Neues Etikett**.

Schritt 3

Im Dialog **Etikettendetails** geben Sie die Maße für die Etiketten ein (wir halten uns in etwa an die Maße, die ein Briefumschlagfenster hat). Messen Sie Ihre Etiketten aus, und geben Sie die entsprechenden Maße ein. Sie können dem Etikett auch einen Namen geben.

Schritt 4

Nach einem Klick auf **OK** sind Sie wieder im Dialog **Etiketten einrichten**. Hier werden die Maße nochmals angezeigt. Klicken Sie auf **OK**.

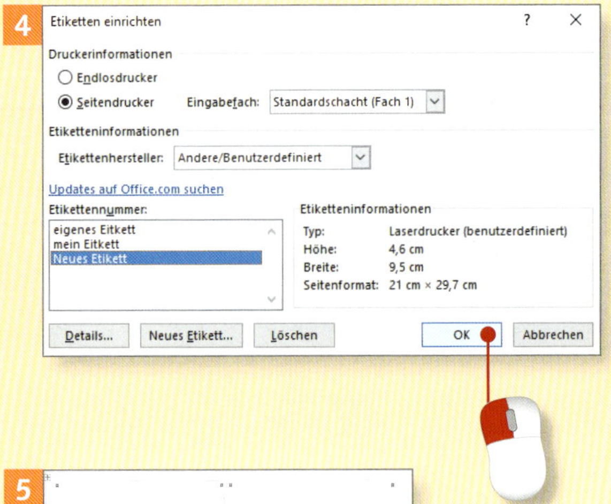

Schritt 5

Sie sehen (je nach den eingegebenen Maßen) zehn Leeretiketten auf Ihrem Blatt, und zwar in Form einer Tabelle. Nun muss die Empfängerliste mit den Adressen erstellt werden. Klicken Sie also auf **Empfänger auswählen ▸ Neue Liste eingeben**.

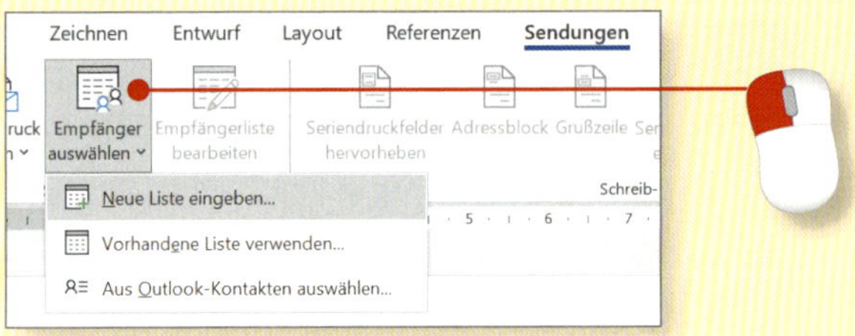

Schritt 6

Wie schon im Zusammenhang mit dem Serienbrief beschrieben (siehe dazu den Abschnitt »Serienbrief« auf Seite 234), tragen Sie nun die Empfängerinformationen in die Adressliste ein. Verwenden Sie für die Straße das Feld **Adresszeile 1**.

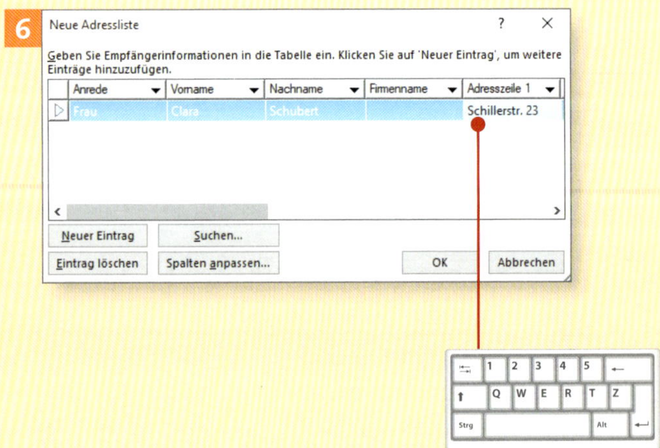

Vorschau

Um ganz am Schluss zu prüfen, ob die Etiketten in Ordnung sind, blenden Sie die Vorschau ein. Klicken Sie dazu auf **Vorschau Ergebnisse**.

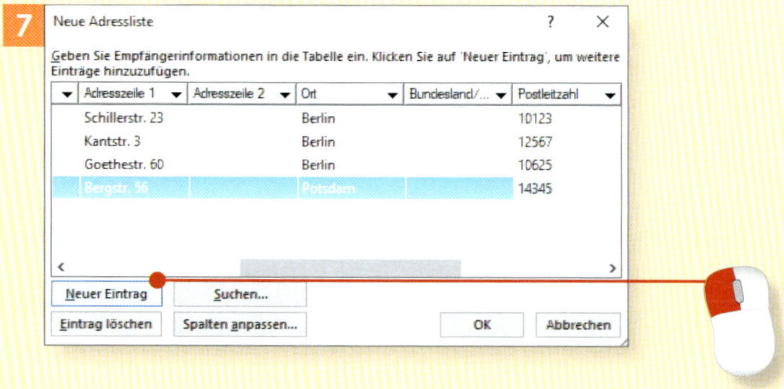

Schritt 7

Für den nächsten Datensatz klicken Sie jeweils auf **Neuer Eintrag**. Erst wenn Sie alle Informationen eingegeben haben, klicken Sie auf **OK**.

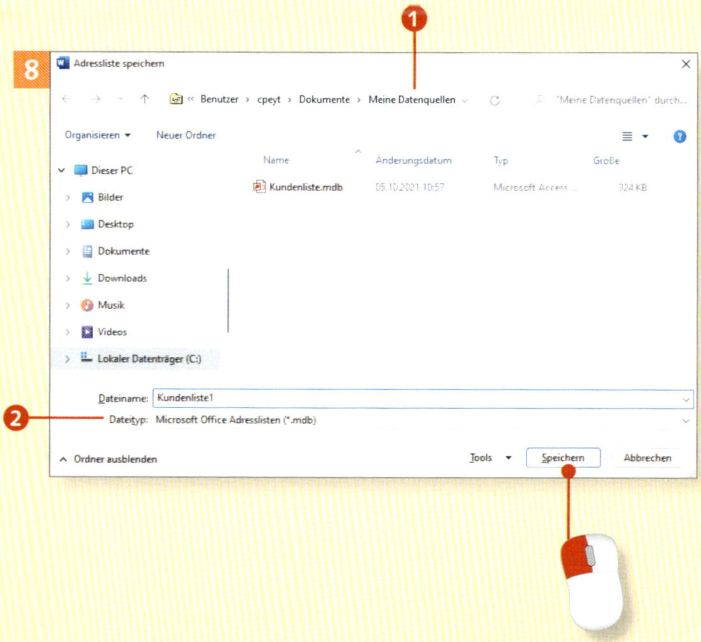

Schritt 8

Der Dialog **Adressliste speichern** öffnet sich mit dem Ordner **Meine Datenquellen** ❶. Geben Sie der Adressatenliste einen Namen; als Dateiendung wird *.mdb* für eine Datenbank im Access-Format vergeben ❷. Klicken Sie auf **Speichern**.

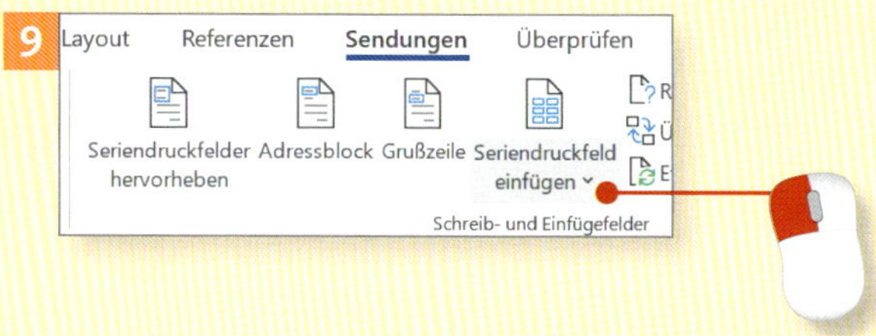

Schritt 9

Nun können Sie die Seriendruckfelder einfügen, die später durch die Angaben aus der Datenquelle ersetzt werden. Platzieren Sie den Cursor in der ersten Zeile der ersten Zelle, und klicken Sie auf den Pfeil neben **Seriendruckfeld einfügen**.

Position der Seriendruckfelder

Die Seriendruckfelder können Sie einfach hintereinander einfügen und dann nachträglich mit ↵ Absätze setzen, oder Sie denken daran, den Cursor gleich beim Einfügen jeweils richtig zu positionieren.

Schritt 10

Im Menü wählen Sie **Anrede** (für die Anrede »Herr« oder »Frau«). Eine Zeile darunter fügen Sie **Vorname** und **Nachname** ein, darunter **Adresszeile_1** (für die Straße) und dann nebeneinander **Postleitzahl** und **Ort** (denken Sie auch an die Leerzeichen dazwischen).

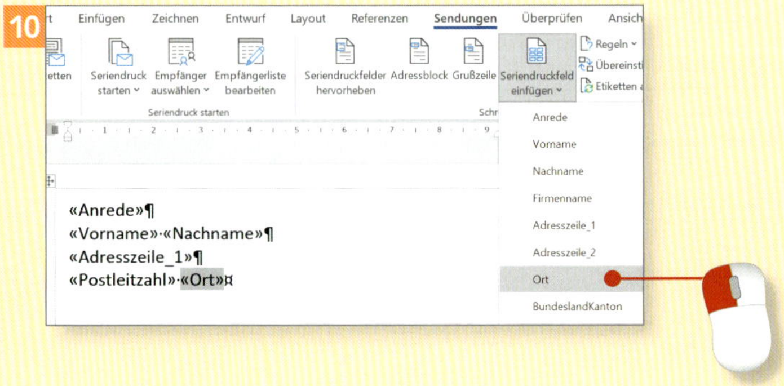

Schritt 11

In den übrigen Etiketten lassen Sie den Platzhalter **«Nächster Datensatz»** ❸ stehen. Er steuert, dass die Adresse bei jedem Feld neu aus der Datenbank geholt wird. Klicken Sie nun auf **Etiketten aktualisieren**. Danach werden die eingefügten Felder in allen Etiketten angezeigt.

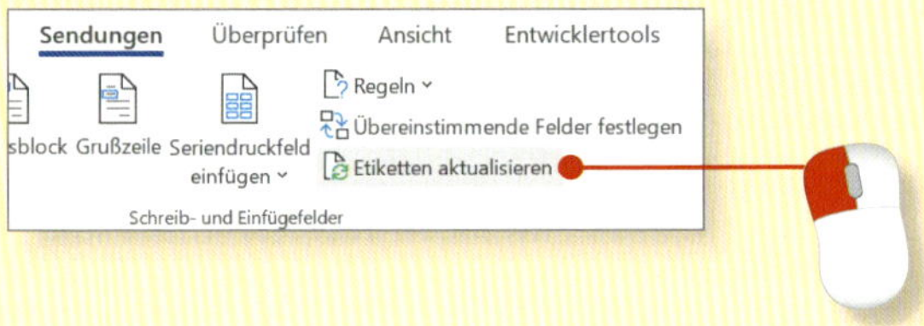

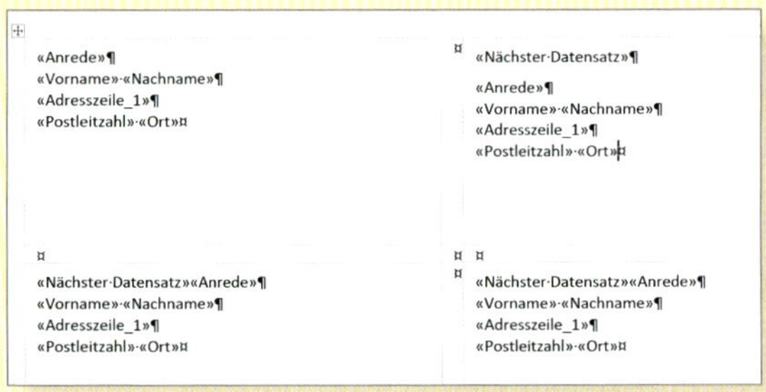

Schritt 12

Zu guter Letzt klicken Sie auf der Registerkarte **Sendungen** auf **Fertig stellen und zusammenführen**. Um die Etiketten direkt zu drucken, wählen Sie **Dokumente drucken**. Sie müssen natürlich das passende Papier in den Drucker legen.

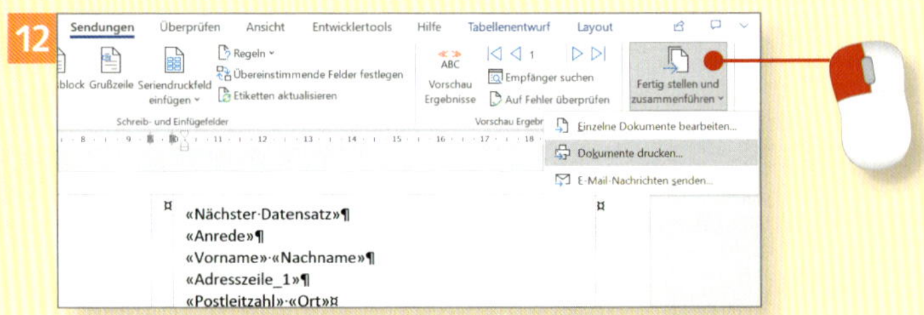

Etiketten (Forts.)

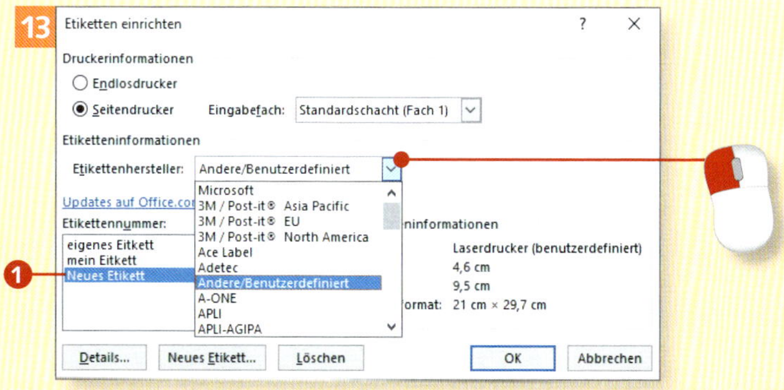

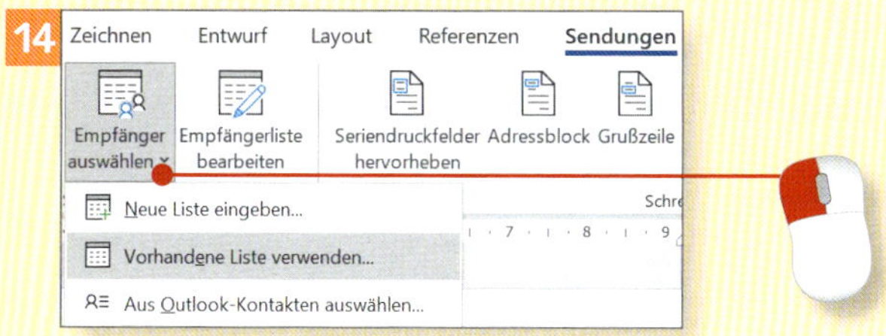

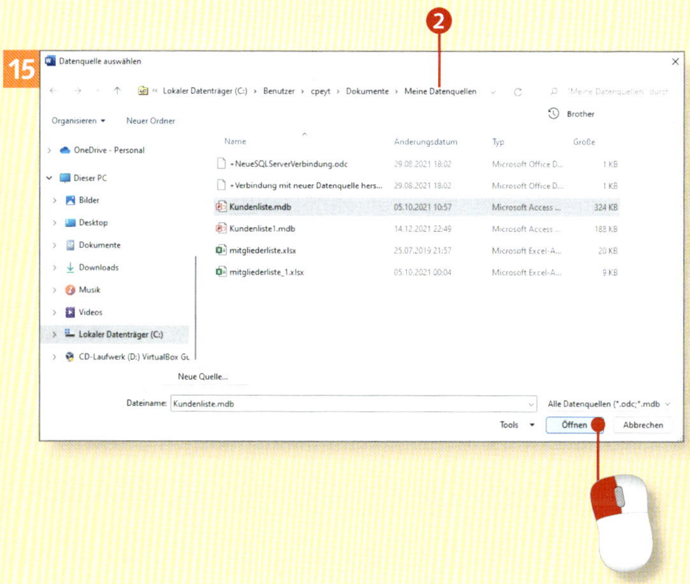

Schritt 13

Schneller erstellen Sie Etiketten, wenn Sie bereits über eine Datei mit Empfängeradressen verfügen. Starten Sie den Etiketten-Seriendruck wie gehabt. Um das bereits erstellte Etikett zu verwenden, wählen Sie im Dialog **Etiketten einrichten** im Feld **Etikettenhersteller** den Eintrag **Andere/Benutzerdefiniert**. Der Name des Etiketts taucht im Feld **Etikettennummer** ❶ auf. Klicken Sie auf **OK**.

Schritt 14

Nun klicken Sie auf die Schaltfläche **Empfänger auswählen**. Im Menü entscheiden Sie sich für **Vorhandene Liste verwenden**.

Schritt 15

Der Dialog **Datenquelle auswählen** wird geöffnet. Wenn nicht der richtige Ordner angezeigt wird, müssen Sie oben den Ordner auswählen, der die Datenquellen enthält (**Meine Datenquellen** ❷). Markieren Sie dann die Datei, und klicken Sie auf **Öffnen**.

Schritt 16

Nun verfahren Sie wie bisher: Klicken Sie erst auf **Seriendruckfeld einfügen** ❸ und danach auf **Etiketten aktualisieren**. Wenn Sie auf **Fertig stellen und zusammenführen** ❹ ▸ **Dokumente drucken** klicken, werden die Etiketten gedruckt.

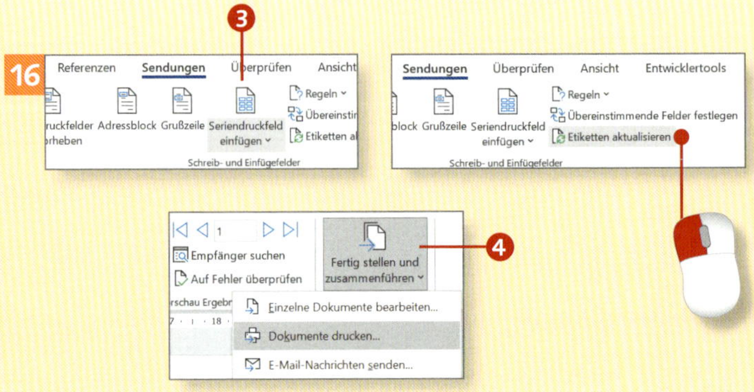

Schritt 17

Wenn Sie Daten in der Empfängerliste korrigieren möchten, klicken Sie auf **Empfängerliste bearbeiten**. Mit den Kontrollkästchen ❺ nehmen Sie einzelne Adressaten kurzfristig aus der Empfängerliste heraus (nicht gleichzusetzen mit »entfernen«); um Änderungen eingeben zu können, markieren Sie die Datenbank ❻ und klicken auf **Bearbeiten** ❼.

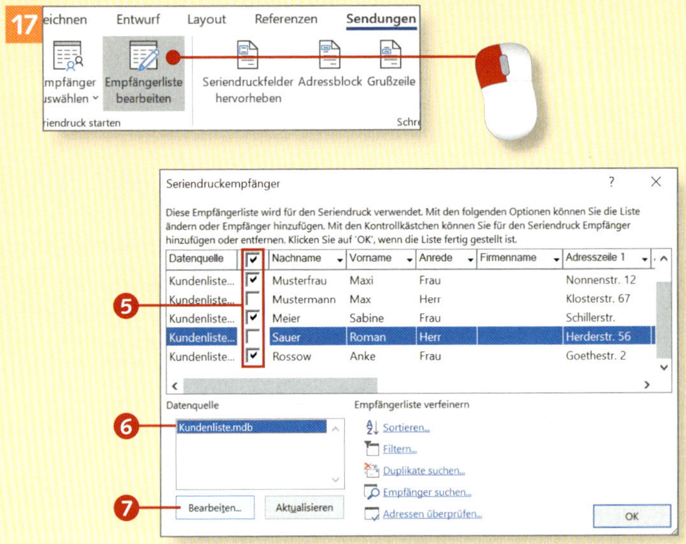

Schritt 18

Im Dialog **Datenquelle bearbeiten** setzen Sie den Cursor in den entsprechenden Datensatz und ändern/korrigieren auf dem üblichen Weg. Um einen Eintrag, also einen Datensatz, zu löschen, markieren Sie ihn und klicken auf **Eintrag löschen** ❽.

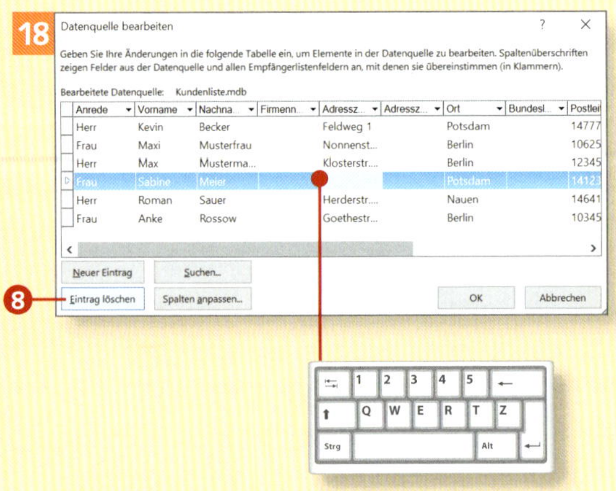

Wir beschreiben in diesem Abschnitt die Gestaltung von Bewerbungsunterlagen – mit Lebenslauf, Anschreiben und einem einfachen Deckblatt. Wir beginnen mit dem Lebenslauf.

1
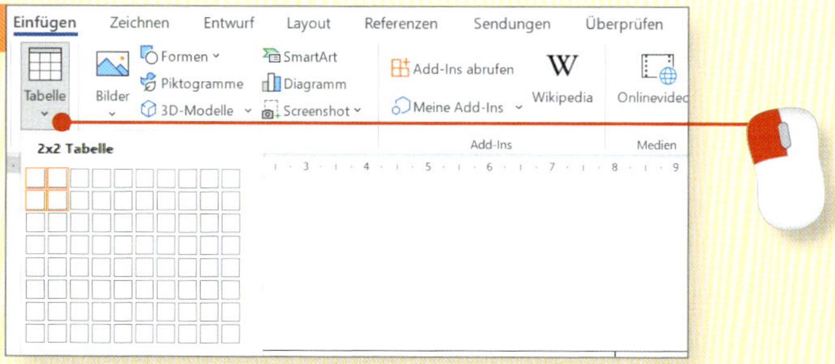

Schritt 1

Belassen Sie es bei den Standardseitenrändern, drücken Sie dreimal [↵], und fügen Sie über **Einfügen ▸ Tabelle** eine Tabelle mit zwei Spalten ein. Die Anzahl der Zeilen spielt keine große Rolle, da sich die Tabelle problemlos ergänzen lässt.

2
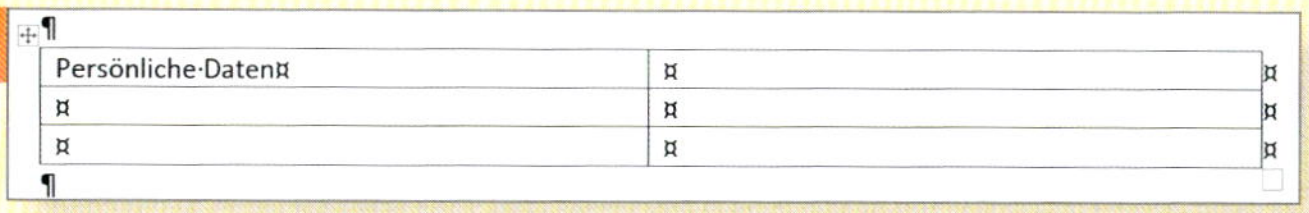

Schritt 2

Schreiben Sie einen Text, z. B. »Persönliche Daten«, in die erste Zelle. Lassen Sie die zweite Zeile frei, d. h. ohne Text. Drücken Sie in der zweiten Spalte der zweiten Zeile die [⇆]-Taste, um die Tabelle um eine Zeile zu erweitern (sofern Sie nicht von vornherein mehrere Zeilen eingefügt haben).

3
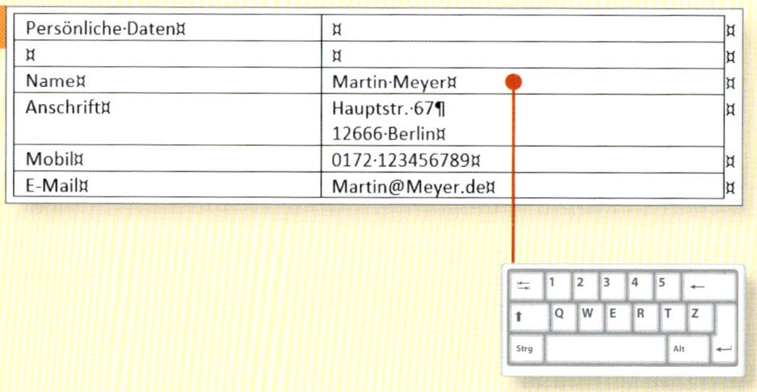

Schritt 3

Schreiben Sie »Name« in die dritte Zeile, und bauen Sie Zeile für Zeile den Block mit den persönlichen Daten auf. Stören Sie sich nicht an den Linien, sie werden später entfernt.

Unterschrift

Unterhalb des Lebenslaufs schreiben Sie »Ort« und »Datum« und unterschreiben dort das Dokument später handschriftlich.

Schritt 4

Vor dem nächsten Block, etwa »Berufliche Erfahrungen«, lassen Sie wieder eine Zeile der Tabelle leer. Ähnlich verfahren Sie dann für die weiteren Blöcke (»Berufsausbildung«, »Schulbildung«, »Sonstige Kenntnisse«, »Hobbys«).

Schritt 5

Formatieren Sie nun den Text der Überschriften. Nutzen Sie dafür die Funktion **Format übertragen**: Setzen Sie den Cursor in die erste formatierte Überschrift, klicken Sie doppelt auf **Format übertragen** (Registerkarte **Start**), und klicken Sie in die nächsten Überschriften. Der Mauszeiger hat dabei einen kleinen Pinsel im Gepäck ❶. Beenden Sie die Übertragung mit Esc.

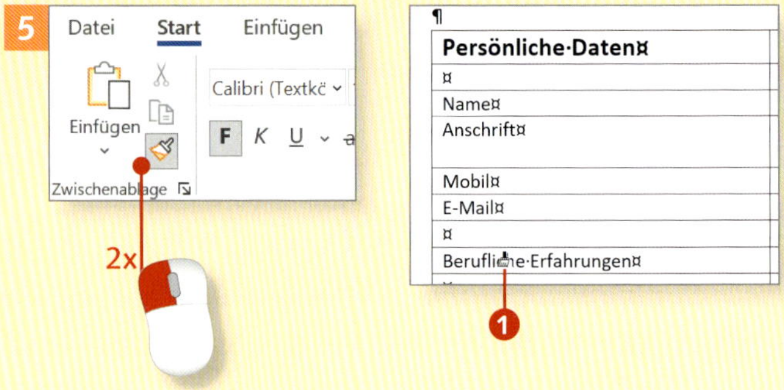

Schritt 6

Die Linien sollen später im Ausdruck natürlich nicht zu sehen sein. Markieren Sie daher die ganze Tabelle, und öffnen Sie das Menü der Schaltfläche **Rahmen** (Registerkarte **Tabellenentwurf**). Wählen Sie **Kein Rahmen** ❷. Setzen Sie nach Wunsch Linien unterhalb der Zeilen mit den Überschriften (**Rahmenlinie unten**), und/oder arbeiten Sie mit Schattierungen.

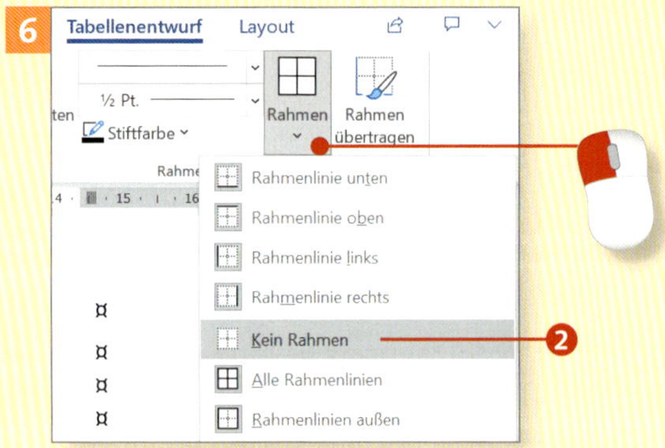

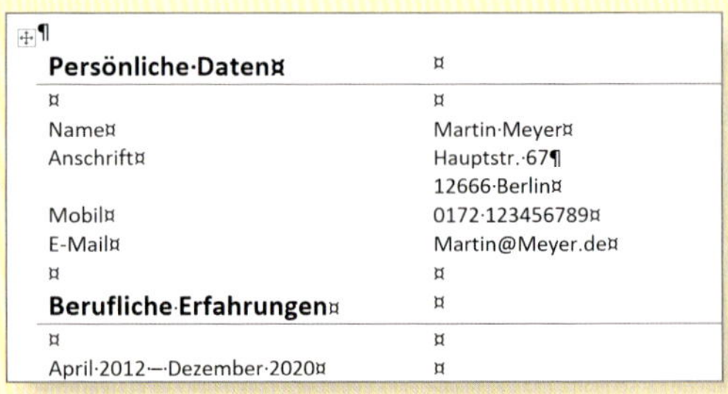

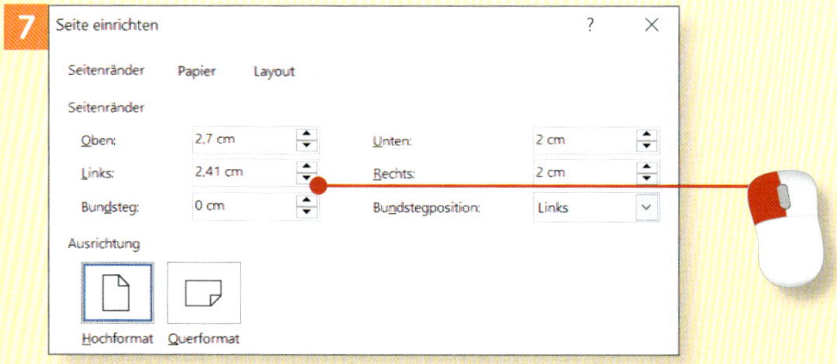

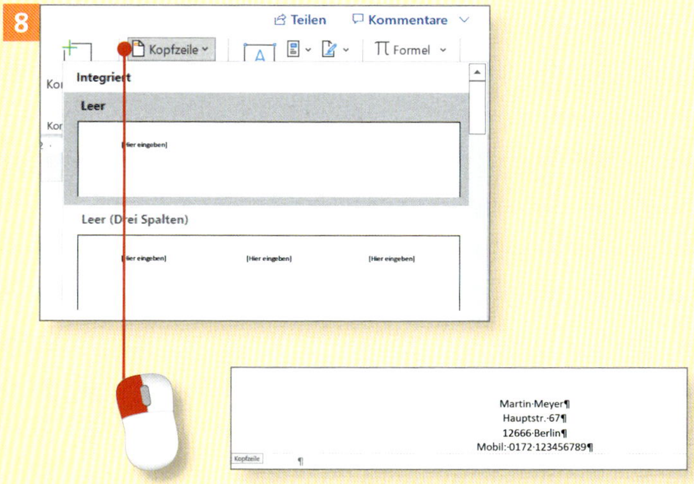

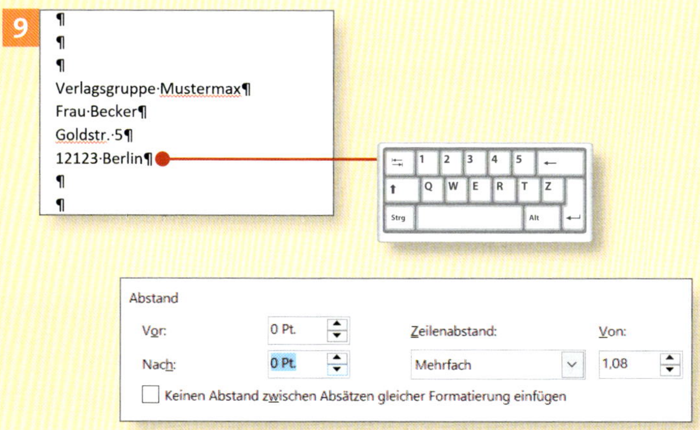

Schritt 7

Nun ist das Anschreiben an der Reihe. Öffnen Sie ein leeres Dokument, und stellen Sie über **Layout ▸ Seitenränder ▸ Benutzerdefinierte Seitenränder** zunächst die Seitenränder ein: oben 2,7 cm und links 2,41 cm. Für das Seitenlayout können Sie sich an die Empfehlungen für den Geschäftsbrief halten (siehe dazu den Abschnitt »Geschäftsbrief« auf Seite 244).

Schritt 8

Fügen Sie über **Einfügen ▸ Kopfzeile** eine leere Kopfzeile ein. Tragen Sie Ihren Namen, Ihre Adresse etc. ein, und zentrieren Sie diese Angaben, wenn Sie mögen. Schließen Sie die Kopfzeile.

Schritt 9

Tragen Sie drei Zeilen unter Ihrer Adresse die Empfängeranschrift ein. Reservieren Sie für den Adressblock neun Zeilen – auch wenn Sie sie nicht benötigen. Ändern Sie vor der Eingabe gegebenenfalls den Absatzabstand, der mit 8 Pt. zu groß ist (Dialog **Absatz** im Feld **Nach**).

Schritt 10

Lassen Sie eine Zeile frei, und fügen Sie über **Einfügen ▸ Datum und Uhrzeit** ❶ das Datum ein. Setzen Sie es mithilfe eines **rechtsbündigen** Tabstopps nach rechts (klicken Sie bei 15,5 cm in das Lineal). Positionieren Sie den Cursor genau vor das Datum, und drücken Sie [Tab], um das Datum an die Position des Tabstopps zu setzen.

10

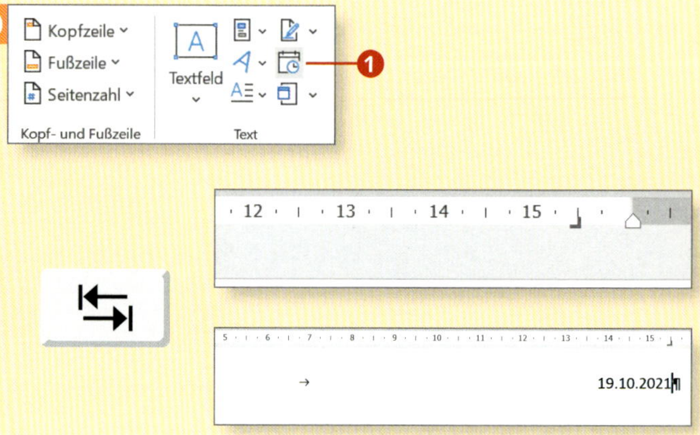

Schritt 11

Nach zwei weiteren Zeilen schreiben Sie den Text für die Betreffzeile (»Bewerbung als [Berufsbezeichnung]«). Dann brauchen Sie erneut zwei Leerzeilen und schreiben die Anrede. Nach einer weiteren Leerzeile beginnen Sie schließlich den Text Ihres Anschreibens.

11

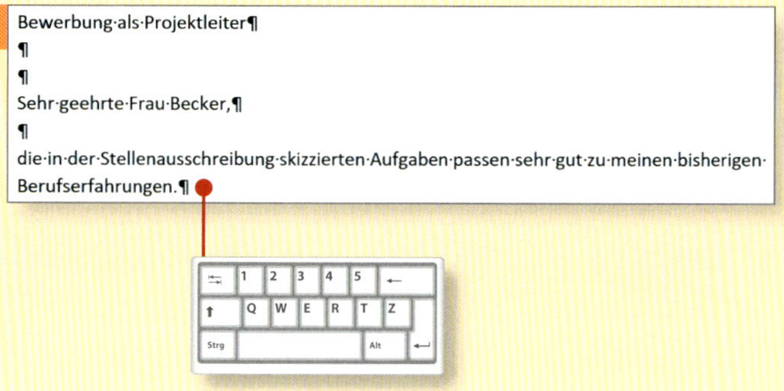

Schritt 12

Achten Sie darauf, dass Sie Ihr Anschreiben auch optisch strukturieren (Absätze, Einzüge etc.). Den Text beenden Sie nach einer Leerzeile mit der Grußformel. Da Sie z. B. Zeugnisse beilegen, schreiben Sie nach einer Leerzeile unter Ihren Namen noch »Anlage«.

12

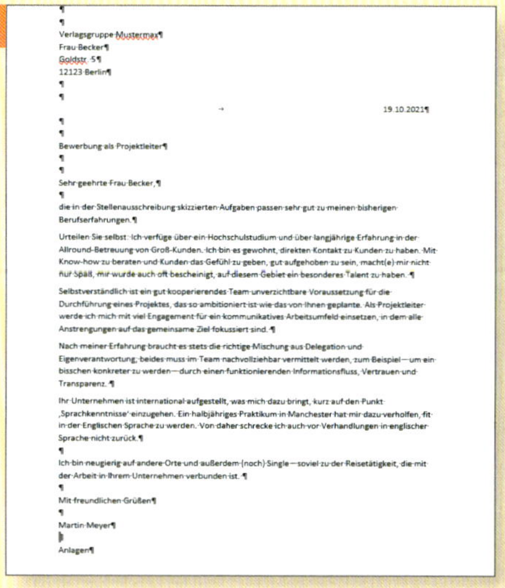

Verlagsgruppe Mustermax
Frau Becker
Goldstr. 5
12123 Berlin

19.10.2021

Bewerbung als Projektleiter

Sehr geehrte Frau Becker,

die in der Stellenausschreibung skizzierten Aufgaben passen sehr gut zu meinen bisherigen Berufserfahrungen.

Urteilen Sie selbst: Ich verfüge über ein Hochschulstudium und über langjährige Erfahrung in der Allround-Betreuung von Groß-Kunden. Ich bin es gewohnt, direkten Kontakt zu Kunden zu haben. Mit Know-how zu beraten und Kunden das Gefühl zu geben, gut aufgehoben zu sein, macht(e) mir nicht nur Spaß, mir wurde auch oft bescheinigt, auf diesem Gebiet ein besonderes Talent zu haben.

Selbstverständlich ist ein gut kooperierendes Team unverzichtbare Voraussetzung für die Durchführung eines Projektes, das so ambitioniert ist wie das von Ihnen geplante. Als Projektleiter werde ich mich mit viel Engagement für ein kommunikatives Arbeitsumfeld einsetzen, in dem alle Anstrengungen auf das gemeinsame Ziel fokussiert sind.

Nach meiner Erfahrung braucht es stets die richtige Mischung aus Delegation und Eigenverantwortung; beides muss im Team nachvollziehbar vermittelt werden, zum Beispiel — um ein bisschen konkreter zu werden — durch einen funktionierenden Informationsfluss, Vertrauen und Transparenz.

Ihr Unternehmen ist international aufgestellt, was mich dazu bringt, kurz auf den Punkt ‚Sprachkenntnisse' einzugehen. Ein halbjähriges Praktikum in Manchester hat mir dazu verholfen, fit in der Englischen Sprache zu werden. Von daher schrecke ich auch vor Verhandlungen in englischer Sprache nicht zurück.

Ich bin neugierig auf andere Orte und außerdem (noch) Single — soviel zu der Reisetätigkeit, die mit der Arbeit in Ihrem Unternehmen verbunden ist.

Mit freundlichen Grüßen

Martin Meyer

Anlagen

Bewerbungsunterlagen (Forts.)

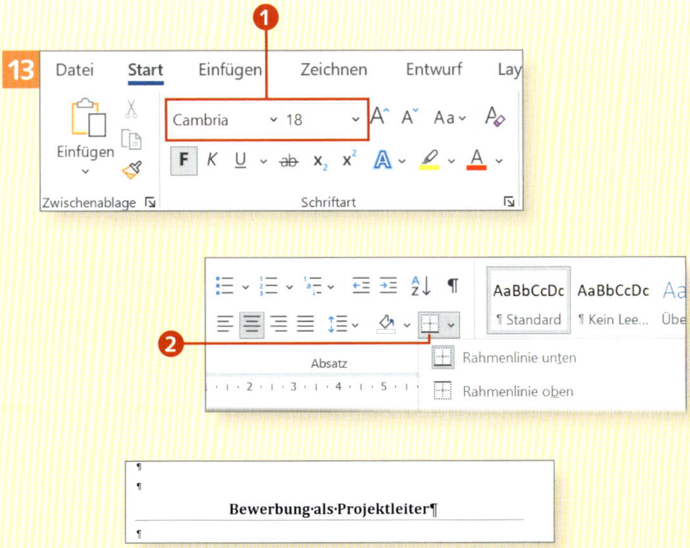

Schritt 13

Zum Schluss gestalten wir das Deckblatt. Oben (nach ein paar Leerzeilen) schreiben Sie »Bewerbung als [Berufsbezeichnung]«. Diese Zeile formatieren Sie in einer relativ großen Schriftgröße ❶, z. B. **Cambria**, **18 Pt.**, und zentrieren sie. Über **Rahmen** ❷ ▸ **Rahmenlinie unten** wird dann die Linie eingefügt.

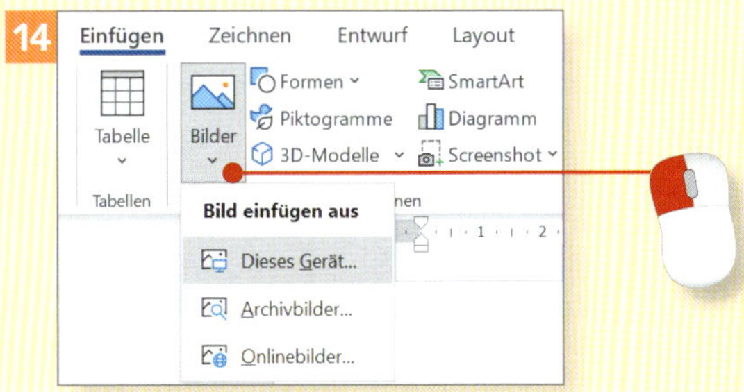

Schritt 14

Fügen Sie Ihr Bewerbungsfoto in das Deckblatt ein. Dazu klicken Sie auf der Registerkarte **Einfügen** auf **Bilder** und im Menü auf **Dieses Gerät**. Im Dialog **Grafik einfügen** suchen Sie den Ordner mit Ihren Fotos, markieren das gewünschte Foto und klicken auf **Einfügen** (oder klicken doppelt auf das Foto).

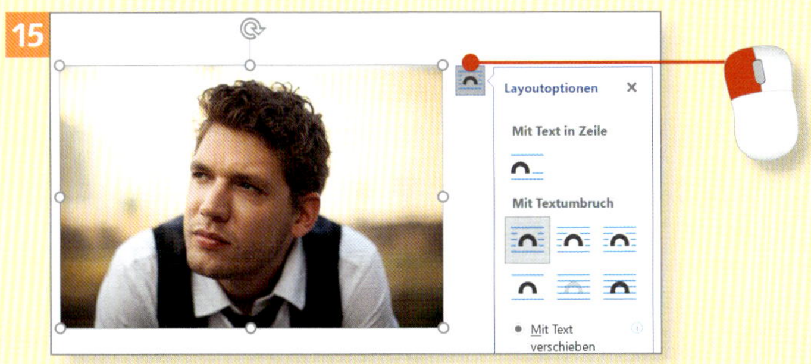

Schritt 15

Zur Weiterbearbeitung und Positionierung klicken Sie auf die Schaltfläche **Layoutoptionen** rechts am Bild und wählen im Menü als Textumbruchart **Quadrat**. Ziehen Sie das Foto an die passende Stelle.

Schritt 16

Rechts neben dem Foto sollen Ihr Name und Ihre Anschrift erscheinen. Für einen kleinen Abstand von der rechten Kante des Fotos wählen Sie im Kontextmenü des Bildes **Größe und Position**.

16
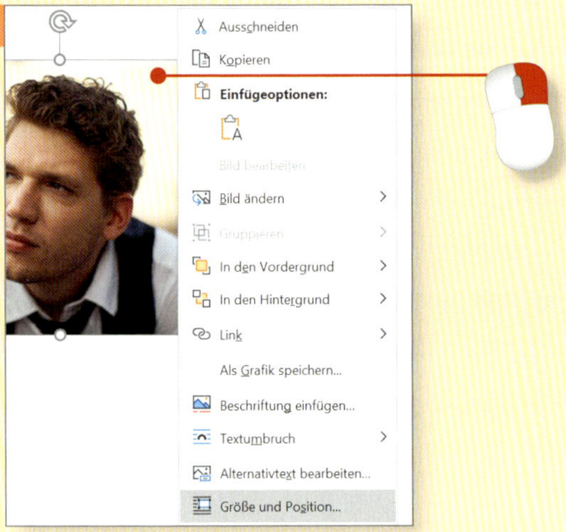

Schritt 17

Im Dialog **Layout** auf der Registerkarte **Textumbruch** ❸ geben Sie unter **Abstand vom Text** im Feld **Rechts** den Wert »0,8 cm« ein. So »kleben« die Textzeilen nicht am Bild.

17
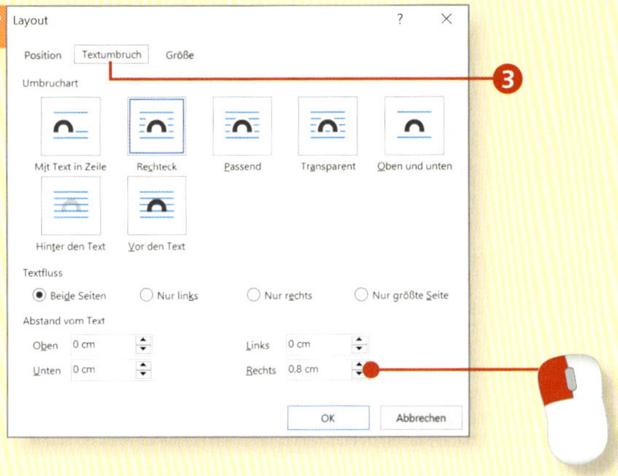

Schritt 18

Schreiben Sie nun Ihren Namen und weitere Angaben untereinander neben das Foto. Der Schriftgrad wird mit der Schaltfläche **Schriftart vergrößern** ❹ um 1 Pt. hochgesetzt. Die Abstände zwischen den Zeilen bzw. Absätzen ändern Sie gegebenenfalls im Dialog **Absatz** im Feld **Nach**.

18
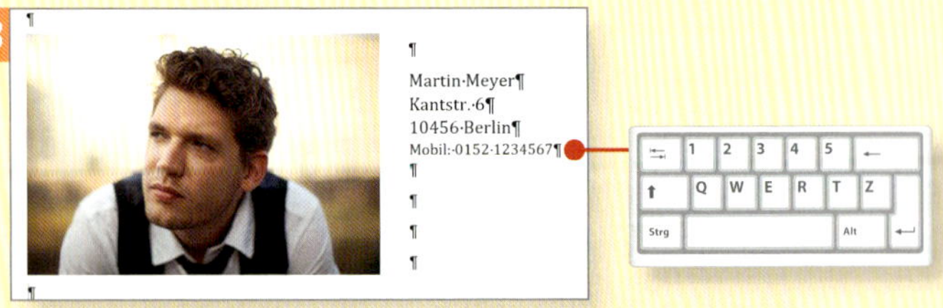

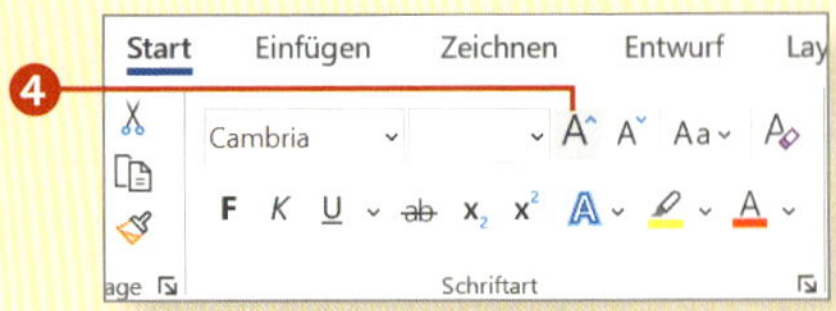

Originelle Deckblätter

Besonders in Kreativberufen können Sie weitere Gestaltungselemente in ein Deckblatt einbauen. Oder erwähnen Sie besondere Stärken schon auf dem Deckblatt.

Flyer

Wir erstellen hier einen Flyer, der dreimal auf eine DIN-A4-Seite im Querformat passt. Auf diese Weise können Sie ihn schnell vervielfältigen.

1

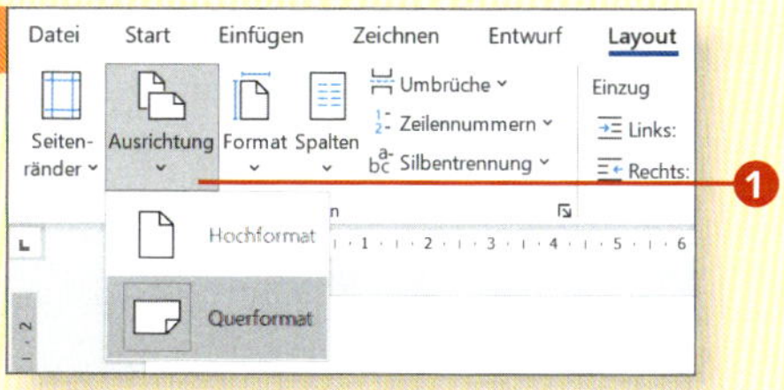

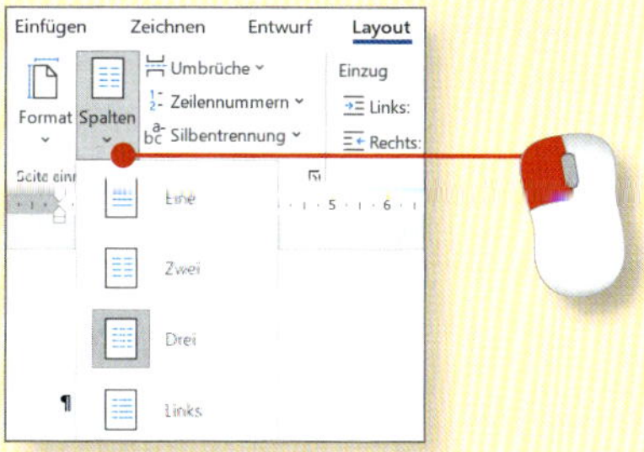

Schritt 1

Stellen Sie über **Layout ▸ Ausrichtung** ❶ das Querformat ein. Dann richten Sie für das Blatt drei Spalten ein. Klicken Sie dazu auf der Registerkarte **Layout** auf die Schaltfläche **Spalten**, und wählen Sie im Menü **Drei**.

2

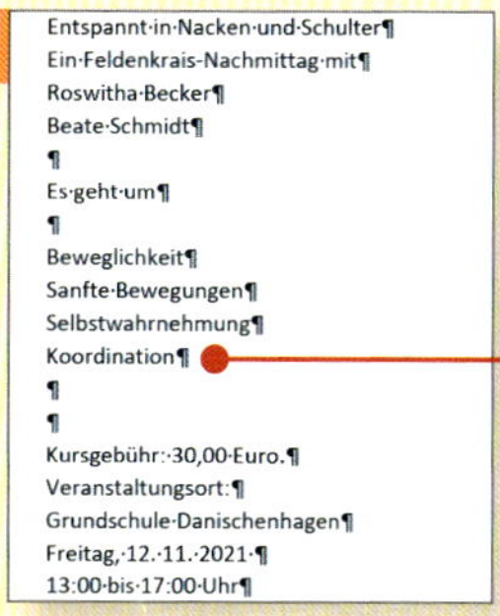
Entspannt·in·Nacken·und·Schulter¶
Ein·Feldenkrais-Nachmittag·mit¶
Roswitha·Becker¶
Beate·Schmidt¶
¶
Es·geht·um¶
¶
Beweglichkeit¶
Sanfte·Bewegungen¶
Selbstwahrnehmung¶
Koordination¶
¶
¶
Kursgebühr:·30,00·Euro.¶
Veranstaltungsort:¶
Grundschule·Danischenhagen¶
Freitag,·12.·11.·2021·¶
13:00·bis·17:00·Uhr¶

Schritt 2

Geben Sie zuerst den Text ein, der auf dem Flyer erscheinen soll. Wir basteln hier einen Flyer eines Feldenkrais-Vereins. Die Formatierung kommt später.

3

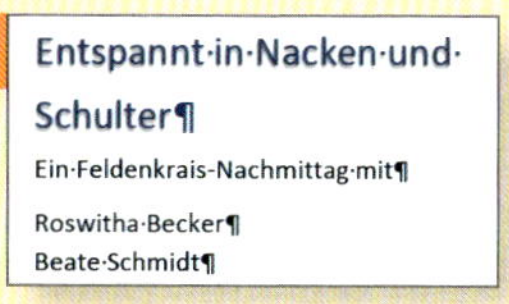
Entspannt·in·Nacken·und·Schulter¶
Ein·Feldenkrais-Nachmittag·mit¶
Roswitha·Becker¶
Beate·Schmidt¶

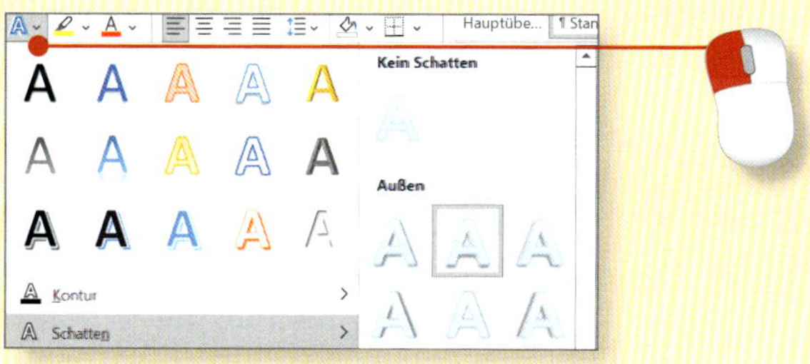

Schritt 3

Formatieren Sie die erste Zeile relativ auffällig. Stellen Sie z. B. einen Schriftgrad von 16 Pt. ein, als Schriftfarbe Blau, und weisen Sie der Zeile über **Texteffekte ▸ Schatten** z. B. den Effekt **Offset unten** zu.

Schritt 4

Die Auflistung erhält Aufzählungszeichen. Markieren Sie die Liste, und klicken Sie auf der Registerkarte **Start** auf den Pfeil an der Schaltfläche **Aufzählungszeichen**. Wählen Sie ein Aufzählungszeichen aus der **Aufzählungszeichenbibliothek**.

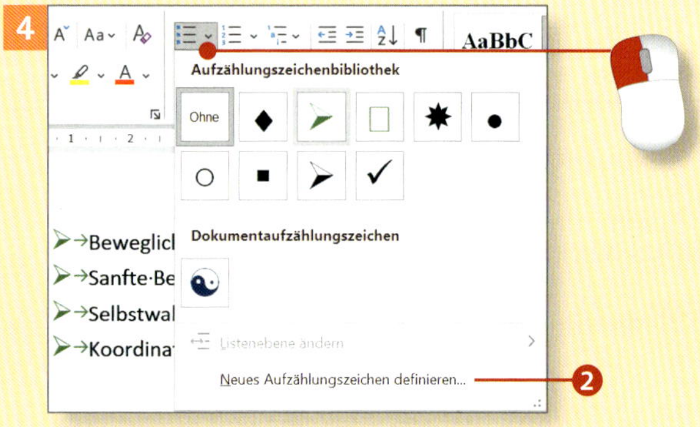

Schritt 5

Wenn Sie das gesuchte Zeichen nicht in der Bibliothek finden, klicken Sie auf **Neues Aufzählungszeichen definieren** ❷ und im nächsten Dialog dann auf die Schaltfläche **Symbol**.

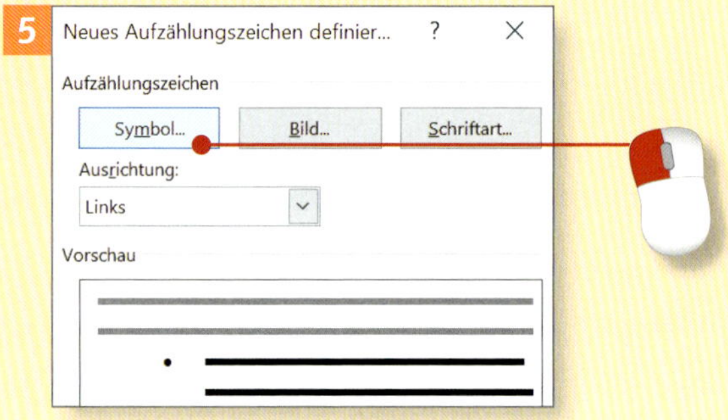

Schritt 6

Wählen Sie im Dialog **Symbol** die Schriftart **Wingdings** ❸, indem Sie auf den kleinen Pfeil klicken. Suchen Sie in der Palette der Symbole das gewünschte Zeichen, markieren Sie es, und klicken Sie auf **OK**. Schließen Sie alle Dialoge.

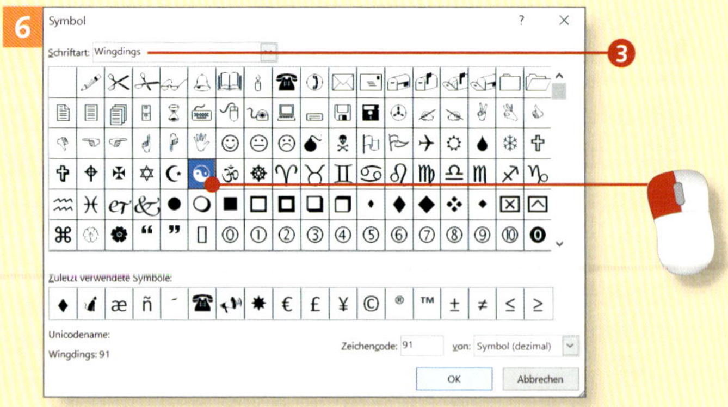

Erst schreiben, dann formatieren

Wenn Sie erst den Text schreiben und dann die Formatierung vornehmen, vermeiden Sie, dass Sie Formatierungen durch Drücken von [↵] aus Versehen nach unten »mitnehmen«.

Flyer (Forts.)

7

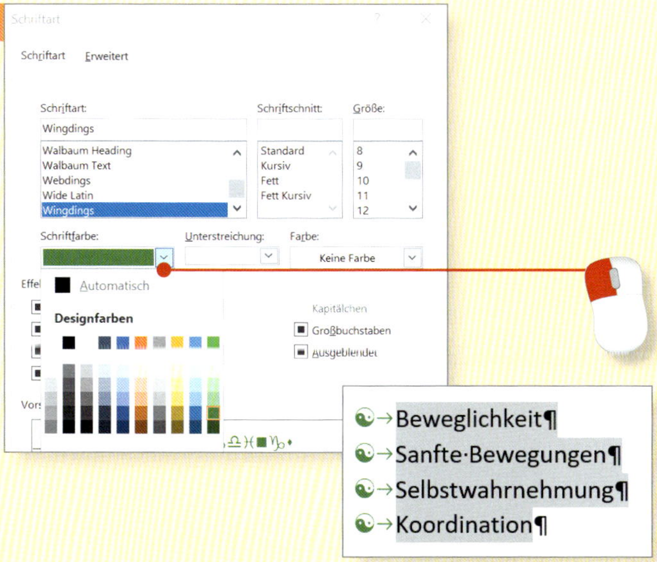

Schritt 7

Auch die Farbe der Aufzählungszeichen lässt sich anpassen. Klicken Sie im Dialog **Neues Aufzählungszeichen definieren** (siehe Schritt 5) auf **Schriftart**, und wählen Sie im neuen Dialogfenster im Feld **Schriftfarbe** eine Farbe aus der Palette.

8

Schritt 8

Ein Bild soll den Flyer beleben. Wir fügen hier eine Onlinegrafik ein. Klicken Sie auf der Registerkarte **Einfügen** auf **Bilder** und im Menü auf **Onlinebilder**. Geben Sie als Suchbegriff z. B. »Gymnastik« ein, und drücken Sie [↵]. Wählen Sie aus den Treffern ein Bild aus, und klicken Sie auf **Einfügen**. Probieren Sie es mit einem anderen Begriff, wenn Sie bei der ersten Suche nichts Passendes entdecken.

9

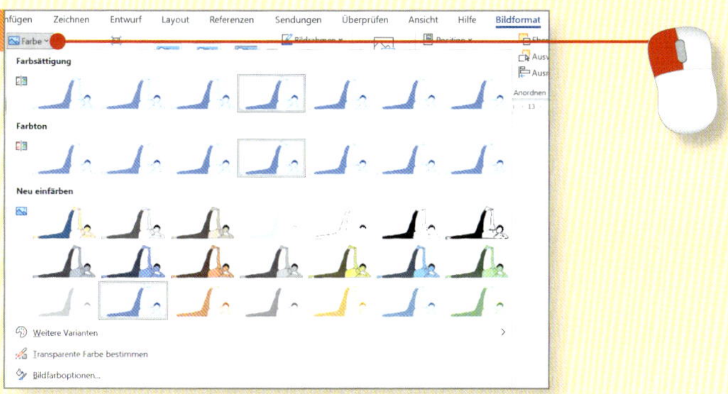

Schritt 9

Das Bild soll etwas blasser hinter dem Text liegen. Daher klicken Sie auf der Registerkarte **Bildformat** auf den Pfeil an der Schaltfläche **Farbe**. Im Bereich **Neu einfärben** wählen Sie die Variante **Blau, Akzentfarbe 1 hell**.

Schritt 10

Markieren Sie die Grafik, und klicken Sie dann auf **Layoutoptionen**. Wählen Sie im Menü den Textumbruch **Hinter den Text**. Anschließend können Sie auch die Option **Position auf der Seite fixieren** ❶ aktivieren, damit das Bild nicht verrutscht, falls Sie den Absatz, an dem es verankert ist, noch verschieben.

10

Schritt 11

Positionieren Sie die Grafik nun so, dass sie teils hinter der Aufzählung liegt, und passen Sie gegebenenfalls die Größe an. Formatieren Sie nach Wunsch weitere Textpassagen des Flyers.

11

Schritt 12

Nachdem Sie den ersten Flyer gestaltet haben, markieren und kopieren Sie den kompletten Inhalt (Strg+C) und fügen ihn in die nächsten beiden Spalten ein, indem Sie jeweils Strg+V drücken oder auf **Einfügen** klicken. Denken Sie daran, den Cursor vor dem Einfügen jeweils in die nächste Spalte zu setzen.

12

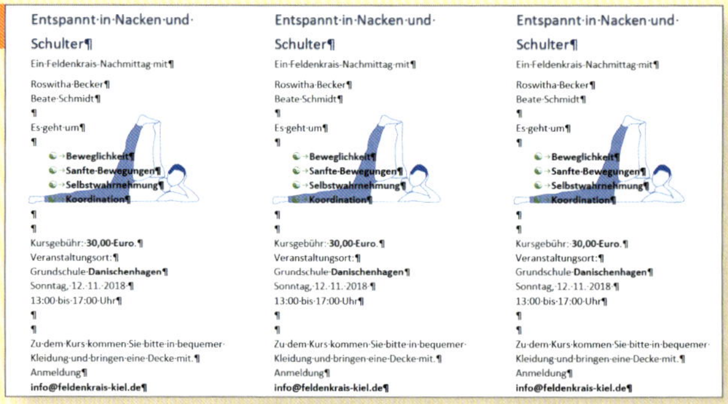

Zwischenlinien einfügen

Wenn Sie Schnittlinien einfügen wollen, klicken Sie auf der Registerkarte **Layout** im Menü der Schaltfläche **Spalten** auf **Weitere Spalten**. Im Dialog aktivieren Sie die Option **Zwischenlinie**.

Grußkarte

Wir erstellen eine Karte, die Sie beispielsweise anlässlich Ihres Umzugs verschicken können. Die Klappkarte ist außen gestaltet und bietet innen Platz für Ihren individuellen Text.

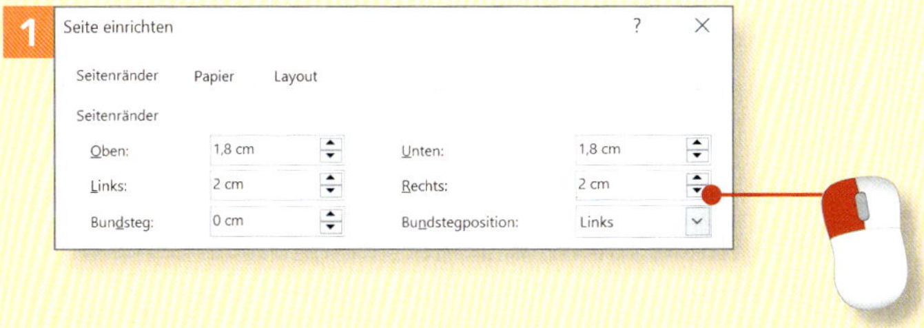

Schritt 1

Geben Sie zunächst im Dialog **Seite einrichten** (**Layout ▸ Seitenränder ▸ Benutzerdefinierte Seitenränder**) für den oberen und den unteren Rand »1,8 cm« ein, für den linken und rechten Rand jeweils »2 cm«. Bestätigen Sie mit **OK**.

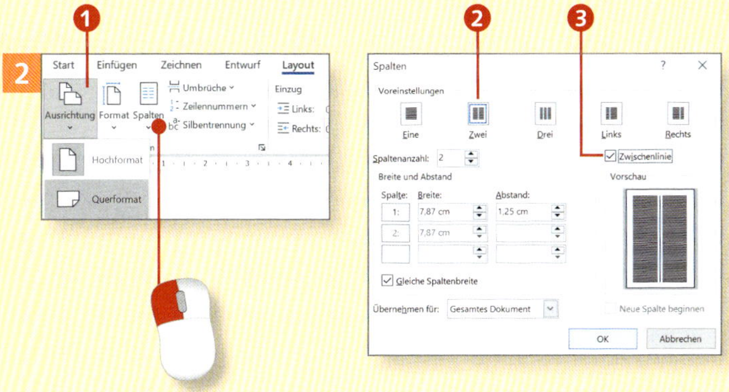

Schritt 2

Unter **Ausrichtung** ❶ wählen Sie **Querformat**. Klicken Sie auf der Registerkarte **Layout** auf **Spalten ▸ Mehr Spalten**. Im Dialogfenster markieren Sie das Symbol für zwei Spalten ❷ und aktivieren die Option **Zwischenlinie** ❸.

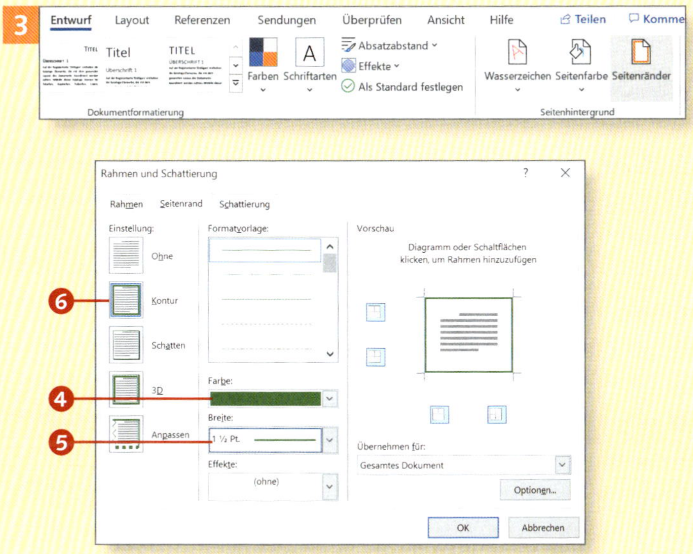

Schritt 3

Klicken Sie dann auf der Registerkarte **Entwurf** in der Gruppe **Seitenhintergrund** auf **Seitenränder**. Im Dialog wählen Sie auf der Registerkarte **Seitenrand** Ihre Wunschfarbe ❹ und die Stärke des Seitenrahmens ❺. Klicken Sie dann auf **Kontur** ❻.

Schritt 4

Die linke Spalte bildet die Rückseite der Klappkarte. Diese Seite enthält eine kleine Form, in die Sie Ihre neue Adresse schreiben. Wechseln Sie zur Registerkarte **Einfügen**, und klicken Sie im Menü der Schaltfläche **Formen** ganz unten auf **Wolkenförmige Legende**.

Schritt 5

Ziehen Sie die Form mit gedrückter Maustaste auf. Darin blinkt automatisch der Cursor, sodass Sie hier gleich schreiben können. Den Text formatieren Sie dann wie üblich mit den Befehlen auf der Registerkarte **Start** (Schriftgrad 16 Pt., Schriftfarbe Rot, Fett).

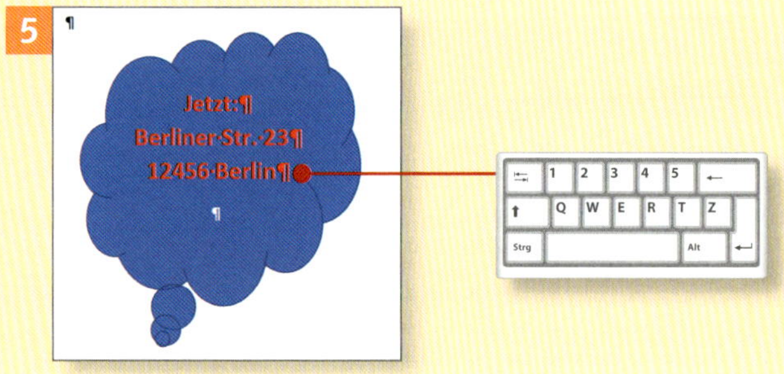

Schritt 6

Den Umriss der Form bearbeiten Sie im Menü der Schaltfläche **Formkontur** auf der Registerkarte **Zeichenformat**. Wählen Sie hier eine Farbe und über das Untermenü des Eintrags **Striche** eine Umrissvariante.

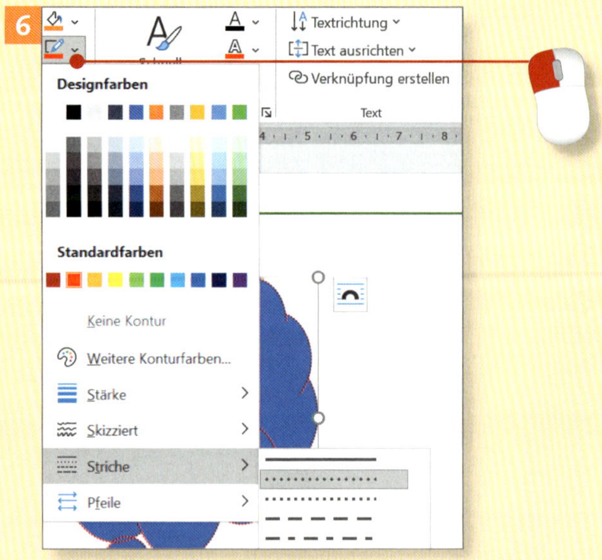

Grußkarte (Forts.)

7

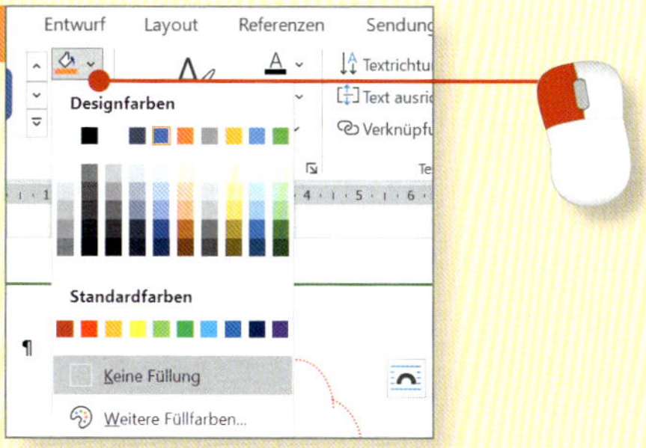

8

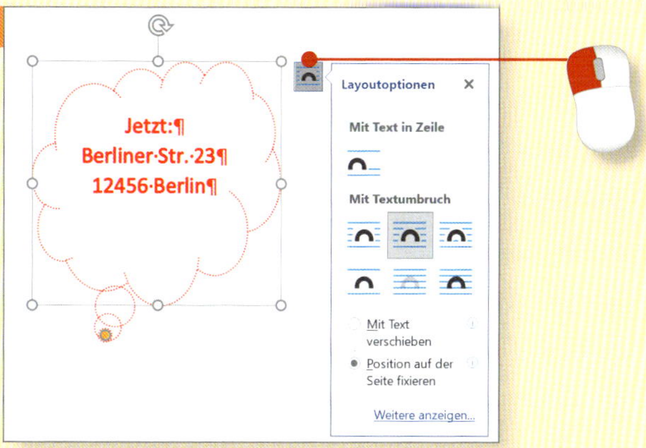

9

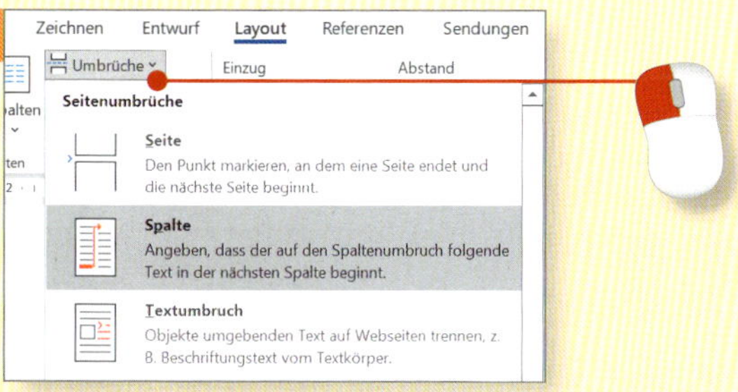

Schritt 7

Die Form soll keine farbige Füllung haben. Markieren Sie sie, und klicken Sie auf **Fülleffekt**. Wählen Sie im Menü **Keine Füllung**.

Schritt 8

Zum Positionieren der Form stellen Sie am besten einen nicht zu großen Zoom ein, sodass Sie die Seite gut erkennen können. Ziehen Sie die Form mittig auf die Seite. Klicken Sie dann auf die Schaltfläche **Layoutoptionen**, und aktivieren Sie ganz unten die Option **Position auf der Seite fixieren**.

Schritt 9

Fügen Sie über **Layout ▸ Umbrüche ▸ Spalte** einen Spaltenumbruch ein. Für den Text auf der Vorderseite der Klappkarte (»Wir sind umgezogen!«) wählen Sie die Schriftart **Times New Roman**, **36 Pt.** und als Texteffekt (über die Schaltfläche **Texteffekte**) die Option **Füllung – Orange, Akzent 2**.

Schritt 10

Der Texteffekt wird mit einer 3D-Wirkung noch etwas aufgepeppt. Markieren Sie den Text, und öffnen Sie über **Texteffekte ▸ Spiegelung ▸ Spiegelungsoptionen** den Aufgabenbereich, in dem Sie die 3D-Formate finden.

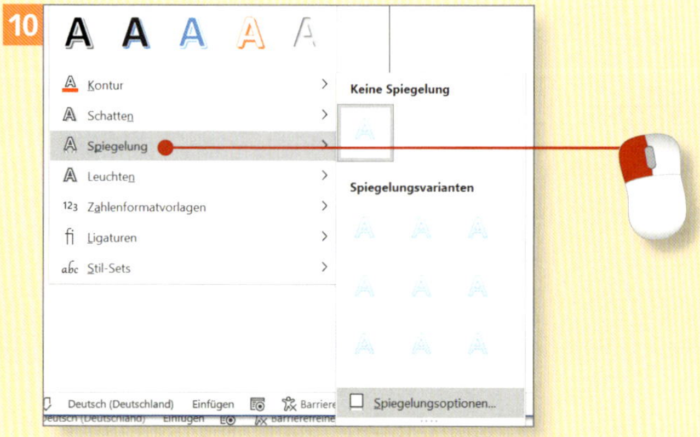

Schritt 11

Öffnen Sie im Aufgabenbereich **Texteffekte formatieren ▸ Spiegelung** die Kategorie **3D-Format**. Klicken Sie auf den Auswahlpfeil des Symbols **Abschrägung oben**, und wählen Sie **Leichte Absenkung**. Für eine kräftigere Kontur ist im Feld **Material** ❶ die Variante **Dunkle Kante** eingestellt (den Effekt sehen Sie in der Abbildung zu Schritt 18).

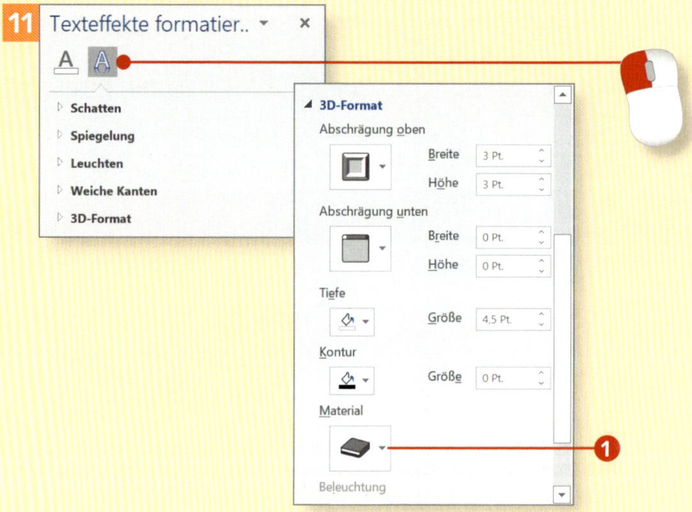

Schritt 12

Auch auf der Vorderseite fügen Sie eine passende Grafik ein. Öffnen Sie über **Einfügen ▸ Bilder ▸ Onlinebilder** das Fenster **Online-Bilder**. Geben Sie in das Suchfeld den Suchbegriff »Umzug« ein und drücken Sie [↵]. Sofort werden die Treffer präsentiert. Markieren Sie eine Grafik, und klicken Sie auf **Einfügen**.

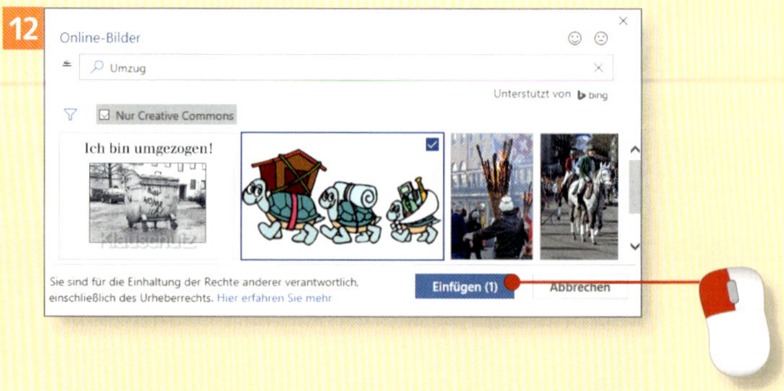

Grußkarte (Forts.)

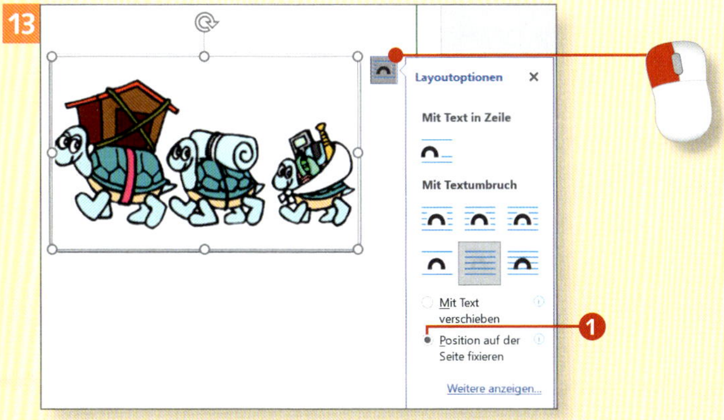

Schritt 13

Passen Sie die Größe der Grafik an, positionieren Sie sie, und setzen Sie sie in den Hintergrund. Dazu klicken Sie auf **Layoutoptionen** und wählen die Textumbruchart **Hinter den Text** (wegen einer Zeile, die später noch hinzugefügt wird). Aktivieren Sie im Menü auch gleich die Option **Position auf der Seite fixieren** ❶.

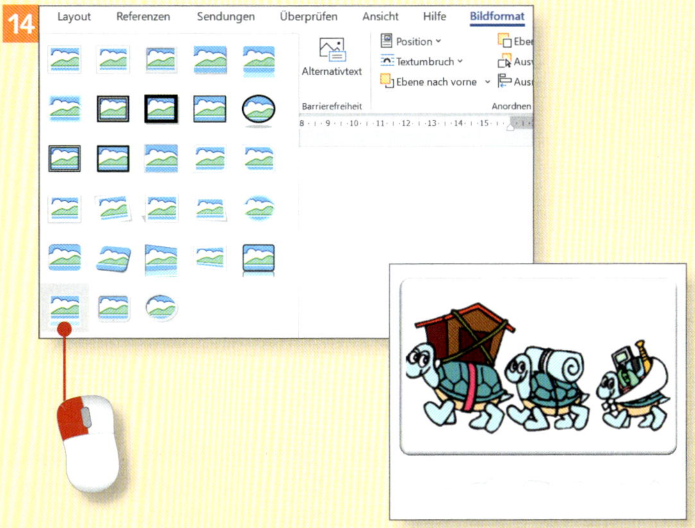

Schritt 14

Über eine Formatvorlage erhält das Bildchen einen besonderen Pfiff. Markieren Sie das Bild, und klicken Sie auf der Registerkarte **Bildformat** auf den Pfeil der Rubrik **Bildformatvorlagen**. Wählen Sie im Menü z. B. **Reflektierte Abschrägung, weiß**.

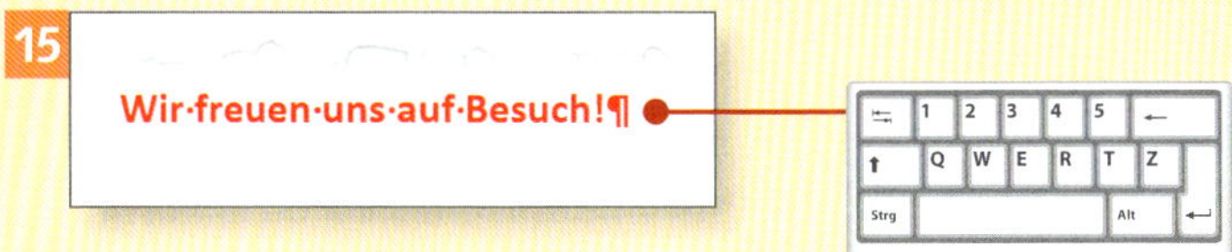

Schritt 15

Wandern Sie mit der [↵]-Taste ein wenig nach unten, und schreiben Sie die nächste Zeile. Markieren Sie die Zeile, und formatieren Sie sie mit dem Schriftgrad 20 Pt. und über das Menü der Schaltfläche **Schriftfarbe** mit einer Farbe nach Wunsch. Wir haben **Rot** gewählt.

Schritt 16

Zu guter Letzt fügen Sie noch ein Textfeld ein, damit Sie einen Text frei auf der Seite positionieren können. Klicken Sie auf der Registerkarte **Einfügen** auf **Textfeld ▸ Textfeld erstellen**. Der Mauszeiger wird – wie bei anderen Formen – zu einem Kreuz. Ziehen Sie das Textfeld mit gedrückter Maustaste auf.

16

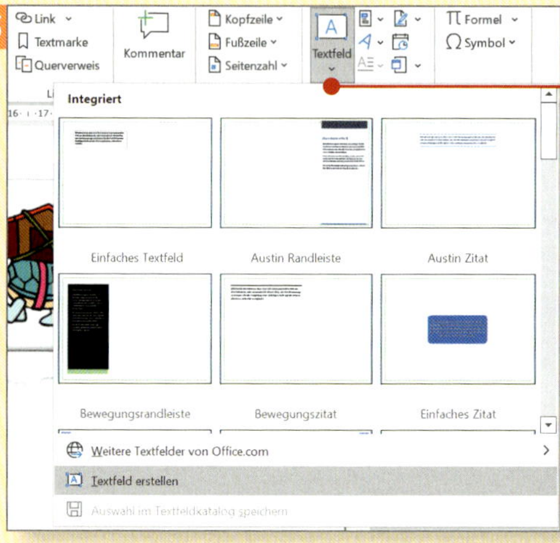

Schritt 17

Schreiben Sie den Text in das Textfeld. Um es zu positionieren, zeigen Sie mit der Maus auf den Rand, sodass der Vierfachpfeil erscheint. Dann ziehen Sie das Textfeld an die passende Stelle.

17

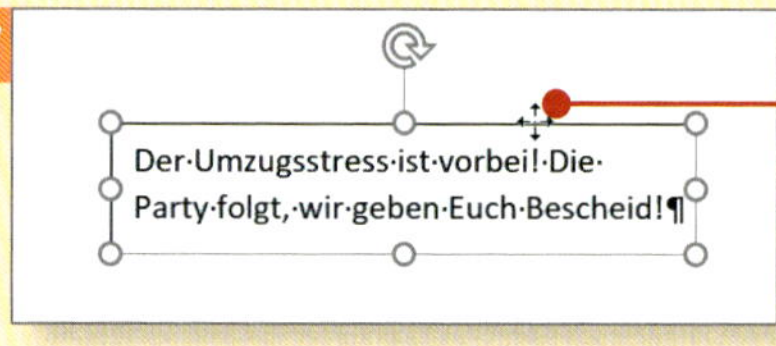

Schritt 18

Stellen Sie den Zoom so ein, dass Sie beide Seiten des Flyers und alle Elemente gut sehen. Nehmen Sie Änderungen vor, wenn Sie noch nicht zufrieden sind. Speichern Sie Ihr Dokument nach, oder klicken Sie auf **Datei ▸ Speichern unter**, sofern es noch nicht abgelegt ist.

18

Die Karte als PDF

Wenn Sie die Karte in großen Stückzahlen anfertigen wollen, speichern Sie sie über **Datei ▸ Exportieren** als PDF.

Rechnung

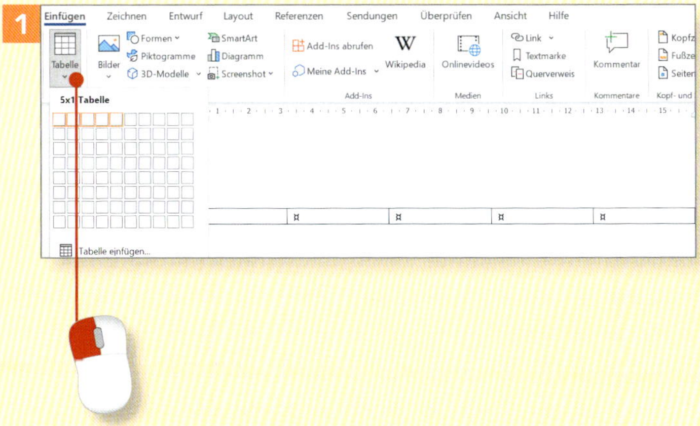

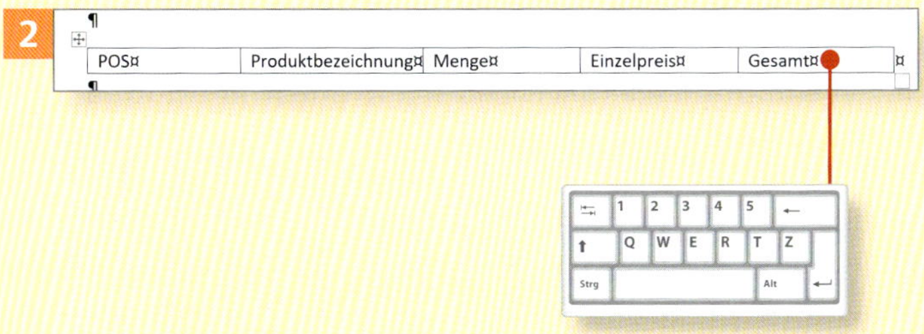

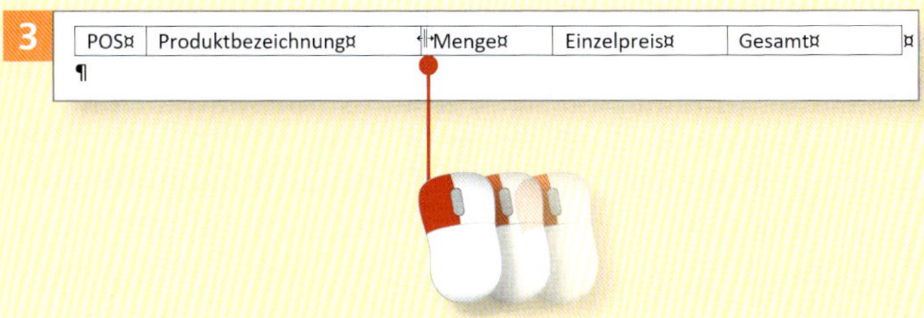

Rechnungen kann man mit Excel schreiben, aber auch Word bietet dafür gute Möglichkeiten – sogar Rechenoperationen können Sie an Word delegieren. Der Clou ist, dass sich die Ergebnisse anpassen lassen, wenn sich die zugrunde liegenden Zahlen ändern.

Schritt 1

Für eine klassische Rechnung benötigen Sie fünf Spalten. Legen Sie über **Einfügen ▸ Tabelle** fünf Spalten an. Um die Anzahl der Zeilen brauchen Sie sich nicht zu kümmern.

Schritt 2

In der ersten Zeile der Tabelle stehen die Überschriften. Geben Sie z. B. »POS«, »Produktbezeichnung«, »Menge«, »Einzelpreis« und »Gesamt« ein.

Schritt 3

Passen Sie die Spaltenbreite an. Die Spalte *POS* enthält lediglich eine Nummer, kann also sehr schmal sein, ebenso die Spalte *Menge*. Setzen Sie den Cursor an die rechte vertikale Linie, und ziehen Sie sie mit gedrückter Maustaste nach links. Die Spalte *Produktbezeichnung* verbreitern Sie dafür etwas.

Euro-Zeichen

Das Euro-Zeichen erzeugen Sie, indem Sie die Taste `Alt Gr` gedrückt halten und `E` drücken.

Schritt 4

Setzen Sie den Cursor in die letzte Spalte, und drücken Sie die [Tab]-Taste. Sie erhalten eine neue Zeile. Schreiben Sie nun den Text für die Rechnung: »001« in der Spalte *POS*, dann die Produktbezeichnung etc.

4
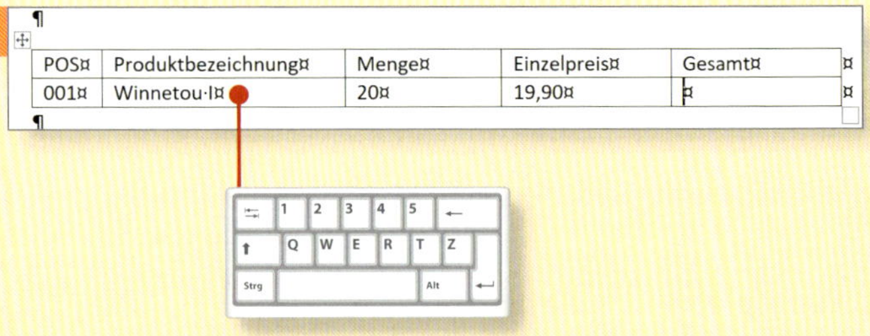

Schritt 5

Die Spalte *Gesamt* lassen Sie jeweils frei, da Sie die Aufgabe der Berechnung (Menge × Einzelpreis) später Word überlassen.

5
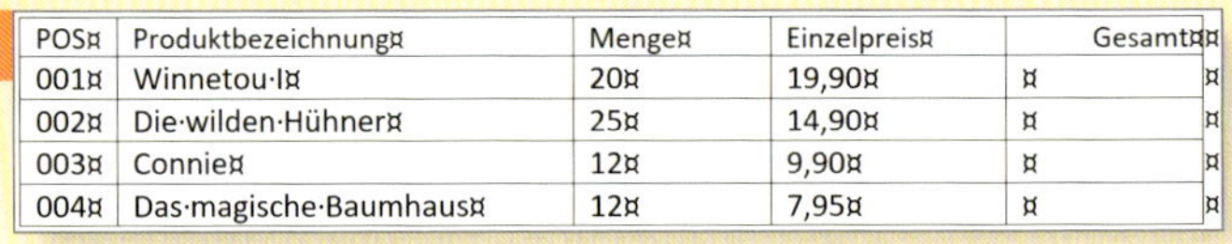

POS¤	Produktbezeichnung¤	Menge¤	Einzelpreis¤	Gesamt¤
001¤	Winnetou·I¤	20¤	19,90¤	¤
002¤	Die·wilden·Hühner¤	25¤	14,90¤	¤
003¤	Connie¤	12¤	9,90¤	¤
004¤	Das·magische·Baumhaus¤	12¤	7,95¤	¤

Schritt 6

Formatieren Sie nun die erste Zeile der Rechnung. Markieren Sie dazu die gesamte Zeile, stellen Sie eine Schriftgröße von **14 Pt.** ein ❶, und setzen Sie den markierten Text auf **Fett**. Welche Schriftart Sie wählen, bleibt Ihnen überlassen.

6
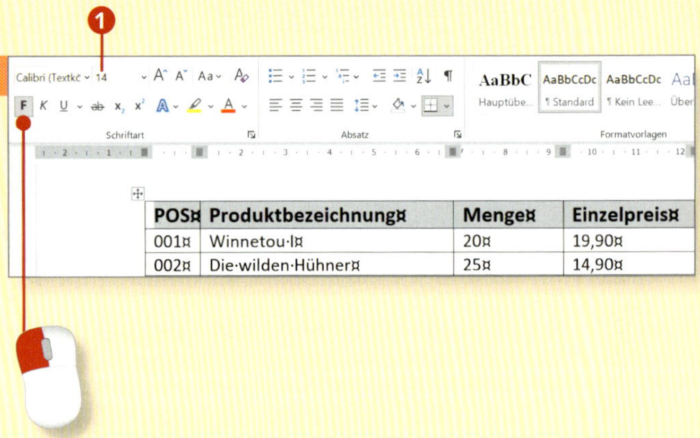

Zeilen markieren

Sie können eine Zeile markieren, indem Sie den Mauszeiger links neben die Zeile setzen (Sie sehen einen Pfeil) und dann klicken.

7

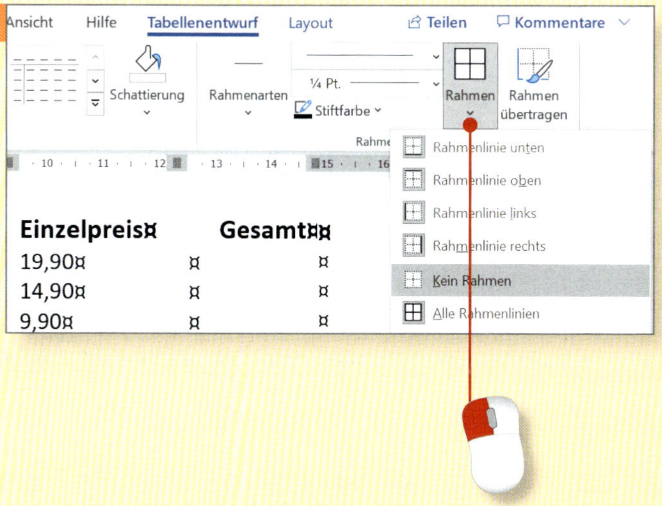

8

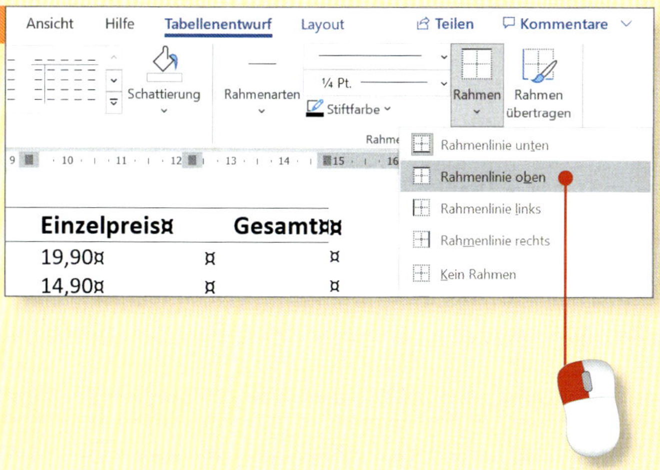

9

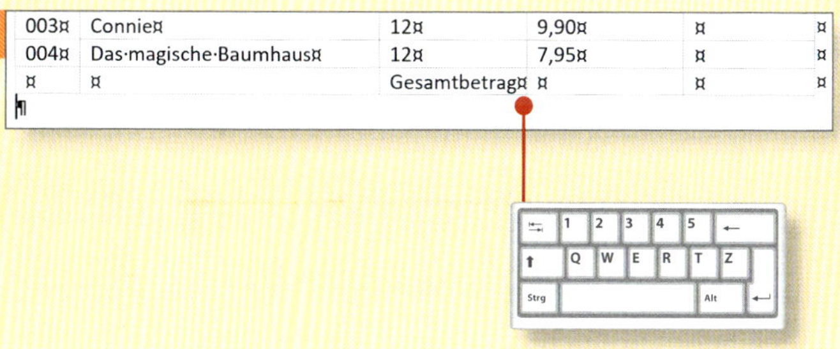

Schritt 7

Wenn Sie sich nicht alle Linien anzeigen lassen möchten, markieren Sie die Tabelle und entfernen zunächst alle Linien. Klicken Sie dazu auf der Registerkarte **Tabellenentwurf** auf **Rahmen ▸ Kein Rahmen**.

Schritt 8

Markieren Sie nun die erste Zeile. Wählen Sie im Menü der Schaltfläche **Rahmen** die Option **Rahmenlinie unten** und dann **Rahmenlinie oben**.

Schritt 9

Fügen Sie eine neue Zeile hinzu. Setzen Sie den Cursor dazu in die letzte Zelle, und drücken Sie [Tab]. Schreiben Sie »Gesamtbetrag« in die dritte Spalte.

Gitternetzlinien

Ob Sie nach der Formatierung der Linien noch »zarte« Linien auf dem Bildschirm sehen oder nicht, hängt von den Einstellungen der Gitternetzlinien ab. Sie (de)aktivieren sie auf der Registerkarte **Layout** über die Schaltfläche **Gitternetzlinien anzeigen**.

Schritt 10

Fügen Sie zwei weitere Zeilen hinzu. Schreiben Sie »Mehrwertsteuer« in die zweite Spalte, und »19 %« in die dritte. (Der Eintrag »19 %« gehört in eine neue Zelle, damit Sie damit rechnen können.) In die letzte Zeile schreiben Sie »Bruttobetrag«.

10
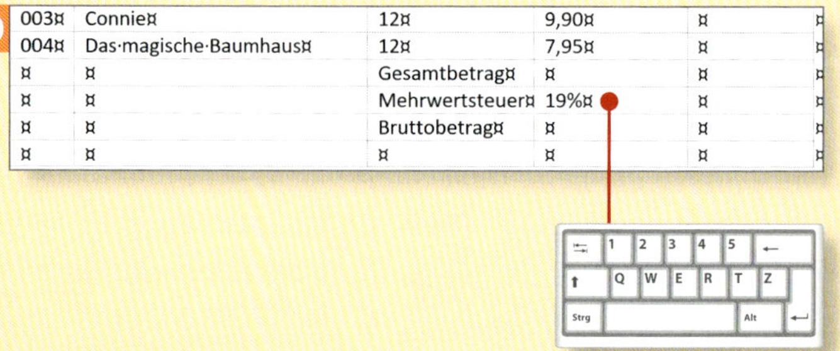

Schritt 11

Auch über der Zeile *Gesamtbetrag* soll eine Linie zu sehen sein. Markieren Sie also die Zeile, und wählen Sie im Menü der Schaltfläche **Rahmen** die Option **Rahmenlinie oben**.

11
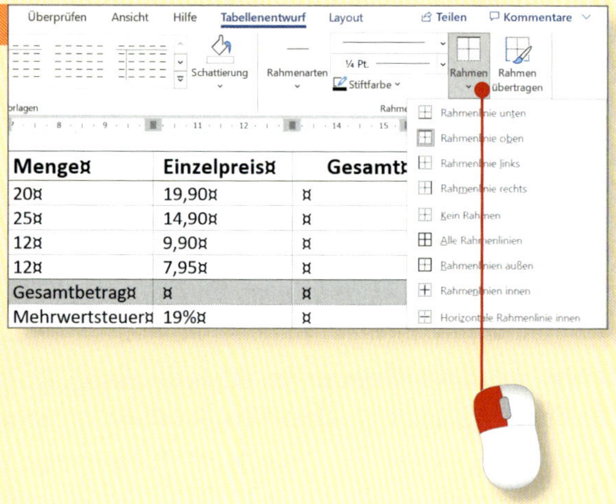

Schritt 12

In der letzten Zelle wird der Bruttobetrag stehen. Auch sie soll Linien erhalten. Markieren Sie nur diese Zelle, und klicken Sie auf **Rahmen ▸ Rahmen und Schattierung** (weil Sie eine doppelte Linie brauchen).

12
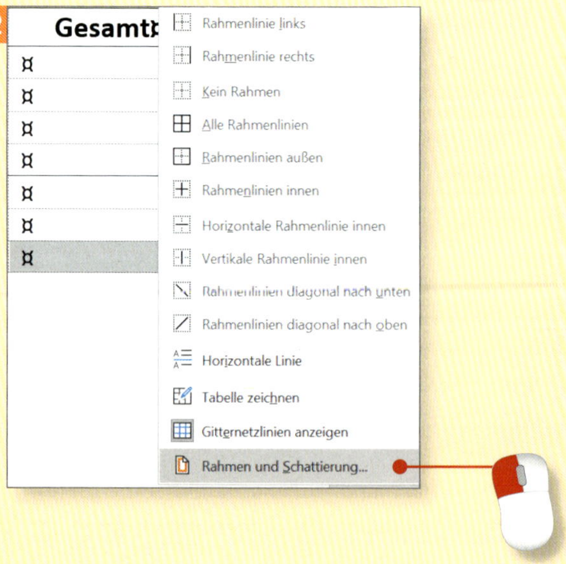

Rechnung (Forts.)

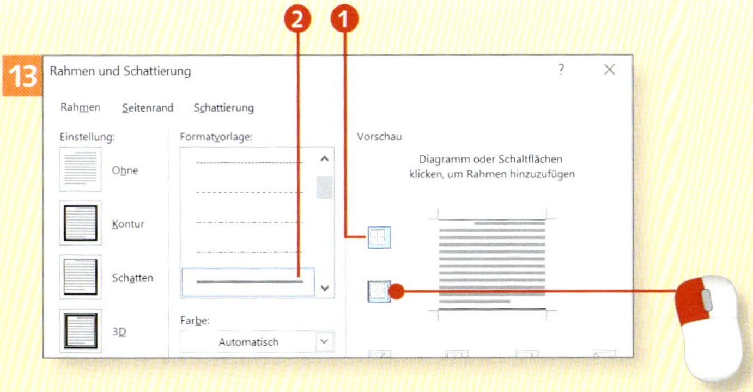

Schritt 13

Klicken Sie im Vorschaubereich auf das Symbol für eine Linie oben ❶, wählen Sie dann in der Liste **Formatvorlagen** eine doppelte Linie ❷, und klicken Sie danach auf das Symbol für eine Linie unten. Bestätigen Sie mit **OK**.

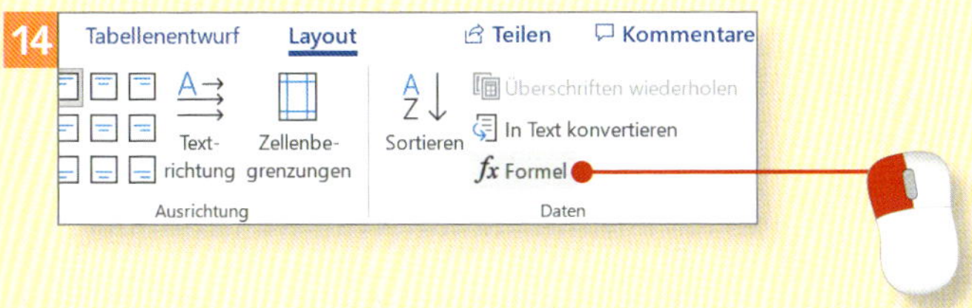

Schritt 14

Die Tabelle ist vorbereitet; nun fehlen nur noch die berechneten Beträge. Setzen Sie den Cursor in die erste Zeile der Spalte *Gesamt*. Klicken Sie auf der Registerkarte **Layout** auf **Formel**.

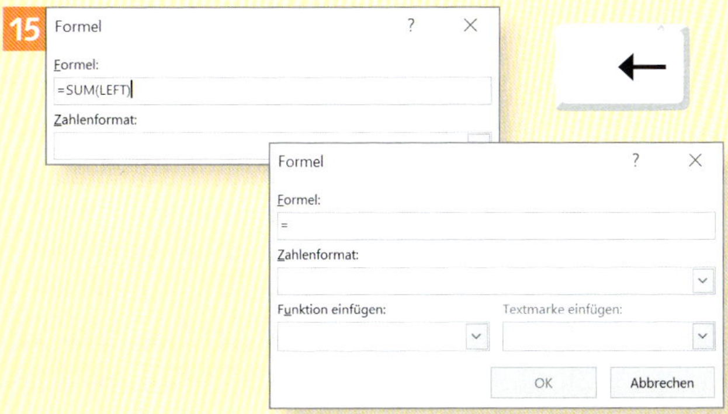

Schritt 15

Im Dialog **Formel** geben Sie die Berechnung ein. Word schlägt **SUM** vor, was an dieser Stelle nicht passt, weil Sie multiplizieren wollen. Löschen Sie die Formel, aber nicht das Gleichheitszeichen. (Die Angabe **LEFT** drückt aus, dass die Zahlen, mit denen Sie rechnen wollen, links vom Cursor stehen).

»LEFT« und »ABOVE«

Word akzeptiert auch deutsche Begriffe. Anstelle von »LEFT« können Sie auch »links« schreiben (oder »RIGHT" bzw. »rechts«), anstelle von »ABOVE« geht auch »über«, anstelle von »BELOW« auch »unter«.

Schritt 16

Wählen Sie im Feld **Funktion einfügen** die Funktion **PRODUCT**. In die Klammer im Feld **Formel** schreiben Sie dann »left« ❸. Im Feld **Zahlenformat** wählen Sie ein Format mit zwei Nachkommastellen ❹. Bestätigen Sie die Formel mit **OK**.

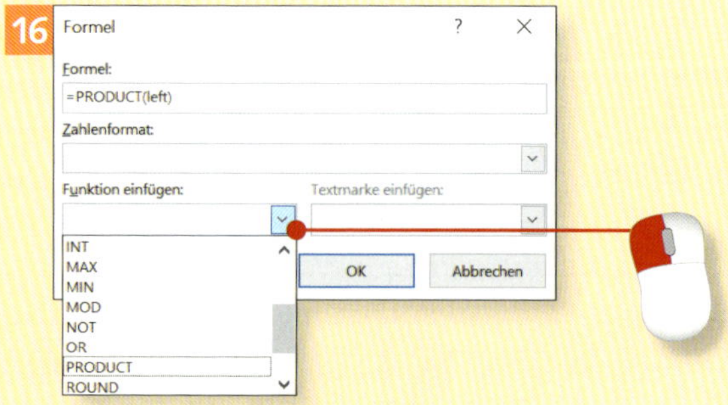

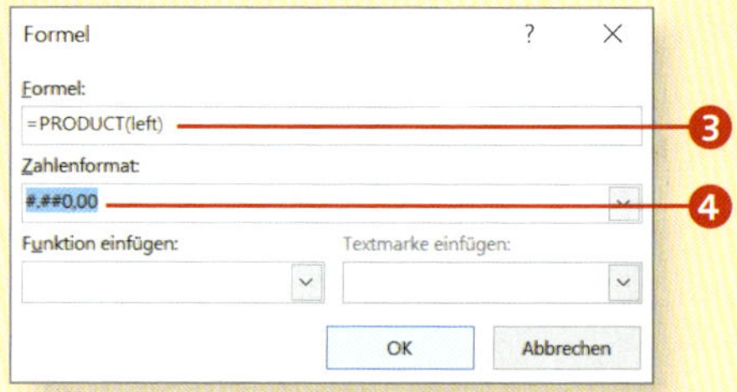

Schritt 17

Diese Formel setzen Sie auch für die nächsten drei Zeilen ein. In der Zelle, in der der Gesamtbetrag zu errechnen ist, können Sie den Vorschlag **=SUM(ABOVE)** mit **OK** übernehmen, denn es geht ja darum, die Summe der Zahlen über dem Cursor zu bilden.

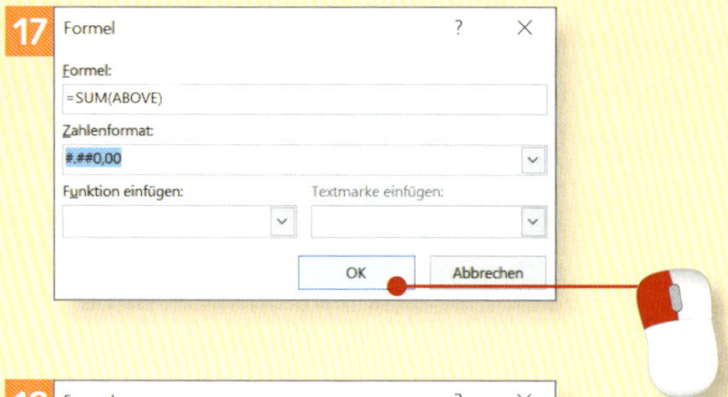

Schritt 18

Bei der Zelle mit der Mehrwertsteuer geben Sie im Feld **Formel** »=e6*19%« ein (e6 ist die »Adresse« der Zelle mit dem Gesamtbetrag), für die Zelle mit dem Bruttobetrag »=e6+e7«.

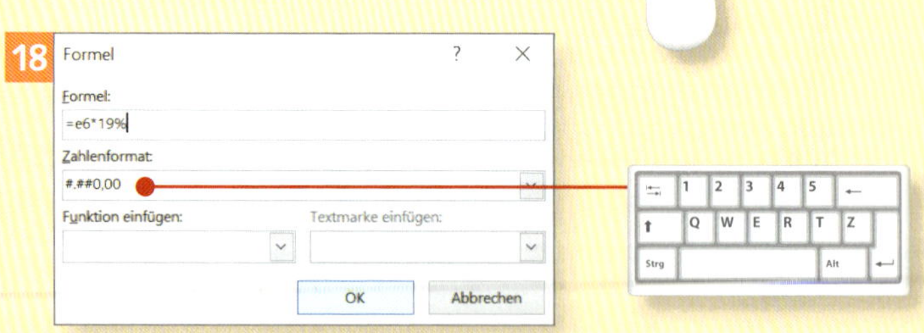

Einzelpreis	Gesamt
19,90	398,00
14,90	372,50
9,90	118,80
7,95	95,40
	984,70
	187,09
	1.171,79

Aktualisieren

Um die Berechnung bei Änderungen der Basisdaten zu aktualisieren, markieren Sie die gesamte Tabelle und drücken F9.

Glossar

Absatz

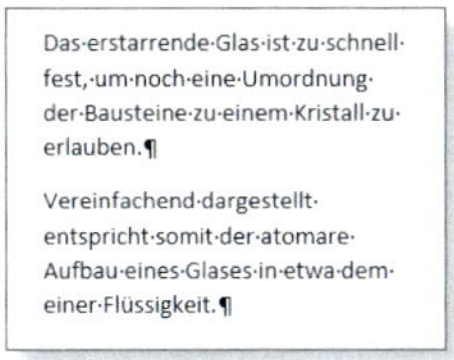

Ein Absatz ist der Text zwischen zwei Absatzmarken. Sobald Sie die [↵]-Taste drücken, erzeugen Sie einen neuen Absatz, der beendet wird, wenn Sie erneut [↵] drücken. Dazwischen steht Fließtext, also fortlaufender Text.

Absatzmarke

Wird durch das Drücken von [↵] in einem Word-Text erzeugt und gehört zu den Formatierungszeichen, die im Ausdruck nicht sichtbar sind.

Ausrichtung

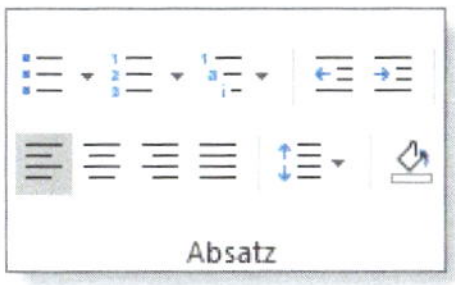

Die Ausrichtung bezieht sich auf die Anordnung von Absätzen auf einer Seite. Standardmäßig ist sie linksbündig (die ersten Zeichen stehen Zeile für Zeile untereinander), Absätze können aber auch zentriert, rechtsbündig oder im Blocksatz ausgerichtet werden.

Aufzählungszeichen

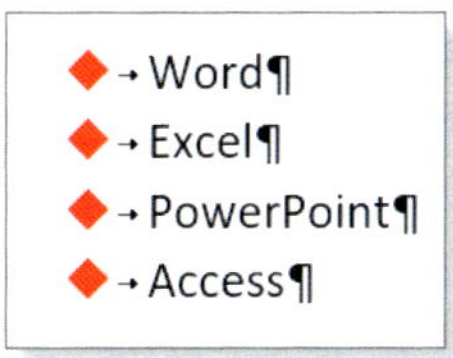

Aufzählungszeichen werden einzelnen Zeilen einer Liste vorangestellt. Sie dienen der Abhebung und Gestaltung von Textpassagen.

Bildlaufleiste

Befindet sich in vielen Programmfenstern am rechten und am unteren Rand. Man kann innerhalb der Fenster navigieren, indem man mit gedrückter Maustaste an dem Balken zieht oder auf die Pfeile klickt.

Bildschirmtastatur

Die virtuelle Tastatur, die sich bei Laptops mit Touchscreen einblenden lässt. Auf dieser Tastatur kann man die Buchstaben, Ziffern und Zeichen antippen, um zu schreiben.

Cursor

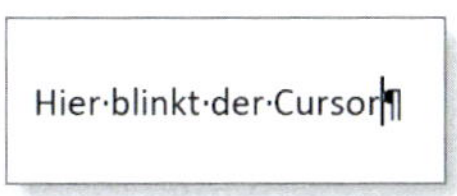

Auch *Einfügemarke* genannt. Kennzeichnet die aktuelle Bearbeitungsposition in einem Computerprogramm. Bei einem Textverarbeitungsprogramm zeigt er z.B. die Stelle auf dem Bildschirm an, an der Tastatureingaben eingefügt werden. Er wird meist als senkrechter oder waagerechter Strich dargestellt.

Glossar

Datei

Besteht aus inhaltlich zusammengehörigen Daten, die unter einem Dateinamen und in einem bestimmten Dateiformat auf einem Datenträger oder Speichermedium gespeichert sind. Dateien sind »persistent«, weil sie trotz der Beendigung des Programms nicht verloren gehen.

Dateiformat

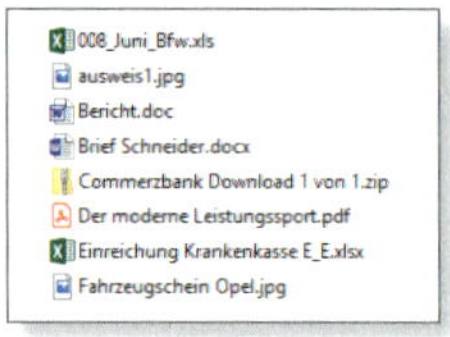

Legt den Inhalt von Dateien fest und ist bestimmten Anwendungsprogrammen zugeordnet. Wichtig ist dabei die Einhaltung der vereinbarten Konventionen über die Strukturierung der Informationen eines bestimmten Datentyps (z.B. Text oder Audio). Nur so können die Computer- und Anwendungsprogramme diese Dateiformate lesen. Ein Dateiformat wird durch die Dateinamenerweiterung gekennzeichnet, z.B. .docx.

Design

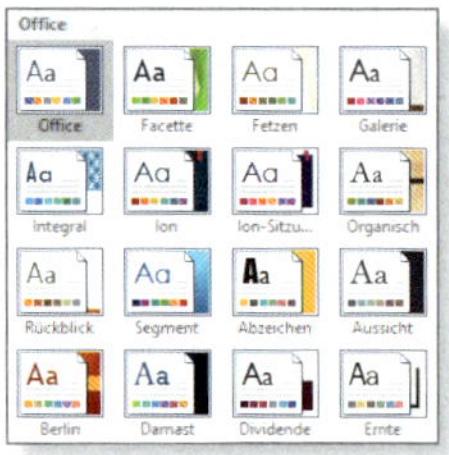

Das gewählte Design bestimmt das Aussehen des gesamten Dokuments, einschließlich Schriftarten, -farben oder Texteffekten. Word 2021 bietet im Dateiformat *.docx* zahlreiche Designs an.

Drag & Drop

Methode, um Text auszuschneiden und einzufügen. Sie markieren den Text und ziehen ihn (*Drag*) mit gedrückter Maustaste an die gewünschte Stelle im Dokument. Dort lassen Sie ihn »fallen« (*Drop*), indem Sie die Maustaste loslassen.

Dokumentvorlage

Dokumentvorlagen sind vorgefertigte Dokumente. Sie können Formatierungen, Text und andere Elemente enthalten. Selbst erstellte Dokumente werden unter **Benutzerdefinierte Office-Vorlagen** gesammelt. Word 2021 bietet viele Vorlagen zu unterschiedlichen Themen, die Sie aus dem Internet herunterladen können.

Glossar

Einzug

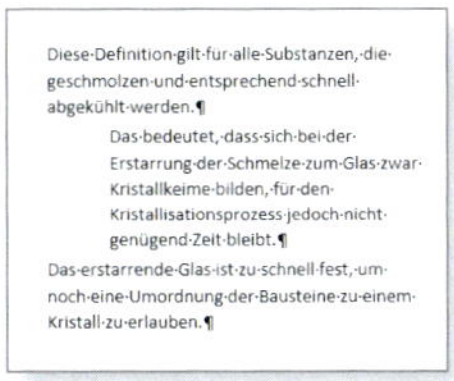

Wenn man Text ein wenig vom eingestellten Seitenrand aus einrückt (meistens vom linken Seitenrand), spricht man von einem Einzug. Der Befehl wirkt sich auf den Absatz aus, in dem der Cursor steht.

Entwurfsansicht

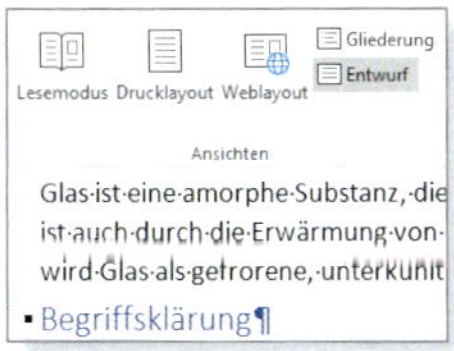

Die Entwurfsansicht ist eine der möglichen Ansichten in Word. Im Gegensatz zum Seitenlayout werden hier keine Ränder, Seitenumbrüche o. Ä. angezeigt; das Dokument sieht also nicht so aus wie der Ausdruck.

Fingereingabe

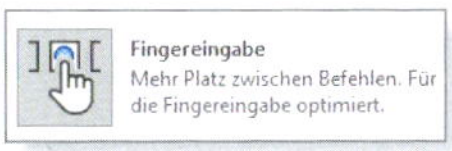

Die Möglichkeit, die Funktionen des Programms durch Berührung mit dem Finger zu bedienen, sofern man an einem Touchscreen arbeitet. Word bietet einen speziellen Fingereingabemodus für die Fingereingabe an, bei dem die Abstände zwischen den Schaltflächen größer sind, sodass man sie besser »treffen« kann.

Formatieren

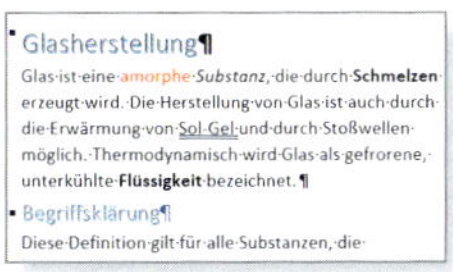

Die optische Bearbeitung eines Textes nennt man Formatieren. Man unterscheidet zwischen *Zeichenformatierung* (die Veränderung einzelner markierter Zeichen), *Absatzformatierung* (die Bearbeitung von Absätzen) und *Seitenformatierung* (die Bearbeitung des ganzen Dokuments oder einzelner Abschnitte).

Formatierungszeichen

Die Formatierungszeichen wie Absatzmarken und Leerzeichen helfen Ihnen, Ihre Dokumente zu steuern, zu strukturieren und zu korrigieren. Sie sind – mit der Einstellung **Alle anzeigen** – nur auf dem Bildschirm, aber nicht im Ausdruck zu sehen.

Formatvorlage

Formatvorlagen sind gebündelte Formatierungen (z. B. eine bestimmte Schriftart oder Schriftgröße), die man einem Absatz per Mausklick zuweisen kann. Auf diese Weise kann man Textabschnitte schnell und gleichbleibend formatieren. Es gibt fertige Formatvorlagen (z. B. **Überschrift 1**), die sich anpassen lassen.

Glossar

Formen

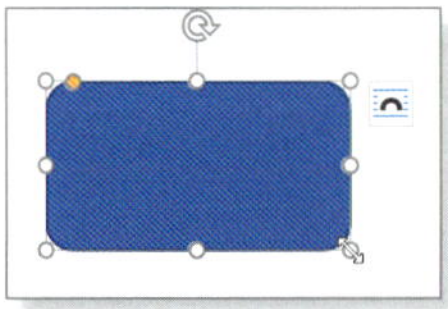

Formen sind von Office angebotene, vorgefertigte Formen wie Rechtecke, Kreise, Pfeile etc., die man mit gedrückter Maustaste aufzieht. Danach können die Formen bearbeitet und gestaltet werden.

Fußnote

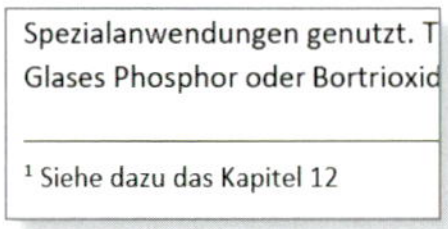

Fußnoten sind Texte, die an den Fuß einer Seite geschrieben werden. Es handelt sich um Ergänzungen zum Textinhalt, z. B. Literaturhinweise, Quellenangaben oder Kommentare. Fußnotenzeichen im Text verweisen auf die Fußnoten, denen das entsprechende Zeichen ebenfalls vorangestellt wird.

Fußzeile

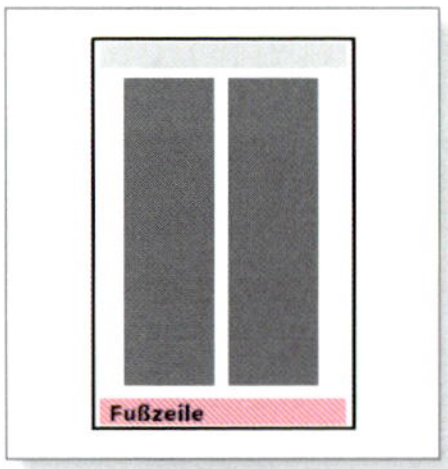

Die Fußzeile ist der Bereich am Fuß der Seite, der Text aufnimmt, der auf jeder Seite des Dokuments stehen soll. Die Wiederholung des Textes erfolgt automatisch. Typischerweise wird der Fußzeilenbereich auch dafür verwendet, Seitenzahlen einzufügen.

Hochformat

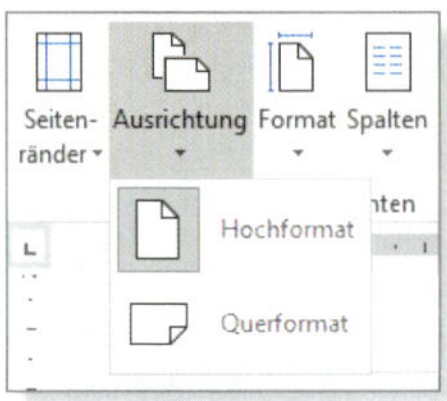

Das Hochformat beschreibt eine Seite, bei der sich die kürzeren Blattkanten oben und unten befinden. Öffnet man ein neues Dokument in Word, ist standardmäßig das Hochformat eingestellt. Das Pendant (mit den längeren Blattkanten oben und unten) ist das Querformat.

Kopfzeile

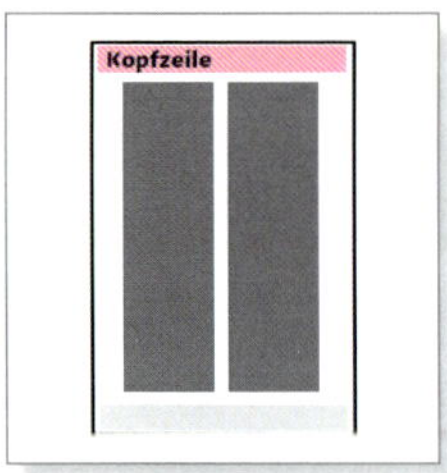

Die Kopfzeile ist der Bereich am Kopf der Seite, der Text aufnimmt, der auf jeder Seite des Dokuments stehen soll. Die Wiederholung des Textes erfolgt automatisch. Oft steht in der Kopfzeile ein Firmenname, die Überschrift des Kapitels oder der Name des Dokuments.

Kopieren

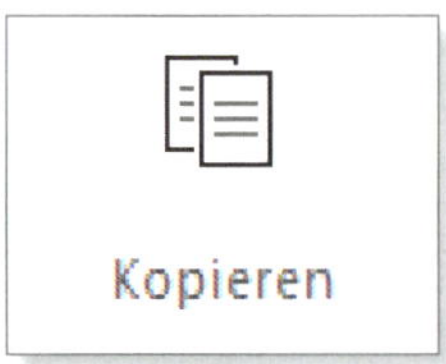

Kopieren bedeutet in der Textverarbeitung, dass eine Textpassage mithilfe des Befehls **Kopieren** dupliziert wird. Die kopierte Textpassage landet in der Zwischenablage und kann dann an anderer Stelle eingefügt werden.

Glossar

Kursivierung

Die Kursivierung ist eine Schriftauszeichnungsart. Sie dient zur Hervorhebung der Schrift innerhalb von Texten und Textpassagen. Kursivschrift läuft im Gegensatz zur normalen Schrift schräg (normalerweise nach rechts geneigt).

Laufweite

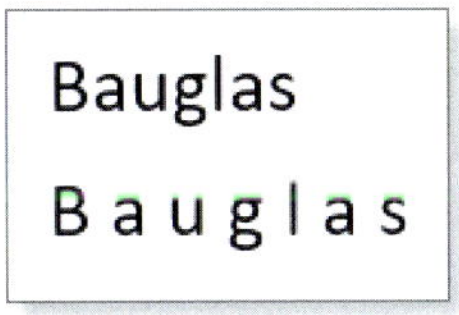

Die Laufweite bezeichnet den Abstand zwischen den Zeichen einer Schrift. In Word kann man die Standardlaufweite einer Schrift sowohl verkleinern (um die Zeichen näher zusammenrücken zu lassen) als auch erweitern (sodass sich der Abstand zwischen den Zeichen vergrößert).

Lesemodus

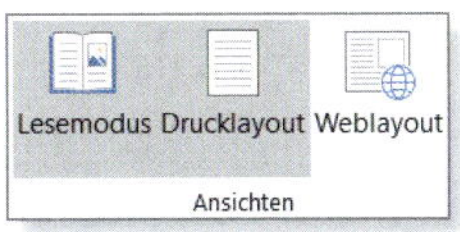

Im Lesemodus wird ein Dokument ohne Menüband wie ein Buch angezeigt. Links und rechts gibt es Pfeile zum Blättern.

Lineal

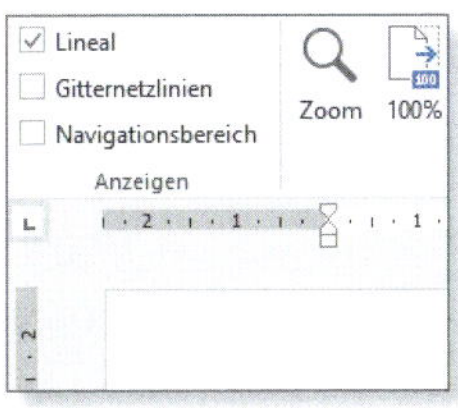

In Word lassen sich Lineale anzeigen. Es gibt das horizontale Lineal am oberen Bildschirmrand und ein vertikales Lineal am linken Rand. Beide sind in Zentimeter gegliedert und zeigen u. a. die Breite der Seitenränder an.

Link

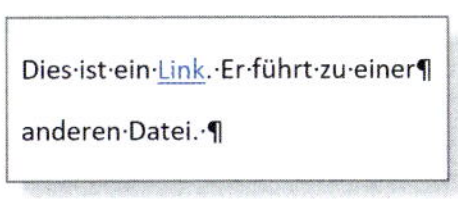

Ein Link ist eine Sprungadresse, die zu einem anderen Ziel führt, z. B. zu einer Datei oder einer Website. Bekannt vom Surfen im Internet, lassen sich Links auch in ein Word-Dokument einfügen.

Markieren

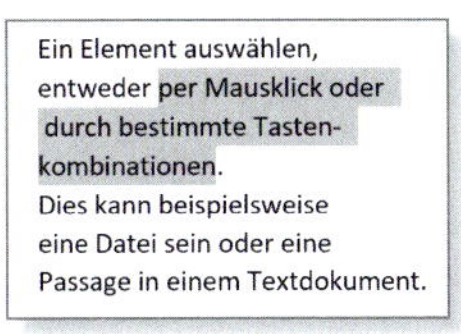

Markieren bedeutet, dass man eine Anzahl von Zeichen auswählt, um Word »mitzuteilen«, dass Formatierungseigenschaften nur auf diesen Text angewandt werden sollen. Üblicherweise markieren Sie mit der linken Maustaste, es geht aber z. B. auch mit ⇧ und einer der Pfeiltasten, mit Tastenkombinationen oder bei einem Touchscreen auch mit dem Finger.

Glossar

Querformat

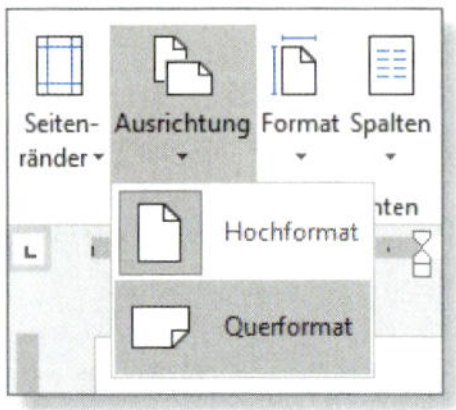

Das Querformat beschreibt eine Seite, bei der sich die längeren Blattkanten oben und unten befinden. Es eignet sich z. B. für Tabellen mit vielen Spalten.

Rechtschreibprüfung

Die Rechtschreibprüfung in Word überprüft den geschriebenen Text anhand eines programmeigenen Wörterbuchs. Wurde ein Wort nicht so geschrieben, wie es im Wörterbuch steht, oder ist der Begriff unbekannt, erscheint unter dem Wort eine rote Wellenlinie.

Registerkarte

Registerkarten sind die Bereiche auf dem Menüband, auf denen zu unterschiedlichen Themen passende Befehle und Funktionen gesammelt sind. Mit einem Klick auf den jeweiligen Reiter wechselt man die Registerkarten. Auch Dialogfenster können mehrere Registerkarten beinhalten.

Schnellbaustein

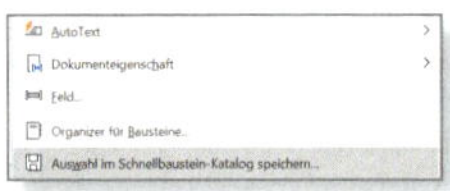

Für Texte (Sätze, Textabschnitte etc.), die man häufig schreiben muss, kann man Schnellbausteine erstellen. Mit einem einfachen Tastendruck lassen sich diese Bausteine beliebig oft in neue Dokumente einfügen.

Schriftart

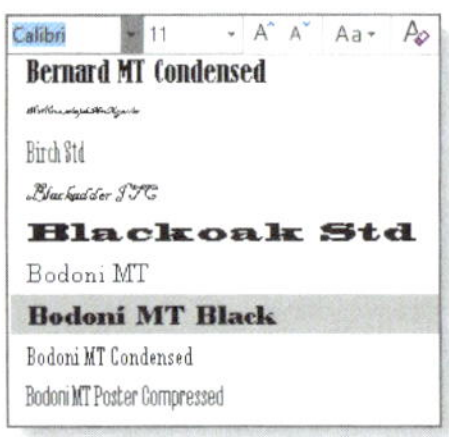

Als Schriftart bezeichnet man die grafische Gestaltung eines Zeichensatzes. Zur Unterscheidung der typografischen Eigenschaften erhalten Schriften Namen, z. B. *Arial*, *Courier* oder *Times New Roman*. Word wird standardmäßig mit einer Menge verschiedener Schriftarten ausgeliefert.

Seitenlayout

Das Seitenlayout bzw. Layout bezieht sich sowohl auf die eingestellten Seitenränder eines Dokuments als auch auf die Ausrichtung des Blattes. Dabei kann zwischen Hochformat und Querformat unterschieden werden.

Glossar

Seitenumbruch

Wenn das Ende einer Seite erreicht ist, wandert Word automatisch auf die nächste Seite. Dies ist der Seitenumbruch. Um an einer bestimmten Stelle einen Seitenumbruch einzufügen, drückt man die Tasten [Strg]+[↵].

Serienbrief

Ein Serienbrief ist ein Dokument, das an mehrere Empfänger versendet wird. Eine Datenbank enthält die variablen Elemente, z. B. die Namen der Empfänger und ihre Adressen. Diese werden mithilfe von Feldern in die Textvorlage/das Dokument integriert. Durch das Zusammenführen des Dokuments mit der Datenquelle ergeben sich die fertigen Serienbriefe.

Seriendruckfeld

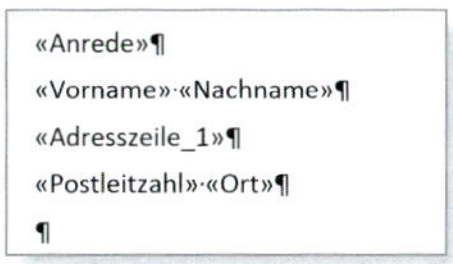

Seriendruckfelder werden als Platzhalter in das Dokument mit den nicht-variablen Elementen eingefügt. Nach dem Zusammenführen mit der Datenquelle werden die Seriendruckfelder mit den Angaben in den Datensätzen ersetzt.

Spalte

Ein Dokument kann einspaltig geschrieben sein (Standard) oder in mehrere Spalten unterteilt werden. Die Zeilen werden am Ende der Spalte umbrochen. Am Ende einer Spalte springt der Cursor zum Anfang der nächsten Spalte (oder in die erste Spalte der Folgeseite).

Statusleiste

Die Statusleiste befindet sich am unteren Rand des Word-Fensters. Hier werden u. a. Informationen über die Anzahl der Seiten und Wörter angezeigt. Rechts in der Statusleiste können Sie den Zoom einstellen oder die Ansicht ändern.

Tabelle

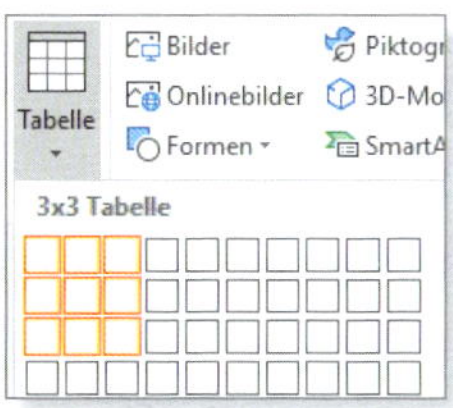

Eine Tabelle ist eine geordnete Zusammenstellung von Texten und/oder Daten. Die Inhalte werden dabei in Zeilen und Spalten gegliedert. Um in Word mit einer Tabelle zu arbeiten, fügt man sie einfach mit der gewünschten Spalten- und Zeilenanzahl in das Dokument ein.

Glossar

Tabellenspalte

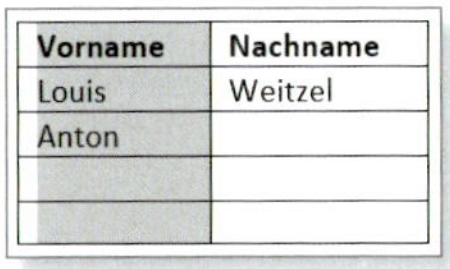

In den Tabellenspalten stehen die Informationen, die zur Spaltenüberschrift des jeweiligen Datensatzes passen. Unter der Überschrift *Nachname* stehen z. B. die unterschiedlichen Nachnamen, die in die Tabelle aufgenommen werden.

Tabellenzeile

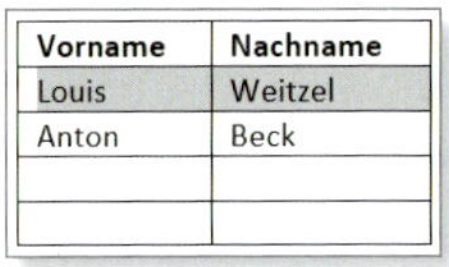

In einer Tabellenzeile stehen die Informationen, die zu einem Datensatz gehören, z. B. der Name, Vorname und der Wohnort einer Person.

Texteffekt

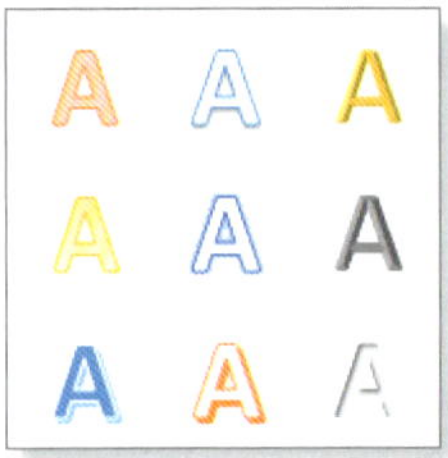

Mithilfe der Texteffekte wendet man einen Grafikeffekt auf den markierten Text an. Zu diesen Effekten zählen z. B. **Schatten**, **Spiegelung** oder **Leuchten**. Das Menü ist nur im Dateiformat *.docx* nutzbar.

Thesaurus

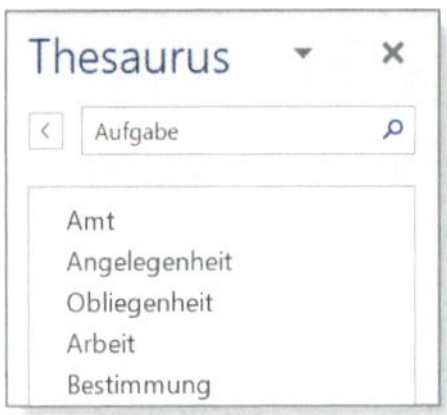

Ein Thesaurus macht für einen Begriff alternative Vorschläge; man verwendet ihn, um z. B.in einem Text Wiederholungen zu vermeiden oder um einen passenden Begriff zu finden.

WordArt

Mit WordArt kann Text dekorativ gestaltet werden. So erreichen Sie Effekte, die mit »normaler« Formatierung nicht einzustellen wären, z. B. Konturen und unterschiedlichste Verformungen von Schriftzügen (z. B. Bogen oder Wellen).

Zeilenumbruch

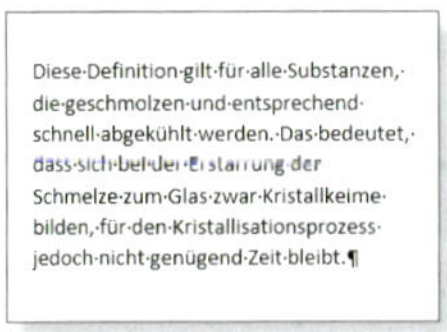

Text wird in Word automatisch umbrochen, wenn das Ende der Zeile, also der rechte Seitenrand, erreicht ist. Der Cursor springt dann in die nächste Zeile. [↵] wird nur gedrückt, um bewusst einen neuen Absatz zu beginnen.

Zoom

Mit dem Zoom wird die Anzeige auf dem Bildschirm gesteuert. Je höher der Zoomwert ist, desto größer wird die Anzeige der Schrift, doch der Ausschnitt verkleinert sich entsprechend.

Stichwortverzeichnis

3D-Modell 198

A

Absatz 278
Abstand 96
ausrichten 94
Blocksatz 94
einziehen 94
farbiger Hintergrund 104
Formatierung 280
linksbündig 94
rechtsbündig 94
zentriert 94
zusammenhalten 97
Absatzmarke 278
Abschnitt 106
drucken 141
einfügen 106
Abschnittswechsel
einfügen 106
fortlaufender 107
Abstand
Bild/Text 261
nach Absatz 96
Adobe Reader 61
Adressdaten im Serienbrief 235
Adressfeld 249
Adresszeile 248
Änderungen nachverfolgen 130
Änderungsmodus 130
Anredezeile 238
Anschreiben 258
Ansicht 34
Entwurf 280
Gliederung 35, 160
Antwort auf Kommentar 128
Auflösung 189
Aufzählungs-zeichen 154, 263, 278
ändern 154
Bild 155
Farbe anpassen 264
formatieren 155
Symbol 154
Ausrichtung 94, 278
Ausschneiden 76
AutoKorrektur 66, 68
AutoText 82
AutoText-Katalog 137

B

Backstage 28
Bearbeitungsmodus 130
Bedingter Trennstrich 71
Bedingungsfeld 239
Berechnung 276
aktualisieren 277
Bewerbung
Anschreiben 258
Deckblatt 260
Lebenslauf 256
Bezugszeichenzeile 245, 249
Bild
auf Form zuschneiden 193
Auflösung 189
ausgeblichen 264
bearbeiten 194
Bilder gruppieren 204
Dateityp 186
Deckkraft 264
Effekt 194, 195
einfügen 186
Formatvorlage 194
freistellen 195
Größe ändern 192
hinter Text 265
Korrektur 195
künstlerische Effekte 195
Layoutoptionen 192
Maße eingeben 192
mit Rahmen 194
Position bestimmen 191
Qualität 189
Textumbruch 190
verankern 191
verknüpfen 186
zuschneiden 193
Bildeffekte 194
Bildformat 188, 194
Bildlaufleiste 278
Bildschirm einrichten 38
Bildschirmtastatur 278
Bildtools 32, 188
Blocksatz 94
Brieffuß 247
Briefkopf 247
Briefvorlage 248

C

ClipArt → Onlinegrafik
Cloud 40
Computermaus 14
Creative Commons 196
Cursor 278

D

Datei 279
kopieren 15
öffnen 21
Dateiformat 56, 279
festlegen 59

Stichwortverzeichnis

Dateiname 49
Dateinamenerweiterung 279
Dateityp 49
ändern 57
Daten aktualisieren 213
Datenbank 284
Datenpunkt formatieren 211
Datenquelle 234, 252
bearbeiten 255
speichern 252
Datenreihe bearbeiten 210
Datensatz 285
löschen 255
Datum einfügen 259
Deckblatt 260
Bild einfügen 260
Design 279
Designrahmen 170
Diagramm
bearbeiten 208
einfügen 208
exportieren 58
formatieren 210
Formatvorlage 209
Layout 209
Schnelllayout 209
Tabelle anpassen 208
Titel ändern 210
Diagrammelement 209, 210
Diagrammformatvorlagen 209
Diagrammtools 32
Dokument
auf OneDrive speichern 51
in neuem Fenster öffnen 35
öffnen 44
speichern 48
Dokumentvorlage 122, 248, 279
aufrufen 248
einrichten 123
erstellen 122
mit Kopfzeile 123
öffnen 125, 248
speichern 122
Standardspeicherort 123
Doppelklick 14
Drag & Drop 15, 77, 279
Drucken 136
Abschnitte 141
Auswahl 136
AutoText-Einträge 137
beidseitig 138
Druckauftrag löschen 143
einzelne Seiten 140
Entwurf 142
Exemplare 136
markierter Bereich 137
schwarz-weiß 142
Seiten 138
Sortierung 139
Tipps 142
Drucker
auswählen 136
Druckerwarteschlange 143
Eigenschaften 142
Patrone reinigen 143
Treiber installieren 144
Drucklayout 34
Druckvorschau 19, 134
Durchsuchen 44

E

Effekte für Zahlen 101
Einfügemarke 278
Einfügen 76
Abschnitt 106
Abschnittswechsel 106
Bild 186
Datum 259
Euro-Zeichen 272
Excel-Diagramm 212
Form 200
Fußnote 108
Link 214
mit Format 77
Online-3D-Modell 198
Onlinegrafik 196
Seriendruckfeld 236
Spalte 166
Symbol 154
Tabelle 164
Zeile 166
Einfügeoptionen 76, 77
Einladung 266
Einzug 95, 280
ändern 94
erste Zeile 95
hängend 95
Empfängerliste
bearbeiten 255
für Etiketten 251
verwenden 254
Endnote → Fußnote
Entwicklertools 29
Entwurfsansicht 280
Ersetzen 80
Erstzeileneinzug 95
Erweiterung einblenden 56
Etikett 250
aktualisieren 255
Datenquelle nutzen 254
drucken 253
erstellen 250
Format auswählen 250
Maße 250
Seriendruckfelder einfügen 252
Euro-Zeichen 272

Stichwortverzeichnis

Excel-Diagramm
als Grafik einfügen 213
einfügen 212
mit Dokument verknüpfen 213
Excel-Tabelle
als Grafik einfügen 179
einfügen 178
Explorer-Optionen 56
Exportieren 58

F

Falzmarke 244
Farbiger Hintergrund 104
Farbverlauf
bearbeiten 93
Schriftfarbe 93
von Text 202
Feld 183, 221, 224
Fingereingabe 22, 280
Kontextmenü aufrufen 23
markieren 23
Markierung bearbeiten 74
Markierungspunkt 23
Form 281
aufziehen 200
Effekte 201
formatieren 201
Formen gruppieren 204
Formkontur 201
Fülleffekte 200
mit Text 201
ohne Füllung 200
verschieben 200
Formatierung 280
ersetzen 80, 81
löschen 105
übertragen 257
Formatierungs-
zeichen 18, 224, 280
Formatinspektor 119
Formatvorlage 118, 280
ändern 120
Auswahl 118, 119
für Tabellen 172
übernehmen 118
Formel 182
eingeben 276
Fortlaufender
Abschnittswechsel 107
Freistellen 195
Fülleffekt 200
Hintergrundbild 203
WordArt 203
Fußnote 108, 109, 281
einfügen 108
formatieren 109
hängender Einzug 109
löschen 109
Fußzeile 281
Seitenzahl 115

G

Geschäftsbrief
Adresszeile 248
Anredezeile 238
Betreffzeile 249
Bezugszeichenzeile 245
Brieffulß 247
Briefkopf 247
Briefvorlage 248
Falzmarken 244
Lochmarke 245
Seitenränder 244
Gitternetzlinien 170, 274
Gliederung, dezimale 156
Gliederungsansicht 35, 160
Grafik
anordnen 204
Grafiken gruppieren 204, 205
markieren 204
Textumbruch 188
Grammatikprüfung 68
Großschreibung 12, 13
Gruppierung 204, 205
aufheben 205
gruppierte Objekte bearbeiten 205
Grußformel 249

H

Hängender Einzug 95
Helligkeit 195
Hilfe 31
Hochformat 84, 281
Hyperlink 220, 221, 227

I

Index
Eintrag anlegen 224
Eintrag bearbeiten 225
erstellen 225
Untereintrag 225
Inhaltsverzeichnis
aktualisieren 222
benutzerdefiniertes 223
einfügen 220
formatieren 222, 223
Hyperlinks 221
Navigation 221

Stichwortverzeichnis

K

Kommentar
auflösen 129
beantworten 128
Bildplatzhalter 126
entfernen 126
erledigt 129
in Kommentaren navigieren 127
kommentieren 128
schreiben 126
Komprimierung 189
Kontextmenü 14, 23
Kontexttools 32
Kontrast 195
Kontur 103
Texteffekte 100
WordArt 202
Kopf- und Fußzeilentools 111
Kopfzeile 110, 247, 281
Datum einfügen 111
einfügen 110
entfernen 112
erste Seite 112
formatieren 111
für unterschiedliche Kapitel 116
gerade/ungerade Seite 113
mit Layout 112
schließen 110
Kopieren 13, 15, 77, 212, 281
Korrekturvorschlag 66
Korrigieren 66
Kursivierung 282

L

Laufweite 282
Layout 283
für Diagramme 209
Layoutoptionen 192
Lebenslauf mit Tabelle 256
Leeres Dokument 42
Leerzeichen, geschütztes 65
Lesemodus 34, 282
beenden 37
Leuchten 101
Lineal 38, 282
einblenden 85
Linie in Tabellen 257
Link 220, 221, 227, 282
einfügen 214
entfernen 215
Linksklick 14
Liste 156
Einzüge ändern 159
formatieren 158
für eigene Formatvorlage 161
für Überschriften 160
Listenbibliothek 158
mit Formatvorlagen 160
nummerierte 156
Zahlen formatieren 158
Literaturverzeichnis 228
bearbeiten 230
einfügen 231
erstellen 231
Quelle erstellen 228
Lochmarke 245

M

Markieren 14, 72, 273, 282
Befehle 73
formatierte Wörter 73
Mehrfachmarkierung 73, 204
mit dem Finger 74
mit der Tastatur 72
Maus 14
Menüband 26
ausblenden 39
reduzieren 39
Registerkarten ein- und ausblenden 33
Microsoft-Konto 51
abmelden 53
anmelden 51
wechseln 53
Minimieren 26
Minisymbolleiste 23
Modus Fingereingabe 280

N

Navigationsbereich 27, 38, 78
Neuer Ordner 50
Neues Blatt 42
Neues Fenster 35
Nicht druckbares Zeichen 71
Nummerierung 148
abschalten 151
Anfangswert 153
beenden 152
deaktivieren 151
Einrückung 148
fortsetzen 152
Nummerierungswert 153

Stichwortverzeichnis

Nummerierung (Forts.)
- *Zahlenformat* 149
- *Zeichen* 149
- *zurücknehmen* 150

Nummernblock 12

O

Objekte gruppieren 204
Öffnen
- *Datei* 44
- *Programm festlegen* 61

OneDrive 51
Online-3D-Modell 198
Onlinebilder 196, 197
Onlinegrafik 196, 197
Onlinevorlagen 47
Ordner
- *anlegen* 50
- *wechseln* 45

Ordnerstruktur 49
Organigramm 206
- *formatieren* 206
- *Hierarchie ändern* 207
- *mit Text füllen* 206
- *Struktur ändern* 207

P

Papiertyp 142
PDF-Dokument 59, 144
- *erstellen* 59
- *in Word bearbeiten* 60
- *öffnen* 61

Plastischer Reader 37

Q

Quellen verwalten 231
Quellenangabe 228, 229
Quellen-Manager 231
Querformat 84, 283
Querverweis
- *als Hyperlink* 227
- *einfügen* 226

R

Rahmen 102, 169
- *Designrahmen* 170
- *Dialog* 103
- *Farbe* 103
- *farbige Linie* 170
- *farbiger Hintergrund* 104
- *Linienart* 103
- *um Text* 103

Rechnen in Tabellen 182, 276
Rechnungsvorlage 272
Rechtschreibprüfung 66, 67, 283
Rechtsklick 14
- *auf dem Touchpad* 17

Regel 238
Registerkarte 28, 283
- *anlegen* 33
- *ein- und ausblenden* 29, 33

Reihenfolge von Grafiken 204
Rückgängig 18

S

Sanduhr 85
Schärfe 195
Schatten 201
Schattierung 104
- *Effekte* 100
- *entfernen* 101
- *Farbauswahl* 104
- *für Absatz* 104
- *für Text* 104
- *Schriftfarbe* 92
- *Tabelle* 169

Schnellbaustein 82, 83, 283
Schnellformatvorlage 118
- *hinzufügen* 121

Schriftart 88, 283
- *ändern* 88
- *Dialog* 88
- *installieren* 89
- *Standard* 88
- *vergrößern* 261

Schriftfarbe 92
- *benutzerdefinierte* 92
- *Farbverlauf* 93

Schriftgrad 90, 91
Schriftgröße 90, 91
Schriftzeichen 89
Scrollen 17
Scrollrad 15
Seite
- *drucken* 140
- *einrichten* 84
- *Format* 84
- *Formatierung* 280
- *mit Spalten* 262

Seitenansicht 135
Seitenlayout 283
Seitenlayout → Drucklayout
Seitenrand
- *ändern* 84
- *einrichten* 266
- *im Lineal ändern* 85

Stichwortverzeichnis

Seitenumbruch 65, 284
Seitenzahl
beginnen bei 115
einfügen 114
mit Formatierung 115
Zahlenformat ändern 115
Serienbrief 284
drucken 241
Seriendruck 234
Adressdaten 235
Anredezeile 238
Datensätze eingeben 235
Empfängerliste 234
Etiketten 250
fertigstellen 240
Vorschau 237
Seriendruckfeld 236, 252, 284
Silbentrennung
automatisch 70
manuell 70
SmartArt-Design 207
Smarttag 150, 179
Sondereinzug 95
Sortieren 181
Spalte 85, 262, 284
Breite an Text anpassen 165
Breite festlegen 164, 165, 168, 272
einfügen 166
löschen 167
markieren 169, 180
Speichern 19, 48, 50
Dateityp 49
im .doc-Format 58
OneDrive 51
Spiegelstrich 146
Spiegelung 201
Texteffekte 100
Standardschriftart 88
Standardschriftgrad 91
Startbildschirm 20
Startmenü 20
Statusleiste 27, 284
ergänzen 141
Suchen nach Text 78
Symbol
Schriftart Wingdings 263
Symbolleiste für den Schnellzugriff 22, 26
erweitern 39
Neu 42

T

Tabelle 284
Berechnungen 182
Eigenschaften 165
einfügen 164
Formel 182
Gitternetzlinien 170
in Text umwandeln 176
Linien entfernen 274
markieren 169
nebeneinander 183
ohne Rahmenlinien 169
Radierer 167
Schattierung 169
sortieren 181
Spalte 284, 285
teilen 180
Textausrichtung 171
Textrichtung 181
Überschrift wiederholen 180
Zeile 285
Zeilen/Spalten anfügen 166, 172
Zeilen/Spalten löschen 167
Zeilen/Spalten markieren 180
Zellabstand 171
Zellen verbinden 170
Tabellenformatvorlage 172, 173
Tabellentools 31
Tabstopp
festlegen 246
setzen 259
Taskleiste 18
Tastenbelegung 12
Text
Ausrichtung 181
ausschneiden 76
ersetzen 80
in Tabelle 174
markieren 19, 72
mehrere Spalten 85, 284
Texteffekt 100, 285
Dateiformat .docx 100
entfernen 101
Füllung 202
Kontur 100
Leuchten 101
Spiegelung 100
WordArt 203
Textfeld 271
Textmarke 79
Textumbruch 190, 260
Einstellungen 188, 190
Thesaurus 285
Tinte sparen 143
Touch-/Mausmodus 22
Touchpad 16
Doppelklick 16
Rechtsklick 17
Touchscreen, markieren 74
Trennstrich, bedingter 71
Trennung 70
Typografie 100

Stichwortverzeichnis

U

Überschreibmodus 66
Überschriften gliedern 156
Umbruchart 188
Urheberrecht 196
Utility-Verwaltung 143

V

Verankern 191
Bild 191
Verknüpfung 21, 213
Bild 186
löschen 21
Quelle ändern 187
Vorlage 46
aus diesem Buch 232
Bewerbung 256
Diagramm 208
Dokument 122
Download 46
Etikett 250
Flyer 262
Format 91, 118, 120, 160
Geschäftsbrief 244
Kopfzeile 112
Liste 149
Rechnung 272
Serienbrief 234
Tabelle 172

W

Weblayout 34
Wellenlinie, blaue 68
Windows Reader 61
Windows-Symbol 20
Wingdings 155
Word
aufrufen 20
auf Taskleiste 21
Fingereingabe 22
im Fenster 27
Kachel an Taskleiste heften 21
minimieren 26
WordArt 202, 285
Design 202
Formen 203
Kontur 202
Texteffekte 203
Textfüllung 202
transformieren 203
Word-Dokument als PDF speichern 144
Wörterbuch 67
Wörter trennen 70

X

XE 224

Z

Zahlen formatieren 101
Zahlenformatvorlage 101
Zeichenformatierung 280
Zeichen, nicht druckbare 71
Zeichentools 32
Zeile
einfügen 166
löschen 167
markieren 169
Zeilenabstand 98
Zeilenhöhe
verändern 164
Zeilenumbruch 188, 190, 285
Zellen
teilen 167
verbinden 170
Zitat einfügen 228
Zitierstil 230
Zoom 38, 285
ändern 27
auf Seite zoomen 135
Zoomfaktor 38
Zoomregler 134
Zuletzt verwendet 44
Zuschneiden 193